掌尚文化

Culture is Future

尚文化·掌天下

本书获用友基金会 "商的长城" 项目资助

Hai-Ho
Conservancy Commission
Report (Excerpts)

中国商业文化遗产文库

《海河工程局年报》
摘编

缪德刚 主编

经济管理出版社
ECONOMY & MANAGEMENT PUBLISHING HOUSE

图书在版编目（CIP）数据

《海河工程局年报》摘编/缪德刚主编 . —北京：经济管理出版社，2022.7
ISBN 978-7-5096-8632-4

Ⅰ.①海…　Ⅱ.①缪…　Ⅲ.①航道疏浚—施工单位—交通运输史—史料—天津—1910—1949
Ⅳ.①F552.9

中国版本图书馆 CIP 数据核字（2022）第 128829 号

组稿编辑：宋　娜
责任编辑：宋　娜
责任印制：许　艳
责任校对：陈　颖

出版发行：经济管理出版社
　　　　　（北京市海淀区北蜂窝 8 号中雅大厦 A 座 11 层　100038）
网　　址：www. E-mp. com. cn
电　　话：（010）51915602
印　　刷：唐山昊达印刷有限公司
经　　销：新华书店
开　　本：880mm×1230mm/16
印　　张：28.75
字　　数：677 千字
版　　次：2023 年 5 月第 1 版　　2023 年 5 月第 1 次印刷
书　　号：ISBN 978-7-5096-8632-4
定　　价：98.00 元

前　言

　　海河工程局创建于 1897 年，作为最早引进与掌握现代疏浚技术的机构，1897—1949 年，海河工程局的主要工作包括航道疏浚、吹填造地、裁弯取直、破冰等，这些业务的开展为天津乃至环渤海地区的近代社会经济发展提供了有力的保障。从这个意义上说，海河工程局推动了中国现代疏浚业的发展。

　　海河工程局积累的资料涵盖管理、疏浚作业、设备配置、财务、海河及天津港船舶往来、贸易进出口、租界演变、码头与港口、海关制度等方面的资料。其中，1910—1949 年，《海河工程局年报》资料最为系统，具有重要的学术研究价值。海河工程局董事会由不同国家的人员组成，其技术人员主要来自国外。所以，不同时期的《海河工程局年报》资料分别由中、英、日、法等多种文字写成。长期以来，由于《海河工程局年报》资料未得到系统整理且获得难度较大，少为世人所知悉。故而，在很长一段时期内关于海河工程局的研究成果寥寥。

　　近年来，随着企业史研究的发展，海河工程局的相关资料得到了初步利用，一些研究著述陆续问世。这些研究成果不仅提升了相关企业的社会声誉，还为考察新式社会经济组织在中国的百年沿革提供了一个长期的历史视角。然而，从整体数量来看，利用海河工程局资料撰写的成果仍然不多，在研究对象、内容、主题、方法等方面仍有待进一步突破与深化。从研究内容来看，已有成果主要考察了海河工程局的运作方式、海河工程局与中国现代疏浚技术的发展、海河工程局对天津城市建设的作用等方面，但利用海河工程局水文与航道治理等资料撰写的成果并不多。鉴于此，本书摘编了《海河工程局年报》资料中质量较好的水文与航道治理资料。

　　相对于其他行业而言，具有一定技术门槛的疏浚行业较少为人们所熟知。由于《海河工程局年报》资料具有一定的特殊性，因此做以下说明：

　　第一，历年年报资料的内容、格式不是统一的，并且完整性不一。其中，20 世纪 30 年代末至 40 年代初的年报资料相对比较完整，1939 年的年报资料已遗失。

　　第二，海河工程局技术人员手绘的疏浚规划图纸、水文图纸资料，如海河横断面图、航路横断面图等，由于技术原因无法呈现。

　　第三，为了确保表述的准确性，个别术语和专用词汇保留了原文字语种，也有一些术语采用了直译的方式。

　　第四，部分图表中有内容空缺或"—"，分别表示缺少记录或原材料字迹不清。

　　本书为"天津航道局发展史研究"技术咨询项目成果之一，在资料搜集、整理过程中得到了中交天津航道局有限公司的大力协助与支持，编者谨此表示感谢。

目　录

---

　　* 1949 年天津地区解放后，海河工程局更名为海河工程处，隶属于华北水利工程局。

第一篇　海河工程局 1910 年报告摘编

河流

2 月 27 日通航，比 1909 年迟了 4 天，第一艘到达码头的船舶是"Yamamitsu 丸"号。河道全年保持良好状态，船舶航行中稍有问题。河水暴涨一般开始于 7 月中旬，到 10 月初最为明显。

排水问题并不十分严重，但是近年来，水里带有许多泥沙，这主要是因为两点：①大量的泥沙从运河带入；②泥沙来自白河和永定河。由于前几年将水排放在大面积的低洼地，造成大量带泥沙的水直接流入海河。

假如中国当局能重视，并考虑到白河及其支流水况，及时采取措施，这将对本工程局大有益处。

为了港口建设的需要，本季度疏浚工作量很大，有 40 250 立方米，比上季度多 12 000 立方米，这说明泥沙沉淀量之大。

天津河流中心的最大流速为每秒 4.1 呎，即每小时 2.4 节，8 月 24 日的最大排放量为 8 530 立方呎，1909 年 8 月 26 日的排放量为 10 000 立方呎。

天津汛期变化情况如表 1.1 所示，到达码头船舶吃水深度增加情况如表 1.2 所示。

表 1.1　天津海港的水位变化情况

年份	汛期	汛期天数（天）	最高水位日期	最高水位（呎）
1902	8 月 3—12 日	10	8 月 8 日	13.0 呎
1903	9 月 13—19 日	7	9 月 14 日	12.4 呎
1904	8 月 14 日—10 月 2 日	50	8 月 27 日	15.5 呎
1905	超过大沽基准水位 12 呎①	0	9 月 2 日	11.1 呎
1906	超过大沽基准水位 12 呎	0	8 月 23 日	11.6 呎
1907	8 月 11—27 日	17	8 月 21 日	12.7 呎
1908	7 月 19 日—10 月 3 日	77	9 月 15 日	14.7 呎
1909	8 月 23—9 月 30 日	8	8 月 29 日	12.9 呎
1910	超过大沽基准水位 12 呎	0	8 月 24 日	11.9 呎

---

① 英国人拟定以大沽水面为基准来测量水位的高低，大沽基准水位的英文为 Taku Datum。

表 1.2　到达码头船舶吃水深度的增加情况

年份	吃水量增加情况
1909	54 天吃水为 12 呎至 12 呎 6 吋
	10 天吃水为 12 呎 6 吋至 13 呎
	3 天吃水为 13 呎以上
1910	91 天吃水为 12 呎至 12 呎 6 吋
	26 天吃水为 12 呎 6 吋至 13 呎
	9 天吃水为 13 呎以上

疏浚与填土工程

　　除了港口外，全年没有进行疏浚。虽然船舶在河道里航行，但由于航道吃水浅而稍有困难。塘沽、大沽需要疏浚，但在确定泥沙位置前无法进行。

　　整个季度工程局都在港内工作，把堆积的泥沙沿河岸挖掉，使帆船能尽量靠近码头。趸船和河岸的疏浚深度应比上年增加 1 呎或 2 呎，使泊位在水位计 8 呎（大沽基准水位）时达到 13 呎或 14 呎，以满足船舶进入的吃水量。

　　疏浚工作开始于 3 月 15 日，老船厂一直工作到 3 月 3 日。新的吹填船、驳船、拖船投入英国码头全范围的疏浚工作，到 5 月 27 日，疏浚工作转到河东一边，这里泥沙的堆积比港口的其他部分更快，特别是 5 月、6 月当流速缓慢时，美租界码头易出现泥沙沉积情况。

　　这里不能用斗挖泥船来工作，只能用抓斗挖泥船来疏浚码头，老式吹填机不能排掉两艘挖泥船送来的泥沙。一部分使之沉在开始裁弯处的深孔中，沉积时要留意观察，不应有航道内或沿河流岸边的沉积出现。

　　新的吹填船、驳船和拖船在疏浚中只能旋转打圈，挖泥船实际只能进行其全部工作量的 2/5。新泵的使用使疏浚量从每天 80 立方米增到每天 200 立方米，而新泵的疏浚能力为每天 800 立方米。

　　河东一边的疏浚工作在 8 月 10 日完成。自海关到法租界北一段，在 9 月 2 日完成后，挖泥船转到德国码头下游一带工作。

　　此后，码头通航良好。10 月 4—23 日，河东岸一边再次由"新河"号疏浚，法租界码头江边由"北河"号疏浚，英租界码头江边从下游段到港口总办公室，以及从俄租界渡口到德租界码头下游段的右岸，都完成了疏浚。

　　港口疏浚泥沙 40 250 立方米，分别泵入下列地段：

Deutsehe Niederlassungs Gesellschaff 处 26 226 立方米。

Schroeter's 池处 12 360 立方米。

第一裁弯处 1 664 立方米。

共 40 250 立方米。

从下列数字可以看出，新工厂开工后取得了很大的经济效益。

1909 年，疏浚 18 383 立方米，付 27 053.94 两。

1910 年，疏浚 40 520 立方米，付 29 686.26 两。

支出资金减少了 60%，说明新工厂正常工作后，每立方米可节省约一半以上的费用。

新设备

按 B 项计划在年内批准购买的疏浚设备，除了挖泥船已订货但未到货外，其他到货情况简单说明如下：

第一节 拖船

四艘拖船由江南造船厂在坝内制造，于 3 月 22 日抵达，曾在上海由劳埃德检测员做了合格的速度试验，长 71 呎 6 吋，宽 16 呎，发动机额定功率为 150 马力，其价格为：

支付制造商 76 275.86 两。

外地装配员费用 1 138.12 两。

共 77 413.98 两。

这些拖船在下列各项使用中充分发挥了作用。

三套万用钢驳船，这些驳船来自 Schiedam 的 A. F. Smulders，于 3 月 29 日在拆散状态下运到。由于亟须使用，到厂后立即对这 3 艘船进行装配。3 个滑道已在工厂内备好（其中 2 个得到了比利时领事的同意，位于比利时租界的河滩上），铆装合同规定价为每个铆钉 2.70 元。甲板的运输填漏缝和先前的 3 艘整修的驳船于 6 月 26 日完成，并投入使用。其他 2 艘于 8 月 27 日投入使用。

这些驳船能满足需要，很实用，尺寸也合适。

驳船长 98 呎 4 吋，宽 23 呎，载重时吃水深度为 6 呎，容积为 125 立方米。

其价格为：

付给制造商 62 538.27 两。

装配费及关税等 12 238.79 两。

共 74 777.06 两。

泵站。泵站也是由 A. F. Smulders 承制的，于 5 月 18 日在拆散状态下运到，然后在工厂内装配，并于 8 月 23 日试车。试车中，130 立方米的泥沙排入德国租界 Deutsehe Niedrlassungs Gesell-schaff 地里，800 米的管道用时 13 分钟。再次试车排入 Schroeter's 池，这次试车证实了其能力为每小时 600 立方米，它的保证输出量为每小时 250 立方米，这说明该泵站十分具有使用价值，有助于解决今后几年疏浚泥沙的问题。其长 98 呎，宽 21 呎 4 吋，吃水 4 呎。其主机额定功率为 320 马力，另一台额定功率为 100 马力。

其价格为：

支付给制造商 78 339.46 两。

装配费及关税等 7 301.02 两。

共 85 640.48 两。

水面管道。1000 呎的管道与泵站同时在拆散状态下运到，并被送入工厂装配。

这段管道供 500 立方米挖泥船在第四裁弯处使用。

其费用为：

支付制造商 36 971.03 两。

装配费及关税等 4 225.16 两。

共 41 086.19 两。

岸上管道。3000 呎 22 吋管道，用于疏浚从泵站到"Schroeter's 池"。

其费用为：

支付制造商 11 266.29 两。

装配费及关税等 2 849.79 两。

共 14 116.08 两。

"Hun-Ho"号拖船。在 Tsintauer Werff 制造完毕后，于 4 月 29 日低达。开始的几次试车说明推进面有必要更换它的节距，增加其推进面。7 月末换上后，试车成功，证实这艘拖船很坚实。

其规格为：

两个垂直部位间长度 75 呎。

宽度 17 呎 8 吋，吃水 5 呎 6 吋。

发动机额定功率为 420 马力。

其价格为：

支付制造商 39 560.73 两。

附加费 156.99 两。

共 39 717.72 两。

500 立方米挖泥船。能在海上行走的多用途"新河"号挖泥船来自欧洲。4 月 18 日从 Schiedam 的 A. F. Smulders 工厂出发，于 8 月 23 日自行到达大沽。到达后被送入塘沽的 Butterfield Swire 船坞，把在航程中取下的机器再全部装配上去，其航速在弗格森航道内为 7.7 节，合同上规定为 7 节。

其疏浚和吹填试车被证实完全符合制造要求。进行试用时，水面管道在第四裁弯处试疏浚。在 10 月后期，又做了一次试车。在大沽坝上证实了整个吹填系统完全满足疏浚要求。但在航道更深处，填成斜坡时，证明不能满足使用要求。

挖泥船用途为：

（1）一般的戽式挖泥船。

（2）固定的吸泥挖泥船。

（3）移动的吸泥挖泥船。

（4）戽式挖泥船排放泥沙，用 1 000 呎管道制成，本系统可以用于第四裁弯处。

尺寸为：

垂直间距为 157 呎 6 吋。

宽度为 36 呎 9 吋。

吃水 6 呎 6 吋。

有 2 套主机，每套额定功率 320 马力，此外，还有辅机。

其费用为：

支付制造商 260 494.43 两。

附加费用 2 304.96 两。

共 262 799.39 两。

全部新设备由劳埃德公司的 Wilson 检查并认可。

小孙庄车间——附加设备项目：

要求有一个附加的全加工车间，以满足冬季船只入坞时，对严重废损或断裂的设备的维修。

新引进的加工机器价值 5 400 两，于春季到达。此外，买地皮又支付 15 536.58 两，并盖一幢新房子、垂直柱和船坞等。

新车间长 93 呎，宽 28 呎，高 17 呎。其中，要装发电站、锻打机、冲重锤和锉床，还要留有余地为铆工用，老车间已被木工、钣金工、铸工所占，新老车间之间有 2 台熔铁炉。

发电站额定功率 50 马力，由老锅炉和临时泵站的串联发动机组成。新设备到货后，将被替掉，两个建筑物间的电力由一套双线传输线传送，并有自动调节电压的装置。

机械加工车间内有：

不同规格的车床 5 台。

锉床 2 台。

铣床 1 台。

螺旋机 1 台。

冲床 2 台（其中有 1 台手动）。

平板滚压机 2 台（手动）。

冲击锤 1 台。

铸铁炉带风机 2 件。

木锯 1 个。

带电动机和锅炉的发电机 1 组。

建立一幢新仓库，用于保存备件。

一座新船坞开掘出来，长 370 呎，宽 80 呎，底部无保护，大约高于大沽基准水位 2 呎。

原有的船坞经扩大后长 370 呎，宽 39 呎，其底部长 200 呎，铺上木板后，任何船只，包括较大的戽式挖泥船"新河"号都可以入场检修。木质地板，用日本桩木支撑，相距 5 呎。每排桩木用 Oregon 松木加固，尺寸为 10 吋×10 吋，各排间距为 5 吋，并有纵向梁相连，其尺寸为 12 吋×6 吋，其横向有 3 吋木板相盖。

在木板上架 2 条梁，其尺寸为 17 吋×12 吋，梁的顶面正好为 0 或大沽基准水位。

地板向进口处倾斜，其比例为 300∶1，这样使水流可以由泵站进入。这个泵站，建立了 1 台小型电站，处于 2 个船坞之间。其额定功率为 14 马力。

船坞的边缘有高 5 呎、宽 2 呎的木板,其余部分则仍保持其自然斜度。

所有船舶可以在这 2 个船坞中停留,但是上年冬季"新河"号停在外边。

选定大沽建船坞比在天津有利,当打开时,进入船坞的泥沙量要比天津的少,这是因为潮水可以使进入泥沙的沉淀量变少。

新转向支架由低炭钢板制成,钢格结构能提升 30 吨,因此这是港口最大的起重设备,绞车固定在一座钢筋水泥台上,由混凝土桩支撑,喷洗设备用 35~45 呎的 Oregon 桩支撑,有一个钢板的平台,并铺有 3 呎木板。

车间的开支包括工资、原煤等,为 5 918.71 两,上年为 6 768.59 两。

目前,整个船队的大修都在车间里进行。

所有上述工作都是由工程局职员和工人所完成的,只有少量大型铸件在别处承制。目前,一台 2 吨重的铸铁锅炉已建立起来,大沽坝的航道运输设备都由车间自制。

耙泥工程

进一步改善弗格森航道的愿望已经实现,全部航道的平均深度约增加 1 呎。在河水暴涨前,先测量一下深度。在河水暴涨时 1 呎深度可以从前一季度保持到每年航行结束。一般深度在 3/4 呎即可,航道较 1909 年同期有所改善。

1909 年的最后记录取自 11 月 10 日。在中心线测得最小深度为 4.2 呎,深度低于下流(大沽坝)。在 11 月 17 日测得深度为 4 呎,下次测量是在 1910 年 3 月 31 日,测量位置位于中心线,其深度改善到 4.7 呎。中心线南北两边排列着浮标的附近在冬季出现浅滩,这些浅滩可能是由天然泥沙从航道里冲刷形成的,也可能是由河流里的泥沙在冬季的月份内形成的。

耙泥工程始于 4 月 6 日,到当月 24 日,3 条拖轮将河道深度增加到 4.25 呎。到 5 月 19 日,全部深度接近 5 呎。到 6 月 25 日,又增深了 0.25 呎。到 7 月 5 日,达到一年内最深的深度。在河中心处,还出现了 5.3 呎的纪录。在航道中航行没有困难,在六七月间,仅有 1 艘触礁船只。

早先,只有 3 艘拖船投入工作,但当河水暴涨时,泥沙开始沉淀在航道,第 4 艘拖船开始加入全力工作。耙子由 4 条拖船拖拉,全部有 30 个轮子,轴长 7 呎,耙地所占面积比上年同季度增加了 26 倍。由于恶劣的气候,在测深前应做好记录(应该引起重视),并对耙地的结果做记录。由于在航道的内半边会形成脊形凸起,因而,8 月 12 日的吃水限度缩减了 1/2 呎。在 8 月 13 日的测深中发现,虽然航道没有太多的淤积,但耙泥工程可以对河水暴涨有所抵制。一般情况下,开始的泥沙中含有土,也有一些沙子,但在南线形成了一个约 0.25 呎高的脊台,这种脊台是由河水暴涨造成的,它实际上是浅滩在坝上高峰的延伸。

耙子继续托入低凹处,同时,泥土很快沉淀,从而形成一道很强的水流。在落潮时,其速度可达每小时 4.2 节。8 月,大量泥沙顺河带下,但是大量的泥土混有沙子,在这种状态下,耙子可以很容易保持活动。8 月 28 日的测量结果显示,航道情况良好,甚至比往年的 8 月还要好。

在 9 月的第一个星期,耙沙工作只能维持深度。沉淀物为纯沙子,不易除掉,河水暴涨后,达到最严重的程度,保定府河也涨水位,因而,河和 Feng 河携带大量泥沙,提高了塘沽港的潮汐,造成了冲刷。9 月 14 日,测量沙子被冲到航道外面,到月末时,航道中心改善到 5 呎,而南线也处于良好状态。在 10 月初，暴涨后的沉降航道情况得到了改善。11 月 7 日，主航道又达到 5 呎 3 吋。入冬，狂风会使大量船只挤入航道，造成触底的严重后果，这样还会影响耙沙工程的进行。表 1.3 为航道耙沙后的低水位记录。

表 1.3　航道耙沙后低于低水位（大沽基准水位）的记录　　　　　单位：呎

日期	深度		平均深度	
	最小	最大	内半	外半
1906 年				
7 月 1 日	0.6		航道浅滩的原来高度	航道浅滩的原来高度
7 月 1 日	1		便于测得老坝高度	便于测得老坝高度
9 月 30 日	2.1	2.7	2.4	2.3
11 月 22 日	2.9	3.7	3.4	3.5
1907 年				
4 月 1 日	3.4	4.5	4.0	4.1
7 月 12 日	4.3	5.6	5.0	5.0
9 月 9 日	3.0	4.0	3.6	3.8
11 月 27 日	3.9	5.1	4.3	4.2
1908 年				
3 月 28 日	3.9	5.0	4.4	4.6
6 月 19 日	4.7	6.1	5.2	5.5
7 月 20 日	4.1	5.5	4.6	4.7
8 月 5 日	3.8	5.5	4.1	4.4
9 月 17 日	3.0	5.9	3.3	3.3
10 月 6 日	3.2	4.0	3.6	3.4
11 月 28 日	3.8	4.8	3.9	4.2
1909 年				
3 月 21 日	3.7	5.0	4.1	4.6
5 月 5 日	4.1	6.0	4.4	4.9
7 月 12 日	4.6	5.5	4.8	5.0
8 月 7 日	4.2	5.2	4.5	4.8
1909 年				
8 月 30 日	3.6	6.2	4.2	4.5
9 月 15 日	4.0	4.8	4.3	4.3
11 月 10 日	4.2	4.8	4.4	4.5
1910 年				
3 月 31 日	4.7	5.6	5.1	4.9
4 月 7 日	4.9	5.5	5.3	5.5
4 月 19 日	5.1	6.1	5.4	5.7

续表

日期	深度		平均深度	
	最小	最大	内半	外半
1906 年				
5 月 19 日	5.3	6.1	5.6	5.8
6 月 20 日	5.2	6.1	5.6	5.8
7 月 12 日	5.3	6.3	6.1	5.9
8 月 13 日	5.1	6.1	5.9	5.5
8 月 28 日	4.8	6.2	5.8	5.4
9 月 14 日	4.8	6.1	5.4	5.2
9 月 28 日	4.9	5.9	5.4	5.3
10 月 15 日	5.3	6.3	5.9	5.7
11 月 7 日	5.3	6.3	5.8	5.6
11 月 25 日	5.1	5.7	5.6	5.4

注：测时正落潮，不确切。

表 1.4 显示了 1906—1910 年最低水位情况。

表 1.4 1906—1910 年低于最低水位的深度

日期	低于低水位的深度
1906 年	
9 月 27 日	航道打开通行，深 2 呎，低于低水位（大沽基准水位）
1907 年	
3 月 9 日	3 呎
5 月 29 日	航船可以通行
7 月 4 日	4 呎
8 月 16 日	3 呎
11 月 13 日	3.5 呎
1908 年	
6 月 23 日	4 呎
8 月 8 日	3.5 呎
9 月 24 日	3 呎
1909 年	
5 月 5 日	3.5 呎
6 月 2 日	4 呎
8 月 30 日	3.5 呎
11 月 17 日	4 呎
1910 年	
4 月 24 日	4.25 呎

日期	低于低水位的深度
5 月 24 日	4.5 呎
6 月 25 日	4.75 呎
7 月 15 日	5.0 呎
8 月 12 日	4.5 呎
11 月 10 日	4.75 呎

表 1.4 为 7—11 月河水暴涨的情况。为使深度达到 4.75 呎，低于 6 月的大沽基准水位，拖船从 7 月底到季末一直在工作。

表 1.5、表 1.6、表 1.7 分别为 1907—1910 年航道深度低于大沽基准水位的情况、不同深度的周数及平均深度情况。

表 1.5　航道深度低于大沽基准水位的情况　　　　　　　单位：呎

月份 年份	3	4	5	6	7	8	9	10	11
1907	3.0	3.0	3.0	3.0	4.0	3.0	3.0	3.0	3.5
1908	3.5	3.5	3.5	3.5	4.0	3.5	3.5	3.0	3.0
1909	3.0	3.0	3.0	3.5	4.0	4.0	3.5	3.5	4.0
1910	4.0	4.5	4.75	5.0	4.5	4.5	4.5	4.5	4.75

注：1907 年因超越老坝 1 呎。

表 1.6　不同深度的周数　　　　　　　单位：周

深度 年份	3 呎	3.5 呎	4.0 呎	4.25 呎	4.5 呎	4.75 呎	5 呎
1907	24	2	6	—	—	—	—
1908	9	21	6	—	—	—	—
1909	9	13	14	—	—	—	—
1910	—	—	7	4	16	5	4

表 1.7　平均深度

年份	深度	高水值平均水位
1907	略低于低 3 呎	略高于 11 呎
1908	3.45 呎	11.45 呎
1909	3.55 呎	11.55 呎
1910	4.47 呎	12.47 呎

本期与上年同期相比，改善了 0.92 呎，说明船只能顺利通行，效果明显，有若干次海岸船

舶可以通行驳船。

今年的汛期没有 1908 年那样严重，泥沙冲刷不够，特别是在塘沽港。吃水浅的拖船在进行线水位耙沙工作时会偶尔触底。

1911 年的工作计划：

本年主要工作是疏浚第四裁弯处。500 米的挖泥船在河流通航后立即投入工作，若日夜不断，则到季度末可以完成 3/4 的裁弯工作量，大约是 200 万立方米的泥土。

今年将首次在海河试用锌棒方法来保护河岸，这种方法是把一个掣子打入第一裁弯处的下流，对某些快速被侵蚀的河岸部位起到保护作用。一位锌棒方面的专家在本季度参加并指导工作。

希望在全部时期中有新的吹填站投入使用，这样可以对大沽进行疏浚工作。在港口疏浚 60 000 立方米的泥土，其中，28 000 立方米可以吹入德租界的 Niederlassungs Gesellschaff，其余的吹入 Schroeter's 池，这是董事会的打算。不遗余力地白天黑夜开工，使港口河道疏浚为通航所需。

河坝的耙泥工作将进行投标，对于工厂的最后一项工作，根据 B 项计划进行河坝的吸泥疏浚及吹填工作。

第二篇 海河工程局 1911 年报告摘编

河道

河道于 3 月 4 日开放通航。第一艘到达天津的轮船是"KraelKe"号,接着是"Daiehi 丸"号、"FengTien"号、"Onshu 丸"号和"Koonshing"号。1910 年,河道于 2 月 27 日开放,"Yamamitsu 丸"号首先开入。1909 年是 2 月 23 日开放,首先开入的是"Shuntien"号,后面这些日期说明开航提前。1906 年是开航最晚的年份,开放时间为 3 月 11 日。

本年度从支流来的大量连续排卸水流十分显著,其他皆为常规时期的河水暴涨。

天津海河最高水位出现在 4 月,为 4 月 13 日,最高水位达大沽基准水位 11.6 呎,最低为大沽基准水位 9.3 呎,最大的排量为每秒 9 000 立方呎,出现在 4 月 2 日。

在 5—6 月,河流没有到过它的线位。4 月出现过凶猛过程。另一次暴涨在 6 月中旬,水排量增大,同时在天津出现水位上升。

这两次的上涨,比往年带来更多的泥沙。但是还未达到 1896—1898 年的程度,那几年海河已酿成灾害。

中国自 1910 年对"北河"号挖泥船和"Hun Ho"号拖船采取措施,以限制这些河流在堤堰之间的流量,这样就可以在某种程度上避免出现上述失去控制的情况,并且试图找出这些现象是暂时的还是永久的。

4—6 月偶尔出现特高水位,带来天津河段涨潮。涨潮最大流速在 1910 年 6 月 9 日,为每秒 3.08 呎,而 1911 年最大速为 2.00 呎。5—6 月平均的涨落期并无出现提前。1902 年至 1911 年,其上涨较规律,这与河道的改善有关。

1891—1911 年,各年 5—6 月天津港的潮汐变化情况如表 2.1 所示。

表 2.1 天津港的潮汐变化情况　　　　　　　　　　　　　　　单位:呎

年份	1891			1892			1893		
平均水位	高	低	差	高	低	差	高	低	差
5 月	9.44	7.16	2.38	8.90	6.60	2.30	9.44	6.88	2.56
6 月	9.86	6.70	3.16	8.71	5.71	3.00	10.37	7.59	2.78
平均	9.65	6.93	2.70	8.81	6.16	2.64	9.91	7.24	2.67

年份	1894			1895			1896		
平均水位	高	低	差	高	低	差	高	低	差
5月	9.45	6.49	2.96	13.97	13.54	0.43	11.48	10.82	0.66
6月	9.99	6.69	3.30	11.80	10.93	0.87	11.80	11.00	0.80
平均	9.72	6.59	3.13	12.89	12.24	0.65	11.64	10.91	0.73

年份	1897			1898			1899		
平均水位	高	低	差	高	低	差	高	低	差
5月	11.76	11.40	0.36	12.55	12.31	0.24	10.70	10.36	0.34
6月	11.52	10.83	0.69	11.30	10.93	0.37	9.50	8.45	1.05
平均	11.64	11.12	0.52	11.93	11.62	0.31	10.10	9.41	0.69

年份	1900			1901			1902		
平均水位	高	低	差	高	低	差	高	低	差
5月	9.33	8.65	0.68	9.47	8.65	0.82	9.88	8.40	1.48
6月	—	—	—	10.72	10.52	0.20	9.14	7.69	1.45
平均				10.10	9.59	0.76	9.51	8.05	1.52

年份	1903			1904			1905		
平均水位	高	低	差	高	低	差	高	低	差
5月	8.36	6.63	1.73	8.02	7.45	0.57	8.35	6.38	1.97
6月	8.61	6.04	2.57	8.54	6.11	2.43	8.74	6.46	2.28
平均	8.49	6.34	2.15	8.28	6.78	1.94	8.55	6.42	2.12

年份	1906			1907			1908		
平均水位	高	低	差	高	低	差	高	低	差
5月	8.06	5.16	2.90	8.07	4.83	3.24	8.38	4.94	3.34
6月	8.52	5.39	2.13	8.27	4.75	3.52	8.39	4.66	3.73
平均	8.29	5.28	3.02	8.17	4.79	3.38	8.39	4.80	3.53

年份	1909			1910			1911		
平均水位	高	低	差	高	低	差	高	低	差
5月	8.28	4.95	3.33	8.36	4.57	3.79	9.12	6.28	2.84
6月	8.53	4.65	3.88	8.50	4.18	4.32	9.59	5.62	3.97
平均	8.41	4.80	3.61	8.43	4.38	4.06	9.36	6.00	3.31

1911 年是 1902 年以来平均水位最高的一年，1893—1902 年，高水位的波动范围小，而 1903—1910 年，低水位的波动范围大。1911 年的高水位情况说明潮汐的范围是好的，与原先相同水位的范围相比，约提高了 8 吋。

1911 年，潮汐的范围差值在 7 月和 8 月比 5 月（2.84 呎）大，其数据如下：

7 月，最高水位为 10.49 呎，最低水位为 7.28 呎，范围差值为 3.21 呎。

8 月，最高水位为 10.85 呎，最低水位为 7.47 呎，范围差值为 3.38 呎。

1910 年 7 月，潮汐范围差值最大，即为 4.68 呎，第二裁弯工程已结束，第四截流工程已结束。

今年雨季开始较迟，第一次暴涨始于 7 月 29 日，由于运河冲刷，Techow 以下一段距离的河岸显现。

津浦铁路的路基被水淹没，洪水向东冲去，铁路运输中断。运河左岸退水后未造成损失。

9 月 1 日傍晚，发生了一次相当严重的冲刷河岸现象。沿黄河 Ku-Nan-Hsien 的北面，河的全部流量转向南，朝保定府河冲去，流入 Hsi 河，湖水猛涨。在 10 月 10 日达到 24.20 呎，比 1904 年记录的 21.5 呎大沽基准水位还高出 2.7 呎，许多村庄的房屋被淹没。

有记录表明，许多年前，黄河洪水排量达每秒 200 000 立方呎，这是海河排量的 8 倍。在到达其下游与白河汇集处，有大量泥沙沉积，导致排水不畅，出现淹没，遭受损坏。这种情形常出现在 Ku-Nan-Hsien 的南面。1904 年、1906 年、1907 年以及 1911 年，Yang Tsun 和 Wofa 北面的铁道受到了洪水的损坏。

9 天以后，黄河堤岸决口 2 000 呎，Ku-Nan-Hsien 四周完全被洪水包围，城墙和城门将洪水阻挡在城外。堤坝冲垮处的下游，车辆可以绕黄河老河床通过，因为那里有泥沙沉积。

第三处损坏出现在 Feng Ho 河附近，它起源于北京附近的一条小支流，这条河还有从北河来的水流汇入。

左岸的溃堤处淹没了 Yangtsun 河西北的大片土地，这些土地已经有几年没有被水淹了。

大量的水存储在保定府河和 Yangtsun 河，它使海河的排量在上年秋冬季里维持高水位。

法租界处河流水文情况如表 2.2 所示。

表 2.2　法租界处河流排量与流速

日期	最大排量（立方呎/秒）	最大速度（呎/秒）	地段面积（立方呎）
1904 年	22 500	5.00	
1909 年 8 月 26 日	10 000		
1910 年 8 月 24 日	8 530	4.10	
1911 年 10 月 10 日	15 226	4.63	4 301
1911 年 9 月 2 日	11 734	5.00	3 307

在天津河段经常测量，每月 2 次，根据这些数据可以计算出大致的当年每秒平均注入的清水量，即每秒 8520 立方呎。

这个数值与下列各年相比，似乎偏大些。

测量同时在 Hsi 河、Feng Ho、北河、Yü Ho 和 Lu Tai 运河和第三裁弯处以及河口处进行。

每年水位记录在天津港主潮汐计取得，此处位于大沽坝 12 呎。这样，水位若高于此水位，则河流处于汛期，如表 2.3 所示。

表 2.3　天津港汛期情况

年份	汛期	汛期天数（天）	最高水位日期	最高水位（呎）
1902	8 月 3—12 日	10	8 月 8 日	13.0
1903	9 月 13—19 日	7	9 月 14 日	12.4

年份	汛期	汛期天数（天）	最高水位日期	最高水位（呎）
1904	8月14—至10月2日	50	8月27日	15.5
1905	超过大沽基准水位12呎	0	9月2日	11.1
1906	超过大沽基准水位12呎	0	8月23日	11.6
1907	8月11—27日	17	8月21日	12.7
1908	7月19日—10月3日	77	9月15日	14.7
1909	8月23—30日	8	8月29日	12.9
1910	超过大沽基准水位12呎	0	8月24日	11.9
1911	3月12日、8月30日、9月23—30日 10月2—15日	26	8月30日 10月4日	13.3呎

8月30日出现高水位，是因为受飓风影响，高于大沽基准水位的记录取于不同的潮汐计。海河潮汐状况如表2.4所示。

表2.4 海河潮汐状况 单位：呎

地点	水位
大沽北炮台	大沽基准水位13.5在弗格森航道为18.5
Hsi Ku Lock 闸	12.7
葛沽	11.7
Hsien Hsui Ku	12.0（记录高度）
Niwo	12.1
Ho Chia Chuang	12.7
H. H. C. Works	12.9
天津港	13.3
红桥	12.9

当天，大沽河段遭受了巨大的海浪冲击，耙土拖轮被推到塘沽，同时，大沽拖船驳船公司的10艘驳船、T. L. 公司的2艘驳船和许多捕鱼船、帆船、废船、舢板船都被冲到平地上，2艘60呎的测量灯标、2台潮汐计、黑红浮灯标被毁。

一堵属于T. L. 公司的砖墙被冲倒，太古洋行的左岸前部分财产被损坏，受海水浸淹。只有部分有柳枝保护的堤坝没被损坏。

1920年不同地方潮汐情况如表2.5所示。

表2.5 1920年不同地方潮汐最高水位、最低水位

潮汐计位置	日期	最高水位（呎）	日期	最低水位（呎）
弗格森航道			1910年11月16日	-1.1
大沽北炮台	1905年10月26日	+14.25	1911年11月17日	-0.7
Hsi Ku Lock 闸	1905年10月26日	13.00	1911年6月15日	0.00

续表

潮汐计位置	日期	最高水位（呎）	日期	最低水位（呎）
KoKu 葛沽	1911 年 8 月 30 日	11.7	1911 年 6 月 15 日	+0.5
Hsien Hsui Ku	1911 年 8 月 30 日	12.00	1905 年 11 月 4 日	1.35
Niwo	1904 年 8 月 30 日	12.20	1910 年 6 月 5 日	1.6
Ho Chia Chuang	1904 年 8 月 30 日	13.5	1910 年 6 月 5 日	1.65
H. H. C. Works	1904 年 8 月 30 日	14.2	1910 年 6 月 5 日	1.7
天津港	1904 年 8 月 30 日	15.16	1910 年 6 月 5 日	2.0
红桥	1904 年 8 月 28 日	19.00	1910 年 6 月 5 日	2.1

注：测量水位以大沽基准水位为标准。

水流冲刷了河床中的大量泥沙，季末河流水流良好，航行条件良好。各项数据表明，海河的条件改善了，维护性的疏浚工作对港口有良好效果。永久河道的疏浚工作对第一裁弯处的河岸保护有良好的作用。裁弯后，沿河道右侧行驶时船舶不再从砖窑处绕行，行走半径减小，航道可从码头移向河中间。

第二裁弯处及上坟地的弯道处虽然经常侵蚀陆地，但与前几年相比，并没有出现问题。主要是因为改变了第二裁弯处两边的河岸、防波堤，并配合疏浚，使水流得更多，从而远离弯处。但位于船后的防波堤已经使船舶测量工作无法进行。

顺海河继续下行有太多困难，只是船只航行到接近低水位处，在跨越时容易触底，但是只耽误几个小时。

在石块河段，有一艘使用时间很久的大沽拖船驳船公司的拖船"开泰"号于 12 月 10 日沉没，原因是在砖窑对面的永久河段与"顺天"号相撞。

疏浚港口、河道及填土

对海河来说，港口以下无须任何直接疏浚工作，吃水超过 12 呎的船舶可以上行到天津。

用两个月的时间在锌棒处堆土，即第一裁弯处的下游，并且去掉永久河道右岸的一个海岬，这处海岬从 5 月 14 日至 6 月 1 日已从港口去掉。总共挖土 1 640 立方米，这些土堆对锌棒起到保护作用，防止由于船舶往来而造成的损坏。

4 月 16 日至 5 月 2 日，抓泥型挖泥船用于远离港口的第四裁弯处；从 9 月 27 日至 10 月 3 日，在大沽北炮台；10 月 4 日，在石河段清除淤泥。

在大沽北炮台处，石块、混凝土和沉积物沿着河岸每 250 呎一段，沉积在太古洋行河岸的弯曲处。

在石河段，沉积了大量的贝壳，这种东西用挖泥船清理速度很慢。

挖泥船用于维护河道的疏浚，天津港十分忙碌，船舶便于到达河岸码头及浮筒码头。

有以下的设备投入这些工作：

（1）"北河"号挖泥船。

（2）耙式挖泥船第一号。

（3）"Yen Yun"号泵站。

（4）"Hun Ho"号拖轮。

（5）3艘钢泥沙戽船。

疏浚工作始于3月12日，3月19日，耙式挖泥船开始投入使用。

后来，"北河"号挖泥船沿英租界河岸24号标志处开始工作，去掉一个海岬。海岬是从羊毛清洗工厂排出的水，在冬季沉积而形成的。从3月22日至4月12日，"北河"号挖泥船沿法租界河岸从上段直到俱乐部进行工作。4月13日移到Swinging下段，在那里为了使"Suimow"号停泊，要求把俄租界一边加宽，其他要直线距离295呎。

河东一边从5月21日至6月13日加深。此后，又在6月22至7月14日、8月16日至10月11日进行第二次和第三次加深作业。

法租界河岸在5月21日至6月13日、7月29日至8月15日、10月12日至11月2日进行疏浚工作。

挖泥船从11月2—7日沿英租界河岸进行疏浚工作，11月8—12日沿中国工程矿业公司的码头进行疏浚工作。

11月13—28日，疏浚工作沿德国河岸直到Rohrscheidt Strasse停止。

耙式挖泥船在港口的不同地段，即在Swinging下段的泵船泊位和船舶泊位进行疏浚工作。

4月15日至10月1日，设备从上午5:00到下午7:30不停工作。

疏浚深度：沿英租界河岸14呎，即高水位（超过大沽基准水位8呎），沿法租界河岸和河东一边13呎。

长河岸的疏浚位置与标准线的距离为10~15呎，而河东一边的疏浚位置与标准线的距离为35呎。

在5—7月已疏浚完的地段，又很快沉积了泥沙，特别是在河东一边，6月13日完成后，6月22日又开始疏浚。

此后沉积的大量泥沙又被强水流冲掉，这有助于疏浚。

截至11月没有再需要疏浚的地方，只有法租界河岸H.A码头处，因为那里水流达不到冲刷的程度。

疏浚的泥沙一般是来自运河的泥沙和白河的细砂。

港内及河流疏浚的距离和疏浚的量如表2.6所示，耙式挖泥船工作情况如表2.7所示。

表2.6 港内及河流疏浚的距离和疏浚的量

日期		"北河"号挖泥船工作地点	长度（呎）	土方量（立方米）
从	到			
3月19日	4月12日	英租界从24号标志处到21号标志处 法租界6号标志处以下	2 080	3 400
4月13日	4月16日	Swinging下段	270	800

表 2.7　耙式挖泥船工作情况

地点	土方量（立方米）
法租界河岸弯道以上	1 110
英租界河岸	2 520
法租界河岸弯道以下	840
河东一边	630
工厂附近	390
第四裁弯处以上	810
大沽北炮台	140
石块河段	10
总计	6 450
泵站排放量	5 070
堆积	1 380
总计	6 450
港内疏浚	5 490
河道疏浚	560
总计	6 050

表 2.8 可说明，每年从港口清出的泥沙量增长十分迅速，这是疏浚能力加强的结果。

表 2.8　天津港的疏浚量　　　　　　　　　　　　单位：立方米

年份	1906	1907	1908	1909	1910	1911
河东	5 000	6 000	11 000	4 500	12 854	29 000
法租界河岸弯道以上	3 500	—	3 000	2 500	8 180	15 630
英租界河岸	1 500	3 000	2 200	4 500	7 692	3 560
Lower Swinging Place	—	—	1 800	783	2 733	1 430
英租界延伸地	—	—	—	—	4 200	3 520
法租界河岸弯道以下	—	—	1 000	—	2 591	6 820
其他地点	—	—	—	—	2 040	1 430
总计	10 000	9 000	12 283	12 783	40 290	61 390

实际上，港口疏浚没有量的限制，只是根据挖泥船的最大工作量和工作地点而定。因为疏浚船都要沿着船舶的泊位在清除的泥沙中航行，唯一的不方便是船只的停泊点距离河岸有一些距离。

表 2.9 显示了港口中河道的划分范围。

表 2.9　港口中河道滩岸的划分范围

地点		长度（呎）
西岸	法租界河岸弯道以上	1 350
	法租界河岸弯道以下	1 530
	英租界河岸	3 550
	英租界河岸南部延伸段	950
	法租界河岸支流以上	2 150
	法租界河岸支流以下	3 860
东岸	俄租界河岸矿业公司以上	3 550
	河东（原属私人所有）	3 250
	俄租界河岸	4 560
	比利时租界河岸	3 800

每呎河岸的平均疏浚量为 2.25 立方米，港口的整个河滩去掉的土方量为 64 000 立方米。

有 12 000 呎是由船舶所占有的，所以码头可根据需要，不止一次进行疏浚，直至第四裁弯处的效果充分发挥。

有 1 640 立方米排放到第一裁弯的锌棒处。810 立方米排放到第四裁弯上游的弯道处，140 立方米排放到塘沽弯道处的辉长岩，并有 10 立方米含贝壳的泥沙排放到工厂里。疏浚港口的泥沙排放地段和排放量如表 2.10、表 2.11、表 2.12 所示。

表 2.10　疏浚港口的泥沙排放地段

地点	疏浚量（立方米）
第一裁弯的锌棒处	1 640
Schroeter's 池	27 650
Niederlassung Gesellsehaft	33 320
总计	61 390

表 2.11　排入 "Schroeter's 池" 的总量

年份	疏浚量（立方米）
1908	10 000
1910	12 360
1911	27 650

续表

年份	疏浚量（立方米）
总计	50 010

因此，尚需 90 000 立方米。

表 2.12　排入法租界 N.G. 地段的总量

时间	疏浚量（立方米）
1909 年	8 000
1910 年	26 226
1911 年截至 11 月 1 日	26 690
1912 年截至 11 月 1 日	4 630
总计	65 546

表 2.12 的数量是根据驳船的容量所得。更确切的数量来自该地点的排入部分，两者的数字并无大的差别。因为，在 11 月 1 日，在法租界 N.G 地段测出为 61 930 立方米，而估计的数值为 62 916 立方米，相差仅 986 立方米，约为 1.6%。此次工程收入为 28 125 两，疏浚支出包括工资、补给材料、煤、车间费用，为 26 858.60 两。上述开支包括购买空径 22 吋的管道 600 呎（单价 1 915.80 两）、"北河"号挖泥船在永久河段和耙式挖泥船在大沽工作的费用。

港口的疏浚费用和填土每立方米为 0.42 两，这项费用在 1909 年、1910 年分别为 1.345 两和 0.74 两，费用的下降是因为疏浚设备的改善。

明年可以降低费用，希望能达到每立方米 0.40 两以下。泵泥的地段增加距离，由于无法下降，使用耙式挖泥船的费用要比使用"北河"号挖泥船的费用高，两者费用分别为 0.416 两和 0.125 两。

第四裁弯工程

去年的报告已提到这项裁弯工程，今年的进展十分重要。由于各种原因，它并没有设想中那样快，但它证明这项工程是成功的。其工作量之大，是本局以前从未做过的。

购买地皮、迁坟的工作到 2 月初尚未完成，也是因为 1 月的大灾。陆地上的起步工作直到 3 月 19 日才开始。

为了使挖泥船工作，裁直道进口处要扩大，然后开始工作。

裁直道长度为 460 呎，底宽为 42 呎，河面宽为 65 呎，底部高于大沽基准水位 1 呎，扩大处的深度要增加至离进口 12 860 呎处，其深度低于大沽基准水位 2 呎。这部分的总土方量为 10 000 立方米，由人工开掘。

4月9日才正式开工，由水闸来控制进水，在裁弯处挖掘时调节水位。水闸有4个木质滑门，每个为5呎。开孔中间的2个，在裁直道横向边上成直角，另两个成45°，这样可使它们承受水的压力。基石位于大沽基准水位以上4呎，门的高度为大沽基准水位以上13呎。

门用木料制成，有1/4吋的榫。打入木板，这种做法即使增加深度也可以受到水压的均匀反力。

4月25日，人工挖掘基础完工。4月27日，南岸第一填充处的筑堤完成，高度为大沽基准水位以上15呎（高于地平线5呎）。

泥土沉淀于两堤岸之间，相距550呎，一段2 000呎的筑堤完成，用来调整各段吹填。最远角处的水流出口，被引到一条宽4呎、深1.5呎的小河沟。为了使挖泥船能工作，从吹填处溢出，集中在一个10呎×3呎×3呎的箱子，它的一边装有15吋直径的管子5根，另一边有一个可动的低坝，用来挡着水流，箱子的顶边为13呎大沽基准水位。

当挖泥船在河道边洼地里工作时，它可以不受潮汐和泥沙量的影响。

如上所述，工作溢流道打开，则在第一段里充满吹填的泥沙，约超过溢口10吋，使它产生与填入泥沙相同的量。当达到这种程度时，溢流道关闭，挖泥船能正常工作。

当挖泥船停止工作时，从船上送来的信号使溢流关闭。

过滤、蒸发而失去的量由河道高潮时从溢流补充。

这套办法十分成功。任何的流失都可以得到补充，即使不由潮汐补充，洼地里的水也能从吹填的溢流中增加，排出的水可以很顺利地从泥沙和溢流中排到下一段里，量的增加约为0.5%。

4月28日，裁弯处进口打开，"Hsin Ho"号于次日开入。

5月1日，水面浮管及岸上的排管开始连接。

工厂制造的浚部管道包括一道普通的长105呎的栈桥，一头支标，另一头支在一辆三轮货车上，其走向是沿着填充河岸的顺河道方向，另有20吋的排管固定在栈桥的底部。

栈桥是普通平行格式，在对角线处有格条，能承受每米1.5吨的负荷，这种桥原先应该是一种长管形的浮体，只因经费原因而不能这么做。明年就可以得到工程师Pincione设计的管子。

在挖掘过程中，取出了不同深度的土样，经分析，土样中黏土成分较重，其比重平均为1.5。

出现了许多根茎，因而，为了改善裁弯，准备了一些专用的锐利的割刀。

5月7日，疏浚开始，由于所在地方太浅、太窄，其地平高度高出平均水平，同时涵盖范围内的农地没有全部买下，其大量泥土停留在排管的入口处。

这就必须疏通到一个更大的池里，要延长排管40呎，排泄到一个更远的地方。

6月1日，蓄水池准备好，其大小足以超过疏浚量。再次开始后，由于水草导致排出量太低。一下疏浚裁弯到900呎处，两边还有水草、根茎。

夜间工作于6月21日开始。

到7月，疏浚工作完成了54 192立方米，最多的一天（日和夜）是7月21日，为2 897立方米。

开出河道 189 呎，在大沽基准水位以下 2 呎。

以后几个月因缺少备件，疏浚量减少，因此，要去欧洲订货。磨损的要更换，而本地工厂无法解决。

11 月 1 日，疏浚工作中断，由于此后的时间内，要减少每立方米土的用量，等备件到货后，在冬季进行大修。

1911 年工作完成情况如表 2.13 所示。

表 2.13　1911 年工作完成情况

工作 月份	完成工作	长度（呎）	土方量（立方米）
4	开端处洼地	800	10 000
5	开端处疏浚	133	1 747
6	疏浚 150 呎宽	903	20 663
7	疏浚 189 呎宽	2 158	54 192

从 3 月开始，由上海购入 50 000 捆灌木，每捆 0.05 两，运费为 0.06 两。结果本地的价格下落到了 0.10 两或 0.11 两，从上海只运来了 10 000 捆，其余的都由原来的合同人在本地买。上海的灌木捆来自杭州、宁波的山上。它比本地的灌木硬，而本地的灌木体积要大 50%，而且长，因而截面积也大。

灌木捆解决了，今后沿天津以北的运河和 Hsi Ho 应该不再出现问题。天津本地的林木提供了约 2000 捆柳木、榆木捆，使用的桩基部分从上海运来，其余的本地供应也能满足要求。

从 6 月 19 日至 7 月 7 日，9 套锌棒放落在第一裁弯地的 L. E. 弯道处。其中，5 套的规格为 90 呎×30 呎，4 套的规格为 90 呎×40 呎。

此外，在锌棒的上下游还有堆垛。

灌木捆的制作在太古洋行处进行，这将在 8 月 30 日台风到来时十分适用。这些灌木捆价格约为每呎 2.00 两，对低水位上游起到保护作用，其高度为 18 呎。

根据太古洋行董事会批准，对塘沽上游一段河岸做保护。

32 呎的辉光岩被放在低水位下游的斜坡处，24 呎放在外面稍远处，起到保护作用。

总费用为 1 169.9 两，长度为 200 呎，每呎为 5.83 两，费用增长是因为外层的第二道保护。

现在可以更精确地做出比较，辉光岩和锌棒之间，后者更实际耐用，可用于任何宽度，而辉光岩用于小工程比较方便。

32 呎的长辉光岩固定入位的估计价合计为 12.00 两。

假如所占的地方宽 3 呎且距离近，则每呎的河岸保护费为 4.00 两，锌棒的价格前面已说明，32 呎宽换算后为每呎费用为 4.44 两。

去年用于河岸保护的总支出为 11 328.34 两。

工程局的工厂和车间情况

1911 年增加的：

18 件 22 吋口径的岸上排水管，长 31 呎 9 吋，是用 0.19 吋的铁板制成的，购自上海江南造船厂。

一座岸上便桥由车间自制，用于第四裁弯处，前面已说明。

维修工作及冬季大修在车间进行，每艘船的车间开支都在账目内列出，船队于 12 月入厂，进行常规大修。"新河"号在 11 月因为需要油漆，仍在河里，无严重事故发生。

"Chun Liang"号由拖船拖入，由船主修理损坏处，损坏微小。"Sheng Ta"号方向盘连续损坏。

各船舶的工作都分别做了说明，并修好。"S/L Hai-Ho"号每天在第四裁弯处和天津市区间使用。"S/L Yu-Ho"号在天津港，"S/L Kaiting"号在大沽。

大量要做的工作是用钢浮筒更换本地的船。

工程局工厂十分繁忙，为了使维修工作或冬季大修十分有效，有时维修过程中会遇到十分紧急的情况，甚至要在夜间进行。增加新的铸铁炉十分必要，这样可以自己提供铸件。

还应补充，增加机床可以做到备件不一定非要到欧洲去买。

地皮和柳林

在第二裁弯处，春雨季节种树是恰当的。种榆树，并向前延伸一直到第三裁弯处，约 50 000 株，第二裁弯处从 1909 年 4 月 1 日起有 85 亩地租给津浦铁路局，作为制砖之用。

Hsi Ku 和 Chun Liang Cheng 处的水闸已经没有作用，在法租界河道处打算新建，正在准备。那里十分必要，明年春天可完成。

中国职员

职员都很和善，特别是第四裁弯处的，那里的工作不轻，特别是机房里的职员。

固定雇员为 263 人，在工程进行时，增加到约 450 人。

大沽坝

工程局对大沽坝首次用三角法测量是在 1902 年，由 H. M. S. Rambler 进行。测量在 1905 年至 1907 年进行，但本工程局没有单独的三角测量设备，因而，决定用多次三角法来测量整个坝和海岸。

这项工作开始于 7 月 13 日，由助理工程师 P. N. Fawcett 完成。最初在大沽开始，后来的计算、绘图到 8 月 13 日才完成。

后面的工作从 8 月 12 日至 9 月 1 日，由二级潮汐观察员 W. C. A. Prahl 进行，他是从海关调来做此项工作的。不巧的是，由于气候恶劣，在此期间测量未能完成。8 月 30 日，台风毁坏了 4 个测量灯标和潮汐计，在未装复前，工作无法进行。

装复这些标志设备要到 10 月 17 日，由耙式挖泥船的经理相助，在 10 月 17—19 日 3 天把测量工作做完，而绘图工作到 11 月 1 日才完成。

这次的测量租用舢板，取得读数及购买材料，制作新灯标和潮汐计，使用了"S/L Kaiting"

号或耙式拖船。

这次测量最重要的所得是测出深孔和弗格森航道的位置，想要更详细的资料要到 1912 年。

弗格森航道北部的平坦地带似乎是由泥沙组成的，在其入口处，有一沙滩接近于北线。

另外，河道低洼处由于自身的冲刷，已移出内航道到很远的地方，即真正的坝，似乎是向海的方向移动，这一点已证实。航道的外侧入口已经变浅。上述的过程是最理想的，根据从前的资料和 1853 年的测量结论，坝顶很接近海岸线。

坝顶要比 1907 年的低 1.5 呎，如果后者说明最坏的结果，则测量后，水流冲刷使现在的河道向低洼处移动。

弗格森航道的方向从前是造在坝顶的，当挖泥船到达试挖地时，会使航道向落潮水流的方向移动。

通过对水流的观察，落潮流量是比较规律的，流动最快，对坝的冲刷力要比涨潮水流力度大得多，这样，在坝顶往返一定程度后，因为落潮、恶劣气候、风暴等原因，在第二年再测量时，都要很仔细地分析。

通常潮汐观察是在灯船的潮汐计上实行的，同时，在外面坝上的潮汐计上读数。这些结果都要送美租界海岸和地理测量站做分析。

本工程局提供数据，美国的部门编印出关于潮汐的年报，可以做较确切的预报，对今后有十分重要的使用价值。

下午在坝的顶点打一个系船柱，这样能得到 8 个月的规律。

下一年度可以增加几个水流观察站，这样可以更确切地掌握水流的活动。

从 1878 年起，根据坝的平均深度表，可看出弗格森航道的深度，以及与上一年相比的变化情况。

耙式挖泥船工程

3 月 1 日，5 艘船在坝外等候，清理冰凌，而后允许船舶进入河道，其中"FengTien"号和"Krcetke"号于 3 月 2 日进入航道，于 4 日到达天津。

在河道入口处外面，设立必要的标志。从 3 月 19 日开始工作，"Chun Liang"号 14 日离津去帮助工作。

设立标志工作于 27 日完成，耙沙疏浚工作于 28 日由"Chun Liang"号、"Chun Shun"号开始，后者是 15 日到达大沽的。

4 月 4 日，"Chun Tung"号到达，从那天起，3 艘船一起疏浚，到 5 月 8 日，"Chun Chieh"号也被派往。

在此时期，共有 4 艘船在工作。

1911 年，河水暴涨特别凶猛，从 4 月 4 日中旬已经开始，断断续续一直到年底，大量泥沙在 6 月、7 月被带入河流。

1910 年，最坏的时期为 8 月、9 月，而 1911 年几乎不间断地疏浚泥沙。

航道在深度达到大沽基准水位以下 4.75 呎时，或在高水位 8 呎时，大沽基准水位为 13.75

呎，通航到 6 月 9 日上涨 3 吋，达到大沽基准水位以下 5 呎。

这样一直保持到 9 月 6 日，下降 1 呎，还可以允许到 4 呎。

8 月 30 日的台风使河道突然变浅。

9 月 6 日至 10 月 13 日，要保持这样的水位是困难的，在 10 月 13 日又继续下降 3 吋。

从这天开始到港口关闭，一直保持这种深度。

表 2.14 列出 1907 年至 1911 年各月航道的深度。

表 2.14　1907—1911 年航道的深度　　　　　　　　　　　　　单位：呎

年份	4	5	6	7	8	9	10	11	12
1907	3.00	3.00	3.00	4.00	3.00	3.00	3.00	3.50	3.00
1908	—	—	4.00	4.00	3.50	3.00	3.00	3.00	3.00
1909	3.00	3.50	4.00	4.00	4.00	3.50	3.50	4.00	4.00
1910	4.25	4.50	4.75	5.00	4.50	4.50	4.50	4.75	4.75
1911	4.75	4.75	5.00	5.00	5.00	4.00	3.75	3.75	3.75

从表 2.14 中可以看出，8 至 10 月航道变浅是由暴雨所致。

从表 2.15 中可以看出，1910 年平均改善深度为 0.08 呎，1909—1910 年平均改善深度为 0.92 呎。

表 2.15　1907—1911 年平均改善深度

年份	深度（呎）	水位
1907	3.00	低水位下游或高水位处 11.00 呎（超过大沽基准水位 8 呎）
1908	3.45	低水位下游或高水位处 11.45 呎（超过大沽基准水位 8 呎）
1909	3.55	低水位下游或高水位处 11.55 呎（超过大沽基准水位 8 呎）
1910	4.47	低水位下游或高水位处 12.47 呎（超过大沽基准水位 8 呎）
1911	4.55	低水位下游或高水位处 12.55 呎（超过大沽基准水位 8 呎）

由表 2.14、表 2.15 可以看出，1911 年航道深度有微弱的改进，但是量很小，到年底时，航道又变浅。

表 2.16 说明了航道在各日期因为耙浚工程的变化而发生变动。

表 2.16　航道深度变化

日期	深度（呎）		平均深度（呎）	
	最小	最大	内半	外半
1906 年 7 月 1 日	大沽基准水位以下 0.6 呎		航道平坦底的高度	
1906 年 7 月 1 日	大沽基准水位以下 1.0 呎		老坝的高度	
1906 年 9 月 30 日	大沽基准水位以下 2.1 呎	2.7	2.4	2.3
1906 年 11 月 22 日	大沽基准水位以下 2.9 呎	3.7	3.4	3.5
1910 年 3 月 31 日	4.7	5.6	5.1	4.9
1910 年 4 月 17 日	4.9	6.5	8.3	5.5

日期	深度（呎）		平均深度（呎）	
	最小	最大	内半	外半
1910 年 4 月 19 日	5.1	6.1	5.3	5.7
1910 年 5 月 19 日	5.3	6.1	6.6	5.8
1910 年 6 月 20 日	5.2	6.1	6.6	5.8
1910 年 7 月 12 日	5.3	6.3	6.1	5.9
1910 年 8 月 13 日	5.1	6.1	5.9	5.5
1910 年 8 月 28 日	4.8	6.2	5.8	5.6
1910 年 9 月 14 日	4.8	6.1	5.4	5.2
1910 年 9 月 28 日	4.9	5.9	5.4	5.3
1910 年 10 月 15 日	5.3	6.3	5.9	5.6
1910 年 11 月 7 日	5.3	6.3	5.8	5.6
1910 年 11 月 25 日	5.1	5.7	5.6	5.4
1911 年 4 月 6 日	4.6	6.5	5.75	5.75
1911 年 6 月 5 日	5.5	7.0	6.0	6.3
1911 年 7 月 10 日	5.5	7.8	5.9	6.1
1911 年 7 月 25 日	5.4	7.0	6.1	5.9
1911 年 9 月 21 日	4.5	5.7	5.1	5.3
1911 年 10 月 17 日	4.0	5.0	4.35	4.75
1911 年 11 月 2 日	4.0	4.6	4.6	4.6
1911 年 11 月 19 日	4.0	5.2	4.4	4.6

有足够的信息来表示确切的航道水流，既不多也不少，这一点严格的指导是十分必要的。

表 2.17 所示为 1909 年、1910 年、1911 年通过坝的船只数量以及吃水 12 呎和 12 呎 6 吋的情况。

表 2.17 通过坝的船数及吃水情况　　　　　　　　单位：艘

年份	总数（艘）	吃水 12 呎	吃水 12 呎 6 吋
1909	750	—	14
1910	718	91	23
1911	856	115	45

表 2.18 列出耙式挖泥船两年中为耙平脊所用的小时数。

表 2.18 工作时间情况　　　　　　　　单位：小时

挖泥船	1910 年	1911 年
"Chun Liang" 号	899	1 002
"Chun Shun" 号	881	1 010
"Chun Tung" 号	974	965
"Chun Chieh" 号	764	709
总计	3 518	3 686

平均每小时 2 次往返。

　　耙沙工作由于爆炸和冰凌在 11 月 24 日停止，后拉到天津于 27 日入坞。

破冰

　　5 月，洋商总会提出了一个问题，即在冬季保持港口开放，这样就要求用破冰船，并讨论此事。

天津洋商总会致函海河工程局

1911 年 5 月 26 日

先生：

　　我荣幸地告知你，本厅考虑到，用破冰船如能使河道在冬季保持开放，使船到达塘沽，则可取得很大利益。

　　所以，要询问董事会的意见，如何使之实现。

　　假如董事会能考虑，并提供相关建议，并告之成功的可能。无须说明，在冬季几个月河道关闭，会给天津的贸易带来很大的不便。目前，因铁路等设施的健全，其他各埠认为有必要使港口保持开放。

　　本厅愿意在能力可及的情况下提供帮助。

主席　签字

海河工程局董事会致函洋商总会

1911 年 5 月 30 日

先生：

　　收到 26 日来信，关于向董事会提出用破冰船来保持河道开放使之直达塘沽的问题，回答是董事会将提供一份关于这方面的报告给您，董事会也逐步认定请一位卖家来承担此事及其费用。

秘书　签字

海关致函海河工程局董事会董事长

1912 年 7 月 4 日

先生：

　　海关同意海河工程局进行的破冰工程，我通知您，海关总监提到此项目，我接到以下答复。

　　总监没有反对海河工程局董事会关于在塘沽进行破冰的建议。

　　（a）建议得到海关最高领导人、代表权力当局的正式书面批准。

　　（b）对于破冰工程，海港当局的权力一部分保留。

　　（c）由于不能预见的原因，可能不利于航行或其他方面，海港负责人有权停止工程的进行。

专员　签字

海河工程局董事会致函洋商总会

1911 年 8 月 10 日

先生：

续我于 5 月 30 日的信，我要递上：

（a）VLiegeuthart 的一份给董事会，关于保持塘沽用破冰船使之开放的可行性报告。

（b）海关监督员 Knipping 写给欧洲卖家的附件尚未答复。

秘书　签字

天津 1911 年 7 月 26 日

海河工程局董事会

关于用破冰来保持塘沽开放港口的可行性报告，提交董事会最高领导。考虑到海河口和入口处，为了形成可靠的意见，注意力必须首先放在特殊研究不规律的潮汐，这些都来自北直隶海湾。

海湾是如此浅，北直隶海湾又十分窄，对潮汐的大小有影响，因而，也影响到海河口的潮汐时间和大小。

这些风的影响是如此之大，风的推动使潮水涨到正常水位或预计高水位以上 4 呎，而退潮时（高低水位之差）经常记录只有 6 吋。

高水位的实际情况与预计的高水位变化如上述，其差别经常在一个半小时。

由于受南风的影响，迫使水涌向海湾，经过朝鲜半岛和山东半岛向北直隶海湾移动，在海河口形成高水位。强大的北风和西北风又平息潮汐，使它减少上升。

落潮时，东风又在海河口增加上涨，西南风实际上不影响潮的大小，从以上情况可以清楚地看出，河流的潮汐情况并无规律。

夏天几个月，风向大多是东南，而冬天 1 月内，明显都是西北风，因此，夏天比冬天潮大。

为了说明问题，在大沽北炮台，从 11 月至次年 3 月，平均高水位为 7.5 呎；4 至 10 月，平均高水位为 8.7 呎。

根据以上记录，冬季平均高水位要比夏季平均高水位低 1.2 呎，仔细分析，不论何种方案，要使塘沽港在冬季通航，它直接关系到船在河里的可能吃水量，因为低水位决定于西北风，这种情况经常要持续 3~4 天。

再分析外部条件，这些取决于河流的潮汐。

先分析有没有塘沽以下其他各河流不受潮汐的影响，测算出的清洪水排出也是潮汐流入和流出。

平均清洪水排出量约为每秒 5 000 立方呎，从每秒 500 立方呎（6 月）到每秒 25 000 立方呎（8—9 月）。另外，当涨潮时，其量是两倍，每天顺河排下，在河口处，可能为每秒 42 000 立方呎。

当大潮或落潮最厉害时，大潮时流速达每秒 5 呎，退潮时为每秒 6.5 呎。

因此，很明显，潮汐会影响到河的流量。

低水位有斜度，高水位在大沽北炮台和塘沽相差 0.05 呎。在相距 4 海哩，朝海方向低落 0.05 呎。在塘沽和大沽北炮台处，潮汐都是一样的。

在冬季，清洪水排量低于平均数，因为各支流都结冰，不排水。

很明显，在冬季各月份，天津和塘沽间的河水差不多是清水，造成上述情况的原因是涨落潮仍然在进行，但是上涨和下落的潮水量减少。在塘沽以上、天津以下的河段，大量的冰凌产生了很大阻力。在潮汐计处，沿河流直到天津，在冬季上涨和下落会减少潮汐，水流也相应减少。这种减少带来何种影响很难断定，这些问题将在下次冬季分析。

明年将出现何种情况，先提出确切的说明似乎过早。但可预言，潮汐的影响一定会逐步增加。因为工程局的原则是改善潮汐作用。因此，目前第四裁弯工程和弗格森航道加深工程都在进行中。这样会产生一个水流，可以避免冰凌快速形成。因此，将来的情况肯定会比目前要好。

由于每年，特别是7—9月，大量泥沙从河中排出，暗礁和坝会出现在向海的方向。在河口，北炮台延伸只有5.5海哩。这段距离内有一处深为6呎的低水位，它的位置在外黑浮标和弗格森航道的外侧。距北炮台8.5海哩处，有一个深度为24呎的地带。这样，船只在进入河道前宽度有6 000呎，可抛锚。

这里称为深孔段，它在大沽北口流入河道。

在大沽北炮台处河流宽800呎，低水位时为600呎，最大深度为低水位16呎（以大沽基准水位为标准）。

从此地到塘沽距离5海哩，河流呈反"S"形。

在距大沽北炮台8海哩处，其方向与河道深凹段的内部相同。N.26w接着有一段较缓的弯道，半径约9 500呎，一直到前面提到过的太古洋行的地方。这里弯度突然加大，这部分的半径即太古洋行到Yu-ChiaPu村，只有2 000呎。这个弯道的终点离大沽北炮台处约2海哩，与大沽村的"中国帆坞"相平行。

这里在弯道以前有一海岸，约3 000呎。这个弯道开始时很锐，半径只有2 000呎。11月28日至次年3月4日，整个时期，最低温度都在冰点以下，98天中有42天整天温度都没有超过冰点。在此期间，塘沽的河流关闭，每年变化甚小，有时在12月中旬以后才封冻。这已形成规律，在月内第一次遇到强西北风，立即结冰。但是，这样的冰会被船只打碎并冲掉。河道可保持通行，延长到10天，直到最小潮时，河道才完全封闭。

1883年、1889年、1891年冬季，河道畅通，最低温度都到了相应年份的14 ℉、14 ℉和16 ℉。1906年7月气温很暖，船舶航行到塘沽没有太大困难。

当整个河段封冻，一直到坝段，那么整个河流直到天津都冻冰，只有一部分强水流处未结冰。但是，1909年就没有出现这种情况，从天津到大沽河面全部被一层厚冰盖住。某些未封部分，只在河流段出现如大沽北炮台和太古洋行。但在航道右岸，在Hsi Ku弯道，从外黑浮标到航道深凹段不断出问题。因为这段里的冰一旦被破碎，会随着退潮水流而冲入海，也可能被西北风吹走。唯一影响计划的是，破冰船有可能因弗格森航道上有浮沙，在退潮时打算建立新引航灯，否则船舶航行应比较困难。

航道深凹段位于外灯船和大沽北炮台间，但复杂的是水在此处，先在航道的岸边，然后被大潮推向航道，而后与航道内的冰一起形成大块，有2~3呎厚。

假如冰已被破碎，很有可能浮入海，但要经过几天的时间。同时，新结的冰还会在岸边形成，把已经漂移的又增厚，每次强潮和上岸的风会把冰冲向河口。

这就是计划的目的，要仔细对待。

使用爆炸是无效的。冰只是被破碎，但无出口，它会很快又聚集，几分钟后又和原先一样了。没有理由认为一艘或更多的破冰船不能保持港口开放，使船只上下通行。

河流段冰的平均厚度取决于冬季严寒的程度，为 1~1.5 呎，所以开始时，破冰十分容易，唯一的问题是破碎后的排放。

与航道深凹段的实际一样，河流段的位置并不好，河口因为没有表面的冰可以流过宽广的泥沙平地。

在河口与塘沽间的弯道处保持通航应该不难。大量的浮冰随河流流动，不会有什么问题但河道的窄处、弯道及浅滩不会使浮冰流动出现麻烦。所以，这是规律，寒冷气候使河道全部封冻，只是几天的事。其余的要一艘船来打破，在几处弯道，冰块聚集，形成大块，其厚度达几呎，这样会使冬季减弱潮汐的作用。直到找到冰坝来抵抗水流，造成像欧洲那样的水灾，在这里还没出现过。

所有这些都是根据手头资料进行的分析，对计划应再进一步研究，会发现比预期好克服。

毫无疑问，根据实验，某些困难是不可预见的，只能在出现时去应对和补救，如浮冰在航道深凹段太多的困难。

这样工作的结果很难预见。因为河流的整个情况会改变，但是某些机会必须用来肯定应做什么和要得到何种冰封河流的结果。

在报告里，那些有用的资料及工程师和航海员联合对本港做的访问都有助于对本地冬季情况的了解。对于波罗的海破冰工作的研究，可能成功，但是不能保证。

因为没有适宜的破冰船可用来做试验，专家们提出建议，建造破冰船要成功，重要的决定是为本港的使用进行合理设计。

根据上述特点，专家们无疑可以结合实际设计破冰船，假如资金问题未能解决，洋商总会可以用征奖办法来收集最佳设计，1871 年汉堡市曾用过这种办法。

计划可由委员会审查并扩大，由一位本国专家设计，在明年 2 月的某时完成。

下列各条应仔细考虑和参考。

（1）应规定破冰船的吃水，尽可能不使其效率受影响。虽然弗格森航道目前的深度为 4 呎低水位，但经疏浚后，其深度平均可达低水位 8 呎。并且应在退潮时，尽量长时间做破冰工作，使冰凌顺河而下，故吃水不超过 7 呎 6 吋。

（2）为使破冰船能在窄道中航行，船身应尽量短。

（3）沙滩吃水深的破冰船最好采用双旋叶。

（4）额定功率为 700 马力才能在河道内工作，但长度、吃水等又带来麻烦，故建议用较小的破冰船 2 艘或更多一些，其额定功率为 30~400 马力，对破塘沽以下的冰更为有效。

（5）船上必须有宽大煤仓，因为在河道的入口处，经常要延误数日。

（6）设计中应讲明保证能达到的速度、蒸气量、能破冰的厚度、接力以及拖拉时的速度。

2 辆额定功率为 400 马力的破冰船，每台约 60 000 两，每月运转费约为 6 000 两，3 个月再加费用 7 000 两，总数为 145 000 两。

港口不但对船有效益，而且对驳船也有效益。在冬季整月（1 月）都被封冻，无疑，12 月和 2 月在不是十分困难的情况下，可以通航。

最后列出一些关于破冰和破冰船的资料。

在波罗的海港口，海港当局经常得到商人和船运的帮助，并且他们有良好的破冰船，他们用这些使航运顺利，十分得益。

冲击式破冰船首先于 1871 年提出，在汉堡市获得最佳破冰船设计奖。

在荷兰，要求在短时间内破冰，有 2 艘普通船，在船头加了一些装置，工作时像割刀般把冰切开，这种设计在荷兰也获得过设计奖。在弗伦斯堡由造船人 E. J. Weedormann 提出一种破冰船专利，它可适用于任何船上，而且可破较厚的冰。港口由弗伦斯堡的船员来保持通行。它具有前述的设计，并在需要时工作。

破冰船可以按此建造，它是把冰块堆集，依靠它的重量去破碎，必要时，把冰从后部槽泵到船头槽内，这些槽的容量很大。当全速前进时，头部产生一种波动力，冲向冰块，甚至在船头到达前冰就破裂，提高船只的航行效果。强力破冰船"Ermak"号由 Makarotf 设计，由阿姆斯壮伟特沃斯制造，这是为深港用的，速度极快，可冲破 5 呎厚的冰，吨位 8 000 吨，功力为 10 000 马力。

一条为 SeHin 市所有的"柏林"号大力破冰船造于 1889 年，由 Vulcan 制造，价值约 125 000 两。长 142 呎，宽 35 呎 6 吋，吃水 15 呎 9 吋。

3 台膨胀发动机，额定功率 500 马力，航速为 17 节/小时。

波罗的海港口用的破冰船都较小，额定功率不超过 400 马力，拖船"Hun Ho"号价值 40 000 两。

Elbe 工程局有几艘破冰船，其中，"Eisbar"号造于 1892 年，价值 30 000 两，由 Moller Holbey 承制，长 97 呎 4 吋，宽 19 呎 10 吋，吃水 6 呎 7 吋，发动机功率为 300 马力，航速 10 节/小时。

Weiehsel 每年冬季雇用几艘破冰船，其中"Gardinga"号是专为浅滩设计的，目的是破除从 Weiehsel 到 Thorn 的冰，其长度为 140 呎，宽度为 28 呎 5 吋，吃水 3 呎 5 吋。它有 2 台发动机，每台 200 马力，双旋叶，航速为 9.8 节/小时。由于吃水浅，在建造时把旋叶分开，它于 1904 年在 J. W Klawetter 的船坞制造，价值 50 000 两。

在美国，圣劳伦斯的破冰船在船头装一套旋叶（功率约为全部的 49%），目的是把大量的冰直接冲到要破的冰上，这种方法比较有效，尤其是破聚集的冰块。

芬兰政府 1895—1898 年成立委员会进行破冰工作，派专家出国，带旋叶的破冰船被采用，而且比普通破冰船有效。

总工程师 J. C. Vliegenthart

魏立进

海岸督察办

上海 1911 年 7 月 13 日

十分感谢，收到 27 日附来的即大沽破冰工作的意见。

答复是，十分遗憾弗格森航道在冬季用破冰船保持通航的可行报告提及的问题，无法提供权威意见，这种情况不易成功。

建议把塘沽以下到大沽坝的水位情况，以及冰冻形成的详细资料，全部收集送来，交予浅滩破冰工作专家。波罗的海港口的条件可能与大沽有相似之处，所以，最好请德国总领事对港口提出建议。

W. F. Tyler

海岸督察办

洋商总会致函海河董事会：

补充 5 月 30 日信，接到由德国领事转来的德国外交部关于派破冰专家到大沽坝的报告，外交部推荐 Liese 工程师，其曾于 1901 年在 Elbe 任职。Liese 打算明年冬天用 5 个月的时间在大沽，住房补助和旅费等每月 120 英镑，雇 Liese5 个月总计费用约 900 英镑。雇请专家已超出董事会的职权范围，除非由董事会授权，特别请示是否应该雇用。尽快决定，因为德国外交部在等候答复。

同时送上两份备忘录，转给董事会，破冰问题第一次由洋商总会提出，内容是董事会的签注意见。

秘书 F. Hussey Freke

天津 1911 年 5 月 27 日

致董事会成员们：

（1）转上天津洋商总会主席的一份附件，要求董事会考虑保持塘沽港用破冰船在冬季开盘的建议；促使建议实现；如可能，要求为建议提供试验。

（2）为了促使建议成功，总工程师不参与，但他的意见可以采取。假如用破冰船使河道开通，工程局内无专家，在天津也无此类人才，可以向外请，要承担一定风险。

（3）试验的问题十分重要。假如洋商总会可提供，不用工程局的资金，也不提供船只及开支，则海河工程局同意借出冬季工作不重的职员。Sherman 来协助工作，但目前董事会不同意提供船只及开支。

（4）假如洋商总会和船运公司希望海河工程局提供船只和开支，并对工程付费，他们现在的税收只够用于开支。

（5）1908 年 4 月 15 日的一次非正式董事会，洋商总会代表们及船运公司代表们同意对 B 项计划承担经费。

B 项计划集资于税收，原先都同意的不是全部列入塘沽坝财政计划，即河道负担海关税的 4%，那些较少税的船只，不能通过坝。很明显，河道税收继续增加，这是航运税的基础，也是常务董事会的意思。

河道税和吨位税应至少每年提供 200 000 两，以及贷款 870 000 两（包括 23 年的分期付款）和日常开支 150 300 两，因为每年平衡还缺 50 000 两。

这项计划于 1908 年 5 月 18 日由委员会批准。

对于破冰计划有兴趣的各部门，洋商总会和航运公司有 3 名代表和 3 名董事会成员组成常务董事会，由他们控制 50 000 两，作为日常开支、利息等的付款。

（6）常务董事会组成后，其中 4 名成员同意即可召开董事会议，如对 B 项计划的实施有严重的违背，应以表决方式决定，在 1908 年 4 月 15 日的非正式会议纪要中，有详细说明；决定与计划项目有关的建议；对决策、河道大坝工程机构间的关系、河道的改善有查询和建议的权利；对各项事务的规则有决定权，对洋商总会和航运公司提出第 1 节、第 2 节中的问题有过问权，召开常务董事会，并批准破冰计划全部或部分开支。

（7）B 项计划不能得到全部河流税收的利益，直到今年 9 月，B 项计划的债券分期付款结束。目前，并没有对这项 50 000 两的处理问题说明白。破冰船大概明年冬天才能实现，到那时需要更多贷款，它是从今年 50 000 两经费中提取的。

（8）虽然破冰工作并未列入河道工程局范围，但委员会做此项工作比其他部门要有利，而且有经济效益。因为我们有职员在冬季做这件事，在通航期，还有一条船可以正常使用。假如计划执行中航行税收很成功，则会得利。

（9）董事会在答复洋商总会时，应强调该厅若愿参加这项工作，无须提建议，也不用负责任，只需购买破冰船，并雇一名专家，在整个冬季去研究大沽冰的形成和本地情况。然后，提出报告，作为将来执行的根据。

秘书 F. Hussey-Freke

天津 1911 年 8 月 26 日

14 日来信，致天津洋商总会秘书，提到请专家实行工作，使塘沽在冬季能通航，已经转给航运代表、天津洋商总会代表和天津航运公司。希望召开常务董事会，尽快提出方便的开会日期，目的是讨论并决定上述问题。

K. F. Melchers

Perey H. Kent

JARDINE MATHESON 公司

G. W. Sheppard 代理人

太古洋行

R. Ross Thomson

天津航运公司代表

洋商总会

天津 1911 年 2 月 26 日

收到 14 日来信，关于大沽坝破冰专家的事。

委员会十分高兴，假如能召集常务董事会讨论明年冬天雇用 Liese 5 个月的建议。

委员会指定 W. A. Morlings 和 K. H. Melchers 以及 Perey H. Kent 3 位代表洋商总会，航运公司同样指定 3 位代表。

请告之何日召开常务董事会，以便通知商业厅的代表。

秘书 A. F. Algie

海洋董事会致洋商总会信

1911 年 9 月 1 日

常务董事会已经登记召开，昨天 W. A. Morlings 及 Ross Thomson 提的建议都一致通过。

一笔不超过 900 英镑的经费将附加在 B 项计划的年开支中，由海河工程局负担，用来雇用专家，提出在冬季用破冰船使海河河道保持通航可能性报告。

秘书 F. Hussey-Freke

Liese 已于 11 月到达，将于明年 3 月提出报告。

最高温度、最低温度由 B. M. C 工程部提供，记载于《天津日报》。

其中包括 1891—1892 年、1911—1912 年的 12 月、1 月、2 月。

由海港提供的一些有用的数据发现，船只到天津的日期可查到 1891—1892 年。"PeiPing"号于 1892 年 6 月 14 日到达大沽，又于次年 1 月 16 日离去，"Peochi"号于 1884 年 2 月 12 日到达大沽。

1897 年 1 月被记录是最冷的，平均最低温度只有 6.6 ℉，最高、最低的平均温度为 17.8 ℉。平均气温为 27.5 ℉（21 个冬季），它是冰点以下 4.5 ℉。

平均有 84 个雾日，实际上在 3 月中，每晚都结冰，结冰日扩展为 2~29 天。

冬季结冰日最多的为 1896 年、1899 年、1900 年、1910 年，各 38 天，连着最长的结冰日为 1899 年 12 月 22 日到 1900 年 1 月 19 日，即 29 天。

海河温度情况如表 2.19 至 2.25 所示。

表 2.19　1891—1911 年 12 月的温度

年份	平均（℉）		最大值（℉）		最小值（℉）		天数（天）			
	最高	最低	最高	最低	最高	最低	最高或 32 ℉以上	最低或 32 ℉以上	最低或 10~20 ℉	最低或 10 ℉以下
1891	41.3	21.9	56.0	21.0	32.0	15.0	28	10	10	0
1892	41.6	21.1	5.20	31.0	30.0	14.0	30	0	15	0
1893	37.9	18.5	50.0	25.0	28.0	3.0	25	0	13	4
1894	34.5	20.6	42.0	26.0	30.0	10.0	25	0	17	1
1895	35.5	21.8	45.0	25.0	38.0	8.0	24	6	15	2
1896	37.3	19.4	50.0	20.0	33.0	4.0	24	1	11	4
1897	27.1	21.2	41.0	21.0	34.0	6.0	16	2	17	1
1898	38.6	28.5	45.0	20.0	37.0	13.0	28	11	1	0
1899	34.9	23.6	47.0	18.0	37.0	3.0	23	3	7	2
1900	35.3	23.1	44.0	25.0	35.0	11.0	23	1	9	0
1901	28.8	21.8	42.0	13.0	34.0	5.0	11	4	9	3

年份	平均（℉）		最大值（℉）		最小值（℉）		天数（天）			
	最高	最低	最高	最低	最高	最低	最高或32℉以上	最低或32℉以上	最低或10~20℉	最低或10℉以下
1902	34.6	24.4	47.0	22.0	36.0	16.0	23	5	6	0
1903	35.1	22.4	46.0	25.0	39.0	17.0	24	0	11	0
1904	34.2	22.8	48.0	17.0	33.0	8.0	21	3	11	1
1905	37.1	26.2	51.0	23.0	41.0	15.0	25	11	8	0
1906	37.7	26.6	55.0	19.0	48.0	12.0	22	9	6	0
1907	37.3	18.9	46.0	21.0	28.0	12.0	25	0	14	0
1908	41.0	23.4	49.0	21.0	31.0	10.0	28	0	6	0
1909	37.2	16.3	49.0	22.0	32.0	7.0	23	1	12	8
1910	32.5	13.9	43.0	19.0	29.0	6.0	19	0	20	4
1911	32.9	17.3	43.0	22.0	28.0	9.0	18	0	21	5
平均温度	35.82	21.6	47.19	21.85	33.95	9.57	23	3.19	11.38	1.47

表 2.20　1892—1912 年 1 月的温度

年份	平均（℉）		最大值（℉）		最小值（℉）		天数（天）			
	最高	最低	最高	最低	最高	最低	最高或32℉以上	最低或32℉以上	最低或10~20℉	最低或10℉以下
1892	44.4	18.4	57.0	35.0	28.0	10.0	3.1	0	23	1
1893	26.7	9.7	39.0	10.0	25.0	-1.0	8	0	16	12
1894	33.5	12.5	43.0	20.0	24.0	-8.0	21	0	23	4
1895	32.7	9.3	40.0	23.0	20.0	-9.0	21	0	19	11
1896	33.3	15.2	45.0	19.0	27.0	6.0	23	0	18	8
1897	29.0	6.6	39.0	18.0	39.0	-7.0	9	0	8	19
1898	36.4	23.4	43.6	27.2	30.9	18.0	26	0	9	0
1899	35.4	20.9	47.2	16.0	35.0	10.0	21	1	13	1
1900	26.3	11.9	37.0	19.0	20.0	3.0	6	0	19	12
1901	27.0	16.1	37.0	19.0	30.0	6.0	6	0	9	10
1902	33.7	21.5	43.0	19.0	31.0	13.0	20	0	12	0
1903	32.4	19.5	44.0	23.0	32.0	10.0	18	1	19	0
1904	30.5	17.2	41.0	23.0	26.0	8.0	14	0	20	1
1905	35.9	23.5	46.0	21.0	33.0	14.0	23	3	7	0
1906	28.3	17.8	39.0	17.0	32.0	5.0	13	2	17	3
1907	35.3	26.3	48.0	23.0	37.0	17.0	22	3	6	0

年份	平均（℉）		最大值（℉）		最小值（℉）		天数（天）			
	最高	最低	最高	最低	最高	最低	最高或 32 ℉以上	最低或 32 ℉以上	最低或 10～20 ℉	最低或 10 ℉以下
1908	29.3	12.5	41.0	16.0	26.0	4.0	11	0	23	5
1909	33.2	14.7	45.0	16.0	26.0	2.0	18	0	19	5
1910	32.4	12.9	40.0	16.0	24.0	3.0	14	0	10	9
1911	31	12.1	41.0	16.0	24.0	-2.0	1.5	0	15	10
1912	34.9	15.1	46.0	23.0	27.0	8.0	23	0	24	1
平均温度	32.45	16.06	43.3	19.95	28.28	6.5	17.28	0.47	16.09	5.3

表 2.21　1892—1912 年 2 月的温度

年份	平均（℉）		最大值（℉）		最小值（℉）		天数（天）			
	最高	最低	最高	最低	最高	最低	最高或 32 ℉以上	最低或 32 ℉以上	最低或 10～20 ℉	最低或 10 ℉以下
1892	49.1	22.8	64.0	34.0	32.0	13.0	2.9	1	9	0
1893	39.9	14.4	47.0	29.0	21.0	6.0	27	0	25	2
1894	40.1	20.5	56.0	26.0	31.0	7.0	25	0	6	4
1895	32.0	14.8	46.0	14.0	35.0	-9.0	18	3	14	5
1896	39.6	15.4	50.0	29.0	29.0	8.0	26	0	16	5
1897	35.6	14.0	54.0	20.0	30.0	-7.0	19	0	7	11
1898	39.7	29.0	51.0	29.0	37.0	21.0	28	8	0	0
1899	39.7	29.0	59.0	30.0	42.0	22.0	26	6	0	0
1900	39.1	27.3	52.0	23.0	41.0	14.0	24	4	8	0
1901	36.9	24.6	50.0	21.0	37.0	13.0	23	3	6	1
1902	39.0	25.5	53.0	21.0	37.0	17.0	23	3	4	0
1903	42.7	27.2	60.0	25.0	38.0	16.0	27	7	3	0
1904	39.7	25.4	50.0	24.0	41.0	16.0	27	5	4	0
1905	33.4	21.9	42.0	17.0	32.0	12.0	19	2	10	0
1906	32.7	22.4	50.0	21.0	33.0	8.0	18	3	9	1
1907	33.1	22.2	51.0	17.0	30.0	6.0	19	0	8	0
1908	35.0	16.8	52.0	22.0	32.0	6.0	19	2	15	4
1909	39.2	19.5	51.0	23.0	28.0	12.0	24	0	14	0
1910	41.5	16.1	52.0	24.0	30.0	2.0	26	0	13	5

续表

年份	平均（℉）		最大值（℉）		最小值（℉）		天数（天）			
	最高	最低	最高	最低	最高	最低	最高或32℉以上	最低或32℉以上	最低或10~20℉	最低或10℉以下
1911	33.6	14.7	47.0	26.0	33.0	-4.0	18	1	8	5
1912	43.2	23.7	54.0	28.0	35.0	10.3	28	4	8	1
平均温度	38.3	21.28	51.95	24.09	33.5	10.04	23.38	12.47	8.0	2.38

表 2.22 21 个冬季的平均温度 单位：℉

时间	12月、1月、2月的平均温度		12月、1月、2月的平均温度	
	最高	最低	最高	最低
1891—1892 年	44.9	21	32.9	
1892—1893 年	36.1	15.1	25.6	
1893—1894 年	37.1	17.1	27.1	
1894—1895 年	33.0	14.9	23.9	
1895—1896 年	36.1	17.4	26.7	
1896—1897 年	33.9	13.3	23.6	
1897—1898 年	34.4	24.5	29.4	
1898—1899 年	37.9	26	31.9	
1899—1900 年	33.4	20.0	27.1	
1900—1901 年	33	21.2	27.1	
1901—1902 年	33.3	22.0	28.3	
1902—1903 年	36.5	23.8	30.1	
1903—1904 年	35.1	21.6	28.3	
1904—1905 年	34.5	22.7	28.6	
1905—1906 年	32.7	22.1	27.4	
1906—1907 年	35.3	25.0	30.1	
1907—1908 年	33.8	16.0	24.0	
1908—1909 年	37.8	19.2	28.5	
1909—1910 年	37.0	15.1	26.0	
1910—1911 年	32.3	13.5	22.9	
1911—1912 年	37.0	18.7	27.8	
平均温度	35.5	19.6	27.5	

表 2.23 海河温度情况 单位：℉

时间	平均（℉）	时间	按严历程度排列平均最低（℉）
1910—1911 年	22.9	1896—1897 年	13.3
1896—1897 年	23.6	1910—1911 年	13.5

续表

时间	平均（℉）	时间	按严历程度排列平均最低（℉）
1894—1895 年	23.9	1894—1895 年	14.9
1907—1908 年	24.9	1892—1893 年	15.0
1892—1893 年	25.5	1909—1910 年	15.1
1909—1910 年	26.0	1907—1908 年	16.0
1895—1896 年	26.7	1893—1894 年	17.1
1893—1894 年	27.1	1895—1896 年	17.4
1900—1901 年	27.1	1911—1912 年	18.7
1899—1900 年	27.1	1908—1909 年	19.2
1905—1906 年	27.3	1899—1900 年	20.9
1911—1912 年	27.8	1891—1892 年	21.0
1903—1904 年	28.3	1900—1901 年	21.2
1901—1902 年	28.3	1903—1904 年	21.6
1908—1909 年	28.5	1905—1906 年	22.1
1904—1905 年	28.6	1904—1905 年	22.7
1897—1898 年	29.4	1901—1902 年	22.9
1906—1907 年	30.1	1902—1903 年	23.8
1902—1907 年	90.1	1897—1898 年	24.5
1898—1899 年	31.9	1906—1907 年	25.0
1891—1892 年	32.9	1898—1899 年	26.0
平均温度	27.5	平均温度	19.6

表 2.24 海河冬季温度状况　　　　　　　　　　　　　　　单位：天

时间	低于 30 ℉的天数	时间	低于 10 ℉的天数
1892—1893 年	70	1896—1897 年	43
1910—1911 年	68	1910—1911 年	25
1894—1895 年	67	1909—1910 年	20
1895—1896 年	64	1894—1895 年	17
1909—1910 年	64	1895—1896 年	15
1907—1908 年	61	1892—1893 年	14
1896—1897 年	60	1899—1900 年	14
1911—1912 年	58	1893—1894 年	12
1893—1894 年	53	1900—1901 年	11
1899—1900 年	48	1907—1908 年	9
1908—1909 年	44	1911—1912 年	5
1891—1892 年	43	1908—1909 年	5
1905—1906 年	38	1905—1906 年	4

续表

时间	低于 30 ℉的天数	时间	低于 10 ℉的天数
1903—1904 年	36	1901—1902 年	3
1900—1901 年	35	1899—1900 年	1
1904—1905 年	29	1903—1904 年	1
1901—1902 年	28	1891—1892 年	1
1902—1903 年	28	1904—1905 年	1
1897—1898 年	27	1897—1898 年	1
1906—1907 年	20	1902—1903 年	1
1898—1899 年	15	1906—1907 年	1
平均天数	45.5	平均天数	9.3

表 2.25　海河温度情况

单位：天

时间	低于 32 ℉的天数（雾日）	不高于 32 ℉的天数（冰冻日）
1891—1892 年	80	3
1892—1893 年	90	25
1893—1894 年	90	19
1894—1895 年	87	26
1895—1896 年	84	14
1896—1897 年	49	38
1897—1898 年	91	20
1898—1899 年	72	15
1899—1900 年	84	38
1900—1901 年	86	38
1901—1902 年	83	36
1902—1903 年	78	22
1903—1904 年	86	26
1904—1905 年	82	27
1905—1906 年	74	36
1906—1907 年	78	29
1907—1908 年	89	36
1908—1909 年	99	20
1909—1910 年	89	27
1910—1911 年	89	38
1911—1912 年	86	22
平均天数	84	26.4

　　海港办公室提供的海河航运状况如表 2.26 所示。

表 2.26 海河航运状况

河道开放日期	第一艘到达河岸的船只	第一艘到达河岸日期	最晚离开河岸的船只	最晚离开河岸日期	最晚离开塘沽的船只	最晚离开塘沽日期	封河日期
2 月 25 日	Tungchow	3 月 11 日	Eldorado	12 月 10 日	PeiPing	12 月 18 日	12 月 27 日
2 月 23 日	Fuping	3 月 5 日	New chwang	12 月 14 日	Te Li	12 月 17 日	12 月 29 日
3 月 6 日	Kung Yiu	3 月 9 日	Lien shing	12 月 10 日	Pei Ping	12 月 5 日	12 月 27 日
2 月 20 日	Exang	3 月 9 日	Sheng King	12 月 14 日	YungPing	12 月 18 日	12 月 21 日
2 月 26 日					Kuang Ping	12 月 30 日	12 月 11 日
2 月 18 日					Pei Ping	12 月 22 日	12 月 15 日
2 月 22 日		河流不利航行			Fuping	12 月 26 日	12 月 31 日
2 月 20 日					KuangPing	12 月 10 日	—
2 月 26 日					Lienshing	12 月 31 日	12 月 27 日
2 月 23 日	Kuangchi	3 月 14 日	ShengKing	12 月 17 日	ShengKing	12 月 17 日	12 月 24 日
2 月 24 日	VorwRerts	2 月 28 日	Wosang	12 月 3 日	ChingPing	12 月 14 日	12 月 17 日
2 月 27 日	Tsintall	3 月 1 日	Hsikfung	12 月 8 日	Kwangchi	12 月 13 日	12 月 18 日
2 月 26 日	Knivsberg	3 月 2 日	ShengKing	12 月 12 日	Hsinchi	12 月 13 日	12 月 14 日
2 月 26 日	Paihin 丸	3 月 11 日	Hsinchi	12 月 9 日	Peochi	12 月 12 日	12 月 20 日
3 月 3 日	Peiho	3 月 2 日	Kwengchi	12 月 11 日	ShunTien	12 月 14 日	12 月 23 日
3 月 6 日	ShengKing	3 月 6 日	ShunTien	12 月 13 日	Poochi	12 月 22 日	12 月 13 日
2 月 19 日	Shuntiell Yamawrit	2 月 23 日	Kweichow	12 月 9 日	ShangKing	12 月 13 日	12 月 14 日
2 月 27 日	Maru	2 月 28 日	FengTien	12 月 10 日	KungPing	12 月 10 日	12 月 12 日
3 月 5 日	StrKrearte	3 月 4 日	Liangchow	12 月 13 日	Sooagama	12 月 21 日	12 月 29 日

大沽坝水位情况如表 2.27 和表 2.28 所示。

表 2.27 大沽坝最高水位的平均深度   单位：呎

年份＼月份	3	4	5	6	7	8	9	10	11	平均深度
1878	10.73	11.00	11.10	11.50	11.93	12.37	12.26	11.53	10.75	11.46
1879	10.88	11.20	11.37	11.60	12.43	12.37	11.93	10.60	10.60	11.44
1880	11.01	11.15	11.63	12.12	12.63	12.33	12.03	11.32	10.24	11.61
1881	10.20	10.95	11.10	11.60	11.82	12.18	11.95	11.28	10.35	11.27
1882	10.80	11.66	11.77	12.08	12.60	12.66	12.36	12.35	10.62	11.88
1883	11.40	12.10	11.73	12.00	12.71	13.60	12.40	11.50	11.00	12.05
1884	10.75	11.25	11.20	11.90	12.25	12.80	12.15	10.87	9.96	11.46
1885	10.40	10.46	10.72	11.16	11.80	12.32	11.70	11.36	9.82	11.08
1886	10.41	11.02	11.24	11.80	12.21	13.66	12.38	11.24	10.32	11.59
1887	10.74	10.85	11.45	11.77	11.77	12.24	11.50	11.22	10.43	11.33

续表

月份 年份	3	4	5	6	7	8	9	10	11	平均深度
1888	10.74	11.02	10.97	11.52	11.42	12.18	11.20	10.85	11.80	11.30
1889	10.71	10.88	10.85	11.35	11.64	11.77	11.50	10.64	10.17	11.06
1890	10.72	10.57	10.85	11.08	12.37	11.25	10.18	9.87	9.60	10.72
1891	10.27	11.39	11.36	12.21	12.10	11.91	12.24	11.53	10.80	11.53
1892	10.55	11.37	11.57	12.07	13.15	12.86	11.52	10.18	10.40	11.52
1893	10.70	11.10	11.27	11.70	12.32	11.71	11.14	9.76	9.13	10.98
1894	10.36	10.40	11.39	12.00	12.40	12.54	11.60	10.95	10.04	11.30
1895	10.73	11.59	11.59	11.03	12.27	12.45	11.84	11.59	10.35	11.49
1896	10.49	11.55	11.49	12.48	13.30	13.14	12.26	11.40	10.98	11.90
1897	11.47	11.31	11.77	12.23	12.80	13.40	12.35	11.40	11.95	12.07
1898	11.40	11.50	12.06	12.28	12.35	12.78	12.67	11.08	10.00	11.79
1899	10.00	10.49	10.88	11.16	11.54	11.35	10.73	9.82	9.44	10.60
1900	9.80	10.51	10.77							
1901	10.09	10.57	10.55	10.77	10.98	11.32	10.90	10.15	8.96	10.48
1902	9.90	9.64	10.15	10.51	10.48	10.48	10.03	9.87	9.40	10.05
1903	9.29	9.45	9.58	9.58	10.12	10.46	9.96	9.49	8.30	9.58
1904	8.63	9.14	9.26	9.61	10.20	10.67	9.84	9.22	8.29	9.43
1905	8.65	9.09	9.19	9.42	9.65	10.12	9.75	9.30	8.72	9.32
1906	8.89	9.23	9.60	9.98	10.17	10.36	10.27	10.30	9.57	9.82
1907	10.54	10.83	11.07	11.45	12.92	12.59	11.91	11.34	10.89	11.50
1908	11.35	11.47	11.97	12.58	13.19	12.65	12.33	11.90	10.41	11.98
1909	10.21	11.14	11.14	12.17	13.29	13.47	12.33	11.76	10.55	11.78
1910	11.37	11.82	11.82	12.84	13.06	14.10	13.26	12.74	11.92	12.55
1911	12.10	12.42	12.43	13.28	14.11	14.40	13.36	11.78	11.02	12.77

表 2.28 大沽坝最高水位的最高最低深度　　　　　　　　　　　　单位：呎

年份	最高深度			最低深度		
	月份	日期	深度	月份	日期	深度
1878	10	4	14.0	11	21	7.6
1879	7	7	15.0	3	2	6.0
	8	19				
1880	7	24	14.6	11	26	5.6
	9	28				
1881	10	11	16.6	11	6	5.6
				3	1	

年份	最高深度			最低深度		
	月份	日期	深度	月份	日期	深度
1882	10	21	18. 6	11	4、20、25 和 30	8. 6
	7	8				
1883	9	7	16. 0	11	11	5. 6
1884	8	23	19. 0	3	12	6. 6
1885	6	16	15. 0	4	8	6. 0
1886	8	29	20. 0	10	29	7. 0
1887	6	7	15. 0	3	18	7. 6
1888	8	8	16. 6	11	30	6. 6
	11	9 和 20				
1889	3	8	14. 0	11	27	6. 0
	9	11 和 25		3	10、11、21	
1890	7	8	17. 0	5	16	8. 0
1891	7	19	17. 0	3	10、11、21	8. 0
1892	7	11	16. 6	10	30	7. 0
	3	28				
1893	7	21	15. 0	10	18	5. 6
1894	10	14	19. 0	11	28	7. 0
1895	4	28	20. 0	3	28	8. 0
1896	3	16	17. 0	11	30	7. 0
	7	24				
1897	8	1	16. 0	3	13、15	9. 0
1898	6	9	17. 0	11	27	6. 6
1899	4	1	14. 0	10	16	5. 6
1900	3	13	14. 0	3	12	7. 0
1901	8	5	14. 0	11	19	3. 0
1902	11	20	14. 0	3	4	4. 0
				4	2	
1903	8	27	12. 6	11	18、19	6. 0
	7	30、31				
1904	8	3、4、5、28、30	12. 0	11	16	5. 0
	10	8		9	20	
1905	10	26	15. 0	11	4	3. 6
1906	9	24	13. 6	10	17	6. 0
1907	7	29	12. 0	11	24	5. 6
1908	7	29	12. 6	9	19	6. 0
				11	27	

续表

年份	最高深度			最低深度		
	月份	日期	深度	月份	日期	深度
1909	8	29	15.6	3	24	4.6
1910	8	6	16.0	11	16	5.0
1911	8	30	18.6	11	26	6

1906年6月，弗格森航道开始耙疏，1906年9月27日，船舶可以通过。从1906年10月起，表中的深度为通过弗格森航道的深度。

1901年以前的记录来自海关，1901年后的记录来自海河工程局。

第三篇　海河工程局1912年报告摘编

1912年海河状况

海河河道开航得非常早，2月19日，第一艘到达天津码头的轮船是"广平"号轮船，它于2月15日跨过大沽坝。在"广平"号之后是2月21日到达的"武昌"号轮船，2月22日到达的"安娜"号轮船以及"西康"号轮船。1911年，海河于3月4日开河，1910年，海河于2月27日开河，1909年，海河于2月23日开河。

在过去的这一年中，确切地说河水泛滥发生在7月初，泛滥的河水向海河中带入大量的淤泥。表3.1为1904年6月、1911年6月、1912年6月淤泥记录。

表3.1　海河淤泥记录

时间	每5加仑水中含泥量（两）	每1000立方呎水中含泥量（磅）	含泥量占水量的百分比（%）
1904年6月24日	39.0	4.056	6.5
1911年6月24日	9.4	979	1.57
1912年6月21日	8.85	844	1.41

所有这些淤泥都逐渐沿河向下流入大海，在8月中旬至10月底淤积在大沽坝，在10月底又被潮流和海浪驱散，进入北七里海海湾。

今年，自考察前至河水泛滥之后，大沽坝的淤泥量深度从12吋升至15吋。

表3.2是1909—1912年海河最大排泻量、最大水流速度和截面范围。可以看到，1912年，海河的排泄量远远超过了其他年份，而且可能是自精确观测以来的最高纪录。

表3.2　海河流速情况

时间	截面最大排泄量（立方呎/截面）	截面最快水流速度（节）	截面范围（平方呎）
1909年8月26日	10 000		
1910年8月24日	8 530		
1911年10月10日	15 226	2.78	4 301
1912年9月2日	11 734	3.00	3 337

续表

时间	截面最大排泄量（立方呎/截面）	截面最快水流速度（节）	截面范围（平方呎）
1912 年 8 月 12 日	20 120	3.00	5 094

租界内的潮流观测进行了 25 天，对海河各个支流有 35 次观测。另外，还对河口处的大沽沙进行了观测。

后面的观测表明，存在一个 27 000 立方呎/秒、截面小潮期间的排泄量为 5 558 立方呎，存在一个排泄量为每秒 30 000 立方呎的春汛。表 3.3 表明，自 1902 年以来，每年一段可以称为汛期的时期即高于 12 呎大沽水呎的水平线日期。

表 3.3　汛期状况

年份	汛期	汛期天数	最高水位日期
1902	8 月 3 日至 8 月 12 日	10	8 月 8 日（13.0 呎）
1903	9 月 13 日至 9 月 19 日	7	9 月 14 日（12.4 呎）
1904	8 月 14 日至 10 月 2 日	50	8 月 27 日 1（15.5 呎）
1905	超过大沽基准水位 12 呎	0	9 月 2 日（11.1 呎）
1906	超过大沽基准水位 12 呎	0	8 月 23 日（11.6 呎）
1907	8 月 11 日至 8 月 27 日	17	8 月 21 日（12.7 呎）
1908	7 月 19 至 10 月 3 日	77	9 月 15 日（14.7 呎）
1909	8 月 23 至 9 月 30 日	8	8 月 29 日（12.9 呎）
1910	超过大沽基准水位 12 呎	0	8 月 24 日（11.9 呎）
1911	8 月 30 日、9 月 3 日、12 月 15 日、12 月 23—30 日，10 月 2—15 日	26	8 月 30 日（13.3 呎） 10 月 4 日（13.3 呎）
1912	7 月 22 日、7 月 27 日至 12 月、5 月 8 日及 10 月 28 日	75	8 月 3 日（14.4 呎）

以下是弗莱金哈特 1912 年洪水报告中的摘录：

1912 年的洪水是自精确记录以来最糟的一次，也就是自 1901 年以来最糟的一次，这当然归因于少见的降雨量。

在天津，7 月 21—23 日、8 月 4—6 日两个期间的降雨量都在 7 吋以上。在丰台，7 月 5—6 日降雨量为 10 吋，7 月 21—23 日降雨量在 9 吋以上。

由于丰河和北河的排水流域及海河一部分洪水的输入，海河三角洲的水位已经上涨了，已不能再贮存额外的、少见的自海河而来的大洪水。

夏季，洪水的水位在两个潮汛测量计上有所显示，一个在运河口处的北河（运河口在北部上游 5 哩）另一个在大清河南岸处的西河，这些记录中有关于这次洪水的信息。

1912 年的洪水

6 月 13 日，南运河在倪安处、廊坊的西南方（下游 40 哩处就是卢沟桥）决了个小口。修好后，7 月 13 日，另一次河水泛滥到了运河，又将此处冲垮。

海河的这两次河水泛滥都是值得注意的，因为不寻常的大量的淤泥被带入了海河。

7 月 20 日，两个潮汛测量计上显示的读数还是正常的，都显示为大沽基准水位 16 呎，但从这一天开始，潮汛测量计的水位逐渐上升，运河的潮汛测量计也开始上升。运河测量计在 7 月 21—24 日每天上升 1 呎，然后就保持稳定，直到 7 月 29 日，显然是因为 7 月 21—23 日大雨引起的运河洪水，河水水位情况如下：

7 月 30 日和 31 日 1.48 呎。

7 月 31 日和 8 月 1 日 0.64 呎。

8 月 1 日和 8 月 2 日 1.81 呎。

8 月 3 日记录读数为大沽基准水位 25.66 呎。

8 月 8 日降至大沽基准水位以上 23.65 呎。

7 月 30 日，运河在卢沟桥处水位最高，高于基准水位 20.5 呎。堤岸决口处开始更大了，河水彻底流光了，跨过了走向铁路线的东北方向的平原，接下来就是最低的水位。决口下的河床比水位高出 15 呎，河水冲入位于下游流域的塘安县。

8 月 1 日，运河河水冲过铁路线，在落伐和常庄之间。水量大得不寻常，已有部分向北流经滦河，并将其堤岸冲垮，然后冲过落伐站北面，淹没了武清县周围地势低的村庄，洪水也冲过了铁路线以北滦河大坝北面的最高处。1907 年大洪水时，也没发生这样的事。

接着洪水开始冲击地势较高的村庄，这些村庄在丰河流域，使急流转向角流，淹没了东丰河，冲垮了东丰河的大堤，淹没了丰河和北河之间的村庄，并通过杨村西边的铁路大桥继续向南，流向北河及天津。

黄骅县和铁路之间的出口太小，因此，洪水流向北面，以大沽基准水位 32 呎和大沽基准水位 20 呎的深度淹没村庄。

8 月 3 日，洪水上升到北仓周围北河东堤的最高点，天津处于危机之中。

梯头的溢流口正在运行，陈家沟闸门也正打开，但它们对降低洪水水位没起很大作用，因为这些出口都位于海河下游很远的地方。

8 月 3 日晚 7 时，洪水开始冲入建立在主堤之上的北仓的多个村庄，导致房屋倒塌。据说，居民为了在灾难中抢救他们的村庄，半夜挖开了村庄上游的大堤，流入村东头的水流高约 10 呎，很快就冲刷出一个大坑，这个大坑解救了地势较低的北河和天津。

在穆庄村子下面的天祈庙处，洪水又冲出了一个向东的决口，后一个决口是无关紧要的。

东大堤扒的口子使洪水淹没了北河与铁路之间的土地，通过两个大桥后，洪水现在正在冲入大河地区。从这个地方洪水流入北塘河，部分取道运河芦台段，因为它的北大堤自桥上游至潘家庄已经决口了，而且这个大坑已经扩大了 200 呎。

下游目前被淹的村庄及被损庄稼的大致情况如下：

塘安县地区为 40 平方哩。

武清县地区为 30 平方哩。

杨村北面地区为 40 平方哩。

北仓地区为 10 平方哩。

大河地区为 50 平方哩。

共 170 平方哩。

被损坏的庄稼大约超过 680 000 亩，这还未计算运河三角洲地区。该地区现在承受着超出寻常的损失，还有另外的 120 000 亩，这使总数上升到 800 000 亩。

另外，要估计洪水对庄稼的损害，洪水经过的村庄，以及洪水、淤泥流经地也应考虑在内。据说，在一些村庄，淤泥和窗台一样高，但调查报告至今尚未提供出来，而且还不包括从北河上游向东冲上河西旁溢流口的损害。

8 月 9 日，在北仓决口处进行了水流测量，当时，从北河决口上游流过来的水都经过此决口流入大河县。从北仓流出的流量为 22 000 立方呎/秒，从穆庄流出的流量为 2 500 立方呎/秒，从陈家沟流出的流量为 3 000 立方呎/秒，总计 27 500 立方呎/秒。

而海河本身在天津的排泻量只有 19 000 立方呎/秒。

通过决口流入大河地区的水量表明，每天有多于 200 哩的乡村水位升高 1 呎，因此，在一定程度上水位有所下降。

假定运河三角洲有 50 平方哩被水淹没，那么就会有 220 哩的土地被水淹没；假定平均水深为 6 呎，那么 5 天被淹地区排泄的水量为每秒 860 000 立方呎，实际上所有这些洪水都来自于运河。这个数量并不包括从卢沟桥取道大清河流入大清河湖的水量。

洪水区的 1 平方英里的水深超过 6 呎，表明 24 小时的水流为每秒 800 立方呎。

1912 年，由台风引起的空前的大潮发生了，这与 1911 年的大潮相同。大潮发生在 10 月 28 日，将大沽拖轮及驳运公司的 2 艘拖轮、7 艘驳船一同冲到了岸上。

以下是记录在北港潮汐观测表上的情况：

大沽北港为大沽基准水位 13.6 呎（1911 年 8 月 30 日为 13.5 呎）。

在港口及海河场进行的疏浚及回填工作：

港口内进行的疏浚工作是在前几年的基础上进行的，为给不同的锚地及掉头地提供足够的深度。

在奥租界新码头和奥租界桥上游，从航道中疏浚了由石头和垃圾形成的浅滩。

疏浚了 4 000 立方米土，切掉了第二次裁弯取直处较低端凸边的沙嘴，但由于没有导流工作做辅助，很快就证明了疏浚工作无效，沙嘴不久又淤积了。

为促进航道，在第一次裁弯取直处较高端疏浚了 38 500 立方米土，疏浚工作还必须有许多的舢板船沿盐仓停泊。

上坟地弯道的疏浚工作是在曲线的较低端进行的，在季末，轮船没有什么困难就可绕河湾行驶。再进行一些改善工作，人们希望这块地方不再有任何麻烦了。

海河工程局所有的疏浚船有"北河"号挖泥船、吸扬式挖泥船、燕云泵站、"运河"号拖轮、3 艘底卸式挖泥船。

表 3.4、表 3.5 是挖泥船和泵站的工作概况：

表 3.4　"北河"号疏浚情况

开始时间	结束时间	疏浚地点	长度（呎）	疏浚量（立方米）
3 月 6 日	3 月 28 日	德租界码头标志 0—9	1 402	4 382
4 月 1 日	4 月 14 日	法租界码头标志 37—9	1 408	2 796
4 月 16 日	4 月 21 日	英租界码头	1 350	1 300
4 月 22 日	4 月 28 日	俄租界码头	713	1 877
4 月 28 日	5 月 15 日	荷塘边标志 18—21	1 710	4 348
5 月 15 日	5 月 23 日	法租界码头标志 18—30	1 080	1 722
5 月 28 日	6 月 2 日	奥租界码头	335	1 085
6 月 2 日	6 月 9 日	奥租界码头和俄租界码头标志 9	818	1 399
6 月 9 日	6 月 16 日	德租界码头标志 11—8	1 970	1 829
6 月 16 日	6 月 23 日	俄租界码头	840	2 122
6 月 23 日	7 月 6 日	荷塘边标志 18—8	1 970	1 829
7 月 7 日	7 月 21 日	法租界码头标志 37—34	1 812	4 244
7 月 21 日	7 月 25 日	俄租界码头标志 21 以下	790	1 421
7 月 26 日	8 月 4 日	第二次裁弯较低段	530	1 295
7 月 5 日	8 月 11 日	第一次裁弯标志 21—26	690	1 295
7 月 12 日	8 月 25 日	俄租界码头标志 23—9	2 560	2 452
7 月 26 日	9 月 1 日	法租界码头标志 36 以下	690	1 636
9 月 2 日	10 月 6 日	德租界码头标志 0—23	4 755	7 074
10 月 6 日	11 月 9 日	第一次裁弯	1 515	7 213
11 月 9 日	11 月 24 日	坟河湾较上游	1 285	2 315
11 月 24 日	12 月 1 日	英租界码头标志 10—8 及临河工作	1 020	377
总计			29 243	54 011

全年总工作时间 2 906.5 小时。

表 3.5　吸扬式挖泥船疏浚情况

开始时间	结束时间	疏浚地点	疏浚量（立方米）
3 月 5 日	3 月 16 日	第四次裁弯的挖煤场	270
3 月 13 日	3 月 17 日	法租界泵站	150
3 月 17 日	3 月 24 日	英租界码头标志 11 以上 28 以下	270
3 月 24 日	3 月 26 日	英租界码头标志 12 以上燕云地	360
	4 月 3 日	德租界码头标志 16	180
4 月 3 日	5 月 9 日	英租界码头标志 6—22、14—9、13—10	1 290
	5 月 14 日	大沽北港	1 290
7 月 7 日	7 月 14 日	俄租界码头标志 26，法租界码头标志 31 及奥租界	136
7 月 14 日	8 月 6 日	奥租界码头和垃圾浅滩	536

开始时间	结束时间	疏浚地点	疏浚量（立方米）
8月16日	8月25日	法租界码头（自标志39以下）	300
8月26日	9月6日	英租界码头（自标志22以下）	585
9月7日	9月15日	第四次裁弯的挖煤场	360
9月17日	10月5日	德租界码头标志12以下	450
10月8日	10月13日	奥租界码头	210
10月14日	10月19日	俄租界码头	30
10月20日	11月5日	德租界码头	588
	11月15日	德租界码头海关与运河口	160
11月17日	11月27日	上坟地码头上游	330
11月27日	12月2日	海河工程局船坞	50
总计			7 545

全年总工作时间 2 608.75 小时。

回填工作

燕云泵站今年处理的数量如下：

河塘 27 820 立方米。

德租界 26 065 立方米。

倾倒入河中 9 835 立方米。

共 63 720 立方米。

总实际工作时间 416 小时。

第四次裁弯取直处

挖泥船于3月10日开到裁弯处，水位已上升到大沽基准水位9呎，疏浚工作于3月21日开始，表面的泥土仍然结冻，疏浚量相应减少。4月的疏浚量很大，自4月4日以来，法军司令官向工程提供了6名士兵、1名中士，以便在工程中做保卫工作。4月21日，挖泥船转向较低端，在北边开始了第二次裁弯。5月初，新设计的新领管部件从上海运抵，并在第四裁弯处卸下。5月，挖泥船的疏浚记录为70 666立方米，6—8月的产量正常，9月由于土质太硬，产量再次下降。9月底，工程的第二次开挖也结束了，在10—11月，挖泥船在6 000呎长的地方开始了最后一次挖掘。

最后一次挖掘宽200呎，底部位于大沽基准水位9呎的地方，形成在大沽基准水位8呎17时的水平面。

有关报告中裁弯工程较上半部分的总断面为：

第一次挖掘 2 256 平方呎。

第二次挖掘 2 250 平方呎。

第三次挖掘 1 450 平方呎。

共 5 956 平方呎。

这个总断面是平原下游疏浚的，它的平均水平是大沽基准水位 10 呎，但是在这一年对水流有效的断面不得不降低 4 呎，具体情况如下：

第一次挖掘 1 504 平方呎。

第二次挖掘 1 520 平方呎。

第三次挖掘 1 450 平方呎。

河流将第四次裁弯取的横断面降低至平均水平面。

需要将裁弯工程较低端的断面提高到 5 000 平方呎，平均水位在大沽基准水位 6 呎。

可逐步从裁弯中心到较低端拓宽断面，将目前疏浚深度挖高 0.25 呎，每 500 呎高度增加 2 呎，在较低端第三次挖掘，因此，比较高端深度 2 呎，宽度 20 呎。

增加的疏浚土方量从 13 000 立方米增至 14 000 立方米，这将使工程完成时间推后一个星期。

表 3.6 和表 3.7 显示裁弯工程量。

表 3.6　1911 年裁弯工程量

月份	进程	宽度（呎）	长度（呎）	疏浚量（立方米）
4	手工		800	10 000
5	疏浚		133	1 747
6	第一次挖掘疏浚	150	93	20 663
7	第一次挖掘疏浚	189	2 158	54 197
8	第一次挖掘疏浚	189	1 878	48 197
9	第一次挖掘疏浚	189	1 600	41 750
10	第一次挖掘疏浚	189	1 175	31 572
总计			7 837	208 126

表 3.7　1912 年裁弯工程量

月份	进程	宽度（呎）	长度（呎）	疏浚量（立方米）
3	第一次挖掘疏浚	189	712	18 877
4	第二次挖掘疏浚	189	2 215	58 650
5	第二次挖掘疏浚	189	1 685	70 666
6	第二次挖掘疏浚	189	2 146	54 055
7	第二次挖掘疏浚	189	2 130	54 820
8	第二次挖掘疏浚	189	1 950	52 622
9	第二次挖掘疏浚	189	1 011	37 112
10	第三次挖掘疏浚	189	1 316	48 011
11	第三次挖掘疏浚	189	2 613	37 390
总计	第二次挖掘		11 137	432 203
	第三次挖掘		3 929	—

1912 年总工作时间 3693 小时。

1912 年，每个小时的产量为 119 立方米，这是理论产量的 71.4%。迄今为止，"新河"号工作量为 630 000 立方米。

每立方米挖掘的费用为 0.214 两银。

水闸

没对西沽和陈梁庄水闸做任何重要的工作。

在陈家沟闸更新了一个闸门，另一个闸门正在加回动装置，在活动闸门上做了其他多种工作。明年春要进行一个精确的考察，看看水闸附近的运河是否需要进行疏浚工作。

在海光寺运河的梁家苑正在修建一个新水闸。

这个新水闸是绝对需要的，因为在一年的大部分时间里河面高于水平面，运河的入口由沙袋堵住，无论何时，只要打开运河就要移动沙袋。

这个水闸只有一个门正在建造之中。

它由成垛的切割石及水泥地基构成。闸门由铁加固，直径为 6 吋。

水闸的台基在大沽基准水位 1 呎，因此，它能使舢板船通过，如果运河加深，水平面降到大沽基准水位 4 呎。

开口是 14.5 呎，闸门可用手将绞车移框上，达到大沽基准水位 18 呎的高度。

通过闸门的水由 2 个 30 吋直径的活动闸门提供。

堤岸保护

这一年中，地面大坝的保护在第二次裁弯的较低端建成。

不幸的是，这项工作并不像地面大坝那样成功，另外，还干扰了正常的水流，将它们自己的位置倾斜，倾斜到凸边一侧，引起这样的恶果需要很长时间，需要很大的工作量来将海滩推回到正常海岸线上去。

9 月，修建了 12 条导流交叉拱，并安装成与水流相同的上升角度，以尽可能多地集中水流对面沙嘴的动力影响，这只是初步的工作，而且已经取得了成果。

在冬季，短小的交叉拱相距不多于 75 呎，为了能尽可能曲线化地减少水流，交叉拱建在离岸很近的地方。人们希望这些交叉拱可以不受航运阻碍，逐渐延伸至正常海岸线。

就上坟墓湾来说，目前要做些工作是不可能的。这些工作需要在上坟墓湾进行挖掘，在沙嘴上下进行导流，在上坟墓湾进行疏浚，以扩大交叉挖的影响。

此后，为引起浦口铁路码头前沙嘴的冲刷，铁路码头的上游建起了 3 个导流交叉拱。

在下游太古洋行处为保护堤岸，放置了 10 筐土。在第四次裁弯的较低口，对岸上做些防护工作是必需的，在较上端做些导流工作也是如此，但在裁弯之后，通过对其的考察再肯定这么大规模的决定会容易些。

大沽坝

去年 9 月，我们发现耙出的航道逐渐被淤塞，现已发展到航道已被正在发展的北岸沙嘴所磨灭，而且恶化正在继续。我们正在进行强有力的耙泥，近来已注意南纬 84°偏东的方向自然加深，继续提供与耙过的航道中相同的水。后者没有任何改善就被抛弃了，耙泥工作也转移到一个新方向。方向转换后，很快就显示出一定的改进，并于 9 月 20 日通航。

无论耙泥将来的结果是什么样的，挖泥船在大沽坝改进计划中所考虑的航道宽度和深度是不够的。明年秋天吸扬式挖泥船到达。

观察到新方向的自然冲刷，说明与 1905 年的自然条件相比深 2 呎，这或许就是新方向的耙泥和疏浚的影响。

大沽坝的挖泥船是由斯穆尔德和斯可旦姆建造的，将于 1913 年 8 月 1 日到达。这是艘远洋的双螺旋桨的可载式吸扬挖泥船，带压力系统。它可通过与其并行的驳船排掉疏浚上来的淤泥，也可通过一个 100 呎长的浮管，或通过一条连接岸边的超过 9 800 呎长的传动管线。

这条挖泥船也可作为吸扬式挖泥船，可抛锚进行工作，或在行进中工作，并用作固定泵站，向岸边排泄从驳船处疏浚上来的淤泥。在行进中工作时，挖泥船可向两边牵引着的驳船排泄。或通过涡轮口在抛锚挖泥时通到一根浮动管线固定。

在行进中挖泥时，吸扬管可达到 20 呎深；抛锚挖泥时，用一个不同的吸扬嘴可达到 25 呎深。

挖泥船可装载 40 吨煤、10 吨水，在工作状态下，吃水 6 呎 6 吋。

推进发动机由 2 个 230 焦耳的压缩机组成，每个压缩和疏浚发动机为一个 500 焦耳的联合压缩机。

最后的发动机直接转动其轴上的 2 个 24 吋的吸管吸沙泵，当疏浚物排到远处时，可联合工作。

在行进中疏浚时，只有一个吸沙泵有用，但在吸管上有 20 个直径 0.75 吋的喷水管，以便激起泥沙，并保证泥沙的吸扬效果。

这 20 个喷水管由一个 3 层 100 焦耳发动机驱动的 10 吋吸扬管的离心泵提供，离心泵在 3 个大气压下每分钟向每个吸水管提供 80 加仑的水。当泵吸的泥沙中含水 20% 时，挖泥船的工作量为每小时 70 立方米，这比"西河"号工作量多 40%。当然，由于使用的挖泥方法，一部分泥沙会弹回到航道中去，但我们会想方设法将这一部分泥沙降到最小限度。

上述的挖泥船也设计为将泥沙从驳船中排泄到 3 哩的一个地方，而且当河流附近没有倾倒泥沙的地方时，拥有这样的设备是必不可少的。

破冰

以下是德国专家莱斯先生有关海河破冰的报告。

海河上的破冰：

以下几点决定了海河从塘沽至大沽坝处保持冬季不结冰并通航的可能性。

（1）塘沽至河口的水流，已经到达航道至大沽坝的位置。

（2）最冷季节的盛行风。

（3）大沽坝上最浅的水。

（4）冰况。

新河火车站是塘沽附近离河最远的地点，它被认为可能对货物船、铁路间的转载有作用。从那里到出口处（东北港的标志车站）总长度大约为 7.5 海里。在这段中，河水有不少于 3 个的急湾，其直径测量最大为 2 700 呎，最小为 1 300 呎。最急的湾位于 B 和 S 码头上游，这些急湾阻止了冰块向大海的流动，如果你注意到冰块随水流而下，你就会发现冰块总是沿流水到水流最快的地点，因此，在转弯处，冰块流向凸出处。只有当风不是倾斜着从凸出处向凹陷处刮过，河流和冰块上的风力大于其作用于水流上的力量时，这种情况才会发生。当风是另外一个风向时，会有更多的冰块在凸出处聚集，并会阻碍航道的交通。因为新河与海河河口之间有 3 个 E 字形河湾，无论风向如何，总会有一个容易使冰块堆积的地点。冬季由戈壁沙漠刮来的急剧寒冷的盛行风其方向是西北。所有凸向东南方向的河湾冰的结构非常强硬，最终形成河流上的固体冰，比如像今年冬季发生在大沽村的一样。

由塘沽至天津一路上有许多相同的河湾，很容易发生河流的突然结冰，尤其是当河水的运动经常在潮汐转换停止时。

虽然我们知道许多河湾阻止了冰块的下降，并因此阻碍了航运，但它们还不是那种使我们想到在那些地方形成巨大阻塞的河湾。浮冰在这里大量聚集，并随破冰船重复进行，航道使它们处于东台，以致轮船驶入或驶出时，遇到的都是朽的、破碎了的冰。

破冰的是大海附近从海河河口至大沽坝一段。这一部分包含了 3 个连续凸出处，这里的航行包括很小的、宽度足够的曲线。由于这部分的大部分盛行风（西北向东南）方向一致，被破冰船破碎的冰会被刮走。

破冰船在此遇到的困难将是两泥岸上的冰，在高潮时会浮起、漂动，如果一条开放的航道位于泥滩之间，那么就会发生泥滩的突然变化，同时发生高水位，这将使两泥滩的冰漂流，而且形成的航道。

应该发现阻止冰块在浅水处聚积是不可能的，阻止冰块流动可以在航道两边、河岸边缘以及在河岸中央不同的点竖立锥形体，或向防护堤填充泥，磨平边上的碎石加大石块实现。防护堤的顶部应比春潮高，而且顶部还应有些倾斜，这样冰块就不会流向它们，但会向防护堤施加很大压力。如果它们足够高，冰块就不会越过它，而会穿通并在它们周围堆集，在低水时就会结成冰块，还会防止形成新冰块。这样的冰块不再在高潮时漂浮于表面，因为它们对于浅水处的水深来说太厚了。

包着防护堤的冰的确是阻挡了浅滩的潮汐冲击力。此处的阻碍主要不是冰而是泥，是由高潮时浅滩上的浮冰挤压形成的，这样升起的阻碍不但不可能分散开来，而且会形成一条防护堤。

建起这样的防护堤并不用费很多钱，因为在低潮时浅滩是干涸的，铺垫用的石子可以从附近的东北港取。

最后的也是最大的困难，对于一条破冰船来说，大沽坝上弗格森航道的有效深度只有几呎，这个深度对于最浅的破冰船无用。当破冰时，最好的办法是使用尽可能低的螺旋桨的船，几乎所有的破冰船都带有压舱水箱，以适应工作条件的吃水深度。目前，装着空舱水箱的最小吃水深度为 4 呎，因为每一条轮船行驶时吃水最深的为船尾，所以一艘破冰船所必需的最小吃水深度在船头。船尾平稳一边高时，最低潮为 5.5 呎，坝上船越深，冰块的外流越容易，因此，破冰在两浅滩之间有一条通向大海的流路才会有结果。今年航道最小吃水深度为 4 呎，因此，破冰是必需的，而且会成功进行，挖泥的最佳月份为 9 月、10 月以及 11 月的上半月。在主要降雨季节停止以后，水流会携带少得多的泥沙，因此，我们疏通的航道将会持续一个冬季。无论如何艰苦疏浚工作一定要有决心，若在低潮时可以依靠一个较深的水深，因为破冰工作要连续进行且不依赖潮汐运动。目前，坝上的水深会使今年冬季测量的 3 呎冰块很容易固定住，中断破冰工作。

就今年的冰况来说，的是确有利的。海河在大沽处闭河很晚，到 11 月中旬不用任何特殊工作，海河舱运仍然通畅无阻，闭河只有 2 个月，到 2 月 21 日。如果将去年的平均气温与今年的气温相比，今年的气温并不是反常的温和，尽管今年冬天河水没有形成持续的表面结冰。原因是去年夏季洪水形成的河水仍在冬季流动，以致某些部分，如北港上下、灯塔附近、大沽村以上、西沽附近等，在最寒冷的时候气温为 4 ℉，河道仍未封闭。从塘沽至海河的整个凸出处只有平面冰，没有拥挤成任何冰垛，这些清爽的冰只有一呎厚，在浮冰重叠的地方也只有 3 呎厚，这是经测量得出的。泥河岸以后就没出现过冰。设想的结冰的掉头地，在陆地看它位于浅滩处，已变成由大量新结的冰形成的泥堆。

今年冬天如经常保持河流向航运开放是件容易的事情，在最冷的冬季，18 吋厚的冰也要加以留意，但是这个厚度只有在冰不融化的情况下才能持续。如果破冰船在最寒冷的季节就开始工作，这一厚度的冰是不可能存在的，因为盛行的北风会将冰打入大海。

因此得出结论，冬季海河从坝至塘沽一段对航运开放是可能的。

在当地条件及距离短这一事实的情况下，2 艘破冰船就足够了。考虑到坝上的浅冰，较小的一条破冰船马力为 350 焦耳就足够了，这样的小破冰船将用于浅水处及破薄冰。大船马力为 550 焦耳，这艘大船将承担大部分的工作，也在破冰工作中打头阵。这两艘船都应建成一个向上指向的船头，并无阻碍地直接进入船尾柱的龙骨，以克服水的阻力。船尾也应建成尖形，船尾柱必须延伸高于舵。

最起码的是，2 艘破冰船都应由好舵手掌舵，因为它们将在狭窄的航道中航行。运输时，撑头的问题要好好调查一下，如象限仪、螺旋桨和舵，因为这些部件容易受损。

1901—1909 年，笔者在易北河上做破冰工作，虽然船一次工作 50 天，但发动机未发生过重大故障，一般只有几小时的暂停。破冰船经常冲进厚冰中，出现过突然停止，但也没有在锅炉或发动机上出现过故障。

适用于海河的船型在汉堡和普罗士舰队中也许能被发现，根据笔者在 1901—1909 年所熟悉的功能，推荐大破冰船要像汉堡破冰船 1 号和 2 号一样，对于小破冰船，易北河当局所使用的"Seelowe"型号的比较合适。承蒙马杉德和汉堡港官员的帮助，笔者才能写出提纲，为了建成这 2 艘破冰船。

在德国建成的这 2 艘船要花费约 45 000 马克。

在洋商总会的要求下，董事会在 4 月 1 日早上开了一个会议，讨论以上的报告，无异议地提出以下解决方法：

海河工程局董事会被请求试图通过使用与莱斯先生相同的破冰方法，使塘沽入口在冬季的几个月中保持开放，只剩董事会的决定，在这样的时间订购必要的设备，他们的技术顾问们认为，保证要有一两条坝上航道的深度允许破冰工作进行，而且在潮汐的多个层次，破冰船的到达更重要。

根据莱斯先生的建议，为 2 艘破冰船邀请了 2 艘汽船。已接受了康南船坞和工程船厂的汽艇，轮船将于明年秋运到。

大破冰船特点：全长 128 呎 6 吋，型长 128 呎，型宽 27 呎 6 吋，型深 140 呎 7 吋。

这艘挖泥船将安装 3 倍扩张发动机，大约 700 焦耳，使船速达到 11.25 节的速度。

共有 2 个锅炉，每个直径为 12 呎，长 10 呎，每个还有一个不小于 1 200 平方呎的全面受热表面，正常大气压下在每平方时压力为 195 磅的情况下蒸发。

燃料箱可容纳约 70 吨燃料，可供连续使用约 140 小时。

当载满压舱物时，吃水高于 12 呎。

另外，破冰船比一般轮船多安装一个 10 吋的离心泵，为了海上救助，使破冰船被固定在冰中时，船能尽快重新浮起，尽快将压舱物由船头换到船尾。

破冰船对于船员来讲很舒适，有暖气及全部照明，工作时有 2 个探照灯。

小破冰船

小破冰船的规格如下：全长 90 呎，柱间长 85 呎，型宽 20 呎，型深 9 呎。

这艘小型破冰船将安装两个由一系列组合压缩机转动的螺旋桨，压缩机最大马力为 200 焦耳，可使船达到 11 节的速度。

特别安装一个直径 12 呎、长 10 呎 6 吋的大锅炉，它的总加热表面不小于 1500 平方呎，在每平方时 130 磅的正常大气压下蒸发。

煤箱可贮存 22 吨煤，可供连续燃烧 70 小时。

这艘破冰船上没有救助泵，与大船相同，有暖气、电灯和一只探明灯。

两艘破冰船对今后它们将担负的沉重工作来说，建造得非常坚固，而且机器零件对破冰工作来说都安装得非常合理。

冬季还必须有一个船台用于维修，这样就需要前面有一个 400 呎的地方，可否得到这样一块地方，协商正在进行之中。

第四篇　海河工程局 1913 年报告摘编

海河

当年的洪水自 7 月中旬开始，并不大，全省泽雨必是平年。全年天津的降雨量为 15.29 吋，而 1912 年则为 31.32 吋。港口记录当年最高水位是大沽基准水位 12 吋 7 吋，而上年则为 14 吋 4 吋。

从表 4.1 中可以看出，以流速与流量的比例来说，1913 年最大，这是因为第四次裁弯取直给河床增加了落差。① 表 4.2 显示了天津港的水位记录。

表 4.1　海河最大流量的流速

时间	最大流量（立方呎/秒）	流速（呎/秒）	断面（平方呎）
1909 年 8 月 26 日	10 000	—	—
1910 年 8 月 24 日	8 530	4.10	2 080
1911 年 8 月 10 日	15 226	4.63	4 301
1912 年 8 月 12 日	20 120	5.00	5 094
1913 年 8 月 22 日	18 000	5.56	4 339

表 4.2　天津港港口的水位记录

年份	汛期	汛期天数（天）	日期	最高水位（呎）
1902	8 月 3—12 日	10	8 月 8 日	13.0
1903	9 月 13—19 日	7	9 月 14 日	12.4
1904	8 月 14 日至 10 月 2 日	50	8 月 27 日	15.5
1905	—	—	9 月 2 日	11.1
1906	—	—	8 月 23 日	11.6
1907	8 月 11—27 日	17	8 月 21 日	12.7
1908	7 月 19 日至 10 月 3 日	77	9 月 15 日	14.7
1909	8 月 23 日至 9 月 30 日	8	8 月 29 日	12.9

---

① 流速大，冲刷力大，对航道有好处。

续表

年份	汛期	汛期天数（天）	日期	最高水位（呎）
1910	—	—	8月24日	11.9
1911	8月30日至10月15日	26	8月20日 10月4日	13.3
1912	7月22日至10月28日	75	8月3日	14.4
1913	7月16日至10月8日	19	8月23日 9月5日	12.7

从现有记录尚难以得出河流准确的输入量和输出量，这种计算的计划和实施已在准备。

经常发生这类事件：取得工程局发行的测量图的航行人员发现，水深在不同河段由于水位变化而不够准确。为了克服这种明显的缺陷，采取了以下方法：在从北河与运河交汇处到海河出海处的地方，挖出一条宽100呎的航道。

根据适当数量的潮位观测，在大沽沙以外的海上，已得出平均低水位，这个平面即是众所周知的大沽基准水位。

海河的下列处所已设有验潮站：北角炮台、古沽船闸、葛沽、石河段、第四裁弯取直的下端（军粮城）及上端、泥洼、何家庄、小孙庄厂、工程局办公楼以及港长办公楼。这些水尺的另一头都是大沽基准面。

根据进一步观测获悉，一般高水位约为大沽基准水位以上8呎。

为了使测量图上所列的水深数字都为整数，故假定都从一般高水位放起（大沽基准水位以上8呎）。

若水位在一般高水位以下，水深应按比例调整。

准确水位只能从验潮站的看守人那里得知。备有水深信号灯，验潮站在任何水位情况下都向轮船揭示，晚上改挂灯号提示。当然，所揭示的数字都是经测量以后立即修正过的，它给了航行人员可靠的指示。指定的100呎宽的航道有一定量的宽裕，使轮船即使稍有偏离也不会搁浅。

大沽沙

在开航时，发现航道良好，有大沽基准水位3呎3吋的深度。

航道很快有了改善，4月9日，水深增至4呎6吋，此深度一直持续到9月10日。到9月26日，深度减到3呎9吋。12月5日，发现有可能悬挂4呎6吋的水深信号，此深度一直维持到封港。

当年有很多次高潮，有41次水位超过大沽基准水位10呎，所以全航道水深超过14呎6吋。大沽沙吃水最大的船是"中兴"号轮船，9月22日吃水14呎。

最低水位曾达大沽基准水位以下8吋。

航标

下述灯桩系应海关当局的请求，并由他们出资，由海河工程局建设。

大沽沙外航道引导灯桩：永久性钢结构，前后两标相距 5 000 呎，后灯焦点高出大沽基准水位 76 呎，前灯高出 55 呎；两灯桩引导大沽沙航道，两标均为 6 等折光灯，发白光。

大沽沙内航道引导灯桩：用来标示深渊，已向南移动 100 呎，以便避开深渊咀，两标相距 2 162 呎，后灯为 6 等折光灯，发红光，高出大沽基准面 67 呎 2 吋；前灯为 7 等折光灯，发白光，高出 37 呎 6 吋。

河口引导灯桩：这是两座锥形临时性灯桩相距 859 呎，后灯是 6 等折光灯，发白光，高出大沽基准面 56 呎 6 吋，前灯是 6 等折光灯，发红光，高出 45 呎 5 吋。另外，还有两个小型锥形立标建于南沙，它们各自与原存的方形立标连成导线，使航行在内航道或河口航道的轮船知道何时应该转向，以避开南沙。这些辅助标志并不发光。

河道改善情况

第四次裁弯取直。该工程于 7 月 15 日完工，并向船只开放使用，"Kraetke" 号轮船在董事会的安排下，用来举行开航仪式。

这次裁弯取直由挖泥船施工，共挖土 865 000 立方米，其中，1913 年完成 257 347 立方米。工程总费用（不包括购买土地、房屋、坟地，但包括 74 000 两的农作物损坏）为 236 200 两，每方单价为 27.3 分（1/100 两 1/10 钱）。第三次裁弯工程用人力，每立方米单价为 43 分。

这次裁弯取直开挖的深槽成矩形，上首 200 呎宽，尾端 220 呎宽。上首挖到大沽基准水位 9 呎，尾端则挖到 11 呎。

这样增加航槽的宽度和深度是必须的，这是为了适应河段的上首与下端吸引急流，尤其是在洪水时，新开河槽与老弯道之间形成轻微的水平直线落差，改变原来河流的走向，遇有大量洪水时，仍应考虑老弯道将其吸引。为了额外地增大尾端处的比降和宽度，在新开槽的末端已建有顺坝。

自新开槽开放以来，导引比冲刷与改善稳定，而老弯道则淤积超过 9 呎。

在新开槽上首，大沽基准水位 6 呎处的横断面面积为 4 424 平方呎，尾端面积为 5 084 平方呎。

新槽开航以后，航程缩短了 5.64 哩，现在从港长办公楼到河口为 36 哩。

上坟地弯道。改善此弯的第一期工程也已进行，为了使弯道的曲度半径增大到 1 000 呎，凹岸下端伸出的 120 呎已切除。在凹岸一侧，航道中心坡度的比降已由 1∶4 逐渐增大到 1∶2，总挖泥量 53 695 立方米。为了维护对面凸岸的足够深度，在弯道正面的凹岸一侧建了三座导流堤。这些堤与水流有一定角度，起挑流作用。导流堤用圆桩，并辅以沉排建造，制表时此弯已有显著改善。

石河段。该河段已挖出了一个能满足航行的航道。河底的障碍物是牡蛎壳并非原先设想的石坝，牡蛎壳从两岸向村里延伸，是以前的海岸。

在军粮城弯以下,贝壳层对河岸起着良好的保护作用,不宜挖除。

第二裁弯取直处的下端。在该处的顺坝已取得了满意的效果,原先的深渊有40呎深,已淤积超过10呎,被冲刷河岸前方的沙咀虽然疏浚,但疏浚后立即又淤积。

该处河岸来年要加以防护,增加导流堤的数量。

津浦铁路码头。在码头上方建三个导流堤,改变水流导向,该航道在这地方保持得相当良好。

天津港。天津港已全面疏浚,挖深到大沽基准水位7.5呎。

疏浚工作

当年在河道和港口完成的疏浚量如下:

天津港疏浚量为90 766立方米。

上坟地弯道疏浚量为25 845立方米。

第二裁弯取直处的下端疏浚量为18 692立方米。

蔬菜河段疏浚量为2 559立方米。

Everlasting河段疏浚量为2 097立方米。

石河段疏浚量为2 380立方米。

共142 339立方米。

其中,有85 826立方米泵入法租界Bristow泥塘,7 698立方米吹往德租界。

机具。大沽沙挖泥船已于12月到达香港,现正等待东北季风过境,然后向天津进发。上海江南造船厂交来一艘钢质船壳,用来替代木质船壳。125立方米容积的两艘钢质囤船,已由天津的华北工程公司建造。由江南造船厂建造的"开凌"号和"通凌"号两艘破冰船十分令人满意。

破冰。遵从董事会关于冬季要用破冰的方法来维持港口通航的要求,首次进行了试验。头一个月工作的结果已列入1913年12月的报告。

表4.3将1913年12月的气温与以往21年那个月份气温的平均数进行比较。

表4.3　气温情况

时间	最大、最小值的平均		最大、最小值的最大值		最大、最小值的最小值		持续天数(天)			
	最大值平均(℉)	最小值平均(℉)	最大值的最高值(℉)	最大值的最低值(℉)	最小值的最高值(℉)	最小值的最低者(℉)	32℉或以上	20~32℉	10~20℉	20℉以下
1891—1911年	35.82	21.6	47.19	21.85	33.95	9.57	23	3.19	11.38	1.47
1913年12月	31.8	14.5	48	18	25	2	16	0	16	10

从表4.3中可以看出,1913年12月的情况要比以往的平均数严重得多。

维持塘沽对外通航未曾发生困难,这是因为遇到了涨潮4小时、落潮8小时的有利条件。因此,落潮时的流出量远远大于涨潮时的流入量,已找到这条经验,必须使葛沽河段清净,以便涨潮时进来的水量有自身扩散之处,得以保持破碎状态,待落潮时很快流出。

当年 12 月 14—20 日，出现了以往体验过的那种很不好的天气。大沽温度降到 0 ℉，强烈的东北风掀起了一个大潮，所有大冰块冻成连片，由于破冰工作受到影响，但进口处仍逐渐清开，最后的一批驳船在 18 日、19 日进了港。除了这一周外，塘沽未曾遇到困难。

采用的方法是，在高潮时从外面开始，向河口破冰，使已被破碎的冰得以较快流走。

这季节维持塘沽对外通航，遇到寒流天气两艘破冰船都要求待命。但是，已发现至少每星期可以派遣一艘船去天津。在一些河段，不同时期有的冰况比较严重，但是一经破冰，很快就能流走。近来的气候比较一般，并未要求破冰船在河口连续工作。在海河，根本未安排破冰工作，直到书写本报告为止，塘沽冰况严重。

西北风和大沽沙的影响是要求破冰的最大原因，但由西北风引起的强落潮却对清除河道及大沽沙的冰况有莫大帮助。

7 月，海河的水情况也非常好。在天津港，比起以往的冬季月份，涨潮流更易发觉，这也许应归功于第四次裁弯取直。

必须说明，根据短时期取得的经验，破冰的结果是会有局限性的。虽然 1913 年 12 月气温的记录可能是很不正常的寒冷，但也许还包藏有其他特殊有利条件。

因此，保险地说，应该在大沽沙挖一个较深的航道，破冰船在海河连续工作，以防止流冰在弯道堵塞，这样才能在 12 月间的任何时候都能使轮船在海河行驶，直到天津港。

支流

董事会主席在 1 月已向总督递交一份备忘录，要求迅速改善直隶的排洪系统，要求总督署毫不迟延地进行河道和渠道的测量，准备进行水土保持和改善水道堤防的工作。

1913 年，海河的各支流上仍有闸坝去年相对少雨，这些闸坎未酿成灾祸。

独有北河的堤防有四处溃决，西岸另有两处。

东岸决堤的水在芦台和丰台入北塘河，因而，完全未曾影响海河。

西堤决口的洪水漫灌北河与丰河之间的土地，并流入丰河，在杨村铁路桥下方再归入北河。

在洪水淹没了北漂相当长的一段时间以后，靠近杨村未遭灾，靠近李徐庄的决堤被修复。

河发生决堤，并损害津浦铁路，已使交通中断数日。

洪河的西南堤在永绩县溃决，水流经低洼地向南方漫灌，直到徐河的北堤。

转头地。当年曾努力去寻得一个适合的位置作为永久性的下转头地，但并未成功。

第五篇 海河工程局 1914 年报告摘编

河道

1914 年天津港水平面变化情况如表 5.1 所示。

表 5.1 大沽基准水位零度水平上的 1914 年天津港水平面变化的情况 单位：呎

变化情况		1月	2月	3月	4月	5月	6月	7月	8月	9月	10月	11月	12月	年均
高水位	最高	10.00	12.20	11.50	11.80	9.90	10.90	13.00	13.40	13.20	11.30	12.70	10.90	11.73
	平均	8.74	9.32	10.20	9.50	9.00	9.35	10.80	12.50	11.70	10.50	10.00	8.95	10.05
	最低	6.10	6.90	8.60	8.00	7.10	8.50	9.50	11.60	10.20	9.00	8.20	6.60	8.36
低水位	最高	9.20	9.40	9.80	9.40	6.40	7.40	11.30	11.80	11.70	9.60	11.10	8.30	9.62
	平均	6.80	6.80	8.30	6.62	4.80	4.79	7.65	11.10	10.20	8.50	8.20	6.65	7.53
	最低	6.10	4.70	7.20	4.90	2.10	2.90	4.60	10.00	8.60	6.20	6.90	5.30	5.79
涨与落	最高	4.20	4.50	3.30	4.40	5.80	6.20	5.60	2.60	2.00	3.30	3.20	3.40	4.04
	平均	2.20	2.70	1.90	2.90	4.15	4.60	4.80	1.50	1.10	2.00	1.85	1.80	2.63
	最低	0.20	0.90	0.50	1.40	2.50	3.00	1.20	0.40	0.30	0.70	0.50	0.20	0.98

说明：

（1）5 月和 6 月（潮差最大时期），自第四次裁弯以来，平均增长 1/3 呎。

涨与落的最大限度均增长了 6 呎。

在相同的两个月中，所记录的关于治理河道上不同水位的潮位平均数字如下：

1898 年，为 0.31 呎。

1902 年，在裁弯前，在 Chen Chia Kou 和其他地方建水闸以后为 1.52 呎。

1908 年，建成第三裁弯处以后为 3.53 呎。

1910 年，在第一批三个裁弯的冲刷作用完善以后为 4.25 呎。

1914 年，在第四次裁弯开工以后为 4.38 呎。

（2）两三年后，平均差很可能达 5 呎，但第四次裁弯对潮汐的作用与河道裁弯的长度成比例，可能没有前三个裁弯那么大，因为该裁弯处于河道的下游，那里的断面较大，潮流阻力较上游河段弱。

（3）6 月，最低水位为 6 呎 1 吋，一艘吃水深度 13 呎的轮船在涨潮时驶抵了码头。

除了冬季各月份，最高水位只有一次在 5 月达到 7 呎 1 吋。

在全年其余的时间里，吃水深度从 15 呎到 16 呎的轮船，如能通过坝，均可在高水位的任何时间驶抵码头。

7 月 23 日，吃水深度达 15 呎的"Cheongshing"号轮船抵达码头。

1912 年至 1914 年轮船返港情况如表 5.2 所示。

表 5.2 轮船返港情况

年份	轮船数	总吨位	吃水深度		
			12 呎	12 呎 6 吋或以上	13 呎或以上
1912	654	649 084	30 呎	15 呎	
1913	731	736 103	71 呎	35 呎	
1914	831	821 047	80 呎	44 呎	44 呎

今年到港的 831 艘轮船中，总吨位达 18 111 吨的 17 艘停在了大沽，总吨位达 810 936 吨的 814 艘轮船驶抵码头。

上述数字不包括在大坝以外缺货的船只。

潮汐观测

在 5 月 28 日下午春潮时，对潮流量和各支流的输出水量进行了观测。其结果如下：

河道水量增长 630 971 510 立方呎。

第四裁弯处老支流裁弯的水量增长 52 000 000 立方呎。

第三裁弯处老支流裁弯的水量增长 7 500 000 立方呎。

共增长水量 690 471 510 立方呎。

河口处在涨潮时，各支流的输出水量是：

北河输出水量为 16 164 000 立方呎。

西河输出水量为 32 484 800 立方呎。

玉河输出水量为 4 000 000 立方呎。

总计 52 648 800 立方呎。

涨潮时带来的实际水量为 637 458 710 立方呎。

因此，涨潮时，各支流供应海河的淡水量只有 7.7 立方呎。

这些数字说明，与因有了裁弯而增大的涨潮作用相比，各支流对海河的帮助太小了。

对 1913 年和 1914 年所进行的观测进行比较，结果表明，第四次裁弯开工以来，已有约 1 250 000 立方米土从河床中被冲刷掉。

局部治理

永久地段。

冲刷正在地方海关站的下游发生，它是在第一裁弯处以降低弯曲的方式进行的。这就可能在不久的将来，在靠近北边的地方，对通航河道进行疏浚，从而对浦口铁路地段的引槽进行治理。

第二裁弯下游。

15 呎的等高距沙嘴，距凹岸边更近，凹岸边使这个不好的地段比以前好了一些，并且也在810 多呎长的地段下沉了沉排，以平缓凹面的冲刷。航道得到了很大治理，如再增加少量的锌棒，会带来进一步的改善。

蔬菜地段和坟地弯道上游。

两地段已进行了大量的治理。由于采取了地方土办法，用泥和席建造防波堤后，蔬菜地段的 0 呎等高线之间的河道，向前推进了近 200 呎。

坟地弯道下游的防波堤已产生优异的效果，防波堤现在可以用泥堰代替，效果相同，并对航行再无危险。坟地弯道的上游部分，尚需疏浚，以使该地暂时改变，得以完成。

泥湾地段。

1915 年将疏浚泥湾的沙嘴，使弯曲得到治理。其他方面还令人满意。

西北地段。

该地段是第一个能体会到第四弯道所起作用的地方，其体会越发深刻。现在整个地段在通常最高水位时航道的深度超过了 15 呎。

第四裁弯。

在通常最高水位时，航道的深度已超过 17 呎。深航道的两侧稍呈一陡坡，不会危害河岸或影响裁弯取直。

被裁弯切断的支流航道已淤积到大沽基准水位以上，其水量足使舢板船来往，其充沛的断面足以淡化从稻田中排出的成水。

石头地段。

在通常高水位时，航道的深度是 17 呎。

在 Oyster 河岸的下游，已疏浚过的河道，现已被充填达 2 呎。

农场地段。

此地段最糟的地方已被冲刷近 2 呎，在通常的高水位时，深达 19 呎。

河口处。

今年在北要塞所进行的疏浚，已把河嘴加宽了近 150 呎，预计将增大海河水的流入量。希望明年将疏浚作业扩展到内航标船，并对那个地方的沙嘴进行疏浚。

疏浚作业。

下面是今年在河道和港口进行疏浚作业的总结：

整个港口已被疏浚至大沽基面以下 7.5 呎，在天津地段已将 150 呎宽的航道深度，疏浚达大沽基准水位以下 10~11 呎，这样就可加速第四次裁弯带来的冲刷 67 541 立方米。

疏浚坟地弯道上游的沙嘴 7 350 立方米。

将塘沽码头滩地加深到大沽沙基准水位以下 12 呎。

加宽河口处 18 061 立方米。

大沽拖船和驳船公司的滩地和 YüChia Pu2 685 立方米。

泛滥后的法租界码头 3 330 立方米。

杂项疏浚 1 735 立方米。

总疏浚量 124 108 立方米。

疏浚的泥沙配置情况如下：

法租界 3 月和 4 月 24 693 立方米。

造地 4 月和 5 月 13 029 立方米。

德租界 5 月、6 月和 7 月 29 436 立方米。

国际出口公司在新河的地产 7 月、8 月和 9 月 33 117 立方米。

塘沽大地和码头公司 9 月、10 月和 11 月 30 070 立方米。

用于训练目的 14 082 立方米。

支流

1913 年秋，李逐镇北河东堰岸的开口一直没得到整修，水泥继续经北塘河流入大海。省政府曾指示有关官员将此事上报，他们的意见是，整修河堰的费用不得超过 350 000 两。已对该地区进行了测量，有关北河新线扣 Liu Mu Tung 处以前河床情况的计划已经准备好。建裁弯的费用将证明比整修裂口的费用低，但其成效是相同的。

水闸和运河

Chen Chia Kou 水闸已经彻底修复，Liang Chia Yuan 的新水闸也已完成，并增建了一个泄水闸门和一座吊桥。侧面和底都已完全可以防护 Hai Kuan Ssa 运河泛滥，并且在河道水面允许的情况下，可允许 Hai Kuan Ssa 泄洪。

水闸的标准开度为 14 呎 6 吋，舢板可全年通行。

八里台运河已疏浚了 18 000 呎长，共疏浚了 15 470 立方米。在旱季，当地的船只均能通过该运河，但前几年不行。

大沽坝

在河道的起点，水深标记为 4 呎，4 月增加到 4 呎 6 吋，6 月 25 日增加到 5 呎 6 吋。10 月 3 日，由于东北大风带入沉沙，需将水深标记降到 5 呎。11 月 27 日，水深标记为 5 呎 6 吋。12 月 15 日为 5 呎 9 吋，29 日为 6 呎。29 日航道中间线的实际深度为 7 呎，而内侧线的最小深度为 6 呎 3 吋。

在坝上第一疏浚季度的抽吸过程中发现，各种各样的泥沙、泥浆、沙子和黏土，均可经吸管抽走，并用喷射水流的办法，搅拌泥沙，其工作压力为 35~45 磅。

接着进行的办法是在落潮时进行工作，通过 70 呎长的排沙管，把物质抽回到大海里去。轻质的物质可被水流抽走，但大部分泥沙又落入航道。卸泥驳船已取得了经验，我们发现，重质物质可通过排沙管底部的孔落入驳船，轻质泥沙则通过管道末端进入水中。用这种方法黏土块和沙泥容易把驳船装满（泥舱容量为 130 立方米）。

现有的轮船太小了，除了在绝对无风的天气里，否则是不能使用的。挖泥船在中等大浪的海上是很稳定的。但它应具有更大容量的泥舱，以便在大多数的季节里进行工作，从而加快航道的疏浚。

已特别为坝设计了容积为 200 立方米的船用泥舱，短期内即可交货使用。

疏浚作业只在 100 呎的宽度内进行，但是在 5 呎等高线之间的距离是 200 呎，在 4 呎等高线之间的距离是 500 呎，在 3 呎等高线之间的距离是 2 000 呎。坝上的泥沙流入已疏浚了的航道中，速度太快，以致疏浚本身与所取得的航道深度不能成正比。这个报告公布了对坝进行观测的对比情况，最近一次的观测将此点讲得很明白。

对河道和坝进行的观测说明，两者加在一起，今年共有 2 000 000 立方米的冲刷。另外，据估计，每年从支流流入的泥沙量为 3 000 000 立方米，这么巨大数量的物质，总共约有 20 000 000 立方米，在整个季节里流到坝上。在这么多量的泥沙和连续不断的各种力量加在坝上的情况下，在最初季节里，只用一艘挖泥船在坝上进行作业，就取得这样的成绩，被认为是鼓舞人心的。

新设备

"中华"号吸泥船。此船是为在坝上进行作业而建造的，于 3 月 18 日抵达。它通过一条不超过 1 000 呎长的浮管，或通过一条 9 800 呎长的沿岸输送管，将泥沙卸入驳船。它可被用作吸泥船，在岸边停泊作业，又可行进，又可作固定泵站，把泥沙从驳船上泄到岸上。

为在停泊的情况下进行疏浚，收管上安有套管，以避免在 8 呎的泥沟中进行疏浚时堵塞，因水流容易坍陷。当挖泥船行进时，吸管可疏浚到 20 呎的深度。在停泊的情况下，用另外一种吸嘴，其深度可达 25 呎。

在罐中装有 40 吨煤和 10 吨水的情况下，挖泥船的吃水深度不超过 7 呎。

垂线之间长度 124 呎 8 吋。

宽 32 呎 10 吋。

深 10 呎 8 吋。

通常深度 8 海里。

船身是由 Siemens-Maritin 钢厂制造的，被分隔成七个不渗水的隔舱。

两部复合双曲柄引擎拥有表面式冷凝器发动机，其通常速度的额定功率为 230 马力。当挖泥船被用作泵站时，一个这样的引擎可带动一个给水泵。

该船中部装有一个拥有表面式冷凝器的复合双曲柄引擎，在通常速度下，其额定功率为 500 马力。当需把泥沙从驳船抽吸到岸上时，用来直接驱动吸沙泵，或者当行进中进行疏浚作业时，既可只用一个泵，也可同时用两个泵。

一部复合式双曲柄高速引擎驱动一台三相离心式水泵，以 100 呎的压力，每分钟能给吸嘴处的 20 个喷射中的每一个输送 80 加仑的水。

装有两个船用主锅炉，每个的受热面可达100平方呎，工作压力为120磅。

泥沙和输出量因泥沙的种类而有所不同，又因天气条件有所不同。每分钟抽吸70立方米水量，上下幅度为5%~25%。

注：改变了原来挖泥船的设计，以使两个吸沙泵同时或单独进行工作，在坝上作业时，这样做很有利，挖泥船的设计吸水能力很大。

"中华"号是由Werf Gusto Of Schiedam制造的。

"没凌"号破冰船是由江南船厂和工程厂制造的，12月移交的。

它的主要尺寸：

全长127呎。

垂线间长度120呎。

铸宽30呎。

铸深11呎6吋。

负载80吨煤和吃水深度8呎6吋到9呎。

它是由2套直接联动复合表面式冷凝气引擎推动的，其实验时的额定功率为891马力。

破冰作业

1913—1914年冬季

1913年年度报告所叙述的破冰作业情况只到1913年12月。1914年1月和2月是特别暖和的月份。轮船能在任何时间毫无困难地驶抵码头。第一艘抵天津的轮船是在1月22日，4天后，货物被驳船运到海上的一艘轮船上，从那时起，恢复了正常的轮船航行。

1914—1915年冬季

5月19日，董事会指示再购买一艘破冰船，如果认为需要，要签订购买第四艘船的合同。第三艘船的合同是由江南船厂和工程厂签订的，已于12月20日交货，并从12月1日起包租了开滦煤矿"开滦"号轮船，用来运送领航员。

整个12月和1月上旬，冷得不厉害。12月21日和25日刮起了西北风，在深洞和葛沽间，积聚了不少的冰。但冰在慢慢地流动着，轮船航行没遇什么困难，拖船和驳船照常进行工作。

1月10—28日，负责破冰船的官员报告如下：

10日，正当"没凌"号护送"IChang"号轮船出坝时，遇到了浓雾：在北要塞和沙嘴之间发生了惯常的阻塞。此刻，天放晴了。轮船已穿过升起的雾。我们看见"Tung Chow"号轮船搁浅在南岸的后木制航道标志的内侧。水位高度为15呎3吋。"没凌"号把舱里的东西抽出后，就靠了过去，看是否能给予协助。但因水降得太快，只能将外国乘客送上岸，其他什么也干不成。

11日，船驶到坝上，为"Tung Chow"号轮船进行通信联系。几天来，"没凌"号的信号机成了与该轮船联系的唯一工具。

12日，清理过坝后，又驶向葛沽去清除因强劲的西北大风而积聚的新冰。

大风一直刮到14日晚，风速每小时达51哩。在此期间，破冰船一直在不停工作，以确保港口开放。坝上和岸上结了好多冰，要先将其除掉。工作集中在河道上，因整个河道都结了冰，冻得很坚固。

19 日，"通凌"号和"没凌"号驶抵天津，冰块顺当地流走。下午 6 时，我们清理到万国桥。第二天清晨 2 时，当发现冰块停止流动时，我们就重返大沽。抵达大沽后，我们发现其原因在于强劲的东风把冰块堵在坝上了，致使水位上升。此次刮风"Tung Chow"号被刮离了南岸。

"通凌"号将"Tung Chow"号护送到天津。与此同时，其他船只仍在清理坝上的冰块。每次强潮都带来好处，但持续不断的东风又把排出去的冰块刮了回来。在这样的情况下，领航员们到不了"Fengtien"号轮船上。为响应发出的信号靠近些，要求进行通信联系，"没凌"号于上午 11 时 30 分驶抵"Fengtien"号，然后，我们将信和乘务员带到了岸上。此时，我们发现"Fukushu Maru"号和"Kashing"号已到达，但后者已被浮冰群漂出"Guthrie"号沉船以外 6 哩处。我们向"Kashing"号驶去，船长告诉我们，他在 Sha-Lui-Fien 灯塔以西 10 哩处就遇上了冰块。虽然两边的锚已放出 105 呎的链条，引擎也开到了全速，但仍在冰块的周围漂浮，不能把轮船从中解救出来。我们在其周围开辟了一条路，将其护送到几英里外，北面的一个地方，那里的冰层要薄得多。

下午 6 时，我们在潮汐静止不动的时候开始回退。但仍遭到冰群的袭击，直到午夜才抵塘沽。

在这里叙述一下可能是适当的，即坝口外全结了冰，冰层有 3 吋厚。从坝上几乎漂流不了多少，当"Fengtien"号到达时，坝外的情况就完全清楚了，船上的官员们均目睹了结冰的情况。

23 日，在"没凌"号甲板上拍了照，即向坝驶去，积冰穿过坝向南流去。因喷射出了故障，我们就依靠降水。我们不得不等到下午涨潮时，才驶出去。我们把"Fengtien"号护送进来后，又立即返回去解救另外两艘船。在此期间，这些船又漂流出"Gothrie"号沉船以外至少 8 英里处，24 日上午 1 时 30 分才与他们会合。

上午 7 时 30 分领航员登上这些船，我们开始将这两艘船引进来。它们的马力较低，我们不得不在两船之间来回跑，这样用了很长时间。当迎着浓雾抵达航道进口处时，已是下午 1 时 30 分了。"Fukushu"号随之抛了锚，而"Kashing"号在船长的要求下向北驶去。此时，刮起了强劲的东北风，又结了冰。在高潮时，冰的厚度达到 3 吋到 4 吋。经过整夜的观察，也没前进的机会。次日早晨，情况未见好转，经与"Kashing"号船长和领航员商谈后，认为我们唯一能做的是，等到情况减弱到低潮。经过三次尝试，我们驶出了大块浮冰区，在低潮时朝"Fukushu"号驶去。"开凌"号想方设法驶抵"Fukushu"号，这是在航道一开航时就进行了。无事可做，也不足以供"没凌"号使用。

接到舵语召唤后，又驶回到"Kashing"号处，由于缺乏煤和食物，在卸下邮件和乘务员后，就开始返航。5 时 30 分，我们才穿过航道。我们发现，在水深 11 呎处有大冰堆，露出 4 吋，经过坝上和深洞的冲击后，在冰薄的地方，见到了一艘拖船，在它接到我们救援煤的信号后，给我们送来了煤。往我们船上装了 5 吨煤，这才使我们能开始行驶，并于下午 1 时到达塘沽。此行共花费了 20 个小时，由于在结冰和上浮的情况下，自行无能为力，所以"开凌"号不得不紧随在我们后面，这时已是 26 日了。往船上装了 100 吨煤、粮食等后，我们和"开凌"号一起离开了塘沽，向深洞驶去。

与此同时，"Kashing"号在涨潮的情况下，慢慢驶了进来，而"开凌"号则试着驶向"FuXuShu"号，"没凌"号开辟了一条通过深洞的线路。当时下起了暴风雪，"开凌"号出得来。27 日 4 时 15 分，在涨潮的情况下，我们抛锚了一小会儿。

当"通凌"号到达并照顾那些船只时，"没凌"号因在里面压力大，什么也干不成，便驶出去排除浮冰群。驶抵坝外后，随即用整天时间把冰的缺口加宽，并将大块冰捣碎。28 日，我们继续驶向 Sha-liu-tien 灯塔，只在涨潮时进行工作，松动了不少冰。我们又遭遇了一次暴风雪，暴风雪后天空晴朗，风向不错。下午 2 时，我们与灯塔成直角，然后向正北方向驾驶，穿过大块冰块，到达了距灯塔 9 英里的地方。随后，我们满意地看到，所有的冰块都朝东偏北方向移去，我们向大沽驶去。这样一出一进，正好跑了一个三角航程。29 日中午，我们到达航道口外，之后，随着潮流驶入航道，并将"FuKuShu"号领过大坝。30 日落潮时，"GuThrie"号沉船，两英里的航道已清除完毕。我们又将另外两艘船带了出去，返回时，将"FuKuShu"号护送到铁路码头，然后停下来过夜，使船员们得到休息，他们太需要休息了。

2 月 1 日，我们出发到坝上工作。我们发现涨潮时又把冰堆积起来了，并刮起了强劲的东风。前一天晚上，坝上的冰都鼓起来了，涨潮两小时后，就全部流出去了，看起来好像困难过去了。大风造成了困难，3 日风停后，才发现要等合适的风将冰吹出大坝，否则一事无成。因为压力太大，无法冒风前进。航道完全被厚厚的冰块堵住了。我们和"通凌"号一起离开坝驶回天津，去护送"TongChow"号，此次航行共用了 6 个半小时。

4 日上午 7 时，我们破冰前进，驶抵旋转船台。8 时半，"Tungchow"号来到前方调转方向，需帮它牵引一下。一切都很顺利，只是到了农场地段，才要求我们牵引，我们按要求做了。"Tungchow"号于下午 6 时到达发电厂地段，在那里抛锚过夜。第二天早上，"通凌"号护送该轮船到大沽。冰比以前薄多了。后来，因又来了两艘船，"没凌"号就向深洞驶去。我们到达沙嘴后，又返回来过夜。6 日在一场北风的帮助下，又做了一次新的尝试。在冰搁浅前，我们成功地行驶了深洞的一半路程。"通凌"号的驶向机出了故障，不得不返航。

在这样的堵塞面前，"开凌"号无能为力。由于出现了前所未有的有利形势，我们决定继续前进，设法进入无冰区。7 日上午 11 时半，我们只驶了航道的一半路程，经过迂回周折，避开冰坝后，才到达这里。冰坝有 16 呎高，面积很大，坝外的水域无冰，当时正值落潮，岸上的风把冰吹得很远。但是环坝的一圈边缘都结了冰，厚度达 16 呎，这些冰是上次刮风时被风和浪堆积起来的。

8 日，继续和"没凌"号一起在坝上工作，不得不往航道北面行驶，因航道边缘上堆得冰太厚了，不得不在两岸 3000 呎冰缘之间找出路。由于水浅，不得不在中午停止作业，晚上再继续干，直至深夜。

9 日 7 时半，又开始工作。11 时半因冰线被迫停止工作时，已清理了 1000 呎。下午 8 时半又接着干。

10 日凌晨 2 时半，因潮汐的影响而停止工作时，我们正处于 30 呎的无冰区。早上 7 时半我们又能前进了。上午 10 时，我们再次进入无冰区。10 呎的路程用了一个半小时。由于风和浪的压力，冰堆得太高，超过了甲板栅栏。我们先沿着冰缘航行，然后再开始清理航道。坝上冰冻程度不同，从 10 呎的冰块到 24 呎冻结在一块的冰堆。幸运的是，偶尔还能找到较薄弱的地方，这需要推挤大的冰块，在它们漂出去前，将其翻转过来。

11 日，继续向深处航行，清理了 150 呎宽的一条狭道。这个工程是比较容易的，因为落潮时，把碎冰带走了，给我们凿出了活动的地区。"通凌"号正在深洞工作，正向我们靠拢。

12 日，进入航道深处，顺利地与"通凌"号会合，我们决定继续往里走，去装煤和食物。下午 6 时半抵达大沽。

13 日，刮起了东风，坝上的冰被阻挡，流不出去。

14 日，到煤码头，装满了煤箱又返回大沽，由于顶着东风，干不了什么事。

这一天发生的事叙述如下：

坝上的冰太厚了，根本漂不走，但在导航标线上有一条完好的狭道，直通航道深处的中部。最大的困难是冰块在落潮时走不了多远就搁浅了，坝外已不见冰，可能被这吹东风掀起的大浪击碎了。坝内，由于沙嘴和北要塞之间的冰结得厚，约工作三天才能把通道清理到河口处。

坝上的冰块很牢固，估计要等着自行融化。在这期间，经推进器和水流的冲刷，通道逐渐加宽。

15 日，驶向航道深处，下午 8 时 20 分抵达航道深处，经过清理，航道可直通大海。

16 日，"没凌"号和"通凌"号继续在航道深处破冰前进，"开凌"号紧随其后。因涨潮稍停后又接着干。下午 10 时 10 分抵达码头。

17 日，向坝航去，看到航道已畅通，接着驶向河道，直达车站码头，其下游也已畅通。

18 日，落潮时清理了航道深处的大坝，然后驶向塘沽去接"Tungchow"号、"Fengtien"号和"Kashing"号的船长。他们曾到"Guthrie"号沉船处。他们意见是他们的船完全可以安全出海，航道畅通，只是外面有点浮冰。

19 日，破冰至塘沽地段的尽头。然后加煤，下午护送"Tungchow"号、"Fengtien"号和"Kashing"号出坝。"Kashing"号立即驶向大海，其余两艘船在坝外抛锚过夜，"没凌"号陪伴着它们。

20 日，把这两艘船送出 3 哩时，发现道路畅通，随即返回，开始清理河道的冰，涨潮时已抵达盐池地段的下游。

22 日，上午 7 时 20 分，因涨潮，停在石头地段，其下游已畅通。10 时 25 分，又驶回盐池地段，发现已畅通，继续驶向河道上游。第三裁弯处这一段，冰的厚度达 9 吋，过了第三裁弯处，冰的厚度为 6 吋。下午 6 时半，我们停在坟地弯道，此地冰的厚度只有 4 吋。

23 日，上午 4 时半，继续向天津行驶，抵达法国码头。随后"通凌"号驶回坟地弯道，落潮时看到所有的东西都在运动着。上午 10 时，紧靠天津码头，整个下午都在清理港区。这里的冰松碎，多流动。船抵浦口码头遇到"通凌"号，看到冰在顺利地流动着，我们退回法租界码头，于下午 3 时靠岸。

24 日，驶向大沽，在 Niwah 和 Chun Liang Cheng 弯道，清除了小面积的堵塞，于下午 4 时 45 分到达大沽，发现可一直畅通到大海。

25 日，上午 12 时 30 分，借着高水位和"开凌"号一起驶向大坝，发现全部畅通，随即返回。

上午 9 时 20 分，再次驶向大坝，暴风雪很大。下午 2 时 50 分结了好多冰。

26 日上午 1 时 40 分，驶回大坝，发现畅通，随即护送至塘沽交付给"通凌"号的"Kwangse"号向上游航行。

27 日，刮起了强烈的西北大风，大沽的风速每小时为 50 哩，风沙很大。风稍缓和，即开始清理下游各地段弯处因风雨而结的薄冰。由于河道水位低，因此落潮时水流极小。

28 日上午 6 时 15 分，和"开凌"号一起赴大坝。

开始时在坝内作业，清理薄浮冰和新结的冰。8 时 40 分，冻结极快。前两天夜里的温度很低，但由于航路畅通，只有少量新冰。

下午 1 时 10 分，驶向深洞去护送"Fukushu Maru"号，但因高水位达 8 呎 9 吋，不得不返回。"开凌"号驶向天津，看河道是否畅通。

虽然坝和岸上的冰已融化不少，但仍牢牢地附在上面，较厚的部分需等到完全融化。深洞航道的宽度被保持得至少与河道一样宽，只是沿岸有厚冰。东风会给破除岸上的积冰带来麻烦，此点已被注意，不应因此使航行受到耽搁。

今年冬季是许多年来最严峻的冬季。1 月 10 日到 2 月 9 日期间的平均温度是我们所记录到的最低温度。如果像通常冬季那样，西北风或西风很猛烈，在海湾低温处就不会形成如此罕见的积冰。

2 月 12—14 日，最冷的天气过后，刮了三个星期的东风，风力时强时弱，整个海岸线全部积了冰。结冰区延伸到海域 60 哩，许多地方冰凌厚度达 24 呎。积冰把河口处堵塞，成为偶然刮东风的结果，此并非不寻常，罕见的是，冰延伸得太远了，一眼望不到边。东风刮进来，冰块随潮外流，但无任何风能作用于今冬如此广阔的冰区。

为说明新发生的事达到如何程度，"Kuma Kata Maru"号轮船的事可说明。2 月 3 日，它从秦皇岛出发，3 月 4 日，被发现牢牢冻在 10 呎厚的冰中，它的位置在北纬 39°55′、东经 121°5′。

从这个季节的经验中，我们得出如下结论：

（1）假如像通常冬天那样，刮的是西北风，不管天气有多冷，用现在的设备就可保持港口到新河段不受封冻。

（2）当刮东风，海岸线堆积冰后，在风变前，使用破冰船进行尝试是无用的。

（3）只要不刮强烈的东风，河道里的冰就易清除。

（4）凡是欲在冬季航行的船，应具备以下条件：

a）至少两个复合循环进水口，装备充足的蒸气喷射器，船外壳无凹处。

b）双装甲和加厚的船头。

c）铸钢推进器。

d）超强方向舵、轴、舵栓等，均需超过 Lioyd 的质量要求 30%。

e）宁可用电报警告轮船，也不在不利的情况下试图驶近。

如果真的从有利于贸易的角度出发，在冬季保持港口不冻，最重要的就是航道的加深工作，在这个季节里我们至少要加深两呎，对此充满了乐观和希望。

总工程师 Ing. T. Pincione

第六篇 海河工程局 1915 年报告摘编

河道

表 6.1 是在大沽基准水位的基础上记录的河口处和天津港全年水平面变化情况。

表 6.1 河口和天津港水位变化（以大沽基准水位为标准） 单位：呎

		1月	2月	3月	4月	5月	6月	7月	8月	9月	10月	11月	12月	年均
河口														
高水位	最高	9.90	9.70	10.50	10.30	10.40	11.00	13.50	1.00	0.70	12.60	11.10	9.70	9.20
	平均	7.06	7.15	7.62	8.48	8.70	9.05	9.49	9.53	8.89	8.64	7.79	7.66	8.34
	最低	1.10	0.80	4.10	6.30	6.00	7.50	7.20	7.00	6.90	6.20	5.35	2.75	5.10
低水位	最高	5.65	5.50	7.05	8.40	4.40	4.40	4.85	5.70	6.00	6.20	5.20	2.90	5.52
	平均	2.00	3.40	1.17	1.80	1.62	2.00	2.36	2.00	1.88	1.78	1.28	1.15	1.87
	最低	0.20	0.30	0.70	0.00	0.10	0.00	0.40	0.40	0.70	0.70	0.80	0.60	0.41
潮差	最高	9.30	7.20	9.20	9.90	10.00	12.40	18.00	9.70	9.70	9.80	9.80	10.60	10.47
	平均	5.26	3.94	6.43	7.04	7.11	7.04	7.21	7.47	8.04	6.84	6.55	6.33	6.61
	最低	1.20	0.50	1.60	1.20	4.15	4.80	3.30	2.60	2.10	14.30	3.20	4.10	3.59
		1月	2月	3月	4月	5月	6月	7月	8月	9月	10月	11月	12月	年均
天津港														
高水位	最高	10.30	10.60	11.30	11.10	11.00	10.20	12.60	11.70	11.10	11.80	11.60	11.20	11.21
	平均	8.51	9.02	9.33	9.38	9.30	9.38	8.30	0.76	10.19	9.86	8.88	8.16	8.42
	最低	5.30	5.10	6.10	7.20	7.50	8.20	10.34	9.60	8.60	6.80	6.80	4.30	7.15
低水位	最高	9.70	9.60	9.50	10.00	7.40	6.20	9.20	8.20	7.60	7.50	7.60	6.30	8.23
	平均	7.09	8.12	6.95	6.04	5.01	4.57	6.07	6.83	6.01	5.72	4.96	3.99	5.95
	最低	4.90	2.20	5.20	3.90	3.50	3.00	3.50	5.50	4.70	3.80	3.60	2.00	3.82
潮差	最高	4.20	4.60	4.90	4.90	6.40	6.70	6.00	5.40	5.30	5.30	5.30	6.00	5.42
	平均	1.70	0.80	2.60	3.27	4.25	4.71	4.30	4.11	4.1	4.07	3.90	4.30	3.51
	最低	0.10	0.10	0.80	1.10	2.80	2.00	1.80	2.60	2.10	1.90	1.60	1.30	1.52

表 6.2 为船舶回港数。

表 6.2　船舶回港数

年份	船舶数	注册吨位	吃水深度	
			12 呎至 12 呎 6 吋	12 呎 6 吋以上
1912	654	649 084	30 呎	15 呎
1913	731	736 109	71 呎	35 呎
1914	831	829 047	80 呎	88 呎
1915	790	815 257	164 呎	158 呎

1914 年的回港数包括吃水深度在 13 呎和 13 呎以上的 44 艘船舶。1915 年的回港数则包括 84 艘吃水深度在 13 呎和 13 呎以上的船舶。

上述四年中抵港的船只，所记录的吃水深度最深的船包括：

（1）1912 年的"Yi Loong"号 13 呎 10 吋　13 呎 2 吋。

（2）1913 年的"Cheong Shing"号 13 呎 6 吋　14 呎。

（3）1914 年的"Cheong Shing"号 14 呎 8 吋　14 呎 8 吋。

（4）1915 年的"Kalgan"号 12 呎 8 吋　15 呎 6 吋。

从上面的数字可以看出，吃水深度的增长情况是令人满意的，但不幸的是，很明显的海河支流被忽略了。

从天津到第三裁弯处的航道大致已被淤积 1 呎多，而下游的各河段都得到了治理。如果海河得以取直，淤泥很容易被冲走，因为上游各区段的淤塞和下游各河段的冲刷已经引起更大的倾斜，这会促使冲刷。

局部治理工程

在万国桥的上游，沿日租界和法租界，直到奥租界桥的河道，已经进行了疏浚，为了防止潮水蔓延和排泄洪水，中国当局如能同意疏浚中国城沿河北段，将是一项有效举措，因为河道窄得不行，法租界段的宽度是它的两倍。

第一裁弯处。第一裁弯处的右侧已经进行了疏浚，从原先盐库的前部加以整理。

永久河段。在第一裁弯处下端的深洞和浦口铁路码头中间的交叉处，已经进行了疏浚。

第二裁弯处的下端。该湾下端 25 200 平方呎的表面已经下沉了另外 9 个锌棒，距下沉河道线 150 呎的凸面沙嘴，又重新进行了疏浚。

蔬菜河段。在旱季修理了右侧的防堤坡，另外又加筑了 3 个防波堤。

坟地弯道上游。已对沙嘴进行了大量的疏浚，以使疏浚设备储在凹处的上部进行疏浚作业。该弯的半径已增长许多，希望在将来该弯能依靠防波堤增长更多，以使船舶更容易通过。

西北地段。用泥和草已沿该地段修建了大量的短防波堤，以防止过去几年来明显的加宽现象继续下去。

第四裁弯处的下端。已对自灌溉渠开工以来所形成的很长的沙嘴进行了疏浚，灌溉渠已关闭。

石头地段。在通航的航道中，又疏浚了 1 700 立方米的牡蛎壳区域。

支流。北河在李遂镇（在潼州上流）东岸的决口尚未修复，此处在 1912 年和 1913 年也曾决口过。

由于政府采取过丢掉该河、不予治理的措施，北河的水和海河的主要支流，现在已往北塘河入海了。

虽然在海河上游各地段疏浚了 230 000 立方米泥沙，对潮汐的活动进行了治理，但是上游各地段仍存在令人惊恐的淤积现象。

下面这份给董事会的报告阐述了这一形势。

关于北河和红河

基于对潼州上游，以及天津到李遂镇段的北河进行的考察。

董事会应对该河已出现的严重事态予以注意。现附一份该区的讨论稿。

海河、北塘河和一些支流系七里排水系统独有的出口，该系统包括 50 000~60 000 平方里的流域。这些出口显然不足，因为最大河流——海河的流量，每秒就有 30 000 立方呎，而湍急的红河本身的流量就高出其五倍。

要维护北河的东坝和玉河的南坝，以确保淹没两坝之间的庞大地区不会出什么问题。

如果治理红河，使其顺利地流经海河，这就必然需要采取措施，以使北河直接流入大海。在放水闸的帮助下，就洪水而言，支流的问题就会得到解决。

但是，治理红河的计划尚未付诸讨论。正如以前报告中所述，至少需要 30 天才能完成，还需大量的花费。

治理海河理想的方法是先开始治理其支流，但这需要的时间太长，不能满足贸易发展的需要。

现时没有什么事情可做，只是要了解所发生的严重后果，如果他们坚持忽略治理支流的话。

在以前关于北河的报告和 De Linde 关于海河及其支流的报告中，已经对要采取的措施进行了解释。

现在对这些报告书写以来所发生的事情进行简单介绍。

李遂镇 1912 年开口，水落后，已被负责的官员们封闭，令人遗憾的是，此项工程采用的方法不当，且选用的材料质量不高，致使又被随之而来的洪水所冲毁。

修浦坝的工程不得不拖到水落后才进行。官员们在北运河的故道上建坝，没采取任何预防措施，致使 Tung Chow 的运粮河故道从开口到汇合处完全淤塞，两头的长度达 35 公里，中间部分地区超过 15 公里。

由于得悉已不能封住开口，已向当局建议在 Niu Mu Tun 建造一个裁弯，此处距故道最近。

我已访问了这一地区，我的意见是，不仅可以建造这个裁弯，还可以用人工开挖淤积的支流，用堵塞开口的办法将老河床复原。

在开口下游的一个地方，我发现新河床的断面和草图一样。那里的泥沙很硬，可以建造一个槽缝木板的围堰，这个围堰可在冬季建造。因为在故道开挖完成前，可留下足够数量的水道，以使水流通过，然后等围堰完工时，将剩余的木板拖进来。水可以重回故道。由于开口处再没有水流，坝可以建造得比以前更加牢固，其临水面也可得到完全保护。

在没有证明坝已能抵抗凶猛的洪水前，不要将围堰拆除。

此项工程的用费与官员们在故地淤积发生前所估计的一样。

（1）挖掘（约 1 000 000 立方米）的费用为 200 000 两。

（2）围堰的费用为 30 000 两。

（3）新坝（5 里）（近 200 000 立方米）的费用为 20 000 两。

（4）5 里长的防护堤的费用为 50 000 两。

如能在适当的时间里堵死决口，我确信 75 000 两就能完成此项工程。

Niu Mu Tun 建造裁弯的备用方法，在资料不足的情况下，估计需 250 000 两。经过对该地的详察，我发现要彻底解决问题，尚需加筑 2 个坝，以阻止那些大片泛滥地区的洪水。

使用此方法的花费是：

（1）裁弯防护等的花费为 250 000 两。

（2）两个坝的花费为 200 000 两。

使用此方法的总花费为 450 000 两。

这不包括征用所需土地的用费。

第二项计划的花费将比第一项多 100 000 两银。

另外一点应考虑的是，当北运河流经新河床时，坡度将会更大，并将在两坝之间逐渐形成弯曲的水道，以使其坡度与携带的物质的重量相等，这就很可能使将来的花费加大，宁可花费 350 000 两来恢复旧河床。

在访问期间发现，红河已在旧汇合处下游流往北河了。在要求立即采取行动恢复的情况下，此点（将在后面阐述）应予以慎重考虑。

下面是我在不同的地点测到的流速，目的为查明淡水的有效供应量。

（1）天津上游的玉河每秒 1 050 立方呎。

（2）天津上游的西河每秒 1 660 立方呎。

（3）运粮河每秒 230 立方呎。

（4）北运河每秒 1 600 立方呎。

（5）浑河每秒 1 010 立方呎。

（6）Feng 河和滦河每秒 40 立方呎。

总计 5 590 立方呎。

由于北运河偏流，只有 3 990 立方呎的水流入海河，约占淡水供应量总数的 71.4%。

从今年的情况来看，这不一定很坏，但遗憾的是，我发现从红河嘴流入 2% 的固体物质，这样每秒就有 20 立方呎的泥沙。其中一半是沙，不能悬浮流往海河，需很长时间才能到大坝。

有一点不能忘记，各支流供应的淡水对河床冲刷和河道的维护是很有用的，特别是对于被潮汐所影响的断面。淡水供应的缺少将引致河道的上部断面缩短，结果将不能很好地抵御潮流和洪水的排泄。

当上游的淡水供应量加强落潮时，特别是在洪水期间，流入大海的泥沙流动很快，河道的冲刷也会加强。反之，如果泥沙的流动只取决于潮流和落潮，那么泥沙只能在河道里上下翻动。当然，它会逐渐流向大海，但河道就会被持续不断的泥沙所填充，特别是在这样的断面里，潮汐活动已停止。在洪水季节，它位于天津港的下游，或者当潮流处于低潮，或被西北风所抵消时，在这种情况下，上游地段的通航就很可能受到阻碍。

很显然，如果淡水供应量实际比例偏转，海河的情况就会恶化，因为海河已能储存一定数量的淡水。

1914 年 11 月，当我了解到已经决定将北河改道以阻止洪水时，我就此事向董事会作了报告，阐述了此项措施会对海河造成巨大损害。

经董事会同意，我和秘书参加了七里河董事会的会议，并提出了一份报告，清楚地指出所要采取的措施，以及会自然产生的结果。地方长官和董事会完全同意报告所述，并着手将此问题向北京提出。直到夏天，我们才了解到，所建议的北河偏转问题已经执行。事实是，北河新河道将不会阻止，只能促使东部地区被淹没，并将像红河一样成为一个"无家"的河。

但是，令人遗憾的是，不幸并不在那里，而是在天津港附近。红河由于拥有大量泥沙，需要在其三角洲开辟一个通道，与北运河在下游相汇合，正如它已开始的那样。阻止这种情况的唯一办法是使北河的高度能阻挡红河水的流入。与此同时，有足够的流量和速度，以便把泥沙携带出去，正如它从红河带入的那样。

如果海河要将红河的水融入大海，需将河床升高，使其坡度适合水流的速度，以便将大量泥沙带入大海。天津港的河床到底会升高到哪种地步呢？

没有必要进行水力计算，海河河床通常低于大沽基准水位 7 呎。红河三角洲在同一基面以上 35 呎，或共相差 42 呎，或与最低洼地处相差 22 呎。

如果上述灾难发生的话，不仅天津不能再通航，而且会成为一片沼泽，成为红河三角洲的一部分。因为这个地方的许多地点只在大沽基准水位以上 12 呎，常遭洪水。目前，尚有时间来制止它。花费 350 000 两，中国政府就可以挽救北河和北运河以东上百个村庄，就能挽救海河和天津，至少能减少百万两的损失，而这些银两已花费在海河和坝上了。恢复北河是头等重要的事情。我提出的治理该河的建议是很好的，一旦北河得以恢复，溢洪道上的"石头堰"就应立即建造。

当我访问河西务的溢洪道时，我了解到，去年连土坝也没有建造，结果导致在春天旱季的一个多月时间里，淡水一直在经过潜坝流入。在一个相当长的时间里，潜坝上的水降了 20 呎，水仍在潜坝下流着，渗得很厉害。这种情况必然导致北河和海河的毁坏。

"在我以前的报告中提到北河紧急工程共需花费：

（1）恢复故道需要 350 000 两。

（2）在大教堂建裁弯需要 200 000 两。

（3）修理溢洪道和"石头堰"需要 300 000 两。

（4）疏浚工程。一艘每小时挖 150 立方米的挖泥船，四艘拖船，75 立方米容量，花费 200 000 两；200 指示马力的一艘拖船，八个泵站，300 指示马力。

（5）堤岸的各种防护工程需要 100 000 两。

（6）必然事故需要 50 000 两。

总计 1 200 000 两。

如中国政府和董事会同意，我将立即把所有计划和预算细节提交出来。

这些工程可在大沽船厂协助下由 Ho Wu-Chu 部执行。我可在董事会的另一位工程师的协助下对所有工程进行监督。

总之，我诚挚地恳请董事会注意，恢复此河确实关系到天津的幸福问题，在提交给工程局董事会关于海河的问题中，再没有比它更重要的问题了。我恳求全力以赴地动员中国当局立即恢复此河。

上述报告的要点已分别发送给高级领事以及领事团的每一个成员，请他们要求外交部将此事转报给中国政府。

报告也交给七里河的民政长官和北平的董事会。

中国当局已对此事进行了查询，但至今尚未做出决定。

表 6.3、表 6.4 为疏浚作业、吹填作业情况。

表 6.3 疏浚作业情况　　　　　　　　　　　　单位：立方米

月份	港口	第一裁弯	永久地段	第二裁弯下端	坟地弯道上游	第四裁弯下端	石头河段	船台码头	总计
3	12 892							80	12 972
4	19 667							58	19 725
5	6 453	14 843	1 577					750	23 623
6	11 875	8 832				3 170		55	23 932
7	6 381	5 825	476	2 975	5 000	245	1 045		21 947
8	14 349			21 480		665			36 494
9	18 371			4 600		460			23 431
10	31 060								31 060
11	33 080								33 080
12	7 960							650	8 610
总计	162 088	29 500	2 053	2 975	31 080	3 415	2 170	1 593	234 874

在疏浚的 234 874 立方米淤泥中，有 193 371 立方米已被抽至岸上，其余的 41 503 立方米被倾倒了。

表 6.4 吹填作业情况   单位：立方米

时间	港口	永久地段	船台码头	合计
3 月	12 742	—	—	12 742
4 月	19 667	—	—	19 667
5 月	22 873	—	—	22 873
6 月	20 587	—	—	20 587
7 月	12 682	—	—	12 682
8 月	—	14 349	—	14 349
9 月	—	18 371	—	18 371
10 月	—	—	33 080	33 080
11 月	7 180	23 880	—	31 060
12 月	7 960	—	—	7 960
总计	103 691	56 600	33 080	193 371

虽然坝航道的加深工程因罕见的特大淤积而进度迟缓，但从进展情况来看，还是令人满意的。

该航道的两个侧线距中间线 75 呎，疏浚作业就限制在这个范围内进行。由于外面的泥沙不断地流入疏浚的航道，因而挖掘的宽度要更大。

3 月，水深测量证明，航道的最小深度为基面以下 7 呎，吃水深度 9 吋的船舶（大于水深标记 6 吋）可毫不困难地通过。

4 月，水深标记只增加到 6 呎 3 吋，因为新的末端疏浚线上仍有一些隆起的部分。

5 月，中间线的最小深度为大沽基准水位以下 7 呎 2 吋，南线为 6 呎 5 吋到 7 呎，此线为 6 呎 7 吋到 7 呎，航道深处线通常为 7 呎 5 吋，水深标记增加到 6 呎 6 吋。

6 月，中间线全部在大沽基准水位 7 呎 6 吋，水深标记增加到大沽基准水位 7 呎。

吃水深度 15 呎 6 吋的"Roman"号轮船，均匀地穿过坝。

7 月，因为经常不断的雷雨天气，疏浚作业没有取得明显进展。7 月 29 日，台风把水位升高到大沽基准水位 13 呎 6 吋，水深标记为 20 呎 6 吋。

8 月，从红河流入的大量泥沙被带到坝上，强劲的东南风使航运的情况恶化。当水深标记不得不降到大沽基准水位 6 呎（以便留出足够的边缘）时，直到月底，挖泥船才设法成功地保持住了航道的深度。

9 月和 10 月，水深标记不得不保持原样，尽管中间线为大沽基准水位 7 呎。

11 月，进行了精确的测量，大沽基准水位的深度：

（1）北线最差处 7.3 呎，多数情况为 8.0 呎，最优处 10.0 呎。

（2）中间线最差处 7.3 呎，多数情况为 8.0 呎，最优处 9.5 呎。

（3）南线最差处 6.6 呎，多数情况为 7.3 呎，最优处 9.0 呎。

（4）航道深处线最差处 9.0 呎，多数情况为 9.0 呎，最优处 10.9 呎。

在冬季，把水深保持在大沽基准水位 6 呎 6 吋是适当的。因为这样就可以在结冰时给北要塞的验潮仪所出现的不精确读数留有足够的余地。

穿过 5 呎等高线航道的宽度为 1 200 呎，而去年为 200 呎；6 呎等高线的宽度为 325 呎，而去年为 100 呎；7 呎等高线的宽度为 200 呎，而上一年却没有。

另外，我们现在根据所建议的基面 7 呎的疏浚情况，可以估计出挖掘的情况。

由于增添了两艘为坝所建造的自卸泥驳船，大坝的疏浚作业有了改进。

驳船的规格如下：

垂线之间的长度为 121 呎 6 吋。

梁的高度为 26 呎 3 吋。

模深为 9 呎 10 吋。

甲板范围为 6 呎 5 吋。

空载吃水深度为 3 呎。

负载吃水量深度为 7 呎。

在 7 呎时的总水平面为 2 730 平方呎。

空载排水量为 145 吨。

负载排水量为 470 吨。

泥舱在沉淀舱以下的容积为 215 立方呎。

泥舱包括沉淀舱的容积为 277 立方呎。

沉淀舱的容器和管道经过设计，通过挖泥船的传送管道可以接收水和泥的混合体，用不了多长时间，即可将其处理完。为达到此目的，管道还有几个洞。另外，菱形的泥舱可避免泥浆直接流到船外。

有人对使用小泥舱的建议持相反的意见，但已证明，在坝上抽吸两个来回，可将泥舱全部装满，不论是哪种泥沙或黏土都能抽吸。

有趣的是我们发现，经实验证明，用抽吸的方式将海河泥沙装满泥舱，泥舱的容积需要为吸沙泵每分钟吸沙量的 25 倍，也就是说，24 吋的吸沙泵需要泥舱的容积为 1 500 立方米。经过实验我们发现，可以把比率从 25 降到 6.6，换句话说，在我们将泥舱的容积降低 74% 的情况下，所采取的方法可满意地抽吸海河里的泥沙。

这具有很重要的意义，因为如果将一个 24 吋的吸沙泵比率保持在 25，那么大坝的吸扬式挖泥船的泥舱空间就需要 1 500 立方米，其载重量就需 3 000 吨。这样一来，它就不可能在大沽坝上作业了。另外，也不能采用比现在小的吸沙泵，因为现在的吸沙泵正好适合海河的泥沙，只要进行一些改进即可。

从该季度的经验来看，我们已经清楚在大沽坝上作业的吸扬式挖泥船所需要的一切。

这样的挖泥船应如此设计：

垂线之间长度为 196 呎。

铸梁高度为 41 呎。

深度为 13 呎。

泥舱容积为 450 平方米。

泥舱负载为 800~900 吨。

泥舱吃水深度为 10 呎。

额定功率为 350 马力的三个引擎，其中两个用于推进器，一个用于 24 吋的吸沙泵。

现在在大坝上作业的设备其效率与无风天气时一样，一旦水势太凶猛，不能牵引自卸泥驳船时，挖泥船就不得不靠在轮船上，其效率就会大大降低，因为大部分的泥沙又返回到航道中去了。另外，如果坝一直像以前那么浅的话，吸扬式挖泥船也会因其吃水深度而不能使用。

处于平常水位时，航道有 15 呎深，或更浅些。在这样的深度上，吸扬式挖泥船可以在涨落潮时工作数个小时，对航道进行疏浚。在低水位时，现有的沿海航行轮船能进来；在高水位时，这津轮能进来。

另外要注意的是，这样的挖泥船比现有的设备要经济约 40%。

将去年与最近坝的测量情况进行对比，我们发现（除河口以外）以下几种情况：

第一，冲刷的深度是：

冲刷的第 1 哩为 1 呎多，冲刷的第 2 哩为近 3 呎，冲刷的第 3 哩为 1~3 呎，冲刷的第 4 哩为 1~3 呎，冲刷的第 5 哩为 1~3 呎，冲刷的第 6 哩为 1 呎左右，在第 6 哩的末端，有一点小变化，在坝外 7 哩处，其冲刷深度近 4 呎。

第二，冲刷量或淤积量为：

深洞的冲刷量为 45 000 立方米。

在 4.5 呎等高线之间航道的冲刷量为 355 000 立方米。

淤积总量为 16 600 立方米；冲刷总量为 400 000 立方米。

测量区外（深海）冲刷量之差为 383 400 立方米。

第三，北岸已淤积约 261 000 立方米，南岸已冲刷约 262 300 立方米。

通过上述数字我们可以了解：

a. 经过疏浚和冲刷，清除掉的泥沙量粗略估计为 380 000 立方米，其中包括新淤积的泥沙。

b. 北岸新的淤积量实际上与南岸新冲刷的量相等。

不能把上述数字看成是绝对正确的数字，但我们从这些数字中可以清楚地看到该季在坝上所发生的一切。

新设备

江南船厂和上海工程厂建造的"清凌"号破冰船于 12 月 25 日进行移交，它是按照姐妹船"没凌"号建造的。"清凌"号破冰船的规格如表 6.5 所示。

表 6.5　"清凌"号破冰船的规格

规格	参数
全长	129 呎
垂线之间长度	120 呎

续表

规格	参数
铸宽	30 呎
铸深	11 呎 6 吋
吃水深度	8 呎~10 呎
干舷	3 呎 33 吋
总吨位	342~343
铸钢螺旋间距	9 呎 6 吋，直径 7 呎
双螺旋	2 个复合引擎
H．P 汽缸	直径 14.5 吋
L．P 汽缸	直径 30 吋
冲程汽缸	直径 24 吋
每个引擎的标示马力	450
转/分	160
两个长的锅炉	12 呎 6 吋，直径为 10 呎 6 吋
每个锅炉的炉格区	46 平方呎
每个锅炉的受热面积	1 500 平方呎
在自由水中的航速	11.75 里
工作压力	130 磅

辅助引擎。一个 8 吋的离心泵，供水压轮使用和用作冷凝器循环；一个 36 安培、100 伏特的发电机直接连接 4 个复励电动机；震荡器 3.6 千瓦；48 个 16 烛光的灯光和 2 个 8 安培的探照灯；两个 Weir 的给水泵和供热浮缸；一个独立的推动空气循环的泵送引擎和船底排水泵；全船蒸气供暖设备；共计 140 000 两。

长距喷射管道船长 96 呎，梁高 48 呎 6 吋，铸深 7 呎 9 吋，共计 17 800 两。

上述两艘坝上用的开底式泥船价格为 43 000 两。

破冰。1915—1916 年的冬季特别暖和，除了 1 月 6 日因涨潮带入的半融冰块堵塞了航道，使两艘船耽搁了两小时外，其他来港的船都没遇到困难或耽搁。在一些河段上，曾积过几次冰，如果用一艘破冰船开道，是不会阻碍牵引驳船的。

1 月，18 艘船中的 14 艘抵达了码头，吃水深度 9 呎的船是 12 呎和 12 呎以上的，最大吃水深度为 13 呎 16 吋。

第七篇　海河工程局 1916 年报告摘编

北运河

从财务报告可以看出，已有 88 403.36 两用于使北运河河水回到该河旧河床。由于该笔开支是海河管理局首次将海河水利资金用于该局辖区以外，因此需要详细说明此笔开支的缘由。

海河管理局 1915 年度报告已详细说明因李遂镇河堤溃决致使白河出现严重后果的事件，并已向省政府及领事团陈述局势的严重性和本管理局技术顾问的意见，以及为恢复和改进河道应采取的措施。

早在 3 月，水利委员会通过直隶省长及市区河道管理局移交的有关白河问题建议书副本。建议人所提的方案及市区河道管理局对方案的意见均在下列函件内阐明。该函件系致首席领事、领事团成员及中国当局。

1916 年 3 月 11 日　天津

第 2867 号函

致英国驻天津总领事富尔福德阁下

总领事阁下：

（1）关于本人去年 11 月 19 日致函因急需使白河回归故道，故望通知外交团团长一事，兹荣幸地告知阁下，水利委员会通过直隶省长及市区河道管理局移交的有关应施工程建议书副本以及官方批准书副本。

（2）随函附上该建议书中英文副本，该建议书内提到修理李遂镇溃堤之处，并提出使白河回归故道，并说明拟将白河水在香河某处引入箭杆河的理由。随函送上总工程师对所建议事项的报告两份及说明方案地图两份。

（3）由于李遂镇大堤决口，来自白河及运粮河的水量极少。建议人现提议将两河全部河水永久改变流向，理由是无须再利用河道运输，以及可避免向北京东南泛滥洪水。简言之，此举同意外交团关于在李遂镇恢复白河的要求，因在下游某处使白河全部改道会抵消海河恢复故道所带来的益处。所批方案说明，建议人对受托处理之问题全然无知，或漠然置天津港福利于不顾。

（4）建议书内所拟方案能提供应对措施，虽然是暂时应付洪水的方法。然而，按本函所附水利委员会总工程师报告内所述白河改直规划，可使所拟目标得以实现，并有长远保证（该报

·81·

告副本已于去年11月通过海关监督送达市河道管理局)。该规划不仅不为现行建议方案费资，而且对海河大有裨益，无遭受灾难性后果之虑。

(5) 诚然，无须再利用白河运粮，但是否天津港口对直隶省、京都及政府无关紧要？

(6) 海河为一输送洪水河道，中国当局同意拓宽通过天津市中国地界的河道，其能力可以大幅度提高。市内河道因任意在岸坡倾倒垃圾而日益变窄，天津市政府对此亦予鼓励，有关倾倒垃圾的告示可作证明。岸坡上又搭建棚屋，警察当局按棚屋课租，故不愿舍弃此收入。

(7) 本人代表海河管理局水利委员会，恳请阁下再次将此问题提请外交团注意，并主张强烈反对建议书内所拟规划。外交部于去年12月26日致外交团团长的备忘录中有以下内容：

鉴于该河（白河）下游河水完全流入海河，且白河水利工程与海河密切相关，因此对此一问题采取措施时必须注意这一点。

英国公使收到的英国驻天津总领事的报告称，李遂镇溃堤致使浑河（Hun Ho）泥沙冲至河口，从而使轮船航行困难一事确与事实相符。

海关许监督正准备进行李遂镇土堤修理工程，许监督无论采取何种措施，该项工程必然与处于下游的海河水利密切相关。因此，应仔细进行初步调查研究，据此制定出概括全面的联合规划，使之发挥一劳永逸之效。

为此，已请许监督派一官员去津协同海河管理局工程师共批详细规划，并向工程师通报许监督对河道问题的意见，供双方相互研究审议，以便圆满解决涉及的所有问题。

(8) 万一专家对此问题的意见有异议，海河管理局水利委员会同意征询黄浦水利局总工程师范·海登斯坦姆先生或其他公认机关对此问题的意见。但管理局水利委员会已采纳对直隶河系情况了如指掌的工程师德·兰德先生的意见。兰德先生完全支持专家们的论点。

布尔乔亚敬启

法国总领事

海河管理局水利委员会

为回复上述内容，外交部致外交团团长文件已经由首席领事送交管理局水利委员会。

北京 1916 年 3 月 31 日

关于修理白河东岸堤一事，本人于去年12月25日递送文件，并于1916年2月2日与阁下会谈，当时阁下声称必须立即开始该项工程。现通知阁下，本人已将此案提交内政部长处理，得复如下：

海关许监督已派出一名官员与海河管理局总工程师进行讨论。许先生提出管理潮白河与北运河两项总规划方案。

(1) 修一条新水渠，使潮白河水流入北运河。

(2) 修复李遂镇的溃堤，使潮白河流入北运河。

然而，上述两项工程浩大，估计耗资将超过 4 000 000 两。将此事报请总统核实，承批复如下。

令该部审议，拟订详细计划，并将该工程分期逐年施工。

内政部又召开预备性会议，同时海关许监督亦派一名官员勘查箭杆河、宝秋河（Pao Ch'

iu）和北运河。随即召开大会，会上一致认为，鉴于开新渠需要巨额开支，且需在即将到来的河水上涨之前完成此项工程，人力和财力都不足，因此在实施较大规模计划之前，必须采用某种临时性计划，以便消解民困。

经仔细研究以后，通过一项第一年工程计划，其要点如下：

（1）北运河问题的原因应根据通州地区地面的陡峭性研究获知。河道逐步淤高，一旦山洪暴发，河水极易溢出河槽。因此，修理李遂镇溃堤绝非易事。

建议加深李遂镇以下的夏巴河至白河村的河渠，如此在伏汛和秋汛期，潮白河水将被泄入北运河。泥沙将因此被河流冲走，既可避免淤塞，又可使下游河段无缺水之虞。

（2）将潮白河水引入天庄下面的箭杆河，并由此流入宝秋河，与此同时，关闭潮白河南面出口及宝秋河南岸出口。

（3）加高郭新庄到西河务的箭杆河南堤岸和宝秋河南堤岸。

（4）加高王家庄和南邱窑到夏家堡的箭杆河北堤岸和宝秋河北堤岸。

（5）从宝秋河上游的夏家堡开始改进渠道，促使潮白河一部分水通过宝秋河和窝土河流入蓟运河，然后入海。

（6）修理大沽庄以下的溃堤。

经详细核算，估计上述工程约需款 710 000 元。此笔款已经拨出，目前正对工程分配工作，不久即将着手进行。

实施上述工程可重得宝坻淹没部分，使其不再遭受洪灾，潮白河在河水猛涨时的溢流将通过箭杆河下段泄入北运河，然后入海。

另外，北运河在通县的上、下河段部分和天庄较大部分需要疏浚，使河槽畅通，并清除河槽中的障碍物，从而防止下游出现缺水现象。

至于应实施的工程的其余部分，则需待伏汛及秋汛后再行解决，因为到彼时才能调查河道情况，以便据此为继续进行的第二期工程方案制定计划和经费。

对于上述已经提出的报告，经批示如下：

令该海关监督等按所呈方案从速逐步完成该项工程。

关于上述函件已送上一份河道计划，兹附上该项计划的副本。

本人已将阁下于本月 22 日所议关于同海河管理局水利委员会改进白河计划报请内政部长查核，内政部长批示后再向阁下函告。

从上述文件可知，许监督与总工程师之间有某些误解，而且急需立即行动。由于港口淤塞极为严重，为此管理局水利委员会向首席领事去文，请首席领事转请外交团团长安排管理局秘书与总工程会晤内政部长。

会晤于 5 月 9 日在内政部举行。该部公共工程司司长声称，原拟于该年开挖淤积河床，使白河水一半流入天津，另一半通过箭杆河，在李遂镇修筑两座丁坝（折流坝），并声称拟于十年内使白河完全复原。

总工程师认为此一方案实无益处可言，因为在李遂镇将白河一分为二，必然会造成坡度较小的河（即白河）河床淤积。

《海河工程局年报》摘编

此时，海河淤积（港口河床已升高4呎）之迅速，事态日益明显，若不立即采取某些措施，极短期内只能使吃水很浅的轮船进入天津港口，甚至禁止通航。

5月12日，曾向内政部及驻北京所有外国公使发出下列函件。

本日电文已收到。海河管理局水利委员会兹函告在恒河春汛期间海河淤积极为严重（见随函所附计划），为使天津在伏汛和秋汛突然到来时免遭洪灾，应立即采取行动，使白河水回至故道。

鉴于海河总工程师方案似有不被采纳之可能，以致来不及拯救天津港口，因此必须设计临时性改进办法。

为此，特向内政部长建议，授权海河管理局在靠近李遂镇处修筑坝。这座坝的功效是使白河的水经过开挖中的老河床。在结构上，遇有大洪水可使一部分水越过。

该坝的费用估计为3万两，在等待采纳白河改进方案期间，海河管理局水利委员会可以贷款。

若内政部长立即批准，海河管理局预计能于雨季到来前竣工。

海河管理局秘书、总工程师与内政部官员在最近会晤，内政部官员强调急需在宝呆放洪，而所议的坝确能完全阻止洪水进入该呆。

因此，海河管理水利委员会将向内政部长申请批准，部长批准该项小型工程，既可使天津立即免于遭受灾难，也可使宝坻呆免遭洪灾。

上述函件去后，管理局秘书与总工程师被邀于5月19日参加内政部举行的会议，会议上经过长时间讨论后，拟出下列协议书并签署：

北大运河水利局（下称水利局）与海河管理局水利委员会总工程师平齐奥尼（下称工程师）于1906年5月12日订立协议书。

鉴于水利局已批准在李遂镇坝，兹为此事订立如下合同条款：

（1）本协议书仅对此坝适用，不涉及今后任何工程。

（2）上述坝的修筑费为3万两。凡涉及本工程的每笔费用均从此笔款项扣除。此笔款项将由海河管理局水利委员会贷款，日后由中国政府偿还。

（3）上述坝的修筑将使河水恢复至1912年以前的状况，从而防止海河淤塞，工程师保证决堤的可能性不得大于1912年之前。

（4）按照来往文件修筑工程应于雨季到来前完成。若工程未能于雨季前竣工，由此引起的损失或损坏中国政府不负责任。水利局方面应负责使工程师能不迟于6月1日开工，并在工程进展期间提供适当的护卫，以防止由于不可预见的原因造成延误。

当然，李遂镇与通州间的开挖工程将同时进行，并且在彻底查明河水与淤塞情况之前将不做实际合龙，以保证不使北运河受到损害。

（5）工程师应保证该坝的有效期为三年，在该三年内因修理发生的费用应由工程师负责。

（6）竣工时，工程师应将竣工事项通知水利局，水利局应在接管前派遣代表进行检验。

（7）由于临近雨季，工程师应从速将有关筑坝的所有计划及其必要细节送交水利局，以便工程立即开始。

（8）本协议书分别以中英文撰写，各三份，各一份送内政部存查。发生争议时以中文版本为准，发生争议时通过仲裁解决。

上述协议书签立后，在伏汛前仅留有50天修筑围堰。一切必需材料均已事先备齐，并已即时发往通州。

遗憾的是，总工程师到达李遂镇时发现，北运河旧河床的挖掘工程情况极为恶劣，致使河流改道前景颇为渺茫。

总工程师曾致函北大运河水利局局长，其中一段说明了情况：

中国政府裁定在苏庄（李遂镇）修筑围堰以前，由于竣工的北运河淤积河床的挖掘情况不佳，不能使该河回至故道。

挖出的河底在某处高达大沽基准水位84呎，在上游高达83呎（挖出的河床高程在最高处应为81英呎，其连续坡峰应不小于0.7呎/哩）。

挖出的土方不是放在河的高堤上，而是仍留在河的底部。

因此，河的横剖面和开挖前相同，河道宽度不是250呎。

经过通州的河床的坡峰近0.2呎/哩，而经过香河的坡峰则为0.37呎/哩，几乎双倍于前者。

因此，阁下定能发现，当因降雨而使河水上涨时，河流必然不舍新河道，因新河道截面与坡降都较大。此河水虽确实进入经开挖的河床，但流动缓慢，将再次造成淤塞。

因此，决定放弃使白河全部出水量回归故河床的想法，另在李遂镇筑堰。为此，可使全部低的出水量进入旧河床，而在汛期使过量水继续通过新河。

筑堰工程在6月中旬时进展颇为顺利，气候不变，颇有希望于月底完工。13日和14日，山区降大雨，致使河水涨高4呎；15日，山洪将河床的深河槽冲刷，深度达8呎。因此，呼请北运河管理局局长开启在已挖掘的老河床上游的大坝，以减轻对堰的压力。这一请求必须上报北京，因此损失两天。此时，山洪虽减退，但堰已破坏。于是副局长同意在堰上方修一临时坝，目的在于迫使洪水通过该河的老河床，以便将堰筑成。然而，修筑临时坝的尝试又因19日山洪再次下泄而宣告失败。

7月15日，筑坝工程再次开始，目的是在大汛开始前对堰的合龙进行最后尝试。8日，大坝竣工，当夜降大雨，坝外水位涨到大沽基准水位87呎，而在堰缺口处，水位则降至大沽基准水位76呎。

9日早晨，继续筑堰，850人继续在昨夜严重浸泡的大坝上施工。不久，发现山区也下了大雨，因为在上午9时水位开始上涨，此时起更为困难。水位连续上涨，850人力争提前将坝加高。下午3时15分，水位涨到大沽基准水位91.75呎，于是，坝开始在中部漏泄。对此漏泄尽管全力以赴，坝还是慢慢破裂。水位高达15英呎，其冲刷力之大使堰未完工的板桩不能承受。对此，除打捞材料并将筑堰工程推迟到秋季外，已无计可施。

白河改道必将损及海河，其预言已经确证无疑。

尽管挖泥机从港口挖淤泥1 200 000立方米，但在11月，河床仍比前12个月几乎高2呎。

对海河来说，令人欣慰的是，免遭浑河伏汛带来的泥沙侵入，因为恒山的东坝破裂，激流自行泄入平原。

中国当局在北运河新河道进行的工程证明是毁灭性的，造成惨重损失，因为南坝破裂使宝坻被淹没，水深达5呎，使大约350座村庄遭到严重破坏。

李遂镇和通州之间的挖掘情况不能适应要求。于是继续淤高，在李遂镇河弯处构筑的两座石丁坝为预期后果，使河弯受到大冲刷。如不迅速去掉这两座丁坝，必然会再次造成惨灾。

10月，洪水减退，于是立即恢复白河回归故道工程。此项工程在四年前溃堤后立即着手，原本是简单工程，而现在却因为缺口下面的河床淤高而变得困难重重。

必须从李遂镇开始挖一条长30华里的渠道，到介于李遂镇和通州中间的平町，其大小需足以容纳该河旱季的出水量，即1 500立方呎/秒。为将开挖土方量压缩到最低限度，假定河水在上游处被迫上涨到高于正常水位4呎的位置，而被挖的河床从李遂镇下游河积平原（沼泽地）起以2呎落差开始。挖掘后的河床的总落差为：上游的苏庄为大沽基准水位81呎，下游的平町为大沽基准水位74呎。按此落差计算，坡降为每哩0.7呎。

在上游河底挖掘宽度为45呎，下游为200呎。在上游岸边坡度为1∶4，到下游逐渐加大到1∶1.5。深度从苏庄的8呎减到平町的0呎。

上述方法的优点在于尽可能减小下游岸坡斜度和挖掘深度，扩大下游的截面，同时，加高上游的水位，造成较大落差，从而相应提高流速。

水面坡降为0.0000167，造成的流速为近2.5呎/秒，既能提供充分出水量，又能使泥沙悬浮。

50天后，挖掘工程完全竣工，关于改变流向的问题，由于必须拆去沿河床的很多横坝，需推迟到11月24日。挖掘工程因地下水带来的浮沙而屡受阻碍。

在构筑横跨缺口的坝时，又遇到严重困难。附近土壤砂性太大不适合筑坝，为探明土地类型必须深掘。

在到达十足坑渗地以前，必须移除大量砂质土壤，必须横穿河流打进三行桩，而且第一行桩在缺口浅的部分的合龙处必须在130呎长的一段上，用了约1 000根14~20呎长的木桩。第二行桩需用直径7/8吋的2根铜丝绳束在一起，以保证在合龙时刻能抗住5呎水头。三行桩在纵向上用双重或三重4毫米的铜丝捆在一起。桩与桩间用芦苇填塞，以便在用选出的土填缺口时堵住水流。

当上述已经准备妥当并已移去挖掘工程上端的坝时，开始在缺口处合龙。这项工作进行了近4天，天气非常寒冷，特别是在夜间，进行非常顺利，人们站在冰冷的水里如此长时间，确实令人惊讶。当水位涨到所要求的高度（大沽基准水位87呎）时，挖出的基坑已经完全填满，可以毫不费力地将坝合龙。

随后，将整座坝加高到高堤岸的高度，即大沽基准水位96呎，因而北运河侧的强度足能承受大沽基准水位92呎。一旦温度条件允许再施工时，即可将这座坝下面的堰筑成。

然而，最后还需要筑一座合适的提升式平板闸门（司东纳式闸门）型泄水堰代替这座堰，有12个孔，各40呎。堰槛水位应在大沽基准水位86呎，比现在挖出的基坑的底约高5呎，门的高度要求为10呎。

之所以必须有泄水堰，是因为此处的河恰好在缺乏造林带的山区脚下。

现在筑成的堰只是一种临时性改进，除非筑起司东纳型泄水堰，否则，虽回到故道也不能持续很多年。河床将继续淤高，一直达到堰顶，然后河又走坡降比经过通州的老河道大一倍的河道。

为使北运河得到永久性改进，必须在河西务和杨村的溢流口筑同样的司东纳式泄水堰。目前，两个溢流口没有效率，尤其是第一个太低，而且亟待修理。不知能否劝说政府实施去年呈递的全部工程计划，此项计划如若不能实现，海河就不能免于危险。政府官员虽未能闭合溃堤，但是在下次汛期还是能够成功，将会有大量泥沙灌入海河。

如果按预期，白河水复归海河，使海河的上游段再次冲刷，直至其深度至少和 1913 年相同，在工程上所耗资金必将非常合算，而且港口贸易的收益必将是此笔开支的数倍。

总工程师报告

河口沙洲（大沽口）

沙洲航道的加深和扩大工程，虽然有从河下卸的大量沙子，而且又是反常的暴雨年份，但进展非常顺利。

疏浚方法和 1915 年相同，挖泥船对整个航道进行疏浚，并且对个别地点的淤积特别注意，在外端经常出现这种情况，因为在外端波浪的影响甚于别处。

设计了最新式套口（口承），其形状为高 5 呎的等腰三角形。下顶点设有一个在浚挖的泥土（浚土）下面工作的 2 吋喷水器，土斗上面的横底座上设有 11 个直径 0.75 吋的喷水器。对所有的喷水器都提供 30~45 磅压力的水。这种配置方式能很好地对各种土进行工作，当河底覆有一层砂时尤其如此，而其他类型的尾部拖拉口承则很难穿透砂层。

当天气恶劣而河流有利时，将挖出的淤泥泵回水里。当天气好而水流不利时，将淤泥卸在拖边的两个斗里。

1 月，航道深度低于大沽基准水位 7 呎，但信号标志的深度仍为 6.5 呎，以便为冬季航行留出极限。

2 月，发现航道外端有 1500 呎长的一段被沙子覆盖。挖泥船于 25 日开始疏浚。3 月和 4 月时看到有些改善，并在 4 月底进行探测，结果表明中线深度无一处低于大沽基准水位 7 呎。

7 月，经过精确探测，得出如下结果：

北线的一般深度为 7.5 呎，最小深度为 7.2 呎。

南线的一般深度为 7 呎，最小深度为 6.7 呎。

中线的一般深度为 9~8.5 呎，最小深度为 8.5 呎。

深洞（孔）线的一般深度为 10~9.5 呎，最小深度为 9.5 呎。

8 月的探测表明：

中线最小深度低于大沽基准水位 8.5 呎。

南线最小深度低于大沽基准水位 7.6 呎。

北线最小深度低于大沽基准水位 7.0 呎。

用信号标志的深度相应加深到大沽基准水位 7 呎。

9 月和 10 月期间水面一直不平静，因而不能进行探测。

到了 11 月，沿着航道在 5 个点上进行纵截面和横截面的探测。探测结果证明，航道中线最低深度为大沽基准水位 9.2 呎，而航道边线的深度无一处低于大沽基准水位以下 8 呎。

于是将信号标记的深度增加到大沽基准水位 7.5 呎，到 12 月又加到大沽基准水位以下 8 呎，比 1915 年 12 月标志的深度多 1.5 呎。表 7.1 显示了最高潮位和最低潮位情况。

表 7.1 最高和最低高潮位 单位：呎

月份	最高高潮位	最低高潮位
1	16	10.6
2	16.6	10.6
3	17.0	11
4	16.9	12
5	16.3	11.3
6	16.9	13.3
7	17.3	13.9
8	18	13.3
9	18.9	12.6
10	16.9	12.3
11	16.3	11.9
12	19.6	10.6

按海河管理局规划的疏浚计划，大部分完成情况当时已经考虑到。现有航道深度比该规划所提的还要深 2 呎，而且宽度能使吃水深度和标记深度一致的轮船通过，比起吃水浅的驳船，其他轮船还需宽很多。

河流

水位的变化数据取自一年期间河口和天津港口校准到大沽基准水位的潮位计，水位按呎和 1/10 呎计。1916 年春季的情况完全证实，白河改变流向和恒河带沙的水无限制地流入会发生危险。恒河春汛于 4 月到来。5 月底，天津港的河床已升高 2.5 呎，而万国桥以上的河床已淤高到 8 呎。夏季期间，海港河底的高度为 4 呎大沽基准水位。因此，在正常高潮位时，只允许吃水 12 呎。挖泥船从港口移去约 300 000 立方米淤泥，等于在白河改向前在港口保持 6 呎大沽基准水位，每年需要移去 7 倍以上。无疑，如果在 8 月恒河堤没有破裂，吃水超过 10 呎深的船也就不可能在秋季开到天津码头。

以往的经验证实，必须保持白河，绝对不允许那些打算设计一种改进直隶省河系综合规划者置天津福利于不顾，何况这种规划现在没有必需的数据可用，若干年后也不会有。

河的年度测量

根据每年对河的测量，从 1915 年起，通航河道发生的淤塞和冲刷情况如下：

第一堑① 淤塞 1.5~2 呎。

永续河段淤塞 1 呎，虽已挖 3~4 呎。

第二堑② 淤塞 1.5~2 呎。

青莱河段淤塞 1.5~2 呎。

坟场河段淤塞约 1 呎。

第三堑③ 淤塞 1.5~2 呎。

泥窪河段淤塞 0.5~1.5 呎。

西白河段淤塞 0.5~1.5 呎。

第四堑④ 冲刷 0.5~1.5 呎。

湖白河段冲刷约 0.5 呎。

上游各河段淤塞是因为缺乏来自支流系统的清水。

局部改进

永续河段。为了使河段规则化，以便取得一条从第一堑到浦口铁路码头的连续曲线，构筑了 11 座由桩子和梢捆构成的丁坝。在第一堑下面的海关车站抛下 4 根 40 呎×90 呎锌棒，防止河弯端部再次冲刷［因在此处已经达到标准线］。这些在浦口铁路上面的丁坝已经修理过，并且加了一座。

第二堑下游。第二堑下游的护岸已修理，下季需要将沙嘴疏浚，最好将这一堑延长到坟场河段。

坟场河段。上游坟场河段弯下面的丁坝已修理，并进行了改进。

青莱段。坟场河弯以上有几个丁坝已修理。

泥洼河段。河湾处的沙嘴已疏浚，泥土用泵抽到高堤上。

咸水河段。盐务局码头在完工后，将码头前沿疏浚，不必再担心咸水河段凹岸遭到冲刷。

河道疏浚工程情况如表 7.2 所示。

表 7.2　河道疏浚工程（不包括大沽口挖泥）　　　　单位：立方米

月份	港湾	海河码头	永续河段	泥洼河段	咸水河段	船台及其他	总计
3	26 440	—	—	—	—	1 040	27 480

---

① ② ③ ④　"堑"原文为 Cutting，可作截断或路堑解。此处作堑解，可能不妥当，仅供参考。

续表

月份	港湾	海河码头	永续河段	泥洼河段	咸水河段	船台及其他	总计
4	26 160	40	—	—	—	—	26 200
5	32 960	—	—	—	—	240	33 200
6	32 880	—	—	18 842	—	770	52 492
7	30 520	—	6 300	4 728	—	705	42 253
8	27 760	40	4 020	—	3 425	—	35 245
9	39 440	—	—	—	1 075	480	40 995
10	37 320	—	—	—	—	210	37 530
11	40 400	80	—	—	—	—	40 480
12	7 725	1 760	—	—	—	790	10 275
总计	301 605	1 920	10 320	23 570	4 500	4 235	346 150

346 150 立方米中有 326 390 立方米抽在租界区的河岸上，以及抽在永续和泥洼两个河段。

填充工程

用泵抽到海岸上的 326 390 立方米土是按照驳船的尺码容量计算的，沉积和晾干后的填充量应将该数字减小 10%～20%。

应注意的是，本季度河内挖出的数量远远超过以往各年所保持的深度，特别是港湾深度所挖掘的数量。

表 7.3 是从海河改善以来，进海河港口船只的汇报情况。表 7.4 税收情况。

设备。在季节期间未购置新设备。

表 7.3 海河管理局水利委员会财产估价（1915 年 12 月 31 日）

类目	费用（两）
"新河"号 500 立方米挖泥船	194 500
"中华"号 500 立方米挖泥船	190 000
"北河"号 125 立方米挖泥船	19 000
抓斗式挖泥船	7 600
"西河"号 300 立方米挖泥船	129 700
"梅林"号破冰船	104 500
"通林"号破冰船	84 550
"开林"号破冰船	47 250
"金陵"号破冰船	114 000
"恒河"号拖船	29 450
"冲解"号拖船	15 200
汽艇	4 250

类目	费用（两）
9艘钢驳	83 000
管路	30 000
钢浮桥（平底船）	20 000
车间、土地、建筑物	100 000
合计	1 173 000

表7.4　1903年至1916年税收摘要报表

年份	税收（两）
1903	116 371.29
1904	138 582.26
1905	179 068.38
1906	187 251.69
1907	173 089.05
1908	184 192.67
1909	261 090.12
1910	307 006.95
1911	319 402.98
1912	320 110.95
1913	330 408.12
1914	407 317.87
1915	406 736.90
1916	441 311.20

第八篇　海河工程局 1917 年报告摘编

联合委员会建议

管委会的技术顾问和国家水利局在有关直隶的防洪问题上发生了意见分歧。保持航道腹地稳定，以及对北运河和永定河（像浑河一样广为人知）进行测量更是刻不容缓，Mage 强调，组织一个联合委员会的事决不能再拖延了。它可由三名中国政府代表和三名管委会推荐的成员，即 Pincione、黄浦水利工程局总工程师 Heidenstam 和海岸检查员 Tyter 组成。开展重大的、影响深远的问题研究，这包括非常重要的华北地区大量且日益增长的贸易、天津的航运业、平原地区农业的兴旺，以及最终给中国政府的信息和建议。管委会在 9 月 14 日举行了会议，同意了这一计划。因此，委派总领事作为外交使团的代表，目的在于取得中国政府的认可，管委会给总领事的信如下：

1917 年 9 月 17 日　天津

No. 3062

尊敬的日本总领事 Matsudaira：

（1）因为北运河李遂村段的放淤问题与中国政府进行了长时间的交涉，终于达成了去年的成果。为了维护海河和排泄宝坻县的洪水，必须治理北运河。

（2）另外，国家水利委员会提出，应该给永定河一个新的入海口，这样就可以在将来解决北运河的放淤问题。

（3）海河工程局非常同意永定河有三个不同入海口的设想，根据北运河的放淤情况，他们强调，给永定河设计一个自由的入海口，必须先于北运河放淤，以便防止海河淤积变浅。

（4）海河工程局的技术人员认为，国家水利委员会的计划虽然突出了本身的需要，但这是行不通的，首先是因为费用太多；其次是需要经常管理，包括大量、全面地培训技术人员，以便他们专心致志地为此目的而努力工作；最后是会影响到北京、沈阳间的铁路，它的桥梁多半需要重建，它的斜坡改变了原有的位置。

（5）考虑到上述对立的见解，海河工程局得出结论：最好双方各由三名代表组成的联合委员会的有关人员都能对这些材料进行仔细考虑，并提出报告，选取合适的方法可以圆满地解决问题，以便改善排泄系统，且不影响海河的维护。

（6）有了这个结论，还必须弄清楚中国政府是否乐于合作，为此管委会要求应做好和外资使团团长的联系，以便对中国当局提出必要的建议。

（7）由于永定河两岸堤坝破坏得很厉害，目前天津周围存在着严重的状况。而由永定河的淤积所产生的三角洲正在日益隆起的这种破坏较之通常的更难以治理。因此，管委会认为中国政府将会接受。

（8）如果中国政府对委派这样一个联合委员会持赞同态度，并乐于和它合作，管委会就要和指派的 Heidenstam 和 Tyler 联系，使管委会的总工程师 Pincione 作为其代表。

（9）管委会准备支付其代表的差旅费。

秘书 F. Hussey-Freke

10 月初，管委会意识到必须由中国和外国的贸易界就有关立即治理永定河等问题向中国政府提出强烈要求，且决定作为初步的措施，在任命联合委员会以前，邀请 Heidenstam 和国家水利委员会顾问 Veen 到天津来，和 Pincione 讨论这件事。下面的报告是由他们寄出的，而且，随后就由支持报告中观点和建议的外交使团团长先于北京的中国有关当局作了安排。

1917 年 10 月 12 日天津

致海河工程局

阁下们：

应你们的要求，我们共同探讨了在今后尽可能保护海河而应该采取的措施，并得出如下结论：

消除洪水对平原和天津的威胁，以及消除海河淤积的唯一有效方法应该是，提出一个根本的完整的方案，它将为白河和永定河提供满足要求的、稳定的且独立于海河的入海通道，为永定河南部流域系统的港口提供一条充分的直接入海口，上面的这些措施是绝对必要的。如果永定河水仍不断地流进海河，保持好现有的可通航的入海通道将证明是行不通的。由于缺乏必要的地形和水文资料（平面、高度、水位、流量、淤泥、雨量等），因此制定明确的宏伟的方案在现时是不可能具有权威性的。

为了所有有关各方的利益，联合委员会不仅应包括直隶省行业的代表、政府的代表以及天津港的代表，还应包括独立的专家们，应该立即着手勘测和收集这些必要的数据，从而全面地考虑问题，并拟定解决整个问题的总方针。

必要的勘测和收集数据所需的费用总计约 120 000 两。

由于上述问题的根本解决必须要花几年的时间才能完成，而且这期间由于北运河不再流经海河，在港湾里就会有淤泥增加的额外危险，因此，作为一种临时措施，最好是北运河的低水位排水仍恢复到海河里。

Pincione 提供的论据意思是在所有的情况下，要把北运河和海河断开，相当严重的恶化和淤积会立即在海河发生。我们以为应该得出推论：把北运河治理好对海河是最为有利的，尽管不能使它免遭永定河引起的淤积之害。

Pincione 早已提出使白河恢复到海河的两种可供选择的方法：

（1）在李遂村建溢流堰。

（2）在牛牧屯裁弯。

当去年尝试恢复北河时，我们发现，应该选择前者，因为花钱比较少，且能很快完成，但这并不意味它是较好的计划。

考虑到 Veen 和 Pincione 提供的论据：

（a）从李遂村来的北河的河道经通州到减河，减河不适当地通过了北运河的全部流量，从而容易引起通州地区的洪水泛滥。

（b）从李遂村到牛牧屯的笔直的河道能通过的流量较之弯曲河道情况要好。

（c）后一段笔直的河道将最有可能形成整治北运河的宏伟方案的一部分，可把它作为入海的河道。

显然，Pincione 估算花 400 000 两在牛牧屯裁弯的设想是更为可取的方法，我们坚决主张采用。

对海河同样需要紧急改善（包括南运河和北运河口交汇处的改变），我们认为，鉴于海河总的危害状况，这是绝对必要的，这一工作应该无限期加以完成。

我们认为上面三种措施都是同样紧迫的，每一种都是为不同的目的而设计的，但应该清楚地了解，作为一个海港的天津，人们的幸福将整个依赖于这宏伟方案的实现。

浚浦局总工程师

H. Von Heidenstam C. E. -R. S. E.

国家水利委员会顾问

H. Van Der Veen C. E.

海河工程局总工程师

Lxg. T. Pincione C. E.

上面的报告呈送给高级领事并附上下面的信件。

1917 年 10 月 15 日天津

No. 3069

尊敬的日本总领事 T. matsudaira：

据管委会 9 月 17 日急件，建议任命一个联合委员会来考虑和报告直隶者排泄系统和阐述治理北运河到海河的水系的紧迫性。

现在我们荣幸地指出，鉴于天津地区极端严重的洪水，我们邀请了黄浦水利工程局总工程师 Heidenstam 和国家水利委员会顾问 Veen 同海河工程局总工程师一起磋商治理北运河等有关问题需采取的措施，以便保护这里的航运业，以及到目前为止有可能做到的有关防止海河过度的淤泥累积，进而提供关于防止现在这种灾难性的洪水再度出现所应采取的方针的总建议。

提交给工程局的报告的副本是密封件，可以看到的建议是：

（1）任命一个全权委员会，代表全体利益去考虑和做出为了消除直隶的洪水泛滥的完整的规划和为了这一委员会的准备工作所需资金的分配。

（2）在采取进一步的根治措施之前，为了缓和海河泥沙的危害，治理北运河到海河这一段。

（3）在天津上游，裁弯北河的弯道，并改变运河河口。

在上面的快信中，海河工程局已经主张任命一个主管的委员会去设计消除本省周期性洪灾危害的措施，已任命 Pincione、Heidenstam 和 Tyler 作为其代表和中国政府委派的代表联系，并建议最好由熊希龄作为中国政府委派的高级代表，他也是负责水利工作的专员。

这个委员会的第一件工作应该是获得可靠的航道勘测和收集数据，因为如果没有这些数据资料，考虑规划方案是不可能的。勘测的费用在密封式报告中已经估计过，约 120 000 两，这粗看起来似乎数额巨大，但考虑到洪水造成的巨大灾害以及千百万人民遭受的极大苦难，这些用于采取可能免除洪水泛滥重现的措施所需的费用就微不足道了。

为了治理北河到海河的水系，在牛牧屯截弯，估计需要 400 000 两，引起当前洪水的原因之一是十分严重的淤积（天津海港的河床每 48 小时升高 6 呎），它发生在 8 月初，并实质性地减少了海河的流量。假设不让北运河从它的老河道改道，那么这种淤积就不会发展到这种程度。为了和洪水作斗争，应该给北运河和永定河提供新的入海通道。

海河工程局管委会要求，立即让外交使团对这些事引起重视，并督促中国政府认识其必要性，如北运河的复原等工作不能再拖延了，立即任命一个联合委员会主持工作，最后称为权威的裁弯应尽快进行。

T. Matsudaira

F. W. Maze

它涉及商业航运的利益，中方、外方、天津港应共同进行，必须于雨季前完成，不得延误。

以往每次北运河分流，海河就明显恶化，在上次北运河分流前（1912 年），天津港每年要挖泥 30 000 立方米即可顺利通航，而 1912 年以后，每年挖泥 300 000 立方米，而港口的情况远不如以往。

海河工程局为维持天津港每年去除 5 000 000 两，这种开支是由中外双方的商人和船只承担的，维护费用的加大和困难的增加主要来源于权力的使用不当。

因此，对港口来说十分简单，没有理由使中国北方的港口出现差错。

希望上述情况和理由能充分说明牛牧屯处弯道改造的必要性，避免海河由于河床上升而出现水灾的危险。

T. Matsudaira

F. W. Maze

中国政府完全同意原议部共同承担各项，但是对牛牧屯弯道的测量和改造仍在讨论，未作决定。

以下的说明是一份由外交部于 12 月 15 日写给外交团负责人的报告摘译，此后，又经高级顾问处于 12 月 29 日送交管委会。

收到送来的 11 月 8 日指示内容，其中关于直隶省内洪水的问题引起读者和外交使团的密切关注，由海河工程局正式向中国政府提出针对目前情况应该采取的措施，如何才能免受水灾，应附地图，现在送上文字报告和地图。

于是收到答复如下：

第一点，对于提出的各点完全同意，包括中国政府应该承担的，但是根据 1901 年协定，对于海河和直隶省各河道系统的工作只能讨论，已经把它们转送中国当局，他们将对所选定的方案做出决定。

工程报告提出，中国政府应提前交 120 000 两来做前期工作，内容是北运河的李遂镇和牛牧屯两处的弯道工程，没有理由不同意这部分事先的工程，但是工程局有权将城市区的河流作为测量局应做的一次初步测量，为使工作顺利进行，这部分测量工作最好由工程局来进行。

第二点，北运河到海河间的一段应做修复工程，信中说明的两种方法即可，一是在李遂镇处溢流，二是在牛牧屯处裁弯，要分别考虑北运河处的工作能否很快完成，然后再考虑牛牧屯处的裁弯工程是否可以使北运河下游的航道清理疏畅，这项工程涉及几万里路程，要考虑在下次之前保证完成。

另外，关于补救出现的水灾，问题在于仔细测量，测量结果要可靠。

第三点，天津以上的北运河要开直，牛牧屯的河口要改造，天津近郊望海楼的北运河弯道要取直，中外工程师一致意见，急于把河道取直，对于牛牧屯河口的改造，由于附近民房很多会带来困难，工程局的顾问工程师们统一的意思是，至少在牛牧屯河口以上大西弯处取直，那里民房少，其效果相当于河口改造，这个问题必须分析考虑。

以上三个问题要紧急考虑并立即实现，以防止天津出现洪水灾害，希望你们能促使这些建议尽快实现，但是有几点措施应该同时考虑。

关于上述意见管委会答复如下：

1918 年 1 月 1 日天津

No. 3093

（1）见到外交部写的关于防止直隶省水灾的报告。

（2）先不讨论权力范围问题，对河道系统的测量应该进行。

（3）120 000 两是对 11 月 8 日外资使团负责人报告的误解，该报告说，估计需要 120 000 两用来测量并收集数据，然后才能拟订方案来解决洪水问题，天津上游北运河的牛牧屯弯道裁直和牛牧屯河口改造都包括在这些工程估算之内。

120 000 两用于测量和收集数据，否则防洪和改善河道的方案无法提出，所以管委会认为，测量工作应该是双方联合进行的。

（4）牛牧屯的改道再一次强调不得拖延。

总工程师的报告

破冰工作

从 1916—1917 年冬季获得的经验可以得出结论：

现在的破冰船在整个严冬足于保持塘沽港口不冰封和保持河道不冰封，直到 12 月末左右，当天气情况合适的话，2 月初冰块开始融化。在整个冬季，低速通航轮船到天津也是能够办到的，当然，这要花很多的费用。

如果希望保持塘沽和天津不冰封，现存的设备是可以实现的。

但是如果航运公司需要在严冬通航到天津，就需要连续不断地护航，用一艘大马力的破冰船代替"通凌"号是必要的。

为了在整个冬季把轮船护航到天津，下面的条件是必不可少的。

（1）在冬季，所有访问港口的轮船必须增强船头的硬度，以及装备铸钢螺旋桨及相适合的循环进水口。

（2）访问港口和打算上溯河道的轮船一定要有破冰船护航，如果船只超过一艘，则全部船只都应该在同样的涨潮时刻航行。

（3）破冰设备都应该适合破冰工作，一艘通过 2 呎厚的冰块时每小时能推进 3~4 海里的更大马力，且船头宽度十分大的破冰船应该取代"通凌"号。

（4）第二次裁弯的下游区和上游弯曲都应该用一次裁弯来消除。

另外，应该下决心保持港口到塘沽不冰封。当温度太低时，设备和其他工作都不再需要，但访问港口的轮船都应该装备铸钢螺旋桨。如果可能，还要加强船头的硬度及装备相适合的循环进水口，这是 1914 年所建议的。

根据温度记录，1916—1917 年冬季远低于往年的平均值。

1916 年 12 月和 1917 年 1 月最高温度和最低温度平均值为 24℉，而记录为 23.6℉，已经低于平均值，这是 25 年来的第 3 次。

温度计低于 10℉有 31 天，而 25 年的平均值为 9.3 天；温度低于 20℉的天数是 71 天，而平均值是 45.5 天。

有两段时间特别冷，12 月 24—28 日，平均最低温度为 2.6℉；12 月 31 日至 1 月 8 日，平均最低温度为 2.4℉。1 月 6 日，航行变得无法进行，"Feng. Tien"号和"Kuei-chow"号轮船在第二裁弯和下水航行中被阻，直到 1 月 27 日。2 月 17 日，破冰船工作直到万国桥，而在 22 日，"Tung-chow"号轮船才到达码头。

大沽沙航道

3 月，进行水深测量时，发现航道是良好的，发信号测得的深度为大沽基准水位 8 呎。4 月，查明航道中心线有一最低深度大沽基准水位 9.3 呎，而这只是一小段范围，这线较大沽基准水位 9.5 呎要深一些。5 月，尽管气候状况不好，航道却展现了改善的良好迹象。但是发信号测得的深度没有增加，这是因为陆地上预期的变化会发生令人沮丧的状况，水位降低的严重性会导致河流和沙洲恶化。

6 月，正在更早的土质上工作的挖泥船没有在航道上发现新的淤泥。但是，7 月，大浪使航道开始恶化，发信号测得的深度减小到大沽基准水位 7 呎，这是足够余量航行所需的深度。8 月，注意到有一些泥沙通过，而航道也遭到浪的影响，8 月 21 日，气候非常不好，暴风使水位升到创纪录的高度大沽基准水位 13.5 呎，洪水使大沽海军码头工地和许多村庄低于海岸线。

9月，尽管努力疏浚，但河流上游下来的淤泥仍充满了航道，发信号测得的深度降低到大沽基准水位 5 呎。10 月，发信号测得的深度减小到大沽基准水位 4 呎，随后，降至大沽基准水位 3.5 呎。11 月，发信号测得的深度进一步减小到大沽基准水位 3 呎，最后为大沽基准水位 2.5 呎，这表示超过了 500 呎的深度，有淤泥 900 000 立方米，稍小于从河流上游冲刷下来的泥沙总量的 10%。

在和海港负责人一起仔细研究之后，对冬季的展望可以得到下面的结论：

（1）沙洲的横断稍好于发信号测得的深度，但由于水位快速和连续改变，加之冲刷和淤积，指望得到高于大沽基准水位 2.5 呎的深度是不明智的，而这深度在目前是合适的。

（2）范围超过了 10 月检查的情况，随后，如预期的那样，水多了实际上降低了深度，假设这是不合理的，因此较之公认的航道，在任何其他方向，一艘船发信号测得的深度更能相互牵引。

现在，不考虑进一步的变化，论点就不可能提出，除非下面的情况是合理的，期望公认的航道将会改善，同时在其他横向范围内没有改善。

（3）在冬季，高水位的平均记录接近 7 呎大沽基准水位。

风对这个水位的影响很大，在任何情况下都在大沽基准水位 2 呎和大沽基准水位 11 呎之间。

但是，盛行风肯定会影响高水位，使其深度小于大沽基准水位 7 呎，而合适的深度一般应小于 9 呎 6 吋，这会使轮船碰上沙洲，连破冰船进行操作都不合适。

上述情况阻碍了有效的贸易，因此要保证费用以保持港口直到春初季节都不冰封。这不仅对贸易的不景气是必要的，而且，如果这样做了，所冒的险与结果带来的效益相比是微不足道的。

河流

直到雨季，河流的状态是正常的。

由于北运河复原的影响，从 3 月进行的首次测深可以看出，河流有了明显的改善。

较之去年春季北运河转向时的情况，今年春末，河流的状况是良好的，而且会更好。

今年下半年，在洪水区域大量水的冲击下，天津水位的变化很厉害，但与此同时，河口水位的年变化量没有受到影响，这就没有什么价值了。

由于管委会的推荐，经过观察，表 8.1 给出了河流在河口和天津的平均水位。

表 8.1　河口和天津港的水位情况　　　　　　单位：呎

水位情况		1月	2月	3月	4月	5月	6月	7月	8月	9月	10月	11月	12月	年均
河口														
高水位	最高	9.90	9.60	9.50	9.40	10.90	9.90	11.10	13.10	11.90	11.00	10.30	9.00	10.47
	平均	6.73	6.96	7.65	7.87	8.06	8.61	9.21	9.61	9.19	8.49	7.64	6.45	8.04
	最低	2.10	3.70	5.00	5.10	6.50	6.40	7.80	6.80	6.60	5.90	4.10	2.10	5.17
低水位	最高	5.20	4.80	3.40	3.50	4.30	4.20	5.20	5.80	5.90	5.20	4.00	5.60	4.76
	平均	1.14	1.44	0.68	0.79	1.11	1.59	1.95	2.42	2.04	2.49	1.99	1.08	1.56
	最低	-0.40	0.00	-0.90	-1.30	-1.20	-0.60	0.30	0.50	1.10	0.60	-0.20	-0.25	-0.20

水位情况		1月	2月	3月	4月	5月	6月	7月	8月	9月	10月	11月	12月	年均
潮差	最高	8.20	8.10	9.20	9.90	10.20	10.20	10.20	10.30	9.50	8.90	8.10	8.00	9.23
	平均	5.58	5.52	6.95	7.10	6.95	7.02	7.26	7.17	7.14	6.00	5.66	5.34	6.47
	最低	2.50	1.00	2.20	2.40	2.50	4.90	3.50	2.10	1.40	2.25	2.70	1.15	2.38
天津海港														
高水位	最高	9.11	10.70	10.70	11.10	10.40	9.60	12.50	15.20	15.90	16.20	15.00	14.10	12.54
	平均	7.05	7.70	8.80	9.17	8.73	9.06	10.56	14.80	15.25	15.7	13.50	11.7	11.30
	最低	5.00	5.60	6.00	6.30	8.00	7.70	9.00	12.40	14.40	15.10	12.30	9.50	9.28
低水位	最高	7.50	6.60	7.90	9.40	6.00	5.40	11.10	15.10	15.50	16.00	14.70	13.10	10.69
	平均	5.93	5.61	5.68	6.00	4.63	4.25	6.32	14.05	14.80	15.50	13.20	10.50	8.87
	最低	4.90	4.10	3.70	3.80	3.70	3.40	3.60	10.50	14.00	14.60	11.90	8.50	7.23
潮差	最高	2.30	4.60	5.10	4.40	5.40	6.00	6.00	2.40	1.10	0.40	0.80	1.40	3.33
	平均	1.10	2.10	3.10	3.21	4.08	4.78	4.25	0.80	0.50	0.20	0.26	0.73	2.09
	最低	0.10	0.40	1.70	1.70	3.20	3.20	1.00	0.10	0.10	0.10	0.10	0.10	0.98

7 月中旬以后，开始有大量的泥沙进入海河。

表 8.2 给出了本年观察到的淤泥测量数据。

表 8.2　1917 年泥沙情况

月份	表面			底部			备注
1	0	0	0	0	0	1	
2	0	0	0	0	0	0	
3	0	7	0	1	6	2	
4	0	5	1	1	0	6	
5	0	2	5	0	4	2	每立方米
6	0	4	8	1	1	4	4.57 千克和
7	2	0	6	3	6	6	每立方米
8	0	4	2	0	6	9	8.12 千克
9	0	7	6	0	1	0	
10	0	0	4	0	0	6	
11	0	0	4	0	0	6	
12	0	0	5	0	0	6	

年均泥沙量 0.584 两，每 4 加仑样品 = 1.31 千克/立方米。

25 年以来的平均泥沙量为 1.6 千克/立方米。

样品在天津海港每天取一次，表面以下 2 呎处取 4 加仑，在底部以上 2 呎处取 4 加仑，泥沙的重量为经过过滤和干燥后的重量。

1917 年洪水期水流情况如表 8.3 所示。

表 8.3 1917 年洪水期间水流观察情况

日期	潮标读数 （大沽基准水位）（呎）	后面配合部分平方（呎）	减小的平均速度 （呎/秒）	流量 （立方呎/秒）
7 月 19 日	5.10	2 223.00	2.83	6 300.00
7 月 20 日	6.10	2 352.00	3.08	7 245.00
7 月 21 日	6.30	2 370.00	3.60	8 530.00
7 月 22 日	6.30	2 660.00	3.46	9 200.00
7 月 23 日	6.90	2 530.00	3.78	9 560.00
7 月 24 日	7.10	2 580.00	3.58	9 240.00
7 月 25 日	8.50	3 000.00	3.50	10 500.00
7 月 26 日	8.60	3 030.00	3.80	10 514.00
7 月 27 日	8.60	3 083.00	3.72	11 470.00
7 月 28 日	9.50	3 482.00	4.80	16 473.00
7 月 29 日	9.80	3 432.00	4.80	16 473.00
7 月 30 日	9.80	3 290.00	5.67	18 650.00
7 月 31 日	10.70	3 400.00	5.76	19 580.00
8 月 1 日	10.60	3 519.00	5.84	20 550.00
8 月 2 日	11.00	3 826.00	5.70	21 808.00
8 月 3 日	11.90	4 117.00	6.05	24 907.00
8 月 5 日	13.40	4 935.00	6.05	29 855.00
8 月 6 日	13.50	5 002.00	6.32	31 600.00
8 月 7 日	13.20	4 987.00	5.57	27 777.00
8 月 8 日	13.10	5 025.00	5.55	27 888.00
8 月 9 日	13.50	5 374.00	5.57	21 933.00
8 月 10 日	13.70	5 492.00	5.47	30 041.00
8 月 11 日	13.90	5 743.00	5.73	32 907.00
8 月 12 日	13.70	5 746.00	5.50	31 600.00
8 月 14 日	14.00	6 020.00	5.50	33 110.00
8 月 17 日	13.70	6 185.00	5.00	30 925.00
8 月 23 日	14.50	6 460.00	4.25	27 455.00
9 月 8 日	15.90	6 543.00	4.40	28 788.00
9 月 18 日	14.60	6 915.00	4.40	30 400.00
10 月 4 日	15.20	8 263.00	3.54	29 250.00
10 月 6 日	15.60	8 584.00	3.37	28 900.00
10 月 9 日	16.00	8 508.00	3.19	27 319.00
10 月 11 日	15.90	8 601.00	3.18	27 351.00

日期	潮标读数 （大沽基准水位）（呎）	后面配合部分平方（呎）	减小的平均速度 （呎/秒）	流量 （立方呎/秒）
10 月 12 日	15.70	8 200.00	3.44	28 208.00
10 月 13 日	15.80	8 504.00	3.04	25 852.00
10 月 15 日	15.90	8 315.00	3.14	26 107.00
10 月 16 日	15.60	8 177.00	3.07	25 103.00
10 月 17 日	15.80	8 235.00	3.11	25 653.00
10 月 18 日	15.70	8 590.00	3.15	27 060.00
10 月 19 日	15.50	8 245.00	3.09	25 479.00
10 月 20 日	15.50	8 579.00	2.83	24 296.00
10 月 22 日	15.50	8 090.00	3.00	24 270.00
10 月 23 日	14.50	8 121.00	2.79	22 659.00
10 月 24 日	15.20	7 527.00	2.96	22 280.00
10 月 26 日	14.80	7 512.00	2.94	22 083.00
10 月 27 日	14.80	7 346.00	2.74	20 028.00
10 月 29 日	14.60	6 902.00	2.74	18 911.00
10 月 30 日	14.80	7 058.00	2.71	19 127.00
10 月 31 日	14.70	7 333.00	2.68	19 652.00
11 月 1 日	14.80	7 333.00	2.68	19 652.00
11 月 12 日	13.60	7 185.00	2.66	19 117.00
11 月 14 日	13.60	7 157.00	2.78	18 896.00
11 月 16 日	13.40	7 037.00	2.87	20 126.00
11 月 20 日	13.10	7 111.00	3.27	23 252.00
11 月 21 日	13.00	7 189.00	3.02	21 711.00
11 月 23 日	13.00	6 814.00	3.24	22 076.00
11 月 24 日	12.60	6 548.00	3.05	19 963.00

一旦洪水在永定河河口的李遂镇复原，砂石的涌入会大大减少。

海港地段在大沽基准水位 8 呎之下，从 7 月 6 日的 5 030 平方呎到涌入砂石以后的 8 月 1 日减少到 3 500 平方呎。下游不稳定的锚泊地的底部升到 0 呎大沽基准水位，这意味着减小了 30%。注意到淤泥的截面像矩形，深度的减小速度远大于截面的减小速度。要警告轮船，不要试图在吃水深度大于 100 呎的情况下靠岸，就算河流的水位非常高也不行。

在天津上游，水位的上升导致了一个较大的斜坡，增加了河流的流量，冲掉了从上游下来堆积在沙滩上的淤泥。

洪水期间河流的流量情况如表 8.4 所示。

表 8.4　1917 年挖泥工作　　　　　　　　　　　　　　　单位：立方米

月份	海港	永久区	上坟地	万国桥上游	船坞等	总量
3	19 277	—	—	—	160	19 437
4	27 423	—	—	—	170	27 593
5	21 402	—	—	780	—	22 182
6	20 350	—	—	470	—	20 820
7	20 160	—	—	—	—	20 160
8	265	2 030	—	—	—	2 295
9	65 350	2 650	6 480	—	—	74 480
10	—	—	680	—	—	680
11	—	—	—	—	—	—
合计	174 227	4 680	7 160	1 250	330	187 647

上述挖出的淤泥总数，其中 48 805 立方米安排在德租界，18 814 立方米安排在英租界（第一次填充），52 005 立方米安排在英租界（第一次填充），9 170 立方米堆起来供导流用。

10 月，泵站用可逆式抽水机从英租界洪水多的地方抽水，工作 36 时，抽出了 245 000 立方米水。

11 月，泵站在日租界洪水区工作了 710 时，抽出了 1 250 000 立方米水。

渠道挖泥船已把芦台渠道挖宽 30 呎，长度超过 6 885 呎，挖泥总量达 7 100 立方米。

局部改善

永久区域。第一次裁弯下游的本地海关附近地段出现的拱形侵蚀正延伸到正常线，这个限制旨在保护 18 000 呎表面上已扩展 360 呎的底部，以及失去控制的本地海关附近的岸坡。

在这地段下游，海港当局已经选定了两个新的轮船停泊点。

这一区域的防波堤沿着破窑左岸已经有了相当大的扩展。它们的外侧经过修理，其中西处用泥土来代替，上面覆盖了灌木林和碎石以保护航道。已形成的沙滩跨过这个区域，而弯道变化的方向已经挖掉。

上坟地弯道。疏浚弯道上游的拱形岸坡已经取得了满意的进展，弯道下游的小沙嘴也不会进一步扩大了。

坟状区域。这一区域最近明显有继续加宽的迹象，单纯挖泥不可能解决上游和下游弯道结合处形成的沙滩。

沙滩已经挖掉，防波堤已开始建造。可惜，洪水迫使这项工程拖延了完工日期，直到下一个季度。

下游区域。下游区域弯道的凸出面通常连续被冲刷，这种冲刷是有利的，可以提供一个非常大的航道，且易于转头。

西北炮台海滩。下游区域疏浚过程会影响到部分凸出在河床外的西北炮头墙的基础，这给高水位时通过的船只造成了严重的威胁，这种阻碍必须尽可能在泥浆水位以下除掉。

天津港湾下游转头地。2 月 5 日，应总商务室和航运公司的请求，召集了有关单位，授权工程管委会废弃下游转头地到同样可以做转头地的码头处。

在这个季节，要尽可能切合实际地去安排，及时地废弃原来的转头地并完成新的转头地的建设。

老的转头中心已经向上游偏离 20 呎，河流西侧的保护湾已经设计好，它具有半径 350 呎的三个弯道，它们沿着河流彼此相切。

在正常线后面的间隙后有 45 呎的凹陷处，因此离俄租界码头线的距离为 368 呎。这将有可能使船长把 350 呎的轮船转头，与此相配合，一年里的挖泥量也要有个合理的数字。

浮码头设置在下游，这样安排是为了离开转头地，以便转头操作十分畅通。

转头标桩总共有七个，每一个都是由重 1.5 吨的铸铁制成的，安在钢筋混凝土底座上，并用碎石砌成。

五个标桩放在湾的一侧，两个放在俄租界码头。

最靠近湾的中心的两个标桩将提供软绞线索，以便在转头前使轮船能用它来转头，并且让轮船提前开动引擎。

在附录中可找到保护湾的钢筋混凝土的详细资料，其长度延长超过 655 呎。

全部桩和板桩已经建好，但还未投入运行，因为河水上涨。

洪水

发生洪水泛滥的年份有：1887 年、1888 年、1890 年、1894 年、1896 年、1901 年、1904 年、1907 年、1908 年、1911 年、1912 年、1913 年、1916 年、1917 年。

从目前能够查到的资料来看，最厉害的洪水是 1912 年和 1917 年，相关数据如表 8.5 所示。

表 8.5　1912 年和 1917 年洪水情况

年份	在短时间内，地表面每平方里的洪水（立方呎/秒）	通过海河流出（立方呎/秒）	通过船闸流出（立方呎/秒）	通过裂口流出（立方呎/秒）
1912	2 000	19 000	5 500	22 000
1917	40 000	33 000	10 000	60 000

表 8.6 给出了天津上游和海港的最大水位记录。

表 8.6　海河水位情况（以大沽基准水位为标准）　　　　　单位：呎

年份		陈家沟船闸城市上游航道	子牙河和大清河汇合处	永定河和北运河汇合处	红桥大清河和北运河汇合处	天津海港
有洪水	无洪水					
1907		13.20	—	23.20	—	12.73
1908		16.10	24.20	24.18	18.00	14.70
	1909	13.20	19.85	21.48	14.60	12.90

续表

年份		陈家沟船闸城市上游航道	子牙河和大清河汇合处	永定河和北运河汇合处	红桥大清河和北运河汇合处	天津海港
有洪水	无洪水					
	1910	11.70	20.50	17.98	12.80	11.90
1911		13.85	24.20	18.10	15.50	13.30
1912		16.30	25.00	25.66	18.65	14.40
1913		13.40	22.95	17.40	15.10	12.70
	1914	15.70	21.60	20.32	16.00	13.40
	1915	12.70	15.75	19.20	12.80	12.60
1916		12.70	15.10	17.00	12.10	12.30
1917		18.10	25.45	25.20	20.70	16.20

注：大沽基准是春汛时低水位时的平均海水水位，天津河岸的水位约18呎大沽基准水位，离河岸有一定距离的外国租界的水位降到大沽基准水位12~13呎，城市郊区降到大沽基准水位13~14呎，城市降到大沽基准水位17~19呎。

1916年，由于外交使团的斡旋，海河水利委员会被授权，试图把北运河恢复到它的老航道。

这一工作在1916年11月成功地完成了，但是它不可能把大城里（北京东面）暴涨的河水全部带走，因此决定建造横跨新河道的导流坝，以便把多余的水直接排泄到海里去，并在整个枯水季节流向天津。

1917年春季，这一工作顺利地完成了，已移交给了中国当局，海河水利委员会的官员提出：导流坝上游的河湾必须加以保护和适当导流，防止漫出和冲刷堤岸，否则，建在堤岸之间的导流有可能遭到破坏。

在河水暴涨时期，对弯道没有加以保护，预期的冲刷发生了，但幸亏来水量不大，而永定河把大量的泥沙带入海河，从而部分起到了阻碍的作用。

对于即将来临的7月末，对永定河引起的淤泥进行粗略估计，可以有足够的把握说，海河河床将会在48时中变浅7~9呎。

北运河水一下来，淤泥就中止了，但永定河的排水道有几处决口，周围地区都被淹没了，而大部分永定河水流入大清河。大量沙子涌入以后，海河的排泄能力减弱，而后，由于周围地区水的累积而再次逐渐增加，全部淤泥从海河的上游地区冲刷掉，从而到达沙洲。

如果新的更大的暴涨的河水不通过子牙河和大清河的话，整个季节就有麻烦了。最近的一次洪水上涨使天津上游的水达到大沽基准水位23呎（天津河岸为大沽基准水位18呎），而海河的流量逐渐达到创纪录的数字，33 000立方呎/秒。

天津上游地区成了一片沼泽，四周看不见河道和堤岸，水位缓慢而平稳地上升，天津城区的洪水越过了河岸，到处都是。南运河的南部排水道，主要的河道在杨柳青和良王庄之间的几个点上，而外国租界（日本、法国、英国以及法国）的洪水迅速上涨。

如果横跨良王庄、陈塘庄的铁路线在不同点上总长超过2哩的线路不能运行，这些租界内洪水泛滥的情况将会更加严重。

天津外国租界内的洪水水位达到了大沽基准水位15.5呎，这是在航道潮标和法租界潮标退下以前所得的数据。

海港水位达到大沽基准水位 16.2 呎，河流下游（10 哩）从西部向海河灌水，洪水恰好通过北京—沈阳铁路线。

大量的水静止在这一地区等待泄放，据目前判断，下一个雨季将会出现更大范围的沼泽地区。

总工程师 T. Pincione

李遂村的导流坝

1916 年的报告指出，用土质拦河坝把北运河恢复到它原来的航道，以此为建造一个导流坝做准备。

1917 年 5 月 20 日，中国当局就已完工的导流坝进行验收。8 月，河水按导流要求排放，由于保护导流坝上游的河湾造成的官方失误，损失是相同的，经常提醒和约定的落实都是必要的工作，从下面的对比中可以看到。

总工程师致北运河管理局局长

1916 年 12 月 25 日

为答复你本月 22 日的来信，我谨阐明如下：

本月 13 日的信通知你：11 月 28 日，我们非常成功地完成了北运河经过通州恢复到原来水道的工作，在同一封信里，我指出，流坝竣工了，接下来就是建设跨越新航道的拦河坝，那里的温度允许工作就立即动工，导流坝将在春天竣工，全部材料要早做准备。

在本月 13 日的同一封信中，我要求你除去李遂弯道上的两块石头防波堤，因为它们证明是有害的。同时我建议中国政府可以利用河流的复原和下一次洪水来临之前的长时间去除掉北运河老弯道积聚的泥沙，以使航道畅通，并在洪水季节来临前得到改善。

非常感谢对我 1916 年 12 月 13 日信的答复。

北运河管理局局长致海河管理局总工程师

1917 年 1 月 11 日

为答复你上月 13 日的来信，我谨通知你，在读了你的信后，我们立即在李遂村的各个地方进行了调查。至于导流坝，我已在去年夏天向政府作了报告，工作在秋天开始，但现在已是冬天，而这项工作尚未完成。你在来信中表示，一到明年春季天气好转，就将再次开始工作，我将向政府汇报这一结果。至于河流弯道的河床情况，船闸要在那儿修建，当导流坝竣工时，我将向政府写出关于这个的报告。

至于老河岸的冲蚀情况，因为四年前发生了裂口，又没有防波堤，在靠近李遂村的场所和牛栏山的许多地里，有几千呎河岸被冲蚀。这证明河岸的冲蚀不完全是由防波堤引起的，防波堤是河道公所建造的，目的是保护李遂村，因为村民强烈反对将它们拆除。我们对建造导流坝一事表示同意，防波堤早已存在，所以河流的情况和同意制造导流坝毫不相干。至于挖掘从苏庄到北河村一段以清除河里的泥浆一事，一部分将在春季进行，另一部分在稍迟一些时候进行。如果我们把清除出来的泥浆堆到河岸上，我担心将被再次冲到河里，这样再次把它清除掉要花费很多的钱，这样完成工作是不可取的。

建议将板桩和厚板作为青龙湾闸门防止河水漏出，但没有办法把这种厚板固定到石料上，我的看法是，唯一的可能是做一个水坝和闸门内用桩，这将可以防止低水位时的漏泄，又可在高水位时分流。制造合适的闸目前只能等待，直到政府能提供建设资金。

收到上述信后，可立即把总工程师致管理委员会的报告发出，内容如下：

1917 年 1 月 11 日　天津

No. 1007

我荣幸地向管委会报告，我已收到北运河管理局局长的信，这是对我上次就这条河流的复原问题传达的信息的回复，我把重点放在这里。

从这个回答中，管委会能够判断中国官员的主张是什么。在花费大量金钱以后，他们本身不可能实现这个任务，因此，他们会对海河工程局管委会持感激之情。

面对这种冷淡的态度和对中国人民和国家关心之事的轻视，我担心我们所有的努力都将是徒劳的，除非把这个问题提交给北京高层。

首先，在管委会内部举行的会议上，我指出，李遂村的防波堤一定会引起弯道河岸的漏泄，这肯定会对村庄有损害。正如他们宣布的那样，河流的复原帮不了什么忙。现在北运河管理局局长说，防波堤只是打算用来保护村庄的。

这是一种什么样的保护呢？在一个季度里，它会冲刷掉大于 150 呎的岸坡吗？采用这个方法就要花费 40 000 两吗？

北运河管理局局长进一步指出，把挖掘出来的土放到高的河岸上是不可取的，因为它有可能再一次被冲刷到河里去。把土留在河床中是更可取的办法吗？或者为了防止它被冲刷把它留在原处。

河道的负责官员竟有这种不切实际的想法，实在是意想不到的。

其次，他说，我们不能够把木质构件固定到河西务导流坝的基石上。为了改善它，他认为最好的办法是在导流坝的底部建造刷子状木质拦河坝，以便拦住水，当洪水来临时，又能让它通过。有人认为，上述这种拦河坝应有 10 呎高，而且必须建在赤龙湾的砂石地上，令人难以相信，一个有经验的官员竟能做出如此声明！

最后，他提到，即使承认了在李遂村建造闸门的必要性，但这一工作还不能付诸实施，直到此项目的资金落实。

我想政府不大可能为这个项目拨款，因为去年总共花了 100 万元，但收效甚微。

从目前的情况来看，我担心我们别的什么也不可能去做，完成导流坝及建造一个远离李遂村弯道的拦河坝以避免冲刷，这将在今年实现，这会使河道和新开河连接起来。完成这一工作需要的经费大约 6 000 两白银，但我希望 5 000 两便足够了。

同时，我建议敦促内务部官员答复我们，我们不可能去相信北运河管理局局长的观点，因为这些指令为大部分专业人员所敌对，没有必要冒本省失去幸福的危险。

总工程师 T. Pincione

2 月 6 日，北运河管理局局长金昭英与副局长和海河工程局总工程师及秘书之间举行了会议，讨论的要点是：

（a）建议在李遂村建闸门。

（b）拆除李遂村上游去年建造的防波堤。

（c）河西务的溢流口。

官员们一般都赞同建造闸门，附加的条件是高级官员的住地在宝坻县，这个区由于去年北运河的放淤，洪水泛滥非常严重，困难在于如何提供建闸门的资金 200 000 两。

高级官员说："让内务部在一年里提供这一笔资金是不可能的，但如果经费可以扩展到几年的话，这是行得通的。"

总工程师说："从国外购买要 90000 两，而这些材料运来要花一年的时间，国内提供的费用为 110 000 两，建造花两年，从今年春季算起，闸门必须在三年内完工，在这期间，由临时的导流坝来承担。"

高级官员要求就下列各点提供详细说明作为备忘录：

（1）闸门的必要性。

（2）选择闸门地点的理由。

（3）结构形式和闸门工作的方法。

（4）购买材料和建造所需要的时间，以及如何支付所需的制作费用。

允许把这个备忘录送交内务部以获得他们的支持。

随后，Pincione 在内政部见到了在国外受过教育的工程师，他表示对闸门的建造完全赞成，很明显，他无意于因为拆除工作一事，在 1916 年花去了一笔相当可观的金额而"丢面子"。因此经过拖延了时间的争论以后，他同意保护弯道。在这一地段仔细监视是非常必要的，如果冲刷变得日益严重，则给中国当局带来压力；如果没有提供适当的保护，则河水将冲刷弯道，直到它穿过后面的导流坝，而导流坝就变得用处不大了。

河西务

溢流口的总工程师答应在现场会见 Pincione，以便看看能做些什么。

4 月 30 日，总工程师提出如下述报告，并和管委会通信。

1917 年 4 月 30 日　天津

No. 1090

我荣幸地向管委会提出报告并交换信息，我收到了北运河管理局局长的来信，并写了回信。

像管委会注意到的，中国政府原则上赞成建造闸门，但是他们对由于没有防范措施，导致李遂村弯道被冲刷所引起的危险越来越大这一事实漠不关心。我认真地建议，在 5 月 20 日，当中国当局来这里视察时，管委会可以正式向他们提出，如果保护问题被忽视，整个复原工作大部分将必然受到损失。

我已经荣幸地指出，中国当局在北运河复原这件事上的态度如此冷淡，我不认为我是有责任的，不管发生什么事情，我的一部分工作已经完成了。

总工程师 Ing. T. Pincione

北运河管理局局长致总工程师的信

我已从金昭英那里收到了信，信中叙述了1917年2月6日在北京举行的会议，由海河工程局提出，导流坝要在4月完成。

这也就是说，2年或3年以后，河床将要淤积。至于河流的保护，我们是允诺的，地方已经在检查。但是也没有仔细叙述，是否在这个地方必须建设闸门。此运河管理局局长将写信给海河工程局，要求他们提出另一个计划，指出在这个地方必须建造闸门，你们提出的地方是适合还是不适合。因此我要求你做出另一个计划，并把它交给我，以便我可以报告。

总工程师致北运河管理局局长的信

亲爱的先生：

我在4月29日收到了你的信，我谨通知你，李遂村的导流坝即将完成。

所有的桩和板桩已经打好，已经挖了15呎深，始终是沙地，导流坝已用泥土代替，并很好夯实。泥瓦工正忙于完成加固等工作。我希望在两个星期内完成，我发现还要在导流坝的下方做一些保护，它的基石宽度要在35呎左右，用金属丝把这些砖砌在一起，相互保持住，这些砖和其他材料正在准备，第一批材料将在本星期内送到。

这些辅助工作不会花很长时间，一定会在洪水到来之前准备好。

但是我要劝告你听听金昭英那儿来的信息，即工程局5月20日寄到李遂村的信，他们要来检查导流坝，因为去年在李遂村因冲刷造成了裂口，因此这是必须要加以考虑的事，诚如我看到的，虽然你已着手做这件事，但毕竟保护工作还未开始，而这是应该做的。

关于闸门位置的建议，我在北京会议上已提交我的意见，我谨告诉你，正如我口头说过的那样，应该设置在李遂村河湾的延续地带。

我将根据你5月20日来信要求的确定位置开展工作，在建造闸门之前，你好好检查地方的有关资料并决定你如何保护河岸。

总工程师 Ing. T. Pincione

收到这份报告后，管委会给内务部递交了如下信件：

1917年5月2日　天津

管委会谨通知内务部：

按照海河工程局总工程师和北运河管理局局长在会上一致同意的意见，李遂村的导流坝将在近几天完成。如果这个导流坝证明是有效的，则去年在李遂村弯道所做的疏浚工作的保护是绝对必要的。这一疏浚工作大大促成了由北运河管理局工程师主持的防波堤的建造。

最近在北京举行的会议上，在金昭英参与的情况下，强使北运河管理局局长接受保护这一弯道的必要性，他允诺完成这一工作。

迄今为止，什么事也没有做，因此工程局管委会要求内务部认识到完成这一保护工作的紧迫性。管委会为了保证北运河的复原已经花了100 000两，而他们仅偿还了30 000两，如果继续去疏浚李遂村的弯道，以及如他们确信的那样做导流坝水路的工作，而河岸仍然不加以保护，那么这笔钱就白白浪费了。如果发生这样的情况，再想把北运河复原就不可能了。

由于北运河管理局局长的作用，他坚持建造防波堤，拒绝弥补他们已经造成的破坏，导流坝带来的利益存在被丧失的危险。

管委会需要警告内务部，他们不能接受导流坝在复原河流方面没有成功的可能性。如果保护工作仍然不去做，谨要求内务部，责令北运河管理局局长去完成必须的保护工作，不得延迟。

导流坝已在 1917 年 5 月 20 日完成。

下面的信件是 Pincione 和北运河管理局局长在导流坝移交的时候互换的信件：

致北运河管理局局长

1917 年 5 月 20 日　苏庄

亲爱的先生：

关于我们今天的会议，我谨告诉你，李遂村裂口处的导流坝已经按设计图完成。

我发现必须增加一个保护设施，即用金属线材把砖块穿在一起。这一附加设施的目的是为了使导流坝底部能经受住冲刷，直到合适的斜坡建成。

我已经用原板把导流坝斜坡的砖石工程覆盖好，这是为了防止对砖石工程进行任何拍击或冲刷。

我希望如果所有这一切都使你满意的话，你将公开收到有关这一工作的信件，它会让你了解状况，我将继续关注导流坝的情况，如果必要就进行修理，在三年时间里按协议办事。

导流坝上面的土坝按你的建议是敞开式的，土坝的平面有 500 呎长。

河西务导流坝的坝直到水平都是敞开式的，如你主张的那样，没有对李遂村的弯道加以保护，我有机会再次提出，我一点也不能接受由于李遂村弯道和防波堤的缘故而保证河流不受任何破坏的责任。

总工程师 Ing. T. Pincione

1917 年 5 月 21 日　通州

海河工程局 T. Pincione：

按照 1916 年 5 月 20 日同意制定的 No. 6 和 No. 7 文件，作为提供建造导流坝 30 000 两费用的交换条件，应该通过北运河管理局从内务部邀请代表在导流坝完成以后去接管它。现在是1917 年 5 月 20 日，北运河管理局彭局长和工程师以及代表北京高级官员的李先生来到这里来接管完工后的导流坝。

除了要求北京的高级官员向内务部报告导流坝已经按照上述协议内容完成，我们还要写这封信证明我们接收了上述的导流坝。

Director Pang

北运河管理局

6 月 30 日，内务部给工程局管委会写信，提到导流坝已经完成并接收，财政部被要求一次支付给工程局管委会 30 000 两白银。

7 月 26 日，总工程师报告（No. 1101），导流坝由于受用来保护的弯道冲刷的影响而受到威胁，8 月 15 日又报告（No. 1103），局部已遭破坏。

1917 年 7 月 26 日　天津

No. 1101 报告

关于北运河

致海河工程局管委会

阁下们：

我荣幸地向管委会报告，由于最近 10 天连续下雨，李遂村段的北运河水位上升到了历史最高水位。

昨天和今天，水位是大沽基准水位 103 呎，即导流坝以上 15 呎，李遂弯道陆地水位以上 7 呎。

目前，预期的这个结果已经来到，并且比我原先估计的要来得更快，由于弯道的侵蚀弯处缺乏保护和维修，参看我以前的报告（1916—1917 年），已经先在导流坝左岸（车面）引起侵蚀，然后有可能经常从导流坝的河湾到东侧对河道进行冲刷，并连接到导流坝下游的航道上。

我不可能提出详细的报告，只有等水位降到足以适合彻底检查以后才行。

到目前为止，可以肯定两点：

（1）李遂村的导流坝将遭到破坏，因为沿着它的整个长度的一边都发生了冲刷。

（2）北运河的复原已不可能，即使是很小的补救措施。

就我的职责而论，我必须说，正如管委会知道的，我曾多次向北运河管理局局长指出危险是肯定的。

就这个问题，和他的几次信件往来都是徒劳的。在这之前，和内务部以及北京高级官员的讨论也是毫无结果。

北运河管理局局长答应做这一工作，而且高级官员也授权开始这一工作且不得拖延，但是工作一点也没有完成。

北运河管理局的工程师吴先生也在 5 月 20 日支持我的论点，有关的资料我已交给北运河管理局局长和高级官员代表。

一旦我掌握了全部必要的资料，将准备一张详细的报告，就这件事进行研究，我将把这份报告再次送交管委会。

总工程师 Ing. T. Pincione

1917 年 8 月 15 日　天津

No. 1103 报告

关于北运河

致海河工程局管委会

阁下们：

我荣幸地报告，8 月 9 日，北运河管理局局长及工程师吴先生和我一起察看了李遂村的导流坝和弯道，以便调查最近的洪水造成的破坏。

在建成导流坝以后不久，它上游的土坝按一致的意见打开了，河西务和杨村的导流坝在洪水来临前根据安排已经除去。

李遂村最初的水位为 86 呎大沽基准水位，在 7 月 16 日上升到大沽基准水位 88 呎，这是保持导流坝安全的水位，导流坝很好地经受住了压力，经 Tung chow 流到海河的流量每秒约 2 000

立方呎，只有一少部分经河西务和杨村打开的导流坝下泄。

连续近 10 天的降雨使水位稳定上升，直到 7 月 24 日，在李遂村达到了历史的最高水位大沽基准水位 103 呎。

与此同时，通州的水位从大沽基准水位 63 呎升到大沽基准水位 74 呎 5 吋，城里没有洪水。

在河西务，7 月 26 日，水位是大沽基准水位 45 呎 3 吋，流量超过了门槛 9 呎 7 吋，这相当于每秒 25 000 立方呎。

在杨村，7 月 28 日，水位升到大沽基准水位 30 呎 5 吋，或在导流坝门槛上 9 呎 2 吋，这表示流量为每秒 20 000 立方呎。

到达河口的水量是每秒 6 000 立方呎，三角地以前的水位是大沽基准水位 24 呎 2 吋，这次水位的上升救了海河，因为永定河已泛滥了 4 天，正涌进来大量的沙子。

8 月 1 日，海河上游的测量深度表明，几天中，淤积已达 1 500 000 立方米。

天津海港的下游转头地上升到 0 呎大沽基准水位，这意味着在最初的 8 呎大沽基准水位的高水位下，深度仅 8 呎。

当我们视察导流坝和李遂村的弯道时，我问北运河管理局局长，他现在必须说些什么，因为有关的保护已证明是好的措施。

他回答，对他来说没有什么责任，因为他们没有保护弯道这笔资金。

总工程师 Ing. T. Pincione

第九篇　海河工程局1918年报告摘编

破冰工程

1917年秋季的洪水随之而来，将淤泥夹带至大沽坝，使航道标志由大沽基准水位8呎降至大沽基准水位2.5呎。1917年出现的这块凹陷地位于南浅滩上游，仍没能为冬季航行提供有效深度。因此，吃水10呎或10呎以上的轮船在冬季航行驶过大沽坝是不可能的，破冰工作于1917年12月22终止。

1月，天气变暖，大量温水从经过洪水的平原涌来，融化了自上游河段至大沽坝的积冰。

2月6日，港口并未被积冰阻塞，破冰船轻而易举地扫清了恢复航行的入口。

12月，标记深度逐渐回升为5.3呎。

直到这时，所有轮船不再进港，破冰工作继续进行。

破冰船于12月12日开始工作，港口一直开放到12月30日，等到最后一艘轮船时，"Tainye丸"号轮船被推选驶向秦皇岛。

从这天起，河水又开始结冰了。

本年冬季的标记深度为大沽基准水位5呎3吋，本应当能使吃水10~11呎的轮船航行，但是破冰船不可能在下淌的河水中作业。在冬季，港口开放的可能性几乎完全取决于横跨大沽坝的航道的深度。

大沽坝航道

海河像所有其他流经自己冲积的沉积土地上的河流一样，是一条河道弯曲的河流，向大海中带入大量的淤泥。

根据过去25年的观察记录，我们可以肯定，海河每立方米的河水夹带1 600公斤的淤泥流入大海。

还未考虑流经河底的大量沙子，含泥量已经是极高了（每年12 000 000~150 000 000立方米），在这方面，几乎没有哪条河流能与海河相比较。

海河的弯曲度看上去很独特是有其道理的，因为海河在不断地延伸自己的流程，以便改变其倾斜度。此种情况下的水流速度要夹带大量的泥沙，海河就不得不输送并加筑它的河床。换句话说，地理位置越高，含泥量越少，河流弯曲度越大，越能使其长度与落差成正比，并采取与其含泥量成比例的倾斜度。

自海河河口向外延伸，在低水位，两个坝之间完全暴露的水位为大沽基准水位（指低水春汛），当水位上升至 6~7 呎时，又被河水覆盖，仍是相同的大沽基准水位，以下将简称为大沽基准水位。这个河湾向北 25°30′（磁性误差 4°偏西）的方向伸展了将近 1.5 哩的距离，河流在此骤然转向北纬 72°30′偏西（磁差）的方向。

这段流程流经坝前的足够深度，我们称之为深洞。

由于没有堤岸的缘故，河水从深洞中流出，并且水量上升，速度及含泥量下降，受地心引力的影响，不断的沉降和增高来提高坝的水平面。

由于某些原因，水流的速度上升，表面水层的速度将比下面水层的水流速度快，在最低层也是如此，考虑到河底的摩擦力，这里的水流速度是最慢的。

不同水层的不同水流速度产生一个吸引力，此吸引力可以吸引淤泥，并将淤泥输送到一定程度，淤泥就夹在大量水中，好像风夹带灰尘和沙子一样，虽然沙子的密度是空气密度的 35 倍。

那些大堆的淤泥要抵抗住由水层产生的吸引力的强度，停留在河底，直到吸引力加大或河水流经河底的速度增高到能够克服河底摩擦力和大地的内聚力时，淤泥被冲走。

由海洋风产生的浪夹起河底的微粒，并将它们冲到底上，因为冲到岸边的浪比退回的浪力度更大。陆地风产生的浪与海风产生的浪正相反，将河水中的物质冲向大海。但由于陆地风产生的浪上升的比较小，不像海洋内产生的浪那样能够夹带淤泥。

风通过，使水平面发生倾斜和由之产生的水流也有能使淤泥发生运动的力量。因此，大沽坝的结构和变化是由海河河况起决定作用的一个力的复杂结合。

1906 年，董事会邀请不同的专家就坝的形成谈他们的观点，他们几乎都说出了他们的观点，就是大沽坝的形成主要是因为浪的运动，而且坝不屈从于沿海水流。

就沿海水流而论，产生水流的唯一肯定原因为海潮的一次涨落，工作人员这样解释："此结论是当水位上升时沿海水流以每小时 2 200~6 200 呎的速度向西北方向流出，当水位下降时，水流以每小时 1 800~7 000 呎的速度向东南方向流去。"

就坝的形成而论，自从我研究这个题目以来，我已承认，维持这个坝存在的原因是大海，而不是内陆河流。但是，这个理论仍有一个限制，如果忘记，就会产生严重错误。

海洋的运动是个建筑代理，而来自内陆且夹带淤泥的河水形成了巨大的供料代理。

海洋的运动结合着海河的排泄量及其河况，通常给出一个水平限制，坝就在此水平限制上维持自己。但有一个额外的很普通的河况中的分离物，就是大量的沙子，被夹带到大沽坝，可能暂时会升高到一个未知水平，将在此发现的任何一个航道填满，再发掘适合当时条件的航道。

其实，Macaztney 爵士的使馆工作人员曾解释道，"坝被分割成几个很高的沙坝，这些沙坝紧紧地挤在一起"。

航道的走向被解释为正西偏北（北纬 79°偏西）。

法国大沽坝海洋考察队于 1854 年证明，此航道走向为正北偏西 28°（根据目前磁性误差）。1869 年，在伦敦发布的《印度群岛及中国沿海航行指南》对大沽坝作了如下解释：

自 1869 年以来，除了港口总监做出一些许可以外，没有任何大沽坝的报告或考察是有用的。这位官员在 1890 年 2 月的报告中指出，在新航道的入口处首次安装了一个浮标，为那些欲驶入海河而经过此入口的船只导航。1891 年，他报告道，"根据报告，坝上的新航道往年深了 18 吋，而且老航道的水很快变浅了"。

大沽坝的最新考察也表明，坝上没有类似一条航道的迹象。H. B. M. S"R"1902 年的考察证明，航道走向为北纬 46°偏西。

结论只有一个：无论大沽坝航道的方向如何，方向从属于自海河而来的骤然的河沙移动，河水外涌也可使其自身在不同方向及方位产生新航道。

在河水外能够自我维持的唯一航道就是深洞，因为在每次潮汐退去之后，水流定会被拦在两岸之间。

在这一点上，我们不能忽视坝外的每次潮汐运动，每次潮汐通过在海平面上产生一个斜度，不断使潮速及水的流速结合起来。那么，让我们考虑一下退潮：

退潮水流在坝外只能达到每小时 25 哩的速度，当接近海河时，其速度会越来越慢。

自深洞流出的海河水有其自己的最初速度，其方向与深洞线一致（正北 72°偏西）。河水越流向大海，其速度越慢，受坝外退潮影响越大。海河水及坝外退潮有一个恒速，水流会走一条像抛物线一样的曲线（我们可以笼统地把从深洞中流出的水比作一个水桶，而把退潮比作地心引力）。

在这种假设的前提下，可以趁机充分利用退潮的航道，应该根据这条取消设计，或者应该根据一条直线与此曲线相交，并与其平常的方向尽可能一致，进行设计。

现在，假如我们设想河水速度改变了，如果是这样，水流的合成速度之一将要发生变化。由于它的变化，航道方向也将发生变化。将此论点运用到退潮速度上来，我们可以发现，确定一条要趁时机利用退潮速度的航道方向是多么不可思议。

可是，有一点是肯定的，就退潮而论，在以上情况下，趁机充分利用水流速度的航道将在坝外退潮方向及深洞方向之间。

在最高潮的情况下，条件完全变了，水的流势转向相反防线。

因此，有一个事实是肯定的。如果深洞坐落在与最高潮和退潮一个方向上，那么毫无疑问。就水流而言，自我维持的航道就会坐落在此 3 股水流的共同方向上。不幸的是，海浪运动也必须加以考虑，而且，就大沽坝来讲，深洞的方向与退潮方向不一致。

在我们的安排中，我们只有两种在坝上产生一条通道的办法，这两种办法的目的都是为了提高退潮速度。

（1）将退潮潮水阻拦在有防护堤的航道中。

（2）将通过坝的一条航道挖深，海水水平面在此下降，以提高退潮速度。

这两种办法各有其优缺点。

第一种办法的最大缺点是淤泥将会与水一起被拦阻在航道内，而且会不断地在防波堤尽头建造坝。尽管海河水几乎不夹带淤泥，或者一个强大的海浪不允许淤泥停留在此处，在这种情况下，这两种办法哪个都没有用。

第二种办法的最大缺点是河水泛滥及海浪运动会永远或多少使已完成的工作无效，而且还必须无限期地疏浚航道。只是因为海浪运动的原因，就无休止地挖掘一条航道是不可能的。

将两种方法相比较，我们发现，第一种方法在其他地方花费太大，而且国际航海学会制定了一条规定：只有在疏浚后无效的情况下，才能使用防波堤。

此外，当我们考虑到大沽坝是一个冰冻式锚地时，我们可以立刻认识到，修建防波堤的最初费用及维护防波堤的必需花费每年与疏浚任何体积的淤泥相等。

我还粗略地计算了一下，目前疏浚工作的费用是维修防波堤费用的 30%，这并没有计算与之相同的附加部分的费用，这在几年之后，不可避免地会出现像海河一样淤泥淤积的河流。

对大沽坝来讲，唯一的政策是无限期地疏浚航道。

1906 年，董事会讨论了应采用多长的挖泥船疏浚大沽坝，选定了两种，翻斗式挖泥船挖黏土、固定吸扬式挖泥船挖沙土。

幸运的是，这两种挖泥船一种也未采用，因为这两种挖泥船都不能成功地完成其工作。翻斗式挖泥船每年只能工作几天，还要承担相当大的开支及建立工作时能够承受翻斗式挖泥船负重的合适的锚地的麻烦。固定吸扬式挖泥船能够在这里或那里成功地扎些眼，但其结果是每次风暴过后，疏浚过的较大部分会被重新积满淤泥。

在同一年（1906 年），开始试着挖掘一条始自深洞尽头，方向正北 109° 偏西的航道，采用耙泥的方式。

由于泥土中含有很大比例的黏土，耙泥工作效率比较高，耙泥所引起的崩解使黏土能够被大量挖掘。以后，当航道中只剩沙土时，耙泥不会引起沙土分散。

一条新形成的航道是向正北 82° 偏西（航道以南约 27° 的地方），耙泥工具被输运到这个方向去工作，需将深洞加长 8 000 呎，并在正北 82° 偏西方向加长另外一个 8 000 呎。这时，港口当局为航运安装了长久使用的照明灯。

考虑到航道外面部分没有运离深洞这一事实，航行证明了外层导标安置在正北 82° 偏西线上，深洞标志（安置在航道以内部分的延长线上）被称为内层导标。

在耙泥中得到的经验是：

（1）只有移动式机械能够在大沽坝使用。

（2）如果航道方位与河岸交叉，那么就很容易淤积泥沙。

（3）如果耙泥没有使沙土上升得足够高，那么在充分稀释的情况下，能使土分散。

沙坝的沙子是非常好的，在一定数量的沙土中，48%～58% 都能通过每平方厘米不少于 4 900 个筛孔的筛子，全部沙子都能通过每平方厘米有 144 个筛孔的筛子。

这就不可能使用底卸式挖泥船：

（a）底卸式挖泥船能否装进泥值得怀疑，而专家认为不能。

（b）如果底卸式挖泥船足够大，能够装得下大量的沙子，那么水的深度不允许我们使用这么大的船。

（c）使用底卸式挖泥船费用很高。

（d）在有时发生的大风天气，抛锚操作的充足时间是可能的。

以上的几个原因也为船只提供了绝对安全保证和灵活性，我建议目前的大沽坝使用牵引式挖泥船。

牵引式挖泥船装有一个 24 吋的扬吸管，几次试验后，再安装一个形状如一个角顶朝下的等腰三角形接口。这个接口有近 5 呎高，并在"V"字形刀的后面安装一个可更换的、锋利的刀锋。在此接口上安装 4 个垂直刀。尾部一个近 2 吋的水桶使水从接口内部流出，并撞击较低的那个角落，如此在接口水平面的一边安装 11 个直径 0.5 吋的水桶。向所有水桶提供 3 个大气压下的水，压力来自一个三层的装有独立使用的蒸汽机的离心泵。

有了这样的安排，再将速度推进到每小时 50 里，我们发现，疏浚大量的淤泥、砂石是可能的。

卸管底部安装有出口，这些出口在一艘底卸式驳船上方，驳船与此挖泥船并肩停靠。这样，混合物的大部分随疏浚上来的淤泥、砂石滚入底卸式船里，剩余下来的包含一小部分淤泥的水从卸管口被倒回大海。

这种方法无论天气如何，都可拖两条齐头并进的底卸式船，每一艘船我们都可以装满将近 200 立方米的泥沙。底卸式挖泥船仍可超过涌入的海水的速度。

仔细的测量证实了通过管子卸下的淤泥不存贮在航道附近，它的优点是，与海浪结合虽然比较弱，但也能使它们不分散。

事实是，以上所述之航道 4 年中几乎全部是靠向小河中卸放稀释了的泥沙来修建和保养的。

现在，我们应该决定大沽坝使用的底卸式挖泥机的特点了。

挖泥船必须长 200 呎，宽 42 呎，装载 500 立方米泥沙时吃水不能超过 10 呎。挖泥船必须能够向河水或向其自己的底卸式船中卸倒。挖泥船必须根据目前坝上使用的挖泥船设计，而且必须安装两台推进发动机，每台发动机一定达到 35 马力。

在我们有经验之前，我们从大沽坝上所得到的经验，对我们建造这艘船的全面数据做出肯定是不可能的。

现在正在大沽坝上使用的挖泥船是 1914 年初春从欧洲运来的，而且立刻就在深洞方向的（北纬 72°30′偏西）航道上开始使用，结果如上所述，稳固为一体，高度将近 8 000 呎。

挖泥船的工作很快就见到了成效。

航道方向问题又被提了出来，董事会成员利用原海河工程局顾问工程师 A. de Linde 出席会议的机会，请教了他在这个问题上的观点。

A. de Linde 倾向于在坝外潮汐方向，自航道的内端疏浚，他认为这个方向应为南、南、东等于北纬 202.5°偏东。并且他强烈认为，航道在任何情况下也不能偏离这个方向。为解释坝在海图上的情况，A. de Linde 绘制了北纬 231°偏东的航道图。

其实，A. de Linde 绘制的航道图方向为 231°-202.5°＝28.5°，偏离了他设想的潮汐方向。如果此图还可以，正如以上所述，潮汐方向南、东等于北 225°偏东，那么航道方向可以标为东南＋28.5°＝北纬 253.5°偏西。

但是，考虑到已经挖掘了一条比较好的航道，并已标出，董事会决定不做任何更改了。

此决定是明智的，因为去年南岸扩张侵占了 A. de Linde 绘制的航道。

1912 年，航道作业继续进行，而且标记深度也在继续加深。

1916 年秋季，标记深度为大沽基准水位 8 呎，航道中心比大沽基准水位 9.5 呎还深。因此航道深度比工程局规划部门 17 呎多的船只过坝要求还深 2 呎。当"Kalgan"号到达天津港时，吃水线为 15 呎 6 吋，船长讲他可以很容易地开一条吃水 16 呎的轮船进入天津码头。

1917 年 8—10 月，反常的洪水泛滥及持续不断的大水将 12 000 000 立方呎的泥沙带入坝内。

1912 年，航道外部中心线从大沽基准水位 9 呎变浅为大沽基准水位 2.5 呎，坝的最高点全升高或下降，但总保持在同一水平线上，而最低点却比较高。淤泥障碍当然不会阻拦海河水流的入海通道（此水流量在接近低水地带时为每秒 50 000 立方呎强），而且一块广阔的凹陷地带在两岸之间北纬 72.5°偏西这一点偏到北纬 82°偏西。

任何马力的疏浚工具也不能阻止这个方向上河水有力的冲击，这个方向在此时是与河水冲击力的倾泄及退潮的结合相一致的。

任何马力的疏浚工具也不能将这么多聚积的河水的海浪退回到正规航道上，等待海河的排泄，在几个月内像个巨大的贮水盆一样。

一条加了防护堤的河流，当河段太小而不允许大量的洪水通过时，就不能溢出河岸吗？

我们航道的最弱点在于：河湾及退潮的引力。

当大量的淤泥停止向下倾斜时，航道被阻塞，海浪像流过导流坝一样流过沙洲，并将其自身深度调节到-5.5 呎大沽基准水位，3 000 多呎宽。

上面所述之自然形成的凹陷地带为从海河及洪水泛滥地区涌出的持续很久的水流提供了充足的空间。

然而，以上提到的凹陷地带变得更狭窄了，而且深度也降了几吋。

航运自然地利用这块凹陷地带为航行航道，但当海河河水恢复到正常时，就不能再有此凹陷地带继续存在了。由于以上所述之原因，在 1918 年 3 月，董事会决定恢复北纬 72.5°偏西的深洞方向的航道。

坝的最近一次考察证明，此决定是正确的，或者至少从工程技术的观点出发没有反对理由支持与此决定相反的观点。将 1858 年法国海洋考察队和 1902 年 H. B. M. S "R."考察队与我们 1918 年所做的最后的考察相比较，我们注意到以下事实。

1858 年的考察事实：

（1）河口港湾的转折点已经向大海方向移动了大约 3 500 呎。

（2）零点轮廓线为 8 500 呎，7 呎轮廓线距离河岸较近，为 8 000 呎，即轮廓线之间的斜面坡度加大了。

（3）深洞航道走向为北纬 67°偏西，而港口航道的走向为北纬 28°偏西。

1902 年的考察事实：

（1）被冲刷出的河口河湾处的凹陷面有 1 000 呎。

（2）零点轮廓线向大海方向的地方比现在的考察多延伸了 13 000 呎，而且 7 呎轮廓线比现在考察证明的向大海方向延伸了 7 000 呎。

（3）7 呎轮廓线的内部到 7 呎轮廓线的外部的距离为 31 000 呎，而 1858 年为 20 000 呎，1918 年为 14 000 呎。

（4）深洞与现在的没有什么不同。

（5）港口航道走向为北纬55°偏西。

两次考察的事实：

（1）发现深水轮廓线向大海方向移动，这清楚地证明坝不依靠这三次考察期间的普遍条件而独立向大海方向移动。

（2）浅水轮廓线的位置正相反，依赖于海河的普遍条件。

（3）河口下面的第一个河湾有向大海方向的河口线冲刷的趋势，此运动笼统估计每年大约为75呎。这个运动不会停止，尽管河湾的凹陷停止了。

（4）由于两岸导流的作用，深洞比较好地维持了自身深度。

（5）从海岸线到将近15 000呎处的一点，水流有一个甩掉深洞水流而与退潮一致的趋势。1858年偏差角将近30°，1902年为17°，1917年河水泛滥时大约为8°。1917年，由于大洪水，海河河水高速倾泄，偏差角达到最大角度。

在疏浚出航道的情况下，一个小偏差角不会有什么重要性，总之，海浪的偏差是将大量的泥土输送到航道一边的基础，泥土也会从底卸式挖泥船中大量溢出。这种情况，并考虑到目前每年都有大量沙子由支流流入，并使河两岸延伸的情况，在轮廓线处挖掘航道不如在深洞地方挖。

这个走向的航道可能会在外端部分淤积泥土，但横跨南岸的航道完全不会出现相同的延伸。

除去以上几个原因，如果为了航行目的，就无法改变航道外边部分角度的不利条件了。但是全部航道方向与坝外潮汐方向一致会是一个在将来都后悔不迭的错误。

作为一个事实，加上去年出现的问题，航道的内半部分保持深度为大沽基准水位6呎。反之，如果航道横跨了南浅滩，那么这条航道就完全保不住了。

坝上的挖泥船于3月5日开始工作。3月的工作成果是将标识深度由大沽基准水位2.5呎加深到大沽基准水位3呎和随后的大沽基准水位3.5呎。

4月，挖泥船成功地横切了浅滩；发现航道最浅处为大沽基准水位5呎，标记深度由大沽基准水位3.5呎加深到大沽基准水位4.5呎。

5月，观测到6呎轮廓线跨过航道。

6月，横跨河段及对航道的深度探测证明中心线深于大沽基准水位6呎，但航道狭窄，因为疏浚线相距仅1 000呎。

7月，重新考虑了坝及入海河的通道，发现正式的航道进展令人满意。航道中心线最浅处为大沽基准水位7.5呎，在一处宽100呎的地方，航道深至少为大沽基准水位5.5呎。

8月，由于疏浚范围加宽到150呎，导致深度有一点下降，发现中心线深度为大沽基准水位5.5呎，新边线为大沽基准水位4.5呎。

9月，深度又重新上升，航道深为大沽基准水位5呎，标记深度当时上升到大沽基准水位5呎。

10月，中心线最浅处大沽基准水位5呎7吋，边线深度至少达到了标记深度。

11月，边线的最浅处为：北边为大沽基准水位5呎7吋，南边为大沽基准水位5呎2吋，但两个方向的深度都比通常水位深，中心线只证明几处水深为大沽基准水位6呎8吋，但全长的深度一般都深于大沽基准水位 7 呎。

这时发现航道南边的凹陷地带有相当大的水流，深度只有大沽基准水位 5 呎。12 月，正式航道的标记深度上升到大沽基准水位 5 呎 3 吋。

令人鼓舞的是，注意到挖泥船在一个季节里疏浚了一个比较好的航道。

我们还注意到，上面提到过的底卸式挖泥船的增加有效地抵制了由海河支流带入的沙子的重负使航道错误地偏向浅滩的趋势。

因为狂风暴雨的天气，坝上很少使用底卸式驳船。底卸式驳船在打消对疏浚坝时能否装满一艘底卸式挖泥船的可能性的怀疑方面起了很大的作用。

如果不考虑目前危险情况的补救办法，坝上的底卸式挖泥船肯定会成为解决正常的短时期内这种危险情况的好帮手。

海河

在 1917 年内陆洪水倾泄入海河大量的河水之后，海河河况格外好。表 9.1 是不同的测量计划测出的。它证明了海河河况逐渐好转，具体原因如下：

（1）制止了干旱季节河水在渠道中的流失。

（2）为加强潮汐运动，在上游断面距离河口较近处进行了沿河裁弯取直。

（3）加宽了河口，以便接受涨潮时较大的水量。

最近开始的裁弯取直工程及将来在坟地河湾的裁弯取直工程，会提高潮汐的延伸，这将改善天津港的切面。河口、天津港水位情况如表 9.1 所示。

表 9.1　河口、天津港水位情况（以大沽基准水位为标准）　　单位：呎

		1月	2月	3月	4月	5月	6月	7月	8月	9月	10月	11月	12月	年均
河口														
高水位	最高	9.80	10.40	10.20	11.00	10.30	10.30	11.10	10.90	10.50	9.80	10.90	12.10	10.61
	平均	6.61	7.40	7.82	8.27	8.31	8.67	9.16	9.35	8.89	8.16	7.59	7.22	8.12
	最低	1.20	2.80	3.50	4.90	5.10	7.00	7.40	6.70	6.30	6.00	4.80	4.50	5.02
低水位	最高	3.70	4.20	6.00	4.50	4.10	4.90	5.30	5.50	4.90	4.00	3.10	4.20	4.53
	平均	0.81	1.08	1.08	1.03	1.01	1.52	1.85	1.82	1.44	1.11	0.86	0.69	1.20
	最低	-0.70	-0.50	-0.70	-0.50	-0.50	-0.40	0.15	0.20	-0.30	-0.40	-0.90	-0.70	-0.44
潮差	最高	1.00	8.90	8.55	9.50	9.60	10.20	9.90	9.40	9.70	9.00	8.60	10.00	8.70
	平均	5.80	6.31	6.72	7.13	7.09	7.13	7.30	7.52	7.45	7.04	6.73	6.52	6.90
	最低	1.50	2.70	2.60	3.55	4.00	3.50	3.20	3.40	3.10	3.50	3.40	2.80	3.10
天津港														
高水位	最高	14.00	11.90	12.30	10.90	10.80	11.60	11.80	11.80	11.60	10.90	11.60	11.50	11.73
	平均	10.95	9.92	10.56	9.99	9.70	10.07	10.93	11.11	10.44	9.65	9.31	8.58	10.10
	最低	9.00	8.30	8.20	8.40	7.40	8.00	9.60	9.30	8.30	8.20	7.40	6.30	8.20

续表

		1 月	2 月	3 月	4 月	5 月	6 月	7 月	8 月	9 月	10 月	11 月	12 月	年均
						天津港								
低水位	最高	13.80	9.40	10.90	0.70	7.50	7.90	7.60	7.60	7.40	6.40	6.90	7.00	7.76
	平均	10.27	7.92	8.59	7.28	6.41	5.75	6.32	6.64	6.50	5.28	5.38	5.21	6.80
	最低	8.50	7.10	7.00	6.60	5.40	4.00	5.00	5.70	5.50	4.20	4.70	3.90	5.63
潮差	最高	1.90	3.90	3.00	3.80	5.10	6.50	5.80	5.80	4.90	5.50	5.60	5.20	4.75
	平均	0.66	2.00	1.96	2.70	3.29	4.34	4.80	4.48	3.93	4.37	3.95	3.36	3.32
	最低	0.10	0.50	0.50	0.70	0.90	2.50	2.65	2.78	2.46	2.40	2.40	1.70	1.63

4 加仑的样品中淤泥的含量归纳为每公斤每立方米的水量（样品是从一条船上用旋泵的方法提取到的，活节式吸管被安放在表面下 2 呎、底面上 2 呎的地方，在深度中间。我们将有关的样品相应地对照为：表面、表底、中央。将所装物质进行整理，通过滤纸过滤，弄干净并称出重量），如表 9.2 所示。

表9.2　含沙状况　　　　　　　　　　　　单位：公斤/立方米

水位情况	4 月	5 月	6 月	7 月	8 月	9 月	10 月	11 月	年均
最大量	14 142.0	11 558.0	16 169.8	16 819.0	17 675.5	16 451.6	11 642.5	10 037.0	17 675.5
最小量	2 600.0	1 297.8	1 925.6	6 703.0	4 694.0	5 094.9	6 761.7	5 082.0	1 297.8
平均量	9 776.3	8 567.8	—	12 464.1	11 977.9	10 970.1	9 334.7	8 337.7	10 157.0

海河的支流

今年永定河的河水泛滥一点也不严重。永定河与北运河汇合点的最大标准读点为 17 呎 6 吋大沽基准水位，而 1917 年为大沽基准水位 25 呎 26 吋。

北运河（仍转向）在新开河道流入北塘河。

七里河系改造委员会（直隶水系改良委员会）开始计划恢复及改造北运河的问题。

自防洪及海河工程局总指挥指示在唐官屯（马场附近）安装可控式闸门以后，南运河从天津至马场一段的状况在逐渐好转。

5 月底开始的这项工作，7 月底移交给管闸部门。

大闸安装了 5 个软钢制成并填充了木头的闸门。闸门宽 20 呎，高 16 呎，在两个安装在导向槽及侧面尾部的滚轮上移动。大闸上安装一个木制框架和为任意移动闸门而必需的轨道及 20 吨重的纹盘。

改造带来了高效率，因为可以在汛期完全打开闸门，7 月到来的大量洪水能够排放出去。现在，当没有可排放的洪水时，闸门简单闭合，河水继续向下流入天津，使马场至天津 170 哩长的一段受益匪浅。

为加强海河与北运河的联系而进行的南运河市内裁弯取直工程正在按照海河工程局的计划进行。

西河及其支流子牙河及大清河都非常正常，西河与北运河的汇流点却有很大危险。限制西河河水涌入高于天津城市的北运河的红桥桥墩，被河水侵蚀，濒于倒塌。

如果桥墩倒塌发生在 1917 年那样的汛期，海河将会负担过重，结果将导致洪水暴发。

裁弯取直。七里河系改造委员会（直隶水系改良委员会）采纳了海河工程局裁弯取直的计划，海河工程局的技术人员担任指挥工作。当码头修建完成，挖掘进行到一定深度时，海河工程局完成了疏浚工作。

上文提到的委员会于 12 月 23 日举行裁弯取直成功的首次庆祝活动。

海河的部分工程。去年提议建造防雨的钢筋水泥的垂直码头已经完成，下转头地已在船运中使用。

自 1917 年的洪水大范围侵蚀了下转头地没有任何保护的河湾以来，进行了必要的改变来加筑码头。

石头流域。用牡蛎壳建的码头经受了 1917 年的洪水，流域又重新疏浚了。横切牡蛎壳码头的航道 250 呎宽，深度为大沽基准水位 15 呎。在这个深度不能发现牡蛎壳了，此深度与正常高水位的 23 呎深一致。

第四次裁弯的较低端。

第四次裁弯的较低端形成的流域被疏浚了。

坟地流域和植物流域。为导流而修建的防洪堤完成了，可航行航道疏浚到深 -7.5 呎大沽基准水位。

航行航道的淤泥部分的打桩工作完成了，防洪堤外部延伸进入海河。

考察及其他。已探测到海河自裁弯处至河口的最新深度，大沽坝重新测量了。

在第二次裁弯处附近的地方考察过了，确定在此地改造海河是最好、最经济的方法。

西头湾与裁弯也做了计划，并像南运河和北运河在天津城市内裁弯一样，完成了此项工作。

挖泥船疏浚及回填工作情况如表 9.3 所示。

表 9.3　疏浚及回填工作

挖泥船	地点	土方量（立方米）
"西河"号	裁弯取直处	20 000
"西河"号	坟地流域	3 680
"西河"号	第四次裁弯的较低端	17 400
"西河"号	天津港	15 165
"西河"号	石头流域	5 840
"北河"号	天津港	6 145
抓扬挖泥船		2 500
总计		70 730

总土方量中的 20 670 立方米在岸上日租界回填地处理了，20 000 立方米倾倒在裁弯取直处下游的河水中了，其余的倾倒或为了导流或倒进原河湾里了。

挖泥船在芦台运河挖掘 37 387 立方米的土。

总工程师 Ing. T. Pincione

第十篇　海河工程局1919年报告摘编

破冰作业

1918年12月的标记深度为大沽基准水位5.3呎，而且航道情况对冬季开放港口也不是十分理想。

港口一直开放至12月30日河水结冰。

2月12日，破冰船开始了在坝上的破冰作业，2月13日，破冰船实际上成功地接近了公海，公海近在眼前。

2月14日，破冰船开始了在海河上的破冰作业，并于2月16日成功地开通了海河。

第一艘船于2月23日到港。

1919年12月，考虑到航道已经改善，决定整个冬天都执行破冰的作业情况。

标记深度为大沽基准水位6呎，与中心线相差1呎多。

一些船只利用当时的好条件进入天津港，这是在12月和1月初及1月底。

整个1月海河直到天津一段都是比较适于航行的。

1919—1920年的冬季是比较温和的，在海河上破冰是没有什么困难的。唯一有困难的地方是在入河处，因为以后将解释原因，所以就提出口号"改造海河入河处"。

大沽坝航道

3月1日，坝上疏浚作业又重新开始了。

我们发现，航道床被一层沙子所覆盖，挖沙船很快就将新形成的淤泥疏浚了。这个季节是我们在大沽坝所经历过的对疏浚来说不好的季节之一，从深海处刮过来的大风导致工作效率比较低，而且海浪的运动使很多工作无效。

任何时候风一停，又厚又不寻常的大雾就挡住了所有的陆上标志，使航道上的作业出现失误，轮船搁浅，以及许许多多的对导标能见度的抱怨。

解决这个问题的唯一方法是安装发光导航灯，将吃水深度有限的航标灯安装在航道两边，河水深度正好使航灯扶起，大风天气很容易做到。

表10.1列示了1919年的航道状况。

表 10.1　1919 年大沽坝航道状况（以大沽基准水位为标准）　　　　单位：呎

变化情况		1月	2月	3月	4月	5月	6月	7月	8月	9月	10月	11月	12月
标记深度		-5.3	-5.3	-5.3	-6	-6	-5.6	-5.6	-5.6	-5.6	-5.6	-6	-6
标记深度变化日期					25日		25日					22日	
最深度	北线	-5.7			-6.4		-6	-5.7	-5.5	-6	-6.5	-6.7	
	中心线	-6.8			-7		-7	-6.7	-6.0	-6.8	-7	-6.9	
	南线	-5.2			-6.2		-5.8	-5.8	-5.5	-5.8	-5.6	-6.1	
估计中心深度	北线	-6			-6.6		-6.5	-6.5	-5.6	-6.0	-6.8	-7	
	中心线	-7			-7.1		-7.1	-6.9	-6.5	-7.0	-8	-7.5	
	南线	-6			-7.0		-7.0	-6.2	-6.0	-6.0	-6.2	-6.5	

大沽水呎指在春汛时海平面的低水位。

注意：南岸的凹陷地从大沽基准水位 5 呎 5 吋变为大沽基准水位 4 呎。

粗略一看（见表 10.2），好像挖泥船在大沽坝上的疏浚工作进展不快。其实不然，因为挖泥船疏浚上来的泥沙不断地被来自内陆的泥沙和部分从沙滩掉入泥沟中的砂石所代替，而且这些泥沙不断加厚，有了大沽坝特有的非常小的"转止角"，不疏浚出大片的沙滩而在航道两边工作是不可能的。在很多情况下，航道切面的两边有个陡峭的坡度，当风暴使泥沙运动，切面的两边就变浅，沙滩消失。

表 10.2　"长华"号挖泥船在大沽坝上的实际工作时长

年份	时长											航道上的总行程（呎）	备注
	2月	3月	4月	5月	6月	7月	8月	9月	10月	11月	12月		
1914	—	—	127.30	225.50	203.00	239.40	192.30	177.25	195.45	139.20	10.45	3 649	底卸式挖泥船695次试验回填或倾倒了大约114 000立方米的疏浚上来的泥沙。不同的季节疏浚上来的泥沙不同，不是沙子就是淤泥
行程	—	—	321	516	505	565	511	433	318	32	448		
1915	—	16.50	138.05	158.00	194.55	176.50	202.20	196.50	197.45	220.40	34.35	3 576	
行程	—	45	353	410	516	437	414	424	408	473	96		
底卸式挖泥船	—	—	—	—	—	—	—	—	—	—	—		
1916	11.10	120.55	138.10	177.00	171.00	213.10	241.05	189.75	195.10	75	—	3 808	
行程	24	293	302	448	441	453	542	395	409	370	131		
底卸式挖泥船	—	34	30	28	2	52	18	—	15	22			

年份	时长										航道上的总行程（呎）	备注
	2月	3月	4月	5月	6月	7月	8月	9月	10月	11月	12月	
1917	—	—	178.10	219.05	210.15	184.00	226.35	210.35	174.55	188.50	3 450	3 313	底卸式挖泥船695次试验回填或倾倒了大约114 000立方米的疏浚上来的泥沙。不同的季节疏浚上来的泥沙不同，不是沙子就是淤泥
行程	—	—	368	462	436	360	400	353	396	468	70		
底卸式挖泥船	—	—	—	28	20	10	20	24	12	—	—		
1918	45.35	186.20	194.45	365.16	244.55	333.00	326.00	298.35	268.00	276.55	98.00	174 005	
行程	136	524	487	543	506	792	587	594	567	699	242		
1919	7.10	240.05	201.10	128.05	193.25	199.45	213.15	188.35	177.00	190.30	—	38.75	
行程	16	525	411	267	356	439	481	450	408	492	—		

非常不幸的是，秋天的坏天气不能允许我们对大沽坝做一年一度的测量。

但是，有一点是肯定的，洪水期间，一层1.5呎厚的淤泥淤积在南凹陷地。

我们可以得出一个结论，在汛期，至少有一相同数量的淤泥淤积在航道，并被坝上挖泥船疏浚上来。另外，挖泥船疏浚出来的泥沙在切面的深度与宽度一致。

11月，标记深度升高一些其实是可能的，但从冬季开放港口的角度上讲，人们认为留出更多的空处是明智的，因为这样可以减少轮船搁浅的可能性。

为了能够在航道的边线处夜间疏浚，便于船运，安装了两对灯塔。

前面的一对灯塔150呎远，竖立在前导标的两边，与导航线垂直，与前导标对称。海关也热心地提供了两个第七种类型的固定灯安装在这些灯塔上。

后面的一对灯塔在后方2 500呎处，安装在湾后与两面两对相同，仍有两对第六种类型的固定灯。所有灯塔都有，自己的小棚来保护灯，并且在顶部覆盖漆成黑色的每边10呎的金刚石。

新的坝上挖泥船

每年的平均实际工作时间（包括正在进行中所用的小时，不用吸泵）为2.274时，这代表过去6年中每天工作的时长为6.5时。如果我们将挖泥船驶入航道所用的时间也计算在内，准备时间、起锚时间等也一并计算在内，每天平均实际工作时间也包括挖泥船不工作的那几天的平均时长，为实际7时。

这10 647时内的航行次数为24 078次，这表明疏浚速度在3~4节，与后者速度更接近。

几次实验明确表明，挖泥船可以装满两条底卸式驳船，在固定舱下，每个容积为215立方呎，如加上固定舱就是277立方呎，我们实际上已经装满并倾倒了695艘底卸式船。换句话说，就是装满并倾倒的总量为150 000立方呎。工作中装满驳船没有困难，唯一的障碍就是坝上经常性的大风大浪。

用底卸式驳船疏浚优于将泥沙倒回河水的疏浚做法是毫无疑问的，我们的经验证明，在最好的情况下多于50%的疏浚上来的泥沙要倒回航道。

根据这个缺点和轮船有关的不稳定性，以及目前在多种不同情况下所使用的机器得到的经验，我们设计并使用疏浚底卸式挖泥船。

计划书在 2 月就准备好了，并于 1919 年 12 月 1 日招了标。

中标公司是 Renfrewir Lobritz 的公司，这家公司为 Duncan 的公司在中国的代理。

新挖泥船将为 1921 年 1 月于 dyde（船名）上进行的试验做好准备，我们希望它能在 1921 年 3 月开始工作。

充满信心地期望着新挖泥船能工作两倍于目前这条挖泥船所用时间，从航道中疏浚淤泥的效率也比目前的效率至少快 100%，其规格如表 10.3 所示。

表 10.3　"中华"号与底卸式挖泥船的规格比较

两柱之间的长度（柱间长）	124 呎 8 吋	230 呎
型宽	320 呎 10 吋	42 呎
型深	100 呎 8 吋	16 呎
吃水、空载	70 呎	—
满载	—	10 呎
底装卸能力	无底	500 立方米
满载时速度	8 节	8 节
两台发动机的总推进力	460 马力	700 马力
扬沙泵发动机马力	250 马力	350 马力
主要锅炉加热面	3 000 平方呎	4 300 平方呎
辅助锅炉加热面	100 平方米	350 平方米
扬吸管直径	24 吋	24 吋
水流喷射管直径	10 吋	10 吋
三级泵马力	150 马力	150 马力
锅炉的工作压力	120 英镑	150 英镑

因此，新挖泥船的效率将比旧挖泥船高 3 倍。

新挖泥船非常坚固，可以破冰。这是此船最重要的特性之一，这可使其在冬季也能工作。无论何时，只要天气允许，它都可以工作。

晚秋及冬季进行的工作比夏季的效率更高，因为水更清更好，能够大量带走泥沙。

海河河口处和天津港冬季的水位变化情况如表 10.4 所示。

表 10.4　海河河口处及天津港在冬季的水位变化（以大沽基准水位为标准）　　单位：呎

水位情况		1 月	2 月	3 月	4 月	5 月	6 月	7 月	8 月	9 月	10 月	11 月	12 月	年均
河口														
高水位	最高	10.40	9.10	13.00	10.10	10.90	10.60	10.50	11.09	10.95	10.40	10.90	9.90	12.00
	平均	7.15	7.45	8.01	8.29	8.79	9.00	9.37	9.57	8.95	8.29	7.78	6.98	8.30
	最低	2.80	4.50	4.50	6.20	5.80	7.40	8.00	8.00	6.10	5.50	4.90	0.90	0.90

续表

水位情况		1月	2月	3月	4月	5月	6月	7月	8月	9月	10月	11月	12月	年均
		河口												
低水位	最高	5.90	5.30	3.60	3.10	3.70	4.60	5.60	5.10	4.30	7.30	0.90	7.30	7.30
	平均	1.84	1.30	1.10	1.50	1.58	1.88	1.98	1.81	1.10	0.96	3.80	1.45	1.69
	最低	-0.90	-0.30	-0.80	-0.60	-0.60	-0.40	0.50	0.20	-0.70	-0.90	0.70	-1.90	-1.90
升降	最高	8.50	8.70	9.70	9.50	11.00	10.20	10.10	11.10	7.75	10.50	9.50	9.30	11.10
	平均	5.70	6.13	6.98	6.18	7.21	2.13	7.40	7.87	7.57	7.18	6.73	6.23	6.44
	最低	1.00	1.80	1.18	3.90	3.10	4.60	3.00	2.80	2.80	2.60	1.10	1.30	1.00
		海河工程局修船厂												
高水位	最高	10.40	10.20	12.60	10.90	11.00	10.60	12.60	12.90	11.40	11.20	11.20	10.80	12.90
	平均	7.92	8.59	9.81	9.33	9.46	9.85	10.66	11.56	10.59	9.91	9.02	8.24	9.58
	最低	3.50	5.90	7.00	2.50	8.00	8.60	10.00	10.50	7.70	3.50	6.00	3.00	2.50
低水位	最高	7.20	6.70	8.20	5.60	5.80	6.00	9.50	9.60	9.70	6.80	8.60	5.80	9.70
	平均	4.84	4.32	5.27	3.62	3.39	3.62	5.67	8.35	6.70	5.40	4.04	3.26	4.87
	最低	1.50	2.40	2.80	1.80	0.50	1.80	2.80	7.05	5.30	3.50	1.10	1.50	0.50
升降	最高	5.20	6.80	6.20	7.50	8.20	7.90	8.20	4.70	5.20	6.00	7.40	6.80	8.20
	平均	3.50	4.20	4.55	5.70	6.06	6.04	5.00	3.22	3.90	4.53	5.00	4.97	4.72
	最低	0.40	2.10	2.50	4.00	1.80	4.10	2.30	1.60	0.80	2.00	0.70	0.30	0.30

我们考虑到，在一个比较合适的通常的高水位情况下，以上的测量数据都上升1呎，春汛时则上升2呎。显然，吃水19~20呎的轮船可以从大沽行驶至第三次裁弯的上端；吃水16~17呎的轮船可以从大沽行驶至天津。以现在的标记深度，一条吃水16呎的船可以在春汛时驶过大沽坝。

水浅不适合航行的地点有：

（1）永久流域的一部分。

（2）植物流域的一部分。

（3）坟地流域的一部分。

一些导流、疏浚工作，先清除坟地河湾，也就是裁弯取直，能够使吃水18呎的轮船行驶至天津。

我们充满信心地期望，新挖泥船在大沽坝使用后，我们可以在1921年或1922年实现此目标。

海河的贮存能力

大量的水注入海河，就是一次强潮汛的负荷量，一个潮汐范围，在河口处，是从大沽基准水位0.2呎至大沽基准水位10.6呎。注入海河的这些水为733 000 000立方呎，在港湾被裁弯取直处减少到90 000 000立方呎，总量为823 000 000立方呎。

1914 年 5 月 28 日春汛时，测量的注入海河的水量为 691 000 000 立方呎，其实，在河口处水面上升相同。这表明高水位处的潮水上升了 19% 是因为河断面变宽了。

强潮形成期间的水流测量如下。

河口测量的水量（自底水流出水量）为 57 300 000 立方呎。

潮汛期间注入的水量为 834 000 000 立方呎。

在天津观测的注入大海河的水量为 87 000 000 立方呎。

因此，应该有的水量大约为 845 000 000 立方呎。

在这种情况下，水流测量不是完全可信的，由潮汛标准测量计上的读数确定水量，沿河直接测量，如上所示的 823 000 000 立方呎是正确的，也是安全可靠的。

如果注意到大沽的高水位后，一个额外的水量 301 000 000 立方呎继续向河上游流走，有 176 000 000 立方呎的水量流经天津。

接下来的是，如果我们在这些水上升水位流入海河时向其加入一些水，在下降的水位中同样也加入一些水，总水量就会是 1 135 000 000 立方呎，这些水将会流经大沽坝。

我们手头没有数据能与前几天进行合适的比较，但与 1914 年的测量相比，潮汛水量的提高是非常明显的。

另外，水流观测平均速度及表面速度在大沽为 3.31~4.4 呎，在天津为 2.1~2.8 呎，这些速度对于维修是非常必要的，因此，就潮汐运动来讲，海河在许多方面需要不断地提高。如表 10.5 所示。

表 10.5　天津港下游水流观测　　　　　　　　单位：立方呎/秒

时间	7 月	8 月	9 月	10 月	11 月	12 月	年均
最大量	25 740.0	27 404.2	18 592.0	12 979.9	12 152.6	19 684.1	27 404.2
最小量	8 487.9	19 770.6	9 040.9	8 183.4	3 384.9	7 392.5	3 384.9
平均量	16 024.6	20 118.7	12 985.9	10 985.9	9 646.4	8 686.4	13 031.0

局部改善。本年没有进行任何改造工作，只是维修了海河入口处南浅滩的导向线的防波堤及防护坝。

疏浚及回填工作。只是在天津港进行了疏浚及回填工作，表 10.6、表 10.7、表 10.8 列出了具体情况。

表 10.6　1919 年疏浚工作

月份	"新河"号		"西河"号		"北河"号		扬挖泥船		总土方量（立方米）
	土方量（立方米）	工程时长（时）	土方量（立方米）	工程时长（时）	土方量（立方米）	工程时长（时）	土方量（立方米）	工程时长（时）	
3	8 895	284.40	14 350	315.00	5 465	263.00	144	79.00	28 854
4	11 240	336.30	15 885	353.30	7 275	347.00	火王庙 C	31.30	34 400
5	19 025	382.30	9 860	256.00	6 300	341.30	312	93.00	35 497
6	13 585	287.30	14 155	300.00	1 965	139.00	120	21.00	29 825

续表

| 月份 | "新河"号 | | "西河"号 | | "北河"号 | | 扬挖泥船 | | 总土方量（立方米） |
	土方量（立方米）	工程时长（时）	土方量（立方米）	工程时长（时）	土方量（立方米）	工程时长（时）	土方量（立方米）	工程时长（时）	
7	16 950	364.30	14 080	351.00	3 780	280.10	240	30.00	35 050
8	11 150	337.30	9 435	337.30	4 670	292.00	296	37.00	25 551
9	11 160	378.00	4 840	268.00	5 640	328.30	1 344	168.00	22 984
10	10 720	325.00	5 320	350.00	3 120	242.30	2 240	280.00	21 400
11	8 500	293.30	7 200	288.70	1 760	114.00	1 096	137.00	18 556
总计	111 225	2 988.2	95 125	2 819.30	39 975	2 347.00	5 792	876.30	252 117

表 10.7　1919 年疏浚工作

月份	工程时长（时）	英租界土方量（立方米）	日租界土方量（立方米）	倾倒入河中的土方量（立方米）	总土方量（立方米）
3	310.21	28 710	—	144	28 854
4	339.41	34 400	—	—	34 400
5	317.30	35 385	—	112	35 497
6	260.02	29 705	—	120	29 825
7	293.25	34 810	—	240	35 050
8	280.07	25 255	—	296	25 551
9	203.18	—	21 640	1 344	22 984
10	189.50	—	17 960	3 440	21 400
11	205.41	—	16 120	2 450	18 570
总计	2398.35	188 265	55 720	18 146	252 131

表 10.8　工作汇总

工作情况	工作量（立方米）
倾倒在河中	8 152
在英租界回填地处理	188 265
在日租界回填地处理	55 720
总疏浚量	252 137

进行新改造的提议

在坟地湾处进行裁弯取直。在第一次裁弯取直的下游的永久流域，导流工作做得非常成功，防波堤延伸到这个流域的砖窑，将会形成一条连续不断的自第一次裁弯取直处的较低端至浦江铁路码头的放射状曲线。

在这一点，河水以一条鲜明的曲线转入第二次裁弯取直处，存在各种困难，其中之一就是征用地的费用，使第二次裁弯取直处经过植物流域，并将坟地河湾裁掉变得不可能。坟地河湾可通过疏浚和导流的方法改造，但在一个较小的范围内，第二次裁弯取直的较下端及较上端会逐渐发展成为两条曲线，这两条曲线或许比坟地湾更不利于航行。在任何情况下，在导流及疏浚线上进行的改良计划都将在将来被记为非常费钱并对破冰工作毫无帮助。

最好的解决方法是消除坟地湾和第二次裁弯取直的较低端的裁弯。

有两种办法可以进行些工作：

（a）从第二次裁弯取直的较低端至第三次裁弯取直上游的坟地河湾进行裁弯。

（b）从第二次裁弯取直的较高端跨过植物流域至坟地流域进行裁弯。

关于征用土地及疏浚工作方法（a）将会遇到较少的困难，但是在坟地流域的汇合点将会出现一条鲜明的曲线。使用这个办法时一定要考虑这个事实，就是在第二次裁弯取直较上端将来会出现一条非常有利于航行的曲线。

考虑到征地及疏浚工作将跨过老河湾及植物流域，使用方法（b）将会有非常严重的困难，但有了目前使用的疏浚工具，这个工作将会轻而易举完成，唯一的不利条件便是植物流域的裁弯取直工程，开工时航运将会中止几天。

董事会原则上已经指定了使用方法（b）的政策，使用这个方法裁弯取直工程将会极好地将永久流域和坟地流域连接起来。

已有人向地方当局提出了征地的问题，而且天津行政长官已向此地派遣了两名官员，他们正忙于将不同的征地范围进行分类。唯一担心的是卖地的价钱高出正常价钱太多，但人们希望征地问题能成功解决。

用方法（b）进行征地的总面积是 1 400 亩，而且挖掘会使我们承担移动将近 630 000 立方米土的工作量。

用方法（a）的总面积为 2 000 亩，挖掘 600 000 立方米的土。

用方法（a）裁弯长度为 10 000 呎，裁弯将消除 14 000 呎长的老河道；而用方法（b），裁弯长度将是 9 000 呎，消除老河道为 15 000 呎。在这方面，方法（b）是更可取的。

海河入口处的天津

海河工程局 1918 年年报提到了海河入口处下游第一个河湾在河入口线方向向大海侵蚀的趋势。

从 1858 年、1902 年和 1918 年的考察得知，这个趋势十分明显，而且据估计每年向大海方向移动 7.5 呎。这个情况不会停下来，除非我们将河湾有效地保护起来。

另外，像海河这样的潮汐河流，河口的改善非常显然是必须的，洪水对海河的影响是内陆水量的 10 倍。

1914 年，我们在北港加宽河口得到的好处十分明了。

对海河入口处的改造，使其系统化，不仅会使局部改善，而且会促进海河赖以维持的潮水涌入。

最近，海河工程局董事会将采用新的底卸式挖泥船提到议事日程上来。挖泥船的运输工作将在 1921 年春天进行，而且人们信心十足地相信，与现有坝上挖泥船一起，除去反常的大洪水季节，将会挖掘并维持一条在正常高水位地段的 20 呎的航道。

只是疏浚就能使这个深度在大坝上延伸，除了采用一定的尺度使航道内端稳定外，它会像过去几年那样继续向南与其自身平行的方向移动。

我最近已向董事会建议建造防波堤，其目的是为了使海河入口处系统化并实现导流，这对以下几个方面是非常理想的：

（1）这将使潮水涌入海河的规律规范。

（2）这将使航道内端永存。

（3）这将极大地促进破冰工作，这样北岸的上升将阻止冰块在高水位处升高，离开浅滩封锁海河入口处，这是我们目前对其满意的主要原因。

（4）这将阻止一个内部坝的形成，也将有助于航道维持其存在。

董事会已批准立即在南浅滩建造小型防波坝，并且已基本同意沿北岸逐渐建造防波坝。

裁弯取直

开始于 1918 年 12 月 23 日的裁弯取直工程正如短期内的观察，达到了预期目的。

1919 年，洪水不太强，但是我们注意到裁弯取直处排池能力的增强及新开河水闸排池能力的减弱，足够使红桥一带水平面保持在大沽基准水位 14 呎之下。

新开河新使用的 10 个闸门就水位一天下降 2 呎。

对于潮水的自由倾池，裁弯取直的有利结果也使其在干旱季节大见效益。在红桥处，裁弯取直上游，5 月潮水的升降（自 1913 年海湾第四次裁弯取直工程开始以来）一直是 3.64 呎。1919 年 5 月，红桥处平均升降是 5.56 呎，最大为 7.8 呎。

表 10.9 表明了 1919 年红桥处水位的变化，即裁弯取直工程完工后，1914 年观察的有关变化是第四次裁弯取直后的比较。

表 10.9　红桥水位统计（以大沽基准水位为标准）　　　　　　　　单位：呎

水位情况		1 月	2 月	3 月	4 月	5 月	6 月	7 月	8 月	9 月	10 月	11 月	12 月
1914 年													
高水位	最高			12.40	11.70	9.70	14.90	10.70	16.00	14.60	12.80		
	平均			11.29	9.73	8.63	9.56	11.46	14.87	13.47	11.71		
	最低			10.60	8.90	7.30	8.90	9.10	13.90	12.05	10.50		
低水位	最高			11.70	9.80	6.20	6.60	14.60	15.90	14.20	11.80		
	平均			10.32	7.69	4.97	5.52	8.95	14.53	13.06	10.73		
	最低			8.70	5.10	3.20	4.40	5.40	13.40	11.45	9.50		
潮差	最高			1.90	4.00	4.90	5.00	4.30	1.00	0.70	1.90		
	平均			0.96	2.03	3.66	4.03	2.50	0.36	0.39	0.97		
	最低			0.20	0.40	2.10	3.10	0.20	0.10	0.10	0.20		

续表

水位情况		1月	2月	3月	4月	5月	6月	7月	8月	9月	10月	11月	12月
		1919 年											
高水位	最高	10.60	10.50	12.40	10.50	10.90	10.94	14.50	13.90	12.60	11.60	11.80	11.10
	平均	8.51	9.20	9.98	9.26	9.44	10.03	11.77	2.89	11.26	10.42	9.43	8.62
	最低	5.60	7.50	7.60	7.40	7.30	8.80	10.30	11.90	10.40	8.40	6.30	3.60
低水位	最高	8.10	8.10	9.10	6.60	6.10	6.10	12.40	12.60	11.20	8.00	9.10	6.80
	平均	5.90	5.93	7.70	4.68	3.87	4.11	7.51	11.48	8.80	7.01	5.24	4.25
	最低	2.70	4.00	5.00	3.40	2.30	2.20	3.70	10.30	7.30	5.00	3.00	2.70
潮差	最高	5.50	6.00	4.50	6.30	7.80	7.80	7.10	2.20	3.80	5.20	6.60	6.50
	平均	2.63	3.30	2.91	4.60	5.56	5.91	4.25	1.42	2.47	3.43	4.20	4.40
	最低	1.00	2.00	1.20	3.90	3.80	3.90	1.20	0.70	0.70	2.00	0.50	1.30

大王庙裁弯取直工程

裁弯取直于 11 月 26 日开展。

虽然这项工程对泄洪来讲没有什么重要性，但它是一个非常理想的局部改善，而且还消除了潮水由海河向大运河（运河）分散的严重障碍。

我们希望，西头湾子裁弯取直工程之后，地方当局向天津运河提供一个保护设施，来减轻运河这段的障碍，运河十分限制唐关屯闸的上游。我们可以十分好地控制加了闸门的汤关屯闸，而海河从此闸到天津的 170 里长都会得到改善。

新开河有规律的拦河坝的航行闸。

在去年将新开河上的老砖坝拆毁了，改换为 14 个 10 呎×10 呎的闸门。又挖掘了从闸门至芦台河汇合处的新开河，以便使其达到每秒排泄 8 000 立方呎的水量，这个水量少于通过杨村流域流入天津的水量。如果北运河恢复了，北运河恢复的目的之一即消除海河水患。

交流

从永定河三角洲涌入海河的泥沙仍然严重地威胁着港口。

正如以前的年报所报告的那样，唯一可能阻止住这个势头的改造就是北运河的恢复。不断有人辩论道，在实现根本治理关系中，恢复是必须的，是对永定河流入大海的一条新的直接的流向。

北运河的恢复，在洪水季节毫无疑问会有利，将在今年剩下的几个月里像它之前那样向海河退归充足的水量。

这项工作正如在去年年报中所陈述的那样，于 1918 年委托给了七里河系改造委员会，并已得到他们无条件的支持和劝告。至今，此委员会尚未进行任何实际工作。

结束语

对于那些不了解港口历史及海河改善的人，也许有兴趣知道海河在未来二三十年是什么样的。

下面一段文字是当地报纸《中国时报》于1889年8月出版的：

天津流域的淤积还在继续，而且明显地向下游轮船卸货的九港流域移动。上星期中做的测量表明新学院和天津河湾之间水深5呎6吋，通过东流域为6呎，从永久流域至双港河湾6呎，通过军火库河湾6呎6吋。星期三12呎高的坝上潮汛使河湾上升14吋，因此天津流域的水高在高潮时是6呎8吋，而且从那一点至军火库湾不能高于8呎。轮船被迫停泊在上游九港流域，这里是海河最好的流域之一，正好高于距离天津12英里的北塘口。人们期望着海河的困难条件有所改善，在这里定居的人都为这带不方便所困扰，最大的受害者当然是船运代理。中国商业轮船运输公司租用的马船之一，无法行使其职责，因为除了高水时期外，这艘船均不能开离河湾。

报纸还列出了港口主要潮汛测量的水位变化表。

变化表表明天津低高位实际上出现在普通高潮的水表面同一水平上。之后，《京津泰晤士报》又于1896年8月22日解释了海河的状况。

以下是海河过去的状况：

紧接断裂口和天津港湾下游的一段流域深度只有3呎2吋，当地居民可以蹚水过河。当地居民大一点的货船装满了货物就不能行走了。从火柴厂下游约2英里处的地方开始，海河条件好转起来，在九港叉口有10多呎深，高水位时有8呎2吋深。北塘口下游的当铺有9呎深。西北流域高水位时有8呎2吋深。西北流域水深增加3呎，在"北塘"号升高2呎。

之后，还是相同的《北京和天津时报》于1896年9月26日报道：

"苍鹭"号拖轮吃水6呎8吋，于本月9日离开码头，其目的是驶向下游的大沽，已于本月22日到达目的地。航行8哩用了14天。

当然，如果没有离心泵的不停工作，拖轮是到不了大沽的。大沽拖轮的驳船公司在过去的三个星期中用离心泵疏浚海河，已成功一半，而且本月21日两条驳船到达了码头。

这家报纸的预计并未证明是正确的，因为转年7月24日《北京和天津时报》重新写道：

北河的河水并未有所提高，在浅水处一直保持5呎6吋的深度。

这就是在海河工程局成立之前海河的状况。

如果有人将海河过去的状况与海河目前的测量数据及此报告中附加的切面图进行比较的话，那么完全应该相信港口委员会及海河工程局董事会在过去港口有限贸易的情况下治理海河取得的进展。

但是，不幸的是港口商务委员会不能就此心满意足地罢休。

海河的支流仍然处于危险状态之中，灾难随时都有可能发生，或许发生在明年春天，或许是明年夏天，或许是 10 年之后。

永定河一度常向西河排泄，西河是一条河水非常清澈的支流，大清河和保定府河流入其中。

现在水流流入北运河，北运河只在天津上游 10 哩处，目前只是一条干涸的小河，其水源仍是转向，通过新开河直接流入大海。

海河支流系统应该通过建立通向大海的新河流而加以改善，大清河（保定府河）应该成为海河唯一直接的支流。这样，再加上将大清河开凿成运河，保定府就会成为海河在上游的终点地段，吃水 6~8 呎的船只从大沽坝一直驶到保定府，全长 136 哩。

在现有税制下，近天津段也可以容易地改造为吃水 20 呎。

新挖泥船的到来，大沽坝将变为在普通高水位情况下吃水 20 呎，在不远的将来，港口的发展将会自然允许更多的机械设备开挖一条 25 呎深的航道。

没有河流能够在这么短的时间改善到这样的程度，但是，仍有很少的河流像海河一样受彻底毁灭的威胁。

总工程师 Ing. T. Pincione

第十一篇　海河工程局 1920 年报告摘编

1919 年 12 月测得的水深比大沽基准水位低 6 呎，但却与往年相反，决定在冬季进行破冰工作。这年冬季气候温暖，为了尽量使港口保持开放，不得不迅速增加破冰船，连续进行破冰。在冬初和冬末时节，几艘轮船驶到天津，然而在 1 月，却很少有轮船能够驶到天津，轮船公司根本就不知道这时候的港口是否开放以及海河的真实情况。这一年温暖的气候，使破冰费用大大减少。

1920 年 12 月，气候温暖，轮船进入天津没有任何困难，但到了年底却非常寒冷，冰冻严重，轮船要进入天津是不可能的。好在塘沽港口仍然开放，因此，拖船和驳船可以在大部分时间里行驶。

不论怎样，从河口调出一条破冰船重新从事破冰是可能的。1921 年 1 月 21 日，破冰船成功地到达港口码头，大约在 1 月 29 日，第一艘轮船于破冰后首航到达。在 1 月，大批量的轮船很少到达塘沽，因为这是困难的。在这个月份，即使提供再多的破冰船，也很难收到好的效果。

这年整个冬季，上游地区实际没有下来水。可是海河水中的流水完全依靠潮汐的升降，当涨潮时，总要将一些物质漂流下来，因此，即使是结冰的河流也不可能清洁。

在河口北岸，高水位的潮汐漂浮而来堵塞了冰上的大裂口，又结成冰，这样常常会产生一些麻烦。过去为了避免这种危害，曾提出在北岸造防潮堤，可是未付诸实施，现在终于完成了这一设想。

水坝

1919 年末，这里测得的深度是大沽基准水位 6 呎。1920 年的疏浚工作于 3 月 6 日开始，很快就改善了这里的状况。3 月 11 日测得的深度是大沽基准水位 7 呎 6 吋。这样就可以使轮船能够行驶在 15～16 呎的一般水深之中。这一深度一直保持到这一年的其他时期。疏浚工作在这年的 11 月第三次停止。表 11.1 列出了这年河道的情况。表 11.2 为"中华"号工作时间。

表 11.1　1920 年大沽口河道的情况（以大沽基准水位为标准）　　　　　　单位：呎

变化情况		1月	2月	3月	4月	5月	6月	7月	8月	9月	10月	11月	12月
观测深度		6.0	6.0	7.0	7.0	7.6	7.6	7.6	7.6	7.6	7.6	7.6	7.6
观测深度变化日期				30		11							
最低深度	北线	6.7		7.4	7.4	8.0	8.2	7.8	7.8	7.9	7.9	8.1	8.1
	中线	6.9		7.8	7.8	8.0	8.4	8.0	8.0	9.3	9.2	8.2	8.2
	南线	6.7		7.1	7.1	7.5	7.5	7.5	7.4	7.4	7.4	7.4	7.4
估计一般深度	北线	7.0		8.0	8.0	8.5	8.5	8.5	8.5	7.9	8.2	8.7	8.8
	中线	7.5		9.0	9.0	9.3	9.5	9.0	9.0	9.5	10.0	8.8	8.5
	南线	6.5		8.2	8.2	8.5	8.2	8.0	8.0	8.3	8.6	8.3	8.3

10 月和 11 月对大沽口进行的新观测圆满完成，结果表明没有任何值得记载的变化。

表 11.2　"中华"号挖泥船在大沽水坝实际工作时间　　　　　　单位：时

月份	2	3	4	5	6	7	8	9	10	11	12	工作时间合计	航行时间合计
1914 年	—	—	127.30	225.50	203.00	239.40	192.30	177.25	195.45	139.20	10.45	1 509.85	
航行	—	—	321	516	505	555	511	433	428	338	32		3 639
1915 年		16.50	138.05	158.00	194.35	176.50	202.20	196.50	197.45	220.40	34.35	1 534.3	
航行		45	353	410	516	437	414	424	408	473	96		3 576
泥驳	—	—	—	—	3	114	100	88	75	—		380	
1916 年	11.10	120.55	138.10	177.00	171.00	213.10	241.05	189.35	195.10	178.15	57.35	1 691.85	
航行	24	293	302	448	441	453	542	395	409	370	131		3 808
泥驳	—	34	30	28	2	52	18	—	15	22	—	201	
1917 年	—	—	178.10	219.05	210.15	184.00	226.35	210.35	174.55	188.50	34.50	1 625.55	
航行	—	—	358	462	436	360	400	533	396	468	70		3 483
泥驳	—	—	28	20	10	20	24	12	—	—		114	
1918 年	45.35	186.20	194.45	265.15	244.55	333.00	326.10	298.35	268.00	276.55	98.00	2 535.70	
航行	136	524	487	543	506	792	587	594	567	699	242		5 677
1919 年	7.10	240.05	201.10	128.05	193.25	199.45	213.25	188.35	177.00	190.30	—	1 737.90	
航行	16	525	411	267	386	439	481	450	408	492	—		3 875
1920 年	—	157.35	196.50	223.30	180.05	196.15	244.35	228.30	236.20	189.05	—	1 851.25	
航行	—	376	476	506	403	448	591	528	518	402	—		4 248

泥驳未全部装满，进行了 695 小时的流量测试，掘获的疏浚物大约 114 000 立方米，包括不同季节和时期的疏浚物，既有沙土，又有黏土。

河道恰好被限制在两个堤岸之间，没有迹象表明在不同的方位会有另一条河道在形成。勘测的结果可在附件中发现。实验堤被建造在河口南部的平地上，6月完成的去年的年度报告叙述了具体的建造过程。实际建造时，又对计划做了一些改进。经过几次严重的暴风雨，仍然保持着良好的状态。

新式拖挂泥舱式挖泥船在1920年12月20日成功地下水试航并清理港口。预计这种挖泥船在1921年夏季之前可到达港口工作，到那时，港口及河道的深度将随之增加。

河流

海河又一次经历了一个幸运之年，这已经是第三次了。上游地区的降雨量很小，没有大水，冲刷下来的沉积物质很少，因此，港口及河道的疏浚量比较小。

表11.3显示，10—12月，天津上游红桥河段至河口的水深下降。自去年以来，没有发现有什么显著的变化，整体情况比较好。航道纵剖面数据在前面已经附上。

表11.3　1920年河口及天津港口的水位变化　　　　　　单位：呎

水位情况		1月	2月	3月	4月	5月	6月	7月	8月	9月	10月	11月	12月	年均
河口														
高水位	最高	10.25	8.90	9.30	9.70	9.90	10.10	11.00	10.70	12.40	10.40	12.50	9.80	12.50
	平均	6.97	7.10	7.50	7.89	8.51	8.51	9.24	9.23	9.13	8.74	8.09	7.62	8.21
	最低	0.90	2.60	4.60	5.20	7.10	7.10	7.90	7.20	6.80	6.80	5.20	4.00	0.90
低水位	最高	4.00	4.60	2.80	3.30	3.50	4.20	4.60	4.90	5.10	4.70	5.80	3.80	5.80
	平均	0.48	0.55	0.63	0.47	1.23	1.58	1.83	1.70	1.58	1.40	0.91	0.48	1.07
	最低	-1.50	-0.90	-1.40	-0.70	-0.80	-0.42	0.00	0.00	-0.40	-0.50	-1.40	-1.60	-1.60
潮差	最高	10.05	9.30	9.40	10.00	10.30	10.20	10.30	10.00	10.40	10.10	10.90	9.90	10.90
	平均	6.47	6.56	6.88	7.40	7.30	7.23	7.39	7.51	7.55	7.34	7.20	7.10	7.16
	最低	1.05	1.80	3.10	3.45	4.30	3.90	3.70	2.90	3.00	2.60	4.10	3.90	1.05
海河工程局工厂														
高水位	最高	11.10	10.40	11.20	10.80	9.70	10.20	11.00	10.80	11.50	10.60	11.50	11.20	11.50
	平均	8.00	8.37	9.41	9.21	9.19	9.48	9.86	9.66	9.57	9.50	8.75	7.86	9.07
	最低	2.70	4.00	6.90	7.30	8.10	8.60	8.80	8.50	8.40	8.30	6.70	4.20	2.70
低水位	最高	6.40	5.50	6.50	6.20	4.20	4.80	5.80	4.80	5.90	6.30	7.70	6.60	7.70
	平均	3.27	2.89	4.69	3.73	2.90	3.28	3.75	3.42	3.51	3.67	3.02	2.80	3.41
	最低	0.80	0.50	1.66	1.40	1.00	1.60	2.10	1.70	1.50	1.56	0.60	0.30	0.30
潮差	最高	7.90	7.60	7.10	7.20	7.90	8.20	7.50	7.90	8.60	7.60	7.40	7.30	8.60
	平均	4.74	5.50	4.71	5.50	6.30	6.20	6.12	1.25	6.05	5.81	5.74	5.03	5.25
	最低	0.80	0.30	2.50	3.80	4.90	4.70	4.20	4.46	2.90	3.30	2.00	0.50	0.30

表11.4列出了在大沽基准水位8呎的水潮时，轮船能够通过的不同河段。

表 11.4　轮船通过河段的适合深度

河段	深度
红桥河段	适合 12.5 呎
教堂湾	适合 20.0 呎
教堂湾至意租界	适合 14.5 呎
意租界至万国桥	适合 21.5 呎
万国桥至英租界	适合 21.0 呎
英租界至比租界	适合 19.0 呎
比租界至工程局工厂	适合 16.5 呎
至工程局工厂	适合 18.0 呎
至浦口铁路码头	适合 16.5 呎
浦口铁路码头至二道湾	适合 18.0 呎
二道湾到坟地湾	适合 16.5 呎
坟地湾到坟地河段	适合 18.6 呎
刘家庄至蔡家庄	适合 16.0 呎
三道湾	适合 19.5 呎
泥寓河段	适合 19.0 呎
西北河段	适合 17.5 呎
四道湾	适合 22.0 呎
湖北河段	适合 19.5 呎
抛石河段	适合 21.5 呎
葛沽上游河段	适合 20.0 呎
葛沽下游河段	适合 22.0 呎
新城河段	适合 23.0 呎
盐河段	适合 25.5 呎
农场河段	适合 20.5 呎
新河河段	适合 22.0 呎
炮台河段	适合 23.0 呎
塘沽河段	适合 24.0 呎
塘沽上游河段	适合 28.0 呎
塘沽下游河段	适合 30.0 呎

　　有一个值得考虑的问题，如果在上述一般水位的标准下，水深增加 1 米以上，那么一条吃水 17.5 呎的轮船就可以行驶到天津。这年出现了这样一件事情，一条吃水 16 呎 11 吋的轮船离开码头后进入河道航行，它并没有触及河道底部，在 16 呎 6 吋的潮汐下通过河道。

今年的观测期望值均分布在期望值以下，前景预计还好，不会出现大水，如表11.5、表11.6、表11.7、表11.8、表11.9所示。

表11.5　河水流量情况　　　　　　　　　　　　　　　　　　　　单位：立方米

项目\时间	3月	4月	5月	6月	7月	8月	9月	10月	11月	12月	年均
最大流量	13 538.0	12 539.0	7 603.2	7 665.8	10 471.4	9 808.9	10 864.1	8 312.2	8 090.0	7 120.9	13 538.0
最小流量	8 817.7	6 629.8	4 501.1	4 515.5	6 808.8	7 701.6	6 285.5	5 278.0	5 325.6	6 131.8	4 501.1
平均流量	11 869.6	9 176.6	5 885.1	5 980.8	8 479.5	8 927.7	7 493.5	7 259.4	6 637.7	6 705.7	7 841.56

表11.6　1920年的疏浚业务记录

月份\项目	"新河"号 吹泥量（立方米）	"新河"号 工作时长（时）	"西河"号 吹泥量（立方米）	"西河"号 工作时长（时）	"北河"号 吹泥量（立方米）	"北河"号 工作时长（时）	抓斗挖泥船 吹泥量（立方米）	抓斗挖泥船 工作时长（时）	合计吹泥量（立方米）
3	—	—	7 940	180	3 560	173	进坞	228	11 500
4	4 715	156	14 205	280	5 980	250	30	27	24 930
5	7 260	269	10 515	270	4 050	239	80	37	21 905
6	8 275	260	8 200	230	4 255	249	30	147	20 760
7	5 620	210	10 540	230	2 770	132	360	160	19 290
8	11 540	298	7 850	290	3 140	179	—	—	22 530
9	11 150	262	8 875	260	3 145	139	—	—	23170
10	12 740	260	14 030	260	2 980	153	—	—	29 750
11	10 370	284	10 810	287	6 415	276	—	—	27 595
合计	71 670	1 999.30	92 965	2 287	36 295	1 790	500	599.60	20 1430

表11.7　1920年的吹填业务记录

月份\项目	工作时长（时）	英租界洼地吹填量（立方米）	日租界洼地吹填量（立方米）	吹填入河量（立方米）	合计吹填量（立方米）
3	152.03	11 500	—	—	11 500
4	276.55	24 930	—	—	24 930
5	292.24	21 825	—	80	21 905
6	242.26	—	18 875	1 885	20 760
7	221.32	—	18 930	360	19 290
8	230.09	—	22 110	420	22 530
9	220.17	—	23 170	—	23 170
10	248.53	26 515	2 575	660	29 750

续表

项目 月份	工作时长（时）	英租界洼地吹填量 （立方米）	日租界洼地吹填量 （立方米）	吹填入河量 （立方米）	合计吹填量 （立方米）
11	262.47	27 595	—	—	27 595
合计	2 145.66	112 365	85 660	3 405	201 430

表 11.8　1920 年的疏浚业务记录

项目 月份	"新河"号 港口吹泥量 （立方米）	"西河"号 港口吹泥量 （立方米）	"北河"号 港口吹泥量 （立方米）	"北河"号 船厂吹泥量 （立方米）	1 号抓斗式挖泥船 船厂吹泥 时间（天）	1 号抓斗式挖泥船 港口吹泥 时间（天）	1 号抓斗式挖泥船 电车公司教堂 裁弯时间（天）	1 号抓斗式挖泥船 辛庄子吹泥量 （立方米）
3	入坞	7 940	3 560	—	20	—	—	—
4	4 715	14 205	5 980	—	—	30	—	—
5	7 260	10 515	4 050	—	—	80	—	—
6	8 260	8 200	2 400	1 855	4	—	6	30
7	5 620	10 540	2 770	—	—	—	—	360
8	11 540	7 850	3 140	—	—	—	—	—
9	11 150	8 875	3 145	—	—	—	—	—
10	12 740	14 030	2 320	660	—	—	—	—
11	10 370	10 810	6 415	—	—	—	—	—
合计	71 655	92 965	33 780	2 515		110		390

表 11.9　红桥水位情况（以大沽基准水位为基准）　　　　　　单位：呎

水位情况		1 月	2 月	3 月	4 月	5 月	6 月	7 月	8 月	9 月	10 月	11 月	12 月	年均
1914 年														
高水位	最高			12.49	11.70	9.70	10.70	14.90	16.00	14.60	12.80			16.00
高水位	平均			11.29	9.73	8.63	9.56	11.46	14.87	13.47	11.71			11.34
高水位	最低			10.60	8.90	7.30	8.90	9.10	13.90	12.05	10.50			7.30
低水位	最高			11.70	9.80	6.20	6.60	14.60	15.90	14.20	11.80			15.90
低水位	平均			10.32	7.69	4.97	5.52	8.95	14.53	13.06	10.73			9.47
低水位	最低			8.70	5.10	3.20	4.40	5.40	13.40	11.45	9.50			3.20
潮差	最高			1.90	4.00	4.90	5.00	4.30	1.00	0.70	1.90			5.00
潮差	平均			0.96	2.03	3.00	4.03	2.50	0.36	0.39	0.97			1.86
潮差	最低			0.20	0.40	2.10	3.10	0.20	0.10	0.10	0.20			0.10
1919 年														
高水位	最高	10.60	10.50	12.40	10.50	10.90	10.94	14.50	13.90	12.60	11.60	11.80	11.10	14.50
高水位	平均	8.51	9.20	9.98	9.26	9.44	10.03	11.77	12.89	11.26	10.42	9.43	8.62	10.07
高水位	最低	5.60	7.50	7.60	7.40	7.30	8.80	10.30	11.90	10.40	8.40	6.30	3.60	3.60

续表

水位情况		1月	2月	3月	4月	5月	6月	7月	8月	9月	10月	11月	12月	年均
低水位	最高	8.10	8.10	9.10	6.60	6.10	6.10	12.40	12.60	11.20	8.00	9.10	6.80	12.60
	平均	5.90	5.93	7.70	4.68	3.87	4.11	7.51	11.48	8.80	7.01	5.24	4.25	6.37
	最低	2.70	4.00	5.00	3.40	2.30	2.20	3.70	10.30	7.30	5.00	3.00	2.70	2.20
潮差	最高	5.50	6.00	4.50	6.30	7.80	7.80	7.10	2.20	3.80	5.20	6.60	6.50	7.80
	平均	2.63	3.30	2.91	4.60	5.56	5.91	4.25	1.42	2.47	3.43	4.20	4.40	3.76
	最低	1.00	2.00	1.20	3.90	3.80	3.90	1.20	0.70	0.70	2.00	0.50	1.30	0.50
1920 年														
高水位	最高	11.30	10.60	11.70	11.30	10.20	10.60	11.10	10.90	11.80	10.70	10.90	9.90	11.80
	平均	8.35	8.61	11.10	9.54	9.36	9.71	10.11	9.98	9.81	9.78	9.10	8.02	9.46
	最低	3.30	4.60	7.20	7.80	7.80	7.80	3.80	8.80	8.70	8.80	8.60	7.40	3.30
低水位	最高	7.00	6.00	8.90	8.00	4.50	5.20	6.00	4.90	6.10	6.00	5.30	6.40	8.90
	平均	4.57	4.44	6.49	4.66	3.01	3.49	3.99	3.45	3.76	3.98	3.47	3.20	4.04
	最低	2.50	2.10	3.60	2.20	1.40	1.80	2.20	2.00	2.10	2.50	1.40	0.90	0.90
潮差	最高	6.40	6.30	6.20	7.00	7.80	8.00	7.50	7.90	8.60	7.50	7.30	7.00	8.60
	平均	3.78	4.18	3.60	4.86	6.34	6.23	6.13	6.52	6.06	5.81	5.65	4.81	5.33
	最低	0.70	0.30	2.20	2.90	4.30	3.80	4.40	4.90	4.10	3.90	3.90	1.50	0.30

河流的改进措施

在石头河段中牡蛎壳比较集中的堤岸部位，要进一步加以改善，其他几项工作，如防洪堤、土堤的保护等目前已经完成。

港口

疏浚与吹填工作通常在 3 月 9 日开始，看起来不太重要的淤塞也必须同时处理，疏浚与吹填工作在 11 月 30 日停止。

去年开工的新开河航运闸工程目前已经完工，水利工程局已在陈家口船闸试航，运河挖泥船"中华"号也已经移交给中国当局。

海河支流在今年没有发生什么重大问题，淤泥的排放量比较少，当然，海河作为一条潮汐涨、落河流，受其影响，内含污物、淤泥一般比较多。

总之，海河河道及其港口的环境条件在 1920 年尽量满足了航行的需要。然而，正如先前许多有关报告中所指出的那样，如果不对其支流进行彻底的改造，那么它未来的效果不会有很大的变化。

代理工程师 Poul E Muller

表11.10、表11.11显示了海河工程局疏浚船只规格和设备情况。

表11.10 海河工程局疏浚船只规格

项目说明	名称	建造年份	建造单位	船体				船舶动力	发动机装置	最大速度	生产能力	备注	购买费用
				长度（呎）	横梁（呎）	深度（呎）	吃水（呎）						
港口挖泥船	快利	1920	Lolenitz，Kentrew 公司	230	42	16	10	两个主锅炉，直径 14 呎 1 吋，高 11 呎，热表面 4 300 平方呎	3 个复合冷凝器，规格 16 吋×24 吋×37 吋，350 马力	8 节	泥舱 500 立方米	1920 年 12 月 20 日试航	135 000 英镑
试航轮船	海河	1899	上海工程机械厂	57	11	6.4	5	船舶锅炉，直径 5 呎 5 吋，高 6 呎 3 吋，25 平方米的热表面，130 磅压力	复合式非冷凝器，规格 $8\frac{3}{8}$ 吋×$14\frac{1}{2}$ 吋×16 吋，45 马力	8 节	泥舱 500 立方米	一般勘测和检验	9 000 两
舢板	玉河	1901	英国	29	6.3	4.6	3.9	船舶锅炉，直径 3 呎 1 吋，高 4 呎 6.5 吋，5.5 平方米的热表面，195 磅压力	复合式非冷凝器，规格 4 吋×5 吋×8 吋	7 节	泥舱 500 立方米	工厂检验试航	2 900 两
拖轮	洋河	1910	TsingWerght	78	7.8	9	6	船舶锅炉，直径 11 呎 6 吋，高 10 呎 3 吋，1450 平方米的热表面，130 磅压力	复合式非冷凝器，规格 16 吋×22 吋×27 吋，350 马力，160 转	9 节	泥舱 500 立方米	泥舱船	39 700 两
拖轮	浚捷	1910	江南造船厂	71	16	7	4	船舶锅炉，58 平方米的热表面，125 磅压力	2 个复合式非冷凝器，规格 $7\frac{1}{2}$ 吋×10 吋×$15\frac{1}{2}$ 吋，75 马力	9 节	泥舱 500 立方米	水坝检查时外借	19 400 两
破冰船	开凌	1913	江南造船厂	85	20	9	5	船舶锅炉，直径 12 吋，高 10 呎 6 吋，1500 平方呎的热表面，120 磅压力	2 个复合式非冷凝器，规格 $12\frac{1}{2}$ 吋×15 吋×25 吋，200 马力，145 转	11 节	泥舱 500 立方米	载重 140.55 吨	6 580 英镑

续表

项目说明	名称	建造年份	建造单位	船体				船舶动力	发动机装置	最大速度	生产能力	备注	购买费用
				长度（呎）	横梁（呎）	深度（呎）	吃水（呎）						
破冰船	通凌	1913	江南造船厂	120	27.5	14.6	10	2个船舶锅炉，直径12吋，高10吋，2000平方吋的热表面，195磅压力	1个三级膨胀发电机，规格12$\frac{1}{2}$吋×21吋×24吋×36吋，135转，700马力	11.5节	泥舱500立方米	载重342吨	13 650英镑
破冰船	没凌	1914	江南造船厂	120	30	11.6	9	2个船舶锅炉，直径12吋3吋，高10呎6吋，3 000平方呎的热表面，130磅压力	2个复合式非冷凝器，规格14$\frac{1}{2}$吋×21吋×30吋，800马力	11.7节	泥舱500立方米	载重342.29吨	115 000两
破冰船	清凌	1915	江南造船厂	122	30	11.6	9	2个船舶锅炉，直径12吋6吋，高10呎6吋，3 000平方呎的热表面，130磅压力	2个复合式非冷凝器，规格14$\frac{1}{2}$吋×21吋×30吋，900马力	11.75节	泥舱500立方米	载重342.2～343吨	140 000两
抓斗式挖泥船	1号	1902	教会船舶厂	50	24	6	2	立式锅炉，直径5呎，高8呎4吋	2个高压汽缸非冷凝器		30抓斗/时 1抓斗＝1立方米	船体由修理处制造	6 000两
抓斗式挖泥船	2号	1902	教会船舶厂	仅有机器设备					2个高压汽缸非冷凝器				4 000两
固定式挖泥船	北河	1902	杜松燃烧公司	82.4	20	8	4	船舶锅炉，46平方米热表面，6个大气压	80指示马力，320mm×500mm×520mm复合凝器		180立方米/时	固定式挖斗200磅	6 000英镑
固定式挖泥船	西河	1914	大阪煤炭厂	130	32	9.6	5	船舶锅炉，直径11呎，高6吋	200指示马力，14吋×18吋×28吋复合冷凝器，120转		300立方米/时	固定式挖斗400磅	129 900两
吸升式挖泥船	金钟河	1909	水利工程局工厂	60	14	6	2				48立方米/时	准备1920年拆卸以后移交给中国当局	10 500两

续表

项目说明	名称	建造年份	建造单位	船体				船舶动力	发动机装置	最大速度	生产能力	备注	购买费用
				长度(呎)	横梁(呎)	深度(呎)	吃水(呎)						
万能式挖泥船	新河	1910	杜松燃烧公司	157.6	36.9	11.6	6.6	2个船舶锅炉，2 760平方呎热表面，120磅压力；辅助锅炉，110平方呎热表面，120磅压力	15有效马力，36人力手动变速汽油发动机；320马力，$14\frac{3}{8}$ 吋×$19\frac{5}{8}$ 吋×$31\frac{7}{8}$ 吋复合冷凝器2个	8节	500立方米/时	可以固定或者用20吋的吸管控泥	262 800两
抽砂式挖泥船	凌壕	1913	杜松燃烧公司	124.8	32	10.8	6.6	2个船舶锅炉，3 000平方呎热表面；辅助锅炉，100平方呎热表面，120磅压力	15 吋×$16\frac{3}{4}$ 吋×30 吋 和 $14\frac{3}{4}$ 吋×$21\frac{6}{8}$ 吋×$39\frac{3}{8}$ 吋复合冷凝器各1个	8节	700立方米/时 500立方米/时	抽砂式挖泥船，用于泵站	28 730英镑
吹泥船	燕云	1910	杜松燃烧公司	98.4	21.4	9.10	4	2个船舶锅炉，直径8呎10吋，高10呎$11\frac{3}{4}$ 吋，1 720平方呎热表面，120磅压力	1个发动机和1个$7\frac{7}{8}$ 吋×$17\frac{3}{4}$ 吋×13吋冲程发动机		500立方米/时	可吹气5 000呎	85 700两
泥舱船	1.2.3.4.5	1910	杜松燃烧公司	98.4	23	9.5	1.8 0.6				130立方米(240吨)	带底舱门变速器	15 000两
泥舱船	6.7	1913	中南工程机械厂	98.4	23	7.3	1.6 6				130立方米(240吨)	无底舱门	8 000两
长管路浮桥		1915	江南造船厂	96	48.6	7.9							17 800两

续表

项目说明	名称	建造年份	建造单位	船体 长度（呎）	船体 横梁（呎）	船体 深度（呎）	船体 吃水（呎）	船舶动力	发动机装置	最大速度	生产能力	备注	购买费用
20 呎悬挂式长管道		1913	上海工程机械厂	160								160 呎小船	12 000 两
泥舱船	灿烂	1915	江南造船厂	121.3	26.4	9.7	3~7				214 立方米		43 000 两
泥舱船	蚂蚁	1915	江南造船厂	121.3	26.4	9.7	3~7				214 立方米		
铁船	1.2	1905	海河工程局工厂	50.7	14.10	6.4	1.5~5				25 立方米		4 000 两
木船	1~12	1906	海河工程局工厂	44.6	11	4	2.6						
帆船	1.2.3.4												
供给船长 1 000 呎，直径 20 呎，14 呎铁接口浮管													

表 11. 11　海河工程局工厂设备

	数量
12A. 100V 发电机	
滑动式封闭螺旋切削车床	5 台
直径 7 呎的齿轮平面切削车床	1 台
螺丝加工机床	1 台
牛头刨床	1 台
钻床	1 台
砂轮	1 台
手摇钻	1 台
辅射钻孔机	1 台
龙门刨床	1 台
汽缸内径机	1 台
虎钳及其他钳工工具	
6 吋离心泵	1 台
木工车间	
木工车床	1 台
弧形锯床	1 台
木工工具等	
铆工车间	
钻床	1 台
剪切钻床	1 台
滚动机	2 个
人字起重架（提升动力为 25 吨）	
铸造车间	
风扇式 2 吨铸件冲天炉	1 个
风扇式 0.25 吨铸件冲天炉	2 个
干燥室、铸造工具等	
锻工车间	
气动锤	1 个
8 吋鼓风机	1 个
锻工工具等	
大沽轮船下水滑道（提升动力 600 吨）	
动力室	
船舶锅炉（高 4 呎 6 吋，直径 7 呎）	1 个
复合串列式蒸汽机（额定 50 马力）	1 个
传动变速器等	
码头泵房	
直立式锅炉（高 11 呎，直径 4 呎 6 吋）	
卧式发动机（额定 12 马力）	
离心泵（12 吋直径）	

第十二篇　海河工程局 1921 年报告摘编

破冰作业

1920 年 12 月标记船深是大沽基准水位以下 7 呎 6 吋，航行到天津没有困难。

在年底，河冰扩展，无法航行到天津。

破冰作业继续到大沽，整个冬季轮船和拖轮驳船一样也可以进出。

破冰船随时在河上作业，1921 年 1 月 21 日破冰船顺利到达天津港，1 月 29 日第一艘轮船靠岸。

1921 年 12 月，标志船深是 7 呎，在基准面以下。破冰作业还算顺利，但是由于驳船"Peishan"号沉没的残骸在航道附近，在南方和气灯浮标外面遇到一些困难。为了使引航破冰船在安全位置，"没凌"号破冰船必须在汽灯浮标位置并放两个立标，必须放在河道入口的南面，以便由定向导航灯航线的交点指示，排查沉船残骸航道的位置。

12 月 29 日，在最后的轮船离开天津之后，限制破冰作业以保持塘沽港的通行。

1921—1922 年，冬季停止期间是艰难的，盛行风是不利的，结果由于期间很长，冰扩展到沙垒甸岛以外，越发感到适于海上航行的破冰船去帮助在海湾里的轮船的必要性。

河口浅滩航道

标志船深到 4 月 17 日是大沽基准水位 7 呎 6 吋。

在新河口浅滩挖泥船到达之前，"快利"号和"中华"号在河口浅滩未恢复作业，5 月"中华"号需要再进行作业。

挖泥船"快利"号在 6 月到达作业地点，准备好装备之后，挖泥船长到河口浅滩，并在 6 月 24 日开始作业。

新河口浅滩挖泥号"快利"号由 Messrs Lebnilz 有限公司制造。有以下特点：

总长为 236.5 呎，垂直线间距离为 230.1 呎，宽度为 42.15 呎，船深为 15.10 呎、16.15 呎、16.89 呎。

船舶在 LioYds 专门检验下建造 100A1 级防冰开底挖泥船。

排水量为 2 408 吨，每吋排水量为 20.1 吨，总吨位为 1 292.91 吨，注册净吨位为 636.28 吨。

2 个锅炉，直径 14 呎 10 吋，长度 11 呎，工作在 150 磅压力下，具有 2 500 平方呎加热表面积，63 平方呎燃烧面积。

1 个辅助锅炉直径 6 呎，高 12 呎 6 吋，工作在 100 磅压力，350 平方呎加热表面积，18.75 平方呎燃烧面积。

两个额定功率 350 马力（I. H. P），120 转的混合式推进引擎。

一个额定功率 350 马力，150 转的混合式扬沙泵引擎。

一个额定功率 350 马力，500 转的混合式封闭引擎，为吸管的汲取喷射的三级 12 吋离心泵。

一个中心冷凝器，1 800 平方呎致冷表面积，带空气泵，整个机器用单独的循环离心泵。

挖泥船是一个拖尾开底挖泥船，可排入它自身的料斗，可排入旁边拖驳船或通过管道排放到船外 75 呎的河内。

虽然表 12.1 的结果很令人满意，但挖泥船必须适应本地情况。

表 12.1　正式试车结果

项目	按技术条件	实际试车
抽水	每分钟 100 立方米	每分钟 104 立方米
压力泵	每分钟 2 000 加仑	每分钟 2 550 加仑
	逆反 100 呎落差	逆反 102 呎落差
船舶速度	吃水不超过 10 呎，转速不超过每分钟 130 转，8 节	吃水 10 呎，每分钟 128.75 转，9.77 节
吃水 10 呎的载重量	700 吨	775 吨
推进指示马力	700 马力	1 027 马力
抽水指示马力	350 马力	402 马力

遇到的主要困难是大沽浅滩挖掘出来的泥土含有最细的沙类，在别的间流难得遇到。往料斗装料，抽取尽可能成块的泥沙，有效地防止溢出的水从料斗中一道带来沙子都是很重要的。

一些泵的吸口正在尝试做成一种使抽吸的泥沙尽可能密集，对船的推力没有很大阻力的形状。

在这方面，迄今已得到的令人满意的结果是：一个泵的吸口为普通的挖出来的泥沙，一个为沙子已经投入作业。

在这个冬季，使重泥沙在同一底部上面运行并放出多余的水，以防止已经排出的泥沙的扰力为目的特别排放管道正在制造。

水深测量在年度内已说明，虽然挖泥船还在试验，大量有效作业已经完成。

年度内的航道情况如表 12.2 所示。

表 12.2　1921 年大沽口浅滩情况（以大沽基准水位为标准）　　　　单位：呎

变化情况	1 月	2 月	3 月	4 月	5 月	6 月	7 月	8 月	9 月	10 月	11 月	12 月
标记深度	7.6	7.6	7.6	7.6	7.6	7.6	7.6	7.6	7.6	7.6	7.6	7.6
变化日期			17 日									

续表

变化情况		1月	2月	3月	4月	5月	6月	7月	8月	9月	10月	11月	12月
最低深度	北航道	8.1	8.1	8.1	7.6	7.75	—	7.6	6.8	6.8	7.2	7	7
	中间航道	8.2	8.2	8.2	7.7	7.8	—	7.6	7.6	7.6	8.2	8.6	8.6
	南航道	7.4	7.4	7.4	6.7	6.15	—	7	6.7	6.7	6.6	7.6	7.6
预计中间深度	北航道	8.7	8.7	8.7	8	8	—	8.3	7.3	7.3	7.6	8	8
	中间航道	8.9	8.8	8.8	8.4	8.5	—	9	8.2	8.2	9	9.6	9.6
	南航道	8.3	8.3	8.3	8	8.25	—	8.6	7.6	7.6	7.6	8.3	8.3

表 12.3、表 12.4 给出了河口处和天津大红桥各种水位情况。

表 12.3 河口处水位情况 单位：呎

水位情况		1月	2月	3月	4月	5月	6月	7月	8月	9月	10月	11月	12月	年均
河口														
高水位	最高	8.90	10.20	10.30	10.40	10.40	10.40	10.30	11.90	12.20	11.60	10.70	10.00	12.20
	平均	6.93	7.47	7.73	8.54	8.54	8.94	4.22	9.75	9.32	8.90	7.48	7.19	7.92
	最低	3.65	2.60	4.50	4.90	6.50	7.30	7.60	8.00	6.10	6.10	2.35	4.90	2.35
低水位	最高	4.00	4.10	3.40	3.80	3.70	4.30	5.00	6.10	5.50	4.30	3.10	3.10	6.10
	平均	-0.13	0.32	0.53	0.82	1.32	1.53	1.75	1.49	1.55	1.33	0.51	0.32	0.95
	最低	-1.80	-1.90	-1.90	-1.60	-1.10	-0.40	-0.10	-0.20	-0.20	-0.40	-1.50	-2.00	-2.00
潮差	最高	9.30	9.40	9.40	10.20	10.20	10.30	10.30	10.90	10.60	11.10	9.80	10.30	11.10
	平均	7.04	7.14	7.18	7.30	7.25	7.40	7.44	8.24	7.80	7.66	6.92	6.84	7.35
	最低	2.50	2.50	2.70	3.50	3.30	5.00	3.90	3.40	2.50	3.30	2.85	3.10	2.50
海河工程局工厂														
高水位	最高	9.00	10.70	10.70	10.40	10.60	10.30	11.00	12.40	12.20	11.60	10.50	9.50	12.40
	平均	6.76	8.24	8.76	8.85	9.09	9.44	9.94	11.20	10.35	9.70	8.24	7.89	9.04
	最低	4.20	4.00	7.30	6.30	7.70	8.50	8.60	10.00	8.40	7.80	4.10	5.60	4.00
低水位	最高	5.80	5.40	4.90	5.80	6.20	5.20	5.40	8.00	6.90	6.60	5.10	6.30	8.00
	平均	3.07	2.61	3.13	2.40	2.96	3.16	3.47	5.00	4.27	3.55	2.52	2.56	3.28
	最低	0.20	0.70	0.40	0.40	1.30	1.80	1.90	3.20	2.10	1.50	0.10	0.20	0.10
潮差	最高	7.70	7.60	6.90	8.20	7.80	7.90	8.00	7.80	7.10	7.80	7.30	8.20	8.20
	平均	3.72	5.62	5.62	5.45	6.16	6.30	6.50	6.20	6.10	6.17	5.75	5.30	5.74
	最低	0.40	1.50	2.00	4.00	3.60	4.80	4.80	4.30	4.00	3.90	3.10	2.20	0.40

表 12.4 红桥水位情况 单位：呎

水位情况		1月	2月	3月	4月	5月	6月	7月	8月	9月	10月	11月	12月	年均
1914 年														
高水位	最高			12.40	11.70	9.70	10.70	14.90	16.00	14.60	12.80			16.00
	平均			11.29	9.73	8.63	9.56	11.46	14.87	13.47	11.71			11.34
	最低			10.60	8.90	7.30	8.90	9.10	13.90	12.05	10.50			7.30

续表

水位情况		1月	2月	3月	4月	5月	6月	7月	8月	9月	10月	11月	12月	年均
低水位	最高			11.70	9.80	6.20	6.60	14.60	15.90	14.20	11.80			15.90
	平均			10.32	7.69	4.97	5.52	8.95	14.53	13.06	10.73			9.47
	最低			8.70	5.10	3.20	4.40	5.40	13.40	11.45	9.50			3.20
潮差	最高			1.90	4.00	4.90	5.00	4.30	1.00	0.70	1.90			5.00
	平均			0.96	2.03	3.66	4.03	2.50	0.36	0.39	0.97			1.86
	最低			0.20	0.40	2.10	3.10	0.20	0.10	0.10	0.20			0.10

1919 年

水位情况		1月	2月	3月	4月	5月	6月	7月	8月	9月	10月	11月	12月	年均
高水位	最高	10.60	10.50	12.40	10.50	10.90	10.94	14.50	13.90	12.60	11.60	11.80	11.10	14.50
	平均	8.51	9.20	9.98	9.26	9.44	10.03	11.77	12.89	11.26	10.42	9.43	8.62	10.07
	最低	5.0	7.50	7.60	7.40	7.30	8.80	10.30	11.90	10.40	8.40	6.30	3.60	3.60
低水位	最高	8.10	8.10	9.10	6.60	6.10	6.10	12.40	12.60	11.20	8.00	9.10	6.80	12.60
	平均	5.90	5.93	7.70	4.68	3.87	4.11	7.51	11.48	8.80	7.01	5.24	4.25	6.37
	最低	2.70	4.00	5.00	3.40	2.30	2.20	3.70	10.30	7.30	5.00	3.00	2.70	2.20
潮差	最高	5.50	6.00	4.50	6.30	7.80	7.00	7.10	2.20	3.80	5.20	6.60	6.50	7.80
	平均	2.63	3.30	2.91	4.60	5.56	5.91	4.25	1.42	2.47	3.43	4.20	4.40	3.76
	最低	1.00	2.00	1.20	3.90	3.80	3.90	1.20	0.70	0.70	2.00	0.50	1.30	0.50

1921 年

水位情况		1月	2月	3月	4月	5月	6月	7月	8月	9月	10月	11月	12月	年均
高水位	最高	9.20	10.80	10.40	10.40	10.40	10.60	11.20	12.70	12.40	11.70	10.80		12.70
	平均	6.85	0.40	9.38	9.02	9.17	9.47	10.24	11.56	10.57	10.30	8.73		9.40
	最低	4.30	4.30	7.70	5.90	7.90	8.70	9.10	10.30	8.60	11.20	4.70		4.30
低水位	最高	5.90	5.60	5.90	5.40	6.00	5.20	5.50	4.20	7.70	6.00	5.80		7.70
	平均	3.24	2.80	4.36	3.60	3.36	3.47	4.34	6.88	5.50	4.73	3.85		4.19
	最低	0.40	0.10	2.00	1.70	1.80	1.90	2.40	4.80	4.30	3.10	1.80		0.10
潮差	最高	7.50	7.60	6.50	7.20	7.40	7.50	7.30	6.60	6.50	7.00	6.70		7.60
	平均	3.61	5.64	5.05	5.43	5.83	5.97	5.92	4.68	5.07	5.28	4.85		5.21
	最低	0.40	1.50	1.90	3.30	3.40	4.20	4.60	3.10	3.40	3.50	2.20		0.40

　　包括 1902—1918 年摘自潮汐测量员办公室的测定，但是这个测量表不在委员会的管理下，我们已经从 1919 年以来记录的海河下游 1.8 哩的地方，即海河工程局专门小组以及将来要继续工作的地方，经过最后 14 年的测量比较，发现高水位低于现在的记录 0.22 呎，低水位低于现在的记录 0.40 呎。

　　在秋季，从红桥整个河流，城市上游下到海口进行测深。

　　下面给出大沽上游位置 8 呎潮水水位不同的流域轮船的吃水情况。

　　（1）红桥流域有效 12.5 呎。

　　（2）大教堂裁弯处有效 20 呎。

　　（3）从大教堂到意租界有效 16 呎。

（4）从意租界到万国桥有效 21.5 呎。

（5）从万国桥到英租界有效 17 呎。

（6）从开始敞开区域到海河工程局专门小组有效 16.5 呎。

（7）从委员会专门小组到 Li Kin 站有效 17.5 呎。

（8）从 Li Kin 站到 PuKow 铁路码头有效 16 呎。

（9）从 PuKow 铁路码头到第二裁弯处有效 17 呎。

（10）从第二裁弯处到上游坟地拐弯处（除 2 000 呎、有效 15.5 呎外）有效 17.0 呎。

（11）从坟地拐弯处到坟地流域有效 17.5 呎。

（12）从 Chia Chwong 到第三裁弯处（除 3 500 呎、有效 15.5 呎外）有效 17 呎。

（13）第三裁弯处有效 18.5 呎。

（14）Niwah 流域有效 13 呎。

（15）北面流域有效 17 呎。

（16）第四裁弯处（除 500 呎、有效 18.5 呎外，可以挖泥）有效 22.5 呎。

（17）Hupeh 直水道流域有效 20 呎。

（18）石质流域有效 21.5 呎。

（19）流域在 KoKu 之上有效 21 呎。

（20）流域在 KoKu 之下有效 24 呎。

（21）新城流域（除 1 000 呎、有效 21 呎外）有效 23 呎。

（22）盐池流域有效 25 呎。

（23）临时堆货场流域有效 25 呎。

（24）新河流域有效 23 呎。

（25）军火库流域有效 23 呎。

（26）塘沽流域有效 23 呎。

（27）上游大沽流域有效 30 呎。

（28）下游大沽流域有效 30 呎。

在大潮时，上述地区测深增高 2 呎。

按照轮船吃水从 16~17 呎，在大潮时，用现在河口浅滩标志船深可以到达天津。

河上不利位置：永久流域，植物流域，坟地流域。

河道较窄：在上游第四裁弯头上，在第四裁弯上方流域。

要改善第一个地方必须延伸导流防沙堤。

通过在上游坟地河道弯曲处裁弯消除第二个、第三个地方。

第四个和第五个地方由于冲刷作用只残留露出的两个河岸，总计容积 3 800 立方米，在 1922 年挖出。

沿河年度测深在上游与去年比较有一些泥沙，这是由于支流缺乏淡水，北运河一直未恢复，年度降雨量极少（委员会测定天津年降雨总量仅为 427mm），预计要被淤泥堵塞。

除去这个情况外，海河的一般情况可认为良好。

往年泥沙测量仅取表面，但由于北运河的升高，测量已取表面以下 2 呎，底部以上 2 呎，用一个泵在低潮前 2~3 小时测量，结果如表 12.5 所示。

表 12.5　天津港水流测定情况（低潮前三个小时）　　单位：立方呎/秒

水流情况	4 月	5 月	6 月	7 月	8 月	9 月	10 月	11 月	12 月	年均
最大量	8 597.4	8 067.7	11 401.6	11 401.6	17 138.8	12 074.8	10 705.0	9 580.0	7 873.2	17 138.8
最小量	6 517.7	5 089.4	5 089.4	7 808.5	13 326.6	11 055.0	6 294.4	6 496.5	6 593.1	5 089.4
平均量	7 452.2	6 694.3	6 621.6	9 421.2	15 448.1	11 486.6	8 009.5	7 664.3	7 393.6	8 910.2

坟地弯曲处（裁弯）开挖

去年开始对陆地开挖，并对挖出的污泥进行处理，这个工作在下游部分，今年接手办理。

上游部分开挖需征地 926.4 亩，下游部分需征地 651.2 亩，总计征用地 1577.6 亩。

开挖的直线要用与假设宽度相称的方法进行设计，在全部开挖之后，在这个报告后面指出并计算出河流的总长，注意在不同的农村避免来自人们的严重对抗，但为了适当地连接浦口码头下游的流域与第三个裁弯上游流域，在两边取得的陆地是不平衡的，并且导致全部容量的装卸受到一些限制。

进行这项作业，装填必须要升高在基准水位以上 26 呎。

计划中的开挖，是第二个裁弯的一般修正以及消除四个不利的弯道，即第二个裁弯上游终点，第二个裁弯下游终点，上游坟地弯曲处，下游坟地弯曲处。

使河道仅缩短 5 000 呎，弯曲处和清水植物流域的消除会显著改善局部河道，而潮汐的自由传播使破冰作业变得更为方便。

在平均水位开挖部分，将超过 5 100 平方呎，平均疏浚沟渠 7 290 平方呎，可航行航道的深度在大沽基准水位以下 9 呎。

下游部分的工作，消除坟地弯曲处，在 5 月着手进行。

堤围绕装填区域，总体积 52 000 立方米，挖掘设备预先停靠码头，在 6 月 20 日前完成，当挖泥船（"新河"号）开始用水管装填区域时接着挖掘。

开挖入口，为了从河里吸入必要的水，建造一个带 4 个闸门的闸工厂的生产很好，为了提高效率和生产比较经济，决定只在白天工作。

1912 年坟地弯曲处裁弯作业情况如表 12.6 所示。

表 12.6　1921 年坟地弯曲处裁弯作业

月份	工作时长（时）	挖泥量（立方米）
6	152.20	8.000
7	315.40	27.200
8	333.30	28.000

月份	工作时长（时）	挖泥量（立方米）
9	294.31	28.300
10	315.00	30.905
11	112.30	9.425
12	176.30	16.200
共计	1 698.81	148.030

开始必须人工增加挖土 7 700 立方米。

每小时挖出 88 立方米（挖泥船理论产量的 50%）。就硬土而言，举起约 30 呎，卸土距离约 500 呎，产量是相当令人满意的，具体情况如表 12.7、表 12.8 所示。

裁弯要完成挖土 500 000 立方米以上。

裁弯在 1923 年 9 月山洪之后要立即开始，在开始之后，必然要增加一些疏浚和导流的工作。在 1923—1924 年冬季之前彻底完成裁弯，我们认为是不成问题的。

表 12.7　1921 年天津港疏浚作业情况

月份	"新河"号		"西河"号		"北河"号		抓斗式挖泥船		共计土方量（立方米）
	工作时长（时）	土方量（立方米）	工作时长（时）	土方量（立方米）	工作时长（时）	土方量（立方米）	工作时长（时）	土方量（立方米）	
3	219.000	9.930			200.000	4.440			
4	245.000	11.920			264.000	7.274	164.000	0.585	14.370
5	140.000	3.410	225.000	11.470	234.000	7.223	45.000	0.195	19.779
6			270.000	15.797	153.000	4.395	30.000	0.100	22.298
7			261.000	13.676	259.000	6.868	60.000	0.420	20.292
8	在坟地弯曲处裁弯作业		246.000	12.901	238.000	6.875	20.000	0.140	19.916
9			289.300	10.340	280.000	9.120			19.460
10			289.300	9.020	243.000	7.670	159.000	1.160	17.850
11			217.000	8.133	280.000	6.880	254.000	0.770	15.783
共计	604.000	25.260	1 797.600	81.337	2 151.000	60.745	732.000	3.370	149.748

表 12.8　1921 年填土作业情况

月份	"燕云"号		"中华"号		填河（立方米）
	工作时长（时）	土方量（立方米）	工作时长（时）	土方量（立方米）	
3	169.25	14.370			
4	216.44	19.264			515
5	243.15	22.150			140
6	211.16	20.192			100
7	226.30	20.544			420

月份	"燕云"号		"中华"号		填河（立方米）
	工作时长（时）	土方量（立方米）	工作时长（时）	土方量（立方米）	
8	169.00	19.776			140
9	157.15	19.460			
10	168.01	17.850			
11	117.34	12.635	40.00	2.688	460
共计	1 677.80	166.241	40.00	2.688	1 775

118.992 立方米填充在英租界 Nan Sie Wa（南、窄）区域填土 49.945 立方米。

垂直线分类。

沿河有潮的部分，如同海河，在涨潮期间，任何区域必须使来自陆地任一航道的淡水加上潮水在上述区域通过。

在上述河流靠海部分没有潮汐，这个区域淡水流出几乎是均衡的，而沿着海岸的部分，靠海较近区域潮汐较大。

随着潮汐的自由扩展，区域经常地、均衡地增大距离，在这个地方的下游潮汐很显著。

表 12.9 列示了"中华"号和"开利"号实际工作时间情况。

表 12.9 挖泥船"中华"号和"开利"号在大沽浅滩实际工作时间　　单位：时

	2月	3月	4月	5月	6月	7月	8月	9月	10月	11月	12月	总时长	航道上行驶总时长
1914 年	—	—	127.30	225.50	203.00	239.40	192.30	177.25	195.45	139.20	10.45	1 509.85	3 639
行驶	—	—	321	516	505	555	511	433	428	338	32		
1915 年	—	16.50	138.05	158.00	194.35	176.50	202.20	196.50	197.45	220.40	34.35	1 534.30	3 576
行驶	—	45	353	410	516	437	414	424	408	473	96		
装斗	—	—	—	—	—	3	114	100	88	75	—	380	
1916 年	11.10	120.55	138.10	117.10	170.00	213.10	241.05	189.35	195.10	178.15	57.35	1 630.95	3 808
行驶	24	293	302	448	441	453	542	395	409	370	131		
装斗	—	34	30	28	2	52	18	—	15	22	—	201	
1917 年	—	—	178.10	219.05	210.15	184.00	226.35	210.35	174.55	188.50	34.50	1 625.55	3 483
行驶	—	—	358	462	436	360	400	533	396	468	70		
装斗	—	—	—	28	20	10	20	24	12	—	—	114	
1918 年	45.35	186.20	194.45	265.15	244.55	333.00	326.10	298.35	268.00	276.55	98.00	2 535.70	5 677
行驶	136	524	487	543	506	792	587	594	567	699	242		
1919 年	7.10	240.05	201.10	128.05	193.25	199.45	213.25	188.35	177.00	190.30	—	1 737.90	3 875
行驶	16	525	411	267	386	439	481	450	408	492	—		

	2月	3月	4月	5月	6月	7月	8月	9月	10月	11月	12月	总时长	航道上行驶总时长
1920年	—	157.35	196.50	223.30	180.05	196.15	244.35	228.30	236.20	189.05	—	1 851.25	4 248
行驶	—	376	476	506	403	448	591	528	518	402	—		
1921年	—	—	—	75.40	9.10	—	—	—		—		84.50	201
行驶	—	—	—	181	20	—	—			—			
1922年	—	—	—	—	38.40	212.15	154.20	172.55	161.10	130.25	—	868.65	1 406
行驶	—	—	—	—	60	283	233	272	323	235	—		
装斗	—	—	—	—	24	90	74	77	74	65	—	404	

表12.10列示了工厂设备情况。

表12.10 海河工程局工厂设备概况

机工车间		铆工车间		动力房	
电机12Amp100 volt		铝床	1台	船用锅炉8呎9吋直径7呎	1台
滑动、敷面螺纹切削车床	5台	剪刀和冲床	1台	混合串联引擎马力50	3台
齿轮传动落地车床达到7吋直径	1台	碾压设备	2台	传动装置等	
攻丝机	1台	垂直支架		船坞泵房	
牛头刨床	1台	提升能力	5吨	立式锅炉	直径4呎4吋
钻床	2台	铸造车间			高11吋
砂轮	1台	规格为2吨铸件8吋风扇中天炉	1台	卧式发动机	12吋马力
手动冲床	1台	规格为1/4吨铸件6吋风扇中天炉	2台	离心泵	直径12吋5m
摇臂钻	1台	干燥箱、工具等			
刨床	1台	锻工车间			
镗缸机	1台	气动锻锤	1台		
装配、台钳等的工具		8吋鼓风机	1台		
规格为6吋离心泵	1台	锻工工具等			
木工车间		大沽滑台			
木工车间	1台	提升能力	600吨		
带锯工具等	1台				

第十三篇 海河工程局 1922 年报告摘编

破冰作业

1921 年 12 月，塘沽闸航道的标记深度比大沽基准水位低 7 呎。

当最后一艘轮船"飞天"号于 12 月 29 日离开时，仍能继续向天津航行。

由于需要一个破冰船靠近"北山"港内驳船，船沉没残骸要两个破冰船完成工作。

12 月 21 日，航运业得到通知，由于从海里涌到新河的冰凌情况，进港船舶不能得到帮助而到达天津。有些拖船和驳船不得不冒险驶往天津卸货。

12 月 29 日，西北风之后，河口浅滩上形成了许多冰凌。12 月 31 日，一艘轮船不顾警告驶经天津，费了很大劲儿才帮助它到达大沽。

1922 年 1 月 11 日，一场特大东北风不管破冰船怎样努力工作，新河到葛沽还是被封住了。这时，冰从沙柳屯向东扩展了十多米远，但两艘工程局的破冰船成功地为拖轮保持了一条航线。

这时，非常需要大的海洋破冰船。

1 月 19 日，浅滩上的冰情好转，破冰船开始向天津方向破冰。

2 月 12 日，河道被打通到天津。

2 月 21 日，破冰作业停止。至今，破冰者带无线电讯设备仍被认为是很必要的。

河口浅滩航道

3 月 12 日，开底挖泥船"凯里"号重新开始作业，由于冬季料斗填满，物质变形不大。

3 月 25 日，得到河道新的测深，但是由于浅滩潮位还没有调整，测深不用进行标记深度的校正。

4 月 10 日，已校准的探测有了明显的改进，标记深度在大沽基准面以下 7 呎到 7 呎 6 吋。

5 月是风大的月份，可见度不好。大型的新式挖泥船在这个多风的月份能自始至终进行作业。

6 月天气比 5 月更坏，有时作业不得不停止。

7 月 6 日，再一次取得的测深航道比 4 月还好。但是由于接近汛期，要适当增加 3 吋标记深度，即把 7 呎 6 吋增加到 7 呎 9 吋。

8 月 10 日，探测显示出由于新的流沙河东风时航道有些障碍，此时由于内战的原因，供煤量不足，造成加煤机不能保证拖轮航行，决定夜以继日地工作，为的是有更多的作业时间。

9月，汛期接近，发现有大量的流沙，并把它们从航道上挖走，由于从岸上来的泥沙灌入河道，导致河道变得狭窄。

10月，流沙挖走，有处理泥沙的设备，能修复到汛期前的区域，在这个月份不能取得测深。

11月，继续改善，主要是加宽河道。

11月29日，在有利的情况下，测深得出边线最小量深度比基准面低8呎3吋，中线比基准面低9呎6吋，相应的标记深度增加到比大沽基准面低8呎3吋。

进行河口浅滩的年度勘测，并标绘结果，具体如下：

40~50呎宽的中线深度为9呎6吋。边线之间相距150呎，最小深度约为8呎3吋。

河口浅滩的航道普遍设置得很好，河口浅滩上的信号船-5呎的等高线相隔1 250呎，-4呎的等高线相隔2 500呎，-3呎的等高线相隔3 500呎，所有深水线包括-10呎都适当地集中在航道上。

在正常的情况下，上述说明很清楚，航道能随着挖泥船的到来更进一步加深。

蒸汽机船"Albert Sarraut"号船离开了天津，以吃水17呎4吋的深度穿过闸，大沽闸道情况如表13.1所示。

表13.1 1922年大沽闸道的状况（以大沽基准水位为标准） 单位：呎

变化情况	1月	2月	3月	4月	5月	6月	7月	8月	9月	10月	11月	12月
标记深度	7	7	7	7.6	7.6	7.6	7.9	7.9	7.9	7.9	7.9	8.3
变化日期				12日			12日					1日
北线		7	6.6	7.8	7.8	8.3	8.3	8.3	8.3	8.3	8.3	8.25
最小深度（中线）		8.6	7.4	8.6	8.6	8.9	8.9	8.9	8.9	8.9	9.6	9.5
南线		7.6	6.8	7.5	7.5	7.9	7.9	7.9	7.9	7.9	8.3	8.25
北线		8	8	8.6	8.6	9	9	9	9	9	9	9
预计一般深度（中线）		9.6	8.8	9	9	9.6	9.6	9.6	9.6	9.6	10.5	10.5
南线		8.3	8	8.3	8.3	9	9	9	9	9	9.5	9.5

坟地弯曲处上游路堑裁弯

出于不同的用途，人工挖掘的泥土体积是：前堤70 680立方米，后堤38 500立方米，船坞进口和通道 9 700 立方米，共计 118 880 立方米。

7 月，在中心的壕沟中，路堑下游的挖掘已经达到大沽基准面 9 呎。设备转移到路堑上游。8 月，开始在这里的挖掘作业。

当年设备的挖掘量如表 13.2 所示。

表 13.2　1922 年"新河"号在坟地弯曲处凹沟的作业情况

月份	工作时长（时）	土方量（立方米）
3	235. 30	19. 800
4	272. 30	23. 000
5	310. 00	31. 387
6	308. 30	28. 276
7	180. 40	13. 900
8	273. 00	24. 200
9	319. 00	34. 269
10	304. 15	28. 860
11	286. 00	18. 120
合计	2 488. 45	221. 812

至此，必须加上开始阶段用人工挖掘的 80 380 立方米，平均每小时 89. 113 立方米。

1921 年到 1922 年底的挖掘情况如下：

船坞的人工挖掘 7 700 立方米。

1922 年从 6 月到 12 月挖泥船挖掘 148 030 立方米。

围堤和船坞人工挖掘 80 380 立方米。

从 5 月到 12 月挖泥船挖掘 221 812 立方米。

到 1922 年底总计 457 922 立方米。

1923 年要挖掘 192 078 立方米。

凹沟共挖掘土方 650 000 立方米。

河道年度测深

秋季对整个河流，从城市上游红桥直到河口进行测深，关于区域和航道深度这两者的总情况是良好的，特别是上游流域需要很好的改善，如同天津上游支流区域一样好。

如果潮位仪显示普通的高水位（比大沽基准面高 8 呎），下面给出轮船沿着不同区域航行具有的吃水深度：

（1）红桥水域有效 13 呎。

（2）大教堂裁弯有效 16 呎。

（3）从大教堂裁弯以下直到日租界港有效 22 呎。

（4）从日租界港直到万国桥有效 23 呎。

（5）从万国桥直到下游宽敞锚位有效 18.5 呎。

（6）从下游宽敞锚位直到管理局工厂有效 19 呎。

（7）从管理局工厂直到 Likin 站有效 20.5 呎。

（8）从 Likin 站到浦口码头有效 17.5 呎。

（9）从浦口码头直到第二个裁弯处有效 18 呎。

（10）从第二个裁弯处到墓弯曲处上游有效 17 呎。

（11）从坟地弯曲处上游到墓域有效 21 呎。

（12）从坟地到第三个裁弯处有效 17 呎。

（13）沿第三个裁弯处有效 20 呎。

（14）沿 Niwah 流域有效 20 呎。

（15）沿西北流域有效 18.5 呎。

（16）沿第四个裁弯处有效 22 呎。

（17）沿 Hupeh 流域有效 20.5 呎。

（18）沿石区有效 20 呎。

（19）沿葛沽以上区域有效 20 呎。

（20）沿葛沽以下区域有效 22 呎。

（21）沿新城区有效 23 呎。

（22）沿盐区有效 20 呎。

（23）沿农区有效 23 呎。

（24）沿新河区有效 25.5 呎。

（25）沿火药库区有效 26 呎。

（26）沿塘沽区域有效 27 呎。

（27）沿大沽上游区有效 30 呎。

（28）沿大沽下游区有效 31 呎。

随着大潮的到来，所有的上面深度都可能增加 2 呎，所以吃水 18 呎的轮船现在浅滩的标记深度为 8 呎 3 吋，在低于基准大潮期时进入天津。

按上面的情况，这年从天津到大沽再到出海口吃水深度记录是 17 呎 4 吋。海河水位情况见表 13.3、表 13.4，水流情况见表 13.5，疏浚、吹填作业情况如表 13.6、表 13.7 所示。

表 13.3　1922 年中海河口和天津的水位变化　　　　　　　　　　　　　　单位：呎

水位情况		1 月	2 月	3 月	4 月	5 月	6 月	7 月	8 月	9 月	10 月	11 月	12 月	年均
河口														
满潮	最高	9.90	10.30	9.90	10.40	10.50	10.70	10.90	11.30	11.90	10.80	11.00	8.50	11.90
	平均	6.73	7.54	7.63	8.50	8.63	9.10	9.38	9.87	9.27	8.44	7.66	6.80	8.30
	最低	1.35	5.10	1.00	6.50	6.80	7.40	7.60	8.20	6.40	5.55	3.40	2.10	1.00

水位情况		1月	2月	3月	4月	5月	6月	7月	8月	9月	10月	11月	12月	年均
干潮	最高	5.00	3.90	4.10	4.00	3.70	4.30	4.00	4.80	6.80	4.70	4.80	2.20	6.80
	平均	0.67	0.78	0.71	1.00	1.01	1.67	1.76	1.91	1.76	1.16	0.74	0.03	1.10
	最低	-2.30	-1.70	-1.70	-0.60	-1.50	-0.30	-0.17	0.00	-0.20	-1.00	-2.00	-1.90	-2.30
潮差	最高	9.50	9.50	9.20	10.10	11.10	10.80	10.30	10.90	10.40	10.10	10.40	9.20	11.10
	平均	6.06	6.76	6.92	7.50	7.62	7.43	7.60	7.96	7.51	7.30	6.90	6.80	7.20
	最低	2.50	3.50	2.20	4.15	4.70	4.40	4.10	4.30	2.80	3.50	2.80	3.50	2.20
海河工程局材料机器厂														
满潮	最高	10.60	9.90	10.60	10.40	10.10	10.30	12.90	13.30	12.90	11.10	11.40	9.40	13.30
	平均	7.01	8.33	8.78	9.19	8.94	9.38	10.52	12.04	11.27	9.80	8.93	7.97	9.35
	最低	3.50	6.40	2.50	8.10	7.70	8.30	8.70	10.80	9.10	7.70	4.80	3.50	2.50
干潮	最高	8.40	6.10	5.60	5.20	4.60	4.50	9.50	10.80	9.20	6.00	6.30	4.20	10.80
	平均	4.26	3.55	3.37	3.18	2.58	2.96	4.86	8.32	6.95	4.66	3.29	2.46	4.20
	最低	1.30	1.00	0.10	1.80	0.30	1.50	2.00	4.60	4.30	2.60	0.00	0.50	0.00
潮差	最高	5.90	7.10	8.40	7.50	8.50	7.90	8.80	6.80	6.90	6.50	8.20	7.30	8.80
	平均	2.76	4.77	5.40	6.00	6.35	6.42	5.63	3.70	4.32	5.10	5.60	5.56	5.13
	最低	0.30	2.10	2.30	3.50	4.60	5.00	2.50	1.70	2.10	3.10	3.50	1.80	0.30

表13.4 1914年、1919年及1922年红桥的水位变化 单位：呎

水位情况		1月	2月	3月	4月	5月	6月	7月	8月	9月	10月	11月	12月	1914年年均
1914年														
满潮	最高			12.40	11.70	9.70	10.70	14.90	16.00	14.60	12.80			16.00
	平均			11.29	9.73	8.63	9.56	11.46	14.87	13.47	11.71			11.34
	最低			10.60	8.90	7.30	8.90	9.10	13.90	12.05	10.50			7.30
干潮	最高			11.70	9.80	6.20	6.60	14.60	15.90	14.20	11.80			15.90
	平均			10.32	7.69	4.97	5.52	8.95	14.53	13.06	10.73			9.47
	最低			8.70	5.10	3.20	4.40	5.40	13.40	11.45	9.50			3.20
潮差	最高			1.90	4.00	4.90	5.00	4.30	1.00	0.70	1.90			5.00
	平均			0.96	2.03	3.66	4.03	2.50	0.36	0.39	0.97			1.86
	最低			0.20	0.40	2.10	3.10	0.20	0.10	0.10	0.20			0.10

水位情况		1月	2月	3月	4月	5月	6月	7月	8月	9月	10月	11月	12月	1919年年均
1919年														
满潮	最高	10.60	10.50	12.40	10.50	10.90	10.94	14.50	13.90	12.60	11.60	11.80	11.10	14.50
	平均	8.51	9.20	9.98	9.26	9.44	10.03	11.77	12.89	11.26	10.42	9.43	8.62	10.07
	最低	5.60	7.50	7.60	7.40	7.30	8.80	10.30	11.90	10.40	8.40	6.30	3.60	3.60
干潮	最高	8.10	8.10	9.10	6.60	6.10	6.10	12.40	12.60	11.20	8.00	9.10	6.80	12.60
	平均	5.90	5.93	7.70	4.68	3.87	4.11	7.51	11.48	8.80	7.01	5.24	4.25	6.37
	最低	2.70	4.00	5.00	3.40	2.30	2.20	3.70	10.30	7.30	5.00	3.00	2.70	2.20
潮差	最高	5.50	6.00	4.50	6.30	7.80	7.80	7.10	2.20	3.80	5.20	6.60	6.50	7.80
	平均	2.63	3.30	2.91	4.60	5.56	5.91	4.25	1.42	2.47	3.43	4.20	4.40	3.76
	最低	1.00	2.00	1.20	3.90	3.80	3.90	1.20	0.70	0.70	2.00	0.50	1.30	0.50

续表

水位情况		1月	2月	3月	4月	5月	6月	7月	8月	9月	10月	11月	12月	1922年年均
					1922年									
满潮	最高				10.50	10.40	10.60	13.80	15.70	13.60	11.20	11.70		15.70
	平均				9.42	9.14	9.59	10.94	13.57	12.02	10.12	9.35		10.52
	最低				8.50	8.20	8.40	8.80	11.50	9.80	8.20	7.00		7.00
干潮	最高				5.50	5.00	4.90	12.60	15.50	11.80	8.30	7.00		15.50
	平均				3.51	3.04	3.34	6.26	11.56	9.51	6.21	4.46		5.99
	最低				2.30	1.30	1.90	2.30	7.00	6.80	4.30	1.20		1.20
潮差	最高				7.07	8.00	8.50	7.70	5.20	4.60	5.20	7.70		8.50
	平均				5.93	6.10	6.28	4.70	2.00	2.53	3.90	4.86		4.54
	最低				4.10	3.00	4.50	0.50	0.20	0.80	1.90	2.30		0.20

表 13.5　天津港水流情况　　　　　　　　　　　　单位：立方呎/秒

水流情况	3月	4月	5月	6月	7月	8月	9月	10月	11月	1922年
最高	9 550.6	8 826.9	8 826.9	5 756.6	23 752.1	28 350.0	19 417.6	9 841.5	6 912.8	28 350.0
最低	7 992.5	5 245.2	5 245.2	4 189.5	6 094.3	15 000.0	11 166.7	8 945.0	5 820.6	4 189.5
平均	8 477.3	7 396.1	7 338.7	5 298.5	10 545.0	20 178.0	14 553.1	9 320.8	6 452.0	9 951.0

表 13.6　天津港进行的挖掘作业

月份	"西河"号		"北河"号		抓斗挖泥船		合计土方量（立方米）
	工作时长（时）	土方量（立方米）	工作时长（时）	土方量（立方米）	工作时长（时）	土方量（立方米）	
3	290.000	17 470	260.000	5 860	176.000	270	23 600
4	240.000	17 250	250.000	8 624	255.000	540	26 414
5	225.000	17 800	236.150	7 360	278.000	800	25 960
6	252.000	19 410	270.300	7 745	290.000	1 250	28 405
7	243.000	19 200	235.000	6 875	145.300	780	26 855
8	259.000	13 220	249.000	5 725	234.000	1 200	20 145
9	239.000	15 715	268.000	6 970	155.000	630	23 315
10	237.000	13 545	274.300	7 655			21 200
11	224.000	9 240	290.450	4 620			13 860
总计	2 209.300	142 850	2 333.200	61 434	1 533.300	5 470	209 754

表 **13.7** 吹填作业情况

月份	"燕云"号		"中华"号		倒在河里
	工作时长（时）	土方量（立方米）	工作时长（时）	土方量（立方米）	工作时长（时）
3				23 600	
4	52．30	3 674	186．34	22 200	540
5	108．13	8 160	150．55	17 800	
6	133．46	8 705	131．38	19 700	
7	95．12	6 875	143．24	19 200	780
8	80．48	5 725	126．09	14 420	
9	117．28	6 970	126．16	16 345	
10	116．06	7 655	133．06	13 545	
11	178．15	13 860	117．33		
总计	880．98	61 624	1114．15	146 810	1320

其中 146 810 立方米在英租界，填充面积 61 624 立方米，填充在 Nan Wa（南墓洼）。

总结

雨季是个坏季节，虽然带来大量的淤泥，但仍能保持海河和闸浅滩航道，甚至还能改善。

新进口航道送请工程局。

这一点是可以有信心的，虽然我们的专家意见不同，但在不远的将来我们能够具有一条又深又坚固的航道，通过浅滩为今后要实现的目标进行极其重要的改善。

总工程师 Ing. T. Pincione

第十四篇　海河工程局 1923 年报告摘编

河道与坝航道的未来治理方案

1923 年，M. 路易丝·佩雷递交了对总工程师的建议报告，并已发表。

M. 路易丝·佩雷的独特建议如下：

（1）鉴于天津未来所具有的特殊重要性，海河工程局应举其所有物力和人力在大沽坝上开辟一条新的航道，而不是在现有资金允许的情况下在海河上进行治理工程。尽管它是有用的，但并不太急需。

（2）北岸的堤堰和南面平地上新建航道上的堤堰需要 1 350 000 两。

新真空抓斗式挖泥船，大约需要 450 000 两。

购置"新河"号挖泥船进行野外作业需要 50 000 两。

建造工程新需的设备、新车间、仓库、旱码头和河湾需要 2 191 000 两。

（3）虽然在大沽坝上挖掘出一条新的航道确实是一项新的工作，但不管怎么说，这是个聪明的做法。如可能，可将该项工程的费用，分成数年，从每年的收入中支付。

在该项工程的开始阶段，每年挖掘费约需 180 000 两。

（4）工程局财政境况是很令人满意的。尽管尚有 850 000 两的 C 债券和 D 债券需偿还，但与工程局目前超过 2 000 000 两的财产总值相比，还是少得多。在此情况下，以连续多次分期付款的方式发行 2 200 000 两的新债券，应该是没有困难的。

以目前的税收，分期偿还贷款和利息，以及支付每年的修缮和维护费用应不会遇到任何困难。在分期偿还新债券期间，应继续强征税。

（5）假定在上述工程完成后，可以预料，用不了几年，大沽坝的水深将比大沽基准面低 12 呎，在通常的高水位时，吃水量 20 呎的轮船可驶入海河。

如果海河及其位于天津以上地区的改进措施加以实施，水的总深度逐步增加到 16 呎将是毫无疑问的。

前景是美好的，在不远的将来水深可达 25 呎。届时，大型轮船可驶入海河，到达塘沽，这就为装卸货物提供了极为有利的条件。

（6）需要较长的时间才能得到十分满意的结果，这万无一失的修造大沽坝的工程将毫无疑问的证明，这些大钱花得值。

贸易的发展促使收入有效增长，使工程局能继续不断地维修河道，并采取措施利用一切可利用的设备来开展冬季航行。

董事会预算的 2 200 000 两债券可由现有的税收来提供。除非在 1934 年 12 月 31 日前偿还了未完成的 C 项和 D 项贷款，否则可不分期偿还新贷款。

自年底开始，外交团已批准在现有的规模上，自 1935 年 6 月 10 日起，增加航行税和运输税，为期 25 年。

M. 路易丝·佩雷建议发行 2 200 000 两的贷款计划将尽早提交给董事会。

为英租界墙外地区吹填

应英租界市政委员会的要求，为加快给管辖区外的地区吹填，约需 1 250 000 立方米的土来为这一地区吹填。

只要拥有足够的淤泥，董事会同意在五年内供齐此数量，但需市政委员会提供下列额外的疏浚设备：300C. M. 挖泥船，拖船，载泥驳船。

迄今，市政委员会拟以每立方米 0.40 两，而不是 0.50 两来支付这 1 250 000 立方米的价格。

万国桥

7 月领事团决定委托海河工程局制订计划，在海河上建一座新桥。为此，上级领事会给董事处寄了一封信。

天津海河工程局董事会的各位先生：

外交使团团长向天津高级领事致意，在他 7 月 20 日的来信中，已荣幸地将魏兆普在会上做的译文随信附上。在会中，中国政府对就在海河上建一座新桥，筹集资金而增加航行董事已表同意。

葡萄牙使节

北京 1923 年 7 月 26 日

魏兆普给使团长的信

Le Doyen：

我荣幸地告知阁下，已收到关于在天津建造万国桥而增加征收航行税的会议事宜。

收到阁下来函后，本部长即与财政部长进行了联系，征询他们的见解和答复。现已收到他们的答复，称此事已报上级，并已得到上级的批准。

我荣幸地将此事通知阁下，为此可采取相应的行动。

魏兆普章

外交使团团长，葡萄牙部长 J. B. de Freitas 计划暂时增征 2% 的海关进出口税作为建桥税，上述税收已于 1923 年 10 月 1 日起执行。

新桥细则已于 8 月 1 日发表，投标者需于 1924 年 5 月 1 日前与董事会联系。

总工程师 1923 年年度报告

破冰计划

自 1922 年 12 月 1 日以来，大坝航道的标记深度为大沽基准面以下 8 呎 3 吋。由于冬季不太冷，因而破冰没遇到严重困难。在整个冬季里，汽轮均可航行。

大沽坝航道

冬季的航道河床由于未进行疏浚又被填平了。

浅滩并没影响到标记深度，在 3 月恢复疏浚作业前，航道的深度一直低于大沽基准面以下 8 呎 3 吋。

3 月，浅滩沙土被移走了，坝挖泥船又开始挖掘沉积地层的泥土。我们发现，很多时候可把大块的泥土吸入漏斗即可满糟。5 月 2 日后不久，我们发现可以对航道进行精确的测量了。在测量时（此项活动需在浪静时进行），发现航道中的水流有了明显的改善。水深标记增至大沽基准水位 8 呎 7 吋。

5 月 30 日，经测量，水深标记在大沽基准水位以下 9 呎。虽然 6 月的记录说明有了进一步的改善，但在洪水不断暴涨的季节里，决定不再增加水深标记。

7 月、8 月，尽管淤泥不可避免地流入坝上，疏浚工程仍使航道的水深保持超过了三个测深线。

尽管在六个测深线进行了大力的疏浚，但淤泥还是在线间流入了河床。

由于航道不平坦，所以决定不增加水深标记。

9 月的气候总是不好，但坝挖泥船工作得很出色。9 月 27 日测量水深标记，已从大沽基准水位以下的 9 呎，提升到 9 呎 6 吋。

10 月和 11 月，情况好转得慢些，但是确很踏实。经 11 月 24 日测量，大沽基准水位以下的水深标记已达 10 呎。

在水深标记的测深线就有一段余地,特别是在中位轴线,竟达 1 呎。

应该承认,在这个季节,水暴涨得不太厉害,但在疏浚坝航道以增加水深方面所取得的成绩是巨大的。7—8 月,疏浚线内所记录的淤积情况是不会错的,证明暴涨和水浪所造成的危害是巨大的。但疏浚工程显示出了巨大的优势,保住了水的深度。

至于水流,从记录上看,低潮时水的方向和坝航道一致。据测量,水的流速为每秒 4 呎。

这当然是所盼望的情况,因为航道被埋置了 6 呎多,就是在低潮时也有 4.5 呎。我们得到的结论是,尽管正式航道与涌向大沽坝的潮汐波的流向并不完全一致,但它与优势的条件和所采取的疏浚方法是相协调的。在此,再重复提一下是恰当的,即在没有有效地防护河流进口弯道的情况下,是无法建立起牢固的航道的。

修建此项防护工程需巨额的经费,其结果远不如在南面平地上开辟一条崭新的航道,使水通过坝直接流入。

M. 路易丝·佩雷这位老练的工程师经与海河工程局董事会磋商后,确定该项工程的整体规划和各项细节。

兹将今年坝航道的疏浚工程成绩总结如下:

实际工作时间 2 474 小时。

向深水区排泄泥沙 1 211 漏斗。

漏斗的排泄量估计为 300 000 立方米。

根据 1922 年与 1923 年的调查对比,航道各区段的宽度均超过 450 呎,土方量几乎增加了近 200 000 立方米,挖掘出的固体物体约为 1 000 000 立方米,其中装入漏斗内的只有 300 000 立方米,其余的 700 000 立方米都排泄了。既不可能查到流入航道的数量,又搞不清排入激流中的数量。有一点是肯定的,即泥浆中的沙粒在抽取过程中被分解了。如果沙子重新又深入航道的话,航道的河床早已被覆盖了。现在看来,情况并不是这样,因为河床一直是松软的。唯一的可能性是,近乎整个的数量,再加上 100 000 立方米(根据调查,装入漏斗和掉出来的数量),就是全年重新积淤的总数量,这包括直接沉淤、波浪作用和沿航道沙滩上滑入的数字。根据上述计算,该工程的效率后来有限。当我们考虑到,在涨水和泥沙猖獗的季节里,在流动的土泥中进行疏浚,并使航道的深度再加深两米时,情况并非如此。可是当我们考虑到,在狂风暴雨中,在像大沽坝那样的开阔处,在充分保障人们生命财产的情况下,进行此项工作时就绝不能说效率有限。

别的任何类型的挖泥船均不能干得比该船更好,或更有效率。

人们可以确信,在新航道或沉积岩泥中挖掘第一条沟时,挖泥船的效率将要高得多。

航道全年变化情况表 14.1 所示。

表 14.1　全年航道变化情况

单位:呎

变化情况	1 月	2 月	3 月	4 月	5 月	6 月	7 月	8 月	9 月	10 月	11 月	12 月
标记深度	8.3	8.3	8.3	8.9	9.0	9.0	9.0	9.0	9.6	9.0	10.0	10.0
变化日期				7 日	30 日				30 日		24 日	

变化情况		1月	2月	3月	4月	5月	6月	7月	8月	9月	10月	11月	12月
最小深度	北线	8.25	8.25	8.25	8.9	9.3	9.3	9.3	9.3	9.5	9.5	10.0	10.0
	中线	9.5	9.5	9.5	10.0	9.5	9.5	9.5	9.5	10.7	10.7	10.8	10.8
	南线	8.25	8.25	8.25	8.9	9.0	9.0	9.0	9.0	9.9	9.9	10.5	10.5
估计平均深度	北线	9.0	9.0	9.0	9.6	10.0	10.0	10.0	10.0	10.3	10.3	11.0	11.0
	中线	10.5	10.5	10.5	11.6	11.0	11.0	11.0	11.0	12.0	12.0	11.7	11.7
	南线	9.5	9.5	9.5	10.0	10.5	10.5	10.5	10.5	10.5	10.5	11.3	11.3

坝的年度测量

从测量结果可看出浅滩线向海移动，北岸无突出。与 1919 年的测量结果相比，河口向海移动了近 120 呎，与去年相比移动了 20~30 呎。航道的主线方向保持得很好，深凹处和外端的全面主航线均很好地汇聚于航道处。

没有迹象表明，挖的泥土向航道南岸移动。总之，所有问题有待于今后解决。

河道

每年河道的测量结果可表明，沿河道各区段都在继续增长。

与不同的年度测量结果相比可以看出，在河道的下游区段增长的百分比一年比一年大。自从大教堂裁弯以来，上游区段也相应有所增长。自 1918 年开挖以来，大教堂裁弯的河床已冲刷了 7 呎，老支流淤塞了 8 呎深。北运河部分复原后，北运河的淡水又重新流入海河，这样天津河区各段的保养将得到很大的促进。

在通常的高水位（高出大沽基准水位 8 呎），通航的水道可达下列深度。

奥租界桥到租界下段的水深为 18 呎 5 吋。

租界下段到坟地弯道裁弯处的水深为 17 呎。

故地弯道裁弯处到第三裁弯处的水深为 17 呎。

第三裁弯处到第四裁弯处的水深为 18 呎 5 吋。

第四裁弯处到石头河道的水深为 21 呎。

石头河道到葛沽河道的水深为 22 呎。

葛沽河道到咸水沽滩河道的水深为 21 呎。

咸水沽滩河道到新河河道的水深为 24 呎。

新河河道到炮台河道的水深为 25 呎。

炮台河道到塘沽河道的水深为 27 呎。

塘沽河道到大沽河道的水深为 20 呎。

沿坝航道的水深为 18 呎。

在天津地段，通常的高水位总比坝高 1 呎，凡是吃水 18 呎深且能通过坎的轮船，均能顺河安全驶抵天津。据记载，春潮可将上述水深增加近 2 米。

1914 年和 1918 年观察到的河潮冲击在 1923 年 6 月 29 日春潮时又观察到了。在上述时刻，我们没有存侥幸心理。由于在观测期间刮起了强劲的西北风，大沽水位上升较少。这影响了观测，因此，观察的结果只能认为是近似的。

在下列地点同时进行了流量观测：

（1）大沽北要塞。

（2）天津比租界码头。

（3）南运河汇合处。

（4）北运河汇合处。

西河汇合处

为了核对流量观测，采用同一规格的验潮仪对沿河的进潮量进行测量。

所有支流的淡水量仅为每秒 500 立方呎。

下面测量的数量把进潮量计算在内。

要塞的流出量在低水位时，为每秒 93 507 000 立方呎。

在高水位时，北要塞的流入量为每秒 760 030 000 立方呎。

北要塞处于低水位后（在大沽潮水时），流到比利时租界码头的流量为 80 814 000 立方呎。

北要塞处于高水位前（在大沽潮水时），比利时租界码头流出的流量为 33 609 000 立方呎。

因此，进潮量为 713 728 000 立方呎。

经直接测量，把老河支流以及运河拥有的 80 000 000 立方呎的容量加在一起，进潮量应为 793 728 000 立方呎。

北要塞在洪水期的强潮流量为 1 002 164 000 立方呎，其中的 24 213 400 立方呎是在高水位流入北要塞的。

在洪峰时，天津港的新潮流量为 179 549 000 立方呎。

比利时租界到红桥区段流入海河的量为 67 500 000 立方呎。

红桥到观测站流入西河的量为 4 608 000 立方呎。

红桥到观测站流入北运河的量为 1 872 000 立方呎。

流入南运河的量为 8 426 000 立方呎。

东站上段流入北运河的量为 39 613 000 立方呎。

东站段流入西河的量为 27 241 000 立方呎。

新开河六个泄水道的排出量为 30 289 000 立方呎。

总计 179 549 000 立方呎。

落潮时观测的数据为：

在观测站上段，从西河泄出的水量为 45 770 000 立方呎。

在观测站上段，从北运河泄出的水量为 54 783 000 立方呎。

从南运河泄出的水量为 10 190 000 立方呎。

西河从东站到红桥的总泄量为 4 800 000 立方呎。

北运河从东站到红桥的总泄量为 1 950 000 立方呎。

海河从红桥到比利时租界的总泄量为 69 300 000 立方呎。

总数为 186 793 900 立方呎。

海河水位情况见表 14.2、表 14.3、表 14.4。

表 14.2　天津港附近水流观测　　　　　　　单位：立方呎/秒

	3 月	4 月	5 月	6 月	7 月	8 月	9 月	10 月	11 月	1923 年
最大量	12 722.20	9 331.10	7 071.80	—	10 557.60	15 382.30	13 846.20	8 978.40	7 424.50	15 382.30
最小量	12 183.10	5 966.20	6 202.70	—	5 932.20	11 106.00	10 273.30	7 235.00	5 333.40	5 333.40
平均	12 067.20	7 925.30	6 570.50	—	8 291.70	13 314.90	11 791.20	8 228.00	6 764.90	8 983.79

表 14.3　河口、海河工程局机械制造厂水位变化情况（以大沽基准水位为标准）　　单位：呎

水位情况		1 月	2 月	3 月	4 月	5 月	6 月	7 月	8 月	9 月	10 月	11 月	12 月	年均
河口														
高水位	最高	9.30	10.10	9.40	18.40	10.40	10.40	10.90	11.80	11.30	19.50	10.60	9.50	19.50
	平均	6.65	7.49	7.90	8.60	8.95	9.14	9.25	9.74	9.35	8.50	7.37	6.95	8.32
	最低	3.10	4.30	5.10	4.40	5.70	7.10	7.50	7.70	7.00	4.40	3.00	4.30	3.00
低水位	最高	2.60	0.40	3.70	4.70	4.00	4.50	4.20	5.90	7.90	4.10	4.10	3.20	7.90
	平均	0.05	0.23	0.50	0.90	1.19	1.44	2.00	1.86	1.62	1.06	0.60	0.13	0.97
	最低	-1.90	-1.50	-1.60	-1.20	-0.70	-0.70	-0.10	-0.60	0.50	-1.50	-2.00	-2.40	-2.40
潮差	最高	9.60	10.10	9.70	10.60	10.70	10.70	10.50	11.10	10.20	11.30	10.60	10.60	11.30
	平均	6.60	7.26	7.40	7.70	7.76	7.50	7.25	7.86	7.73	7.44	6.77	6.82	7.34
	最低	0.40	2.20	3.80	4.10	3.10	3.80	3.30	3.80	3.10	2.80	2.76	2.70	0.40
海河工程局机械制造厂														
高水位	最高	10.60	11.20	10.91	11.10	10.40	10.30	11.60	12.90	12.30	12.20	10.70	10.30	12.90
	平均	7.60	8.66	9.51	9.48	9.36	9.50	9.84	11.60	11.00	9.77	8.59	7.87	9.40
	最低	3.80	6.00	7.10	8.10	6.20	8.70	8.40	10.20	9.40	6.30	4.90	4.30	3.80
低水位	最高	9.00	6.10	6.50	5.70	4.70	4.70	5.40	7.90	8.40	5.74	5.70	4.80	9.00
	平均	3.10	2.72	3.97	3.45	2.77	2.77	3.40	5.59	5.79	4.33	3.32	2.66	3.66
	最低	0.60	0.60	1.40	1.00	0.40	1.00	1.50	3.50	4.10	1.70	0.50	1.00	0.40
潮差	最高	7.80	7.90	7.20	8.20	8.40	8.40	8.30	8.10	6.80	7.70	7.80	7.60	8.40
	平均	4.46	5.93	5.54	6.03	6.59	6.73	6.44	6.01	5.21	5.44	5.27	5.21	5.74
	最低	0.70	1.10	3.50	4.40	2.20	5.20	4.60	4.00	2.80	2.80	2.90	2.10	0.70

表 14.4　红桥水位情况（以大沽基准水位为标准）　　　　　单位：呎

水位情况		1 月	2 月	3 月	4 月	5 月	6 月	7 月	8 月	9 月	10 月	11 月	12 月	年均
1914 年														
高水位	最高			12.49	11.70	9.70	10.70	14.90	16.00	14.60	12.80			16.00
	平均			11.29	9.73	8.63	9.56	11.46	14.87	13.47	11.71			11.34
	最低			10.60	8.90	7.30	8.90	9.10	13.00	12.05	10.50			7.30

水位情况		1月	2月	3月	4月	5月	6月	7月	8月	9月	10月	11月	12月	1914年年均
							1914 年							
低水位	最高			11.70	9.80	6.20	6.60	14.60	15.90	14.20	11.80			15.90
	平均			10.32	7.69	4.97	5.52	8.95	14.53	13.06	10.73			9.47
	最低			8.70	5.10	3.20	4.40	5.40	13.40	11.45	9.50			3.20
潮差	最高			1.90	4.00	4.90	5.00	4.30	1.00	0.70	1.90			5.00
	平均			0.96	2.03	3.66	4.03	2.50	0.36	0.39	0.97			1.88
	最低			0.20	0.40	2.10	3.10	0.20	0.10	0.10	0.20			0.10

水位情况		1月	2月	3月	4月	5月	6月	7月	8月	9月	10月	11月	12月	1919年年均
							1919 年							
高水位	最高	10.60	10.50	12.40	10.50	10.90	10.94	14.50	13.90	12.60	11.60	11.80	11.10	14.50
	平均	8.51	9.20	9.98	9.26	9.44	10.03	11.77	12.89	11.26	10.42	9.43	8.62	10.07
	最低	5.60	7.50	7.60	7.40	7.30	8.80	10.30	11.90	10.40	8.40	6.30	3.60	3.60
低水位	最高	8.10	8.10	9.10	6.60	6.10	6.10	12.40	12.60	11.20	8.00	9.10	6.80	12.60
	平均	5.90	5.99	7.07	4.68	3.87	4.11	7.51	11.48	8.80	7.01	5.24	4.25	6.33
	最低	2.40	4.00	5.00	3.40	2.30	2.20	3.70	10.30	7.30	5.00	3.00	2.70	2.20
潮差	最高	5.50	6.00	4.50	6.30	7.80	7.80	7.10	2.20	3.80	5.20	6.60	6.50	7.80
	平均	2.63	3.30	2.91	4.60	5.56	5.91	4.25	1.42	2.47	3.43	4.20	4.40	3.76
	最低	1.00	2.00	1.20	3.90	3.80	3.90	1.20	0.70	0.70	2.00	0.50	1.30	0.50

水位情况		1月	2月	3月	4月	5月	6月	7月	8月	9月	10月	11月	12月	1923年年均
							1923 年							
高水位	最高			11.30	11.60	10.70	10.40	11.90	13.60	12.80	11.50	11.0		13.60
	平均			10.42	9.02	9.64	9.92	10.07	12.09	11.40	10.08	9.14		10.20
	最低			9.60	6.50	6.50	9.00	9.00	10.20	9.30	6.70	5.90		5.90
低水位	最高			8.00	6.90	5.20	4.90	6.60	9.80	9.50	7.80	7.00		9.80
	平均			6.54	4.31	3.27	3.06	3.91	7.79	7.91	5.05	4.90		5.19
	最低			5.20	2.00	0.90	1.20	1.70	5.30	5.80	3.80	2.90		0.90
潮差	最高			5.00	8.60	8.40	8.50	8.30	6.50	4.90	5.90	7.10		8.60
	平均			3.87	5.54	6.37	6.86	6.15	4.30	3.49	5.03	4.24		5.09
	最低			2.30	2.50	3.60	5.20	4.30	2.40	1.50	1.60	2.10		1.50

注：1902—1918 年的观测结果显示潮汐观测办公室进行检测的检测仪不受工程局控制。自 1919 年以来，我们所进行的观测是在海河工程局下游 1~8 英里处，今后仍将这样做。

20 000 000 立方呎是从支流中排出的淡水。

由于在比利时租界退潮时的总泄出量为 189 703 000 立方呎，这就证明新开河的六个泄水道没有从海河排出任何水，这是由于金钟河（新开河排泄的河流）落潮的阻滞。据观测，最大表面流速为：

北要塞涨潮时最大表面流速为每秒 4.76 呎。

比利时租界涨潮时最大表面流速为每秒 3.37 呎。

比利时租界落潮时最大表面流速为每秒 2.95 呎。

南运河涨潮时最大表面流速为每秒 1.40 呎。

南运河落潮时最大表面流速为每秒 1.54 呎。

北运河涨潮时最大表面流速为每秒 2.42 呎。

北运河落潮时最大表面流速为每秒 2.16 呎。

西河涨潮时最大表面流速为每秒 1.60 呎。

西河落潮时最大表面流速为每秒 2.19 呎

各地段的平均速度（用来计算输出量）为：

北要塞涨潮时年均速度为每秒 2.69 呎。

比利时租界涨潮时年均速度为每秒 2.07 呎。

比利时租界落潮时年均速度为每秒 1.76 呎。

南运河涨潮时年均速度为每秒 0.89 呎。

南运河落潮时年均速度为每秒 1.20 呎。

北运河涨潮时年均速度为每秒 1.44 呎。

北运河落潮时年均速度为每秒 1.52 呎。

西河涨潮时年均速度为每秒 0.94 呎。

西河落潮时年均速度为每秒 1.24 呎。

上述数据与 1919 年 6 月 29 日的观测结果相比，其活动情况给了我们一个公正的概念，并可供我们将来参考。

坟地弯道裁弯上游

1921 年坟地弯道裁弯上游开工，于 1923 年 10 月 29 日完工，并投入运输。对裁弯引道的上游和下游进行了必要的疏浚，以使在河道新定线自然适应前航行不会遇到困难。在菜园河段和裁弯相交处的地方，修建了两个用双排连接起来的高粱秆所建的护面，内部填土的堤墙阻止老支流的水流中断裁弯。此项工程将河流缩短了 5 000 呎。在这个地区，清除了四个弯道，航行非常有利。潮汐亦不可更好扩散，在冬季更易将破冰排泄。表 14.5 是对裁弯进行疏浚作业的总结。

表 14.5 "新河"号在坟地弯道裁弯工作的情况

月份	1921 年		1922 年		1923 年		土方量（立方米）
	工作时长（时）	土方量（立方米）	工作时长（时）	土方量（立方米）	工作时长（时）	土方量（立方米）	
3			235.30	19 800	198	12 800	32 600
4			272.30	23 000	280.30	28 500	51 500
5			310	31 387	315	30 200	61 587
6	152.20	8 000	308	28 276	323.50	25 000	61 276

月份	1921 年		1922 年		1923 年		土方量（立方米）
	工作时长（时）	土方量（立方米）	工作时长（时）	土方量（立方米）	工作时长（时）	土方量（立方米）	
7	345.40	27 200	180.40	13 900	288.30	26 700	67 800
8	333.30	28 000	273	24 200	291.30	30 800	83 000
9	294.30	28 300	319	34 369	239.30	24 500	87 169
10	318	30 905	304.15	28 860	362	30 000	89 765
11	112.30	9 425	286	18 120	—	—	27 545
12	176.30	16 200	—	—	—	—	16 200
总计	1 733	148 030	2 488.55	221 912	2 298.50	208 500	578 442

疏浚和吹填作业

为使新裁弯引道上的发电厂进行工作，对天津港的疏浚作业数量要求很严格。用一艘大的破冰船把新裁弯的驳船拖到天津被认为是很方便的。疏浚作业情况如表 14.6、表 16.7、表 14.8、表 14.9 所示。

表 14.6　"西河"号挖泥船 1923 年疏浚作业情况

月份	港口		坟地弯道裁弯以外地段		坟地弯道裁弯		总计		倾倒土方量（立方米）
	工作时长（时）	土方量（立方米）	工作时长（时）	土方量（立方米）	工作时长（时）	土方量（立方米）	工作时长（时）	土方量（立方米）	
3	198	1 968					198	1 968	
4	259.30	15 296					259.30	15 296	
5	227.20	17 280					227.20	17 280	
6	4	256	189.45	12 985			193.45	13 241	
7			170.25	11 515	72	4 375	242.25	15 890	
8			263.20	17 160			263.20	17 160	920
9			56.50	3 605	179.40	10 745	236.30	14 350	
10			5.40	360	265.25	10 075	271.15	10 435	12 480
11			203.20	15 280			203.20	15 280	15 280
总计	688.50	40 800	889.20	60 905	517.5	25 195	2095.15	87 192.65	28 680

表 14.7　"北河"号挖泥船 1923 年疏浚作业情况

月份	港口		坟地弯道裁弯		总计		倾倒土方量（立方米）
	工作时长（时）	土方量（立方米）	工作时长（时）	土方量（立方米）	工作时长（时）	土方量（立方米）	
3	207.30	5 538			207.30	5 538	
4	269.30	7 350			269.30	7 350	
5	203.20	6 841			203.20	6 841	

月份	港口		坟地弯道裁弯		总计		倾倒土方量（立方米）
	工作时长（时）	土方量（立方米）	工作时长（时）	土方量（立方米）	工作时长（时）	土方量（立方米）	
6	270.8	864			27.8	864	
7							
8	113.20	3 776			133.20	3 776	
9			138	3 320	138	3 320	3 320
10			364	3 330	364	3 330	5 490
11	201	6 201	38	960	239	7 161	960
总计	1 264.48	30 570	540	7 610	1 804.48	38 180	9 730

表 14.8　1923 年抓斗挖泥船作业情况

月份	港口		坟地弯道裁弯		总计		向港口倾倒土方量（立方米）	向河中倾倒土方量（立方米）
	工作时长（时）	土方量（立方米）	工作时长（时）	土方量（立方米）	工作时长（时）	土方量（立方米）		
3	119	304			119	304	80	
4								
5	45	224			45	224		
6	10	80			10	80	80	
7	51	240			51	240	240	
8	50	200			50	200	200	
9	20	80	73	240	93	320	80	240
10	160	32			160	32		
11	14.30				14.30			
总计	469.30	1 160	73	240	540.30	1 400	680	240

表 14.9　1923 年吹填作业情况

月份	"燕云"号		"中华"号		向河中倾倒总量（立方米）
	工作时长（时）	土方量（立方米）	工作时长（时）	土方量（立方米）	
3	—	—	131	13 728	80
4	83.50	6 870	124.40	15 776	
5	6.30	540	197	23 805	
6	—	—	139.10	14 105	80
7	—	—	166.30	15 890	240
8	313.30	20 016	—	—	1 120
9	179.50	15 195	12.10	1 155	3 640
10	193.50	10 639	1.30	160	17 960
11	50	4 380	120	14 912	16 240
总计	827.30	57 640	891.50	99 531	39 360

表 14.10 列示了"新河"号在坟地弯道的裁湾工作情况。

表 14.10 "新河"号在坟地弯道裁弯工作情况

月份	1921 年		1922 年		1923 年	
	工作时长（时）	土方量（立方米）	工作时长（时）	土方量（立方米）	工作时长（时）	土方量（立方米）
3			235.30	19 800	196	12 800
4			272.30	23 000	280.30	28 500
5			310	31 387	315	30 200
6	152.20	8 000	308.30	28 276	323.50	25 000
7	315.40	27 200	180.40	13 900	288.30	26 700
8	233.30	28 000	273	24 200	271.30	30 600
9	294.30	28 300	319	34 269	239.30	24 500
10	315	30 905	304.15	28 860	362	30 000
11	112.20	9 425	286	18 120	—	—
12	118.10	10 200	—	—	—	—
总计	1 541.30	142 030	2 489.25	221 812	2 276.50	208 300

新设备

3 月公布了下列疏浚设备的详细规格，并进行了招标。

（1）一艘额定功率 400 马力的双螺旋桨拖船。

（2）一艘 130 厘米固定式多斗挖泥船，从船边将挖出的泥装入驳船。

（3）两艘自卸泥驳船。

中标者是：

（1）Kianguan 船坞和工程二厂的先生们。

（2）J. 桑柯罗夫特和 K. 史密斯。

（3）东方工程工厂的先生们。

12 月 5 日，到港的"公凌"号拖船，规格如下：

全长为 100 呎。

压制宽度为 20 呎。

压制深度为 9 呎。

其吃水为 5 呎 3 吋。

水压可使吃水量增至 7 呎。

按英国公交车的特殊鉴定建造的。

试验船速可达 11~15 海里/小时。

锅炉的直径为 12 呎 6 吋，长度为 10 呎 6 吋。

工作压力为 130 磅。

受热面为 1500 平方呎，护拱区为 45 平方呎。

倒转的引擎为 $\dfrac{12-25\ \text{吋}}{15\ \text{吋}}$，每套为 200 额定电压。

经检查和实验证明该船建造精良，令人非常满意。

（4）邀请了投标者，把建造高速检验汽艇的订单交给了 J. 桑柯罗夫特先生及其有限公司。该艇已运抵目的地。但在实验前，由于产生了一些变更，所以并没进行移交。

综述

不管是对河道，还是对拱江工程来说，这都是个忙季，但成绩是非常令人满意的、使人受到鼓舞的。现在，吃水 18 呎的船在通常高水位的情况下均可驶进天津。

今年发生的最重要的事情是研究讨论法国著名的老练工程师 M. 路易丝·佩雷提出的将来的改建计划，他是专为此事来的。

佩雷除了更详细地研究了延长第四裁弯的建议外，还采纳了我们所有的建议和观点。

关于大沽坝永久航道的新计划，不论总纲和细则，佩雷表示完全支持。

总工程师 Ing. T. Pincione

第十五篇　海河工程局 1924 年报告摘编

大沽坝永久航道

5 月 8 日在戈登堂会议厅举行了一次董事会议，向董事会提交了下列备忘录：

因为出席者中有一些可能对董事会同海河工程局的关系不太熟悉的人员，在考虑今天遇到的问题前，我认为将该机构的权利告诉大家是适当的。

当 1908 年改善河道和坝的计划（众所周知的 B 项计划）在讨论时，总商会和船舶公司就提出了接受该计划的一个条件，那就是成立一个由下列人员组成的董事会。

商会三个代表。

船舶公司三个代表。

海河工程局三个代表。

兹规定该团体的权限包括只要有该团体的四个成员出席，即可召开董事会会议。

（1）如果发生任何被称为严重违背 B 项计划规定的纲要，该纲要定于 1908 年 4 月 15 日，非正式会议摘要加以阐述，并决定采取关于此项违背该纲要的政策。

（2）对于扩展纲要所提的建议，可做出决定。

（3）对河道、坝的管理和改善等方面的政策、办法和措施等问题进行磋商，并提出建议。

（4）对于一段和二段的范围内的问题，以及所有的事情，按多数人意见裁决。

（5）只要还在继续征收为落实 B 项计划以及为此所规定的条件而设置的船舶税和河税，董事会将一直存在下去。

B 项计划已全面实施，现需弄清港口贸易和航运的效益是否与工程局将来的工作活动、发展目标相一致，还有仅限于维持现状。

因此，董事会要求总工程师准备一份《海河和坝航道今后改进情况》的报告。该报告已于 7 月印刷，各位与会者肯定已研究过。鉴于总工程师的建议（建议在大沽坝上修建一条永久航道，以便使吃水量 20 呎的轮船能在通常高水位时驶进天津）需要巨大的花费，董事会认为，最好能有另外的主张。为实现此目标，法国著名工程师 M. 佩雷，被邀前来天津研究此问题和报告。你们手中都有佩雷的报告，你们会看到他已采纳了平赛恩的建议。他现在更加确认水深可达 25 呎的航道。选择目前这条航道的理由已在报告中作了详述，我无须再谈了。同样，对在航道中修建一条其内端与现有航道一致的永久性航道的好处，再进行强调也是多余的了。

佩雷需急办的工作计划包括:

(1)坝航道堤需要 1 350 000 两。

(2)漏斗式挖泥船需要 450 000 两。

(3)"新河"号挖泥船所需的锚和船需要 50 000 两。

(4)车间和船坝需要 341 000 两。

现在谈一谈有关财政的所有重要问题。

董事会要求你们在审定所确定的财政许可证时,考虑增加 2 200 000 两的债券,用以实现上述计划工程。

在现在课税的范围内,收入超过支出的数量是足可供应此债券的。这是以到 1934 年才开始分期偿还,尚未还债的债券为条件的。

为修建坝航道,目前董事会只能承担 1 400 000 两的费用,延期发行关于购买挖泥船和建车间的债券,直到能确认财务状况的改进为止。

1915—1923 年,收入是破裂而不是一再发生的,支出达 1 112 000 两。此数字包括挖泥船和坟地弯道裁弯。因此,这 8 年使人吃惊的平均支出为 139 000 两。在此期间,1915—1917 年的收入异常可怜。

从报告来看,好像关于这条河并没有什么大的计划中的工程,疏浚工程(当新船到达时)将会完成,预见的目的定能达到。

除了维修和备件外,工程上没什么需提前使用的支出。

董事会建议,每年用 139 000 两的盈余,为在大沽坝上修建永久航道提供债券。此数目应达到 1 400 000 两的初步债券数额。为了在不久的将来使塘沽能像期望的那样发展,我们希望收入能有新的可观的增长。华北的政治形势稳定,每年为所建议的债券提供足够的资金应该是没有什么问题的。

1 400 000 两债券一年的利息不会超过 98 000 两,这样,还会有一笔可观的差额提供使用,可以暂时降低收入。

董事会已通过高级领事获得外交团的批准,将工程局目前征收税的期限从 1935 年 1 月 1 日起延长 25 年。

董事会现正寻求会议认可,将工程局的工程计划加以扩大。这个工程计划在总工程师与佩雷的报告中已详细述及。

我应提一下,董事会最近抓住机会购置所需的船坞附加设备。把车间和船坞加以修建,以满足我们的需要。这要比在坟地弯道裁弯的岸上,按原来建设的那样,建造同样多的东西经济得多。这样,原先要建造车间和船坞所需的 341 000 两就不需要了。然而,我们最多准许增加 220 000 两,以便留有余地,以备计划工程和其他项目的开支,防止预算起支。

我认为,工程局在过去工作中所取得的成就使我们对未来充满了信心。在 1908 年的计划中,希望吃水 14 呎的轮船能通过坝抵达天津。今天,我们航道的水深标记在通常水位时已达 17 呎,吃水量 17 呎的轮船能直抵港口。自从秋天坟地弯道裁弯开工以来,河道航行已有了相当大的改进。

七里河系统改进工程委员会现正忙于将北运河的低水位恢复到其原来的水平。对海河来说,这是件重要的工作。在过去几年里，董事会一直不断地抓这项工作的实施。海河的支流正受到主河道的影响的事实使我们充满信心，将来这项支流可对海河起到一定的分洪作用。

我们总工程师的想法得到了佩雷的支持。他确信，如果开辟永久航道的计划得以实现，吃水量达 20 呎的轮船就可穿过坝直达天津。如再增加一条抓斗式挖泥船，佩雷认为，航道内可航行吃水量达 25 呎的轮船。

天津是一个前进的、发展很快的港口，这其中工程局的工作起了不小的作用。作为一个人员不断变动的机构，海河工程局董事会这样讲并不是公然的自我赞美。我们很高兴，在我们的雇员中，有像总工程师这样优越的人才。我们充满信心，现在我们面前的这些建议都是经过与杰出的工程师的磋商，并得到绝对的同意和肯定的。如同我们在这里一直取得的成功一样，会取得成功的。

下面的决定是在 J. H. 利托赞成下，由 E. 桑赛提议，并取得一致同意后才执行的。

海河工程局特此决定发放总数不超过 200 000 两的债券。此款由现在收取的河税和船舶税款来提供，用来在大沽坝上建造一艘永久河航道，购买一艘大坝挖泥船，并适当装备工程局工厂的修理车间和船坞设施。

根据此决定，制订如下计划：

1924 年，购买新河船舶修造厂和车间，在大沽南北的地上，承包实验堤。

1925 年，发行债券，购置航道堤所需的材料，为即将开展的活动做准备，把新河船舶修造厂和车间准备好。

1926 年，建造航道堤。

1927 年，购置深洞截流堤需要的材料，疏浚航道的第二条沟，修筑北平地堤，完成新河船舶修造厂的修建。

1928 年，完成堤坝的修建和结束疏浚工程。

购置新河船舶修建厂和车间，以及建设实验堤坝的多项工作已经完成。

已着手安排债券，收集今年所需的材料。由于夏天洪水的干扰，工程局的精力本年度是否应用在维护现有的坝航道上，尚无法定下来。直到 9 月中旬，当发现坝航道的情况并不那么严重，不会影响计划的永久航道建设时，才做了安排。北方竟意外地发生了战争。随之，铁路交通遭到破坏，无法安排运输所需要的材料。

1925 年是否能按计划规定去执行，完全依赖于正常铁路交通的重建。

英租界墙外地区的吹填作业：

今夏河水反常地暴涨，导致吹填作业于 7 月 17 日停止下来。暴涨的河水把河床冲刷得很严重，不可能预计来年什么时候才能积聚足够的泥土，以继续进行充填。

今年新的 300 厘米的"高林"号挖泥船运到后，进行了装配，并办理了交接。另外两条漏斗式挖泥船也建造完毕，并进行了移交。

万国桥

17 名为万国桥提供 31 个不同设计方案的投标者受到了接待，并于 5 月 1 日开标。

通过地方代理人奥利维尔及其公司经办，ETablissements Dayde 和 Seheider S Cie 提供的 Scherzer 滚动提升桥被选中的原因已在总工程师的报告中加以阐述。

按照领事团委托海河工程局制定的，在海河上建造新桥计划中规定的条件，选择的新桥规划已送交领事团，并在以下互通的信件中得到了领事团的批准。

> 天津 H. B. M 总领事和高级领事 W. P. 克尔
>
> 1924 年 6 月 11 日　天津

先生：

按照领事团委托海河工程局董事会建造新万国桥所规定的条件，我荣幸地向您寄送我向董事会建议订购的桥计划，同时向您寄送 7 份总工程师报告。总工程的报告是以董事会同意建造这座特定的桥为基础的。

致礼！

> 秘书 F. Hussey-Freke（签名）
>
> 1924 年 6 月 14 日　天津

先生：

对您本月 11 日关于新万国桥事的来信复函，谨通知您贵董事会建议订购桥的计划已提交给领事团了，并已得到了一致的同意。

致礼！

> H. B. M 总领事和高级领事 W. P. 克尔

征用法租界和前俄租界土地的事已安排妥当。

建桥和征地费用大约需 1 177 000 两，其中包括拆毁现存桥的费用。

新桥将于 1927 年春天建成。

总工程师 1924 年的报告

关于洪水的报告：

7 月 21 日，永定河和潮白河的河水暴涨，迎来了今年的雨季。7 月 13 日，据报告，永定河流经卢沟桥的流量为每秒 3 500 立方米，潮白河的流量也超过每秒 3 000 立方米。开创了该河的纪录。

拿潮白河来说，苏庄段的溃决，使暴涨的洪水通过沟河流入宝坻区，并随即把宝坻淹没，然后经北塘河流入海泽。而永定河的洪水正相反，经北运河从北仓流入天津海河。

往年，永定河三角洲的河堤是很差的，一遇洪水就要决堤，泛滥的水随即把平原的北部淹没。

了解到上述地区的堤岸今年已得到村民们的加固，我认为上面提到的洪峰可能于 7 月 16 日到达北运河在北仓的汇合处。如果情况果真如此，海河会被严重淤浅，将不能容纳滔滔的流水，洪水将会严重泛滥。

7 月 13 日，据报告称，大清河系统的流量增加到每秒 8 500 立方米。当时未收到于牙河和渭河系统的大雨报告。

7 月 13 日下午 6 时，在葫芦堡，卢沟桥北面 16 公里处，永定河北堤决口。尽管永定河的水位在增长，但决口把情况完全改变了，暂时挽救了北京、天津和海河。

永定河在开始时向海河排泄了大量的淤泥，在第三裁弯和浦口码头的前面堆起了很高的浅滩。

第二次的浅滩是最坏的一次，将水深增加到−7 呎。后来才开始冲蚀，这样一来，轮船的吃水量降到 15 呎。

永定河北岸决口后，随之又有三处决口，每秒高达 4 600 立方米。它和卢沟桥流速达 4.5 米的洪水全部流入平原后，与大清河系统相汇合。

据报告，7 月 14 日，西部平原水的流量为每秒 19 900 立方米。在这样的情况下，考虑到成百上千的人在阻止洪水灌入文安洼（能容纳几十亿立方米水的凹地），我认为天津受到洪水的严重威胁，当局应准备将洪水排入其他河流，而不是排入海河。每秒流量超过 1 000 立方米即可严重威胁到海河的河床和堤岸。

大风和雨一直不断地降落在集水地区。

北京报来的降雨量如下：

7 月 7 日的降水量为 41.9 毫米。

7 月 8 日的降水量为 29.9 毫米。

7 月 9 日的降水量为 46.4 毫米。

7 月 10 日的降水量为 18.3 毫米。

7 月 11 日的降水量为 0.0 毫米。

7 月 12 日的降水量为 87.8 毫米。

7 月 13 日的降水量为 24.8 毫米。

7 月 14 日的降水量为 0.0 毫米。

7 月 15 日的降水量为 91.0 毫米。

7 月 16 日的降水量为 147.0 毫米。

下面是七里河委员会的记录：

Ling Ming Kuan 在 33 小时内的降雨使河水暴涨 23 呎 4 吋。

Shun Te Fu 在 32 小时内的降雨使河水暴涨 18 呎 2 吋。

苏庄在 9 小时内的降雨使河水暴涨 8 呎 93 吋。

北京在 24 小时内的降雨使河水暴涨 9 吋。

Cheng Te Fu 附近在 18 小时内的降雨使河水暴涨 17 呎 7 吋。

这样的记录是没有想到的。因为在这里，每年降雨量达 24 吋，被认为是充足的。

当七里河工程局其他成员不在时，我认为我的责任是警告海河工程局有危险，并建议采取有关的预防措施，以防止洪水来犯。

7月20日，现有的七里河工程局成员和其副主席罗斯一起，与当局进行了接触，建议预防洪水排入天津西部平原。

此时，围绕天津租界西部的内防护堤进行了修复，并封闭了需封闭的地方。

地方当局发现不能实施所建议的措施，即经西河和南运河堤开一个泄洪道，遂决定加高天津河堤，以阻挡洪水。

后来，水位继续增长，直到第六堡的标尺高出大沽基准水位 26.12 呎，而 1917 年洪水期水位只高出 24.45 呎。

西河和海河汇合处是各路洪水的必经之地。湍急的河水在 8 月 1 日把红桥冲毁了，将其冲入桥下的深洞之中。

西河决口，洪水流入，淹没了西河和南运河间直达天津西站的地区。

北运河的南堤是天津的最后一道防线，该堤已经相应地加固和加高。海河的流量逐渐增加到每秒 53 000 立方呎。河床被冲刷到与河岸的安全不相容的地方。在天津地段，据流量观测站记录，河床已低于基准面 28 呎，而洪水到来的初期，河床只低于基准面 10 呎。新开河的流量每秒超过 11 000 立方呎。

当海河和新开河的流量分别达到每秒 33 000 立方呎和 1 000 立方呎时，把上面所说的情况与 1917 年的洪水相比，大教堂裁弯、坟地弯道裁弯和新开河的治理等所取得的效率就明显地显示出来了。天津之所以能从一场灾难性的洪水中得以幸免，完全是由于以上所取得的治理。

运河的治理也对洪水的排泄做出了贡献。

尽管在排泄方面取得了显著的成绩，水位仍在增长，具体如下：

第六堡的水位为大沽基准水位 26 呎 12 吋。

红桥的水位为大沽基准水位 21 呎 10 吋。

新开河的水位为大沽基准水位 21 呎 10 吋。

南运河（来自水厂站）的水位为大沽基准水位 22 呎 60 吋。

一大片地区（约 3 500 平方公里）在整个秋季都被泡在洪水里，水位约 14 呎，比天津其他许多地方都高。

沿南运河堤，任何地方出现渗雨或裂缝都可能造成决口，随之被洪水淹没。

考虑到天津是一个人口密集的城市，没有疏散人口的组织，我认为我的责任是对形势持严肃的看法。我仍坚持认为天津被奇迹挽救了，这样的奇迹今后不会再发生。

8 月中旬，文安洼西堤决口，洼地开始被淤，导致水位停止上升。但在 8 月底，决口把洪水淹没的地区淤平后，流不进文安洼的水就从海河排泄。由于被洪水淹没的地区广阔，内陆来水量明显减弱，所以水位没增加多少，供、泄最终达到了平衡。

海河河床继续遭到冲刷，水文站（比利时租界堤岸）地区增加了 40% 多。这是所期望的，因为海河的流量已达到历史观测值的两倍。

上面所谈到的冲刷不仅发生在河床中，万国桥、法租界这边的上游和下游的沿岸堤基等地也遭受到了冲蚀，有塌陷的危险。

沿前点地到河岸，海河被限制在 250 呎处，其上游 290 呎和下游 300 呎处，堤岸塌陷了。

总督和万国桥南部衔接处受到严重冲刷，桥上游的部分、法租界堤岸和日租界的整个堤岸均塌陷了。

甚至连标准石油公司的堤岸也开始下沉，它是由 1 个结实的混凝土结构所加固的，其堤基在大沽基准水位以下 22 呎。

其他地方的堤岸，如太古洋行堤岸，以及比利时租界堤岸等，均遭到湍急水流的严重冲击，受冲击的地方主要是轮船下锚的河岸弯曲处，它把水流导向岸基。

上面这些事实给我们这样一个印象，好像新选中的堤岸均不结实。但实际情况并不是这样。本以为竖立在深沉箱上的石头墙能抵挡住冲击，结果证明，在一条像海河这样的有潮河上，如此结构的造型（每呎 400 两以上）是不行的，尤其在沿岸的凸岸处。所有的麻烦均因河槽的巨大变迁而引起。湍急的流速（最高每秒 7 呎）毫不费力地就把铺设在河床上的轻材料掀动，并到处冲击凸岸，不是顺着深航道方向流。

很显然，要是海河的水量没达到如此高的程度，建筑确定能经受住冲击，就像过去许多年和 1917 年遭遇洪水时那样。

在类似的情况下，最好的补救方法是降低水位，而不是采取筑堤挡水来提高洪水水位，以增加河水的速度。这就是为什么建议把一部分过量的洪水从海河导流出去的一个原因。以筑堤方法成功地挡住洪水，只因暴雨停止了。如果情况不是这样的话，天津定会遭受骇人听闻的灾难。

坝航道的水深标记逐渐从大沽基准水位以下 10.5 呎，降到 6 呎。疏浚工程干得很令人满意，因为它成功地保持住了坝航道的深度和方向，尽管两侧的淤泥在威胁着航道。

大量的淤泥现正流向大海，但要恢复到以前的深度，还需要几个月的时间。

航道中最初的淤积是由永定河首先排泄到坝上的淤泥造成的。随后不久，海河上游各支流又冲刷下来大量的泥沙。

此刻排泄到坝上的泥沙约计 7 000 000 立方米。当然，其中大部分顺水流入了大海，但仍有大量的泥沙需用挖泥船排泄，清理出航道。

总之，作为一条河流，本季的洪水除了坝航道外，对海河的危害不大。自 7 月 14 日到 10 月 31 日，总流量中超过 12 000 000 000 立方米的水经海河和新开河流入了大海。仍有不少留存在内地，等待向海中排放，不然就要结冰了。

被冲刷的海河河床需很长时间恢复原状。但这对坝航道来说是有利的，冲刷把泥沙带到离河更远的地方，明年春天疏浚航道的效果将会更加显著。

如果 7 月 13 日永定河的西堤不决口的话，那么决口的位置将会完全不同。海河河床定会加高，流入的水排不出去，洪水会把江边码头淹没。全年中大部分时间在海河和坝上的航行将会陷入中断，坝上的航道需另挖新的。

我之所以强调这些，是因为今年戏剧性的结果引起了公众对西部支流的注意。人们相信，一旦在海河的南面修造一条分洪渠，把西河的水直接引入大海，天津就可避免淹没的危险。对这个省的幸福倾注关心的人们不会忽略讨厌的永定河。

1924 年，洪水再次证明，海河是（将永远是）这个省的主要排泄渠道，维护和治理该河，不仅有利于天津港，而且对全省都有利。如果海河没有像现在这样得到治理的话，怎么能在 100 天的时间里排放掉 12 000 000 000 立方米的洪水呢？

破冰作业

整个冬季，坝航道的水深是在大沽基准水位以下 10 呎，这在整个冬季里的冰情是好的。由"清凌"号、"没凌"号、"通凌"号组成的破冰机械设备不费力地保持着河道畅通，直抵天津万国桥。

新破冰船"工凌"号在冬季携带灯标，离开坝航道并将其放置在适当的位置。灯标上装有一个四排灯。

1924 年 12 月，冰情仍很好。

我们发现坟地弯道裁弯正如新期望的那样，把上游海河区流入的冰全部顺畅地排泄走了。

大沽坝航道

在大沽坝航道上恢复疏浚作业时，发现水深标记自 1923 年 11 月 24 日以来，一直在大沽基准水位以下 10 呎处，根本没减少。

发现航道河床像平时那样覆盖着一层沙，这很容易被疏浚掉。

4 月，由于"Foolee"号轮船将锚掉入航道，为避免挖泥船的拖斗遭到严重破损，不得不采取预防措施，因而使疏浚作业失掉了一些时间。

5 月 14 日和 16 日，进行的测量表明，航运每条线上的水深标记都在大沽基准水位以下 10 呎 6 吋以上。

5 月 17 日，水深又有了新的增长，在中线上有了超过 1 呎的余地。

在那么深的水下，挖掘出来的黏土呈蓝灰色，每小时的挖掘量为 6 000 立方呎。

在新的永久性航道上，坝底层的构成是一种很幸运的混合物，对提高疏浚效率很有利。当在深处疏浚到这种泥土时，它很少坍坡，因而进度很快。

5 月底，我们安排在南北线外进行轻微疏浚，以使航道可以变得宽些。整个 6 月天气都不好，但疏浚作业取得明显成效。在这一个月内，航道的实际深度保持在超过水深标记的水平。

7 月中旬，从内地来的强大的洪水造成了浅滩，随之冲刷了上游河段的河道和堤岸。疏浚作业随即集中于航道的外端，以防止形成一个冲击滩，它将会把航道封锁，更改航道。

当注意到两边流入的淤泥受到航道限制时，水深标记降至大沽基准水位以下 9 呎。采取预防措施肯定是必须的，因为如果一条轮船在航道中被搁浅，会中断疏浚作业，使航道面临危险。

8 月 21 日，水深标记进一步降至大沽基准水位以下 8 呎。虽然航道的限制仍然存在，但外端的泄淤却仍保持着加强之势。

9 月，我们注意到，积存在深洞中的泥沙开始经航道流入大海，沿航道到处可以见到隆起的地方。挖泥船的效率尽管不错，但在黏泥中作业时，效率就差了。

10 月 7 日，由于上面说到的隆起的地方在增多，水深标记不得不降至大沽基准水位以下 7 呎。

11 月，航道的加深又取得了一些进展。但在 11 月 18 日和 19 日，刮起了八级以上的东风。这场风比 1914 年刮沉"Guthrie"号轮船的风还厉害，它把排泄掉的泥沙又冲回不少。并在航道的外端造成了一个糟糕的隆起。11 月 29 日，由于轮船搁浅，水深标记降到大沽基准水位以下 6 呎。

经几天工作后，隆起被疏浚掉了。12 月 7 日，现测表明：沿中航线已不低于 8.4 呎。

冬季水深标记相应地增加到大沽基准水位以下 7 呎，当吸水管和循环进水口因结冰不可能工作时，挖泥船不得不于 12 月 12 日撤离。

由于大多数的泥沙已经排泄掉，因此可以信心十足地期待来年航道的深度得以恢复。今年的经历已使坝挖泥船经受了严峻的考验，同时说明了将尽量多的淤泥吸入漏斗，直排入大海的重要性。在整个季节里，坝挖泥船共工作 2 615 个小时，从航道清除的漏斗数为 884 个，合计 300 000 多立方米。

疏浚的往返数是：

往返于深洞的次数为 840 次。

短程往返次数为 492 次

长航道往返次数为 2 840 次。

大沽坝水位情况如表 15.1 所示。

表 15.1　大沽坝水深情况（以大沽基准水位为标准）　　单位：呎

变化情况		1 月	2 月	3 月	4 月	5 月	6 月	7 月	8 月	9 月	10 月	11 月	12 月
标记深度		10.0	10.0	10.0	10.0	10.6	10.6	10.6	8.0	8.0	7.0	6.0	7.0
变化日期						17 日			21 日		7 日	29 日	7 日
最大深度	北线	10.0	10.0	10.0	10.0	10.5	10.5	10.5	8.0	8.0	8.0	8.0	8.0
	中线	10.8	10.8	10.8	10.8	11.5	11.5	11.5	8.5	8.5	8.5	8.5	8.5
	南线	10.5	10.5	10.5	10.5	10.75	10.75	10.75	8.0	8.0	8.0	8.0	8.0
估计平均深度	北线	11.0	11.0	11.0	11.0	11.5	11.5	11.5	8.7	8.7	8.7	8.7	8.7
	中线	11.7	11.7	11.7	11.7	12.0	12.0	12.0	9.3	9.3	9.3	9.3	9.3
	南线	11.3	11.3	11.3	11.3	12.0	12.0	12.0	8.7	8.7	8.9	8.9	8.9

新航道的实验堤

沿新航道裁弯两岸，在进行疏浚作业前，修建堤岸。堤岸将由两排系紧的板桩构成，高出泥沙堆 5 呎。在两排板桩中间 12 呎宽的空隙中填入碎石，这样建造的堤岸两边即可得到锌板的保护。

为了检验堤岸对海浪的冲击和对流冰的抵抗力，在南岸平滩的开阔地方建造了 270 呎长的一段堤岸。

11 月 18 日和 19 日，八级以上的东风冲击着堤岸，掀起的狂浪之高是 1914 年以来未见到过的。尚未完全建成的实验堤不仅很好地经受住了此次考验，而且在暴风雨后无须修补。

在 12 月期间，堤上所有没被泥沙填充的空隙均塞满了冰，全被厚冰覆盖了。整个堤岸被流冰变成了一个结实的自然整体。

截至目前，所发现的唯一的缺陷是堤岸太坚固了，可以去掉锌板保护，这样可降低费用。

可以肯定，在实验堤建成后，排泄的淤泥肯定会从海的方向将堤淹没，而锌板保护的用途只能在开阔地里施展。在堤岸被淤泥淹埋的情况下，它就没有用武之地了。

在北要塞堤岸，用可以检查材料强度、浮力等的物体建造三个钢筋混凝土的沉箱，这三个沉箱将于明年春天安放到位，以检验其稳定性。

河道

当把 1924 年暴涨的情况与 1923 年相比时，就可以看出，今年的效果是很明显的。

在通常高水位时，航道水深（大沽基准水位 8 呎）情况如下：

从前奥地利桥到租界下游的水深 25 呎。

从租界下游到坟地弯道裁弯处的水深为 22 呎。

从 U. E. 坟地弯道裁弯处到 U. E. 第三裁弯处的水深为 18.5 呎。

从 U. E. 第三裁弯处到 U. E. 第四裁弯处的水深为 18.5 呎。

从 U. E. 第四裁弯处到石头河道的水深为 18.5 呎。

从石头河道到葛沽河道的水深为 21.5 呎。

从葛沽河道到盐城滩河道的水深为 21.0 呎。

从盐城滩河道到新河河道的水深为 22.5 呎。

从新河河道到火药厂河道的水深为 25.5 呎。

从火药厂河道到塘沽河道的水深为 27.0 呎。

从塘沽河道到大沽河道的水深为 28.5 呎。

从大沽河道到深洞的水深为 17.5 呎。

沿坝航道的水深为 15.0 呎。

在春潮高出大沽基准水位 10 呎时，上述的深度均增加 2 呎。

1924 年 7 月 24 日观测到强潮，下面测定的数据把进潮量计算在内：

在低水位后（在涨潮时），北要塞的流出量为 99 597 000 立方呎。

在高水位前（在涨潮时），北要塞的流入量为 800 368 000 立方呎。

在低水位后，北要塞流入天津港的水量为 86 493 000 立方呎。

在高水位前，北要塞流入天津港的水量为 45 718.000 立方呎。

因此，进潮量应为 741 546 000 立方呎。

经直接观测，加上各老河支流以及各水渠的 80 000 000 立方呎的容量，我们发现进潮量为 720 000 000 立方呎。

在洪水冲击期间，经北要塞流进的水量总数为 1 079 718 000 立方呎，其中包括在高水位后，经北要塞流入的 279 350 000 立方呎。

在洪水冲击期间，流经天津港的水量总数为 179 351 000 立方呎。天津港附近的水量情况如表 15.2 所示。

表 15.2　天津港附近水量情况　　　　　　单位：立方米

水量情况	4 月	5 月	6 月	7 月	8 月	9 月	10 月	11 月	12 月	1924 年
最大量	7 455	8 486	8 053	44 915	51 171	53 001	43 088	22 690	16 501	53 001
最小量	6 729	4 729	6 275	7 847	34 906	38 176	22 170	15 221	15 129	4 729
平均量	7 123	6 089	6 959	27 630	43 518	45 344	31 067	18 923	15 745	22 489

坟地弯道裁弯上游

从每年的观测中可看出，自坟地弯道裁弯开挖以来，其上游冲刷得相当厉害。在与废河道交汇处的两侧，实际上已淤积出大沽基准水位 12 呎。

该裁弯上下游的航道正与河道的新定线趋于一致。

疏浚和吹填作业

3 月到 7 月 22 日进行了疏浚和吹填作业，由于水流太湍急，缺乏淤泥，不得不停止作业。

在下半年，由于缺乏泥沙和煤（因政治形势），天津港口的疏浚作业不可能再恢复。

下面表格是疏浚的数量和泥土抽吸上岸后，开垦工程量。

港口挖掘情况见表 15.3，表 15.4、表 15.5 显示了河水水位情况。

表 15.3　1924 年港口挖掘情况

月份	"新河"号		"西河"号		"北河"号		抓斗式挖泥船		总计		倾倒
	工作时长（时）	土方量（立方米）	工作时长（时）	土方量（立方米）	工作时长（时）	土方量（立方米）	工作时长（时）	土方量（立方米）	工作时长（时）	土方量（立方米）	土方量（立方米）
3	165.0	10.575			206.30	7.600			371.3	18.175	320
4	261.3	16.890	185.50	12.620	264.00	9.670			711.2	39.180	40
5	236.1	19.570	215.20	16.240	245.30	9.725	50	80	747.3	45.615	
6	195.4	15.270	203.35	17.310	204.15	7.330	65	400	668.3	40.310	320
7	155.0	12.250	158.10	13.025	79.30	2.910			392.4	28.185	
总计	1 012.8	74.555	762.15	59.195	999.05	37.235	115	480	2 890.5	171.465	680

表 15.4　河口及海河工程局制造厂高低水位及潮差　　　　　　单位：呎

水位情况		1 月	2 月	3 月	4 月	5 月	6 月	7 月	8 月	9 月	10 月	11 月	12 月	年均
							河口							
高水位	最高	9.96	10.30	10.70	11.30	10.60	11.00	12.40	11.90	11.70	11.50	11.80	11.60	12.40
	平均	7.14	7.20	7.58	8.41	8.68	9.14	9.74	10.18	9.54	8.80	7.81	7.70	8.49
	最低	2.40	2.70	5.50	6.00	6.20	7.40	8.20	8.50	7.10	6.20	3.80	3.20	2.40

续表

水位情况		1月	2月	3月	4月	5月	6月	7月	8月	9月	10月	11月	12月	年均
低水位	最高	2.90	3.30	2.80	3.60	3.20	4.80	5.90	5.00	5.80	4.00	5.90	5.10	5.90
	平均	0.18	0.23	0.25	0.99	1.11	1.66	2.10	2.29	2.12	1.56	0.87	0.41	1.15
	最低	-1.90	-0.20	-1.50	-0.20	-0.15	-0.50	0.10	0.40	0.90	-0.10	-1.20	-1.50	-1.90
潮差	最高	9.80	10.10	9.60	10.50	11.00	10.90	10.80	10.80	9.80	9.80	10.40	10.10	11.00
	平均	6.96	6.97	7.33	7.42	7.57	7.48	7.64	7.89	7.42	7.42	6.94	7.29	7.36
	最低	1.20	1.60	3.20	3.50	3.10	4.30	3.70	3.70	2.00	2.00	3.20	3.00	1.20

海河工程局机械制造厂

水位情况		1月	2月	3月	4月	5月	6月	7月	8月	9月	10月	11月	12月	年均
高水位	最高	10.60	10.80	11.40	11.80	10.50	10.70	14.10	15.40	15.50	14.00	12.70	12.40	15.50
	平均	8.15	8.36	8.97	9.42	9.13	9.46	11.69	14.67	14.67	12.00	9.76	9.24	10.46
	最低	3.10	2.70	7.10	7.70	7.40	8.10	9.50	13.70	13.50	9.60	6.50	6.20	2.70
低水位	最高	4.80	4.90	4.90	6.40	4.30	5.60	12.90	14.40	14.50	12.90	9.00	9.10	14.50
	平均	2.67	2.82	3.28	3.40	2.66	2.97	7.31	13.60	13.79	10.51	6.78	4.98	6.23
	最低	1.00	0.50	1.70	1.10	0.80	1.30	2.20	12.50	12.70	7.80	4.00	4.10	0.50
潮差	最高	7.20	8.30	7.80	7.60	8.50	8.20	7.90	2.00	1.20	3.30	6.20	6.60	8.50
	平均	5.48	5.54	5.70	6.02	6.47	6.49	4.38	1.07	0.88	1.50	2.98	4.26	4.23
	最低	1.80	0.70	3.70	2.90	3.90	4.30	0.30	0.40	0.20	0.40	0.80	1.00	0.20

表 15.5　红桥高低水位及其潮差　　　　　　　　　　单位：呎

水位情况		1月	2月	3月	4月	5月	6月	7月	8月	9月	10月	11月	12月	1924年
						1914年								
高水位	最高			12.49	11.70	9.70	10.70	14.90	16.00	14.60	12.80			16.00
	平均			11.29	9.73	8.63	9.56	11.46	14.87	13.47	11.71			11.34
	最低			10.60	8.90	7.30	8.90	9.10	13.00	12.05	10.50			7.30
低水位	最高			11.70	9.80	6.20	6.60	14.60	15.90	14.20	11.80			15.90
	平均			10.32	7.69	4.97	5.52	8.95	14.53	13.06	10.73			9.47
	最低			8.70	5.10	3.20	4.40	5.40	13.40	11.45	9.50			3.20
潮差	最高			1.90	4.00	4.90	5.00	4.30	1.00	0.70	1.90			5.00
	平均			0.96	2.03	3.66	4.03	2.50	0.36	0.39	0.97			1.86
	最低			0.20	0.40	2.10	3.10	0.20	0.10	0.10	0.20			0.10
						1919年								
高水位	最高	10.60	10.50	12.40	10.50	10.90	10.94	14.50	13.90	12.60	11.60	11.80	11.10	14.50
	平均	8.51	9.20	9.98	9.26	9.44	10.03	11.77	12.89	11.26	10.42	9.43	8.62	10.07
	最低	5.60	7.50	7.60	7.40	7.30	8.80	10.30	11.90	10.40	8.40	6.30	3.60	3.60
低水位	最高	8.10	8.10	9.10	6.60	6.10	6.10	12.40	12.60	11.20	8.00	9.10	6.80	12.60
	平均	5.90	5.93	7.70	4.68	3.87	4.11	7.51	11.48	8.80	7.01	5.24	4.25	6.37
	最低	2.70	4.00	5.00	3.40	2.30	2.20	3.70	10.30	7.30	5.00	3.00	2.70	2.20

续表

水位情况		1月	2月	3月	4月	5月	6月	7月	8月	9月	10月	11月	12月	1924年
潮差	最高	5.50	6.00	4.50	6.39	7.80	7.80	7.10	2.20	3.80	5.20	6.60	6.50	7.80
	平均	2.63	3.30	2.91	4.60	5.56	5.91	4.25	1.42	2.47	3.43	4.20	4.40	3.76
	最低	1.00	2.00	1.20	3.90	3.80	3.90	1.20	0.70	0.70	2.00	0.50	1.30	0.50

1924 年														
高水位	最高	10.10	10.60	10.20	11.80	10.70	10.80	19.00	20.80	21.10	18.70			21.10
	平均	8.44	8.58	9.21	9.67	9.26	9.61	13.14	19.69	20.28	15.48			12.34
	最低	5.20	4.90	7.70	8.30	7.60	8.20	9.80	18.50	18.50	12.40			4.90
低水位	最高	4.80	6.10	5.80	7.20	4.60	5.00	18.90	20.60	21.00	18.50			21.00
	平均	4.00	4.19	4.48	4.36	3.00	3.40	9.33	19.50	19.91	14.97			8.71
	最低	2.30	2.40	3.10	1.70	1.20	1.70	2.80	18.20	18.30	12.00			1.20
潮差	最高	6.70	5.70	6.10	7.00	8.30	7.90	7.40	0.40	1.10	1.20			8.30
	平均	4.44	4.39	4.72	5.31	6.26	6.20	3.81	0.19	0.37	0.51			3.62
	最低	2.40	1.40	3.10	1.90	3.40	4.10	0.10	0.10	0.01	0.01			0.01

运输

下面船舶回程数是海关的登记数据，这表明运输量和河道显著增加。

1924 年是创纪录的一年：

抵达大沽坝的轮船为 1 502 艘，最大吃水量为 28 呎。

穿过坝的轮船为 1 337 艘，最大吃水量为 17 呎 6 吋。

抵达天津港的轮船为 417 艘，最大吃水量为 17 呎 6 吋。

417 呎长的 "Hwah Yah" 号轮船抵达大沽，从容地驶过那段船道。

新万国桥通常高水位高于大沽基准水位 8 呎，低水位为大沽基准水位，比例尺为 1/64 ∶ 1 呎。

新设备

东方工程工厂制造的两艘自卸泥驳船已经完成交接。这两艘船经过检测后，大家表示满意，并安装了全套设备，承载量 130 立方米。6 月底，对固定式多斗挖泥船 "高林" 号进行交接。

在我们的千船坞里，对零件进行组装和铆接。9 月底，船身浮在水上，并在突堤码头旁建造完成。

10 月 15 日，重新装配全部完成，但疏浚试验却不能进行，因为缺少供疏浚的泥沙，洪水流速湍急。

11 月 23 日，在第一裁弯尽头上游的凸面，安排和进行了短期测试。

大家对挖泥船的各个方面均感到满意。

整个结构和机械设备与董事会和制造商所提到的规格完全相符，货单和备件齐全。

新挖泥船的细节如下：

长度为 35.00 米。

模制宽度为 7.60 米。

侧面深度为 2.80 米。

中部深度为 2.95 米。

当载有 25 吨煤，淡水和装备运转 5 呎时，最大吃水深度为 1.525 米。

转臂轴的中部在水线以上 7.7 米。

在水平的高度，在船头前面，转臂轴底座中心 3.40 米。

斗的容量为 400 升。

疏浚深度为 26 呎。

该挖泥船被四个隔舱分隔成九个舱。这些舱的间隔是，当任何一个舱被淹没后，舱仍漂浮着。

该挖泥船装有一套立式复合引擎，每分钟 130 转，能产生 200 马力：

高压圆柱直径 320 毫米。

低压圆柱直径 640 毫米。

活塞冲程 460 毫米。

辅助机械的分别独立的电容器。

专供环境和润滑泥斜槽用的分别独立的离心泵。

锅炉内径 3.00 米。

锅炉长径 3.00 米。

锅炉受热平面 85.00 平方米。

锅炉作用压力 9 公斤/立方米。

新万国桥

1923 年，董事会公布了新万国桥的规格，并进行招标。

1924 年 5 月 1 日下午 2 时，董事会进行招标，并将总工程师的技术报告发给了投标者。

5 月 15 日，向董事会递交了总工程师的技术报告。

17 个投标者的 31 个方案如下：

双叶滚动提升 Scherzer 式 5 个方案。

双叶 Strauss Bascule 式 7 个方案。

直升 Waddell's 式 11 个方案。

其他活动桥的平衡装置 8 个方案。

总计 31 个方案。

经过仔细研究，大家认为完全符合当地条件的类型是 Scherzer 的滚动提升式。在 5 个方案中，推荐给董事会的是由 ETablissements Dayde 和 Seheider S Cie 共同提出的方案。

下面是推荐的主要理由：

（1）他们投的标是Schneider式中最便宜的，也是所有提交的方案中最便宜的。

（2）建造商完全接受在建成后十年内，承担大桥的稳定性和良好工作状态的责任。

（3）两对桥墩将安装在两个钢制沉箱上，对堤基施加每平方厘米近2公斤的压力，这与董事会提出的规格一致。

（4）建造商们保证，在风速每小时75哩的情况下，可对桥进行操纵；在风速每分钟50哩的情况下，可开启桥。

（5）该桥结构的详细计划将由Scherzer滚动提升桥务公司检查通过。

总之，该方案完全符合董事会提出的要顾及水陆交通的要求。

旋转船台。由于有许多更加紧急的工作，在旋转船台上游西河弯道建筑永久性堤岸的事被推迟了。

维修了现有的堤岸，用锚具加以固定。

旋转船台下游的堤岸没被洪水破坏。

安装了一个辅助旋转杆，其基础更加牢固，能使其在异常湍急的水流中旋转。

新河船舶修造厂。新河船舶修造厂原来属于Brossard和Mapin所有，买过来后，拟把现有的车间改建成工程局的新工厂。见附后的计划。

船舶修造厂的位置距河口只有7.5哩，距第四裁弯和在南开的其他规划的裁弯也不远。

船舶修造厂占地120亩和一个近1 000呎的河滩。

现有设备如下：

（1）车间——65.75米×25.80米×6.30米（内墙）。

（2）锅炉房——20.31米×8.50米，烟筒33米高。

（3）仓库——10.5米×33米×5米（内墙）。

（4）沉淀池——18米×18米。

（5）外国人住宅——16.40米×13.95米。

（6）服务人员住处——9.00米×4.50米。

（7）小仓库。

（8）医院。

（9）职工车间——35米×8.15米×5米（内墙）。

（10）烘房——13米×4.50米×2.20米。

（11）船坞泵房。

（12）钢筋混凝土干船坞——125米×16米。

（13）30吨的起重支架——高21.47米，支架距离8米。

（14）起重机支架堤——32.15米×8.00米。

锅炉房内有一个锅炉和一个供电机用的水管锅炉。

车间有两个发电机，各为120千瓦，还有一些车工机械、泵等。

P.M铁路有支线通到院内，可从河中引一条渠和几个老防波堤入厂。

综述

从内地浮来的洪涝造成了淤积，坝航道正在治理。因河道太深，在一段时期内无须疏浚，轮船可沿天津堤岸抛锚。

如果永定河像平时那样在北仓前端泄入北运河，天津港就会很快被春季洪水淤浅。

但问题不在这里，永定河西堤的两个决口有 2 公里长，当时修补决口的费用约 2.5 百万元。

是否在来年夏季洪水到来之前进行此项工程，说法不一。此外，考虑到永定河决口处下游的河床被严重淤积，除非进行实质性的挖掘，以增强老河床的排泄，否则，决口处的合拢效果很值得怀疑。

因此，很可能在下一个永定河的洪水期再次淹没西部平原。这就是说，除非从北运河流入一些淤泥，否则就会降低海河的重淤积，疏浚的泥沙就会不足。

就以坝航道而论，明年的疏浚作业效率将是非常高的，除非像今年一样的洪水再来，异常的海浪将去年排泄的泥沙筑起隆起。

关于所建议的永久性航道，现政治局势不允许购置储备必要的物资。如果情况继续这样，此项重要的工程将不得不在这样的一个时期，被迫延期，一旦正常秩序恢复，海河应该准备迎接即将到来的更加大宗的贸易。

总工程师 Ing. T. Pincione

第十六篇　海河工程局1925年报告摘编

破冰作业

整个冬季，冰况是可喜的，港口在没遇到什么困难的情况下，一直保持开放，只限于清除北要塞岸边结的一些冰，并将其在高水位时带到河口处。河道本身一直没结成冰，这样一直延续到1925年12月。

大沽坝航道

1924年底，水深标记为大沽基准水位以下7呎。1925年3月，在疏浚作业开始前，发现轨道已淤积，水深标记降至大沽基准水位以下6呎，很快就进行了有效的治理。5月，发生了撞船事件。"快利"号挖泥船被损坏，一个多月不能工作。

轮船承受了此次撞船的全部责任，但一个月的有效工作时间失去了。

7月初，"快利"号又重新开始工作。不久，洪水下来了，再次把大量泥沙带入坝航道。8月18日，发现需将水深标记降至大沽基准水位以下6呎。整个9月泥沙继续流入，但挖泥船仍在支撑着工作。10月底，治理工作取得了显著的成效，可以期望水深标记有所增长。

随后，在航道的外面又发生了一起撞船事件：撞船的轮船作了一个错误的机动动作，正对着挖泥船驶去，离机器房仅差1呎。挖泥船几乎没逃脱被撞沉的危险，再次证明挖泥船没有一点错，轮船赔偿了损失，但一个半月的工作又失去了。

两次撞船事件都发生在夜里，在航道的外边，撞船的轮船上均无领航员，加在一起约有33%的季节工作时间失去了。需要采取补救的办法。

整个冬季水深标记保持在大沽基准水位以下6呎，挖泥船全年的工作情况如下：

深洞行程为508呎。

短航道行程为305呎。

长航道行程为1 592呎。

新航道的堤

1924年建造的实验堤经受住了考验，没有遭到损坏。

1925年又建造了一条长250呎，所用材料更轻的实验堤。新堤的两个区域分别用同样数量的石头、贝壳和石头、砖填充。如果其中任何一种建筑方法证明是成功的，就可取得相当大的经济效果。本想今夏完成该堤的建设，以便今秋在新航道开始进行疏浚。但在目前铁路运输的情况下，不可能得到所需要的大量石头，已经把建造堤岸的事交由 McDonneli 和 Gorman 办理，该项工程将于今年开始。除非立即供应石头，否则，堤岸不可能于 1926 年建成。

河道

1925 年的洪水差不多与前一年一样厉害，连续发大水是不寻常的。1924 年加宽的那段河道，水流得很快。由于河道被 1924 年的洪水所冲刷，1925 年携带的泥沙量相对比较少。水流的速度很快，上游河道根本没发生淤积。淤泥夹带着泥土被冲击海河，全部沉积在坝上了。

像平常那样，大水使河道变畅，使坝航道遭灾。一条吃水 18 呎的轮船可自如地航行在河上，但一条吃水最多 12 呎的船，在春潮时才能通过坝航道。

疏浚

在港口疏浚的数量无足轻重，被移走的泥土总数约有 7 000 立方米。其中，大部分是倒入河中或被大水冲入河中的煤灰和垃圾，它们不易于抽吸，不得不倾倒掉。

看来今年港口再不可能有大量的淤积。为了保持应疏浚的工作，完成对英租界市政委员会应尽的吹填责任，已做出了安排，被坟地弯道裁弯隔断的淤积已疏通。

下列的疏浚工作是在河道进行的：

（1）第一裁弯的上游尽头处右岸的沙嘴被疏浚了，降低了凹处的河床冲刷。在这段河道上，必须立即进行大规模的保护河岸工作，因为许多地方，河道已被侵蚀，越过正常线达 100 呎。

（2）津浦铁路码头对面的沙嘴被疏浚了。

（3）对坟地弯道裁弯的进口进行了校正，并建造了防波堤，已保持航道正常流通。

（4）两个用牡蛎壳建筑的，用以防止洪水冲击的第四裁弯上游尽头的堤岸，被抓斗式挖泥船移走了。

全年共进行了两次测量：

（1）对第一裁弯进行了测量，为了制订建造保护它的堤岸的计划。

（2）对 Niwah 弯道和其引道进行了测量，这是上游河道中唯一尚未改造的弯道。

护坝用的梢料：

缩短了的河道会使洪水更加湍急，不得不加大规模进行保护堤岸的工作。梢料的价格太高，只好计划着在坟地弯道裁弯种植柳树，以保护堤岸。

洪水过后，每年都进行探测，发现有河床被冲刷的现象。

在通常高水位时，航道水深（在大沽基准水位以上 8 呎）如下：

从租界下游到坟地弯道裁弯处为 20.0 呎。

从坟地弯道裁弯 U. E 处到第四裁弯 U. E 处为 18.5 呎。

从第四裁弯 U. E 处到石头河道为 18.0 呎。

从石头河道到葛沽河道为 22.0 呎。

从葛沽河道到盐碱滩河道为 22.0 呎。

从盐碱滩河道到新河河道为 20.0 呎。

从新河河道到盐碱滩河道为 25.0 呎。

从火药厂河道到塘沽河道为 25.0 呎。

从塘沽河道到大沽河道为 27.0 呎。

从大沽河道到深洞为 18.0 呎。

沿坝航道为 14.0 呎。

在春潮高出基准面 10 呎时，上述的深度均增加 2 呎。

强潮

1925 年 7 月 6 日，观测的结果与前一年相似。表 16.1、16.2、16.3 显示水位情况，表 16.4 显示了疏浚和抽吸作业情况。

表 16.1　河口及海河工程局工厂的潮差　　　　　　　　　　　　　单位：呎

水位情况		1 月	2 月	3 月	4 月	5 月	6 月	7 月	8 月	9 月	10 月	11 月	12 月	1925 年
河口														
高水位	最高	10.20	9.60	10.60	10.10	10.90	11.20	11.50	11.10	11.90	10.80	11.30	11.10	11.90
	平均	7.93	7.71	8.09	8.28	9.00	9.20	9.82	10.90	9.81	8.82	8.12	6.80	8.71
	最低	5.50	3.50	5.30	5.00	7.00	7.60	8.30	8.10	7.10	5.80	5.60	3.60	3.50
低水位	最高	3.40	3.10	5.30	3.30	4.30	5.40	4.80	4.70	4.80	5.00	4.30	4.30	5.40
	平均	0.72	0.43	0.69	0.86	1.57	4.74	2.15	2.30	2.03	1.57	1.28	0.35	1.56
	最低	−1.20	−1.80	−1.40	0.90	0.60	0.30	0.20	0.20	0.70	0.20	0.20	1.20	−1.80
潮差	最高	10.40	9.60	10.10	9.00	10.80	10.80	11.10	10.40	10.10	10.10	10.90	10.20	11.10
	平均	7.20	7.31	7.40	7.13	7.40	7.65	7.68	7.68	7.58	7.25	6.82	6.67	7.31
	最低	3.70	4.30	1.60	2.00	3.60	5.10	4.90	4.00	3.60	2.80	2.40	2.50	1.60
海河工程局工厂														
高水位	最高	11.20	10.50	11.60	10.50	11.10	11.90	13.30	14.20	11.90	11.90	11.80	12.30	14.20
	平均	9.27	8.97	9.15	9.17	9.82	10.05	10.98	12.80	10.62	10.62	9.82	8.45	9.98
	最低	6.60	4.90	7.10	6.40	8.40	8.70	9.40	10.70	8.60	8.60	7.50	5.70	4.90
低水位	最高	6.80	6.10	7.60	6.10	5.90	7.30	9.60	12.70	8.50	8.50	7.90	8.70	12.70
	平均	4.34	3.80	3.92	3.82	3.92	4.17	5.60	11.10	7.19	7.19	6.03	4.09	5.43
	最低	2.30	1.60	1.90	1.70	2.40	3.00	3.00	8.60	5.90	5.80	4.60	1.90	1.60
潮差	最高	7.40	6.70	7.20	6.80	8.40	7.70	7.90	3.00	4.40	4.40	5.70	6.30	8.40
	平均	4.93	5.17	5.24	5.35	5.90	5.87	5.38	1.70	3.44	3.44	3.83	4.38	4.55
	最低	2.60	2.30	1.90	2.40	3.30	3.60	1.30	0.50	1.10	1.10	1.10	1.90	0.50

表 16.2　红桥潮差　　　　　　　　　　　　　　　　　　　　　　　　　　单位：呎

水位情况		1月	2月	3月	4月	5月	6月	7月	8月	9月	10月	11月	12月	年均
1914 年														
高水位	最高			12.40	11.70	9.70	10.70	14.90	16.00	14.60	12.80			16.00
	平均			11.29	9.73	8.63	9.56	11.46	14.87	13.47	11.71			11.34
	最低			10.60	8.90	7.30	8.90	9.10	13.00	12.05	10.50			7.30
低水位	最高			11.70	9.80	6.20	6.60	14.60	15.90	14.20	11.80			15.90
	平均			10.32	7.69	4.97	5.52	8.95	14.53	13.06	10.73			9.47
	最低			8.70	5.10	3.20	4.40	5.40	13.40	11.45	9.50			3.20
潮差	最高			1.90	4.00	4.90	5.00	4.30	1.00	0.70	1.90			5.00
	平均			0.96	2.03	3.66	4.03	2.50	0.36	0.39	0.97			1.86
	最低			0.20	0.40	2.10	3.10	0.20	0.10	0.10	0.20			0.10
1919 年														
高水位	最高	10.60	10.50	12.40	10.50	10.90	10.94	14.50	13.90	12.60	11.60	11.80	11.10	14.50
	平均	8.51	9.20	9.98	9.26	9.44	10.03	11.77	12.89	11.26	10.42	9.43	8.62	10.07
	最低	5.60	7.50	7.60	7.40	7.30	8.80	10.30	11.90	10.40	8.40	6.30	3.60	3.60
低水位	最高	8.10	8.10	9.10	6.60	6.10	6.10	12.40	12.60	11.20	8.00	9.10	6.80	12.60
	平均	5.90	5.93	7.70	4.68	3.87	4.11	7.51	11.48	8.80	7.01	5.24	4.25	6.37
	最低	2.70	4.00	5.00	3.40	2.30	2.20	3.70	10.30	7.39	5.00	3.00	2.70	2.20
潮差	最高	5.50	6.00	4.50	6.30	7.80	7.80	7.10	2.20	3.80	5.20	6.60	6.50	7.80
	平均	2.63	3.30	2.91	4.60	5.56	5.91	4.25	1.42	2.47	3.43	4.20	4.40	3.76
	最低	1.00	2.00	1.80	3.90	3.80	3.80	1.20	0.70	0.70	2.00	0.50	1.30	0.50
1925 年														
高水位	最高	11.50	10.70	12.00	11.00	11.00	11.50	11.50	19.30	15.00	13.30	12.50	11.20	19.30
	平均	9.92	9.55	9.69	9.52	9.96	10.11	11.45	16.80	13.16	11.62	11.20	9.26	11.02
	最低	8.50	8.00	8.10	7.50	8.80	8.90	9.50	14.00	11.70	10.60	9.10	6.80	6.80
低水位	最高	7.90	7.20	5.90	6.80	5.90	5.10	13.90	19.20	13.80	10.80	9.50	9.00	19.20
	平均	6.41	5.76	5.48	5.04	4.52	4.34	6.58	16.42	11.80	9.43	8.61	6.72	7.59
	最低	5.10	5.10	4.90	4.10	3.50	3.50	3.90	13.30	10.50	9.10	7.40	4.70	3.50
潮差	最高	4.70	4.90	6.50	6.00	7.00	7.30	6.90	1.00	2.00	2.70	4.20	3.90	7.30
	平均	3.51	3.79	4.21	4.48	5.44	5.77	4.87	0.38	1.36	2.19	2.59	2.54	3.43
	最低	2.30	2.90	2.70	2.70	3.00	3.90	0.50	0.10	0.70	0.80	1.60	1.00	0.10

表 16.3　水流观测情况　　　　　　　　　　　　　　　　　　　　　　　　　单位：立方米

水流情况	2月	3月	4月	5月	6月	7月	8月	9月	10月	11月	12月
最大量	12 797	13 691	13 062	11 729	11 061	30 598	27 000	33 529	20 990	19 414	57 000
最小量	9 027	9 457	8 996	8 687	8 069	9 967	29 763	20 163	19 715	18 378	8 069
平均量	11 633	11 853	11 355	9 889	9 409	15 386	40 600	26 262	20 2499	19 034	17 577

表 16.4　1925 年疏浚和抽吸作业情况

月份	"新河"号		"高林"号		"北河"号		抓斗式挖泥船		倾倒	"中华"号抽吸	
	工作时长（时）	土方量（立方米）	工作时长（时）	土方量（立方米）	工作时长（时）	土方量（立方米）	工作时长（时）	土方量（立方米）	土方量（立方米）	工作时长（时）	土方量（立方米）
3	113	7 410							60	117	7 350
4	238	16 080	20	1 440			48		1 440	219	16 080
5	254	20 295					202	185	80	218	20 400
6	227	17 600					79	355	440	256	17 515
7	251	18 700					271	1 080	1 080	222	18 700
8	35	2 260					282	1 120	1 120	25	2 260
9			32	1 585			277	1 120	1 120	119	1 585
10			123	5 500					2 960	31	2 590
11					43	1 520			1 520		
总计	1 118		175	8 525	43	1 520	1 159	3 860	9 820	1 207	86 480
倾倒总数									9 820		
抽吸总数											86 480
疏浚总数		82 345		8 575		1 520		3 860			

其中有 86 480 立方米供 B. M. C 吹填。

运输

1925 年比前一年的增长量显著，但部分是因为原来由铁路运输的煤改由轮船从秦皇岛运来。在垂直线之间长度 312 呎的"凯平"号曾几次抵天津口岸，这是驶到岸最长的一艘船，它进出港没遇到什么困难。

新设备

1925 年 8 月订购的两套无线电设备已运抵天津，但尚未安到船上。

冬季替换"工凌"号的新灯标船"飞凌"号于 1926 年 1 月初到达。

其主要尺寸是：

垂线间的长度 98 呎 2 吋。

宽度 23 呎。

高度 12 呎。

吃水 7 呎 6 吋。

两艘船的额定功率为 225 马力。

速度 10.5 海里/小时。

新万国桥

1925 年 4 月开工，8 月由于洪水太大，有些耽搁。

紧靠法租界的桥墩沉箱，1925年12月中是其所需之深度。

两个河岸坝座现正在下沉。由于铁路中断，在得到急需的材料方面遇到了一些困难，但预期不会严重耽误大桥的建成。

上游旋转船台：

为在河右岸建造这艘船，今年已支付了56 000两。

新河船舶修造厂：

今年只做了几件不重要的工作，以使车间进行移交。

对船坞进行了清理，发现情况良好。

订购了新的浮船坞门。

成功地挖掘了一口自流井，它的出水量足够供应全厂。

为在大沽建造横穿北要塞的大堤，已积聚了大量的物资，共有2 740 000B.M的木料和5 000立方米的石头。

延长了铁路侧线，以便堆积石头。

那个破旧的大仓库已被拆除，竖立起两所小一点的建筑物。

1925年不同地区的降雨量如表16.5所示。

表16.5 1925年不同地区降水情况

单位：吋

	全年量	最高	日期
天津	28	4.5	1925年7月22日
山区	33.5	5	1925年7月23日
北京	39	8	1925年7月23日
承德府	24	7.5	1925年7月26日

7月19日至8月5日之间下了两场大雨。

今年独具的特点是汇水地区的降水量截然不同，北部地区和南部地区下了特大雨，而中部地区降雨量小得多。

潮白河地区最大强潮为每秒3 300立方米，致使此河水流量过大，结果一大片地区被淹没，几处堤岸决口。

永定河的洪水在一段期时间内较小。汛期前修好的堤岸完好，但下游远处的村民们早早就把南岸挖开了，之后永定河水今年再次经西河排泄。据报告，近北河的渠道正在初升，因此，看起来好像几年前永定河将其水量排入西河的事情又会继续。

大部分排入西河的南边支流由于降雨量太大泛滥成灾，其程度与1924年相差无几。

沿文安洼的堤岸和较远的内地虽在汛期前进行了维修，但还是坍陷了，共淹没了大约2 000平方公里的地区。第六堡的水位已达大沽基准水位以上25吠。

尽管汇水地区降了特大雨量，南运河靠近天津的排泄量不太严重，但在内地发生了几处决口，缓和了下游河道的形势。

与 1924 年相比，天津受洪水的威胁不是太严重。环城堤岸经过较好的维护，雨季相对较短，当水位处于最高点时，没有降下能危害堤岸的雨量。

总之，今年海河的情况是好的。在航道上所取得的工作成绩使人失望，但是，由于在春季没有必要把挖泥船引入船坞，只要不发生其他意外情况，应该可以把 1925 年因撞船而失去的时间弥补过来。

工程师 Paul E. Muller

第十七篇 海河工程局 1926 年报告摘编

中国政府补贴

　　根据董事长修复永定河裂口的请求，工程局寻求并得到外交使团的同意，通过领事团体在作业不需要时，把海河工程局的补贴移交给永定河委员会，在下述文件里：

海河工程局

天津 1926 年 4 月 19 日

先生：

　　我荣幸地通知你，海河工程局已经收到董事长关于修复永定河裂口的通知。

　　我荣幸地注意到，永定河在直隶和市内区域的河道进行改善是最困难的，当永定河水带来大量泥沙并有大量沉积在海河河床时，会给海河出口带来极大的损害，不利于航行和贸易交流。以前是经过北运河流入海河，而且老航道还可查出，自 1924 年永定河外堤被破坏后，永定河通过天津红桥入海。红桥的出口对子牙河和大清河的流量来说不够大，现在加上永定河，危险是容易想象的。当我在 1925 年春天被任命为修复永定河裂口的总负责人时，我引导人们进行调查，并承认永定河的修复就算不直接放在中央政府之下也应该得到地方当局的认真关怀。如果不能得到可靠的年度维修费用，就不可能在裂口合拢之后保持河道的状况良好。所有这些情况都写在后来给政府的文件里，当永定河和海河的利害关系紧密相连时，我要请求财政部，请海关当局为了河道的长远保养，分配给海关税收的一小部分，遂附上我给政府的文件的抄件通知你局。

　　按照 1900 年的条约，为改善海河，中国政府一年拨款 60 000 两，记在天津海关账上。

　　获悉工程局极好地完成工程方案并收到年度税收，足够改善工作，如果 60 000 两拨款能移交给永定河的维修，用作对沿河居民，也对贸易来往的利益以及海河航行航道的救助，认识到这点，你局在全部河道改善工作中已收到很大利益，我想与你们保持一致。

　　由于海河工程局财务上的赞助，在当月 9 日的会议上，每年的 60 000 两拨款，申请不久便同意将用在海河维修上的钱用在更有利的永定河上。

　　政府拨款不作为海河工程局债券的担保，如果是由领事团体在外交使团之前提出的建议，同意撤回拨款，因此我直接请求你引起领事团体对这个问题的注意。

（签字） F. Hussey-Freke

W. P. Ker. Esguire C. M. G

H. B. M 总领事和第一领事

天津 1926 年 7 月 7 日

4 月 19 日，收到你的来信，关于建议每年 60 000 两的有关香港的中国政府拨款停止的问题。

我在 7 月 4 日的来信中附上抄件，捐出领事馆领导对海河作业不需要的拨款总额，对海河工程局移交给永定河委员会没有异议。

（签字） W. P. Ker

H. B. M 总领事和第一领事

F. Hussey-Freke Esguire

干事

海河工程局

天津

抄件

领事馆　Despays-Bab

Decanat No. 28

北京　1926 年 7 月 5 日

先生：

在答复 4 月 29 日你的来信中，建议将每年给海河工程局的香港的中国政府拨款 60 000 两，由委员会撤回对永定河委员会的支持，我荣幸地通知你，领事馆领导已经知道海河工程局的财政情况良好，能够不用每年香港 60 000 两的拨款继续进行作业，并决定永定河是海河的一个支流，因此永定河的改善必然有利于海河，因此也有利于天津和海之间的交通。当补贴 60 000 两的总额在海河作业不需要时，海河工程局把它移交给永定河委员会没有异议。

（签字） W. J. Oupendijk

荷兰公使和第一代理人

W. P. Ker. Esguire

美国总领事和第一领事

天津

每月一次从中国政府收到的拨款已从 1926 年 7 月 1 日转为由永定河委员会保管的专款。

堤岸构造

为了在天津和塘沽堤岸建造最适宜和最经济的方式，工程局提出在工程师之间开展投标并授予最佳设计 2 000 两的奖励，设计提交由英租界市政协会的工程师 H. F. Barnes、法国市政协会的工程师 H. Metz、海河工程局的总工程师 T. Pincione 组成的委员会进行审定。

他们选择的报告如下：

先生们：

你们委托审定为海河堤岸建造而提出的设计投标，我们已经审定所有计划中的问题并提出如下报告：

我们建议用压缩空气把一个沉箱沉入大沽基准水位以下 11 米，然后在它的顶上建造一个适当的挡土墙，这是最合乎需要的堤岸建造方式。但是我们了解到，这个堤岸设计的构造费用是很高的（每直线米约 1 200 两），而且任一投标者提供的设计都是如此。以前提出的各种计划，我们没发现与我们已经熟悉的堤岸建造设计有什么不同，也没有发现在目前的堤岸建造之上有更大的安全程度。一般地，这些提供较大安全的设计有别的缺陷，如它的构造在破冰船及其附近作业时有可能带来损坏。

轮船靠近码头时下锚麻烦、难以维修保养等，我们认为当地条件在多数情况下容易建造，对于材料应用和适用性也有把握，提出的唯一的堤岸建造方式是 Larssen 系统的镀铜钢板垛起来的方法。

在天津，这种构造的堤岸费用每直线米约 450 两，这个造价大约是现今当地应用的岸堤的最大造价的两倍（近乎三倍），但在另一方面，它大约仅是钢沉箱（用压缩空气沉下）上面的岸壁费用的 1/3。我们认为它是最坚实的构造，而且是能满足当地全部要求的理想方式。

因此，我们确定建议授予"Larsen Copper Steel"的先生们这次投标的奖金。

我们也建议根据改善的设计，在天津港某处用这种材料建造一个试验性长度的岸堤。

注意：在天津和塘沽使用这种岸堤方式，下列情况应引起注意。

对于一个像海河这样有潮的河，通常每秒约 10 000 立方呎流量，现今使用的岸堤应经久耐用，但如再次遇到 1917 年、1924 年和 1925 年遇到的河流状况，对这些受到水流最大冲刷作用的地方，我们认为应采用 Larssens 岸堤，在冲刷作用不那么强的凸起部分和其他地方可以使用廉价的岸堤。

但是如果海河的状况在未来的洪水泛滥期间进一步变动，以及河道流量增大超出最大（每秒 60 000 立方呎）可能（我们认为按照设计者的建议，不得不以总深度 33 代替总深度 23），由于河道深度的增加对岸堤前面的冲刷及对泥土填满之后的压力不会有足够的阻力。

总之，我们应指出，材料的性能对使用困难路段，一般情况仍采用这种或选用一些可替换的方式，当出现特殊情况时要仔细研究考虑。

一般考虑

从问题的研究中，我们希望提出下列要点作为一般规则，对海河岸堤设计问题的指导是有用的，指出在这类作业中很可能碰到的主要困难，避免再犯。一般来讲，限于本地情况这些条件必须准备。

方式：由于经济的原因，最少要选择两种不同的可行的岸堤方式，一种是凹型的，那里的冲刷是大的。另一种（较便宜的方式）对凸边、直边以及其他部分的冲刷比较轻微。选择每一种方式都要适于天津和塘沽之间河道的不同部分的改善，如同河道不同深度的变化因素、河岸的不同高度等。

材料：材料必须保持性能不变，不要受放置环境的影响而损坏腐蚀。这就要求木头一定不要用在（避免作为防护板，容易更换修理的地方）低水线之上。作为基础或层垛，在低水线之下打入，那里远离大气影响，木头很合适。

铁和普通钢材没有足够厚度的混凝土覆盖或其他保护覆盖，易于生锈，必须抛弃。

我们的意见，镀铜钢板不会有这种缺陷。

构造：沿海河岸堤的重要部分将是核准的和专用区域，实质上这个结构在不同堤岸（道路）应尽可能少妨碍交通。作为规则，岸堤面上有一个相当宽度的来往路面，现场挖掘一般要防止由于滑坡而带来的道路下陷。另外，锚杆或连接杆会占用一段岸堤面，将它们放在一个易于挖掘的狭长护道并便于填充或在需要时能由合适的设备放置，在道路任何深度下面不损坏路表面，不妨碍交通。

来自浮冰的危害：在冬季服务期间，在岸堤前面的某段非常可能遇到。需要在河道里用破冰般破冰。考虑到破冰船对着堤面向里移动，以及进行破冰时在岸堤上产生的压力，非常重要的是要尽可能不要让冰块附着在岸堤上。

因此，一个敞开式堆垛结构，如同一个码头或栈桥，完全适于海岸式港口作业，应该沿着海岸完全伸出。

因此，我们断定，那种情况要求岸堤面应是坚硬的，是由层状堆垛或其他结构的实线构成的一个完整的表面。同样，岸堤的内部在结构上的任何组成部分的周围不能形成冰块。由于上述两种情况意味着在面壁后面堤的整个构造应用泥土、橡胶、砖或别的合适材料，坚实地填满，高度至少在高水位之上。

修复和保养：需要有修复的可能性，在某些部分即使永久性的岸堤在意外的情况下也可能被破坏，如何使这些部分在修复时比挖掘和除掉覆盖在这些部分上面的填充物质更省事。

为此有几部分不提倡由平放加固板（所谓钢筋混凝土）或这种材料覆盖物或路面构成岸堤结构方式。

天津 1926 年 5 月 12 日

防冲刷柴排造林

由于冲刷增大必然使河道减小，使用锌棒作保护岸会越来越紧迫。

因此，每年需要大量的防冲刷柴排为锌棒防护作业，据此在坟地弯曲处裁弯委员会的最大区段种植喜树的实验，比较准确地提出委员会的年度需要柴排的预算。

为此，春季种植 50 000 株喜树，并装一个风泵为灌溉所用。

最初的试验结果很好。

总工程师 1926 年的报告

破冰作业：

1925 年 12 月是暖和的，破冰船只有三天作业时间。1926 年 1 月，冰情也很有利，破冰作业实际上在 2 月 15 日停止。一艘破冰船在 2 月 23—25 日又恢复作业。

标记深度在冬季期间是在大沽基准水位以下 6 呎（意指低水春潮离开浅滩），在这年的最后月份，由破冰船稍进行协助即能保持通向天津港。

大沽浅滩航道：

在浅滩航道重新进行挖泥作业，标记深度在大沽基准水位以下 6 呎的航道是合适的。

航道的河床，在冬季期间仍由累积的沙土覆盖，挖掘在 2 月 15 日开始，但由于天气不好，在 2 月实际作业时间减少到 39 个小时。

在 3 月，由于天气不好和当地的妨碍结果仍令人失望。

4 月，虽然天气不好且缺乏煤，但仍能完成中等的作业，4 月 26 日测得深度明显改善，标记深度增加 6 吋。

5 月，从航道挖出的泥沙、黏土很多，从料斗中卸掉，往往需要额外的水流。

在这个月份标记深度再次增加，并留有适当余量。

6 月，航道中的淤泥不被注意，挖泥船作业令人满意。

7 月 10—14 日，大风把一些泥土带进航道，但挖泥船成功地挖走泥沙，保持了标记深度。

8 月，挖泥效率也很令人满意，而且航道深度增加，但是由于不能取得精确测深，标记深度不能增加。

9 月，是一个良好的作业月份，而且根据 9 月取得的测深，标记深度增到大沽基准水位以下 8 呎。

10 月，继续好转，但不能取得可行的测深。

11 月，水位迅速下降，再加上煤质低劣，导致挖泥效率降低很多。尽管这样，新近测深仍容许标记深度增到大沽基准面以下 8 呎 6 吋。

12 月初，仍想进行作业，但 6 日挖泥作业必须停止，全体人员改为破冰作业。

1926 年浅滩挖泥船"快利"号的挖泥作业情况如表 17.1 所示，航道状态如表 17.2 所示。

表 17.1 1926 年浅滩挖泥船"快利"号的挖泥作业情况

月份	实际作业时间（时）	往返行驶			料斗卸放（立方米）
		长（呎）	短（呎）	深河口（呎）	
2	39.0	49	2	25	12
3	113.5	120	12	39	30

月份	实际作业时间（时）	往返行驶			料斗卸放（立方米）
		长（呎）	短（呎）	深河口（呎）	
4	191.5	216	11	67	59
5	246.0	286	9	87	72
6	252.5	295	8	72	80
7	329.5	368	10	93	93
8	323.0	310	11	88	91
9	368.0	407	10	101	122
10	247.0	252	2	75	86
11	189.0	164	22	62	65
12	36.0	32	1	8	13
合计	2 335.0	2 499	98	717	723

表 17.2　1926 年航道状态及其变化情况　　　　　　　　　单位：呎

变化情况		1 月	2 月	3 月	4 月	5 月	6 月	7 月	8 月	9 月	10 月	11 月	12 月
标记深度		6.0	6.0	6.0	6.0	6.6	7.6	7.6	7.6	8.0	8.0	8.6	8.6
变化日期					26 日	28 日				9 日		3 日	
最小深度	北线	6.3	6.3	6.3	6.5	7.5	7.5	7.5	7.5	8.2	8.2	8.7	8.7
	中线	7.6	7.6	7.6	8.8	8.7	8.7	8.7	8.7	9.0	9.0	9.7	9.7
	南线	6.4	6.4	6.4	7.0	8.0	8.0	8.0	8.0	8.3	8.3	8.9	8.9
测定平均深度	北线	6.8	6.8	6.8	8.5	8.3	8.3	8.3	8.3	9.0	9.0	10.0	10.0
	中线	8.4	8.4	8.4	9.8	9.3	9.3	9.3	9.3	10.0	10.0	11.0	11.0
	南线	7.3	7.3	7.3	8.5	8.6	8.6	8.6	8.6	9.0	9.0	10.0	10.0

河口浅滩的测量

河口浅滩区域：通航水道两边从 11 月 18 日到 11 月 19 日进行了测量，离开河道入口处弯曲处的凹面，在 0 呎处被冲刷，等深线大于 100 呎。

顺着浅水线进行一般冲刷，同时 8 呎、9 呎、10 呎以及 11 呎等深线没过航道，与去年的测量比较，航道扩大在 4 呎之内，画到 300 呎的等深线；扩大在 5 呎之内，画到 700 呎等深线。

当水涨和水落时，在 7 号测点观测，沿离开大沽浅滩 15 呎的等深线，在不同深处，结果表示涨潮时速度为 0.595 节，落潮时速度为 0.421 节，潮差统计如表 17.3 所示。

表 17.3　河口及海河工程局材料制造厂潮差统计　　　　　　　　　　　　　　单位：呎

水位情况		1 月	2 月	3 月	4 月	5 月	6 月	7 月	8 月	9 月	10 月	11 月	12 月	年均
河口														
高水位	最高	9.10	9.00	10.00	10.00	10.70	10.60	13.00	11.40	11.70	11.30	12.00	10.44	13.00
	平均	7.10	7.02	8.06	8.28	8.96	9.07	9.51	9.72	9.24	8.28	8.19	7.13	8.38
	最低	4.00	1.90	5.30	5.20	6.40	7.20	7.30	8.00	7.80	4.40	6.00	2.40	1.90
低水位	最高	5.60	2.20	3.20	4.40	4.00	3.50	4.40	4.60	5.10	5.80	6.60	4.10	6.60
	平均	0.31	0.18	0.79	0.92	1.24	1.58	1.73	2.06	1.95	1.20	1.13	0.45	1.13
	最低	-1.40	-1.80	-0.70	-0.90	-1.00	-0.60	-0.20	-0.10	0.40	-1.40	-0.50	-2.40	-2.40
涨落	最高	9.20	9.70	9.20	10.10	10.90	10.50	11.50	11.30	9.80	10.00	10.90	11.00	11.50
	平均	6.70	7.20	7.27	7.36	7.72	7.49	7.18	7.66	7.29	7.08	7.06	6.88	7.24
	最低	3.30	2.50	3.90	2.40	4.40	4.70	4.30	4.40	2.70	1.40	3.10	2.90	1.40
海河工程局材料制造厂														
高水位	最高	10.30	11.10	11.10	10.80	10.50	10.90	13.00	12.80	11.30	12.40	12.30	11.40	13.00
	平均	8.38	8.50	9.30	9.24	9.58	7.95	10.60	11.26	10.24	9.08	9.18	7.63	9.25
	最低	5.60	3.60	7.00	6.50	7.60	8.30	8.50	10.10	8.90	5.80	6.70	4.60	3.60
低水位	最高	6.30	6.20	6.00	5.10	5.00	5.40	8.50	7.10	6.30	7.18	7.80	4.40	8.50
	平均	3.30	3.07	4.0	3.39	3.16	3.23	3.93	5.29	3.83	2.88	2.91	2.30	3.44
	最低	1.50	0.10	2.0	1.30	1.20	1.20	1.20	3.00	1.90	1.10	1.10	2.10	0.10
涨落	最高	7.00	8.20	7.10	7.50	8.50	9.00	8.80	7.70	7.90	8.10	9.90	8.70	9.90
	平均	5.08	5.23	5.30	5.85	6.42	6.72	6.67	6.97	6.40	6.29	6.28	5.37	6.20
	最低	2.60	0.60	2.30	3.20	4.10	4.50	3.40	3.80	3.60	2.20	2.40	1.50	0.60

因此，航道将是落潮时离开河口浅滩的中间方向向南 4°，小的不同将有利于挖泥时顺风把湾泥粒子吹到悬浮状态。

更大范围的观测将在明年不同季节完成。

潮水进入河道：

观测 6 月 24 日的春潮，9 时 30 分低潮在河口处的水位为大沽基准水位以上 0.3 呎，高潮在 15 时的水位为大沽基准水位以上 9 呎 5 吋。

在北炮台总的进入量是 1 266 949 800 立方呎，包括在高水位时流入北炮台的 193 210 200 立方呎，即在北炮台落潮期间流入。

在涨潮期间流经天津港上游的总量是 25 487 820 立方呎。

由于适度的涨水来自北运河和永定河下游，天津的高水位比大沽基准水位高 1.3 呎，旱季高水位在天津比大沽基准水位高 0.5 呎。

在 13.5 小时北运河的每秒平均流量是 4 501 立方呎，同样时间新河的流量是 6 159 立方呎。

另外，在南运河不涨水时，落潮期间流出 9 102 960 立方呎，在涨潮期间流入 9 212 220 立方呎。

沿河道也可对潮柱进行直接测量，同时在高潮时和低潮时测量水位，平均河宽在两个地点测量。

来自新海河上游河口的同样潮汐的潮柱是 919 865 075 立方呎，如果加上需要填充因裁弯除去的河道老防波堤的未淤塞的地方，这个量是 49 600 000 立方呎，总量是 969 465 075 立方呎。这表示与水流观测有约 17 000 000 立方呎的差异，或少于潮柱量的 2%。

我们现在可以假定春潮的平均潮柱约 960 000 000 立方呎。

1914 年 5 月，潮柱是 691 000 000 立方呎。

1916 年 6 月，潮柱是 823 000 000 立方呎。

1926 年 6 月，潮柱是 960 000 000 立方呎。

可以看出由于海河近年来的改善，每年稳定的增加近 22 000 000 立方呎的潮水容量。

河道年度测深：

整个海河从新河和北运河的汇合处到河口浅滩航道进行测深。

不同流域可通航的航道，对在一个平均潮面的高潮时的下列深度是适当的（在大沽基准以上 8 呎）：

从天津港以下到坟地弯曲裁弯处的水下爆破处 17.5 呎。

从坟地弯曲裁弯处水下爆破处到第三裁弯水下爆破处 18 呎。

从第三裁弯水下爆破处到第四裁弯水下爆破处 19 呎。

从第四裁弯水下爆破处到石头流域 21 呎。

从石头流域到葛沽流域 20.5 呎。

从葛沽到盐滩流域 22 呎。

从盐滩流域到新河流域 22.5 呎。

从新河流域到火药库流域 25 呎。

从火药库流域到塘沽流域 26 呎。

从塘沽流域到大沽流域 28 呎。

从大沽流域到深水河口 28.5 呎。

通过河口浅滩航道中线 8 呎。

当观潮站春潮 10 呎时，上述深度必须增加 2 呎。

上述内容说明一艘吃水 18 呎轮船能横越河口浅滩，并随着平均潮水和春潮到达天津港。

汽船 "Hokurei Maru" 号在 8 月吃水 17 呎 11 吋，汽船 "Skymer" 号在 9 月吃水 17 呎 8 吋。11 月晚些时候，汽船 "Hwa Tai" 号吃水 17 呎 4 吋。1965 艘轮船年内到达天津，994 艘轮船吃水 13 呎以上，1889 艘轮船年内到达河口浅滩，1702 艘轮船横越河口浅滩航道。

局部改善。当在塘沽的天滦矿务局的堤岸完工时，当地河道着手加宽的任务。

挖泥作业将继续到 1927 年，直到达到理论上的规定直线。

护岸。在第一裁弯上游终点的凹面，沿着这个凹面在规定航线上进行疏浚，由锌板和防波堤进行有效防护。为了整理那段流域，挖掘河的对岸。自海河改善作业以来，返回的船舶横越河口浅滩，并抵达天津堤岸。

潮差统计及流量分别如表17.4、表17.5所示。

表17.4 潮差统计 单位：呎

水位情况		1月	2月	3月	4月	5月	6月	7月	8月	9月	10月	11月	12月	年均
红桥1914年														
高水位	最高			12.49	11.70	9.70	10.70	14.90	16.00	14.60	12.80			16.00
	平均			11.29	9.73	8.63	9.56	11.46	14.87	13.47	11.71			11.34
	最低			10.50	8.90	7.30	8.90	9.10	13.00	12.05	10.50			7.30
低水位	最高			11.70	9.80	6.20	6.60	14.60	15.90	14.20	11.80			15.90
	平均			10.32	7.69	4.97	5.52	8.95	14.53	13.06	10.73			9.47
	最低			8.70	5.10	3.20	4.40	5.40	13.40	11.45	9.50			3.20
潮差	最高			1.90	4.00	4.90	5.00	4.30	1.00	0.70	1.90			5.00
	平均			0.96	2.03	3.66	4.03	2.50	0.36	0.39	0.97			1.86
	最低			0.20	0.40	2.10	3.10	0.20	0.10	0.10	0.20			0.10
红桥1926年														
高水位	最高	11.30	10.60	11.70	11.30	10.20	10.60	11.10	10.90	11.80	10.70	10.90	9.90	11.80
	平均	8.35	8.61	10.10	9.54	9.36	9.71	10.11	9.98	9.81	9.78	9.10	8.02	9.37
	最低	3.30	4.60	7.20	7.80	7.80	8.80	8.80	8.70	8.80	8.60	7.40	4.40	3.30
低水位	最高	7.00	6.00	8.90	8.00	4.50	5.20	6.00	4.90	6.10	6.00	5.30	6.40	8.90
	平均	4.57	4.44	6.49	4.66	3.01	3.49	3.99	3.45	3.76	3.98	3.47	3.20	4.04
	最小	2.50	2.10	3.60	2.20	1.40	1.80	2.20	2.00	2.10	2.50	1.30	0.90	0.90
潮差	最高	6.40	6.30	6.20	7.00	7.00	8.00	7.50	7.90	8.60	7.50	7.30	7.00	8.60
	平均	3.78	4.18	3.60	4.86	6.34	6.23	6.13	6.52	6.06	5.81	5.65	4.81	5.33
	最低	0.70	0.30	2.20	2.90	4.30	3.80	4.40	4.90	4.10	3.90	3.80	1.50	0.30
新开河														
高水位	最高	10.50	10.50	11.20	11.20	10.50	11.10	12.10	12.00	11.50	12.00	12.20	11.40	12.20
	平均	8.99	8.79	9.56	9.22	9.42	9.73	10.13	11.10	10.28	9.45	9.46	7.94	9.51
	最低	6.70	4.20	7.20	5.90	7.80	8.50	8.30	9.50	8.90	5.40	7.00	3.90	3.90
低水位	最高	7.20	6.50	7.50	6.80	6.30	6.60	9.10	9.40	6.00	6.00	7.60	6.50	9.40
	平均	5.65	5.05	6.04	4.68	3.89	3.85	5.11	6.83	4.69	3.85	4.09	3.62	4.78
	最低	3.70	3.70	5.00	3.50	2.90	2.50	3.00	5.70	3.60	2.60	3.00	2.80	2.50
潮差	最高	5.20	6.10	4.80	6.40	6.50	7.50	7.00	5.90	6.60	6.80	7.90	6.70	7.90
	平均	3.34	3.74	3.52	4.54	5.53	5.88	5.02	4.27	5.59	5.60	5.31	4.32	4.72
	最低	2.00	0.30	0.90	2.00	3.50	4.40	2.30	2.50	4.20	2.80	3.60	0.50	0.30

表 17.5　流量表　　　　　　　　　　　　单位：立方呎/秒

水流情况	3 月	4 月	5 月	6 月	7 月	8 月	9 月	10 月	11 月	12 月
最大量	14 082	12 572	9 905	14 168	19 487	17 806	11 552	10 109	10 562	19 487
最小量	10 666	8 349	8 528	7 658	7 854	14 842	9 293	9 767	4 308	4 308
平均量	12 466	10 191	9 465	10 458	12 936	15 903	10 471	9 938	7 435	11 029

挖出的泥土已被运走，包括从港口和城市下来的灰渣和垃圾 4 000 立方米以上。

沿法国堤岸挖掘了另外 3 000 立方米均匀粗糙的材料。

挖掘和填充作业

自 1924 年洪水发生大的冲刷以后，天津港已经被淤塞，当前需要挖掘疏浚，以便靠泊堤岸维持一个适宜的深度。疏浚吹填作业情况分别如表 17.6、表 17.7 所示。

表 17.6　1926 年挖掘疏浚作业情况

月份	"西河"号		"高林"号		"北河"号		抓斗式挖泥船		总土方量（立方米）
	工作时长（时）	土方量（立方米）	工作时长（时）	土方量（立方米）	工作时长（时）	土方量（立方米）	工作时长（时）	土方量（立方米）	
3	162	11 390			80	1 855			13 245
4	27	2 060			21	565	39		2 625
5									
6	76	5 825	64	2 860	154	4 070			12 755
7	124	9 760	263	15 190	106	3 260	50		28 210
8	100	8 030	270	16 840	188	6 075	68		30 945
9	75	6 000	266	17 185	258	8 680	12		31 865
10	226	16 360	253	14 580	244	7 510	17		38 450
11	198	12 425	253	13 190	215	6 030	34	65	31 710
合计	988	71 850	1 369	79 845	1 266	38 045	220	65	189 805

表 17.7　1926 年吹填作业情况

月份	"中华"号	"燕云"号	"中华"号	"燕云"号	填河	总土方量（立方米）
	作业时间（时）	作业时间（时）	英租界土方量（立方米）	塘沽土方量（立方米）	土方量（立方米）	
3	102		13 175		70	13 245
4	20		2 625			2 625
5						
6	106		12 575		180	12 755

续表

月份	"中华"号	"燕云"号	"中华"号	"燕云"号	填河	总土方量（立方米）
	作业时间（时）	作业时间（时）	英租界土方量（立方米）	塘沽土方量（立方米）	土方量（立方米）	
7	240		28 180		30	28 210
8	208		29 895		1 050	30 945
9	213		31 865			31 865
10	149	206	22 090	16 360		38 450
11	195	171	19 110	12 425	175	31 710
总计	1 233	377	159 515	28 785	1 505	189 805

新大沽河口浅滩航道

试验堤用碎石填充，在南洼地已有良好结果，顺着新航道采纳拦水堤的结构，并手工建成。

除 500 呎试验堤之外，从 6 月到 12 月开始完成了下列长度的堤：

北堤 3 595 呎。

南堤 6 921 呎。

横越堤 1 058 呎。

北堤和南堤达到的外部终点，在季末向海的等深线加深 2 呎。

较长的也已建造，已能方便地与石子的运输工具相连接。

1925 年，通过铁路收到碎石总量是 5 650 1000 立方呎

1926 年，通过铁路收到碎石总量是 4 216 立方呎。

用在堤上是 8 220 立方呎。

在进行疏浚作业之前要准备更多的石子，至少要有 10 000 立方呎，以便建成所需长度的堤。

迄今，堤的结构不存在任何大的问题，对波浪具有稳定耐久性，通过堤阻挡 7 月 10 日和 14 日在大沽见到多年来最厉害的暴风雨已经是很好的证明。

冬季一度用冰填充碎石的孔隙也证明堤成为一个整体坚硬物体，很好地沿用浮动冰的阻力。

迄今看到的唯一有害的作用是洗水在停泊螺栓上当金属外皮十分锈蚀时，全部铁部分在冬季必须用一些沥青涂在外皮上。

在北洼地的钢筋混凝土沉箱试验长度堤也显示对波浪和浮冰的防护阻力。

年度内，挖泥船"新河"号及其设备为在河口浅滩作业而做准备，到这年末提供以快速装卸的管线连接器和用蒸汽卷扬机电灯与全体船员膳宿设备装备起来的长滑道趸船的挖泥船。

为了完善挖掘设备正在准备辅助设备。

为新河造船厂订购电动马达，涡轮发电机，两个车炉筒锅炉和配件。

自流井工程已完，外加一个电气泵，为了给贮水罐供水，船坞用的闸门沉箱有几部分从欧洲抵达，一起放在工程局的小孙庄工厂。

这个门闸沉箱的一般尺寸是：

上面长度（铸件）为 65 呎 3 吋。

底木长度（铸件）为 53 呎。

宽度最大（铸件）为 22 呎。

宽度在上面为 10 呎。

沉箱铸件吃水，没有水载是 8.65 呎，而且在底木中心上面 13.85 呎的水深沉箱可运转。

沉箱能经受得住来自白河道边上的 22 呎水深和来自船坞边上的 16.35 呎的水深。装备两个 30°排水道为船坞溢流，以及 9°电动离心泵在 10 分钟内使沉箱漂浮。

溢流阀门能在约 10 分钟内使沉箱平衡地沉下。

沉箱的稳定度是指在正当条件能安全可行地进行漂浮和下沉作业。

沉箱装备三个不漏水层板，而且在第三个层板下面分成四个槽：两个压载水柜，从中线上由中线隔板隔开；两个纵倾平衡水舱，30°排水管经过这些间隔。

在第二层和第三层板中间，有一个浮力室安置为引擎室，泵和控制各项作业的阀门一起设置在这里，通过漏水通道能进入指定的格。

在第一层和第二层板之间，有一个外侧具有固定通道的非水性间隔。

在上层板，有两个小手动绞车，以及系缆桩等。

当沉箱下到指定位置时，人从外侧吸入在底部下面，输送到管道清除泥浆。

上述沉箱的建造者是 Birkenhead 的 Cammell Laird 有限公司的先生们，这个公司和钢厂的其他部门都是著名的设计者。

堤岸。在新河船厂旁边的堤岸，设计施工方已与 Lam Clines 公司订立合同。

堤岸由一个垂直型的 600 呎钢筋混凝土堤岸和一个斜坡型的 200 呎钢筋混凝土堤岸组成。

万国桥

万国桥的基础从去年开始，1926 年完成，桥的上层结构手工进行装配。

南北桥墩沉箱下沉到大沽基准水位以下 18 米的计划深度没有任何困难。

箱体两侧土质坚实度在每平方厘米 2 千克荷重特性下陷是 1~2 毫米，直到每平方厘米 3.75 千克荷重不再大。

从 6~19.70 米深挖出来的泥土样在沉箱下沉水平以下，显示出是细沙和一些黏土的混合构造，在下沉桥墩沉箱时遇到困难。

南面的桥墩沉箱在基准面下 11 米深处遇到软泥，在那地方必须停止下沉。

当沉箱由于软泥重压，在沉箱下边挖掘，这样能到达 13 米深（测量站），那地方的土质是泥土和沙子的混合物，这样在每平方厘米 2 千克压力下，出现下陷 3 毫米，在每平方厘米 3.5 千克压力下，下陷 5 毫米。

鉴于基础必须支撑桥的负荷，从陆地上通过挡土墙取得压力，分布在桩柱上的基础阻力要足够。

在北边沉下桥墩，在基面下 11 米同样深度的地方又发现软土层，在每平方厘米 2 千克荷重下，显现下陷 20 毫米，在沉箱有良好阻力时，决定继续沉下，直到越过软土层。

南面桥墩的情况大致达到同样深度时，也就是在大沽基准面以下 13.05 米时，土质出现泥土和沙子等很细的混合物，停止下沉。每平方厘米 2 千克压力下，下陷出现 1~2 毫米。在每平方厘米 3.75 千克荷重时，下陷不再增加。在 -14 米处取土质样（大沽基准水位）坚实度很好。

每根桥墩的基础建造在 32 个 12 吋×12 吋×45 吋的桩柱上，顶端在大沽基准面 ±0 吋的水平位置。

注意桩柱的穿透率，最后一半长度用一个 1 200 千克的汽锤，每锤打一次始终是 6~8 毫米，一个重 800 千克的桩柱，一个重 400 千克的辅助桩柱，以及一个 1 米自由落体的汽锤。

假定一个 8 毫米穿透率，公式如下：

$$R = \frac{P^Z h}{b^Q (P+q)}$$

桩柱安全支撑的负荷应为 12 500 千克。

而后决定原状放置桩柱 15 天，在 15 天之后再用同样的方法锤打下去，平动喷汽 10 次，最后出现 0.6 毫米的穿透率。因此，安全荷重应为 166 660 千克，比桩柱实际荷重 27 000 千克多出 6 倍。

上述意见与天津的下层土有关，大沽基准面以下 20~65 吋的构造没有性能资料记载。

用花岗石面的桥墩和支撑面，以及每一对钢筋混凝土拱顶连接，并于年内完成。

上层构架的安装手工进行不久即可适用，而且年底会有很好的进展。

大桥全部以及机械设备的运行已经成功，而且准备开始使用，期待今年的新成万国桥。

1927 年 7 月，万国桥的航行将开通陆地交通。

无线电设备。挖泥船"快利"号和破冰船"清凌"号装备为电报和电话用的无线电设备，冬季期间这一附设备非常有用。

综合情况。年度观测河道和浅滩航道总的情况，在普通高潮时，吃水 16.5 吋；在大潮时，吃水 18.5 吋是良好的。

1927 年，可以适当地期待缓和河水泛滥，以及现有河口浅滩航道的改善。

同时，河口浅滩航道的作业在进行，如果堤的构造不碰到障碍，新航道的疏浚作业将在 1927 年秋季开始。

工程师 Ing. T. Pincione

天津 1927 年 1 月 3 日

第十八篇　海河工程局 1927 年报告摘编

万国桥

新桥在 10 月 18 日由 Chi Yao-Cheng 进行剪彩，随之开放，老桥立即断开交通。

中国政府代表出席剪彩开放典礼，随后外交使团、领事团体和当地官员在帝国饭店进行午宴。午宴结束时，海河工程局主席 Saussine 发表讲话。

阁下们、女士们、先生们：

我以海河维修和改善国际委员会的名义，荣幸地欢迎所有来宾并感谢你们的光临。我们特别感谢中国政府成员和外交使团出席今天这个重要的典礼，他们的到来使典礼更加隆重。

这个落成典礼是个重大事件，它在天津的历史上是个有纪念意义的日子，因为这个日子标志着天津前进发展了一大步。

新桥有两点显著的好处：第一，两倍于旧桥提供的运输能力。由于桥宽，以最现代的方法把运输分成各种方式。有轨电车、小汽车和卡车在中间走，人力车和步行在两侧边道走。第二，为了轮船畅通，使河道上游港口扩展，商船停泊位置显著扩大，减轻老桥下边码头的拥挤。人们都知道由于过去交通运输存在的困难，以及河道淤积阻塞现有码头，对新桥结构的认识表明先进性。

此刻我问我自己，一对沉箱沉入河床，把两个支座建在堤岸上，两个固定平台和两个桥翼连在一起，那就是我们有的桥不倾向于认为它是世界上一个最普通的事情。在我们当中，一个桥的结构所表示出的成就的大小有多少精确的概念。

遗憾的是，完全不是那么简单，当我把工程项目设想和完成变迁联系起来时，我想在这个问题上谈一些意见。

新桥的协商在 1922 年开始，在那年组成大桥委员会，在大桥委员会上阐述了全部利害关系。困难的是对这项工程的投资，直到第二年这个问题才得到解决，这个解决办法就是在关税上加 2% 的附加税。通过提供一个不实数目而这样容易得到解决，没有人感到负担过重。虽然你看到的很容易，但是必须考虑它，Hussey-Freke 有这个意图，请允许我荣幸地对他表示我们的感谢。

这个问题明确地把这个工程项目的实施由中国政府和外交使团委托给海河国际委员会，以保证它的完成。

招标开始，大批优秀的投标送到委员会，总工程师 Pincione 建议选用 Elablissements Dayde 和 Schneider 公司庆贺 Pincoine 的这个选择，在宣布委员会最老职工的名字时，他已辞去他的职务。

请允许我利用这个机会对于他在 1926 年拿出他全部的活动和智慧致力于天津的贸易和海河的改善而表示感谢。

Elablissement s Dayde' et Schneider 在全世界得到证明，是第一流的桥梁建造公司，有充分理由相信，这个工程由他们实施会令人完全满意，你可以赞美他高尚，这是最好的荣誉。

新桥已经建造在最适宜的地方，天津最长的干线要道，通过 Woodrow Wilson 街、维多利亚路［今解放北路营口道至开封道部分和大法国路（今解放北路）］。桥改变位置，已用去很大追加的费用，为了从河岸一边和另一边走近桥面征用土地并铺设新路，如果你考虑到主要变更，需要使用坐落在不同政权管理地区的地产，改变需要使交通通畅，电车道得到整顿，重新平整，电力传导良好；如果你打算在一个时期内都完成，肯定是相当困难的，你一定会和我一起通过法租界市政当局的行政机构和全体人员，给予委员会前任俄租界工程管理处委员会的秘书 Camplell（甘伯乐）所表现出的卓越贡献以高度评价。

财政上的安排和关于引桥一次完成的问题，留待建桥本身去解决。

合同在 1924 年 6 月签字，工程限定日期定在今年 2 月完成。但是在合同签字之后，在毁坏新桥附近的法国码头时，立即遭受意外的河水上涨。河水加深使原来的支座改为需用沉箱构成，这是附加延迟 6 个月的原因。1925 年，河水又一次上涨很厉害，而且内战使铁路交通陷入瓦解，相当于妨碍拿到所需的石头和花岗石，由于通过河道到桥的定位没有进路，使来自法国的材料管理很混乱。在合同中为了沉箱下沉，规定了深处泥土的特征是下沉得更深一些。

冬季期间，冰块威胁桥的存料场，并且迫使一夜工作使冰块散开，最后河道淤塞显著，影响电缆的放置，并大量迁移。

补充说一下，已经开幕的桥不仅仅是一个进步的纪念碑。我感到它的力量和伟大属于较高的含义，一个契约肯定了天津港存在着国际上的团结一致，而且会永远保证天津港的繁荣。

女士们、先生们，允许我请你与我一起为我尊贵的客人的健康，特别是中国政府代表和外交使团干杯！

Chi 先生答谢讲话如下：

女士们、先生们：

今天在这里我高兴地出席你们新桥的开幕，法国总领事已经给我们介绍了桥的历史，特别是关于桥的全部结构，在这个重大场合，我要祝贺这个重要港口天津的发展标志着又前进一步。

新桥是租界和河东之间发展交通的需要，每个人都渴望人们有机会使用和看到这座桥庄严地投入使用。我确信参与实现建桥理想的你们，全体高兴地看到你们的努力没有白费，今天新桥对交通运输大开放。

天津是华北第一个重要港口，政府和本地社会一样甚至更关心港口的发展，这里是通向黄河北部富饶地区的门户，而且这个港口是居住在内地约 100 000 000 人口兴旺繁荣的关键。作为天津的居民，我已经注意到城市稳固地在财富贸易方面发展，有各种方法促进城市发展，但由于特有的环境最好和最有把握发展天津的方法是建造跨越海河桥。天津第一个对外开放贸易是1860 年，天津或天津附近几乎没有任何桥，感谢上帝，当城市比较繁荣时，架设浮桥连接天津的各个总督。红桥是建造在边远地方的第一座桥，直到 1899 年，Chia Chia 大桥跨越金钟河是在天津的第二座铁桥，接着是老铁桥跨越御河约在 1900 年建成。

在义和团运动之后，天津城开始重要的发展时期，当时天津总督打算重新再建，每项成就都是为了使天津成为一等的港口，在这期间，建造了靠近警察局的东浮桥、新铁桥、总督桥和万国桥。1920 年，由于中国城市的迅速发展，要求跨越北河到河北很方便而安排一座现代化铁桥取代老铁桥。那时我是天津的地方长官，我自豪地积极参加了计划的全过程，虽然没有安排认真仪式标志正式的开放，但作为我们刚刚开放的新桥的伙伴金钢桥今天也建立起来了。今天我和你们一样地高兴，我希望再亲眼看见另一座新桥的开放。我们需要在意租界和日租界之间有一座桥，还要有一座连接第一特区和第三特区的桥，我们希望政治形势不久会得到稳定，这样贸易会发展，天津会繁荣，新桥会建立。预祝天津繁荣，预祝新桥以及未来新桥的建造顺利。

外交团团长威廉·吴登吉克爵士代表来宾发言

先生们：

在此新桥启用的典礼上，对于海河管理局想将外交团成员列为来宾的邀请，我应当表示感谢。

的确，可以理所当然地说，这一刻是一个值得纪念的时刻，因为今天我亲临的典礼，在作为中国重要港口之一的天津的历史上是一个极为重要的事件。

这次典礼证明，贸易和航运的不断扩大和增长使天津成为华北商业重地。

贸易和航运的增长必然迫切要求用最现代的交通设施，其迫切程度并不亚于不断地改进天津港口和铁路交通。

现在高兴地看到，在这一方面已经可以应付日益增长的需要。但是，我认为，在满足对天津的公共工程和公用事业日益增长的迫切需要方面，体现了在天津的各国人士始终全心全意合作的精神。

虽然人们总是在谈外国利益、中国利益，但是显而易见，像天津这样一个港口，两种利益紧密地连在一起，以致人们实际上将两者视为一个单一的实体。在像现在这样的场合里，人们比以前看得更为清楚。

难道我们没有看到，在这个国家里的中国人和外国人，主人和客人，为了共同进步，发展贸易、相互了解和相互帮助而团结在一起吗？

使我感到非常愉快的是，能允许我在此以全体相互协作的外国事业的名义，向所有为满足天津的最迫切需求——这座新桥的建立，提供合作的宝贵援助的中国人士表示衷心感谢。向北京、天津所有有关当局表示衷心感谢。

在我思考这座桥的名称和它的位置时，我不禁想到它的名称和位置都有着象征性的意义，它的名称不是"万国桥"，而是"新万国桥"。

当想到老桥摇摇欲坠而必须由新万国桥来代替时，对于正在努力谋求外国和中国之间新关系的中外有识之士来说，能说这不是一个好兆头吗？

在今天早晨的典礼中，如果没有某种征兆，是否在某种程度上对我们来说是一次教训？

先生们，在我看来是一次教训。在我看来，这一征兆向我们指出，必须将旧事物在它的衰落引起灾难之前去掉。但是，它也向我们指出，在我们的相互关系中，必须不再去寻找使我们对立、造成我们分化、能使我们相互背离的缘由，而是必须诚心诚意地去弥合分歧，找出重合之处，即找出能使我们团结的利益。这样，我们才能共同努力，实现一个共同的崇高目标，这个目标就是和平、融洽的关系。

在我的心目中，中华民族幸福快乐，在和平状态下感到满足，并且欣赏和其他民族之间互惠互利的关系，基本上沿着基本符合中国实际的道路进行现代化改革，形成新的现代化观念。中国工业顺利建成，中国产品顺利进入对它最有利的市场，中国人民可以随意从对他们最有利的供应商处购买用品，和外国订立的条约和公约按照新情况做了更改，也取消了任何人制定的任何性质的歧视制度，总之，在广阔的文明世界所要求的事业中，中国也取得了它应得的或应分配给它的一份。

先生们，这真是令人欣慰的局面，它能使对中国有利，对全世界也有利，对全世界有利而不能对中国有害的事得以具体实现。

其中的奥秘就是相互同情合作，在我们面前的就是一个很好的例子，虽然规模不大，但是，在中国和所有外国人间还必须建设一座更大的、更雄伟的"新万国桥"。

我想在不泄露外交机密的条件下，可以有把握地说，都怀有热诚的愿望，建设这样一座"新万国桥"，使中国和外部世界成为好友，相互谦让，能在这座桥上迎合。

先生们，让我们为永恒的中外友谊、为天津中外团体日益繁荣昌盛干杯！

老桥的拆除和重建

修建新桥的规划包括拆除老桥，拆除工程已从 11 月 21 日开始。按照有关此项工程的合同条款，此工程应以七个月时间为期限，于 1928 年夏汛开始前 15 天完工。

已经向政府和外交团申请准予在解决原始建桥所需费用之后继续征收"桥税"，以便为在老红桥附近重建老桥筹措资金。此事仍在研究中。

为防止海河再成为本年所见浅滩提出临时性规划

11 月 1 日，在内政部举行的一系列会议结尾时，"防止海河再次淤塞方案设计讨论会"的技术与非技术与会人员一致签署下列报告：

送：北京内政部

防止海河再次淤塞方案设计会议

主席先生

主席：

为防止海河再次淤塞，试拟一份适当方案并提出报告，我等与会人员经深思熟虑后，特就此事提出下列意见：

目前，海河因永定河下泄时携带大量淤泥而在海河沉积，致使轮船航行在涨潮时也只能吃水 10 呎。此种局面颇令人痛惜，深思熟虑的人士均感局面极为严重，天津的繁荣使其继续成为重要港口，继续使永定河泄入北运河，不提供合适出路应付携带泥沙的永定河水必然会出现两种局面：决口淹没农作物并造成千万人无家可归，从而毁灭宝贵的农田；使华北唯一可供吃水深的轮船航行的水路无法利用，从而使天津由一片沼泽地变为重要港口的首要因素消失。关于永定河的威胁性以及为它提供合适出路的问题，已数次提出主张，这里不再重复。

此重要工程不经广泛调查研究，无法详细拟定。直隶河道管理局已经从事调研约十年，对于各河的特性收集了有价值的数据，并且制订一份解决直隶洪水和航行问题的综合规划。这份规划是对以多年调查研究为基础的各种情况进行透彻研究后仔细拟出的，理应受到政府的高度重视。我们并不认为这份规划完美无缺，可能需要改进，但是我们确实认为总的设计可行，可以接受。这份规划主要有下列特点：

（1）在官厅修筑一座大坝，筑在河水进入山地的入口处，构成一座滞洪水库，以减弱洪峰。

（2）改造卢沟桥溢洪道，并且设置若干调节闸门，以便使卢沟桥洪水流量超过 2 000 立方米/秒。

（3）在卢沟桥和金门匣之间建立护岸丁坝系统，将河宽限制在 1 200 米之内。

（4）改造金门闸，使其泄放流量达到 500 立方米/秒。

（5）建造一系列护岸丁坝，从金门闸到三角洲处，使宽度限于 500 米之内。

（6）提供入海的直接出口。

据我们了解，上述规划约需要 32 800 元，为了拯救繁荣昌盛的天津口岸，此笔开支是明智的，也是无可非议的。

在实施大规模规划之前，提出一种改进现有状况、避免或减少此后淤积恶果的临时性不彻底措施，现提出建议如下：

为永定河开一条泄水渠，从北运河某处起到金钟河上的黄土，在必要时使永定河流量的一部分或全部泄入海河，利用一些整治工程改向进入泄水渠，然后经金钟河在北塘入海。

估计现有三角洲的目前容量，新的工程能实现且得到适当的控制运用，至少能起十年作用，这就使我们有充分的时间实现大型规划。如果能认真对待，使上述不彻底规划尽可能有效，我们必须考虑同时做好下列工作：

修理并加固北运河河堤，以使北运河能承受产生最有利效果的最大可能流量。

加固并保护围绕永定河三角洲现存的大堤，以防止出现新的决堤。

在龙凤桥修建便宜的整治工程，在大运河北面出口，以便阻止进入三角洲的回流。

我们估计，上述工程约需要 2 000 000 两，我们极力主张，为带来最有利的效果，所有整治工程（包括苏庄、土门楼、新开河和马厂的工程）必须统一管理。至于改进海河的即时措施，建议将此事交由海河工程局水利委员会处理。

北京 1927 年 11 月 1 日

由于海河工程局总工程师对于上述方案不完全同意，水利委员会向内政部长函陈如下：

部长阁下：

兹向阁下奉告，在本月内政部召开的方案设计会议中，与会技术人员及本人所在水利委员会已收到水利委员会工程师平齐奥尼（Mr. T. Pincione）的报告。

海河支流系统做出的改道可能对海河及大沽口的水流状况有影响，特恳请阁下酌情布置，使水利委员会在有利于海河的任何工程计划付诸实施之前仔细审阅，并提出意见。

（签字）R. S. Campbell

1927 年工程部门的报告

破冰作业

1926 年 12 月，这个月份通常是凛冽的，为了保持冰的移动，8 日破冰船就要按规转回。

12 月 28 日，海里已结冰，当冰继续移动，穿过外部锚地时，会给航行造成一些困难。

1927 年 1 月和 2 月，整个季度比较暖和，仅有一次发出"困难"的电报，并且航行没有遇到严重的延误。

2 月 21 日，可能中断作业。

在这个季度，无线电装备第一次工作，这些无线电设备很有用，不仅能保持与破冰船的通讯连续不断，还能把大沽浅滩冰情逼近轮船的情况通知轮船。

大湖浅滩航道

疏浚作业在 3 月 15 日开始，整个冬季航道未变线，标记深度停留在大沽基准水位以下 8 呎 6 吋，挖泥船从那以后连续工作到 12 月，第一次没有任何严重的阻断。

挖泥船的效能没在大量春季洪水中减少深度，相反，在 5 月中旬可能增加标记深度到大沽基准水位以下 9 呎。

这个深度保持全年，航道的中线在普通低水位的 12 呎的良好状态，考虑到由永定河带下的大量泥沙，这是很令人满意的结果。

泥沙的较多部分先是沉积在上游流域，由于潮汐作用从那里慢慢地冲刷到河里，大量泥沙穿过浅滩，少量的挖泥船能保持航道的深度，从而保证不间断地航行到塘沽。

表 18.1 显示了"快利"号疏浚作业情况，表 18.2、表 18.3 显示了河道水量变化情况。

表 18.1 "快利"号疏浚作业情况

月份	作业时间（时）	往复回数（回）			舍土回数（回）
		长距	短距	深渊	
3	125	132	2	42	44
4	271	263	11	99	90
5	225	204	10	78	64
6	296	273	9	92	85
7	265	240	4	83	68
8	332	315	5	86	92
9	253	249	4	72	70
10	269	236	70	93	80
11	220	210	40	76	72
12	5	5	—	3	2
合计	2 261	2 127	155	724	667

表 18.2 1927 年河道状况

（以大沽基准水位为标准） 单位：呎

变化情况		1月	2月	3月	4月	5月	6月	7月	8月	9月	10月	11月	12月
标记深度		8.6	8.6	8.6	8.6	9.0	9.0	9.0	9.0	9.0	9.0	9.0	9.0
变化日期						14日							
最浅深度	北线	8.8	8.8	8.8	8.8	9.5	9.5	9.5	9.5	9.5	9.5	9.5	9.5
	中线	9.8	9.8	9.8	9.8	10.0	10.0	10.0	10.0	10.0	10.0	11.5	11.5
	南线	8.9	8.9	8.9	8.9	9.6	9.6	9.6	9.6	9.6	9.6	9.2	9.2
平均深度	北线	10.0	10.0	10.0	10.0	10.5	10.5	10.5	10.5	10.5	10.5	10.5	10.5
	中线	11.0	11.0	11.0	11.0	11.5	11.5	11.5	11.5	11.5	11.5	12.0	12.0
	南线	10.0	10.0	10.0	10.0	11.0	11.0	11.0	11.0	11.0	11.0	11.0	11.0

表 18.3 1927 年海河河口及海河工程局材料机器厂前潮差增减情况

（以大沽基准水位为标准） 单位：呎

变化情况		1月	2月	3月	4月	5月	6月	7月	8月	9月	10月	11月	12月	年均
海河河口														
满潮	最高	9.90	9.80	12.20	10.20	10.50	10.60	11.20	10.80	11.10	11.00	10.30	11.50	12.20
	平均	7.27	7.53	8.27	8.66	8.69	8.96	9.49	9.54	9.18	8.54	8.16	7.62	8.49
	最低	4.20	5.20	5.30	7.20	7.20	7.20	8.00	7.50	7.20	5.70	4.50	2.80	2.80

续表

变化情况		1月	2月	3月	4月	5月	6月	7月	8月	9月	10月	11月	12月	年均
干潮	最高	4.50	3.60	4.40	3.80	3.50	4.20	3.60	5.00	5.30	4.70	5.50	5.70	5.70
	平均	0.66	0.76	1.01	0.99	0.74	1.60	1.59	1.57	1.48	1.45	1.24	0.80	1.16
	最低	−1.70	−1.10	−1.20	−1.30	−1.10	−1.10	−0.50	−0.30	−0.50	−1.20	−1.60	−2.20	−2.20
潮差	最高	10.10	8.20	11.00	10.30	10.30	10.90	10.60	10.60	11.30	10.20	10.60	10.50	11.30
	平均	6.61	6.77	7.23	7.67	7.95	7.36	7.90	7.98	7.70	7.09	6.92	6.82	7.33
	最低	3.10	2.30	1.50	3.50	4.00	4.00	5.10	3.90	2.40	2.50	3.00	3.40	1.50

海河工程局材料机器厂

变化情况		1月	2月	3月	4月	5月	6月	7月	8月	9月	10月	11月	12月	年均
满潮	最高	10.90	10.60	12.30	10.80	10.10	11.00	12.20	12.40	11.60	11.20	10.50	11.80	12.40
	平均	8.00	8.43	9.60	9.92	9.29	9.72	10.76	11.06	10.52	9.75	9.16	8.34	9.55
	最低	5.10	5.90	6.90	8.30	8.50	8.30	9.40	9.90	8.70	7.40	6.00	2.50	2.50
干潮	最高	8.80	4.30	6.30	5.80	5.00	4.50	6.10	6.80	5.80	6.10	6.70	6.80	8.80
	平均	2.36	2.09	3.90	4.05	2.94	2.92	3.92	4.51	4.73	4.56	4.27	3.66	3.66
	最低	0.30	0.50	1.30	2.40	1.10	1.00	1.70	2.90	3.80	2.60	2.90	1.50	0.30
潮差	最高	8.50	8.10	7.60	7.20	8.00	8.90	8.40	8.20	7.00	6.60	6.60	7.20	8.90
	平均	5.64	6.34	5.70	5.87	6.35	6.80	6.83	6.55	5.79	5.19	4.89	4.70	5.89
	最低	0.70	2.80	2.50	3.20	4.10	5.20	5.20	3.80	3.80	3.50	2.90	1.00	0.70

河道年度测深

从新河和北运河的汇合处到河口浅滩，整个海河在秋季进行测深。

不同流域的可航行航道在普通高水位（在大沽基准水位以上 8 呎）的深度是合适的。

天津港到坟地弯道裁弯的 U. E 的深度为 11.7 呎。

坟地弯道裁弯的 U. E 到第三裁弯的 U. E 的深度为 11.7 呎。

第三裁弯的 U. E 到第四裁弯的 U. E 的深度为 14.5 呎。

第四裁弯的 U. E 到石头流域的深度为 18.5 呎。

石头流域到葛沽流域的深度为 20.0 呎。

葛沽流域到盐区的深度为 21.0 呎。

盐区到新河流域的深度为 23.0 呎。

新河流域到火药库区的深度为 24.5 呎。

火药库区到塘沽流域的深度为 26.0 呎。

塘沽流域到大沽流域的深度为 29.5 呎。

大沽流域到深河口的深度为 23.8 呎。

穿过河口浅滩航道的中心航线的深度为 17.0 呎。

地方改善

春季在塘沽继续进行沙嘴的挖掘，打算在夏季之前完成，但由于港口淤积，挖泥船必须撤回。1927 年在那里仅挖掘 15 000 立方米，希望在 1928 年能完成此项工作。

护堤

这年由于财政受到限制，进行少量的防护作业，对老防沙堤进行修复，并改建一个新的防沙堤。

挖掘和填土作业

填土量较少的原因如下：

（1）在低水位时，不可能拖拉驳船以及靠近泵站。

（2）挖掘出的泥沙主要含有很细的沙，细沙不沉在料斗内，前一年，平均每艘驳船是 33 立方米，今年是 28 立方米。

吹填作业情况如表 18.4 所示。

表 18.4　1927 年吹填作业情况

月份	"中华"号		"燕云"号				弃河量	总计（立方米）
	英租界		塘沽三菱株式会社池		英租界			
	作业时间（时）	土方量（立方米）	作业时间（时）	土方量（立方米）	作业时间（时）	土方量（立方米）		
3	82	6 055	147	10 800				16 855
4	280	17 235	63	4 890			600	22 725
5	329	24 065					240	24 305
6	269	22 360			186	11 855	840	35 055
7	216	19 320			1 90	13 730		33 050
8	213	18 750			140	10 610		29 360
9	168	13 710			132	9 625		23 335
10	174	12 835			159	9 925		22 760
11	172	11 725			149	7 200		18 925
12							10 560	10 560
总计	1 903	146 055	210	15 690	956	62 945	12 240	236 930

新大沽浅滩航道

1927 年秋季，沿航道防波堤围堤的建造是由承包人 McDonnell 和 Gorman 完成的。

堤的长度如下：

北堤的长度为 14 405 呎。

南堤的长度为 17 419 呎。

横越堤的长度为 1 044 呎。

共计 32 868 呎。

迄今，堤在抗波浪和抗冰方面是经久耐用的。

9 月 10 日开始挖掘，泥沙很容易挖掘和抽吸，设备的调整也很令人满意。挖泥船能在大潮时工作，即使有大风，预计新航道的挖掘承担起来也相当容易。

新河造船厂

去年报告里充分叙述的坞门已经完成并安好，入坞便利，并且可考虑其他吃水深的船舶。

这个制造厂没有别的改善。

由于订约公司资金困难，堤岸进展很慢。

万国桥

年内完成上层构造，也设法对活动桥距的机械设备进行了安装。9 月初，按照规格要求进行了试验。用不同的方法给桥加上相当的非永久性偏斜，结果是符合要求的，在最大的负荷下，桥墩和桥台没有下沉的迹象。10 月初成功地进行了机械试用，万国桥在 10 月 18 日正式开放。

综合

下列涉及海河显著变浅的报告是由总工程师 Pincione 在他离开前不久写的。

1927 年 Pincione 的海河变浅报告

海河河床的严重冲刷是由大清河 1924 年非常的洪水引起的，离开沿着海河上游可航行的航道，在普通高水位可吃水 18 呎，在大潮时可吃水 19 呎。

1925 年吃水记录是 18 呎 3 吋，1926 年吃水记录是 17 呎 11 吋，1927 年 3 月 22 日吃水 17 呎 6 吋的轮船可顺利到达天津，并停泊在堤岸。

由于 1926—1927 年冬季下了大雪，永定河春季发了大水，并且从别的支流流来的水很少，流入海河的沙子很多。

在永定河和北运河汇合处取样，经常是 5% 的含沙量，在有些情况下会多一些。

在这些情况下，随着海水倒流，大量泥沙沉在北仓到天津的北运河河床，以及天津到坟地弯道裁弯的海河河床。

不到一周，海河上游的截面减少 36%，河床平均升高 6 呎。

在 3 月 28 日进行测深，海河上游仅对吃水 13 呎的轮船是可以的。

永定河流入的泥沙通过永定河到三角洲航道的回转更加加剧。

海河的形势是危险的，我与 Rose（治理河道委员会的技术部门主任）进行探讨，以便在苏庄关闭全部向下流的北运河的水闸。

南运河和新开河（在天津城上游、北运河下游部分）在大王屯的下流水闸也是开放的，在我们力所能及的范围内关闭全部水闸。

事实是水闸上游由一个不适当的管理机构进行管理，导致它不能送给天津全部可用的淡水，淡水无疑会帮助冲下海河的泥沙，从上游流域冲到下游流域，对天津减少危害。

3 月末，能航行的轮船的吃水必须限制在 12 呎，我们经历了严重的困难，为了满足轮船公司坚持使轮船靠堤岸停泊的要求。

如果在平常时候，保持海河的直角截面是困难的。在困难的情况下，关于上述事情完全不可能，即使海河工程局具有 100 倍功效的设备也不可能，这是容易理解的。设想每日流入泥沙是 200 000 立方米，而工程局的千艘挖泥船和 2 台泵站每日仅能处理 2 000 立方米，再加上工程局的拖轮在低水位时不能拖运装载泥沙的驳船到泵站。

4 月，永定河排泄减少，而北运河和大清河输出量增加，形势开始改善，我们用 2 台泵站工作，每日排泄近 2 000 立方米。

沿 4 800 呎长的浅滩挖掘固定航道以及一个深水航道，一直到达天津的直水道，在 7 月 7 日完成。在大沽基准水位以下 7 呎的深度，这能使吃水 15 呎的轮船到达天津。

然而，这使沿堤岸旁边停止挖掘以及在河道中间沿可航行航道进行挖掘作业成为可能。

在这些条件下，我们在 7 月底完成工作。

如果雨下在不同的集水区域，水位要上升，泥沙要冲刷下来，增大两条河的截面和深度。

遗憾的是，只有永定河支流下暴雨，它有一个等于其他河流两倍的集水区域，后果是从三角洲来的泥沙更多地流入海河。

天津港的河床升高至基准面以下 3 呎，当水位上升至基准水位以上 11 呎时，吃水 14 呎的轮船可继续航行。

截至 8 月底，从海河取的水样表明永定河排泄的泥沙量在低水位时有大约 10% 的混合物。

在这时，我们在苏庄的看守人员报告，水闸将潮白河的水经过开放的新开河排入海，这样做是为了满足通州人们的迫切需求。当海河的适航行经受一个真正的大灾难时，一般是以 13 000 立方呎/秒的流量排泄入海，20 呎宽的 30 个水闸有 28 个在 8 月 23 日开放。

我得知，在这个时机强烈反对潮白河在苏庄回行被认为对通过永定河清除沉积在海河里的泥沙没有任何帮助。如果在苏庄的水闸以及别处的水闸一般开放，如同今年的情况，回行是没有价值的。相反，如果水闸关闭而且全部潮白河的水都流到天津，即使回行不会使淤积全部避免，也会合理地预料到天津港不会淤积到同样的程度。

事实上，自水闸关闭，泥沙情况已好转，而且 5.25 兆立方米的泥沙大量沉积正在沿着上游向下的河道形成一个较深的通路。

在我从海河工程局退休以前，我认为需要再一次对泥沙问题记录下我的意见。

不需要再说明直隶的河流系统，在很多报告中已经说明，我只说明浅滩沙洲如何出现，以及考虑用什么办法补救。

当山区森林完全被滥伐，海河的每一条支流都带有泥沙。

从新河、白河、永定河来的泥沙比例在天津上游大致是 1：2：4。

1793 年 8 月，Lord Macartney 大使到达天津时的情况比现在的情况好一些，大使是乘吃水 13 呎 6 吋的帆船来到天津的。

今年流入的沙子有 5.25 兆立方米，没有比别的年份更多，1917 年沉积在浅滩的泥沙总量是 3 兆~4 兆立方米。

每次沙子的流入都伴随着大水，大批沙子抵达大沽浅滩，但当沙子的流入伴随小水时，像今年大批沙子沿上游沉积，日复一日的潮汐作用的减少常使其回流。

在海河改善之前，像今天这样一个大沙洲浅滩需要相当多的时间冲刷下去，但在很多裁弯完成改善工作之后，沙洲浅滩受限制被冲刷下去。流下较大的河水，冲走泥沙就会比较快。

当 1912 年潮白河在苏庄东边的水流变弱时是促使我们主张潮白河局部回流的主要理由。

一旦泥沙流进海河，一定会到达大沽浅滩，冲刷较慢，较小的航道会变浅而且较容易使挖出来的泥沙分布在平坦面上而离开浅滩。

什么措施能解决泥沙问题呢？只有一个，在山区阻止泥沙，除了阻断泥沙和植树造林外，其他措施不可能做到。植树造林和阻断泥沙是一个费时费钱的办法，唯一的选择就是年内办好部分事情，造一个三角洲，在这个三角洲里，泥沙可以累积起来。一旦这个三角洲累积满了，像当前永定河的情况，必须造一个新三角洲一直到形成阻断和绿化，以减少洪水的作用。

通向海有条新航线吗？是的，这样会有一个直接的溢流，但新通向海的航线也会变浅，在旱季为维持一个适当速度阻止泥沙的沉积会太大，在雨季调节大的流量会太小，在直隶的河道中雨季的流量有时比旱季大 200 倍。

航线的新三角洲和通向海的新航线对所有实用目的是可以的，我们可以作为一个主要的解决办法。

临时措施可以用，但不能提供一个解决问题的办法。

举一个实例：普济河在北仓打算开挖一条导流渠。一条相当不错的河，日复一日有 960 000 000 立方呎的潮水充灌，约 25 000 000 立方呎流过天津上游，不能吸收今年流入的大量沙子，怎么能期望导流渠能够吸收呢？

期望金钟河会处理泥沙，它同样受海河的潮水作用。

天津上游的新开河在今年关键时刻也有几个水闸开放，但结果仅是一个普通的变浅的沟渠。

况且向海里排泄泥沙，经过白塘河和它的高浅滩以及深浅滩航道比经过海河更难。

因此很明显，在这样的条件下只有一个办法就是尽快准备一条新航线，使永定河在大沽的南边流出。永定河的导流渠在海河北边，将来可以引导在那个方向上的很可能是发生错综复杂的山洪的主要导游渠。

这里我再次重复，维持航行驶入海河将是一个灾难性的方针。

今年海河的泥沙会存留很长时间吗？

当然不是，海河在近 25 年已经不断改善，除去北运河（已经回转）的导流之外，没有新的因素必须考虑，永定河三角洲的充灌不考虑。

但是，当海河继续改善，来自大清河的洪水加深，海河到天津的水流达到大沽基准水位以下 28 呎是近几年逐渐发生的。

几乎每年海河总是接收大量沙子，随着吸收有用的洪水和提供流入的沙子，挖出来的泥沙迁移到深水域，而有用的部分直接跨过河口浅滩。

1917 年，沉积在浅滩上的泥沙通过直接测量是 12 兆立方呎。天津港的河水流量达到 33 000 立方呎/秒。浅滩航道在这个时候的淤积从大沽基准水位 9 呎降到大沽基准水位 2 呎。

在 1924 年，淤泥是一般量，海河的冲刷适当增加，当水流量达到 53 000 立方呎/秒的异常数值时，没有沙粒留存在海河，几乎全部沙子都无法越过浅滩，因此浅滩航道变浅了 3 呎，从大沽基准水位 10 呎降到大沽基准水位 7 呎。总之，我的意见是只有一个解决办法，永定河的导流经过三角洲和新的航线，在大沽南边入海之前，经由海河尽可能多的排泄河水，在任何情况下，不少于海河合理改善之前的水量。

在任何情况下，拦河坝、跨越北运河都会对河道构成很大危害，更不用说消除在它上面的潮汐作用。

（签字）T. Pincione

结论

上述报告再次发表了对海河上游合理的意见，因此做出下列附加评论。

8 月 30 日到 12 月 10 日，河床已下降 4.5 呎，有充分理由相信冬季冲刷会继续，这种改善实际上对潮汐作用和它的影响是完全适合的，而且由于近 25 年对海河的改善，它的影响便会加大。河口浅滩航道以及河道前 17 哩，从河口起始直到葛沽没有淤泥迹象。直到第三裁弯的上游终点受到淤泥的影响，这个宽度还没使轮船感到不便。最后 7 哩的淤积对这个港口的航运造成严重的影响。几年前泥沙已经出现，在受到综合改善的效果之前，河道一定会涌进更多。

我相信海河或多或少有遭受挫折的特殊场合，直到大规划的完成成为事实。

在 1928 年 3 月初的大潮时期，吃水 14 呎的轮船航行到天津是可能的，并且也可以期望在河道的一般情况下，保持一个宽敞的锚位足够使轮船在没有严重困难的情况时进行掉头，但是需要有一块专用地带。

在 3 月中旬和下旬，春季洪水将到达，支流的当前形势不能预见会发生什么情况。1927 年河道变浅是个例外，不可能连续几年出现，但不能予以保证。

如果春季洪水是适度的，而且带下来的泥沙受到限制，河道改善继续进行，我们可以期望在 7 月初就能容纳吃水 15~16 呎的轮船。

下一个关键时期将要到来，河道的情况将再次依靠夏天的大洪水。

工程师 Paule Muller

第十九篇　海河工程局 1928 年报告摘编

中国政府之辅助金

因修理永定河决口事务，本局董事会曾于 1926 年获得外交团之同意，将中国政府发给本局之辅助金于本局工程项下无须此款时拨付永定河河务局以资救济。1928 年初，本局董事会鉴于本年经费需款孔殷不得不停付该款，遂通知该局并于 1928 年 7 月 1 日停拨此项辅助金。

冬航

1927 年冬至 1928 年春，气候温和，所以 1927 年 12 月 29 日之前无须严重撞凌工作。本年冬季冰冻非常和缓，虽于 1 月 26 日及 2 月 6 日曾遇两次大风，但航运尚无重大贻误，撞凌工作遂于 2 月 15 日停止。

大沽浅滩航道

本年各项工作进行之初，大沽航道情况异常顺利，标记深度可达大沽基准水位以下 9 呎，此种状况一直维持至 7 月 28 日。此时，夏汛夹泥俱下，标记深度不得不减至大沽基准水位以下 7 呎。然而，此项损失无不措意，因"快利"号挖泥船能逐渐增加标记深度，10 月能增至 8 呎 6 吋。

"快利"号挖泥船因锅炉破损于 4 月中旬进坞修理，直至 7 月得以恢复工作。表 19.1 为"快利"号疏浚情况，表 19.2 为 1928 年航道状况。

表 19.1　1928 年"快利"号挖泥船疏浚工作情况 单位：次

月份	确实工作时间（时）	挖掘往返次数				泥船出泥次数
		长距离	短距离	深穴	新航道	
3	85.55	80	2	31		24
4	81.45	82	6	26		23
5						
6						
7	96.35	82	5	24		25
8	360.50	271	130	92		82
9	227.30	210	22	56	2	56

续表

月份	确实工作时间（时）	挖掘往返次数				泥船出泥次数
		长距离	短距离	深穴	新航道	
10	268.43	227	37	81	14	79
11	221.40	184	48	67	3	61
12	25.40	19	7	12		8
总计	1366.38	1 155	257	389	19	358

表 19.2　1928 年航道状况　　　　　　　　　　　　　　单位：呎

变化情况		1月	2月	3月	4月	5月	6月	7月	8月	9月	10月	11月	12月
标记深度		9.0	9.0	9.0	9.0	9.0	9.0	7.0	7.0	8.0	8.6	8.6	8.6
变化日期								28 日		3 日	29 日		
最浅深度	北线	9.5	9.5	9.5	9.2	9.2	9.2	7.0	8.0	8.0	8.7	8.7	8.7
	中线	11.5	11.5	11.5	11.0	11.0	11.0	8.9	9.5	9.6	9.9	9.9	9.9
	南线	9.2	9.2	9.2	9.8	9.8	9.8	7.0	8.0	8.0	8.8	8.8	8.8
估计平均深度	北线	10.5	10.5	10.5	10.5	10.5	10.5	8.8	8.7	8.7	9.3	9.3	9.3
	中线	12.0	12.0	12.0	11.5	11.5	11.5	9.2	10.0	10.0	10.8	10.8	10.8
	南线	11.0	11.0	11.0	10.5	10.5	10.5	8.5	8.5	8.5	9.8	9.8	9.8

大沽浅滩新航道

1927 年秋季，着手浚掘之第一渠已于本年竣工。1929 年后，所挖掘之泥沙将用船载至滩外深处倾倒，以前所用之长吹泥管及浮船不可复用，施工情况如表 19.3 所示。

表 19.3　"新河"号挖泥船于浅滩新航道所施工作

月份	工作时间（时）	土方量（立方米）
4	307.55	23 250
5	296.00	23 550
6	270.45	24 050
7	332.40	27 650
8	267.40	22 450
9	368.10	20 650
10	308.00	24 400
11	207.20	10 300
总计	2 357.10	176 300

海河内河

3月初，河内深度逐渐增进，3月6日春汛忽降，泥沙剧增，遂使河底于数日内增高3呎。春汛过后，虽有些许改善，然夏汛又予大量泥沙，致使理船厅不得不颁发公告暂禁轮船入口。直至7月，泥沙之量与日俱增，遂使海河之泥淤突破以往之记录，上游水深日减，较1927年淤塞更甚。迄9月将尽上游河底，因泥沙之沉淀升高，尤以五段新河为甚，且有数段超过大沽海平线，有多处在平常潮水之平均水面，水深不足6呎。本年泥沙之迹已达葛沽（距北炮台16哩），1927年淤塞之患以陈家庄为终点（距北炮台21哩）。海河流量及航道情况如表19.4、表19.5、表19.6所示。

表19.4 河水流量情况

月份	3	4	5	6	7	8	9	10	11	12	年均
最大流量（立方呎/秒）	13 244	7 038	4 482	7 768	13 460	11 230	16 326	11 325	8 188	5 569	16 326.0
最小流量（立方呎/秒）	4 540	5 045	3 241	3 473	6 232	7 872	10 488	8 271	6 355	4 032	3 241.0
平均流量（立方呎/秒）	6 287	5 956	3 749	4 704	9 803	9 566	13 308	10 152	7 000	4 790	7 531.5
月份	3月	4月	5月	6月	7月	8月	9月	10月	11月	12月	年均
最大流量（立方米/秒）	375	199	127	220	381	318	462	321	232	158	462.0
最小流量（立方米/秒）	128	143	92	98	176	223	297	234	180	114	92.0
平均流量（立方米/秒）	178	169	106	133	278	271	377	287	198	136	213.3

表19.5 1928年海河河口及海河工程局材料机器厂前水位变化情况

（以大沽基准水位为标准） 单位：呎

水位情况			1月	2月	3月	4月	5月	6月	7月	8月	9月	10月	11月	12月	1928年
海河河口	潮水	最高	11.50	10.00	10.80	10.80	10.30	11.00	10.70	11.50	11.40	10.40	11.70	10.30	11.70
		平均	7.25	7.37	8.16	8.57	8.71	8.99	9.46	9.96	9.16	8.47	7.97	7.63	8.48
		最低	2.00	4.30	5.70	7.20	5.60	7.60	7.40	8.60	4.30	5.70	5.00	3.00	2.00
	落水	最高	5.70	4.40	5.60	4.20	3.80	4.10	4.50	6.90	5.00	4.90	5.80	4.50	6.90
		平均	0.81	0.73	1.05	1.19	1.36	1.84	2.06	2.29	1.74	1.35	1.25	0.64	1.36
		最低	-2.00	-1.20	-1.30	-0.80	-0.70	0.00	-0.30	6.20	-0.10	-1.00	-1.50	-2.60	-2.60
	潮差	最高	11.10	9.60	10.40	10.10	10.00	10.30	10.30	10.30	10.80	10.30	10.50	10.20	11.10
		平均	6.44	6.64	7.11	7.38	7.35	7.15	7.40	7.67	7.42	7.12	6.72	6.99	7.12
		最低	3.00	2.40	1.50	2.80	2.00	4.60	3.30	1.80	2.50	2.20	1.30	3.80	1.30

水位情况		1月	2月	3月	4月	5月	6月	7月	8月	9月	10月	11月	12月	1928年
海河工程局材料机器厂	潮水 最高	11.90	10.90	12.10	11.10	11.30	11.80	12.30	12.90	13.00	12.00	12.10	11.10	13.00
	潮水 平均	8.08	8.26	9.71	9.81	9.44	9.88	11.14	12.00	11.73	10.33	9.54	8.86	9.90
	潮水 最低	5.00	5.90	6.30	8.50	7.00	8.40	10.10	11.10	9.40	9.00	7.00	5.70	5.00
	落水 最高	8.30	5.50	8.20	6.40	6.60	5.50	8.10	9.30	9.40	8.70	8.00	8.00	9.40
	落水 平均	3.66	3.52	4.91	4.65	4.06	4.03	5.86	7.70	8.51	7.63	6.57	5.45	5.55
	落水 最低	5.00	1.80	2.10	3.50	2.50	2.90	3.90	6.00	7.80	6.40	5.60	3.30	1.80
	潮差 最高	8.10	6.96	7.30	6.70	7.00	7.40	7.30	6.20	4.50	4.00	5.30	5.80	8.10
	潮差 平均	4.42	4.74	4.80	5.16	5.38	5.52	5.28	4.80	3.22	2.70	2.98	3.41	4.37
	潮差 最低	0.90	0.50	1.90	3.10	2.60	4.00	2.50	2.10	0.70	0.70	0.90	0.20	0.20

表 19.6 1928 年秋平常潮水时沿河各段航路水深情况　　　　　单位：呎

河段	1928 年	1927 年
自金汤桥至津港下游	11.7	11.3
自津港下游至五段上河口	10.7	11.7
自五段上河口至三段上河口	10	11.7
自三段上河口至四段上河口	11.2	14.5
自四段上河口至严庄	12.3	18.5
自严庄至葛沽	15.6	20
自葛沽至南开	15.6	21
自南开至新河	20.7	23
自新河至大梁庄	21.2	24.5
自大梁庄至塘沽	28.5	26
自塘沽至大沽	26	29.5
自大沽至深穴	27.6	23.8
经浅滩航道之中线	17.9	17

注：以大沽基准水位以上 8 呎为标准。

　　由永定河、浑水冲入海河的泥沙与日俱增，逐渐向下游移动，海河上游将成为永定河三角洲延长的原因。1928 年夏汛期间，淤积泥沙约有 800 万立方米。能力强大的"新河"号挖泥船也不能于此期间挖掘其 1/70。淤塞之严重不言而喻，然而此种淤积之泥沙仅包含水中一小部分，1928 年二次汛期中海河水内之泥沙竟超过 1 800 万立方米。

　　海河情形如此恶劣，其原因十分复杂。

　　（1）干旱：干旱的时期虽然持续时间不久，然其恶果有二：

　　第一，最近三年，雨量缺乏，以前经年淹没之地区减少。汛期内，海河泛滥最为有益。因为水中泥沙在淹区自行沉淀，流入海河者悉为清水，而过去数年间淹没的区域逐渐缩减，故流入海河之泥量之多未曾有也。

第二，稀少之雨量易致缓流，所以水内泥沙沉淀河底，不复如水流迅速时浮悬水中顺流入海。

（2）堤防的建筑及培高加厚：因无相当计划阻遏淤塞与水患，唯从事堤埝之修筑及培高，以妨碍河道的通航。近年来，海河各支流莫不如此。于是，河流悉归于堤岸间之正道不复如往昔，泛溢于邻近各地，堆积淤沙，筑堤防护该河流域，虽在下游，亦不像以前一样被淹没。

（3）海河之改善：迄1920年海河历年所实施之改善工作虽属极端合宜，但因内地支河缺乏相当修理，故近年来海河反受其害。

（甲）沿河横截面虽因改善之功渐次增加，然泛水的速度随之而减，导致河底淤积之泥沙愈见增加。

（乙）因海河河底以及支河陆续刷深，于是汛期水患减少，大量汛水得以迅速下流，水面亦因之降落。况各支流堤岸前缘缺隙过多，防护之效甚微，故水位降低，所受水压大形锐减，附近居民修护之工亦可易于从事。

比较1920年与1928年直隶水利委员会于永定河与海河汇流处所施之泥量测验可知，此八年间情形之悬殊于1920年及1921年，每年永定河流入海河之泥量不足100万立方公呎，至1928年则在600万~800万立方呎。

由此可见，若应需工作不立即着手，则海河自身之改善难期有效。此种趋势将海河下游已建之巨大工作荒弃，使海河日渐衰退，恢复旧观。红桥潮落水之高低与潮差之增减证明，下游的景况亦可略知，落水面愈低，潮差愈大，则通潮河内的横截面必大，河水深度亦必因之加深。表19.7为1914年、1920年、1928年水位情况。

表19.7 1914年、1920年及1928年水位情况（以大沽基准水位为标准）　　单位：呎

水位情况		1月	2月	3月	4月	5月	6月	7月	8月	9月	10月	11月	12月	年均
1914年红桥														
潮水	最高			12.49	11.70	9.70	10.70	14.90	16.00	14.60	12.80			16.00
	平均			11.29	9.73	8.63	9.56	11.46	14.87	13.47	11.71			11.34
	最低			10.60	8.90	7.30	8.90	9.10	13.00	12.05	10.50			7.30
落水	最高			11.70	9.80	6.20	6.60	14.60	15.90	14.20	11.80			15.90
	平均			10.32	7.69	4.97	5.52	8.95	14.53	13.06	10.73			9.47
	最低			8.70	5.10	3.20	4.40	5.40	13.40	11.45	9.50			3.20
潮差	最高			1.90	4.00	4.90	5.00	4.30	1.00	0.70	1.90			5.00
	平均			0.96	2.03	3.66	4.03	2.50	0.36	0.39	0.97			1.86
	最低			0.20	0.40	2.10	3.10	0.20	0.10	0.10	0.20			0.10
1920年红桥														
潮水	最高	11.30	10.60	11.70	11.30	10.20	10.60	11.10	10.90	11.80	10.70	10.90	9.90	11.80
	平均	8.35	8.61	10.10	9.54	9.36	9.71	10.11	9.98	9.81	9.78	9.10	8.02	9.37
	最低	3.30	4.60	7.20	7.80	7.80	8.80	8.80	8.70	8.80	8.60	7.40	4.40	3.30

水位情况		1月	2月	3月	4月	5月	6月	7月	8月	9月	10月	11月	12月	年均
					1920 年红桥									
落水	最高	7.00	6.00	8.90	8.00	4.50	5.20	6.00	4.90	6.10	6.00	5.30	6.40	8.90
	平均	4.50	4.44	6.49	4.65	3.01	3.49	3.99	3.45	3.76	3.98	3.47	3.20	4.04
	最低	2.50	2.10	3.60	2.20	1.40	1.80	2.20	2.00	2.10	2.50	1.30	0.90	0.90
潮差	最高	6.40	6.30	6.20	7.00	7.80	8.00	7.50	7.90	8.60	7.50	7.30	7.00	8.60
	平均	3.78	4.18	3.60	4.86	6.84	6.23	6.13	6.52	6.06	5.81	5.65	4.81	5.37
	最低	0.70	0.30	2.20	2.90	4.30	3.80	4.40	4.90	4.10	3.90	3.90	1.50	0.30
					1928 年新开河									
潮水	最高	11.70	10.70	12.70	11.10	10.20	10.70	13.00	13.90	14.40	12.30	12.00	11.20	14.40
	平均	8.39	8.55	10.24	9.66	9.09	9.45	11.40	12.98	13.02	10.83	9.81	9.24	10.22
	最低	6.00	6.80	7.10	8.80	7.00	8.50	9.90	11.50	11.80	9.90	8.50	7.40	6.00
落水	最高	8.80	7.00	12.00	8.50	7.90	7.00	11.70	12.50	12.80	10.10	9.10	9.40	12.80
	平均	5.69	5.92	8.64	7.54	6.11	5.90	9.08	11.55	11.55	9.30	8.06	7.33	8.06
	最低	4.50	4.50	6.40	6.50	5.00	4.90	6.90	9.80	10.50	8.40	7.20	6.30	4.50
潮差	最高	4.60	4.00	3.20	3.70	4.60	4.90	4.20	2.00	3.10	2.90	2.90	4.90	
	平均	2.70	2.63	1.60	2.12	2.98	3.55	2.32	1.42	1.47	1.53	1.75	1.91	2.17
	最低	0.80	0.50	0.30	1.40	1.20	2.60	0.90	0.50	1.00	0.60	0.70	0.70	0.30

注：6月内所记录之数目表示潮流之传播较其他各月稍见真切，6月河流甚微，所有潮落水之差皆由潮力故也。

当水流小时，任何一点的潮水线皆与河口的潮水线相差无几，海河的潮水线适合此种规律，天津与大沽之潮水线几乎相等。比较历年之潮水线可知，因改善之功 1920 年之落水线较 1914 年降低。

这段时期永定河淤塞，整理海河终归无济尽人皆知。欲解决此种困难，唯有一法，即削减永定河的泥沙。所幸救济的方法可望于 1929 年执行，以完此洪。1928 年 8 月提出救济水灾及泥患的根本方法，大致的建议是，宜逐渐发展大规模的灌溉法，使洪水于通河的贮水池中，存积若干时然后泛出，但水面不可过高，以便禾稼不受伤损。而于河道最为有害的泥沙积存于耕种之地，以益农产。海河航业问题亦可借此计划适当解决。在发展此项计划期内，依敝人之意，洪水必须贮积于广大滤水池，以便陆续淤填。至于临时救济方法，则可恢复永定河三角洲素日之功用，围以堤埝以便囤积淤泥，但因种种原因此项救济办法未蒙采纳。根据同一原理，另拟计划。中外水利工程师议定于泛水期内引永定河水注入围绕堤埝之大滤水池中，一旦泥沙沉淀，将清水经由海河入海。若从工程方面着想，此项计划显然适合，虽环绕三角洲所需费用较多，然于相当时间可于永定河流域试验，发现灌溉法，同时避免海河之淤塞，但需注意此项计划（滤水池及灌溉永定河流域）。虽较敝人去年 8 月报告中之总计划花费减少，范围减小，然究不能如总计划根本解决本省之水患及海河之淤塞。为进行上项救济方法，已组织委员会以便征募应需之款，并以津海关出入口之附加税为担保。

疏浚与填土工作

1928 年，疏浚与填土工作之数量如表 19.8、表 19.9 所示。

表 19.8 1928 年疏浚工作

| 月份 | "西河"号 | | | | "高林"号 | | "北河"号 | | 铁抓式挖泥船 | | 总疏浚量（立方米） |
| | 塘沽矿务局 | | 英租界坑 | | | | | | | | |
	工作时间（时）	疏浚量（立方米）	工作时间（时）	疏浚量（立方米）	工作时间（时）	疏浚量（立方米）	工作时间（时）	疏浚量（立方米）	工作时间（时）	疏浚量（立方米）	
2			5.0	120	40.0	900	42.0	340	49.0	30	1 390
3			169.3	10 250	238.3	8 075	85.0	900	238.3	120	19 345
4			175.3	8 080	264.3	7 520	47.0	570	56.0		1 6170
5			174.0	7 240	288.0	8 750	159.0	2 120	154.0	150	18 260
6			177.3	6 850	275.3	8 850	124.3	2 200	259.0	825	18 725
7			170.0	6 945	237.0	8 360	78.0	1 580	215.0	775	17 660
8	201.0	10 810			37.3	1 110	1.0	25			11 945
9	203.3	12 080			181.0	6 250					18 330
10	61.0	3 513	87.3	5 040	273.3	10 350	212.0	4 510	180.0	125	23 538
11			171.5	6 755	268.0	8 960	253.0	4 510	134.0	125	20 350
12					26.3	690			177.0		690
总计	465.3	26 403	1 129.7	51 280	2 128.8	69 815	1 001.3	16 755	1 462.3	2 150	166 403

表 19.9 1928 年填土工作

| 月份 | "中华"号 | | "燕云"号 | | | | 总填土量（立方米） |
| | 英租界坑 | | 塘沽矿务局 | | 英租界坑 | | |
	工作时间（时）	填土量（立方米）	工作时间（时）	填土量（立方米）	工作时间（时）	填土量（立方米）	
2	5.39	390			23.02	1 000	1 390
3	139.41	11 485			148.26	7 860	19 345
4	160.30	10 550			101.11	5 620	16 170
5	147.55	9 850			161.50	8 410	18 260
6	172.19	11 125			151.37	7 600	18 725
7	141.07	9 150			145.49	8 510	17 660
8	22.56	1 135	159.48	10 810			11 945
9	90.27	6 250	162.05	12 080			18 330

月份	"中华" 号		"燕云" 号				总填土量（立方米）
	英租界坑		塘沽矿务局		英租界坑		
	工作时间（时）	填土量（立方米）	工作时间（时）	填土量（立方米）	工作时间（时）	填土量（立方米）	
10	213.34	14 255	60.00	3 515	98.12	5 770	23 540
11	161.14	10 400			208.48	9 950	20 350
12					20.38	690	690
总计	1 253.22	84 590	381.53	26 405	1 057.73	55 410	166 405

旧万国桥

旧万国桥之桥基拆毁于 1928 年 11 月 30 日，桥椿全部移去又费时两月。

新万国桥

新桥经试用一年后于本年 10 月完全接收。9 月，启闭桥身的河底电线因河底冲刷竟暴露，且有两线损毁，所幸修复后仍能操纵自如。初建桥时，上项电线实埋于通河之深沟中，以防行船抛锚等破坏。现既发生危险，由当局考虑筹划一种较妥之电线保障。

总工程师　哈德尔

第二十篇　海河工程局 1929 年报告摘编

税收

下列公文译自津海关监督所送来之函，函中规定自 2 月 1 日改用进口税新税则后，本局之河工捐及桥梁捐仍遵旧税则按旧率征收。

津海关监督公函　中华民国 18 年津字第 42 号。

大沽浅滩新航道

本年春季继续大沽浅滩新海道之疏浚工作，发现 1928 年所掘之渠业已淤塞甚烈。屡次于两堤间作引水小溪，或用他法试验，以便淤泥流去，然渠内仍淤塞如故。关于新航道建筑之未来困难，本局总工程师多方考察后声称，必须将全部计划重行规定。遂将此案交付一工程委员会审查，此委员会之委员俱系中国最有经验之水利工程师。

1929 年总工程师之报告

冬航

1928 年 12 月，气候异常温和，无须撞凌工作。因撞凌设置之广播无线电报已于 1929 年 1 月 1 日作初次报告。1 月 21 日，全体撞凌船出发，浅滩及海外尽覆凌层。1 月 31 日至 2 月 3 日，冰冻情形较难着手，2 月 3 日至冰季末又复顺利。1 月 23 日，海外航轮虽需于冰层中奋力前进，但通常之驳船卸货皆需继续进行，无甚艰阻。本年冬令，无论何时，航运均未蒙重大贻误，撞凌工作遂于 2 月 21 日停止。

1929 年至 1930 年之结冰期始于 12 月初，而全部撞凌船则于 12 月 17 日出动工作。盖以海外气候骤降，预料必须努力工作方可维持冬航，以避免封港。

大沽浅滩之疏浚

大沽航道之疏浚工作始于 3 月 14 日，彼时之标记深度为大沽基准水位以下 8 呎 6 吋。至 5 月 16 日，复有增深 1 呎之可能。然夏汛期内，河流挟带之大量泥沙于浅滩沉淀，致使标记深度于 9 月 4 日不得不减至大沽基准水位以下 8 呎，于 10 月 2 日减至 7 呎，竭力之疏浚于航道殊有裨益，故此深度于 12 月 6 日复行增至 8 呎。表 20.1 为"快利"号疏浚情况。

"快利"号挖泥船之锅炉自去年修理后，并无困难之事发生，可见，去年之修缮属实令人满意。

表 20.1　1929 年"快利"号挖泥船疏浚工作情况

月份	工作时间（时）	挖泥船往返次数			泥船出泥次数（次）
		长距离（次）	短距离（次）	深穴（次）	
3	86.20	86	5	38	26
4	155.55	173	6	51	52
5	144.40	142	37	44	51
6	142.05	142	30	38	45
7	161.10	146	12	48	44
8	210.15	187	10	94	65
9	202.15	180	2	88	65
10	217.50	228	2	73	70
11	182.00	185	0	72	62
12	1502.30	1469	104	546	480
总计	3 003.40	2 938	208	1 092	960

表 20.2 为 1929 年航道情况。

表 20.2　1929 年航道情况　　　　　　　　　　　　　　　　　单位：呎

变化情况		1 月	2 月	3 月	4 月	5 月	6 月	7 月	8 月	9 月	10 月	11 月	12 月
标记深度		8.6	8.6	8.6	8.6	9.6	9.6	9.6	9.6	8.0	7.0	7.0	8.0
变化日期						16 日				4 日	2 日		6 日
最浅深度	北线	8.7	8.7	8.7	8.7	9.7	9.7	9.7	9.7	7.2	7.3	8.5	8.5
	中线	9.9	9.9	9.9	9.9	10.5	10.5	10.5	10.5	8.2	7.4	8.6	8.6
	南线	8.8	8.8	8.8	8.8	10.2	10.2	10.2	10.2	7.1	7.7	8.4	8.4
估计平均深度	北线	9.3	9.3	9.3	9.3	11.0	11.0	11.0	11.0	8.2	8.2	9.8	9.8
	中线	10.8	10.8	10.8	10.8	11.5	11.5	11.5	11.5	9.0	8.6	9.5	9.5
	南线	9.8	9.8	9.8	9.3	11.0	11.0	11.0	11.0	8.2	8.6	9.0	9.0

大沽浅滩新航道

本年 4 月，由河内流注浅滩之泥沙经波涛之冲荡大半复归航道沉淀，且此次泥量极多，倘仍按原定步骤继续进行，则非动用巨款将永无完成此计划之希望。于此情形之下，虽试用他法清刷泥淤，然终归无济，遂决定停止此新航道之疏浚工作。此项决议呈报董事会后，经董事会决议，将此案交付一工程师协会审查，此会人员俱系中国最著名之水利工程专家，审查结果大致于余意相符，并呈请仲裁会定夺。

表 20.3 为"新利"号施工情况。

表 20.3　1929 年"新河"号挖泥船于新航道内所施工作情况

月份	工作时间（时）	土方量（立方米）
4	73.30	3 160
5	152.35	9 800
6	27.30	2 960
总计	252.95	15 920

海河内河

1—7 月，内河状况极其恶劣。永定河春汛冲下大量泥沙，致津港及上游各部之航路深度减少。因此 4 月间不得不限制吃水 8 呎以上之船只行驶，唯驳货船只尚可航行。天津港下游的潮差表示海河潮涨情形最为精确，3 月为 3.44 呎，4 月为 3.77 呎。1928 年 3 月和 4 月天津港下游的潮差分别为 4.74 呎与 4.80 呎，1926 年 3 月和 4 月分别为 5.30 呎与 5.85 呎，而 1922 年 3 月和 4 月分别为 5.40 呎与 6 呎。以后情形愈加恶劣，航路日狭，深度日浅，拖船及泥船在驾驭上有诸多障碍，掘挖之泥土常感不易运达、吹机。于是，疏浚工作之效率因此锐减。

7 月上旬，夏汛初降的影响致使上列险象日益严重。7 月，各支河之流量大增。本月 19 日，永定河南堤于金门闸上游溃决一部分，后逐渐扩大，直至扩散至全部河流，由此泄入大清河流域，而永定河不直接注入北河。不幸的是永定河淹没区域辽阔，灾情极重。水中泥沙皆于灾区沉淀，而清水则经大清河流入海河。1929 年 8 月之泥量约为 1928 年 8 月之泥量的 1/4，仅及 1927 年同时之泥量的 1/5。8 月 22 日，最高流量达每秒 1 082 立方呎。以往的最高纪录则为 1925 年之每秒 1614 立方呎。至其影响所及，近年来淤积河底之泥沙皆被此次大量之清流冲去。于是港部及上游之深度遂陆续增进，此次冲刷关系重大。

尤需注意，夏汛之期为时不久，未足以将河内泥淤尽量刷去。河底泥沙因水流之冲击，如波浪之动荡逐渐向下游移动。淤积于上游之大量泥沙皆被冲刷，行经港部。此后，津港水深大见增益，下游各部渐形淤塞。直至 10 月始行和缓，但较 1928 年之深度稍浅。河道最浅处在泥窝与葛沽之间，水深 14 呎。1928 年河道最浅处为五段新河，水深仅有 10 呎。

岁暮时，因潮流之冲刷又以新河挖泥船的疏浚，泥窝前的水深复增至 15 呎 6 吋。

总之，上游各部之横截面及水深均大见增益，而下游各地则相反。1929 年上游各部的最浅深度远胜 1928 年。因泥沙之移动不远，故横截面有所改善，尚未能普遍全河。津港下部的潮差往往可以代表天津以下之河道情况，本年 12 月潮差为 5.02 呎，1928 年 12 月为 3.41 呎，1922 年 12 月为 5.51 呎，而 1926 年 12 月则为 5.43 呎。

让人感叹的是，往往经过泛滥，海河才能得到治理。需知内陆的洪水问题与天津之淤塞问题，未尝无他法可以同时救济。将着手的救济永定河治标计划即可将上述困难大半解除，至少可使水灾泥患于最近数年内不再发生。此后，可于永定河流域借洪水灌溉的设施将此问题根本解决。由本年洪水所得之经验，此种建设有利于农田航运。

当前数月，余亲自前往永定河流域视察时，即觉该地利用洪水灌溉最为相宜，该处水流行经之河床高出邻地不知凡几，且附近土壤尽为粗糙沙粒，并有小渠若干与该河平行，大可用为泄水之所。故将来引水灌地及宣泄余水皆极易为力。况以此法灌溉于当地农田亦有裨益。以上诸点，永定河河务局局长深表认可。按永定河现时状况，上述引水灌溉之法实为唯一的治本计划。

另一兴趣之事则为海河河底最近之高度虽不适于夏汛期间之极大流量（约为 1925 年最高纪录之 2/3），然天津竟没有发生水患。将来，此项治标计划完成后，必能使海河于数年间进行有序及重要改善，且津埠水患之免除益无疑义。因泛水存储于滤水池内，湍急之势必大减，此类事实足使余说更有依据。盖上项水流暂存滤水池内，然后将全部清水复引入海河，相宜且易举。

本年，津港上游之改善实足注意，河道深度与 1926 年差不多。1929 年 12 月之潮差为 2.62 呎，1928 年 12 月仅有 1.91 呎。

此种结果多半因本局于万国桥上所施行之疏浚工作。

表 20.4 至 20.7 分别显示了海河流量状况。

表 20.4　下方测量记号 13 号所测得的流量（约在特别一区码头之中）

月份	3 月	4 月	5 月	6 月	7 月	8 月	9 月	10 月	11 月	12 月
最大流量（立方呎/秒）	10 789	6 572	5 716	4 203	11 971	38 233	36 169	20 291	10 743	10 103
最小流量（立方呎/秒）	5 748	4 518	2 671	2 481	3 757	12 817	19 767	10 418	9 245	8 788
平均流量（立方呎/秒）	8 568	5 690	4 075	3 436	8 425	29 750	27 597	16 161	10 154	9 183
月份	3 月	4 月	5 月	6 月	7 月	8 月	9 月	10 月	11 月	12 月
最大流量（立方米/秒）	306	186	162	119	339	1 082	1 026	575	304	286
最小流量（立方米/秒）	163	128	76	70	106	364	560	295	262	249
平均流量（立方米/秒）	242	161	115	97	238	843	781	458	288	260

表 20.5　1929 年海河河口及海河工程局材料机器厂水位变化情况

（以大沽基准水位为标准）　　　　　　　　　　　　　　　　　单位：呎

水位情况			1 月	2 月	3 月	4 月	5 月	6 月	7 月	8 月	9 月	10 月	11 月	12 月	年均
海河河口	潮水	最高	9.30	9.80	10.80	10.30	10.90	10.40	10.70	11.60	10.90	10.70	10.20	11.10	11.60
		平均	7.35	7.43	7.96	8.36	8.73	8.98	9.47	9.77	9.07	8.59	7.81	8.12	8.47
		最低	4.30	4.00	4.50	6.30	5.90	6.80	7.90	7.60	6.10	6.00	4.60	5.00	4.00
	落水	最高	3.50	3.80	4.50	5.30	4.00	4.20	6.60	5.70	5.20	5.20	3.80	4.80	6.60
		平均	0.89	0.38	0.59	-1.03	1.41	1.73	2.01	2.22	1.91	1.57	1.09	1.26	1.17
		最低	2.30	-2.20	-2.50	-1.00	-0.50	-0.50	-0.20	0.20	0.30	0.00	-1.20	-1.30	-2.50
	潮差	最高	10.30	10.00	10.70	10.40	10.40	10.80	10.50	11.30	9.70	9.10	9.90	10.00	11.30
		平均	6.96	7.05	7.46	7.23	7.32	7.25	7.46	7.55	7.16	7.02	6.72	6.86	7.17
		最低	3.20	2.70	2.40	2.10	2.90	3.80	2.30	3.00	2.30	2.20	2.50	3.40	2.10

续表

水位情况			1月	2月	3月	4月	5月	6月	7月	8月	9月	10月	11月	12月	年均
海河工程局材料机器厂	潮水	最高	10.30	10.80	11.80	10.80	11.00	10.70	12.20	14.80	14.00	12.30	11.10	11.60	14.80
		平均	8.48	8.62	9.66	9.53	9.42	9.58	10.88	13.62	12.65	10.52	9.05	8.71	10.06
		最低	5.90	6.10	6.90	7.90	7.70	8.10	9.40	11.60	10.65	8.30	6.40	5.70	5.70
	落水	最高	6.90	7.70	7.50	7.10	6.30	6.00	8.20	13.00	12.70	10.50	7.30	7.80	13.00
		平均	4.88	5.10	6.23	5.75	4.93	4.79	6.20	11.70	11.20	8.33	5.83	5.05	6.67
		最低	3.60	3.10	4.40	4.20	3.60	3.90	4.40	7.90	9.20	6.50	4.20	3.30	3.10
	潮差	最高	5.50	5.40	5.10	5.50	6.10	6.10	6.20	4.20	2.39	3.50	5.30	5.50	6.20
		平均	3.60	3.52	3.43	3.78	4.49	4.88	4.68	1.85	1.45	2.19	3.22	3.65	3.40
		最低	0.10	0.00	0.90	1.50	2.30	3.40	2.40	6.60	0.20	0.40	1.10	1.90	0.00

表20.6 1928年11月及1929年11月沿河各段航路最浅深度

（大沽基准水位以上8呎） 单位：呎

河段	1929年11月	1928年11月
自金汤桥至津港下游	20	11.7
自津港下游至五段上河口	16.8	10.7
自五段上河口至三段上河口	16	10
自三段上河口至四段上河口	14.1	11.2
自四段上河口至严庄	14.8	12.3
自严庄至葛沽	14.9	15.6
自葛沽至南开	17.5	15.6
自南开至新河	19.8	20.7
自新河至大梁庄	22	21.2
自大梁庄至塘沽	26.4	28.5
自塘沽至大沽	24.5	26
自大沽至深穴	25.5	27.6
经浅滩航道之中线	17	17.9

表20.7 1914年、1920年及1929年水位变化情况（以大沽基准水位为标准） 单位：呎

水位情况		1月	2月	3月	4月	5月	6月	7月	8月	9月	10月	11月	12月	年均
						1914年红桥								
潮水	最高			12.49	11.70	9.70	10.70	14.90	16.00	14.60	12.80			16.00
	平均			11.29	9.73	8.63	9.56	11.46	14.87	13.47	11.71			11.34
	最低			10.60	8.90	7.30	8.90	9.10	13.00	12.05	10.50			7.30

水位情况		1月	2月	3月	4月	5月	6月	7月	8月	9月	10月	11月	12月	年均
落水	最高			11.70	9.80	6.20	6.60	14.60	15.90	14.20	11.80			15.90
	平均			10.32	7.69	4.97	5.52	8.95	14.53	13.06	10.73			9.47
	最低			8.70	5.10	3.20	4.40	5.40	13.40	11.45	9.50			3.20
潮差	最高			1.90	4.00	4.90	5.00	4.30	1.00	0.70	1.90			5.00
	平均			0.96	2.03	3.66	4.03	2.50	0.36	0.39	0.97			1.86
	最低			0.20	0.40	2.10	3.10	0.20	0.10	0.10	0.20			0.10
1920 年红桥														
潮水	最高	11.30	10.60	11.70	11.30	10.20	10.60	11.10	10.90	11.80	10.70	10.90	9.90	11.80
	平均	8.35	8.61	10.10	9.54	9.36	9.71	10.11	9.98	9.81	9.78	9.10	8.02	9.37
	最低	3.30	4.60	7.20	7.80	7.80	8.80	8.80	8.70	8.80	8.60	7.40	4.40	3.30
落水	最高	7.00	6.00	8.90	8.00	4.50	5.20	6.00	4.90	6.10	6.00	5.30	6.40	8.90
	平均	4.50	4.44	6.49	4.65	3.01	3.49	3.99	3.45	3.76	3.98	3.47	3.20	4.04
	最低	2.50	2.10	3.60	2.20	1.40	1.80	2.20	2.00	2.10	2.50	1.30	0.90	0.90
潮差	最高	6.40	6.30	6.20	7.00	7.80	8.00	7.50	7.90	8.60	7.50	7.30	7.00	8.60
	平均	3.78	4.18	3.60	4.86	6.84	6.23	6.13	6.52	6.06	5.81	5.65	4.81	5.37
	最低	0.70	0.30	2.20	2.90	4.30	3.80	4.40	4.90	4.10	3.90	3.90	1.50	0.30
1929 年新开河														
潮水	最高	10.10	10.70	11.80	10.90	10.00	10.10	13.70	17.50	16.60	13.30	11.50	11.90	17.50
	平均	8.85	8.69	10.55	9.88	9.10	9.05	10.89	16.47	14.77	11.47	9.37	8.69	10.65
	最低	7.30	7.90	8.90	9.00	8.00	7.40	9.00	13.80	12.30	9.10	8.10	6.10	6.10
落水	最高	7.70	7.80	10.40	9.50	7.80	7.40	12.50	17.10	16.10	12.50	8.20	7.80	17.10
	平均	6.73	7.05	9.20	8.47	6.81	6.36	8.99	15.97	14.17	10.00	6.59	6.03	8.86
	最低	5.40	6.70	6.40	7.60	5.80	5.70	6.60	12.60	11.70	7.90	5.20	4.70	4.70
潮差	最高	3.30	2.90	3.00	3.00	3.80	3.80	3.10	1.30	1.10	2.70	4.60	4.30	4.60
	平均	2.12	1.64	1.35	1.41	2.29	2.69	1.90	0.50	0.60	1.45	2.78	2.66	1.78
	最低	1.30	1.00	0.40	0.60	0.90	1.10	0.90	0.20	0.30	0.20	1.10	1.30	0.20

注：5 月、6 月内所记录之数目表示潮流之传播较其他各月稍见真切，5 月、6 月时河流甚微，所有潮落水之差皆由潮力故也。

内河疏浚与填土工作

内河疏浚因上述之困难，工作范围极为有限。在万国桥附近工作的挖泥船，其掘出之泥量因各种困难竟平均减少至一半。

夏汛之期，水流过急，致使输运泥船完全停顿。汛期过后，疏浚又非所需，所以填土工作之数量极为低微。

倾入河内之泥量必须特别解释。汛期之季，因河流过激或吹泥机距离过远，竟不能拖曳泥船。经测验，知水流之力足以将倾入河内之泥沙夹带而下，并可利用此法减除大量泥沙。金汤桥及万国桥附近均照此法处理，大有成效，泥窝与葛沽间之航路亦用此法增加 1 呎之深度。疏浚及填土工作如表 20.8、表 20.9 所示。

表 20.8　1929 年的疏浚工作情况

月份	"新河"号		"西河"号		"高林"号		"北河"号		铁抓式挖泥船		总工作量（立方米）
	工作时间（时）	工作量（立方米）	工作时间（时）	工作量（立方米）	工作时间（时）	工作量（立方米）	工作时间（时）	工作量（立方米）	工作时间（时）	工作量（立方米）	
2									38.0	120	120
3					176.30	4 490	136.0	2 350	205.0	580	7 420
4			130.30	6 1900	209.30	6 330	65.0	1 130	99.0	250	13 900
5			211.00	9 050	258.00	7 310	127.0	2 610	9.0	30	19 000
6			171.00	7 490	120.30	2 310	154.0	3 520	65.0	80	13 400
7			270.00	11 210	122.00	3 800	185.0	4 260	—	—	19 270
8	90.0	8 260	14.00	460	30.00	475	20.0	372	—	—	9 567
9	275.0	19 405	152.00	7 660	235.00	12 930	11.0	6 200	215.0	420	46 615
10	254.3	14 430	232.57	11 100	251.20	12 270	245.3	2 590	190.3	390	40 780
11	243.0	14 480	171.00	6 730	189.45	8 860	91.3	2 260	64.0	230	32 560
总计	862.3	56 575	1 351.87	59 890	1 591.55	58 775	1 034.6	25 292	885.3	2 100	202 632

表 20.9　1929 年的填土工作情况

月份	"中华"号 英租界坑		"燕云"号		倾倒河内之泥量（立方米）	填在英租界坑之泥量（立方米）
	工作时间（时）	工作量（立方米）	工作时间（时）	工作量（立方米）		
2	—	—	—	—	120	—
3	—	—	134.31	7 150	270	7 150
4	145.38	10 770	66.02	3 130	—	13 900
5	166.01	11 270	145.06	7 730	—	1 900
6	119.21	8 200	91.52	5 200	—	13 400
7	115.49	8 930	160.20	10 340	—	19 270
8	6.14	480	13.22	827	8 260	1 307
9	149.39	10 820	77.42	5 180	30 615	16 000
10	94.55	6 670	177.51	11 410	22 700	18 080
11	55.36	3 630	80.29	5 650	23 280	9 280
总计	851.53	60 770	945.55	56 617	85 245	117 387

新万国桥

河底电线损坏一事曾于 1928 年报告书中提及。为修复专司启闭之通流电线，曾考虑各种计划，但在采用一种较妥之法以前，暂用现在之临时电线也能启闭自如。

护岸工作

本年春季，于五段新河间修筑迎水坝 22 列，共长 2 700 呎。此迎水坝内曾淤积大量泥沙，虽经汛水急流，亦未冲蚀，唯有短坝一列及其他数列之极端为此急流破坏。经察觉，倘淤积时日较长，则冲蚀之患必减。此后再建迎水坝必于夏汛退后立即施行。10 月与 11 月间，又于五段新河内建筑迎水坝 700 呎，此中包括新坝 9 列与延长 22 列固有之坝。

1898—1929 年，本局完成工作。

使大众对于海河工程局自成立以来所完成的工作，有一较好的认识。

现在吾人可以先行讨论浅滩航道，1903—1904 年，大沽浅滩几乎与大沽基准水位等高，在平均潮水位时，水深不过 8 呎，而航道之方向则时有变迁。1912 年，佛古森耙泥法虽曾将航道增深至大沽基准水位以下 5 呎 6 吋（平均潮水线下 8 呎），此后重避航道之工作立即施行，且见效极速。因数年前上河所裁的三段新河及 1913 年 7 月完成之四段新河对于航道影响极为有益，故 1913 年复达大沽基准水位下 4 呎 6 吋，本局挖泥船"中华"号的疏浚及其他裁弯疏浚告竣，陆续将航道深度逐渐增深。1917 年短期内，航道深度竟至大沽基准水位以下 9 呎 4 吋。1917 年的夏汛异常凶猛，又冲下大量泥沙，但因海河改善的功劳，浅滩航道不如 1912 年般恶劣，水深减至大沽基准水位以下 2.5 呎。1917 年以后，水深又渐次增益。直至 1924 年夏季，竟达大沽基准水位以下 10 呎 6 吋。经 1924 年及 1925 年两次严重洪水之影响，航道复行淤浅。因新购挖泥机"快利"号疏浚之效及 1923 年完成五段新河之效，则今后消除以上泥患较为容易。标记深度虽不过大沽基准水位以下 6 呎（平均潮水线下 14 呎），然于以后数年又见增进。1929 年的洪水对于海河无甚影响，故水深终未减至大沽基准水位以下 7 呎（平均潮水线下 15 呎）。最近 30 年来，航道水深在最恶劣时期亦深于大沽基准水位 4 呎或 5 呎。现在航道情形已极端稳固，故在沿岸指定航道方向所设之标记至今未移动。

历年依照大沽基准水位最浅深度之精确记载不幸遗失，但抵津轮船之最大排水量可将河道改善情况精确表露。此处船只多于汛期水涨时入口，由 1902 年的 12 呎以下增至 1925 年的 18 呎以上，较 1916 年春季减少甚烈，因其时有不可阻遏的大量泥水来自永定河。1927 年，永定河水又携带大量泥沙俱下，船舶最大吃水突降至 12 呎。1929 年，有数处河道高出海平线。遂于干旱时期，行船吃水不得不减至 8 呎以下。所幸，1929 年岁暮洪水急流，将河道刷深。由最近三年所得之经验与永定河危害海河之严重后果，竭诚期冀治标计划实施后，此项灾害于数年后不再发生。

1902 年 6 月潮差为 12 呎，1926 年达到 7 呎。此后，永定河淤积之泥沙渐次缩减，直至 1929 年冬季，因洪水之冲刷，复行增加。

维护河道航路转船处及沿河坝所施行之浚掘工作极端重要。因此，疏浚之功使轮船航行及货物装卸，于数年之间极感便利。因实行此项维护工作，所掘之泥土现已逾 329 万立方米。上数系专指维持河道所挖之泥土而言，至开裁各段河湾所掘之土量尚不在内。

因裁短各段河湾之功，天津至河口之距离减少 13.62 哩。此种情形对于轮航，不但减少天津至浅滩之往返时间，而且使潮满前离津之船只于浅滩上得较良之深度。

本局之他项业务，即冬季以撞凌工作维持港口及自由出入。1913 年前，每年港口必全部封塞 50~90 日，因气候变化，撞凌工作始于 1913 年。1913 年冬季虽天气酷寒，入口轮船皆能直达塘沽。1915 年至 1916 年冬令，海河全部皆可航行无阻，实为天津历史上一个新纪元。此后，于 1923 年前封闭三次。1922 年，全队撞凌船已增至 6 艘。虽酷寒严冬，然亦可通航无阻，分遣撞凌船两艘，专供灯船及带水之用，冬航将愈形顺利。

最后应需注意的是，河内之最高流量于最近 30 年来亦大见增益。

由上述可知因海河改善之功，天津水患与年俱减，海河之泄水容量颇有增进。各支流下注之水量必多，各支流之水患亦必大减，海河河底之浚深不但有益于津埠航务之发展，而且可减少河北全省之水患。

天津为整理及维护航路所费之款额约计如表 20.10 所示，资产状况如表 20.11 所示。

表 20.10　1898 年至 1929 年年终全部进款　　　　单位：两

进款项	数额
河工捐之收入	5 640 879
船捐	2 724 018
公债	3 310 000
中国政府辅助金	1 771 125
杂项	1 692 861
总额	15 138 883

表 20.11　1929 年 12 月 31 日资产

单位：两

款项	数额
装置之器械	1 649 047
产业	283 255
存储材料等	88 309
外欠	26 875
存款	253 667
建桥项下之公债	100 000
偿还债款	1 615 300
银行结余	106 869
总额	4 123 322

由进款总额减去财产总额，余 11 015 561 两，即为天津 1898 年至 1929 年 12 月 31 日，因改善及维持其航路所费之总计。

平均每年所费为行平银 344 236.2813 两。

1930 年 2 月 22 日　天津

第二十一篇 海河工程局 1930 年报告摘编

大沽滩新航道

1930 年 2 月 18 日星期二，在本局举行的评议会第十次会议席上，曾有备忘录提交会议。

查 1924 年 5 月 8 日所举行的评议会第九次会议记录，载有评议会对海河工程局董事会所负之任务。

评议会拟在大浅滩修一永久航道，购置第二艘浚滩机船，考虑到局方机械设备适宜修理厂与船坞，决议与董事会举行 220 万两以下借款之权，以河工捐及船捐为担保，其经过亦载入上述记录中。

观总工程师报告，关于大沽滩新航道之建设，已发生意料之外的困难，全部计划，有须复行考虑之必要。

兹将此项困难略述如下：一为以前所划定的新航道所经过之河滩，有大量泥沙淤积；二为海口等深线的连带变更；三为新航道挖出的淤泥，每遇大风雨时，受波浪动作而复返回；四为堤坝之木架因受海虫的毁坏渐趋薄弱；五为变更航线由旧航道移至新航道的连带危险。

表面观之，上述各种困难并非无法克制。为防止坝外所淤积的意外泥沙复行流入新航道内，可将坝增高两倍，等深线之减退，可延长堤坝以抵抗。海虫之侵蚀，可巩固堤坝以克服之。而新旧航道之移转，可于深穴处，以渐进方法横筑海底坝以实现。

但采用上述各项补救办法，其费用必超过所批准之借款。

采用上述各办法是否明智，只能就各办法所发生之结果测度之。故按照原计划所建议的方向建设新滩航道是否适当，根据下列问题之答案来定，即将来所得之利益是否足抵增加之费用。

评议曾遇此种困难，决定将全部问题交由优良之工程师委员会复核。委员中由在中国最有经验之水力工程师数人以供顾问。此项委员会于去年 11 月 16 日在天津召集，并详细研究全部问题。

此项委员会考虑之结果悉载入彼等之报告中，兹附报告一份于后。

自委员会考虑将结果及总工程师报告合并观之，评议会认为关于建设新滩航道之任何增加费用皆属不当。

该咨询工程师委员会表示下列之意见：

使新航道实行通航，非耗巨款，殆难实现。在坝端之外，定有新滩淤成，需要多量挖掘，以维原状。

建议筑之新航道，其较现在航道航行之便利，与流水之情形，不见有何增益。并于哈德尔报告，吾人可见左列之陈述。该航道之方向，不见有任何特殊利益。其方向含一重要缺点，即其对于波浪之倾斜度。本人坚决主张系与其维持与经验冲突之航道方向，继续实行遗留困难与危险之工作不如承认此种损失。

是故吾人除接受咨询工程师委员会所贡献三结论的第一条以外，绝无选择余地。质言之，即放弃新滩航道，至其余两结论为：

（1）矫正深穴之曲度。

（2）购置新挖泥机船一艘。

后附总工程司关于咨询工程师委员会之建议所准备之备忘录。自此项备忘录观之彼实欲：

（1）在提请购置新挖泥机以前，先研求足以制胜大沽浅滩特种细沙最有效力之挖泥机式样。

（2）为现在航道之利益，宜充分利用已废堤坝之材料，在北滩建筑一坝。

（3）当矫正深穴之曲度时，以渐进方法试验拦水坝 Groynes 之功效。

兹考虑本局 1929 年收入的减少，本年 1 月收入呈继续而显著之跌落。银价严重跌落，一切工资与材料费用增长，普通商业不景气。本会认为，希望以今年之收入抵押溢额预算之增加支出，而有任何盈余，皆属过于乐观。在彼等对连带增加之利息，得有偿付之方，使不致有扰害维持整理等经常程序之危险之前。彼等对于本局任何增加借款，皆属反对。是故彼等主张，在此种跌落趋势之结果未明了以前，采取稳慎搏节的政策。无论如何选择最适用式样，将含有大沽滩特殊情形。作详切研究之事件，而此项问题之研究将需要本年之全部时间，且用以建筑新航道堤坝的材料。按照总工程师的观察置于原所，经一年期间可保十分安全，故无急切将材料恢复原状，或移作他项用途之必要。

在此情形之下，本会欲使本人将下列议案，提请诸君注意。此项议案，将于评议会议提出。

（1）海河工程局放弃建设新滩航道，并将现在航道建为大沽浅滩之永久航道。

（2）购置另一浚滩挖泥机船，根据建筑工作整理现在航道之问题，经过较深研究后于财政或他种情形允许时再行提出考虑。

（3）用以建筑新航道堤坝之材料，在宜于恢复原状或移作裨益永久航道之其他批准工作之用以前暂置原处。

咨询工程师委员会报告

按照 10 月 23 日贵会来函之嘱托。吾人已将贵方总工程师于 1929 年 7 月 12 日报告所称之大沽滩新航道工程问题加以考察。

吾人之考察包括：有关该项工作各种报告与图案之研究，地址之观察，对于吾人认为其意见有价值之人分别咨询。吾人具有一致意见。

（1）按照计划作成纵石与木椿堤坝。因海蜇之损坏，已呈危险情形。若再经一度冲刷，现无力抵抗将来之大风雨与冰之压力。倘有深航道辟成于其间，恐有坍塌之危险，而以南坝为尤甚。

（2）1927年及1928年，堤坝间施行之挖泥工作几乎完全淤塞。

（3）若使新航道实行通航，非耗巨款，殆难实现。在坝端之外有新滩淤积，需要多量挖掘，以资维持。

（4）建议之新航道较现有航道，增进航行之便利。关于吃水25呎之船，挖深大沽基准水位以下17呎，吾人须知在滩内外17呎等深线之距离约为7哩。故达到此项深度之任何合理的经济计划，胥以浚滩工作为转移。

（5）关于航道，吾人贡献下列意见。

第一，放弃新航道计划。

第二，在深穴之凹方举行小规模之转偏工作以减曲度，并使展开之水边伸成直线，在凸面滩地施行少量之挖掘亦为有益。

（6）关于总工程师拟将现有航道渐转向南之建议，如仅对沙滩以外之部分量予以移置则无所反对，但不应再增挖掘工作，以企图移动现有航道。任何向南迁徙之天然趋势无须防止。

（7）对于航行最有利益之办法，为集中挖泥工作于现有航道。吾人坚决主张海河工程局应增置拖曳挖泥船一艘。

（8）横经浅滩之航道深度达大沽基准水位以下12呎（轮船吃水量20呎）之前，北港不能建筑任何形式之堤坝。

总之吾人之主张略如下述：

第一，放弃新滩航道。

第二，改善深穴之曲度。

第三，购置新挖泥船一艘。

吾人对于工程局全体职员之竭诚合作极为感佩，愿表示吾人意见，承认彼等工作之高尚价值。

天津海河工程局董事会

查德利

陈懋解

福赛特

佛兰子亚斯

黄霭如

1929年11月21日

高斯君发言谓，此项会议记录全部由诸君传观。想诸君对今日待决之问题已充分明了。本人在海河工程局董事会的立场将在2月12日以决议草案的形式提出。彼认为各条应分别表决，随即朗读第一案。

令海河工程局放弃建造新滩航道之企图，并将现有之航道作为大沽滩之永久航道，此案全体一致通过。

高斯君继续第二案。

购置浚滩机与用他种建筑工作改善现有航道之诸问题，经过研究后，在财政或他种情形许可时，再行考虑。

斐须尔质问，20 呎深之航道能否增加"快利"号挖泥机之工作时间而获得之。

总工程师加以解释，因沙滩土质坚韧之故，以挖掘之力将航道大规模挖深甚为困难。彼谓，彼渐信唯堤坝之建筑将对大沽滩有最大而耐久之利益。

彼指明，挖泥机之工作系在天然平衡状态所许之外得一深度对含有对建立平衡做抗争的意义，水流之力在斜坡之淤积动作及河淤之中所能维持之航道深度。按照经验，经过三个半月，"快利"号挖泥机最良成绩只能在平衡点下挖深 1 呎。总工程师不认为延长"快利"号工作时间能实现深度的显著增加。盖因天然平衡之反抗力与超过平衡所得之增加深度成正比而加强也。

斐须尔质问，海河工程局负责实现之治标计划是否有备于该滩的治理。在计划完成后若干时希望进步。总工程师答复谓该滩情况的好转是因治标计划的完成俱来，因河内现积有多量的淤泥，经泛水冲洗而夹至该滩。故在治标计划完成后，需经过一两年始能对该滩有充分利益。

斐须尔谓，彼想对于改善该滩的方法继续研究，且研究之结果应提交评议会。

高思君答复谓，对于此问题更深的研究结果，于适用时，彼想当提交评议会。

第二案表决全体通过。

高思君继续第三案。

用以建筑新航道堤坝之材料，在宜于恢复原状或移作裨益永久航道之其他批准工作之用以前暂置原处。

彼得询问可否招标将石料就地卖出，总工程师认为该项石量超过天津的需要。

经过更深层讨论之后，彼得建议将原案修改如下文。

用以建筑新航道堤坝之材料，在宜于恢复原状或移作裨益永久航道之其他批准工作之用以前暂置原处。此案全体通过。

栽植柳枝

修筑迎水坝等需多量柳枝，董事会于 1926 年议决，在第五段新河本局所有之大部土地试植柳树。此次试植柳树甚为有效，故本年将在军粮城做第二次栽植。

1926—1930 年在第五段新河栽植柳枝及维持所需用费，共计 5 564.96 两。所得之柳枝已达 28 900 捆，每捆平均价值约以二钱计算。此次所获已超此项生产，将逐年与树并增。

冬航

1929 年 12 月中旬，气候异常严寒，因东风的吹凌，致使内河与海口的冰不能融化。故于 12 月 17 日开始撞凌工作。同月 24 日，为开放航行所有撞凌船需尽量工作。嗣后气候缓和，1930 年 1 月 4 日西北风起，水位降低，寒度降至 0℉（−17℃）水位之下，导致撞凌船在水浅处不能工作。在泥窝与葛沽之间有许多轮船搁浅。1 月 8 日情形逐渐转佳。在水位可能范围内撞凌工作日夜并进，直至 14 日。经过此艰难时期，情形渐趋顺利，撞凌工作遂于 2 月 20 日停止。

在结冰期内，经过海口与天津之船数在 1929 年和 1930 年分别为 308 艘和 270 艘，在 1916 年和 1917 年则分别为 56 艘和 39 艘。

最后之曲线表示的比例数为在冬季数月海口与内河的交通，为其他任何三个月之 75%～80%，在 1916 年至 1917 年则仅为 35%～40%。在 1914 年结冰期间完全无交通。

大沽浅滩之疏浚

1930 年开始时标记深度为 8 呎。2 月 1 日之测量水深增加 6 吋，2 月 5 日深度增至大沽基准水位以下 8 呎 6 吋，3 月 18 日开始疏浚工作。月底测得中线水深 9 呎 6 吋，两边水深则稍浅。疏浚工作大多集中于两旁水线，因此 4 月 28 日水深增至大沽基准水位以下 9 呎。

伏汛固属极小而已将夹带之淤泥沉淀海口。"快利"号挖泥船增加工作时间，在 8 月 19 日深度由大沽基准水位以下 9 呎降至大沽基准水位以下 8 呎 6 吋，10 月 7 日深度复降至大沽基准水位以上 8 呎，但在极不良气候之下，经"快利"号之竭力疏浚，10 月 28 日深度恢复至大沽基准水位以下 8 呎 6 吋。疏浚工作必须停顿时，为冬季通航安全起见，尚无须特别降低标记深度。大沽浅滩疏浚工作于 11 月 23 日停止，11 月 26 日大沽浅滩疏浚机调回本局新河船坞。

8 月底"快利"号锅炉铆钉弛松。因之泄漏，所幸损坏甚微，不久即可将铆钉更换完毕，而接缝处亦将于 1931 年初修补熔接。

"快利"号疏浚情况如表 21.1 所示，航道情况如表 21.2 所示。

表 21.1　1930 年"快利"号挖泥船疏浚工作情况

月份	实际工作时间（时）	往返次数			泥船出泥次数（次）	泥沙宣泄量（立方呎）
		长距离（次）	短距离（次）	深穴（次）		
3	88.20	65	42	26	25	4 300
4	199.10	145	87	85	60	11 900
5	206.15	192	30	58	62	13 500
6	189.20	165	42	53	57	11 700
7	177.35	117	51	53	46	8 700
8	208.50	174	21	75	49	9 400
9	253.00	200	44	68	67	12 000
10	166.00	126	54	51	49	10 900
11	116.00	83	32	41	33	7 600
总计	1 603.50	1 267	403	510	448	90 000

表 21.2　1930 年航道情况　　　　　　　　　　　　　　　单位：呎

变化情况	1 月	2 月	3 月	4 月	5 月	6 月	7 月	8 月	9 月	10 月	11 月	12 月
标记深度	8.0	8.6	8.6	9.0	9.0	9.0	9.0	8.6	8.6	8.0 8.6	8.6	8.6
变化日期		5 日		28 日				19 日		28 日 7 日		

续表

变化情况		1月	2月	3月	4月	5月	6月	7月	8月	9月	10月	11月	12月
最浅深度	北线	9.0	9.0	8.5	8.7	8.7	8.7	9.1	8.0	8.0	8.8	7.8	7.8
	中线	9.2	9.2	9.6	9.8	9.8	9.8	9.2	8.6	8.6	9.5	9.2	9.2
	南线	9.2	9.2	8.2	8.7	8.7	8.7	8.4	8.4	8.4	8.5	8.5	8.5
估计平均深度	北线	10.0	10.0	9.2	10.0	10.0	10.0	9.6	8.7	8.7	9.5	8.8	8.8
	中线	10.3	10.3	10.2	10.3	10.3	10.3	10.0	9.0	9.0	10.0	9.4	9.4
	南线	10.2	10.2	9.2	10.0	10.0	10.0	9.3	9.0	9.0	9.2	9.0	9.0

海河内河

1930年1月，海河上游各段情形异常良好，而下游各段不佳。1929年河水泛滥所夹带的泥沙依然积塞，尚未冲至海口，最浅的地方并不在天津附近，而在泥窝与葛沽一带，此种情形与往年相同。

1929年伏汛时期，永定河南堤在金门闸以上溃决，尚未修复，因此，1930年永定河的春汛并未到达北河。1930年春季，海河最高淤泥成分仅为0.76%，1929年的淤泥成分为0.985%，因此未发生淤积，而海河此种不变的情形保持至伏汛时期。1929年10月，可以直达天津之轮船吃水量为13呎，1930年1月24日增至14呎。3月，泥窝以下之水深由13呎8吋增至16呎2吋。4月29日，轮船吃水量增至14呎6吋。1930年的伏汛十分特殊，永定河的决口虽已修复，但在其下又辟河一道，然大概无水由该河下注，此种情形系受气象的影响。本年雨水甚迟，飓风转变东向。西部山地之海河支流各流域降雨极少，因此海河接受北河、新河与南运河极少水量。7月13日泥量稍有增加，其成分为1.6%，除8月10日为0.8%外，海河水量极少，导致夏季数月潮水继续可达津港。因此，津港在水势弱的时期不免有淤积的地方，致使水深降为2呎。津港的水深原为17~18呎，此两呎之增减，并不妨碍航行。

汛水所夹带的少许淤泥囤积于上游各段，在汛期，下游情形日见进步。8月最浅的水深为大沽基准水位以下15呎，初期仅为大沽基准水位以下14呎6吋。

13号测量地下游流量情况如表21.3所示。

表21.3 13号测量地下游流量情况
（约在特别一区码头之中，在落水前两小时）

月份	3	4	5	6	7	8	9	10	11	12
最大流量（立方呎/秒）	10 416	10 870	8 784	7 991	9 496	13 265	11 645	7 867	6 939	5 945
最小流量（立方呎/秒）	7 818	8 098	7 825	6 729	7 460	9 197	6 988	5 710	5 414	4 794
平均流量（立方呎/秒）	9 259	9 675	8 237	7 287	8 453	11 287	9 545	6 849	6 215	5 415
月份	3	4	5	6	7	8	9	10	11	12
最大流量（立方米/秒）	295	308	249	226	269	376	330	223	196	168
最小流量（立方米/秒）	222	229	222	191	212	260	198	162	153	136
平均流量（立方米/秒）	262	274	233	206	239	320	270	194	176	153

表 21.4 表明 1930 年在干季时期落水水平线较 1929 年同月低。此表足以证明海河情形良好，在落水时水平线能降落极低，这是因水流易达海口，且河道宽深，河水易流动。

表 21.4　1930 年海河河口及海河工程局材料机器厂水位变化情况

（以大沽基准水位为标准）　　　　　　　　　　　　　　　　　　　　　单位：呎

变化情况			1月	2月	3月	4月	5月	6月	7月	8月	9月	10月	11月	12月	年均
海河河口	潮水	最高	9.60	9.10	9.30	10.20	10.30	10.50	12.40	11.20	11.50	10.90	9.90	10.20	12.40
		平均	6.80	7.34	7.65	8.62	8.73	9.06	9.76	9.79	9.21	8.74	7.41	7.63	8.40
		最低	4.80	5.20	4.70	6.40	6.60	7.40	8.40	8.40	7.00	3.90	3.70	4.00	3.70
	落水	最高	5.60	5.30	4.70	5.40	3.70	4.20	5.40	5.80	5.50	7.00	5.70	4.40	7.00
		平均	0.83	1.23	0.90	1.49	1.56	2.02	2.40	2.24	2.06	1.91	0.87	0.95	1.54
		最低	-1.40	-0.60	-1.00	-0.50	-0.30	-0.20	0.30	0.50	-0.40	-0.70	-1.10	-1.60	-1.60
	潮差	最高	9.60	8.50	8.70	9.50	10.20	10.30	10.50	10.20	10.90	10.20	10.10	9.60	10.90
		平均	5.97	6.11	6.75	7.13	7.17	7.04	7.36	7.55	7.15	6.88	6.54	6.68	6.86
		最低	2.70	2.30	1.70	2.40	3.50	4.00	3.50	3.10	2.50	0.90	2.30	3.60	0.90
海河工程局材料机器厂	潮水	最高	10.30	10.70	10.70	10.40	10.00	10.50	12.30	11.70	11.50	10.70	9.90	12.70	12.70
		平均	7.78	9.00	9.38	9.27	9.03	9.40	10.55	10.92	9.98	9.29	8.06	7.90	9.21
		最低	5.30	5.60	7.00	7.50	7.90	8.20	9.30	10.10	7.80	5.20	4.40	5.00	5.00
	落水	最高	6.70	8.20	7.60	6.60	5.90	6.20	7.40	7.10	6.90	7.80	6.80	6.20	8.20
		平均	4.51	4.78	5.39	4.69	3.87	4.07	4.95	5.56	4.62	4.37	3.70	3.58	4.51
		最低	2.70	2.80	3.90	2.90	2.40	2.40	3.20	3.90	2.60	2.10	1.90	1.60	1.60
	潮差	最高	6.40	5.80	5.10	6.10	6.90	7.30	7.30	7.40	7.40	6.70	6.70	5.92	7.40
		平均	3.27	4.21	3.99	4.58	5.16	5.33	5.60	5.36	5.36	4.92	4.36	4.32	4.71
		最低	0.20	1.40	1.90	2.50	3.20	3.90	3.00	3.00	3.20	1.00	2.30	2.40	0.20

1930 年河口（北炮台）之水升降较 1929 年小，1930 年在海至河口之间落潮与涨潮的水流不如 1929 年之易于流动。但在 1930 年，大沽浅滩航道的深度较 1929 年深。故吾人得出结论如下：河水由河口以外的他道入河，或出海不如 1929 年那样易于流动。1930 年之测量实已表明，大沽航道附近沿岸有显著的淤积，阻碍沿岸之水流。

航道水位情况如表 21.5、表 21.6 所示。

表 21.5　1929 年 11 月、1930 年 11 月各段航路最浅深度情况

（在平常潮水时大沽基准水位为标准）　　　　　　　　　　　　　　　　单位：呎

河段	1930 年 11 月	1929 年 11 月
自金汤桥至津港下游	15.5	20
自津港下游至第五裁弯上河口	16.3	16.8
自第五裁弯上河口至第三裁弯上河口	16	16
自第三裁弯上河口至第四裁弯上河口	15.9	14.1

续表

河段	1930 年 11 月	1929 年 11 月
自第四裁弯上河口至严庄	16.7	14.8
自严庄至葛沽	16.2	14.9
自葛沽至南开	16.3	17.5
自南开至新河	18.5	19.8
自新河至大梁庄	19.3	22
自大梁庄至塘沽	21	26.4
自塘沽至大沽	22.2	24.5
自大沽至深穴	19.3	20.5
经浅滩航道之中线	17	17

表 21.6　1914 年、1920 年及 1930 年水位变化情况

（以大沽基准水位为标准）　　　　　　　　　单位：呎

变化情况		1 月	2 月	3 月	4 月	5 月	6 月	7 月	8 月	9 月	10 月	11 月	12 月	1914 年年均
1914 年红桥														
潮水	最高			12.40	11.70	9.70	10.70	14.90	16.00	14.60	12.80			16.00
	平均			11.29	9.73	8.63	9.56	11.46	14.87	13.47	11.71			11.34
	最低			10.60	8.90	7.30	8.90	9.10	13.00	12.05	10.50			7.30
落水	最高			11.70	9.80	6.20	6.60	14.60	15.90	14.20	11.80			15.90
	平均			10.32	7.69	4.97	5.52	8.95	14.53	13.06	10.73			9.47
	最低			8.70	5.10	3.20	4.40	5.40	13.40	11.45	9.50			3.20
潮差	最高			1.90	4.00	4.90	5.00	4.30	1.00	0.70	1.90			5.00
	平均			0.96	2.03	3.66	4.03	2.50	0.36	0.39	0.97			1.86
	最低			0.20	0.40	2.10	3.10	0.20	0.10	0.10	0.20			0.10

变化情况		1 月	2 月	3 月	4 月	5 月	6 月	7 月	8 月	9 月	10 月	11 月	12 月	1920 年年均
1920 年红桥														
潮水	最高	11.30	10.60	11.70	11.30	10.20	10.60	11.10	10.90	11.80	10.70	10.90	9.90	11.80
	平均	8.35	8.61	10.10	9.54	9.36	9.71	10.11	9.98	9.81	9.78	9.10	8.02	9.37
	最低	3.30	4.60	7.20	7.80	7.80	8.80	8.80	8.70	8.80	8.60	7.40	4.40	3.30
落水	最高	7.00	6.00	8.90	8.00	4.50	5.20	6.00	4.90	6.10	6.00	5.30	6.40	8.90
	平均	4.50	4.44	6.49	4.65	3.01	3.49	3.99	3.45	3.76	3.98	3.47	3.20	4.04
	最低	2.50	2.10	3.60	2.20	1.40	1.80	2.20	2.00	2.10	2.50	1.30	0.90	0.90
潮差	最高	6.40	6.30	6.20	7.00	7.80	8.00	7.50	7.90	8.60	7.50	7.30	7.00	8.60
	平均	3.78	4.18	3.60	4.86	6.84	6.23	6.13	6.52	6.06	5.81	5.65	4.81	5.37
	最低	0.70	0.30	2.20	2.90	4.30	3.80	4.40	4.90	4.10	3.90	3.90	1.50	0.30

续表

变化情况		1月	2月	3月	4月	5月	6月	7月	8月	9月	10月	11月	12月	1930年年均
1930 年新开河														
潮水	最高	10.20	10.50	10.20	10.20	10.00	10.10	11.10	11.90	11.80	11.00	10.10	10.50	11.90
	平均	7.97	9.30	9.52	9.29	8.95	9.17	10.21	10.95	9.90	9.39	8.16	8.11	9.24
	最低	5.10	7.80	7.70	8.00	8.00	8.20	6.90	9.10	8.00	6.30	5.70	5.40	5.10
落水	最高	7.90	8.30	8.10	7.30	6.10	5.20	5.50	7.60	6.20	6.60	6.30	6.50	8.30
	平均	5.77	6.25	6.63	5.72	4.25	4.24	5.36	6.53	5.45	5.13	4.94	4.94	5.43
	最低	4.40	5.20	5.70	3.70	3.70	3.60	4.60	5.20	4.00	4.00	3.80	3.60	3.60
潮差	最高	3.50	4.10	4.00	5.50	6.10	6.10	5.90	5.90	5.90	5.10	4.30	6.60	6.60
	平均	2.12	3.05	2.89	3.57	4.70	4.93	4.85	4.42	4.45	4.25	3.22	3.17	3.80
	最低	0.50	1.20	1.20	1.30	3.10	3.70	3.80	3.00	3.60	2.30	0.70	1.70	0.50

注：5 月、6 月内所记录之数目表示潮流之传播较其他各月稍见真切，5 月、6 月时河流甚微，所有潮落水之差皆由潮力故也。

内河疏浚

1930 年海河下游水深继续增加，多亏 8 月、9 月新河船在葛沽附近之疏浚工作。3—9 月，津港之状况甚为美满，"高林"号足以担任疏浚堤岸之例行工作，因此可以利用"新河"号疏浚塘沽附近怡和洋行与亚细亚煤油公司各码头前之河道。所幸挖出之泥为附近地亩所需要，故处置挖出之泥之困难得以解决。伏汛后"新河"号调至津港工作。

"高林"号与"新河"号所挖之泥量与"燕云"号及"中华"号之吹泥量大致相等，因此本局其他挖泥船"西河"号与"北河"号未参加工作。

数年来，因填土地方距两座吹泥机逐渐遥远，故吹送量逐渐减小。1916 年垫土 325 000 立方米，彼时由河吹送至德日租界距离不过 3 000 呎。现在两个吹泥管的长度分别为 9 350 呎和 7 300 呎。第二线至 1931 年尚需延长，1925 年起至本年止。本局各挖泥船所挖出的泥量情况如表 21.7 所示。

表 21.7　挖泥量统计

年份	吹泥管平均长度（呎）		挖泥量（立方米）			
	"中华"号	"燕云"号	"新河"号	"西河"号	"高林"号	"北河"号
1925	5 500	—	7 400	—	8 575	—
1926	6 600	—	—	—	79 845	38 045
1927	7 100	7 700	—	62 865	85 700	50 035
1928	8 600	9 500	—	51 280	69 815	16 755
1929	6 800	9 300	33 365	59 890	58 775	25 292
1930	7 300	9 650	32 290	—	77 070	—

由表21.7可知，1925—1929 年"新河"号在津港只工作两次，第一次在1925 年，代替"西河"号工作，因"西河"号之全部职工调往"高林"号上工作；第二次在1929 年，当汛水时其他挖泥船停顿工作。此次用"新河"号的原因系汛水强烈，必须使用巨船，以期于短期内收效，而"新河"号为本局唯一之大挖泥船。除此两次外，普通港内的疏浚工作在1925—1929年皆由"高林"号、"西河"号与"北河"号三船分别担负。"新河"号所挖的泥较"西河"号与"北河"号合挖之量尚多。"高林"号与"新河"号皆用于疏浚港内，挖出之泥量较过去数年多。过去数年，"新河"号用于大沽，其他挖泥船则用之于港内。

本局拟于伏汛时期利用"新河"号浚挖日租界之河道。万国桥以上无吹泥铁管的设备，故所挖出的泥唯有在水流强烈足以冲刷淤泥时，复倾倒河中。不幸泛水不大，不足以冲刷此泥，故疏浚工作未能实现。疏浚、吹填工作如表21.8、表21.9所示。

表 21.8　1930 年疏浚工作情况

| 月份 | "新河"号 | | | | | | "高林"号 | | 铁抓式挖泥船 | | 土方量（立方米） |
| | 塘沽 | | 葛沽 | | 天津 | | | | | | |
	工作时间（时）	土方量（立方呎）	工作时间（时）	土方量（立方呎）	工作时间（时）	土方量（立方呎）	工作时间（时）	土方量（立方呎）	工作时间（时）	土方量（立方呎）	
3	206.40	12 860					161.4	5 600	162	240	18 700
4	259.00	15 700					253.4	9 520	232	530	25 750
5	288.30	15 040					247.3	8 800	234	60	23 900
6	251.30	13 000					197.4	4 400	180	挖下电线沟	17 400
7	32.00	1 214			190.3	7 650	273.0	9 650	117		18 514
8			275.00	7 200	16.5	400	287.0	11 000	10		18 600
9			68.45	2 500	185.0	6 700	273.0	12 500	23		21 700
10					288.2	9 400	285.0	8 200	70	200	17 800
11					248.2	9 300	233.0	7 400	187	500	17 200
12	64.55	2 600									2 600
总计	1 101.55	60 414	343.45	9 700	928.2	33 450	2 210.5	77 070	1 215	1 530	182 164

表 21.9　1930 年吹填工作情况

| 月份 | "中华"号 | | | | "燕云"号 | | 填在各坑内之泥量总数（立方米） | 倾倒河内之泥量总数（立方米） |
| | 英租界坑 | | | | 塘沽 | | | |
	工作时间（时）	填泥量（立方米）	工作时间（时）	填泥量（立方米）	工作时间（时）	填泥量（立方米）		
3	114.23	5 600	—	—	89.59	11 300	16 900	1 800
4	139.57	9 550	—	—	152.31	15 700	25 250	500
5	132.49	8 500	—	—	147.32	14 000	22 500	1 400
6	57.33	3 400	—	—	135.55	13 000	16 400	1 000

月份	"中华"号				"燕云"号		填在各坑内之泥量总数（立方米）	倾倒河内之泥量总数（立方米）
	英租界坑				塘沽			
	工作时间（时）	填泥量（立方米）	工作时间（时）	填泥量（立方米）	工作时间（时）	填泥量（立方米）		
7	215.38	17 300	—	—	12.59	1 214	18 514	—
8	146.59	11 400	—	—	—	—	11 400	7 200
9	181.08	17 000	—	—	—	—	17 000	4 700
10	187.21	13 800	89.32	4 000	—	—	17 800	—
11	168.54	8 000	195.48	9 200	—	—	17 200	—
12	—	—	—	—	—	—	—	2 600
总计	1 342.42	94 550	284.8	13 200	537.36	55 214	162 964	19 200

新万国桥

此桥拟重新装置，电机设备经招标承办，所有资料送齐即取最后决定。本年在重新装置之前，该桥暂用电线以资启闭，成绩甚佳。对于通过该桥的小船，也经规定程序。

护岸工作

护岸工作多限于迎水坝的修葺。本年 3 月展长迎水坝六排，并在卢家庄与蔡家庄之间修筑新迎水坝两排，共长 227 米。迎水坝之需要若不甚重要，则于结冰期末春泛初修甚为有利。按此种办法，迎水坝所用柳枝不受冰的侵害。由已完成其目的之迎水坝撤下大量木桩可备来年修筑其他迎水坝之用。

大沽浅滩航道

1930 年春季举行大沽浅滩测量，与 1926 年之测量比较，可知航道之南北两岸淤塞极烈，在海岸与大沽基准水位以下 12 呎等深线之间，航道之左右海底皆被淤泥垫高。当淤垫最盛时期，本局挖泥船竭力疏浚将航道维持良好，并无降低标记深度之必要。

现在之航道逐年向南迁移，今或因堤坝之存在防止侵蚀，而将淤泥积留北边。此种南倾的动作遂停止，而在此处的航道南岸亦未迁移，然航道在甲湾永有南倾之趋向。北岸稍向此方向开展，致使宽度及横截面缩减。可以证实，此种缩减虽不甚大，但足以阻碍潮流。最良之救济办法为，在北港修堤一道，以截留淤泥于航道之北岸。

航道本身由深穴至外口一段按照领导标记线方向浚挖，以期保持直形航道，但仍有增加变曲之极显著趋势。故航道实际路线与航路上所标之路线已有明显差异。实际航道之深度较标记深度略深（0.9 呎），固在意料之中。10 月在航道附近简单测量，以上深度之差与之前大致相等。故以现在之大沽浅滩情形而论，轮船当沿天然航道航行，不必沿领导标记所指之直线。

由测量所得之等深线形状得知，大部分浚挖工作集中于毗邻航道之凸出泥岸，即集中于极易淤积之处。此种浚挖之结果不若施行较良方策之易于奏效。

浅滩航道为海河之伸长部分，但凡河道求深，应有连续交互圆径相当的河湾，航道亦然。但作成曲线之天然趋势，感受直线浚挖之抵抗，其结果足以通畅实际航道之水流，反被引至错误方向。

航道之湾虽施行挖浚工作，但仍逐年显著。例如，在数年前轮船可由甲湾至海口外，沿现在标记直线航行，而现在乙湾航道之曲线使轮船必须循领导标志迤北之曲线航行。当湾之曲度增大时，冲蚀力亦同时增加。利用挖浚工作以保持航道与直线接近，益感困难。

由此可以预料，实际航道与现在的直线航路其深度之差将与年俱增。换言之，实际航道的深度，仍保持原状，甚或增加，而现在的直线航路其深度将减少。

总之，实际航道之湾处其深度已较沿直线航路之深度略大。沿直线之疏浚，其效果不如沿实际航道。且设水流之力不为人力引入错误的方向，实际航道的深度必增。

现在之直形航道与弯形航道之深度进行比较。弯航道较深，因沿弯航道疏浚工作效率增大。预料在采用此航道后，深度可望增加2~3呎，可使吃水量大之轮船通过大沽浅滩，并减少轮船的误期。在现在情形之下，轮船须候大潮，较大深度对于出港之轮船特别便利。现在河内深度使载重过大之轮船未必乘一次潮水即可出港，通过大沽浅滩将浅滩航道之水底降低，则出港与过滩的可能机会应当较多。

以上各意见曾经通知航业代表引水人与理船厅，彼等赞同如能将航道标记合宜，则深度较大之弯航道必受欢迎。经数次交换意见，拟定标记一组，并认为此项标记在天气晴朗时甚为满意，但遇烟雾风尘时新拟之标记与原有之标记不同，由此造成了不同意见。

现在航道之标记包括海口的煤气浮标，在煤气浮标与海岸之间有灯船，在岸上则有领导标记，其煤气浮标与灯船距领导标记之直线甚近。

为弯航道所拟之标记应当设置在南北两港之上，位于河岸与灯船之间，如此则距离浅滩必较近。据航海家数人的意见，港上的烟雾不若岸上之浓厚，在能遮蔽现有标记的某种天气之下，新拟之标记仍可显见。拥护直线航道之争论者称，当烟雾或风尘天气时，航行者可在煤气浮标处利用指南针；但若采用弯航道，驾驶者须依赖南北两港上所设的标记，必须时则有等候烟雾或风尘天气放晴之烦。

但当结冰时期，煤气浮标与灯船均撤销。故在冬季三个月中，所提议之标记弯航道之方法较原有标记予以驾驶者较大之便利。

在其他各月，当标记被遮蔽时，利用指南针通过航道，为直形航道之利益。为弯航道所拟的标记不像原有标记常被遮蔽，且当大雾之时，航行于甚狭窄之航道极不安全，理应禁止。烟雾在大沽浅滩历时向不甚久，且因航路经过浅滩需乘潮水，故在潮雾相遇时，航行之耽搁可归咎于弯航道。

故赞成与反对弯航道所举之利弊如下：

（1）经过海口浅滩之航道深度增加，可予航行以极大便利。

（2）冬季弯航道之标记对于通过浅滩之船只较现有标记近。因此，在某种天气时，不致发生现有标记所经历之耽搁。

（3）在一年之其他九个月，遇某种天气时，弯曲航道之标记因烟雾风尘之迷蒙，航行于航道之轮船将不能见；而在同样天气之下，在灯船或煤气浮标处，轮船可利用指南针航行于直形航道。新标记在某种天气时不及现有标记之效力，但此种事实只限于烟雾或风尘与潮水相遇之时，及天气浓厚足以遮蔽新标记而不足以阻碍航行之时。

在九个月中，发生上述第三项事情之日数在现有记录中无从稽考，记录中仅载明一年内烟雾风尘等之日数，而对此种天气发生时日之久暂均未述明，此乃一重要之点，因大沽之烟雾与风尘通常历时并不甚久也。

其他一有兴趣之点为，比较轮船用新标记及较深航道所经历的迟滞与用现有标记及较浅之现有航道所经历的迟滞。因大沽浅滩恶劣之天气，倘用弯航道，则轮船耽搁之时日则长于两次涨潮之时间。

上转船处重修堤坡

在本年工作中，有一虽不甚大但甚有兴趣的工作，此项工程系用钢条穿洋灰砖完成，以便使全部砖面易于曲折，并不需要基础。全部建筑物悬于堤之顶上，其砖部之顶端系用钢条与后方埋于地下之重锚衔接，使之系紧。30 年来此种保堤方法在世界各地采用甚广。德扣委贻氏护堤工程非适用于转船处之理想的保护方法，因转船处需要一距岸愈近愈佳之巨大深度，故需要一矗立之堤壁，以抵抗轮船之冲击，但此种堤壁花费颇巨。鉴于转船处南堤河床曾于 1928 年冲刷至大沽基准水位以下 30 呎，故花费尤巨，故在缺乏建筑堤壁之费用前，需妥筹他种形式之保护法，以防堤岸被激荡成穴，妨害附近建筑物之安全。

德扣委贻氏护堤工程实为解决此种情形之最良方法，但有一大困难必须克服，即为求保护之效果，此项建筑需达到大沽基准水位以下 13.5 呎之深度，若继续侵蚀，至大沽基准水位以下 13.5 呎，需使此项建筑达更深之深度。现在因钢条需用人工连接，故德扣委贻氏之建筑只能限于水面之上。此项工作除建筑完全有规则的斜坡，借小铁轨达其相当的地位外，按转船处所需要的深度，余不知有其他前例可资参证。因此，需用新法拟议，且与包工人永和营造管理公司合作，以实现此项拟议。

前项新法系在转船处的斜坡上铺板，等到砖以钢丝连接完毕，即将所连之砖推至水沿。若此项建筑之长伸过水沿，则以多数钢丝系于水面之浮桶。因此，下部建筑皆悬于以桶制成之木架上。所连之砖亦支架分隔，以免所悬的钢丝彼此连接。当斜坡上及水面下所连之砖完成时，即令工人立于木架之上，将与桶连接之钢丝渐渐伸长，并将该段连毕之砖逐渐沉至其最终地址，经数次挫折，诚为实行新法所不可避免者，此项工作得以完成，转船处之河湾暂免侵蚀。由此种工程所得之经验，吾人可知，在已采用之建筑方法中，何处尚应略加改良。

此种建筑在 1930—1931 年之严寒冬季，似能抵抗冰之剧烈试验而无所损害。

此事之所以充分讨论，系因吾人由此种试验可得一结论，而此结论之有趣远胜于转船处的保护。

吾人发现，在河岸的任何不规则斜度，无论何种深度均可铺以粗石，而此种粗石足以防止斜坡被侵蚀，无须艰难且耗巨款之基础工程。此种石砌之坡度应为 1∶2。较淤泥所成之天然河滩大两倍，故此种工程足能使巨轮在此种堤下碰泊，与河岸顶端仅有极小之距离。如此之轮船碰泊处只需在护面堤之上添造一坚固洋灰铁筋小平台，以便装卸货物。于是，此种建筑在堤坝与码头之间甚为应用，较深处筑堤工程容易。

此种建筑为价值极廉之堤坝，足够停泊轮船之用。

大沽浅滩新航道堤坝与北港试验冰堤

建筑新航道堤坝之石料预制材料在1930年之12个月内当能安全，但事实上未能尽然。因包围石料之椿木板其上部之螺丝钉已有数处被盗贼以有计划的方法盗去，外端最甚，非用巨款看守长坝以防盗窃实不可能。已被海虫侵蚀甚剧之板椿一旦失去螺丝钉，即不足以抵抗石料及浮冰之压力，尤以近海一端为甚，故堤坝之危险部分须即恢复原状，自属必要。董事会为保存材料，决定将堤坝显有特别弱点之部分予以拆去，将拆下的材料用以建筑北港一试验坝。董事会决定，以所得之料材在北岸将久悬未建之冰堤建筑一段所建之洋灰箱已达海岸，工程完竣，计长3 038呎，外加洋灰箱120呎。洋灰箱之外复铺2呎厚石料将坝延长200呎，此项石层按层砌之，以防坝端为潮水侵蚀。

就1930—1931年全部结冰时期计算，此坝已使海口及下游工作之两艘撞凌船平均每星期减少18小时之工作时间，共计约七个星期。此坝在结冰不顺利时，有维护河道之功。可降低航运之困难。

此坝在涨潮时，可阻止一定量之冰流入河内；在落潮时，足以阻止多量之冰离河而越过此港。此种理论完全错误，此港的平均水平线为大沽基准水位以上4呎，故水位若不及4呎时，无水能流过此港。就良好天气而论，在水位未及5呎之前，无冰能流过此港。况冰层若厚，尚需较高的水位，但落潮多在高潮后2.5个小时或3个小时开始，因风与月的关系。水位已降至大沽基准水位以上7呎或6呎，此时水落甚速，故落潮水能漫北港而过之时间甚短。换言之，涨潮在落水后两三小时开始。其时水面已升至大沽基准水位以上4呎或5呎，故在潮涨之大部分时间，水可漫过北港。结果在北港之坝，对于溢流港上之冰，甚少阻止，而对港上所结之冰阻其进入河内，其力甚大。

关于此点须知，妨碍航运之冰大部分来自海面，多由北风或东北风吹来。若遇此风，北港之堤显有保护之功用，以抵拒浮冰；若石料为浮冰挟去，该堤即毁坏，甚属可虑。但就本年12月与1931年起初数月观察来看，在严寒期间该堤完全无损坏，仅堤之内部基础冲去少许石料，有两三立方米。经过北港向河口之冰，如所预料均堆积于堤之外部而止于泥上，反使堤益趋巩固，甚至堤之薄弱部分。

第二十二篇　海河工程局1931年报告摘编

本局工潮

海河工程局职工会：该会于1929年10月成立。董事会深知，该会之存在于公益事业，如海河工程者，甚属危险。故本局董事会为延缓职工会成立后不能避免之纷扰，该会在未得中央政府之许可之前，未予以承认。同时，由中国政府代表请求中央给予此事之意见，但迄未获复。职工会自成立迄1930年以来，对于本局之特权常思予以干涉；该会之态度令人不无怀疑，动作为理论所不容。1930年6月山西当局解散党部，该会之活动完全停顿。嗣党部恢复，1931年春季各处罢工遂起，天津自来水与开滦罢工既发生于前，而本局职工会亦接踵于后。重提承认之问题，局内中国政府代表鉴于各铁路有同样工会之组织，故对该职工会之组织决定认可。

职工会之要求：1931年4月9日，该会呈请要求七项兹简述于左：

（1）局方如有开除职工之事，须经该会理事会查明后始得执行。

（2）因银价跌落，凡薪资在30元以上者临时补助金，增12.5%；薪资在30元以下者增15%。

（3）自1932年1月1日起普遍加薪5%。

（4）为强制退职者，如年老、疾废、裁员、死亡，所予之退职补助金需立即发给。

（5）如遇出缺，需由其以下人员递升，并于三个月试用期满后加薪。

（6）如遇自动退职者，享强制退职之利益（与第四项冲突）。

（7）因新浅滩航道工作停止，被裁之人员遇出缺时得尽先任用。

董事会对该七项要求详细考核后，允许第五项要求，并延长试用时间至四个月。第七项要求无理由，因董事会在强制裁撤人员之际已有尽先任用之规定。其他五项要求因其无理由，悉予拒绝。第一项要求与董事会之特权冲突，有破坏纪律之嫌。对于第二项要求，董事会自1930年1月1日起，准许以下各利益：①增薪10%；②每年给予双薪一个月；③常工每人每月由局方拨存薪资10%为储蓄金；④职工死亡或强制退职时，得按照1930年1月1日之前在本局的服务期的10%，以年限计算，年满一年给予薪金（最近月份）一个月。1931年3月1日董事会对于职工服务期满三年者，一律晋升一级。若无缺额，由某级晋升某级时，除最高组外，给予一组之最高级者，服务酬劳金。第三项要求毫无理由。对于第四项与第六项要求，董事会认为很难提前发给1930年1月1日之前入局服务之职工（因死亡或强制退职）应予之退职补助金，其理由如下：①董事会不能立即筹措此项巨款以应此项要求；②提前发放此项退职补助金有违当初董事会提出此项退职补助金之宗旨，其宗旨为职工养老及灾难救济之用。

职工会在董事会之七项要求答复后，多方辩难，达其要求之目的。所有一切辩难，均经本局答复。6月3日，情势倍加严重。本局秘书长所闻有职工因对七项要求答复不满意，决意拒绝接受董事会于1931年3月1日所订之进级薪额，并于领到原薪之后，宣告怠工之谣言。6月3日本局秘书长亲自监督发薪，并查知表示不满之事实真相，受少数领袖之威胁，非全体之意见。有少数职工向秘书长声明，领袖等如接受进级薪资，彼等将无异议；但彼等若自行表示接受，离开公事房时必遭攻击。于是，秘书长亲自向各领袖多方劝导，以身作则，而各领袖固执不受。越时，材料厂发生冲突，少数领袖被驱逐之前向工人演说，并示意拒领进级薪资。鉴于此事秘书长需呈请董事会核夺，遂停止发薪，其理由为彼既系奉命照章发放薪资，职工需接受其薪金之全部，或完全不接受。

怠工：1931年6月7日（星期日），秘书长接职工会来函，其文如左：

兹因阁下对于敝会要求毫无诚意答复，全体人员月薪扣留不发，全体人员异常愤激，经全体大会决议定于6月7日起怠工，特此奉闻。

6月8日（星期一）董事会举行会议，经议决，由海关监督转请省政府主席及天津市长调停，以促工人立即复工（仍按春季进级薪额领取月薪）。同时，调停人会同董事会审查职工关于七项要求之情势。此项请柬于6月9日发出，怠工因此延长，本局办公处及秘书长住宅均被监视。怠工纠察队对秘书长宅内用人横加侮辱与干涉，借端寻衅。职工会与其背后政治机关于报纸上及其他工具制造激烈宣传，反抗局内洋籍职员，并有恫吓函件寄予本局秘书长及其他忠实之职员。6月16日，办公处门前与秘书长办公室围墙，以及沿路各树皆贴满标语。此外，尚有飘扬之标旗悬于本局之前，天津城市亦布满此项标语。此中意旨皆直接反对秘书长及其他本局负责之职员。该日下午2：45，局内有三四十人聚众扰乱，情形如下：

本局会计陶玛斯适值办公时间，闻窗外有嘈杂声，当即向窗外人等告以肃静，不许喧哗，而彼等称贴标语。虽经陶玛斯之禁止，但彼等仍坚持进行。于是，陶玛斯出外询问所为，彼等答系奉党部命令粘贴标语。陶玛斯遂检取标语，于返回办公室之际突被袭击，于驱逐中以臂护头部，疾步返室，数遭棍击，入室后遂闭门以抵抗暴徒。最后由职员刘君及其他人员驱散暴徒。该暴徒遂扯毁其余标语，诬称陶玛斯为之。

6月18日，社会局派两职员来局调查，以资调解。经数次调查，由社会局局长吴瓯君会同董事磋商办法。于是，此次工潮于7月29日终得以解决。对第一项要求答复：董事会下达辞退职工命令，注明辞退之职工与理由交由职工理事会。

对第二项要求答复：1930年1月1日，董事会曾准以下利益：①增薪20%；②每年给予双薪一个月；③常工每人每月由局方拨存月薪10%作为储蓄金；④职工死亡或强制退职时，得按1930年1月1日以前在局服务年限，每满一年给予薪金一个月（最近月份）。1931年3月1日，董事会对于服务满三年的职工普遍晋升一级，若无缺额，由某级晋升某级时，除最高组外，给予一组之最高级者服务酬劳金。董事会因生活费用增高，准备给予以下临时补助金：①月薪在30元及30元以下者，给予临时补助金10%；②月薪在30元以上50元以下者，给予临时补助金

8%；③月薪在 50 元以上者，给予临时补助金 6%。此项临时补助金按薪金章程的甲项薪额计算，于 1931 年 7 月 1 日实行。

对第三项要求答复：自 1931 年 3 月 1 日起三年后，董事会按 10% 酌情将现在薪额重行修正。

对第四项要求答复：董事会很难提前发给 1930 年 1 月 1 日之前服务本局之职工（因死亡或强制退职）退职补助金，其理由如下：①董事会不能立即筹措此项巨款，以应此项要求；②提前发放此项退职补助金有违当初董事会提出此项退职补助金之宗旨，其宗旨为职工养老及灾难救济之用。若以职工子女教育费用为理由，董事会准备发给局方每年拨存之职工储蓄金及其利息，然需知提出个人名下每年年终储蓄金之职工，于退职时不得再要求局方发放。关于要求发放储蓄金收据一事，储蓄金章程内已有规定，每人每年发给清单一份，注明个人名下储金数额及其应得之利息。所有退职补助金均按 1930 年 1 月 1 日以前服务之年月计算。

对第五项要求答复：自 1931 年 3 月 1 日起，董事会对于职工补充较高级位置之试用期限，在实任升级或解除临时代理职务之前，不得逾四个月，已作规定。

对第六项要求答复：董事会对于服务本局至少 20 年之职工，倘有自动辞职，欲享一切权利者，准备加以体谅，然需知此项呈请之许可当视工作之需要及财政之情形以定。

对第七项要求答复：董事会于 1930 年允许该年强制退职之职工遇有缺额时，得尽先任用，但该职工之体质及其他一切情形均需合格，方得补充，不能认为恢复原职，只以新雇论。

全体职工于 7 月 29 日停止怠工，并于次日恢复工作。

大沽浅滩航道

大沽浅滩天然航道之发展优于该航道之航行直线。

评议会维持现有浅滩航道为永久航道之决定曾于 1930 年引起问题，也就是当前航道的疏浚及原有的标识系统、航运空间是否获得充分利益。

总工程师于 1930 年 3 月 14 日第 1461 次报告书中表示，现在浅滩水道之标识系统限制该水道成为直线之航道，测量指示该航道为自然弯曲；维持直形航道反自然之趋向，彼建议以采取弯曲航道为宜。

董事会鉴于浅滩航道深度之增加，予航行以极大利益，对于总工程师建议弯曲航行意见是否适用，拟征求往来于本港之轮船各船长及本港各领港者之意见，以便审查该建议之可能性。

为此于 1930 年 11 月 8 日及 12 月 10 日举行大会，各项议案如下：

（1）本港航界人士认为如有合适标识时，全体一致赞成采取自然弯曲航道，其原因如下列各项：

第一，自然航道的深度可加深 2~3 呎。

第二，该航道加以挖浚，必易于发展。

（2）本埠航界一致赞同航海专家在第一次会议时所建议之领导标识方法，自然之弯曲航道颇适宜通常之天气。

（3）本港航界意见为在朦胧天气之白日，直形航道可使用指南针航行，弯曲航道因标记模糊不易航行。

（4）航界鉴于弯曲航道于朦胧之白日不便航行，常有延滞之可能，弯曲航道增加所获之利益能否抵偿每年数日标识模糊不能航行所遭之延滞损失。

于是，1930 年 12 月 29 日致函本港航界各代表与各领港者，说明该项问题并附各种资料，以便决定。兹简述各界答复如下：

赞成采取自然弯曲航道者有：

太古轮船公司。该公司提议用以作成航道标识线其相遇之各交点宜以浮标记之（结冰时期除外），以便减少烟雾朦胧时航行之困难。

大连汽船株式会社

怡和轮船公司。该公司提议需以治标计划急速进行为条件，因非有良好河流之期望不应放弃直形航道之利益。

近海邮船会社。该公司提议为抵抗冰凌动作，有新标识之需要，用以防止冬季航行之危险。

大阪商船会社。该公司称在冰期需有满意之标识，并对弯曲航道之曲度加以限制。

大沽领港公司。该公司声明弯曲航道不得有极端之困难，并提议拟备之标识不宜立即设置，需先确定该航道如何适于所拟之挖浚计划。

赞成保持现有直形航道者有：

招商局。该局之理由为，除非海河深度增加，较深之浅滩航道无须采用弯曲航道。

大沽驳船公司

此项问题尚需呈请巡查裁夺，由海关税务司转达。总巡查与海关总工程师的意见为，以现在辅助航行之方法，浅滩航道无变更之必要。

董事会因中国航行机关官员之意见，决定在实现永定河治标计划结果之前，关于总工程师发展自然弯曲航道之建议暂时停止。

栽植柳枝

本年，在第五段裁弯处（崔家码头）增植柳树 15 200 棵（自 1926 年始，共植 107 750 棵）。

第五段裁弯处本年共收获柳枝 24 100 把，木橛 5 000 根，柳枝及木橛皆用于冰坝及河内迎水坝之修筑。

本年在军粮城进行第二次栽植，共计 5 550 棵。

撞凌

12 月 18 日，结冰颇厚，足以阻碍航行，于是着手撞凌工作，进行尚顺利。1 月 9 日西北风起，致多数轮船搁浅，撞凌工作于落潮时亦不得不临时停顿。此种情形迄 1 月 17 日未有进展。

2 月 4 日，西北风止而东风又作，因大量浮冰吹集于浅滩，于河口外结成广大之冰田。此项冰田最后扩展至 70 哩之范围，其堆积足有 10 呎之厚。轮船等依赖领护得以前进，三大撞凌船从事航道之工作甚是忙碌。

各种船舶受浮冰之压迫，遂搁浅于航道之远处，对于救脱此项船舶之工作深感困难。

冻冰阻塞浅滩，且阻碍河内之浮冰流出，因有数艘轮船困于海河下游各段，该船等即由本局撞凌机救脱。此种困难情形持续至 2 月 23 日，因风势改变始渐和缓。于是，"清凌"号与"通凌"号两撞凌船出动，并将 10 哩宽之冰田冲开，直达海河，其冲破之冰即于次日由西风吹送于 5 哩之外。于是，浅滩之冰得以肃清，撞凌工作遂于 2 月 27 日停止。

1930—1931 年结冰时期，天津所经历之困难为撞凌历史上之最严厉者，然通过浅滩之船只总数则超过以前冰期之数，故撞凌工作对于航行可谓有极大的价值。但航行通过浅滩甚属困难，尤以 2 月为甚，此次严厉冬季之经验，已完全证明航行之利益将因添置一大航海撞凌船而日益增进。

本局各撞凌船之工作原限于河内与浅滩，对于较艰难之工作显然不敷应用，况海口外结有冰田时不能随时应付。

1930—1931 年结冰时期，试验冰堤（该堤系由新航道各堤拆下之碎石筑成）功效甚为显然。该堤可以阻止北港所结之大量冰块流入海河，并可防止困难增加。

"清凌"号与"通凌"号于撞凌期末派往牛庄，迅速完成该港通航后于 3 月 29 日返回天津。

大沽浅滩之疏浚

1931 年年初，深度为大沽基准水位以下 8 呎 6 吋，至春季仍无变更。3 月与 4 月前半月，因天气连日不佳，未能施行测深。冬季疏浚工作虽停，但在 2 月内航行尚未遇到困难，标准深度亦能维持原状。春汛带下之大量泥沙，致浅滩航道发生少许淤积，挖泥船终能抵抗成功。4 月 18 日之测深表示，有维持标记深度之可能。

不幸挖泥工作于 4 月末中止，因"快利"号锅炉损坏，须有大规模之修补。该项修补完成，又发生工潮，故挖泥工作至 7 月 10 日尚未恢复。但伏汛（本年伏汛异常之早）已经开始，并带下大量泥沙。挖泥工作之停顿，加以汛水之影响，致使深度连续降低，6 月 3 日降至 8 呎；7 月 8 日降至 7 呎 6 吋，8 月 28 日复降至 7 呎。

汛水期异常之久，水流继续带下极高比例之淤泥，至 10 月停止。10—11 月，航道有加深趋势（实因"快利"号努力工作所致）。"快利"号于 1931 年 12 月 2 日送至船坞，其疏浚情况如表 22.1 所示，航道情况如表 22.2 所示。

表 22.1　1931 年"快利"号挖泥船疏浚工作情况

月份	实际工作时间（时）	挖掘往返次数（次）			泥船出泥次数（次）	泥沙排泄量（立方米）
		长距离	短距离	深穴		
3	51.35	58	0	22	15	2 580
4	79.30	93	2	27	27	4 660
5	—	—	—	—	—	—
6	—	—	—	—	—	—
7	176.25	199	8	49	56	8 160

续表

月份	实际工作时间（时）	挖掘往返次数（次）			泥船出泥次数（次）	泥沙排泄量（立方米）
		长距离	短距离	深穴		
8	178.35	208	20	59	63	11 510
9	166.05	168	35	50	55	10 460
10	155.50	132	56	66	47	10 340
11	148.45	165	11	56	44	10 190
总计	955.25	1 023	132	329	307	57 900

表 22.2　1931 年航道情况　　　　　　　　　　　　　　　　单位：呎

变化情况		1月	2月	3月	4月	5月	6月	7月	8月	9月	10月	11月	12月
标记深度		8.6	8.6	8.6	8.6	8.0	7.6	7.0	7.0	7.0	7.0	7.6	
变化日期							3日	8日	28日				9日
最浅深度	北线	7.8	7.8	7.8	8.7	7.5	6.5	6.8	6.4	6.4	7.0	7.8	7.8
	中线	9.2	9.2	9.2	9.2	8.4	7.3	7.7	7.3	7.3	7.6	7.7	7.7
	南线	8.5	8.5	8.5	8.2	6.7	6.5	6.8	6.5	6.5	7.0	7.8	7.8
估计平均深度	北线	8.8	8.8	8.8	9.2	8.2	7.7	7.7	7.2	7.2	8.0	8.2	8.2
	中线	9.4	9.4	9.4	9.7	9.2	8.2	8.2	7.4	7.4	8.2	8.6	8.6
	南线	9.0	9.0	9.0	9.0	8.2	7.8	7.5	7.4	7.4	7.5	8.5	8.5

海河

1931 年初，津港因 1929 年汛水所增进之深度已失去一部分，恐有淤泥复降之事。不忆此种不祥之事，果不幸而言中。

春汛降期虽迟，然予海河以大量泥沙。3 月 28 日，海河之泥量达 0.455%，至津港则淤成 2 呎有余，即下游各段亦为淤浅，航行深度于 3 月 27 日由 14 呎减至 13 呎。

4 月，海河泥量降至 0.02%，有进步趋势，虽经竭力挖浚，然其进步殊不足以增进航行之吃水量。

6 月，挖泥工作因怠工而停顿，泥量增加显著，竟达 0.133%，1930 年同月之泥量仅为 0.034%。7 月 3 日与 4 日大雨，伏汛起始，大量泥沙注入海河，估计 24 小时内有 40 万立方米泥沙淤积于津港，本局挖泥机每日出额则不过 800 立方米。不数日间，河底垫高 5.5 呎。幸借水力将通常潮水水平线增进至 10 呎，因此得以免除淤浅，必须减小航行吃水量，以与淤积相符合。月底有一部分泥沙被水流冲消，但在 8 月中旬复有泥沙下注，上游各段以及第五裁弯皆有淤浅达大沽海平线下 1 呎，8 月 17 日河水泥量竟达 2.525%。

9 月初又经历第三次泥沙注入，河水泥量虽在 8 月降至 0.3%，但于 9 月 5 日复至 2.36%。津港淤浅已极，故此次泥沙大半积于下游。汛期将末，竟发生如此多之泥量，实为本局自 1892 年以来泥量记录所未有。9 月至 10 月期间，泥量渐降至 0.05%，然较以往诸年已属甚高。10 月中旬，泥量仍保持其 9 月初旬之通常状态。水流之动作及挖浚之工作增进少许深度，此项进步于本年最后 2 月，继续不已，深度已恢复至 12 呎。航道数处以及轮船转头处仍狭小，增加吃水量至以上之深度。流量及水位变化情况如表 22.3、表 22.4 所示。

表 22.3　13 号测量地下游流量情况（约在特别一区码头之中）

月份	3	4	5	6	7	8	9	10	11	12
最大流量（立方呎/秒）	10 422	9 860	8 667	5 558	14 663	12 444	11 990	8 247	3 843	4 836
最小流量（立方呎/秒）	5 905	5 379	5 061	4 624	5 031	5 840	5 268	8 033	3 835	3 723
平均流量（立方呎/秒）	7 758	6 943	5 841	5 014	7 001	8 310	7 417	8 153	3 839	3 078
月份	3	4	5	6	7	8	9	10	11	12
最大流量（立方米/秒）	295	279	245	157	415	352	339	234	109	137
最小流量（立方米/秒）	167	152	143	131	142	165	149	227	108	106
平均流量（立方米/秒）	220	196	165	142	198	235	210	231	109	87

表 22.4　1931 年海河河口及海河工程局材料机器厂水位变化情况

（以大沽基准水位为标准）

单位：呎

变化情况			1 月	2 月	3 月	4 月	5 月	6 月	7 月	8 月	9 月	10 月	11 月	12 月	年均
海河河口	潮水	最高	12.00	10.80	11.90	10.80	10.40	10.50	11.40	11.10	11.60	10.20	9.80	10.40	12.00
		平均	7.37	7.83	8.15	8.32	8.91	9.21	9.35	9.81	8.93	8.19	8.05	7.22	8.45
		最低	2.50	5.80	3.40	6.00	6.80	7.00	7.60	8.10	6.60	5.60	4.70	2.30	2.30
	落水	最高	4.90	4.60	5.40	4.80	4.90	4.70	5.40	6.60	5.30	5.20	4.30	4.70	6.60
		平均	0.98	1.47	1.35	1.03	1.59	2.13	2.12	2.25	1.66	1.26	1.42	0.70	1.50
		最低	-2.20	-1.30	-1.30	-1.30	-0.40	-0.50	-0.40	-0.10	-0.80	-1.10	-0.90	-3.00	-3.00
	潮差	最高	11.30	9.40	11.00	10.10	10.80	10.40	10.90	10.60	9.70	10.00	9.80	10.00	11.30
		平均	6.39	6.36	6.80	7.29	7.32	7.08	7.23	7.56	7.27	6.93	6.63	6.52	6.95
		最低	1.80	1.90	2.00	2.40	8.10	3.90	3.40	2.90	2.50	1.90	1.60	1.90	1.60
海河工程局材料机器厂	潮水	最高	11.20	10.90	11.90	10.90	10.10	10.10	11.60	12.40	12.70	11.80	10.80	10.50	12.70
		平均	7.48	7.96	9.03	8.73	8.99	9.37	10.56	11.26	10.65	9.29	8.84	7.95	9.18
		最低	3.90	6.10	4.70	6.60	7.70	7.50	8.10	8.90	6.90	6.50	4.00	3.90	3.90
	落水	最高	7.20	7.90	7.50	5.80	5.30	5.70	7.20	8.40	8.20	6.80	6.60	7.20	8.40
		平均	4.20	4.29	4.64	3.56	3.46	3.55	5.47	6.55	6.62	5.50	5.25	4.78	4.82
		最低	2.10	2.00	1.90	1.90	2.10	2.10	2.00	4.70	5.40	4.10	4.10	3.00	1.90
	潮差	最高	7.50	5.90	6.60	7.00	7.20	7.90	7.80	8.50	7.50	5.20	4.90	5.40	7.90
		平均	3.28	3.67	4.39	5.17	5.53	5.82	5.09	4.71	4.03	3.79	3.50	3.17	4.35
		最低	0.20	0.60	1.40	3.00	3.70	4.30	3.10	2.80	2.00	1.00	0.10	0.10	0.10

支流下注之水在干季时期有时甚多，此种流量在 1928 年几乎为零，1929 年与 1931 年有极少流量，1927 年与 1930 年流量较大，1926 年的流量极大。

现时，各支流注入之水系属清水，于海河当有良好之影响无疑，实际测验各支流之上游，以察其变迁，颇有兴趣。1931 年最后数月，海河状况恶劣，津港之涨落较往年微小。

1930年，虽然修筑试验冰坝一座，由北港伸入海中 3 000 呎，而 1931 年前数月津港潮差之大，如筑坝前一年之情形。由此可证明，该坝并无阻滞潮水注入之效果，如少数工程师之所预料。

海河在伏汛时期之不良情形不能继续作本年最后数月间此类之比较。查本年最后数月北炮台之潮差，不见佳于 1930 年此时之潮差。

内河疏浚

内河疏浚于 3 月开始，为抵抗春汛之恶劣影响，每日工作时间由 4 月 15 日起增至 14 小时。此项扩大之努力使得本港有显著之进步。6 月 7 日，挖浚工作因怠工而停顿，直至 7 月初旬未能恢复。此时，第一次泥沙注入海河，该河深度之降低致使拖泥船仅乘潮水时，曳至吹泥机站，挖泥机每日工作亦限至 3 小时或 4 小时。8 月，工作情况仍旧不甚顺利。各挖泥机之动作颇受连续注入之泥沙之抵抗，因河底挖浚完成，复被淤垫。吹泥机之工作因受落水之搁浅，甚感障碍，此种情形易使吹泥机与铁管之连接发生危险，必须停止工作，以便将吹泥机之驻地挖深。

10 月与 11 月，挖泥工作逐渐顺利。年末每日工作时间不能增加，因各机船在日暮时工作于狭窄河流，颇属危险。

初冬天气温和，虽迟至 12 月，然挖泥工作仍可进行。因此，本港大部分达大沽基准水位以下 12 呎之深度。

本局于 1931 年置一电气镕接器械，使用之有美满之结果，特述及之。此项器械能修理已磨损之多数机件，无须另换昂贵之新机件，对于机器之维持颇为经济。

本年为各机船实行大规模油漆之比较试验。

新万国桥

本年订购双组电线，装置铁管内，敷设于河底。

增建之铁桥启闭房已竣工。该桥之主要启闭工作将迁于该新房，该房对于桥梁之动转视察较易，并配有办公室及视察室各一间。

副发电机仍置于原房内，其余隙地则用以储藏汽油等物。

该桥上敷设双线钢轨，以防护桥板受大车之耗损，此办公室各方面已证明美满。

表 22.5 至 22.8 显示了航路深度疏浚、吹填工作情况。

表 22.5 1930 年 11 月、1931 年 11 月各段航路最浅深度

（以大沽基准水位以上 8 呎为标准）

单位：呎

河段	1931 年 11 月	1930 年 11 月
自金汤桥至津港下游	10.6	15.5
自津港下游至五段上河口	10.5	16.3
自五段上河口至三段上河口	10.8	16
自三段上河口至四段上河口	12.9	15.9
自四段上河口至严庄	14.6	16.7

河段	1931 年 11 月	1930 年 11 月
自严庄至葛沽	14	16.2
自葛沽至南开	15.4	16.3
自南开至新河	19.3	18.5
自新河至大梁庄	18.4	19.3
自大梁庄至塘沽	27	21
自塘沽至大沽	23.5	22.2
自大沽至深穴	20.04	19.3
经浅滩航道中线	15.5	17

表 22.6　1914 年、1920 年及 1931 年水位变化情况（以大沽基准水位为标准）　　单位：呎

变化情况		1 月	2 月	3 月	4 月	5 月	6 月	7 月	8 月	9 月	10 月	11 月	12 月	年均
1914 年红桥														
潮水	最高			12.49	11.70	9.70	10.70	14.90	16.00	14.60	12.80			16.00
	平均			11.29	9.73	8.63	9.56	11.46	14.87	13.47	11.71			11.34
	最低			10.60	8.90	7.30	8.90	9.10	13.00	12.05	10.50			7.30
落水	最高			11.70	9.80	6.20	6.60	14.60	15.90	14.20	11.80			15.90
	平均			10.32	7.69	4.97	5.52	8.95	14.53	13.06	10.73			9.47
	最低			8.70	5.10	3.20	4.40	5.40	13.40	11.45	9.50			3.20
潮差	最高			1.90	4.00	4.90	5.00	4.03	1.00	0.70	1.90			5.00
	平均			0.96	2.03	3.66	4.30	2.50	0.36	0.39	0.97			1.86
	最低			0.20	0.40	2.10	3.10	0.20	0.10	0.10	0.20			0.10
1920 年红桥														
潮水	最高	11.30	10.60	11.70	11.30	10.20	10.60	11.10	10.90	11.80	10.70	10.90	9.90	11.80
	平均	8.35	8.61	10.10	9.54	9.36	9.71	10.11	9.98	9.81	9.78	9.10	8.02	9.37
	最低	3.30	4.60	7.20	7.80	7.80	8.80	8.80	8.70	8.80	8.60	7.40	4.40	3.30
落水	最高	7.00	6.00	8.90	8.00	4.50	5.20	6.00	4.90	6.10	6.00	5.30	6.40	8.90
	平均	4.50	4.44	6.49	4.65	3.01	3.49	3.99	3.45	3.76	3.98	3.47	3.20	4.04
	最低	2.50	2.10	3.60	2.20	1.40	1.80	2.20	2.00	2.10	2.50	1.30	0.90	0.90
潮差	最高	6.40	6.30	6.20	7.00	7.80	8.00	7.50	7.90	8.60	7.50	7.30	7.00	8.60
	平均	3.78	4.18	3.60	4.86	6.84	6.23	6.13	6.52	6.06	5.81	5.65	4.81	5.33
	最低	0.70	0.30	2.20	2.90	4.30	3.80	4.40	4.90	4.10	3.90	3.90	1.50	0.30
1931 年新开河														
潮水	最高	11.00	9.80	12.10	10.70	9.70	10.00	12.80	13.10	13.20	10.60	10.00	10.00	13.20
	平均	7.68	8.04	9.28	8.87	8.86	9.03	10.80	11.53	11.06	9.46	9.03	8.30	9.33
	最低	4.40	6.70	7.50	7.40	7.90	7.50	9.60	10.10	9.00	7.30	7.90	6.00	4.40

续表

变化情况		1月	2月	3月	4月	5月	6月	7月	8月	9月	10月	11月	12月	平均
						1931年新开河								
落水	最高	7.60	6.90	10.80	7.10	6.10	5.60	11.50	11.10	10.80	8.20	7.90	7.70	11.50
	平均	5.19	5.32	6.60	5.60	4.59	4.48	8.01	9.12	8.85	7.11	7.11	6.29	6.52
	最低	4.00	4.00	4.80	4.50	3.60	3.50	3.50	7.80	7.00	6.00	6.20	4.70	3.50
潮差	最高	4.20	4.40	4.20	4.70	5.50	6.10	6.40	3.20	3.50	3.10	2.80	3.30	6.40
	平均	2.49	2.72	2.68	3.27	4.27	4.55	2.79	2.41	2.21	2.35	1.92	2.01	2.81
	最低	0.40	0.70	1.30	2.30	2.80	3.00	1.10	1.20	1.00	1.00	1.30	0.30	0.30

注：5月、6月所记录之数目表示潮流之传播较其他各月稍见真切，5月、6月时河流甚微，所有潮落水之差皆由潮力故也。

表 22.7 1931 年疏浚工作情况

月份	"新河"号				"高林"号		铁抓式挖泥船		总土方量 (立方米)
	塘沽		天津						
	工作时间（时）	土方量（立方米）	工作时间（时）	土方量（立方米）	工作时间（时）	土方量（立方米）	工作时间（时）	土方量（立方米）	
3	—	—	57.22	1 664	121.09	4 158	—	—	5 822
4	—	—	188.30	9 122	311.15	9 408	43.00	60	18 590
5	—	—	283.55	15 672	391.00	14 320	83.00	300	30 292
6	—	—	85.30	3 042	60.30	2 704	20.00	100	5 846
7	—	—	63.55	2 599	142.20	3 925	142.00	665	7 189
8	—	—	111.00	6 394	217.22	6 601	182.30	950	13 945
9	—	—	158.40	9 433	234.57	7 589	109.00	500	17 522
10	—	—	196.05	9 772	274.35	8 421	205.00	450	18 643
11	23.35	1 360	196.25	9 096	258.15	7 537	175.00	900	18 893
12	33.45	2 200	31.45	1 352	91.55	2 158	55.30	270	5 980
总计	56.80	3 560	1 371.07	68 146	2 101.58	66 821	1 014.60	4 195	142 722

表 22.8 1931 年吹填工作情况

月份	天津英租界坑				填在各坑内泥量 (立方米)	倾倒河内泥量 (立方米)
	"中华"号		"燕云"号			
	工作时间（时）	土方量（立方米）	工作时间（时）	土方量（立方米）		
3	100.58	5 770	3.00	52	5 822	—
4	241.22	13 306	172.07	5 224	18 530	60
5	323.53	19 882	217.50	10 110	29 992	300
6	71.07	4 290	32.28	1 456	5 746	100

月份	天津英租界坑				填在各坑内泥量（立方米）	倾倒河内泥量（立方米）
	"中华"号		"燕云"号			
	工作时间（时）	土方量（立方米）	工作时间（时）	土方量（立方米）		
7	40.42	2 522	139.19	4 002	6 524	665
8	162.56	10 994	62.17	2 001	12 995	950
9	173.22	12 214	104.10	4 808	17 022	500
10	146.01	11 695	150.25	6 498	18 193	450
11	143.32	11 149	163.29	5 484	16 633	2 260
12	40.57	3 510	—	—	3 510	2 470
总计	1 442.50	95 332	1 043.85	39 635	134 967	7 755

材料工厂

重修抽水机房，并改良其装置。因有较大锅炉之设备，故现在只需 36 小时即可抽干两船坞，无须四日之久。

护岸

蔡家庄之三排迎水坝皆延长 20 米，并增加新柳枝于现在之迎水坝。

1930 年，葛沽下段之情形极不美满，遂考虑修筑迎水坝的救济方法。但在 1931 年得见此项方法不甚需要，因该段河底，受冲刷之矫正。

北港试验冰堤

北港试验冰堤于 1930 年末延伸至 3 158 呎。在 1930—1931 年严重结冰时期，该堤对于防止冰块、维护河道极有价值，如预期，能完全抵抗坚冰之压力。

在 3 月发生飓风之际，该堤之石块略有移动。风虽甚急，然损毁极微，只需两人于短期间即能修葺。经考虑后，该堤宜加高，由大沽基准水位以上 12 呎增至 15 呎。本年该堤复延长 1 500 呎，矮堤延长 200 呎，以阻止其端际之冲刷，该堤共长 4 658 呎。新航道各堤所包含之板椿有 32 000 根预备出售。9 月起撤除板椿，于 11 月末停止，故只拆出板椿 4 347 根。

治标计划

为解除海河所受之永定河之泥沙，拟具临时计划，名为治标计划，即将完成。关于此项工程计划，其有兴趣略述于下：

第一项计划于 1927 年 11 月经内务部考核，后向水利委员会呈送两种不同之根本计划，以解救津港泥沙之胁迫，但因各种原因未见实行（主要则为财政）。遂考虑采取治标计划，此项计划导引永定河与北河汇流（经由北仓开辟之新引道及金钟河）于北塘入海。对于此项计划之反对，终未得官方核准。

1928 年 8 月，海河工程局讨论对于洪水与泥沙问题之根本解决，在于有适宜灌溉方法之设施，有泥沙胁迫之临时救济，延长永定河蓄水库之寿命，其方法为加高并巩固环绕水库之堤坝。经数次华洋工程师之会议，最后议决采取以下计划：

在北仓附近之北运河建一闸门，亦名操纵机关，北仓为永定河与北运河汇流处下游一村庄。于该闸门之上游辟一向北流的航道，泛水时永定河与北运河汇流之水可经过该航道而入沼泽区域所备之沉淀池（塌河淀）。该区域位于新开河北宁路线所形成之三角地方，以堤坝环围之。泥沙沉淀于池塘之后，有一部分清水经金钟河入海，其他一部分则经新开河流入海河。清水流入海河，足以助增海河之水深，至于使一部分清水入海之理由，乃因该泄水池之容量有限，其容量尚无永定河一次泛水发泄之大，故在可能范围内使泄水池迅速排尽。

于是，特设专责机关以实行各种工程，并征附加税以作此项基金。

此项工程虽因政治之影响迟滞，然最近将即行完竣。在施工期间，为应本省当局之请求，对原计划略有变更。

在北河与新航道，导泛水入沉淀池操纵机关，其位置略向上游迁移。此种办法在工程学上甚为可取，因其避免在北运河狭窄河段水流受其限制，故到达新航道之水流总量得以增加。此项变更必须使永定河泄水出口向北迁移，因操纵机关之位置居于永定河与北河汇流处之上游不远处。

此外，尚有一较重要变更，即沉淀池之位置。当局查知，塌河淀附近之居民反对其淹没土地，并要求极高之地价；但居于沉淀池旧址迤北之广大区域之村民，则情愿其土地有定期之淹没。无须备价，可获沉淀池之地，可节省原备购地之款。

本局注意以下之事实，清水由新沉淀池流入海河比较困难，欲该沉淀池可迅速沉淀，且本港有清水供给之利益，需另辟一泄水口以入北河。此种办法异常重要，因沉淀池入金钟河之北出口只为容量极有限制之小航道。如上述，沉淀池之迅速排泄实为首要。淹没区域均属私产，不能久没水中，故沉淀池之排泄至关重要。开辟入北河之出口航道毫无困难，可由沉淀池购地所省之款提拨一部分以充此项工程费用。

海河工程局利用余款，拟预备建一较大沉淀池，以延长此项计划之效果，即泥沙完全淤垫沉淀池的必需期限。

1931 年终有以下工程完成：

操纵机关上游之通航船闸；引水入沉淀池；航道首端的水槽；环绕沉淀池的大部堤坝；永定河之三角淀四周及北运河沿岸必须建造各坝；沉淀池之西出口水道；通往北平大路之引水道之桥梁。

永定河之改道几近完成；尚待完成者操纵机关，该机关希望于 1932 年 4 月完竣。1932 年 3 月，赶速完成之工程足使春汛改入新引道。

通过北宁路线之新引道之桥梁可于伏汛前完成，同时建一临时桥梁（可于 2 月完工）以备春汛通过铁路线。

在 1932 年伏汛之前，修筑通北河泄水道自属易事，故于 1932 年春汛改入新引道将无困难。

全部计划于 1932 年伏汛以前即可按规定程序照常应用。

改善浅滩航道

1931 年年初之河口测验及 1930 年之浅滩测验，经解析而作有兴趣之结论。

测验之主要结果如下：

（1）挖掘大沽浅滩极细泥沙所遇之困难于工作效力损失很大。挖泥机在普通的泥沙上工作，其挖出之泥量五六倍于大沽浅滩所挖出之泥量。且挖浚大沽浅滩，因在工作进行中，蒸汽须继续不断，故煤斤消耗必多。此种不良之结果系下列之情形：

第一，浅滩之极细泥沙于汲泥机向上汲水时，不易使之散浮水中。

第二，仅有一小部分之浮悬泥沙沉淀于漏闸式盛泥器中。

第三，盈余泥沙溢于漏斗外，复迅速沉于河底。溢于漏斗之外而返归于海之大量泥沙遂由潮流带至远方之理论完全错误。

故对此前认为事实之理论提出疑问，此种理论谓现代疏浚设备之进步，为改善大沽浅滩挖浚最经济之方法。

此种理论在现时有限制之深度，尚为正确，但谋较大之深度，此种理论颇不适用。

（2）当大潮时，维持浅滩航道之一部分潮流，在航道内端只达 26.5%，外端为 12.6%。1931 年小潮时之测验，有相同之数字。

在浅滩航道内端与北炮台之间有 73.5% 之潮流，漫溢于航道两侧，以流入或逃出海河；浅滩两侧有 13.9% 之潮流散漫于浅滩航道。大部分潮流之活动力遂以废弃，不能予以深度之维持或改善。

故求航道深度显著增加，只可得复坝之方法，以限制潮流之全部力量归入航道。

（3）此种堤坝虽然甚长，而坝之深度（在水面以下）大部分相差甚微。单位坝长之需费依深度以俱增，然此项修筑之用费不若表面观察之巨。

因此可知，港口航道之改善诚为费时费财之事业。

第二十三篇　海河工程局 1932 年报告摘编

撞凌

撞凌工作着手于 1931 年 12 月 14 日，航运因气候温和未遇困难。

1932 年 1 月气候依然温和，冰冻情形亦甚良好。此季节中恒多西风或西北风，致使航行甚感困难，泄船及驳船等在潮低时遭遇搁浅。

2 月，气候已甚温和，该月 19 日即能恢复内河疏浚，但下游各段之撞凌工作尚需继续至 29 日。试验冰坝长 6 000 呎，有阻止北滩浮冰侵入海河的功效。

大沽浅滩疏浚

1932 年年初，深度为大沽基准水位以下 7 呎 6 吋。该年春季气候较往常暴烈，故久未获得准确测量。4 月之简单测量显示，航路深度有 7 呎 6 吋以上之可能，迄 5 月 10 日尚未证实。5 月 13 日，标记深度增为 8 呎。

春汛带下之淤泥经 "快利" 号之挖浚，虽于不良之天气得以抵制其影响，但以后不复更有进步。夏季海河淤泥之比例较往常略高。

永定河伏汛于 7 月放淤，故航路深度在 7 月、8 月未有变迁。但 8 月 2 日之放淤势必中辍，而河内之淤泥逐渐推移至大浅滩。9 月 24 日发生异常西北烈风，吹送北滩大量淤泥至航路。当即实行测量，标记深度已减为 7 呎。

12 月 10 日以前，"快利" 号挖浚固属敏捷，而深度增至大沽基准水位以下 7 呎 9 吋后未能增加。此种情形系因海河至年终长期有清水经过，以冲刷上游各段，而将淤泥停积于大沽浅滩。

春季 "快利" 号工作时间之减少系与天气不良有关。年终，天气异常温和，该船乃得充分工作直至 12 月 8 日。其工作情况如表 23.1 所示，航道情况如表 23.2 所示。

表 23.1　1932 年 "快利" 号挖泥船疏浚工作情况

月份	实际工作时间（时）	挖泥船往返次数（次）			泥船出泥次数（次）	泥沙排泄量（立方米）
		长距离	短距离	深穴		
3	64.10	66	4	26	21	4 350
4	122.05	137	5	43	46	10 020

月份	实际工作时间（时）	挖泥船往返次数（次）			泥船出泥次数（次）	泥沙排泄量（立方米）
		长距离	短距离	深穴		
5	129.00	157	6	39	44	10 970
6	157.05	186	16	44	57	12 570
7	156.05	167	5	48	54	11 220
8	165.20	180	2	46	57	11 380
9	116.50	130	4	43	40	8 120
10	111.30	132	0	41	43	10 230
11	125.30	153	6	45	47	9 380
12	35.10	39	6	13	13	2 510
总计	1 181.65	1 347	54	388	422	90 750

表 23.2 1932 年航道情况 单位：呎

变化情况		1月	2月	3月	4月	5月	6月	7月	8月	9月	10月	11月	12月
标记深度		7.6	7.6	7.6	7.6	8.0	8.0	8.0	8.0	7.0	7.0	7.0	7.9
变化日期						13 日				25 日			10 日
最浅深度	北线	7.10	7.10	7.10	7.10	8.0	8.0	8.0	7.8	6.3	6.7	7.8	7.8
	中线	7.8	7.8	7.8	7.8	8.3	8.3	8.3	.3	7.4	7.6	8.3	8.3
	南线	7.10	7.10	7.10	7.10	8.1	8.1	8.1	7.8	6.9	6.9	7.4	7.4
估计平均深度	北线	8.3	8.3	8.3	8.3	9.3	9.3	9.3	8.6	8.4	8.7	9.3	9.3
	中线	8.7	8.7	8.7	8.7	9.6	9.6	9.6	9.3	8.8	8.9	9.9	9.9
	南线	8.6	8.6	8.6	8.6	9.6	9.6	9.6	9.0	8.6	8.6	8.9	8.9

海河

冬季数月，潮流冲刷河底，除陈塘庄与崔家码头外，其深度足以通过吃水 13 呎之轮船。1931 年 12 月 22 日以后，通行吃水量为 10 呎（在大沽基准水位以上 8 呎），1932 年 2 月 3 日增至 11 呎。为增为 13 呎，并料及永定河春汛将放淤，遂于 2 月 19 日在淤浅各段开始挖浚工作。但不幸放淤未见实行，至 3 月，疏浚几经完竣之际春汛起始，永定河遂倾尽其极大之泥水于海河，以淤塞津港。3 月 30 日，通行吃水量减至 9 呎。天津段淤泥之比例增至 0.59%，4 月中旬仍积淤。永定河倾注海河上游各段之淤泥总量有 1 400 000 吨。

春汛末至伏汛初之数月，海河稍受潮流之冲刷，加以各挖泥船每日工作 14 小时，彼时海河最低浅段之津港略见进步。5 月 8 日，通行吃水量增为 10 呎。

永定河及北运河之伏汛于 7 月初起始，至 8 月中旬息止。西河汛水虽至 8 月方起动，但该支流所予之流量继续至 11 月底。

永定河所带下之淤泥尽引于放淤区域，迨 8 月 2 日该区域不能继续容纳水量，放淤水闸遂不得不关闭。永定河由是日起倾尽其夹带淤泥于海河。沉于海河上游各段之淤泥总计 4 500 000 吨，有 4~5 呎之深度损失，航路宽度亦因之狭小。

西河水流为各支流中最清，其流量继续至 11 月。长期清水之畅流渐使囤积于津港之淤泥于

8月初向下移动，故津段于不久之期间加深。在淤泥逐渐由天津向海河移动之期间，陈塘庄、崔家码头及泥窝与第四裁弯之间相继成为海河最浅之处。9月，在陈塘庄及泥窝下游开始疏浚工作。通行吃水量于9月17日增至11呎（在大沽基准水位以上12呎时），10月8日又增为12呎。10月与11月，河底仍受冲刷，加以挖浚之工作乃见进步，通行吃水量又（在大沽基准水位以上8呎时）增为13呎。

在5月及6月，于落潮前两小时测之，较往年有显著减少。以1931年比较之，5月的减为28%，6月减为12%；以1930年比较之，5月减为49%，6月减为39%；以1925年比较之，5月减为58.5%，6月减为53%。此皆表示海河春泛后情形不良。水位情况如表23.3至表23.6所示。

表23.3　13号所测地流量情况（约在特别一区码头之中）

月份	3	4	5	6	7	8	9	10	11	12
最大流量（立方呎/秒）	5 488	6 094	5 392	5 189	7 909	17 214	16 901	17 258	12 294	8 924
最小流量（立方呎/秒）	3 380	2 997	3 005	3 553	4 875	7 401	13 895	12 783	8 389	6 203
平均流量（立方呎/秒）	4 843	4 418	4 177	4 423	6 019	13 717	15 264	15 620	9 833	7 375
月份	3	4	5	6	7	8	9	10	11	12
最大流量（立方米/秒）	155	173	153	147	224	488	479	489	348	253
最小流量（立方米/秒）	96	85	85	101	138	210	394	362	238	176
平均流量（立方米/秒）	137	125	118	125	171	289	433	443	279	209

表23.4　1932年海河河口及海河工程局材料机器厂水位变化情况（以大沽基准水位为标准）单位：呎

变化情况			1月	2月	3月	4月	5月	6月	7月	8月	9月	10月	11月	12月	年均
海河河口	潮水	最高	9.60	11.30	9.80	9.80	11.50	10.60	10.60	11.40	11.30	10.00	10.00	10.20	11.50
		平均	7.23	7.51	7.31	8.23	8.71	9.23	9.43	9.76	9.54	8.32	8.07	7.64	8.42
		最低	3.10	3.00	3.50	6.00	6.60	8.00	7.90	8.10	7.00	5.40	4.20	2.40	2.40
	落水	最高	3.60	4.20	5.40	4.30	5.00	5.40	5.40	5.90	6.30	4.40	6.60	4.90	6.60
		平均	0.45	0.74	0.75	1.22	1.60	2.16	2.14	2.02	2.14	1.55	1.44	1.14	1.45
		最低	-2.60	-1.50	-1.80	-1.20	-1.30	-0.20	-0.40	-0.20	0.60	0.30	-0.50	-1.40	-2.60
	潮差	最高	11.00	10.10	9.70	9.80	10.80	9.90	10.90	10.70	10.70	9.70	9.80	10.60	11.00
		平均	6.78	6.77	6.56	7.01	7.11	7.07	7.29	7.74	7.40	6.77	6.63	6.50	6.97
		最低	2.30	1.50	1.80	2.60	3.90	3.60	2.50	2.20	1.60	2.60	2.10	3.10	1.50
海河工程局材料机器厂	潮水	最高	9.70	11.10	10.60	10.50	11.10	11.00	11.50	13.10	13.20	12.60	11.60	11.10	13.20
		平均	7.93	8.44	8.44	9.15	9.22	9.73	10.57	12.27	12.22	11.43	9.99	9.10	9.87
		最低	5.60	5.60	4.20	7.80	7.80	9.00	9.50	10.50	11.30	10.20	8.30	4.90	4.20
	落水	最高	5.80	6.60	7.00	6.40	6.50	6.60	6.90	10.90	11.00	10.80	10.00	7.70	11.00
		平均	4.30	4.53	4.67	4.46	4.35	4.64	5.18	8.94	9.80	9.77	7.76	6.10	6.21
		最低	3.20	2.20	2.00	3.10	2.50	3.40	3.50	5.40	8.70	6.30	2.00		2.00
	潮差	最高	5.10	5.70	5.40	6.10	6.40	6.40	6.90	6.30	3.60	2.90	4.30	5.60	6.90
		平均	3.63	3.91	3.77	4.69	4.87	5.09	5.39	3.33	2.42	1.66	2.23	3.00	3.67
		最低	0.60	1.20	0.60	2.60	3.50	3.10	3.40	0.70	0.70	0.40	0.40	0.60	0.40

表 23.5　1931 年 11 月、1932 年 11 月各段航路最浅深度

（以大沽基准水位以上 8 呎为标准）　　　　　　　　　　单位：呎

河段	1932 年 11 月	1931 年 11 月
自金汤桥至津港下游	14.3	10.06
自津港下游至第五裁弯上河口	14.4	10.05
自第五裁弯上河口至第三裁弯上河口	13.6	10.08
自第三裁弯上河口至第四裁弯上河口	14	12.9
自第四裁弯上河口至严庄	14.3	14.6
自严庄至葛沽	15.3	14
自葛沽至南开	16.9	15.4
自南开至新河	18.7	19.3
自新河至大梁庄	24.3	18.4
自大梁庄至塘沽	24.2	27
自塘沽至大沽	25	23.5
自大沽至深穴	19.8	20.04
经浅滩航道之中线	15.7	15.5

表 23.6　1914 年、1920 年及 1932 年水位变化情况（以大沽基准水位为标准）　　单位：呎

变化情况		1 月	月	3 月	4 月	5 月	6 月	7 月	8 月	9 月	10 月	11 月	12 月	年均
1914 年红桥														
潮水	最高			12.49	11.70	9.70	10.70	14.90	16.00	14.60	12.80			16.00
潮水	平均			11.29	9.73	8.63	9.56	11.46	14.87	13.47	11.71			11.34
潮水	最低			10.60	8.90	7.30	8.90	9.10	13.00	12.05	10.50			7.30
落水	最高			11.70	9.80	6.20	6.60	14.60	15.90	14.20	11.80			15.90
落水	平均			10.32	7.69	4.97	5.52	8.95	14.53	13.06	10.73			9.47
落水	最低			8.70	5.10	3.20	4.40	5.40	13.40	11.45	9.50			3.20
潮差	最高			1.90	4.00	4.90	5.00	4.30	1.00	0.70	1.90			5.00
潮差	平均			0.96	2.03	3.66	4.03	2.50	0.36	0.39	0.97			1.86
潮差	最低			0.20	0.40	2.10	3.10	0.20	0.10	0.10	0.20			0.10

变化情况		1 月	月	3 月	4 月	5 月	6 月	7 月	8 月	9 月	10 月	11 月	12 月	1920 年年均
1920 年红桥														
潮水	最高	11.30	10.60	11.70	11.30	10.20	10.60	11.10	10.90	11.80	10.70	10.90	9.90	11.80
潮水	平均	8.35	8.61	10.10	9.54	9.36	9.71	10.11	9.98	9.81	9.78	9.10	8.02	9.37
潮水	最低	3.30	4.60	7.20	7.80	7.80	8.80	8.80	8.70	8.80	8.60	7.40	4.40	3.30
落水	最高	7.00	6.00	8.90	8.00	4.50	5.20	6.00	4.90	6.10	6.00	5.30	6.40	8.90
落水	平均	4.50	4.44	6.49	4.65	3.01	3.49	3.99	3.45	3.76	3.98	3.47	3.20	4.04
落水	最低	2.50	2.10	3.60	2.20	1.40	1.80	2.20	2.00	2.10	2.50	1.30	0.90	0.90

续表

变化情况		1月	月	3月	4月	5月	6月	7月	8月	9月	10月	11月	12月
潮差	最高	6.40	6.30	6.20	7.00	7.80	8.00	7.50	7.90	8.60	7.50	7.30	7.00
	平均	3.78	4.18	3.60	4.86	6.84	6.23	6.13	6.52	6.06	5.81	5.65	4.81
	最低	0.70	0.30	2.20	2.90	4.30	3.80	4.40	4.90	4.10	3.90	3.90	1.50

1932 年新开河

潮水	最高	9.30	10.00	10.80	10.30	10.40	10.80	11.10	14.60	14.60	14.20	12.30	11.20
	平均	8.18	8.49	8.90	9.13	8.93	9.24	10.25	13.73	13.80	13.14	10.82	9.66
	最低	6.50	6.20	5.60	8.10	8.00	8.30	9.00	10.30	13.10	12.20	9.00	6.30
落水	最高	6.80	7.80	8.50	8.20	8.30	7.30	8.20	13.40	13.20	13.20	11.00	8.80
	平均	5.92	6.54	7.13	7.20	6.52	6.19	7.04	12.28	12.49	12.10	9.38	7.45
	最低	4.70	5.80	4.90	6.00	5.50	5.00	6.20	7.90	11.80	11.00	7.90	5.30
潮差	最高	3.30	3.70	2.90	3.40	3.20	3.90	3.80	2.50	1.80	1.50	2.10	4.20
	平均	2.26	1.98	1.83	1.93	2.41	3.05	3.20	1.45	1.31	1.04	1.44	2.20
	最低	1.20	0.30	0.70	0.70	1.60	2.30	2.20	1.00	0.80	0.40	0.60	0.70

注：5月、6月所记录之数目表示潮流之传播较其他各月稍见真切，5月、6月时河流甚微，所有潮落水之差皆由潮力故也。

内河疏浚

疏浚工作于2月19日在陈塘庄及崔家码头起始，因天气异常温和，除陈塘庄及崔家码头外，海河可通行吃水量为13呎的轮船。但不幸因春汛放淤未实行，故津港未获疏浚之效益。

春汛期过，各挖泥船每日工作14小时以增加津港深度，通行吃水量增为10呎。

8月初，挖浚甫就复被淤塞，其淤泥之多致使挖浚毫无效果。8月10日以后，水流甚急，致泥船拖行维艰。水流之强足以将河内垃圾夹带以下而囤积之，此时，"新河"号与"西河"号挖泥船只能在日租租界及万国桥至意租界之沿岸进行挖浚。

此种急流为时不久即开始冲刷津港，渐将巨量积泥向下移动，淤于陈塘庄、崔家码头及泥窝下游。9月，"高林"号挖泥船开始挖浚陈塘庄，将所挖之淤泥吹送至左岸之洼地。"新河"号挖泥船疏浚泥窝下游淤浅之处，将所挖之淤泥投掷河内顺流冲下。

经观察，凌期中恒有多数凌冰积于塘沽下游之锐弯处，"新河"号挖泥船于11月15日开始工作，移除积屑，以使浮冰顺流而下，并将挖出之泥沙由"燕云"号吹泥船吹填至亚细亚公司之洼地。"高林"号与"西河"号挖泥船因天气异常温和分别继续工作至12月9日及12日。"新河"号挖泥船及"中华"号吹泥船工作至12月22日。

河内挖泥总量为124 135立方米，1931年则为142 722立方米。挖泥量之增加系因调用"西河"号挖泥船参加工作，且挖浚工作提前开始，又继续工作至12月22日方止。

疏浚、吹填情况如表23.7、表23.8所示。

工厂

本年泥船一至五各号有大规模之修理，这些泥船购置于1910年，仍可有20年之使用寿命。

表23.7 1932年疏浚工作情况

月份	"新河"号 天津 工作时间(时)	土方量(立方米)	"新河"号 泥窝 工作时间(时)	土方量(立方米)	"新河"号 塘沽 工作时间(时)	土方量(立方米)	"高林"号 天津 工作时间(时)	土方量(立方米)	"高林"号 陈塘庄 工作时间(时)	土方量(立方米)	"西河"号 天津 工作时间(时)	土方量(立方米)	"西河"号 陈塘庄 工作时间(时)	土方量(立方米)	铁抓式挖泥船 工作时间(时)	土方量(立方米)	总土方量(立方米)
2	—	—	—	—	—	—	—	—	—	—	—	—	98.30	1 000	84.00	300	1 300
3	—	—	—	—	—	—	162.55	4 000	—	—	—	—	211.30	5 000	13.00	60	9 060
4	—	—	—	—	—	—	233.45	5 600	—	—	206.40	5 600	—	—	167.00	800	12 000
5	240.30	11 900	—	—	—	—	56.30	2 200	—	—	324.25	13 200	—	—	239.00	1 200	28 500
6	242.02	15 760	—	—	—	—	—	—	—	—	371.55	14 600	—	—	208.00	1 483	31 843
7	187.00	11 262	—	—	—	—	—	—	—	—	250.55	8 308	—	—	123.00	430	20 000
8	132.14	6 450	—	—	—	—	—	—	—	—	128.00	5 550	—	—	65.00	240	12 240
9	194.14	17 630	—	—	—	—	—	—	10.40	190	174.40	6 200	—	—	209.00	780	24 800
10	172.00	7 300	44.55	3 440	—	—	—	—	217.51	10 355	97.30	4 500	94.25	4 865	84.00	600	31 060
11	—	—	130.20	7 600	121.25	5 175	151.55	5 065	74.00	4 380	215.00	9 587	—	—	108.00	835	32 642
12	48.40	1 995	—	—	81.00	3 610	69.17	2 286	—	—	81.25	2 619	—	—	151.00	280	10 790
总计	1 216	72 297	174.75	11 040	202.25	8 785	673.02	19 151	302.91	14 925	1 848.70	70 164	403.85	10 865	1 451.00	7 008	214 235

表 23.8　1932 年吹填工作情况

月份	"中华"号				"燕云"号				填在各坑内之泥量（立方米）	倾倒河内之泥量（立方米）
	天津英租界				陈塘庄		塘沽			
	工作时间（时）	土方量（立方米）	工作时间（时）	土方量（立方米）	工作时间（时）	土方量（立方米）	工作时间（时）	土方量（立方米）		
2	—	—	69.42	1 000	—	—	—	—	1 000	300
3	100.30	5 500	130.43	3 500	—	—	—	—	9 000	60
4	140.57	6 000	153.53	6 000	—	—	—	—	12 000	—
5	296.55	17 500	318.31	11 000	—	—	—	—	28 500	—
6	300.12	23 915	260.43	7 928	—	—	—	—	31 843	—
7	189.17	14 215	137.17	5 785	—	—	—	—	20 000	—
8	45.20	6 235	66.04	5 765	—	—	—	—	12 000	240
9	185.09	7 760	14.05	240	—	—	—	—	8 000	16 800
10	202.03	12 100	24.35	1 900	156.20	13 020	—	—	27 020	4 040
11	205.31	11 962	—	—	70.20	5 380	50.33	3 575	20 917	11 725
12	87.49	4 000	—	—	—	—	41.41	2 595	6 595	4 095
总计	1 751.83	109 187	1 173.73	43 118	226.40	18 400	91.74	6 170	176 875	37 260

万国桥铺设水底电线

1932 年年终，有一项次要之工程，即铺设新水底电线，以启闭万国桥。建桥时铺设之水底电线已有两线于 1928 年损坏，受船锚之危害，其他绝缘电线亦不甚适用。于是，本局董事会决议铺设双线外加护管。

铺设此种电线有数种困难，要述如下：

须极端小心嵌电线于护管，以免保护绝线之船层受不当弯曲之伤损。各节铁管与电线之合重不在 13 吨以下，沉重之长线铺于河底，其正确位置殊不易操持适当。

铺设河底电线之工作状况如下：

先将电线伸直置于河滩，然后装入护管中，成一长方形之三边。长方形基础之各段护管装成后，曲成弯头。弯头之角度为 45 度，其外直径为 10 吋，电线装置于内不致曲折。电线之尾端曲为长方之两边，再装以护管。各段护管彼此连接，弯头皆用螺钉箍圈以系之。此组合之长方形线管由河滩运至多数木船列成之双行船架，各船连接之形势使长方形线管全部得以用绳悬吊于两列木船之间。在电线出现之两端再贯以弯头，并装以护管以成垂直状。各垂直部分在长方筏之两端用木架支持，然后将该筏全部移至为其挖掘之槽沟上面，最后用木架所系之绳将管沉落于河底槽沟内。各垂直部分之端际则系附于两桥柱上。此项工作烦琐之理由为，依照计算使电线与桥有相当之距离，以免受下锚之损害。

此项工作完竣之后，得知电线之绝缘竟达 100 兆欧，旧线则仅有兆欧。此种绝缘由铁管保护之，有长期维持此优良成果之期望。

第二组电线拟于 1933 年春铺设，第一组电线届时将与机器连接，在旧线地址为第二组电线挖掘沟槽。

治标计划

海河工程局于 1932 年 1 月 28 日举行工程会议，对于春汛放淤竟多生异议，其理由为放淤必损坏沉淀区域之农田。领事团与商会遂对此有所应付之活动，其结果由中国政府指定专门委员会以调查此事之真相。不幸该会迟至 3 月 15 日尚未开始调查工作，春汛之期已过。各项工程以及未竣之工程皆临时修改，以使放淤于 3 月 23 日可以实行（是日即泛水起始日），但春汛放淤终未实现。

于是，海河淤塞因此发生，遂使河内通行吃水量由 11 呎减至 9 呎。实际深度损失尤大，3 月初航路深度已达 13 呎，虽有几处尚需数星期之疏浚，然亦有 13 呎之可能。

伏汛起始时（7 月 1 日）即实行放淤之工作，由专门委员会管理各代表。

此次放淤工作甚有成效，至 8 月 2 日放淤区域已达其最佳深度，势必停止放淤。其容量先期达到最佳深度之理由如下：

（1）虽有上述委员会之议决案宜导北运河水流入箭杆河，但因苏庄水闸在 7 月运用，致该水流入北河，因此约有 181 000 000 立方米水来自北河而弃于放淤区域，此种放淤殊非其时。此无用之水量供给大致为放淤总量的 1/3，若能避免之，则放淤区域于 9 月前决不能达最佳深度。

（2）放淤区域当时尚无第二条水路以减少水量之容纳。

8 月 2 日起，永定河水挟带其大量淤泥复流注津港。8 月 10 日，24 小时内永定河注入之淤泥即有 1 035 000 吨。西河与南运河之流量非常微小，在放淤期内，因西河与南运河之流量微小，犹未遭损失之津港遂即时淤淀有四五呎之高。

汛水趋势不久转佳，8 月 15 日后，永定河淤泥之比例亦逐渐减小。同时，西河发生强大之汛水，有较大之流量冲刷津，淤泥遂依其常态起始移于下游各段，津港即时转见进步。

西河流量异常稳定，10 月初更见强大，故良好状况遂见于下游。此时令人憾惜，虽各支流皆注予清水，并有西河需尽量注予清水之重要，然发觉各堤坝皆被农人拆断，筐儿港与北运河之新开河，以及捷地与南厂之南运河之各水闸皆操纵失当。故海河总流量被剥弃 30%，因而未获应有之充分进步。尤为不幸者，关于救济办法，尤其有堤坝被拆之关系，因为时太迟，乃不及为力。

9 月底天津与军粮城间各段进行大规模挖浚工作。水流冲蚀与各挖泥船之合力终于 8 月初恢复未能料及之深度。本年终，天津以下之航路深度超越 14 呎。但因此 14 呎之航路有数处较为狭窄，海关理船厅乃规定驶入天津之轮船不得超过 13 呎之吃水量。冬季因有潮水之荡蚀，当更有进步之期望。

放淤于沉淀区域之泥量总计 21 000 000 吨。设治标计划未能实行，此大部分淤泥非积于海河下游各段，而塞于大沽浅滩。1932 年汛水起始时有非常不顺利之趋势，而西河与南运河又不予以常量清水，设非有治标计划之一部分实行，天津必遭危难。既然未遭危难，则理应实施治标计划之各项工程及 1933 年在苏庄马厂等处之辅助工程，完成其各项必要步骤，然后有极顺利结果之期望。

放淤区域之容纳总量为 275 000 000 立方米,但绝不能期望放淤区域之淤泥沉淀总量在该区域寿命期内达到如此巨大之数字,盖各次沉淀绝非一律也。225 000 000 立方米之总量理应在期望中。

至 8 月 15 日水流转清时,永定河所带下之泥沙总量有 24 000 000 吨。此泥量占据放淤区域之空间,在干燥时至少有 13 000 000 立方米。

假设春汛带下之干泥有 1 000 000 立方米,其总量当有 14 000 000 立方米。根据 1932 年之汛水,沉淀之寿命当有 16 年。

但无论其如何,尤须注意,治标计划仅为短期权宜之计,欲谋脱津港于延期后复遭淤塞之威胁,尚须商议根本计划。

建筑水库可增长延期,并可减少泛滥。实际救济乃沿上游各支流,永定河应有大规模之灌溉设备。此项工程需长时间完成,至迟当于三四年内开始应用。

第二十四篇　海河工程局 1933 年报告摘编

冬航

1932 年至 1933 年凌期，气候始终温和。大沽通季多雾，致视线暗澹而数次轮船搁浅。

各撞凌船于 1933 年 12 月 14 日派出工作，迨 1933 年 1 月 2 日播送凌讯。除 1933 年 1 月 12 日有一次潮水被西北风吹逐湾外无以宣泄碎凌而需发送艰难信号外，所有凌讯皆属顺利（信号二）。此次风后，海河即恢复常态，航运亦未因凌而遭延误。葛沽上游始终未结厚凌，故于早期即可通行无阻。

海凌较通常少有困难，虽时有滩凌浸及，然冰坝足以阻其拥塞。解凌期早，故于 1933 年 2 月 17 日发放送"停止撞凌工作"之信号。1933 年 12 月，气候异常温和，各撞凌船皆守候。

大沽浅滩航道

"快利"号挖泥船于本年 3 月 21 日开始疏浚大沽浅滩航道，4 月 24 日由天气而得之测量，察之，稍有进步。4 月中旬，天气始终猛烈，阻碍"快利"号船之前进。5 月 10 日及 6 月 8 日之测量显示进益，指示中线在大沽基准水位以下 9 呎，边线在大沽基准水位以下 8 呎 3 吋。是以可由原有深度大沽基准水位以下 7 呎 9 吋至 8 呎 3 吋之可能；唯以不知伏汛起后发生何项遭遇，故宜持重以待事变。6 月 11 日，航道深度足资航运需要乃决定停止挖浚。永定河伏汛首次贯注未予以放淤，致浅滩航道大受影响。7 月 10 日之测量显示约有 1 呎深度之损失。深度已达最低限度不可再减；浅滩挖泥船遂复行疏浚工作。淤泥浸入海河，大量坚实泥沙又复注浅滩，损仍继进。深度于 8 月 10 日由大沽基准水位以下 7 呎 9 吋减至 6 呎 6 吋，9 月 2 日又减至 6 呎。9 月中旬，海河之淤泥依然趋注大沽浅滩，浅滩挖泥船虽增加工作时间，但不能保持航道深度，因而深度于 9 月 20 日减至大沽基准水位以下 5 呎 6 吋。10 月之严重问题即如何在冬季前可以恢复浅滩航道深度。大沽基准水位以下 5 呎 6 吋之标记深度只可吃水 13 呎之轮船于大沽基准水位以上 8 呎之潮水通行，但因冬季潮水仅以大沽基准水位以上 7 呎计之，冬季数月之情形不仅浅滩航道航行限于吃水 12 呎 6 吋之航轮，较大撞凌船受吃水量影响亦须于潮水时每次工作三小时。在此种情形之下，倘遇严冬津港必难开放。"快利"号挖泥船挖除航道外端积淤，因其结实难挖鲜见效果。本局董事会决定以"新河"号挖泥船尽力挖除航道外端障碍，10 月 22 日因大风而撤退。浅滩航道全部宽度 1 600 呎已挖浚，航道外端结实泥丘已挖除，于是"快利"号之工作大为顺易。

11 月 15 日，标记深度增至大沽基准水位以下 6 呎 6 吋，12 月 15 日复增至 7 呎 3 吋。

浅滩航道自伏汛后虽有极端危逆之情形，然本局卒于年终前恢复航道之深度，较去年终之深度仅少 6 吋。

海河

海河在去年 11 月吃水深度为 13 呎，今春测量结果又见进步。所未能定者，乃永定河春汛放淤之问题。去年各放淤区域只许伏汛放淤，春汛放淤势需另行设法。2 月，海河工程局召开会议使该问题圆满解决，其议案如下：

（1）由省政府告知各放淤区域春汛放淤决议。

（2）所有禾苗损失给予赔偿。

（3）将来，春汛放淤区域将选择永定河之沿岸。

（4）受水区域之农民尽量雇用工作于放淤区域附近之各项工程。

春汛于 3 月 15 日开始，2 日后永定河与北运河即行放淤。该汛水于 4 月 11 日停息，并于是日将永定河与北运河合流引回海河。放淤期间，津港与海河仍改善，自挖浚淤浅之泥窝等段后更见进益。来津轮船之通行吃水量于 4 月 11 日增至 14 呎。

自水流引回后，下转头处因北河注淤稍见淤塞。挖浚工作助以猛烈潮水，即已恢复海河原有深度。海河自陈塘庄挖浚后，各种情形于伏汛前有增益吃水深度至 15 呎之可能，永定河与北运河之伏汛开始过早。

6 月 12 日，察知永定河与北运河有立即放淤之必要，不料放淤呼吁竟遭反对。嗣后发觉，春汛放淤条件中有在夏至（6 月 22 日）前不得再行放淤之规定。经数日之交涉，于 6 月 17 日得许放淤。此时，津港已失 4 呎之深度。海河上流各段亦受淤浅，6 月底崔家码头段淤塞 2 呎，第三裁弯淤塞 1.5 呎，第四裁弯淤塞 1 呎。6 月 13 日，通行吃水深度减为 10 呎，遂于次日禁止轮船驶津。

海河所受之祸劫并未息止，因只有一泄水河，放淤区域于 7 月 5 日几乎升至最高限量。此种事实加之永定河泥量骤降，乃决定暂时引回海河，以节省放淤区域之效率，而备下次泛水之需。此项救济仅属短期，7 月 8 日永定河果又需放淤。但永定河下游居民不之许，当趋赴节制闸且强夺摇把以开放水门而引浑水流入海河。居民阻止放淤区域下端受水之暴动行为实无理由，该处常年受水害，若欲减轻之，唯有允许该水流于放淤区域。7 月 12 日，地方官厅始压服暴动，此时海河重遭浩大之淤塞。7 月 9 日，泥量升至 3.1%，于是该月中旬天津深度之损失为 3~3.5 呎，第五裁弯损失 4 呎，第三裁弯损失 3.5 呎，第四裁弯损失 3 呎。

因放淤区域水量将达限度水平，故永定河放淤限于泥量超过 0.8% 时实行之。海河泥量在放淤期内降低，因西河清水稳定流注，上流各段于 8 月得以冲刷。9 月仍有冲刷，于月杪津港遂恢复 7 呎，陈塘庄段 4.5 呎，崔家码头段 3.5 呎。9 月 16 日津港复开放，吃水 10 呎之轮船可以驶入。

10 月，第三裁弯淤浅之处刷深 2 呎；第四裁弯改善 1.5 呎，海河最浅部分之陈塘庄与卧河各段复经挖深，于是海河航行深度于 15 日增为 11.5 呎，17 日增至 12 呎。

西河水流之冲刷维持至 12 月初，崔家码头段浅处与第四裁弯以及葛沽以上等处益复改善。11 月 6 日，轮船吃水量升至 13 呎，与去年岁暮时相同。11 月 27 日，有一事颇感欣慰，万国桥上游码头可予轮船泊用，实乃首创。

综上所述，本年春汛放淤如得圆满解决，对于海河与浅滩航道航行之稳渐进步则抱甚大希望。本年春汛放淤虽已实行有效，然两次意外祸劫连续降临，破坏当时伏汛照常放淤而实行之工作，并使海河一时不通轮船。11 月始，有恢复海河航行吃水深度 13 呎之可能，因西河上游各支流有长期稳定之猛水与加紧挖浚之工作。

北港冰坝

由冬航节可知，冰坝防止河口发生冰塞，颇具效果。该坝于本年初曾稍受剧烈东风之破坏，但已修复，其外端护坝之延长工作于 6 月开始，8 月已竣工。

护岸及海河修正工作

本年 5 月，在崔家码头开始筑设四列新迎水坝，共长 206 米（575 呎）；延长旧迎水坝 15 列，共长 167 米（548 呎），于次月竣工，所有迎水坝皆添置新柳木。卢家庄前各迎水坝所填筑之泥岸将用于填垫洼塘，以便处置附近所挖泥沙，此项填垫复可充实填筑地。

万国桥

本年 4 月，于桥上装设新电线，以连接桥上与新机房之副电动机。6 月 5 日，又设一组紧要水底电线七条，装以铁管，然后将其落于已挖深至大沽基准水位以下 22 呎之河底沟槽中。

电线之垂直铁管上端，为防冰凌与碰撞之损坏，装以铁筋洋灰箱，而后以铁筋洋灰椿与铁柱支持之，以贴附于桥脚。为节制电动机之速率，原有节制机已经拆卸，乃装设用油之新节制机，颇有效果。

海河测量

沿河从海边至南开建立九处三角测量标识，其基础由铁筋洋灰做成，护以白灰合土而成之台。

此等三角测量标识乃为海河新测量而设立。

挖除河内障碍

小梁庄开滦码头前所塌陷之洋灰椿与石块等已由铁抓式挖泥船挖除。

南开下游与崔家码头段下端之两旧水闸石块与洋灰等物陷入河底，均已挖清。

撞凌

1932 年至 1933 年冬季，气候甚为温和，大沽多雾，视线暗澹，致数艘轮船搁浅，凌势并未引起任何重大困难。

各撞凌船于 1932 年 12 月 14 日出动，1933 年 1 月 2 日始发放凌讯。除 1 月 12 日有一次潮水被西北大风吹去外，无以排泄凌块而放送"艰难"信号外，其他凌讯均为顺利（信号二）。经该次风吹后，海河即恢复常态，航运亦未因凌讯而遭延误。

海河上游各段未结厚凌，故于早期即可通行无阻。

海凌未若常时之棘手，虽渐有滩凌侵及，然冰坝足以阻其拥塞。

解凌期早，于 1933 年 2 月 17 日放送"停止撞凌工作"之信号。

各撞凌船与天津及航海轮船之无线通讯，行之数次颇见效益。1933 年 12 月中旬无撞凌之需要。

大沽浅滩疏浚

1933 年初，标记深度为 7 呎 9 吋。春季天气照常猛烈，致使未能有具效之疏浚工作。

"快利"号挖泥船于 3 月 21 日开始工作，4 月与 5 月两个月间未能疏浚多少。故在永定河春汛放淤之时，颇少淤泥夹带于大沽浅滩，而"快利"号维持大沽浅滩航道之工作亦以顺易。6 月 8 日，测量确见进步。该次测量证实有增加标记深度至 8 呎 3 吋之可能，伏汛于本年发动过早，故不宜推进。且当时深度足供航运需要，"快利"号乃暂时撤退。因发现浑水开始损坏大沽浅滩航道，该船复始工作，7 呎 9 吋之深度维持至 8 月 10 日。此后，有大量淤泥夹带于大沽浅滩航道，深度渐次降低，9 月 20 日仅为 5 呎 6 吋，是乃民国 10 年"快利"号工作以来大沽浅滩记录中最低之深度。"快利"号继续奋力抵制注入之淤泥，该船虽每遇充足水深即行工作（有时工作 18 小时），但终未有进步。最可忧虑者，如是淤浅之深度可以阻止冬季有效之撞凌工作，直至封港。

"快利"号挖泥船所经历之困难为在航道外端淤积一处结实泥丘。吸泥具不能切入淤泥以奏其功效，该淤积之铲除于全部航道之改善殊为重要。

故决计试用本局强有力之"新河"号挖泥船，因海道宽度不能容两船同时工作，"快利"号遂暂时撤退。

10 月 14 日至 22 日"新河"号挖除大部分挖泥船所不能切入之积泥，22 日发生西北烈风，该船不得不撤回。该船已完成许多有益工作，于是"快利"号复工作，该船若能切入所余积泥，得有持久之改善。11 月 17 日，深度增至 6 呎 6 吋，12 月 15 日又加 9 吋达到 7 呎 3 吋，中线有一呎多之深度。为确保冬季有撞凌工作之可能，"快利"号乃归船坞。航道及"快利"号工作情况如表 24.1、表 24.2 所示。

表 24.1　1933 年航道情况 单位：呎

变化情况		1 月	2 月	3 月	4 月	5 月	6 月	7 月	8 月	9 月	10 月	11 月	12 月
标记深度		7.9	7.9	7.9	7.9	7.9	7.9	7.9	6.6	6.0 5.6	5.6	5.6	7.3
变化日期									10 日	20 日 2 日		17 日	15 日
最浅深度	北线	7.8	7.8	7.8	7.8	8.6	8.6	7.6	5.10	5.11	5.9	7.0	7.6
	中线	8.3	8.3	8.3	8.10	9.6	9.0	7.10	6.2	6.3	7.2	7.9	8.2
	南线	7.4	7.4	7.4	7.4	8.0	8.2	7.3	5.7	5.3	5.8	6.3	7.4

变化情况		1 月	2 月	3 月	4 月	5 月	6 月	7 月	8 月	9 月	10 月	11 月	12 月
估计平均深度	北线	9.3	9.3	9.3	9.3	9.9	9.6	8.4	7.6	7.6	7.3	8.6	8.8
	中线	9.9	9.9	9.9	10.0	10.4	9.9	9.0	8.0	8.8	8.6	9.4	9.3
	南线	8.9	8.9	8.9	8.9	9.4	9.6	8.5	7.4	6.11	7.0	8.0	8.10

表 24.2 1933 年"快利"号挖泥船疏浚工作情况

月份	实际工作时间（时）	挖掘往返次数（次）			泥船出船次数（次）	泥沙排泄量（立方米）
		长距离	短距离	深穴		
3	55.25	70	4	19	22	3 597
4	111.20	139	9	50	43	7 978
5	115.55	114	48	37	41	8 238
6	67.10	69	30	20	26	4 610
7	127.50	146	10	36	33	5 793
8	237.40	291	10	59	70	11 238
9	306.40	317	94	74	93	13 543
10	176.05	198	34	41	55	8 432
11	238.15	264	50	66	78	13 983
12	94.00	89	47	29	33	6 212
总计	1 528.60	1 697	336	431	494	83 624

海河

1933 年初，驶津轮船航行吃水深度为 13 呎。永定河春汛放淤有效，自陈塘庄与卧河两段挖浚后，海河有普遍之改善，以致 4 月 11 日航行吃水深度增为 13 呎。4 月中旬春汛期过，北运河与永定河水流引回海河。于是，北运河下游照常发生冲刷，所冲刷之泥沙多积于津港与海河上游各段。航行深度仍可维持，且当时显示伏汛有望放淤，故本局出动全部挖泥船，意于 6 月中旬以前增加航行深度至 15 呎，以便轮船碇泊于津港。当此种工作实际完成之时，非常早之伏汛陡于 6 月 8 日发始。永定河并未立时放淤，其理由另详于他节，于是在一星期之内津港与海河上游各段已形淤塞，其情势之严重致理船厅于 6 月 14 日不得不宣布封港。当时之情形，进行挖浚工作实为无益。某日挖泥船开挖一条沟渠，于次早即被淤填，各挖泥船皆撤退。6 月 17 日，关系机关始于永定河之放淤。该次放淤只持续至 7 月 8 日，忽有附近农民将水门开放。经过数日封闭，海河又受重大之淤塞，影响所及海河全部之大半。自此以后，在清水之南方各支流予以海河之冲刷以前，航行不能以人工方法改善。关乎此需指明，海河所依之清水之南方各支流渐形受淤。该支流之三角淀亦渐向津埠倾注，此正为顺直水利委员会当年所提出之永定河南方放淤计划之一种理由。倘若该计划实现，可以免除南方支流淤注之胁迫，且使北运河为海河一条清水支流。

8月末与9月初，天然冲刷改善海河颇多，致吃水10呎之轮船于9月16日后驶抵津港。各挖泥船出动，以期于冬季之前获得13呎之吃水深度。清水冲刷继续供给至9月中旬，卒达目的。海河改进程序如下：10月5日吃水深度为1呎6吋，10月17日为12呎，11月6日为13呎，12月29日为13呎，终以获得复与年初相同之深度。各挖泥船继续工作至12月13日。

1933年11月27日，"清水丸"号与"八千代丸"号驶过万国桥并碇泊日租界，实属空前。所有是事之准备实于6月初即已完成，津港之早期淤塞而阻其实现。自1925年以来，各支流屡次流注淤泥，致使海河数段难以航行。淤积自然渐形，展及海河下游，1933年11月之测量显示海河下游各段逐年渐形淤浅而狭窄。十年来所主张之上游各支流之整理与改善计划有立即实现之必要，其为重要，实非过言。此项整理工程之完成甚属重要，且为海河唯一之救济办法。

水文情况及航道深度变化如表24.3至表24.6所示。

表24.3　13号所测地下游流量情况（约在特别一区码头之中）

月份	3	4	5	6	7	8	9	10	11	12
最大流量（立方呎/秒）	8 300	7 984	5 872	11 244	16 473	17 735	21 359	14 796	10 412	8 260
最小流量（立方呎/秒）	5 985	5 871	4 802	6 294	7 476	11 605	11 702	10 520	7 725	5 708
平均流量（立方呎/秒）	7 208	6 745	5 298	8 084	11 196	14 554	16 480	12 092	9 140	7 251
月份	3	4	5	6	7	8	9	10	11	12
最大流量（立方米/秒）	235	226	166	318	466	502	604	419	295	234
最小流量（立方米/秒）	169	166	136	178	201	328	331	298	219	162
平均流量（立方米/秒）	204	191	150	229	317	412	466	342	259	205

表24.4　1933年海河河口及海河工程局材料机器厂水位变化情况
（以大沽基准水位为标准）

单位：呎

变化情况			1月	2月	3月	4月	5月	6月	7月	8月	9月	10月	11月	12月	1934年
海河河口	潮水	最高	10.50	11.20	9.70	10.80	10.80	10.80	11.30	11.20	11.70	11.40	10.50	10.70	11.70
		平均	7.34	7.55	7.67	8.55	8.72	9.27	9.74	9.92	9.63	8.73	8.23	8.17	8.63
		最低	3.10	5.40	4.50	6.40	5.50	7.80	8.20	8.20	6.70	4.30	5.30	5.70	3.10
	落水	最高	4.80	5.20	5.20	5.20	4.40	4.70	5.50	6.30	5.50	5.40	6.10	4.20	6.30
		平均	0.68	0.93	0.94	1.63	1.73	2.13	2.37	2.44	2.41	1.80	1.57	1.46	1.67
		最低	-1.50	-0.80	-1.10	-0.50	-1.00	-0.30	0.40	0.30	0.90	-0.50	-0.20	-1.00	-1.50
	潮差	最高	9.40	10.20	9.30	9.50	10.40	10.40	10.30	10.10	10.30	9.70	10.00	9.90	10.40
		平均	6.66	6.62	6.73	6.92	6.99	7.14	7.37	7.48	7.22	6.93	6.66	6.71	6.95
		最低	1.80	1.90	1.60	2.10	3.40	4.10	2.70	1.90	1.30	2.10	2.50	3.50	1.30

变化情况			1 月	2 月	3 月	4 月	5 月	6 月	7 月	8 月	9 月	10 月	11 月	12 月	1934 年
海河工程局材料机器厂	潮水	最高	11.30	11.60	10.90	10.90	10.20	11.90	13.00	13.00	13.10	13.00	11.50	11.30	13.10
		平均	8.35	8.95	9.14	9.43	9.08	10.49	11.73	12.19	12.22	11.19	10.03	9.64	10.20
		最低	6.30	7.00	6.40	7.60	6.40	8.70	10.20	11.20	11.00	8.70	8.50	7.40	6.30
	落水	最高	7.30	7.00	7.10	7.60	6.10	7.30	10.20	11.00	11.20	10.90	9.20	8.30	11.20
		平均	5.04	4.93	5.20	5.04	4.01	5.60	8.22	9.67	10.25	9.47	7.84	7.05	6.86
		最低	3.30	3.30	3.60	3.30	2.00	3.40	5.90	8.30	9.30	8.20	7.00	5.50	2.00
	潮差	最高	5.70	5.70	5.90	6.20	6.80	6.60	5.30	4.10	3.50	2.70	4.00	4.00	6.80
		平均	3.31	4.02	3.94	4.39	5.07	4.89	3.51	2.52	1.97	1.72	2.19	2.59	3.34
		最低	0.50	1.80	1.40	1.90	2.40	3.40	1.40	0.60	0.20	0.20	0.60	1.20	0.20

表 24.5　1932 年 11 月、1933 年 11 月各段航路最浅深度（以大沽基准水位以上 8 呎为标准）

单位：呎

河段	1932 年 11 月	1933 年 11 月
自金汤桥至津港下游	13.6	14.3
自津港下游至第五裁弯上河口	13.5	14.4
自第五裁弯上河口至第三裁弯上河口	13.0	13.6
自第三裁弯上河口至第四裁弯上河口	12.7	14.0
自第四裁弯上河口至严庄	13.5	14.3
自严庄至葛沽	15.0	15.3
自葛沽至南开	16.3	16.9
自南开至新河	19.7	18.7
自新河至大梁庄	19.9	24.3
自大梁庄至塘沽	22.8	24.2
自塘沽至大沽	22.7	25.0
自大沽至深穴	19.1	19.8
经浅滩航道之中线	15.3	15.7

表 24.6　1914 年、1920 年及 1934 年潮落水高低情况（以大沽基准水位为标准）　　单位：呎

变化情况		1 月	2 月	3 月	4 月	5 月	6 月	7 月	8 月	9 月	10 月	11 月	12 月	年均
1914 年红桥														
潮水	最高			12.49	11.70	9.70	10.70	14.90	16.00	14.60	12.80			16.00
	平均			11.29	9.73	8.63	9.56	11.46	14.87	13.47	11.71			11.34
	最低			10.60	8.90	7.30	8.90	9.10	13.00	12.05	10.50			7.30
落水	最高			11.70	9.80	6.20	6.60	14.60	15.90	14.20	11.80			15.90
	平均			10.32	7.69	4.97	5.52	8.95	14.53	13.06	10.73			9.47
	最低			8.70	5.10	3.20	4.40	5.40	13.40	11.45	9.50			3.20

续表

变化情况		1月	2月	3月	4月	5月	6月	7月	8月	9月	10月	11月	12月	年均
潮差	最高			1.90	4.00	4.90	5.00	4.30	1.00	0.70	1.90			5.00
	平均			0.96	2.03	3.66	4.03	2.50	0.36	0.39	0.97			1.86
	最低			0.20	0.40	2.10	3.10	0.20	0.10	0.10	0.20			0.10
1920 年红桥														
潮水	最高	11.30	10.60	11.70	11.30	10.20	10.60	11.10	10.90	11.80	10.70	10.90	9.90	11.80
	平均	8.35	8.61	10.10	9.54	9.36	9.71	10.11	9.98	9.81	9.78	9.10	8.02	9.37
	最低	3.30	4.60	7.20	7.80	7.80	8.80	8.80	8.70	8.80	8.60	7.40	4.40	3.30
落水	最高	7.00	6.00	8.90	8.00	4.50	5.20	6.00	4.90	6.10	6.00	5.30	6.40	8.90
	平均	4.50	4.44	6.49	4.65	3.01	3.49	3.99	3.45	3.76	3.98	3.47	3.20	4.04
	最低	2.50	2.10	3.60	2.20	1.40	1.80	2.20	2.00	2.10	2.50	1.30	0.90	0.90
潮差	最高	6.40	6.30	6.20	7.00	7.80	8.00	7.50	7.90	8.60	7.50	7.30	7.00	8.60
	平均	3.78	4.18	3.60	4.86	6.84	6.23	6.13	6.52	6.06	5.81	5.65	4.81	5.33
	最低	0.70	0.30	2.20	2.90	4.30	3.80	4.40	4.90	4.10	3.90	3.90	1.50	0.30
1933 年新开河														
潮水	最高	11.60	11.70	10.80	11.10	10.30	12.00	14.20	14.60	14.60	13.70	12.00	11.00	14.60
	平均	8.74	9.20	9.24	9.23	9.11	10.55	12.98	13.61	13.61	12.39	10.94	10.21	10.82
	最低	6.80	8.00	7.00	8.10	6.80	8.30	10.80	13.00	12.70	11.10	10.10	8.30	6.80
落水	最高	8.20	7.80	8.20	7.00	5.80	10.20	12.80	13.10	13.50	12.80	10.40	9.80	13.50
	平均	7.16	7.02	6.55	5.27	4.83	7.72	11.13	11.93	12.39	11.30	9.58	8.48	8.61
	最低	5.10	5.70	4.10	4.10	4.00	4.70	8.60	10.90	11.60	10.30	8.80	6.80	4.00
潮差	最高	4.20	4.00	4.50	5.00	5.70	4.20	3.70	2.40	1.90	1.70	2.80	3.80	5.70
	平均	1.58	2.18	2.69	3.96	4.28	2.83	1.85	1.68	1.22	1.09	1.36	1.78	2.21
	最低	0.00	0.90	1.20	2.50	2.30	0.80	0.80	0.50	0.80	0.70	0.40	0.80	0.00

注：5月、6月所记录之数目表示潮流之传播较其他各月稍真切，5月、6月时河流甚微，所有潮落水之差皆由潮力的原因。

海河与津港之挖浚

在冬季存坞之新河挖泥船于2月21日开始挖浚卧河段，于4月10日完成该段之改善，自此该船开至陈塘庄段。该段之挖浚持续至5月7日。卧河段挖出之淤泥处之以倾泻，而陈塘庄段之挖泥则以吹泥机吹送至附近河滩。3月初开放船坞，4月9日开始挖浚津港。春季津港挖出之淤泥多系硬沙导致吹泥机于春季末挖出之淤泥难以吹送。

因有大量淤泥之流注，挖泥工作始于6月中旬，止于10月初。

经过疏浚至12月13日吃水深度在大沽基准水位以上8呎，各项挖掘需要皆已完成，各挖泥船乃入船坞。

海河发现的三处塌陷之旧堤岸与水闸当以铁抓挖泥船掘除之。

料厂与机船

第六号与第七号拖泥船及大沽浅滩拖泥船予以彻底之修理。"中华"号吹泥机,"没凌"号与"开凌"号等撞凌船均装设新锅炉水管,其他未有大规模之修理。

护岸

在本年 5 月与 6 月,所有迎水坝皆置新柳木。在津浦铁路码头与第三段裁弯上端之间有 15 列迎水坝皆经修补,且延长 167 米。为用于该项建筑,所撤出已尽淤滩功效之旧迎水坝有 1 252 枝柳木。

崔家码头段之柳树栽植未有增加。今年护岸仅需 11 700 捆柳枝。倘有需要,则所栽植柳树足以供给来年以大数柳木。

大沽北港冰坝

本年冰坝未有延长,该坝外端建筑 300 呎长护坝,以防止潮水冲刷坝端。为用于此项建筑,新航道堤坝撤出 700 捆木桩,并起出石块约 500 块立方米。

万国桥

本年 6 月初又设一组水底电线,装以铁管并置于大沽海平线下 22 呎之沟槽中。其装设方法与 1933 年报告所记述的相同。

关于其他改良与修理也有数项实行,该桥本年开放共 203 次。

伏汛

本年(1933 年)伏汛情势可谓历年未有。汛水发动约在 6 月 8 日,非常之早,永定河夹带多泥之浑水直至 9 月中旬。在四个月之长期中,汛水未有极大水势,所有淤泥尽积于津港与海河。

治标工程计划尚未形成。放淤区域亦未备有现状所需要之第二泄水河,或其他具有冲刷效果使返回清水流入海河之办法。村民行动所引起之祸难足以阻碍海河工程局放淤委员会实行所需要之放淤工作。

6 月初天津即降雨水。事事并非异常,且早雨有限,且常为局部。但是否内地亦有雨水,或其与泛水有何影响,当时无从得知。然永定河之流量自 6 月 8—12 日已渐增高,并于 12 日即见,有放淤之必要,但因意外困难放淤受阻。当春汛放淤之时放淤区域农民被许以无论在任何情形之下,伏汛不得在夏至(6 月 22 日)前放淤。本局总工程师事前未得以闻也。

疏浚、吹填工作如表 24.7、表 24.8 所示。

表 24.7　1933 年疏浚工作情况

月份	"新河"号 天津 工作时间（时）	"新河"号 天津 土方量（立方米）	"新河"号 泥窝 工作时间（时）	"新河"号 泥窝 土方量（立方米）	"新河"号 陈塘庄 工作时间（时）	"新河"号 陈塘庄 土方量（立方米）	"新河"号 大沽航道 工作时间（时）	"新河"号 大沽航道 土方量（立方米）	"高林"号 天津 工作时间（时）	"高林"号 天津 土方量（立方米）	"高林"号 陈塘庄 工作时间（时）	"高林"号 陈塘庄 土方量（立方米）	"西河"号 工作时间（时）	"西河"号 土方量（立方米）	"北河"号 工作时间（时）	"北河"号 土方量（立方米）	铁抓式挖泥船 工作时间（时）	铁抓式挖泥船 土方量（立方米）	总土方量（立方米）
2	—	—	55.30	2 730	—	—	—	—	—	—	—	—	—	—	—	—	—	—	2 730
3	—	—	198.55	11 865	—	—	—	—	144.42	5 440	—	—	74.05	3 280	21.10	280	110.00	245	21 110
4	—	—	111.30	6 650	114.05	6 125	—	—	194.23	15 000	—	—	—	—	237.45	600	300.00	675	29 050
5	51.30	4 445	—	—	47.55	2 555	—	—	193.45	12 590	—	—	139.50	6 705	114.15	3 420	281.30	630	30 345
6	—	—	—	—	—	—	—	—	91.45	7 100	—	—	76.45	3 340	51.50	2 070	117.00	585	13 095
7	—	—	—	—	—	—	—	—	—	—	—	—	—	—	—	—	—	—	—
8	—	—	—	—	—	—	—	—	—	—	—	—	—	—	—	—	82.00	—	—
9	—	—	92.46	3 395	—	—	—	—	—	—	—	—	—	—	—	—	108.00	525	3 920
10	56.10	1 830	73.05	2 870	—	—	102.20	7 040	—	—	188.57	9 396	160.55	7 385	—	—	183.00	570	29 091
11	243.30	5 345	—	—	—	—	—	—	194.35	6 570	70.40	4 645	177.25	7 550	—	—	224.00	930	27 805
12	93.55	1 625	—	—	—	—	—	—	44.35	1 580	—	—	96.15	2 870	—	—	113.00	245	6 320
总计	444.25	13 245	530.66	27 510	161.60	8 680	102.20	7 040	862.25	48 280	258.97	14 041	563.40	23 745	424.20	6 370	1 518.30	4 405	163 466

表 24.8　1933 年吹填工作情况

月份	"中华"号		"燕云"号		填在各坑内之泥量（立方米）	倾倒河内之泥量（立方米）
	天津英租界坑		陈塘庄			
	工作时间（时）	土方量（立方米）	工作时间（时）	土方量（立方米）		
2 月	—	—	—	—	—	2 730
3 月	166.13	9 000	—	—	9 000	12 100
4 月	217.03	21 000	35.03	—	24 570	9 880
5 月	256.33	21 000	23.07	—	23 555	6 790
6 月	119.30	12 500	—	—	12 500	595
7 月	—	—	—	—	—	—
8 月	—	—	—	—	—	—
9 月	—	—	—	—	—	3920.00
10 月	33.45	2 055	133.02	9 741	11 796	17 295
11 月	264.36	16 370	43.13	4 645	21 015	6 790
12 月	130.57	6 075	—	—	6 075	245
总计	1 187.17	88 000	234.25	14 386	108 511	60 345

经长时之交涉，始于 6 月 17 日放淤。

斯时，津港尤其上部及转头处已经淤塞，其深度减少 5 呎，于是津港航海轮船之行驶势必封闭。

继续放淤直至 7 月 5 日，放淤之水平因泄水河不足用已达最高限度。因得益于永定河泥量之忽减，放淤委员会决定中止放淤，并开放节制闸。

当 7 月 8 日复见有放淤需要之际，竟有一群村民强迫反对其实行。该村民居住于三角淀下部，其理由为关闭节制闸会加重其各村庄之泛滥。其理由有两点错误：

（1）依照现时仍有效之清季法令，居于三角淀之人民不得反对该区域之受水。

（2）家店地方如有假设，以水平衡之，由进水闸经过之流量大于由节制闸经过之流量，则汛水由进水闸放淤不但不能加剧，而且可减轻三角淀下部之泛滥。

地方机关于 12 日关闭节制闸以前，未能制服村民之反动。

反动之结果使津港受严重淤塞，有 3 呎深度之损失。此次，淤塞延长至第三段裁弯。自进水闸 6 月 8—12 日减轻津港损失以来，连接该水闸与放淤区域之新引河因水流迟缓发生重大淤塞。

此后，放淤因泄水河之不足用不得不随时中止，放淤委员会规定，凡遇北运河与永定河合流之泥量在 0.8% 以下，则开放节制闸而关闭进水闸。该比例固大于所欲求者，但情形所限，该委员会别无他法。

在伏汛期间有极显著之流量由苏庄节制闸引入北运河，虽然本年有一部分流量偏入箭杆河。但因箭杆河下游堤坝破坏，河水在决口处漫流于附近旷野，此偏向水流量甚微。地方机关不许流入箭杆河之水大于由有限区域溢出之水。

1932年汛水期间，南运河有极不当之大量水流经过捷地河与马厂河而流溢。其结果使水流迁迟，南运河下游发生显著淤塞。1933年南运河河务局以该河淤塞为开放马厂河与捷地河各水闸之理由，因此减少南运河流量约有每秒20立方米，并使捷地河水平较其应有水平低。所有整理海河工程局改善现状之努力未见功效，于是海河本年又被剥夺一部分清水之供给。

唯一有益之水则为西河清水之稳定流注。在汛水始发时，大清河有淤泥。但该河不久变清，西河所予之清水其总量每秒不小于250立方米。海河于8—9月深度增加。其后，不幸有大量淤泥被冲，经过海河而多积于大沽浅滩，9月20日深度，减为大沽基准水位以下5呎6吋。在各次放淤期中，放淤区内淤泥总量为2 600万吨，至于永定河与北运河，全季所夹带之淤泥则为3 300百万吨。

未予放淤且流入海河与大沽浅滩之水流所带之泥量当有7万吨。

设无放淤工作，海河与大沽浅滩之淤塞必加重，1933年汛水必祸于天津。

反之，在汛水时期，所得之各项观察表示，如果治标计划全部完成，并有适当之实用，则津港与海河不受任何之损坏。

第二十五篇　海河工程局 1934 年报告摘编

冬航

本局撞凌船于 1923 年 12 月 19 日全部派出，因气候温和只需有轻微工作，至 1934 年 2 月 2 日始见厚凌阻碍航行。迄今无困难发生，至 1 月 16 日北滩凌块冲下，一轮船至南港停留一个月之久，此为该季唯一因凌而发生之不幸遭遇。2 月 19 日及之后数日，海河与深穴因西北寒风而结厚凌，由撞凌船开通之。2 月 1 日以后，气候转趋温和，故能于 2 月 12 日停止海河上游各段之撞凌工作，即大沽浅滩只需有轻微之撞凌工作，2 月 17 日无线电报告停止。

海河工程总局与各撞凌船及各撞凌船与轮船间之无线电通报管理甚为得当。

1934 年 12 月，气候温和，无须撞凌，各撞凌船皆在守候情形之发展。

大沽浅滩航道

以下概述展示本年大沽浅滩航道深度之变迁：去年大沽基准水位以下 7 呎 3 吋标记深度在本年冬季仍然维持，在气候情形所能实行之测量为证实，即 1934 年 4 月 1 日所行之测量。

因春季暴烈气候息止，疏浚效力增进，标记深度于 5 月 31 日增至大沽基准水位以下 7 呎 9 吋。伏汛期间海河屡遭祸难，致大沽浅滩航道大受影响。7 月 2 日与 9 日测得指示中线深度损失 1 呎，边线损失 6 吋。标记深度于 7 月 23 日减为大沽基准水位以下 7 呎 3 吋，8 月 21 日又减为 6 呎 6 吋。9 月海河仍有大量淤泥于大沽浅滩航道，因此航道尤为淤塞，而标记深度于 9 月 13 日复减至大沽基准水位以下 6 呎。"快利"号挖泥船抵制此种难克之情势屡遭失败，标记深度于 10 月 4 日减为大沽基准水位以下 5 呎 6 吋。数日之后，淤泥降落，挖泥船又加紧工作，始见效益。10 月恢复 6 吋之损失深度，标记深度于 10 月 30 日达到大沽基准水位以下 6 呎，11 月 14 日为 6 呎 6 吋，11 月 27 日为 7 呎。欲求疏浚顺利而获益，挖泥工作于 12 月依然进行，以期增加深度，便利冬季数月间之航行。挖泥工作因冬季撤退灯船与浮标所发生之困难，因"通凌"号撞凌船用为标志得以免脱。通行吃水量于 12 月 22 日增为大沽基准水位以下 7 呎 6 吋，遂撤退浅滩挖泥船。

虽永定河放淤计划失误，永定河夹带大量淤泥为期甚久而发生危逆情况，然在岁暮浅滩海道标记深度较过去数年有进步。

海河

永定河春汛放淤问题因有人反对春夏两季放淤引起忧虑。顾此事经有关机关按照赔偿办法得以圆满解决，实行放淤。北运河屈家店水闸于 2 月 25 日春汛开始封闭，至 4 月 21 日永定河泥量减少，但不致危及海河。根据此次放淤之结果，海河深度未遭损失，且保持 13 呎通行吃水量。6 月初，永定河发生短期小量汛水，通行吃水量不得不临时减为 11 呎，同时需挖浚两转头处。此次挖浚于 6 月 15 日完成，以恢复 13 呎通行吃水量。6 月 25 日，永定河水复涨，次日伏汛正式开始，6 月 26 日永定河与北运河放淤，7 月 13 日早永定河陡见汹涌，该河仍照常例在渔坝口附近区域泛滥两岸。河水漫延所及区域甚广，河水漫延区域居民于是群赴屈家店节制闸要求开放进水闸。因其既已开放，居民遂满意而去。该日午后居民复返，要求开放引入北河之节制闸，以减轻受淹区域水势。此项要求因不合节制闸之目的未予允许，但许开放北河船闸数小时，居民遂渐渐离去。因永定河水漫延甚广，王秦庄居民于 7 月 13 日在节制闸下流决毁河堤，此举动完全毁坏治标计划之功产。3 日后（7 月 16 日），永定河南堤在 22 号的房子亦被毁决。

永定河流遂趋于引向决口之故道，再向南流经三角淀，距离西河间有 5 公里，最后在天津迤北流入西河。通行吃水量于 7 月 16 日由 13 呎减为 10 呎，后又减为 9 呎。

7 月大半航路遭受损坏，天津至陈塘庄深度损失 2.5 呎，崔家码头段损失 1.5~2 呎，第三段裁弯损失 1~1.5 呎。8 月，子牙河与大清河之清水虽有增大，但仍难以抵制天津段之大量淤泥以现冲刷之效。9 月，永定河水势渐衰，各清水河有稳定流注，虽陈塘庄与崔家码头两段之航路深度仅在大沽海平线以下 1.5 呎，然津港殊见冲刷。10 月，淤泥大降，致挖浚见效果。陈塘庄之挖浚及上游各段之冲刷致使航路深度降为大沽基准水位以下 4 呎 6 吋。挖泥船全部力量用于改善津港及海河上游各段，以期使沿海岸航轮于冬季驶入天津。11 月 14 日轮船出入天津，通行吃水量增至 12 呎（在平常潮水时大沽基准水位以上 8 呎）。于是挖泥船与严冬相抗持，奋力工作以期再获 1 呎深度而使较大轮船可驶入天津，其结果属实严冬，挖浚未见效益。此时海河仍异常淤塞，且时有同段需屡次挖浚，如陈塘庄与转头处。此种情形系因永定河改路缩短河道，故而易于破坏海河。12 月下旬，气候异常温和，促使海河工程局实现最高之期望，不但完成挖浚计划，而且将强有力之"快利"号挖泥船由大沽移至海河上游最坏之河段（崔家码头），以展河宽。"快利"号挖泥船需在退潮时工作，以便将淤泥由潮水带入较深之河段。该挖泥船船身过长，不易转头，故每次挖浚后需开海河下游，所获之进步甚为显著。在挖浚计划完成以后，全河航路深度获复 13 呎。为预防起见，尤因 13 呎深航路有数处狭窄，理船厅于 12 月 22 日宣布仅增加通行吃水量至 12.5 呎。"快利"号挖泥船所予之改善颇有助于 13 呎航路之最不便利处之安全，故 12 月 29 日理船厅宣布增加海河通行吃水量至 13 呎。

护岸及海河修正工作

本年 6 月与 7 月，在卢家庄以下海河南岸延长迎水坝 11 列，共计 863 呎。所有迎水坝皆添设新柳木。

大沽浅滩海坝

为保护南港北坝与横坝坝角，在大沽基准水位以下 7 呎设置 95 个铁筋洋灰板桩。在大沽基准水位，每 2 呎距离装设 30 呎长之铁锚，板桩上部与泥面斜坡之空隙填以旧坝撤下之石块。

万国桥

在四个垂直电线铁管端际之周围装设洋灰箱，以资保护。

南桥翼之铁架皆经油新。

9 月共开桥 75 次。

装设新水底电线，以代旧线，此次装换现已完成，桥上各电线已更新。

海河测量

本年初数月，实行海河与北宁铁路线间区域之测量，测量目的为确定地点以设三角台。但设立三角台于适宜地点需颇多花费，故决定改设活动铁塔 7 座。此种铁塔经试用甚为合宜，测量时亦无活动之弊。此项建设于 10 月内完成，但因总工程师故去，职员缺少，其竣工须至来年。

垫土

英租界推广区域垫土，从 8 月开始至本年 12 月完成，英租界推广区域垫土总计超过 200 万立方米。

撞凌

1933—1934 年冬为连续之第三年气候甚为温和之冬。各撞凌船于 12 月 19 日均为工作之准备，1 月 2 日之前并无通常之撞凌工作。1 月 2 日，海河多冰，需撞凌船全力工作以保持海河开通而便于航行，凌汛亦于是日开始放送。1 月 16 日，有一轮船被冰块驱于浅滩航路之外而搁浅于南港有 1 月之久。1 月 19 日至 21 日，深穴与海河俱因西北烈风结凌，由撞凌船开通。2 月 1 日后，因气候温和致海河上游各段无撞凌之需要，只在大沽浅滩与海河下游各段有少许撞凌工作，撞凌工作与放送凌汛于 2 月 17 日停止。

虽然冬季非常温和，几乎无撞凌工作，但撞凌船有数次曾需迅速开移在西北寒风时聚积于海河河湾处之冰块，以免航行为冰块淤塞而遭延误。

1934 年 12 月，因海河并未结冻故无撞凌工作。

大沽浅滩疏浚

3 月 17 日开始，疏浚大沽浅滩航路，4 月 11 日测量指示航路深度在冬季未有变迁。3 月与 4 月挖浚工作频受风吹之阻碍，但在 5 月始获较为良好之结果。5 月 23 日，标记深度为 7 呎 9 吋。航路深度于 6 月维持原状，但在 7 月初早期伏汛所予海河之首次淤泥到达大沽浅滩，于是航路开始淤浅，深度于 7 月 23 日由 7 呎 9 吋减为 7 呎 3 吋。在 8 月与 9 月期间，海河带下淤泥量之大，经连续挖浚，大沽航路河底终于垫升，标记深度变化如下：8月21日由7呎3吋减为6呎6吋，9月13日为6呎，10月4日为5呎6吋。10月内有较少淤泥带下，挖泥船得逐渐挖深航路。深度之挖取甚为迟慢，"快利"号挖泥船之吃水量为10呎，水深只能在普通潮水前后数小时内方可进行挖泥之工作。每当水深充足时，挖泥工作时间即可额外延长，由晨4：00至晚10：00。标记深度于10月30日增至6呎。11月大沽航路挖深1呎有余。挖泥工作之时间因深度渐进与海河注下淤泥及流量之减少而增加，种种情形得以增加。12月气候甚为温和，挖泥工作仍继续，至22日又获增1呎2吋之深度，标记深度之增进如下：11月14日由6呎增为6呎6吋，11月27日为7呎，12月22日为7呎6吋。

"快利"号挖泥船并未入坞，至天津予以查验及锅炉之修理。

海河

本年初驶津轮船之吃水量为13呎，因春汛放淤有效通行13呎吃水量得以维持至伏汛时期。春汛开始甚早。海河泥量于2月20日后增大，下列数字系指示天津泥量，以百万分率计之：

2月19日泥量为13/1000000。

2月23日泥量为104/1000000。

2月24日泥量为205/1000000。

2月25日泥量为460/1000000。

2月26日泥量为556/1000000。

556/1000000实为天津春季最高之泥量。北运河水闸于2月25日封闭，并实行永定河与北运河放淤经引水河入淀北区域。引水河之泥量在3月26日为16600/1000000，最高泥量在4月，21日降为550/1000000，于是重新开放该水闸。放淤时期，经过引水河之淤泥总量约为220万吨。

航道状况如表25.1所示，"快利"号工作情况如表25.2所示。

表 25.1　1934 年航道情况

单位：呎

变化情况		1月	2月	3月	4月	5月	6月	7月	8月	9月	10月	11月	12月
标记深度		7.3	7.3	7.3	7.3	7.9	7.9	7.3	6.6	6.0	5.6 6.0	6.6 7.0	7.6
变化日期						31日		23日	21日	13日	4日 30日	14日 27日	22日
最浅深度	北线	7.6	7.6	7.6	7.3	7.10	7.10	7.3	6.2	6.0	6.2	6.10	7.2
	中线	8.2	8.2	8.2	8.3	8.10	8.10	7.9	7.4	7.0	6.10	7.3	7.9
	南线	7.4	7.4	7.4	7.4	7.11	7.11	7.2	6.7	6.0	6.1	6.8	7.4
估计平均深度	北线	8.8	8.8	8.8	8.4	8.9	8.9	8.4	7.9	7.6	7.0	8.4	8.6
	中线	9.3	9.3	9.3	9.6	9.10	9.10	8.10	8.6	8.3	7.6	8.9	8.9
	南线	8.10	8.10	8.10	8.9	8.8	8.8	8.6	8.2	7.9	7.0	7.10	8.4

表 25.2　1934 年"快利"号挖泥船疏浚工作情况

月份	实际工作时间（时）	挖泥船往返次数（次）			挖泥船出泥次数（次）	泥沙排泄量（立方米）
		长距离	短距离	深穴		
3	51.00	55	2	19	17	2 539
4	145.35	162	3	47	53	10 052
5	155.10	154	36	44	54	10 644
6	174.50	182	27	47	54	10 912
7	182.50	173	22	44	50	10 058
8	157.35	149	25	35	40	7 536
9	202.05	137	72	55	44	8 088
10	232.20	163	74	52	53	9 022
11	205.00	205	65	46	64	9 874
12	135.05	127	36	35	40	7 658
总计	1 640.10	1 507	362	424	469	86 383

在 6 月初落雨后数日，永定河流量大涨，且有大量淤泥注入海河。津港于 6 月 6 日增至最大泥量，此后，泥量逐渐减少。因两转头处淤塞，通行吃水深度于 6 月 8 日临时减为 11 呎。在转头处挖浚后，通行吃水深度于 6 月 15 日恢复至 13 呎。

6 月末，永定河水又见涨，并增加海河泥量。因永定河自 25 日实行放淤，海河泥量遂降而未发生淤塞。

永定河之流量尚小，但在 7 月 9 日骤涨，由 8 日之 72 立方米/秒，于 9 日升为 198 立方米/秒，且北运河水同时增长，其水闸上游水平遂升为大沽基准水位以上 6.85 米。这时永定河汜滥两岸，淹没三角淀东部之低洼区域。因只有北运河水夹带少量淤泥流入水闸，放淤于 7 月 14 日停止。三角淀之中部与西部高亢区域在永定河水骤涨期间亦被淹没，农民约于 7 月 16 日在 22 号房子毁决三角淀南堤。于是永定河改向南流而取 1917 年之故道，弃离三角淀经由 22 号房子。表 25.3 至表 25.6 显示了水文情况。

表 25.3　13 号测量地下游流量情况（约在特别一区码头中间）

月份	2	3	4	5	6	7	8	9	10	11	12
最大流量（立方呎/秒）	7 702	6 925	6 579	6 195	6 227	15 026	14 252	14 860	14 826	13 547	7 356
最小流量（立方呎/秒）	6 426	5 876	5 051	4 548	4 280	4 722	10 303	11 951	11 523	7 144	6 039
平均流量（立方呎/秒）	7 098	6 370	5 655	5 265	5 558	10 038	12 000	13 438	13 615	10 618	6 533
月份	2	3	4	5	6	7	8	9	10	11	12
最大流量（立方米/秒）	218	196	186	175	176	425	403	421	420	383	208
最小流量（立方米/秒）	182	166	143	129	121	134	292	338	326	202	171
平均流量（立方米/秒）	201	180	160	149	157	284	340	380	385	300	185

表 25.4　1934 年海河河口及海河工程局材料机器厂水位变化情况

（以大沽基准水位为标准）　　　　　　　　　　　　　　　　单位：呎

变化情况			1月	2月	3月	4月	5月	6月	7月	8月	9月	10月	11月	12月	年均
海河河口	潮水	最高	9.00	9.80	10.80	9.70	10.60	11.20	11.20	11.40	11.00	10.30	10.60	11.20	11.40
		平均	7.18	7.63	7.88	8.32	8.90	9.07	9.85	9.89	9.58	8.58	7.70	8.20	8.57
		最低	4.60	5.30	1.90	6.00	7.10	6.80	8.30	8.20	6.30	6.00	3.50	4.70	1.90
	落水	最高	5.20	4.30	6.20	4.40	4.10	4.60	5.40	7.00	7.50	5.70	4.70	4.30	7.50
		平均	0.90	0.98	1.09	1.29	1.71	1.94	2.48	2.27	2.31	2.01	1.32	1.45	1.65
		最低	-1.00	-0.70	-1.40	-0.70	-0.30	-0.60	0.40	0.60	0.30	0.00	-0.60	-0.40	-1.40
	潮差	最高	8.80	9.40	10.00	9.20	10.30	10.40	10.40	9.80	9.50	9.20	9.10	10.10	10.40
		平均	6.23	6.65	6.79	7.03	7.19	7.13	7.37	7.62	7.27	6.57	6.38	6.75	6.92
		最低	2.40	1.80	1.50	3.40	4.40	3.70	3.80	2.90	1.90	1.70	2.20	4.10	1.50
海河工程局材料机器厂	潮水	最高	10.10	10.90	11.30	10.20	10.30	11.10	12.40	12.60	12.30	12.00	11.40	11.60	12.60
		平均	8.20	8.87	8.94	9.02	9.29	9.78	10.98	11.61	11.39	10.91	9.70	9.48	9.85
		最低	6.00	6.80	4.10	7.10	8.20	8.10	9.10	10.50	9.90	9.00	7.70	6.90	4.10
	落水	最高	7.80	7.60	7.80	6.30	6.20	6.80	9.20	9.80	10.50	10.20	8.80	8.60	10.50
		平均	5.57	5.69	5.38	4.78	4.69	4.98	6.74	8.34	8.50	8.79	7.56	6.92	6.50
		最低	4.20	4.10	3.60	3.50	3.20	3.00	3.10	7.20	7.50	7.90	6.10	4.90	3.00
	潮差	最高	4.60	4.90	5.30	5.60	6.20	7.20	6.70	4.30	4.30	3.20	3.50	4.20	7.20
		平均	2.63	3.18	3.56	4.24	4.60	4.80	4.24	8.27	2.89	2.12	2.14	2.56	3.77
		最低	0.10	0.90	0.40	2.60	3.10	1.90	1.70	1.70	1.00	0.60	0.20	1.20	0.10

表 25.5　1933 年 11 月、1934 年 11 月各段航路最浅深度

（以大沽基准水位以上 8 呎为标准）　　　　　　　　　　　　单位：呎

河段	1934 年 11 月	1933 年 11 月
自金汤桥至津港下游	13.3	13.6
自津港下游至第五裁弯上河口	13.3	13.5
自第五裁弯上河口至第三裁弯上河口	13.4	13.0
自第三裁弯上河口至第四裁弯上河口	13.4	12.7
自第四裁弯上河口至严庄	14.7	13.5
自严庄至葛沽	15.0	15.0
自葛沽至南开	16.9	16.3
自南开至新河	17.8	19.7
自新河至大梁庄	18.9	19.9
自大梁庄至塘沽	21.5	22.8
自塘沽至大沽	22.3	22.7
自大沽至深穴	23.3	19.1
经浅滩航道之中线	15.5	15.3

表 25.6 1914 年、1929 年、1934 年水位变化情况

（以大沽基准水位为标准）   单位：呎

变化情况		1月	2月	3月	4月	5月	6月	7月	8月	9月	10月	11月	12月	年均
1914 年红桥														
潮水	最高			12.49	11.70	9.70	10.70	14.90	16.00	14.60	12.80			16.00
	平均			11.29	9.73	8.63	9.56	11.46	14.87	13.47	11.71			11.34
	最低			10.60	8.90	7.30	8.90	9.10	13.00	12.05	10.50			7.30
落水	最高			11.70	9.80	6.20	6.60	14.60	15.90	14.20	11.80			15.90
	平均			10.32	7.69	4.97	5.52	8.95	14.53	13.06	10.73			9.47
	最低			8.70	5.10	3.20	4.40	5.40	13.40	11.45	9.50			3.20
潮差	最高			1.90	4.00	4.90	5.00	4.30	1.00	0.70	1.90			5.00
	平均			0.96	2.03	3.66	4.03	2.50	0.36	0.39	0.97			1.86
	最低			0.20	0.40	2.10	3.10	0.20	0.10	0.10	0.20			0.10
1929 年红桥														
潮水	最高	11.30	10.60	11.70	11.30	10.20	10.60	11.10	10.90	11.80	10.70	10.90	9.90	11.80
	平均	8.35	8.61	10.10	9.54	9.36	9.71	10.11	9.98	9.81	9.78	9.10	8.02	9.37
	最低	3.30	4.60	7.20	7.80	7.80	8.80	8.80	8.70	8.80	8.60	7.40	4.40	3.30
落水	最高	7.00	6.00	8.90	8.00	4.50	5.20	6.00	4.90	6.10	6.00	5.30	6.40	8.90
	平均	4.50	4.44	6.49	4.65	3.01	3.49	3.99	3.45	3.76	3.98	3.47	3.20	4.04
	最低	2.50	2.10	3.60	2.20	1.40	1.80	2.20	2.00	2.10	2.50	1.30	0.90	0.90
潮差	最高	6.40	6.30	6.20	7.00	7.80	8.00	7.50	7.90	8.60	7.50	7.30	7.00	8.60
	平均	3.78	4.18	3.60	4.86	6.84	6.23	6.13	6.52	6.06	5.81	5.65	4.81	5.37
	最低	0.70	0.30	2.20	2.90	4.30	3.80	4.40	4.90	4.10	3.90	3.90	1.50	0.30
1934 年新开河														
潮水	最高	10.50	10.90	11.70	10.50	10.10	10.80	13.60	13.50	13.40	13.10	11.70	11.90	13.60
	平均	8.86	9.76	9.28	9.01	9.03	9.63	11.42	12.52	12.28	12.08	10.58	9.93	10.37
	最低	7.80	8.50	7.00	7.70	7.40	8.40	9.00	11.30	11.00	11.00	8.70	7.80	7.00
落水	最高	8.30	9.80	9.00	8.50	6.70	7.80	12.60	11.80	11.60	11.80	10.10	9.50	12.60
	平均	7.39	7.96	7.46	6.65	5.69	6.59	9.00	10.61	10.44	10.79	9.33	8.31	8.35
	最低	6.70	6.80	6.40	5.50	4.80	5.00	5.79	9.70	9.40	10.00	7.80	6.50	4.80
潮差	最高	3.00	2.50	3.89	3.60	4.70	4.40	4.10	2.40	2.50	1.90	2.00	3.20	4.70
	平均	1.47	1.80	1.82	2.36	3.34	3.04	2.42	1.91	1.84	1.29	1.25	1.62	2.01
	最低	0.50	1.10	0.30	1.30	0.70	1.40	1.00	1.50	1.20	0.90	0.30	1.00	0.30

注：5 月、6 月内所记录之数目表示潮流之涨落较其他各月最为确切，5 月、6 月时河流甚微，所有潮落水之差皆由潮力故也。

数日间津港与海河上游各段皆被淤浅 3 呎。通行吃水量于 7 月 16 日由 13 呎减为 10 呎，7 月 19 日减至 9 呎。

8 月泥量甚大，于 8 月 7 日达到最大泥量。8 月子牙河与大清河之流量大增，阻止淤塞加重。

因子牙河与大清河流量增大，津港乃见冲刷，泥量陆续下降，并有大量清水供给。10月海河上游各段重见冲刷，并在陈塘庄段开始挖浚，通行吃水量于11月14日为12呎（在大沽基准水位以上8呎）。陈塘庄段和崔家码头测深标石41号与43号间1 600呎之距离为海河过于淤浅之处，难以通行吃水13呎之轮船。陈塘庄段需挖浚，因天气良好，于11月19日完成该段挖浚工作。崔家码头段经"快利"号挖泥船于12月22日及23日之挖浚，13呎深之航路得以展宽。通行吃水量在12月22日为12.5呎，在12月29日为13呎。

海河与津港之疏浚

津港挖浚于3月1日开始，由"新河"号、"西河"号与"高林"号挖泥船疏浚下转头处、中转头处及法租界沿岸。"新河"号挖泥船于6月9日挖浚崔家码头下端与第三段裁弯处上端中间（测深标石第55号至第59号间）之海河北岸。挖泥由"燕云"号吹泥机吹送至卢家庄附近，在测深标石第52号与第53号前之迎水坝与南岸中间之崔家码头下端之洼塘。

津港之挖浚因泥量剧增，海河淤塞，其淤积之速有愈挖愈淤之势，不得不于7月17日停顿。"新河"号挖泥船已挖15 800立方米之淤泥而得以改善航路各线深度，于7月21日完工。8月与9月海河泥量过大，未能挖浚，但在万国桥之下需稍予挖浚，以便利交通，9月万国桥不得不开放75次以通过大小船舶。10月1日，陈塘庄段与下转头处之淤泥减少，恢复挖浚工作。11月，陈塘庄段与下转头处复为淤塞乃不得不重新挖浚。陈塘庄段之挖浚工作于12月19日完成，且在完成下转头处第三次挖浚与中转头处第二次浚挖之后，海河在12月21日（除崔家码头段，即测深标石第41号与第43号中间之1 600呎之距离过于窄小外），始良于吃水13呎轮船之通行。狭窄之处经"快利"号挖泥船于12月22日与23日挖浚改善。12月气候温和，继续海河与津港之挖浚，直至较往常迟延1月之久。

料厂与船舶

大沽浅滩拖泥船有大规模之修理，此为本年主要之修理事宜。

护岸

6月及7月上半月，添换新柳木于各迎水坝，共计用木12 800捆，由本局崔家码头段柳园供给。

为改善崔家码头段与第三段不良之河湾，沿河北岸予以挖浚，各迎水坝在挖泥船挖浚时皆予延长。在测深标石第55号与第58号中间之南岸修建11列迎水坝，长863呎，于是航路向北伸延百呎。虽然崔家码头段与第三段裁弯在7月与8月发生淤浅，而新挖浚之航路之曲度与倾向尚保持原状，淤泥积陷入南岸各延长迎水坝之间。新航路有较良之曲度，易于通航，尤为重要，该航路倘能再向北伸延，可在第三段裁弯上端形成流畅曲度，现在通行航路由测深标石第62号之北岸倾向第63号标石之南岸而形成尖湾。

疏浚、吹填工作见表25.7、表25.8。

表 25.7　1934 年疏浚工作情况

月份	"新河"号 天津 工作时间（时）	"新河"号 天津 土方量（立方米）	"新河"号 黄家庄 工作时间（时）	"新河"号 黄家庄 土方量（立方米）	"新河"号 陈塘庄 工作时间（时）	"新河"号 陈塘庄 土方量（立方米）	"高栋"号 天津 工作时间（时）	"高栋"号 天津 土方量（立方米）	"西河"号 天津 工作时间（时）	"西河"号 天津 土方量（立方米）	"西河"号 陈塘庄 工作时间（时）	"西河"号 陈塘庄 土方量（立方米）	铁抓式挖泥船 工作时间（时）	铁抓式挖泥船 土方量（立方米）	总土方量（立方米）
1	—	—	—	—	—	—	—	—	—	—	—	—	37.00	175	175
2	—	—	—	—	—	—	—	—	—	—	—	—	134.00	770	770
3	181.20	5 720	—	—	—	—	106.25	2 905	188.50	5 150	—	—	101.00	35	13 810
4	171.30	6 160	—	—	—	—	155.20	4 125	124.20	3 350	—	—	130.00	910	14 545
5	57.35	2 400	—	—	—	—	214.25	7 480	205.40	8 200	—	—	75.00	385	18 465
6	—	—	201.15	8 840	—	—	242.40	6 019	252.15	7 481	—	—	100.00	700	23 040
7	—	—	163.40	7 000	—	—	123.52	6 766	125.55	8 234	—	—	10.00	—	22 000
8	—	—	—	—	—	—	—	—	—	—	—	—	20.00	—	—
9	—	—	—	—	—	—	—	—	80.30	—	—	—	31.00	175	175
10	—	—	—	—	—	—	221.30	5 000	17.15	400	201.50	9 240	78.00	—	14 640
11	42.10	—	—	—	150.05	6 650	199.45	7 640	191.25	7 360	—	—	63.00	—	21 650
12	13.45	395	—	—	154.35	7 865	144.35	4 712	161.05	5 608	—	—	48.00	—	18 580
总计	465.40	14 675	364.55	15 840	304.40	14 515	1 406.72	44 647	1 345.55	45 783	201.50	9 240	827.00	3 150	147 850

表 25.8　1934 年吹填工作情况

月份	"新河"号				"燕云"号		填在各坑内泥量（立方米）	倾倒河内泥量（立方米）
	天津英租界坑		黄家庄		陈塘庄			
	工作时间（时）	土方量（立方米）	工作时间（时）	土方量（立方米）	工作时间（时）	土方量（立方米）		
1	—	—	—	—	—	—	—	175
2	—	—	—	—	—	—	—	770
3	273.01	13 320	—	—	—	—	13 320	490
4	330.57	13 460	—	—	—	—	13 460	1 085
5	364.59	13 220	—	—	—	—	18 220	245
6	393.50	13 550	97.32	8 000	—	—	21 500	1 540
7	188.09	15 000	98.12	7 000	—	—	22 000	—
8	—	—	—	—	—	—	—	—
9	—	—	—	—	—	—	—	175
10	195.35	5 400	—	—	49.48	6 055	11 455	3185
11	276.27	15 000	—	—	39.07	5 390	20 390	1260
12	188.21	10 715	—	—	64.61	7 865	18 580	—
总计	2 209.59	99 665	195.44	15 000	153.16	19 310	138 925	8 925

万国桥

在水底电线四个垂直端角之周围，装以保护铁筋洋灰箱。各水面电线皆换以橡皮绝缘及包铅之新电线，具有 600 麦欧姆绝缘，有撤废之旧线仅有 0.01 麦欧姆绝缘。

1927 年与 1928 年开桥次数甚少，1929 年至 1934 年具体开桥情况如下：

1929 年共开桥 87 次。

1930 年共开桥 83 次。

1931 年共开桥 112 次。

1932 年共开桥 66 次。

1933 年共开桥 203 次。

1934 年共开桥 505 次。

大沽海坝

在横坝与北坝角端之前设立 95 个铁筋洋灰板椿与 48 个铁锚，其距离为 30 呎，由旧坝撤下之石块装设于板椿之后。此项保护甚为需要，以减少坝角前之冲刷。

表 25.9 显示了船只抵达情况。

表 25.9　自海河改善以来经过大沽浅滩及驶抵津船只统计

年份	抵津轮船数量（艘）	经过浅滩轮船数量（艘）	抵津船只之吃水量			每年抵津船只吃水之最高纪录（呎）	船名
			13 呎以下	13 呎或 13 呎以上	总数（艘）		
1898			0		0		
1899			2		2		
1900			4		4		
1901			15		15		
1902			134		134		
1903			333		333	11.18	连升
1904	797		374		374	11.9	安平
1905	795		395		395	11.7	特皮兹
1906	1 017		444		444		
1907	856				513	13.6	连升
1908	788				511	13.6	定生
1909	1 006		620	3	623	13.6	长山丸
1910	992		598	9	607		
1911	1 198		678	20	698	14.0	万
1912	948	654	615	5	620	13.9	义隆
1913	1 001	731	687	16	703	14.0	昌升
1914	1 147	831	770	44	814	14.8	昌升
1915	982	790	684	84	768	15.6	张家口
1916	866	696	585	73	658	14.8	捷升
1917	742	555	462	11	478	13.6	
1918	759	575	500	29	529	14.3	捷升
1919	1 024	855	657	90	747	15.6	名古屋丸
1920	1 154	1 041	718	284	1 002	16.11	华戊
1921	1 415	1 275	770	461	1 231	16.3	西鲁
1922	1 370	1 223	622	550	1 172	16.9 上水 17.4 下水　定生	
1923	1 447	1 288	514	755	1 269	16.10	
1924	1 502	1 337	517	794	1 311	17.6	升平与福建丸
1925	1 896	1 711	602	1 100	1 702	18.3	北昌
1926	1 889	1 702	671	994	1 665	17.11	北岭丸
1927	1 701	1 503	874	361	1 235	17.4	定生
1928	2 031	1 791	668	0	668		
1929	1 878	1 615	538	6	544	本年抵津船只 最大吃水量为 13 呎	

续表

年份	抵津轮船数量（艘）	经过浅滩轮船数量（艘）	抵津船只之吃水量			每年抵津船只吃水之最高纪录（呎）	船名
			13 呎以下	13 呎或13 呎以上	总数（艘）		
1930	1 781	1 556	932	528	1 460	本年抵津船只最大吃水量为 14.5 呎	
1931	1 835	1 625	686	116	802	本年抵津船只最大吃水量为 15 呎	
1932	2 149	1 934	364	18	382	本年抵津船只最大吃水量为 13.5 呎	
1933	2 302	2 061	869	139	1 008	本年抵津华轮津船只最大吃水量为 13.6 呎	
1934	2 266	2 016	915	59	974	威利、新丰、平顺	

第二十六篇 海河工程局 1935 年报告摘编

冬航

1934 年至 1935 年之结冰期，在本局历史中，气候最为和暖。撞凌船于 1934 年 12 月 26 日出发，然在 1935 年 1 月 15 日前尚无须勤出动，仅偶尔工作足矣。为撞凌所设置广播无线电报，于 1935 年 1 月 16 日放送凌讯。本年冬季未感困难，无论何时，航运未遭冰阻。撞凌工作及无线电报广播均于 1935 年 2 月 17 日停止。

本季无线电报广播、电台相互通讯，与本局之信报均能维持，始终美满。

1935 年至 1936 年冬季之初，气候寒冷，殊早而且严烈。12 月 8 日和 9 日之交，强风于深夜起于西北，将河水逐出海湾以外，温度降至 2℉，大量冰凌聚积于河内与浅滩上。疏浚工作中止，撞凌船出动工作，然西北风继续，将潮差减小，致水流不足以泄尽撞碎之冰块。河湾内之碎冰凝聚，阻碍驳船与拖船之行动。商轮因水深减少，遭阻滞不能通行，被冰围困，危害尤甚。12 月 14 日始将河道拥塞开通，航运得以恢复。为时不久，庞大冰凌于 12 月 17 日自北港浮起，横经航道，正值多数商轮拖船与驳船出口。虽有"通凌"号、"清凌"号与"没凌"号等撞凌船随行护送，然而"湖南"号、"日升"号等汽轮，"通凌"号撞凌船以及一艘拖船与两艘驳船均被搁置于南港。"清凌"号与"没凌"号等撞凌船虽竭力协助以上搁浅船只，但因冰结坚厚加之落水之故，几经努力，终归无济。嗣西北风复起，潮水缩减，12 月 18 日"芝罘丸"号，"定生"号与"顺天"号等汽轮皆被搁浅于浅滩航道中，至次三艘轮船始经浅滩而抵塘沽。12 月 20 日风势转向东北，深度于潮满时达 16 呎 3 吋，遂使"日升"号、"湖南"号与"通凌"号三艘船复行浮起。翌日（12 月 21 日），凛冽之西北风复起，冰况转剧，"成都"号、"南昌"号、"日东丸"号、"北康"号与"志摩丸"号皆被搁浅。12 月 22 日，西北风继续，广播无线电报遂发出"困难"之信号，全河冰冻。翌日风势稍弱，潮差仍不足以排泄河内与河口之积冰，然情形殊见和缓。12 月 24 日气候转趋温暖，潮满时深度为 15 呎，所有自 12 月 21 日以来被搁浅之船只，除两艘驳船外，均脱险。

末次西北风于 12 月 29 日复作，硕厚冰凌自北塘下移，迫使大沽灯船离弃其碇泊处，并将"益进丸"号汽轮驱至南港之上，两艘驳船亦被挟至海外。翌日，大沽灯船复返原碇泊处，而两艘驳船亦于海外 22 哩处寻获。

1935 年 12 月之结冰状况，就以往经验而言，实为本埠自采用撞凌船开放冬季航运以来同月之最严重者。

大沽浅滩航道

自"快利"号挖泥船锅炉大举修理后，于3月22日在浅滩开始工作。在4月4日尚未获得确切测量前，除南线一小段外，航道深度均在大沽基准水位以下7呎6吋。因轮船搁浅，多鸣不平，故将深度于4月5日缩减1呎，于10日后，复增至7呎。5月5日之测量，南线最浅之处尚在大沽基准水位以下7呎3吋，屡因汽轮搁浅之不满，遂使理船厅于5月2日将深度由大沽基准水位以下7呎减至6呎6吋。6月，因天气欠佳，准确测量未获施行，唯浚滩工作良好，泥舱内所泄出之泥量较去年同月增加1 130立方米。6月30日，"快利"号调回天津，将其甲板、煤舱及机器舱稍加修改以便装置第三锅炉。因挖泥船于7月间未曾工作，依据是8月16日、22日、27日、30日等测量结果，可知航道深度已呈退化而有逐渐垫高之象，然标记深度仍能维持大沽基准水位以下6呎6吋。"快利"号于8月15日复返大沽工作，自该船添装第三锅炉后，主要机器速率上涨10%，每小时沉淀于泥舱内之泥量亦见增益。8月虽未能测量，深度维持原状。

9月、10月、11月等月，航道深度经有效之疏浚逐渐改进。标记深度遂于11月15日增至大沽基准水位以下7呎，预计次年1月初可增至大沽基准水位以下7呎6吋左右。

海河内河

本年河道航路，吃水13呎之汽轮航行不畅，此为1930年以来所少见。1月25日至2月19日与自3月16日至4月16日期间，轮船转头处之宽度因淤垫而缩小，致较大海轮不能驶抵津埠。然除以上非常时期外，长315呎、吃水13呎之汽轮，能于平常潮水时（大沽海平线以上8呎）直达天津并在该处回旋。

观测本年最初数月毫无希望之状况，如此结果实属令人满意。

回忆去年伏汛期间，永定河三角淀之围堤数处溃决，在三角淀内永定河改道南向，由南堤22号房子注入西河。自永定河全部改道，河水遂不复流入放淤区域，非特治标计划工程，失其效力，完全废弃由葛渔城至屈家店节制闸之新修中洪（河槽约长33哩）。

海河工程局于1934年秋季开挖永定河中洪之淤塞河槽，以免永定河改道仍回中洪，并修补围堤决口及准备塌河淀，以容纳1935年之春汛。

以上所有工程倘能早日核准，海河工程局着手进行。虽然，苟非有所措施，则敢断言治标计划工程必废弃，而1935年之春汛必不能流入放淤区域，唯有注入西河。海河工程局以永定河既有返回三角淀中洪之可能，遂郑重将事以完成此目的，乃招募大批工人实施以下各项工程：挑挖中洪长33公里之淤塞河槽；由北河节制闸至放淤区域之新引河，亦遭严重淤垫，宜疏浚至相当深度；掘开入塌河淀之通渠；完成塌河淀之堤埝；修筑由塌河淀入金钟河之泄水闸。屈家店与22号房子之围堤决口未修复，因以上各处堤埝所订购之涵洞尚未交到，故海河工程局暂缓施工。

以上工程之完成，虽因冬季气候温和不无补助，但此种惊人成绩不可不归功于负责人员。

三角淀之工程实不能保障使严重之春汛全部放淤，盖负责人员对于所施工程因受阻滞未能达其完全美满程度故也。嗣查三角淀内中洪之南堤，鉴于以下事实，应行增固：该堤为导引泛水流入放淤区域前之最后屏障。三角淀内向南坡度显然倾斜，但三角淀迤北一带居民为保护自身利益，反对南堤一切不平等之培修，且因修筑南堤可利用之唯一材料为淤水道内之经冻细土，松散无力难期美满，倘遇严重春汛，南堤力量殊无把握。

永定河突由南洪复返中洪，冲破其中间断壁垒，而平分水流于两道之间。此事实属不幸，盖注入中洪之水量不足维持所疏浚之河床，反使其遭受许多损害。

自 2 月 27 日起，开始春汛放淤，迄 3 月 8 日止，放淤情形十分顺利。嗣三角淀中洪南堤数处崩溃，除叉光港村以上一处外，其余决口均经该机关修复，盖叉光港村迤北一带居民阻止该机关人员进行修理。该口溢出之水曾企图使其复回中洪之下游，但此种努力最终失败。此水渐向南移，冲成一渠，而与故道相连接，使永定河之全部水量由 22 号房子决口流入西河。该口宽度约达 200 呎，故三角淀内中洪河道大半复被废弃。

此种情形虽于海河航路无剧烈影响，然轮船转头处之一致深度一时竟不能维持。

本局挖泥船在轮船转头处及曾经挖宽而复遭淤垫之内港各段继续疏浚，遂将永定河春汛之所有损失即行修复。

伏汛状况最为悲观。放淤区域原准备收容永定河之泥水，因泛水连绵，三角淀之中洪新道复遭淤塞。修治永定河以遏抑其泥沙威胁，遂又遭逢新困难。

放淤区域之功能为沉淀永定河水，于屈家店节制闸以上引入北运河。若永定河之水或在屈家店节制闸以下流入北运河或西河，则不能导入放淤区域以沉淀，所含之泥沙势必夹至海河。

永定河水导入放淤区域其困难系因三角淀形势发生变迁。考察史籍，三角淀形势时有变迁，因永定河所经过之河床日渐淤垫，至其高度达自然所舍弃时，泛流遂循较顺之坡度而自行改道。永定河在三角淀内曾于不同时期行于北洪、中洪与南洪。当放淤工程择定地址在屈家店之际，永定河在三角淀内所经过之水即为中洪。因期望永定河在未来数年间能维持此航道，遂巩固三角淀围堤并于其中修筑涵洞，以防洪水向南漫溢。

1934 年伏汛与 1935 年春汛之经验结果，中洪每遭废弃之后，永定河改道南洪，于 22 号房子堤埝决口宣泄，若听其自然，则永定在三角淀中必将行于南洪。以上情形，如不予以纠正，治标计划之放淤工程必为之破坏无余。

永定河在三角淀中，应行于中洪或北洪，固为理所当然。技术上与行政上之困难，使以上任何工程未能于伏汛之前完竣。

华北水利委员会在拟订计划之前，于 1935 年 3 月奉令完成以前所规定之工程，并继续整理海河善后工程处之未完工作，遂决定施行以下各项工程，以减轻伏汛对海河之影响。

（1）培修永定河三角淀南堤。

（2）堵筑 22 号房子决口，并在该处筑一座水坝与一个涵洞。

（3）堵筑屈家店决口，并筑一涵洞。

（4）堵塞由中洪向南冲出水道，并撤除三角淀内阻水顺流之各堤。

（5）挑挖中洪小引河一道。

（6）完成放淤区域内之各项建筑。

（7）在卢沟桥修筑横堤一道，暂将永定河之水由现有之滚水坝泄入小清河。

倘伏汛情形不甚严重，第一、第二项系为减轻入海河之泥量并缩减三角淀之漫溢区域之良策。第三、第四、第五、第六项可使泥水流入屈家店节制闸后注入放淤区域。最后一项系计划放缓永定河之淤垫，以便从容完成三角淀内之工程。

以上办法固不能期其必成，但因时间所许与形势所趋，则为施行之最善方策也。

以上计划施行颇感困难，而华北水利委员会卒能完成，甚为钦佩。

幸伏泛情形最为顺利。上游各河下注水量殊少，永定河之水虽于 7 月 15 日导入放淤区域，然在屈家店之流量每秒始终未逾 74 立方呎，而在三角淀仓促挑挖之中洪竟能容纳此全部水流。

上游支河泛水，水量之小，不只限于永定河一河，其他清水河之水源亦极感缺乏，致以前所积之泥沙渐被冲刷，经过海河，遂使挖泥船为维持轮船转头处之深度，不得不时予疏浚。

10 月与 11 月之泥量测验虽显示水内之含泥量极微，然法租界与太古河东码头自轮船转头处疏浚后，复淤垫甚烈。全年间两轮船转头处之实际疏浚共 11 次，臆测以上逐渐注下之泥淤，恐系自滹沱河经西河而来，华北水利委员会现正调查此事，以明真相。迨陈塘庄于 11 月疏浚完毕后，海河各段航路之深度与宽度均可于潮期大沽基准水位以上 8 呎时，通行吃水 13 呎 6 吋之船只。然轮船转头处之河面若不疏浚使其与全河深度相同，则通行船舶之吃水量即不能增至以上深度。本年 12 月因结冰殊早，轮船转头处之疏浚工作势必停顿，至明年 1 月天气许可时，再行完成。

垫土

特别一区湖北路垫土工作于 6 月 28 日完竣，次日即开始吹垫信德里大坑（特一区）。

万国桥

活动桥翼甲板宽 25 呎，全更换新木。洋车道与行人边道之梁木桥板亦俱更新。

护岸及改正河道工程

测量标石 41 号至 43 号建设迎水坝七排，共长 718 呎，54 号至 56 号间之五排迎水坝共延长 540 呎，36 号至 38 号石间三排迎水坝之外端均经修复。

所有迎水坝均添换新柳枝，旧迎水坝内端共拔出木桩 206 根。

海河测量

本局因职员无多，海河测量只能延缓进行，然完成之望相距遥远。

除天津附近两角外，主要三角网测量已于 12 月完毕，三角最大及平均终结差数分别为 6.6 秒与 3.3 秒。平均边长不及 6 公里，故主要或基本三角网测量甚为美满。若以所量之校对基线长度与所算之长度两相比较，亦为考证准确之法。主要基线长度为 2 884.581 呎，校对基线长为 1 451.311 呎，而校对基线算得之结果则为 1 451.277 呎。以上两者相差仅 8.4 公分，故主要三角网测站准确，足以统制次要三角网与详细测量。

本年春秋两季，已择定次要测站 49 处，其中 40 处已建有固定标志，21 处次要测站之角度已量竣。葛沽与新城附近树木丛密，不得不寻一点以在地面能见到两处主要测站故竖立三根标杆，高 60 呎，该标杆之方位则由三个主要测站以角度测量决定之。

俟次要测站地点决定后，详细测量，即可着手。现在只有第一段新河与陈塘庄之河岸，于家堡、东大沽与西大沽之各村曾经详细测量。

撞凌

1934 年至 1935 年冬季气候和暖，为若干年来所未有。1934 年 12 月毫无撞凌之需要，至 1935 年 1 月 15 日，撞凌船出发工作。自该日起，轻微撞凌工作足以维持航路通行。2 月 17 日将撞凌船全部调回，不复出动。总之，在此次凌冻期间，航运之通行并未因冰结而遭延误。

凌汛自无线电放送自 1 月 16 日开始，于 2 月 17 日终止。

1935 年至 1936 年冬季，与历年情形迥异。1935 年 12 月，冰结情况严重，打破借撞凌船维持冬航以来之纪录。1935 年 12 月 8 日深夜，凛冽之西北风忽降，偶有间断，西北飓风继续肆虐至 14 日之久。温度骤然降至结冰点下，且有数日寒暑表之最低记录在华氏 1~2 度之间。

河水结冰，各撞凌船随即出动。因连续之西北风将河水驱出河口，及潮涨力减弱之故，撞凌工作愈加艰辛。河内水位显然降低，潮差亦微，而因涨落所生之河流益觉柔弱无力。为证明西北风对于水位之影响，可于下列数字见之。1935 年 12 月北炮台平均潮水仅为大沽基准水位以上 6.96 呎，1934 年 12 月为基准水位以上 8.20 呎，1935 年 11 月则为大沽基准水位以上 8.50 呎。

撞凌船虽能于坚冰中而过，但撞碎之凌不能随流宣泄，而是积聚于河湾各处，遂使因水深不足而停航之轮舶益感困顿。直至本年年终，河道情形未有稍变。

12 月 17 日，河口及浅滩结冰状况愈形严重，较大潮水将北港巨冰漂起，横贯航道。此种意外乃冬令所恒有，异常困难。盖各撞凌船于下次落水时，积极奋力，始将巨冰轧碎，以便顺流宣泄。在此项工作未完成之前，河道航路绝不宜航行。

在此期间，当港凌浮动之际，轮船数艘正欲出口。虽有一艘立即驶回河口，但其余船只及一艘撞凌船皆被巨冰挟至南港沙滩搁浅数日之久。

直至月稍，港凌依然严重，在航道内航行之轮船，屡被冰拖去搁浅。

12 月，渤海湾内之结冰情形尚不严重，仅有少数轮船暂蒙迟误，无拖轮护送之驳船数只，自寻停泊处所，随凌漂荡，复行入海。

渤海湾内轮船及驳船仅有数次求助于撞凌船，此类救护实越本局撞凌船工作范围，因其不适于洋海航行，且在海湾内冰结坚厚时，机力不足胜任。在 1936 年至 1937 年冬季前，关于撞凌船行动之规章必将议定公布施行。

在解冻以前，冰结情形极其严重。1935—1936 年冬季之酷寒不仅为本港航运多年所未经，恐亦为将来所罕有。

上游支河

1934 年伏汛退落后，永定河三角淀之中洪复被淤塞，汛水洪流自 22 号房子注入西河。是时主管机关之海河工程局正思改善海河之航运，乃积极恢复永定河之三角淀故道。不然，屈家店所有节制机关之操纵一概无用，而海河于1935年春汛期间必将淤塞，永定河所有泥沙浊流必将经西河而复入海河。

因磋商时间延长，致使预订计划未能及时实现。倘不于冬季努力工作，海河工程局则不能完成挑挖中洪河道及培修堤岸等工程。

1935年2月27日，海河含沙率（按百万分率计之）由2月24日之297/1 000 000突增至1 166/1 000 000，永定河水随即放入放淤区域南部。在3月8日中洪南堤数处溃决未发生前，一切进展甚为完善。中洪之堤埝于冬季培修，多用经冻之沙土筑成，抵抗水流冲刷及波浪侵蚀之力甚微。中洪北岸之农民为预防被水淹没，虽未直接掘埝凿堤，但多方阻挠决口之修复。在此期间，有时泛溢之水似可循低洼流归节制机关，但几经努力，仍无成效。1934年伏汛期间，永定河水所冲刷之河床经22号房子决口故址入西河而至海河。幸春汛期短，海河并未受严重损失。轮船转头处虽稍有淤积，但本局挖泥船将其清除。故通行轮船吃水量在潮至大沽海平线上8呎时，仍为13呎，无须缩减。

1935年3月15日，海河工程局裁撤所有该处及前海河工程局一切计划及未完工程，责成华北水利委员会继续进行。

华北水利委员会随即着手测量三角淀全部，以便设计，使永定河泥沙在最近数年间流经节制机关而入放淤区域。

各种设计均经考虑，且为当地利害考虑。因经济与时间关系，不容施行大计划，故决定于1935年伏汛之前拟使永定河水仍返中洪，并修造各项应用建筑，以免1934年伏汛之灾害重见于今年。

下列各项工程均于1935年7月之前告竣：

（1）培修永定河三角淀南堤。

（2）堵塞22号房子决口，并在该处建筑滚水坝及涵洞。

（3）修复屈家店溃决处，并加筑涵洞。

（4）封闭自中洪南泄所冲之河渠，拆除阻碍三角淀水顺流之数处堤堰。

（5）疏浚中洪之引河，服从省政府意旨，此项计划提议较晚。

（6）完成放淤区域内各种未竣工程。

（7）在卢沟桥修建堰坝，随时将永定河水从已有之滚水坝泄入小清河。

如伏汛情形不甚严重，第一项、第二项可减少下注海河之泥量，预防农民私掘南堤，以上设备足能限制淹没面积。

三项至五项，则可引永定河一部分浊流，经屈家店操纵机关而入放淤区域。

第六项则可遏制反对放淤者之阻挠。

第七项可延缓永定河之汛期，以便三角淀内之工程得以如期完成。

虽然以上工程之成就与否尚不可知，但在相当时期及可能情形内，上列程序实属无以复佳。

幸1935年伏汛极为微弱，永定河流量在卢沟桥从未超过210立方米/秒，在屈家店从未达73立方米/秒。

1935 年伏汛期间，永定河泥沙并未流入海河，7 月 15 日开始放淤，10 月 3 日水流始由节制闸注入海河。

本年秋中洪河道及三角淀之堤埝均经查勘，在 1936 年春汛前，仅有少许工程亟待完成，放淤区域除另加一泄水闸外，各处堤埝及新引河只需稍事修茸。所有紧要工程皆需于冬季前告竣。倘将来情形不甚严重，预料海河决不至因 1936 年永定河春汛而受淤塞之影响，在 1936 年春汛与伏汛之间，三角淀内数项建设必须完成，以便竭力保障海河免遭淤塞。

海河上游其他支河在 1935 年伏汛期间流量甚小，往年秋季因巨量清水下注，致使河床刷深之事遂不复见。南部各河水量虽小，但携带泥沙甚多。可断言，此种泥沙一部分来自 1935 年春汛期间永定河在西河内之沉淀，其大半来自内地之平原。华北水利委员会为确定此项沙碛之确实来源，减免其对海河之不良影响，自 1936 年起着手调查，以明真相。在正当救济办法尚未拟定之前，海河将因上述支流而淤垫。且泛水微弱时，势必愈甚，自在意中也。所幸之事，此次淤积远不如永定河沙泥之严厉。秋季虽继续淤积，但勤奋之疏浚足以维持港部之良好状况。

大沽浅滩之疏浚

本年初深度为 7 呎 6 吋，海关理船厅因航道航路内落有沉锚，深度自 1 月 25 日至 2 月 25 日临时缩减。4 月 4 日之前，尚无精确之测量，4 日之测量表示航道之情形依然适于 7 呎 6 吋之深度。因屡得报告轮船数度搁浅，海关理船厅自 4 月 5 日起深度减至 6 呎 6 吋，于 4 月 15 日增至 7 呎，于 5 月 2 日减至 6 呎 6 吋。5 月 5 日之测量显示航道稍有淤塞，但仅南线一段最浅处为 7 呎 3 吋，其他各段仍为 7 呎 6 吋，行经大沽浅滩航海人员之报告必须慎重考虑。决定航道深度之主要根据为本局于天气晴明时之测量。

本年夏季航道深度虽如往年夏月逐渐淤浅，复因本年挖泥船未能工作，然 6 呎 6 吋之深度迄未变更。入秋以来疏浚之功颇有成效。11 月 15 日深度增至 7 呎。在岁暮前，依挖掘之深浅，深度增至 7 呎 9 吋。因气候严寒，测量不准，故深度仍为 7 呎。

1934 年疏浚时期已过，"快利"号挖泥船并未入坞，调至天津，施行检查并修理锅炉。此项大量修理工作于 3 月 20 日完竣，于 3 月 22 日复返航道工作。

经详细查验，决定加装一锅炉，随即订购。"快利"号继续工作至 6 月 30 日，并于该日调至天津以按锅炉。此新锅炉于 8 月 2 日到津，"快利"号遂于 8 月 15 日复返浅滩工作。自安装第三个锅炉之后，工作优异，前所未有，往返之次数多，掘出之泥量亦增加甚盛，甚是令人满意。

12 月 8 日因气候寒冷殊早，故不得不停止工作，"快利"号遂于 12 月 14 日入坞。

新锅炉

新锅炉径长 11 呎 6 吋，身长 10 呎，受火面积共 1 100 平方呎。将原有备用之小锅炉拆卸，并将煤舱之容积略微缩小，机器舱内所余之地适足容此锅炉。添置新锅炉后其利益如下：

（1）气压可以持久不变。

（2）三台主要汽机之速度增加 10%。

（3）煤之消耗并无显著增加。

（4）工作后检查两个旧锅炉，并未发现往年所恒有之损伤。

海河

本年河道情形良好。通行轮船之吃水量在潮水至大沽基准水位以上 8 呎时，始终维持 13 呎之记录。

在伏汛以前，因下列理由并未施行疏浚，以增进通行轮船之吃水量：

（1）永定河伏汛如常，放淤结果之成败尚不可知。

（2）为增进 1 呎之深度，必须完成大量疏浚工作。

（3）此项疏浚工作只能在预料之伏汛两星期前告竣。

上列原因，加之本局经济所限，遂不复进行此项工作。

本年秋季虽自上游内地刷下巨量泥沙，然海河未受淤垫。11 月 21 日，陈塘庄经疏浚后，倘非轮船转头处水深不足，则通行吃水量颇可增加。

陈塘庄掘出之泥淤共计 17 360 立方米。

五段新河上河口为海河最浅之一部分，该处修建之迎水坝对河道之改正颇具奇效。沿河各段只加筑迎水坝数排，但未有其他重大建筑。

河道各处迄无变迁，因泛水微弱，两岸未受冲刷与侵蚀。

泊乎岁暮，下游数段，因波浪之冲击，致河面增宽。

港部

本年津港之疏浚发动殊早，于 2 月 1 日着手，因冬季异常和暖，轮船转头处形成淤积。上游支河并未封冻，水流继续下降，夹带泥沙。

本年港部维持良好，1 月 25 日至 2 月 19 日和 3 月 16—27 日必须限制船身较短、吃水较少之船只于轮船转头处回旋。非然者，在潮水至大沽基准水位以上 8 呎时，通行吃水量保持 13 呎之记录。本年驶抵津港吃水 13 呎或 13 呎以上之船只总计 145 艘，而去年只有 59 艘。

河道航路需经连续疏浚方能维持以上深度。全年间，中部及下部两转头处需清理 23 次之多。上部转头处之疏浚则为情势所不能，亦为事实所不许，只有 20 艘轮船驶过万国桥上游。本年对于以往疏浚转头处之旧例稍有变更。以往在挖浚期间，轮船完全禁止驶进转头处。本年转头处需勤为清理，倘每次将其封锁，则轮航必极感不便。当轮船需要回旋时，在可能范围以内将挖泥船退出转头处。据其结果，挖泥工作必延误，而吹填之泥量必锐减。为使吹泥船工作继续，另备挖泥船一艘常驻于疏浚处。倘转头处之挖泥船必须停止工作，则所备之挖泥船当立即工作，以供给吹泥机。深信此项办法，各轮船公司均表赞同。

在伏汛未降以前，津港全部尽行清理，法租界前之淤滩已清除，500 呎长之河面亦增宽。此项疏浚工作为预防夏季大量洪流免在此河面狭窄之处损毁坝与河岸。伏汛之微弱，即如前述。虽此际毫无泥淤来自永定河，然经疏浚之各处，复遭淤垫，其高度与疏浚之前相同，即如为轮船通过万国桥，桥下河床共疏浚四次。总而言之，津港在秋季必须重新疏浚，泥淤之下降至年终迄未减少。虽然 12 月初已入冬令，疏浚工作势必停止，但轮船转头处之深度仍不能增加通行吃水量，纵河道深度足以增加 6 吋有余。如此严重之淤塞发生于秋季实属非常。依往例，南部支流于此时供给之大量清水足使河道呈显著之进步。

遂决定于本年冬季试留挖泥船一艘继续工作。此项决定在温度不过低时固属可能。然在气候严寒时，所经之困难有下列情形：

（1）挖泥船之滚轴及铁链，一经冰冻，则机器所受之压迫必增。

（2）掘出之泥淤，在泥船内凝冻，吹送极感困难。

（3）吹泥船至大坑管内积水如不泄尽，则于夜间结冰。为吹动管中冰块而增加之气压常使铁管渗漏，因地面封冻，此项裂隙极难修补。

（4）坑内水面封冻，遂泥淤之分配不易均匀。

在严冬，除遇非常时期外，此项办法不宜采用，然冬季气候幸有较暖时，继续疏浚不无裨益。

在津港掘出之泥淤总量甚巨，达 184 615 立方米，此中大部分需由同一吹泥机吹送。英租界大坑均经填满，可吹垫者，仅有同一吹泥管所吹垫之特一区湖北路大坑及信德里大坑。

施行紧急疏浚工作时，应有两处吹垫地点最为适宜，一艘吹泥机仅能吹送本局四艘挖泥船中之两艘所掘出之泥淤。

可以注意，掘出及吹垫之泥总计超过 20 万立方呎，尤以本年两吹泥船同时工作，为期至暂。

英租界大坑之吹垫确于去年完成，但因另有协定，准许将其中一部分较原需高度略行增加。

湖北路大坑之填土亦已告竣。信德里大坑其中一段及其他较小面积亦均垫满。

开始吹垫特一区迤南之大段坑地，期于 1936 年动工之前得邀允准。

护岸

3 月与 4 月所有迎水坝均添换新柳枝，复于秋季将残缺各处修补。

6 月修造下列各项新建筑：

（1）在卢家庄（测量石 54 号至 59 号）将原有之五排迎水坝共延长 540 呎，其目的为使航路更向北移，而轮航之通行与潮流之涨落亦愈形便利。

（2）在五段新河上河口新筑迎水坝七列，共长 718 呎，其意为改善该段河道，因其为较浅段落。秋季测量表示此项目标已完全实现。

无须购置大量新椿，于滩迎水坝内端拔出 206 株圆椿。

共用柳枝 11 547 捆，皆由本局五段新河柳园供给。

万国桥

中拱部位之桥面木板必须广为修理，经去年查验，发现桥面及电车铁轨之木梁已腐朽。修葺范围宽 25 呎，且将铁轨重敷设。此项工程用六夜时间完成，交通并未停顿。

两旁行人边道及人力车通行处之梁木与甲板亦需更换新木。

于中间桥礅周旁敷设多数防木，以减轻来往船只冲突桥礅之损失。

本年万国桥共启闭 396 次，自 1927 年 10 月 18 日开桥以来，开放约 1 500 次。

材料机器厂与船舶

除大举修补"快利"号旧锅炉及安装新锅炉外，只有大沽煤船与第三号泥船必须修葺，其他船舶皆能于最低经费下保持其工作能力。

大沽堰坝

拦水坝并未延长，倘再延长，必须依照大沽浅滩普遍改善计划进行，将来上游支河各项建筑施行时，此项计划必有相当发展。

虽经数次暴风，但拦冰坝无须大量修理。

原有南港所建海坝之残余材料已经出售，以免石块与板椿被人盗窃，其中，部分石块存储于北炮台一带，以备修理拦冰坝之用。

海河河道测量

1933 年春季，开始重新测量全部海河。择定三角测站九处，并建立永久标志。此项测站需高出地面 6~12 呎，如在地面测量，多数高出 15~20 呎之坟墓障碍视线。为使量角时可得测站之准确方位，遂将 15 呎高之铁三足架敷设于各测站上。此九处测站之角度于 1934 年春季丈量完毕。

南开上游树木繁茂，若按三角测量法继续进行殊属艰难。为寻求最经济之三角测量法，下列三项拟议可供研究：

（1）在海河北岸天津与新河之间，用 20 个连续之小三角形，每边平均长约 3.5 哩。

（2）在海河南岸 2 哩之遥，南开与英商跑马场间，用一串小三角形相连接。

（3）在海河两岸用 12 个大三角形相连接，每边平均约长 6 哩。

天津至塘沽之两岸各地在秋冬之间均经查勘，虽用 45 呎高之铁架，然仍以第三项拟议最为经济。第一试验铁架于 1934 年 6 月建立，经验证满意后，遂于 10 月复树立铁架六处。本局员工因他处工作忙迫，量角之工作，遂不得不展缓。此项测量于 1935 年春季着手，除两角外，均于 12 月完竣。因平均边长不足 6 公里，类此所差于主要或基本三角测量中已十分准确。主要基线在大沽附近选择，而校对基线则于天津附近选择。校对基线之长度系由主要基线及所量之角核算而得，并经实地丈量。算出之长度为 1 451.227 尺，而所量之长度则为 1 451.311 尺。两者相差仅 8.4 尺，可见主要三角测量之各站，勘测准确，足以统制次要三角与详细测量。

次要之三角测量

在开始测量详图之前，必须选择多处测站。本年春秋两季进行主要三角测量时，共择出次要测站 49 处。其中 40 处皆修成永久测站，下有圆径 4 呎、厚 1 呎之洋灰基盘，上有高 3 呎的洋灰柱，角度已量至 21 处测站。葛沽与新城之间木林茂密，共树立 60 呎之标杆三处，其方位由三处铁架所含角度决定。

详图测量已开始。在角度测量完竣之前，只有一副平板仪可供使用。第一段新河及陈塘庄之河岸与于家堡西沽东沽及附近各地均经测量。

结论

总之，本年海河较以往数年尚良好。无严重洪水，所有淤积亦经本局挖泥船随时清除。虽商务轮船吃水量较小，然全年间轮航通行迄未停顿。

将来情形如何，现尚不能担保确定。海河上游各支流改善中之重要工程犹未着手。需费巨额金钱之治标工程固不足保障海河航运之维持，而在某种限度下，可减轻海河之淤塞。不然，永定河之浊流必使海河每年淤垫两次。但治标工程对永定河及北运河不无补助。

本年津港淤塞最厉害之南部支流完全不受统制，或于不久威胁海河，一如昔日之永定河。

为明了此问题，华北水利委员会将于本年开始调查南部各河，幸上述负责管理华北各河流之华北水利委员会将不久于海河支流施行改善工程，尤注意永定河。前项工程未至相当进展之前，海河航运之不遭停顿殊无把握。

航道情况和疏浚、水文状况如表 26.1 至表 26.8 所示。

表 26.1　1935 年航道情况

单位：呎

变化情况		1 月	2 月	3 月	4 月	5 月	6 月	7 月	8 月	9 月	10 月	11 月	12 月
标记深度		6.6	76.6	7.6	6.6 7.0	6.6	6.6	6.6	6.6	6.6	6.6	7.0	7.0
变化日期		25 日	25 日		15 日 5 日	2 日						15 日	
最浅深度	北线	7.2	7.2	7.2	7.4	7.7	7.7	5.6	5.6	6.4	6.4	6.10	7.6
	中线	7.9	7.9	7.9	7.10	7.7	7.7	6.9	6.9	7.6	7.6	7.8	8.0
	南线	7.4	7.4	7.4	7.2	7.3	7.3	5.9	5.9	6.8	6.8	7.0	7.7
估计平均深度	北线	8.6	8.6	8.6	7.8	7.10	7.10	7.3	7.3	7.0	7.0	8.6	8.6
	中线	8.9	8.9	8.9	8.5	8.3	8.3	7.10	7.10	7.10	7.10	8.3	9.3
	南线	8.4	8.4	8.4	7.8	7.10	7.10	7.8	7.8	7.3	7.3	7.5	8.9

表 26.2　1935 年"快利"号挖泥船疏浚工作情况

月份	实际工作时间 （时）	挖泥船往返次数（次）			泥船出泥 次数（次）	泥沙排泄量 （立方米）
		长距离	短距离	深穴		
3	31.35	30	2	8	10	1 805
4	139.55	105	43	45	45	9 724
5	178.25	120	80	42	53	11 948
6	237.10	179	50	58	61	14 102
7	因安装新锅炉停止工作					
8	113.30	120	16	32	36	7 989
9	179.30	194	29	39	54	12 110

续表

月份	实际工作时间（时）	挖泥船往返次数（次）			泥船出泥次数（次）	泥沙排泄量（立方米）
		长距离	短距离	深穴		
10	141.00	141	34	40	51	10 055
11	216.50	201	91	52	76	14 464
12	61.55	59	32	17	23	5 105
总计	1 297.90	1 149	377	333	409	87 302

表26.3 13号测量下流处流量情况（约在特别一区码头之中）

月份	2	3	4	5	6	7	8	9	10	11	12
最大流量（立方呎/秒）	7 118	10 329	8 705	6 178	5 443	5 808	10 561	10 337	7 854	8 013	7 314
最小流量（立方呎/秒）	5 135	6 589	6 581	4 865	4 531	4 349	5 705	7 159	6 573	6 052	5 827
平均流量（立方呎/秒）	6 107	8 901	7 568	5 473	5 032	4 932	8 218	8 966	7 168	7 115	6 380
月份	2	3	4	5	6	7	8	9	10	11	12
最大流量（立方米/秒）	201	292	246	175	154	164	299	292	222	227	207
最小流量（立方米/秒）	145	186	186	138	128	123	161	202	186	171	165
平均流量（立方米/秒）	173	252	214	155	142	140	233	254	203	201	181

表26.4 1935年海河河口及海河工程局材料机器厂水位变化情况（以大沽基准水位为标准）

单位：呎

变化情况			1月	2月	3月	4月	5月	6月	7月	8月	9月	10月	11月	12月	年均
海河河口	潮水	最高	11.00	9.60	10.40	10.30	11.40	11.20	12.70	11.20	11.00	12.00	11.40	10.00	12.70
		平均	7.44	7.97	8.31	8.71	8.93	9.31	9.76	9.93	9.50	8.68	8.50	6.96	8.67
		最低	3.30	5.10	5.00	6.50	6.30	7.40	7.90	8.10	6.80	6.10	5.00	3.50	3.30
	落水	最高	4.70	4.20	5.30	4.50	4.20	5.30	5.60	6.00	6.40	5.30	5.10	5.80	6.40
		平均	1.06	1.07	1.47	1.51	1.86	2.31	2.65	2.22	1.99	1.69	1.56	0.77	1.68
		最低	-1.10	-0.80	-0.90	-0.50	-0.40	0.20	0.40	0.30	0.00	-0.60	-0.30	-1.20	-1.20
	潮差	最高	9.90	9.50	10.10	10.00	10.10	10.40	10.70	10.50	10.10	9.50	9.90	9.00	10.70
		平均	6.38	6.90	6.84	7.20	7.07	7.00	7.11	7.71	7.51	6.99	6.94	6.19	6.99
		最低	2.20	1.80	1.70	3.30	3.10	3.90	3.40	2.90	2.70	2.70	3.50	1.80	1.70
海河工程局材料机器厂	潮水	最高	11.50	10.50	11.00	10.60	11.30	10.80	11.60	12.00	12.00	11.60	11.40	10.90	12.00
		平均	8.77	9.36	9.55	9.42	9.15	9.79	10.16	11.11	10.60	9.60	9.52	7.70	9.56
		最低	5.90	6.90	6.70	7.90	7.10	8.50	9.00	10.00	8.70	7.70	6.90	5.00	5.00
	落水	最高	8.10	7.30	8.10	6.70	6.50	6.70	7.20	8.70	8.90	7.10	8.20	7.80	8.90
		平均	6.01	6.43	6.27	5.54	4.68	4.90	5.19	6.96	6.90	5.50	6.03	5.36	5.81
		最低	4.50	4.90	4.30	3.80	3.20	3.10	2.90	5.40	5.40	3.60	4.10	2.60	2.60
	潮差	最高	4.30	4.50	4.60	5.60	5.10	6.90	6.90	5.80	5.00	5.80	4.90	5.20	6.90
		平均	2.76	2.93	3.28	3.88	4.47	4.89	4.97	4.15	3.70	4.10	3.49	2.34	3.75
		最低	0.20	1.00	0.70	2.30	1.70	3.40	2.90	2.00	1.50	2.10	0.70	0.20	0.20

表 26.5 沿河各段航路在平常潮水时最浅深度（以大沽基准水位以上 8 呎为标准）　单位：呎

河段	1935 年 11 月	1934 年 11 月
自金汤桥至津港下游	13.3	13.3
自津港下游至第五裁弯上河口	13.5	13.3
自第五裁弯上河口至第三裁弯上河口	13.9	13.4
自第三裁弯上河口至第四裁弯上河口	14.7	13.4
自第四裁弯上河口至严庄	14.6	14.7
自严庄至葛沽	15.2	15.0
自葛沽至南开	16.2	16.9
自南开至新河	17.2	17.8
自新河至大梁庄	19.2	18.9
自大梁庄至塘沽	20.5	21.5
自塘沽至大沽	22.6	22.3
自大沽至深穴	19.7	23.3
经浅滩航道之中线	15.5	15.5

表 26.6 1914 年、1920 年及 1935 年红桥潮落水高低情况（以大沽基准水位为标准）　单位：呎

变化情况		1 月	2 月	3 月	4 月	5 月	6 月	7 月	8 月	9 月	10 月	11 月	12 月	年均
1919 年红桥														
潮水	最高			12.49	11.70	9.70	10.70	14.90	16.00	14.60	12.80			16.00
	平均			11.29	9.73	8.63	9.56	11.46	14.87	13.47	11.71			11.34
	最低			10.60	8.90	7.30	8.90	9.10	13.00	12.05	10.50			7.30
落水	最高			11.70	9.80	6.20	6.60	14.60	15.90	14.20	11.80			15.90
	平均			10.32	7.69	4.97	5.52	8.95	14.53	13.06	10.73			9.47
	最低			8.70	5.10	3.20	4.40	5.40	13.40	11.45	9.50			3.20
潮差	最高			1.90	4.00	4.90	5.00	4.30	1.00	0.70	1.90			5.00
	平均			0.96	2.03	3.66	4.03	2.50	0.36	0.39	0.97			1.86
	最低			0.20	0.40	2.10	3.10	0.20	0.10	0.10	0.20			0.10
1920 年红桥														
潮水	最高	11.30	10.60	11.70	11.30	10.20	10.60	11.10	10.90	11.80	10.70	10.90	9.90	11.80
	平均	8.35	8.61	10.10	9.54	9.36	9.71	10.11	9.98	9.81	9.78	9.10	8.02	9.37
	最低	3.30	4.60	7.20	7.80	7.80	8.80	8.80	8.70	8.80	8.60	7.40	4.40	3.30
落水	最高	7.00	6.00	8.90	8.00	4.50	5.20	6.00	4.90	6.10	6.00	5.30	6.40	8.90
	平均	4.50	4.44	6.49	4.65	3.01	3.49	3.99	3.45	3.76	3.98	3.47	3.20	4.04
	最低	2.50	2.10	3.60	2.20	1.40	1.80	2.20	2.00	2.10	2.50	1.30	0.90	0.90

续表

变化情况		1月	2月	3月	4月	5月	6月	7月	8月	9月	10月	11月	12月	年均
潮差	最高	6.40	6.30	6.20	7.00	7.80	8.00	7.50	7.90	8.60	7.50	7.30	7.00	8.60
	平均	3.78	4.18	3.60	4.86	6.84	6.23	6.13	6.52	6.06	5.81	5.65	4.81	5.33
	最低	0.70	0.30	2.20	2.90	4.30	3.80	4.40	4.90	4.10	3.90	3.90	1.50	0.30
1935 年新开河														
潮水	最高	11.10	10.90	11.30	10.30	11.40	10.90	11.10	12.00	11.60	11.10	11.70	10.30	12.00
	平均	9.65	9.81	9.94	9.52	9.00	9.62	9.95	11.26	10.69	9.77	9.88	8.28	9.78
	最低	7.70	8.20	7.80	7.70	7.10	8.70	9.10	10.80	9.70	7.90	8.00	5.80	5.80
落水	最高	9.00	9.00	9.40	7.90	7.30	6.70	6.70	9.50	9.50	8.70	8.50	8.30	9.50
	平均	7.87	8.27	7.89	6.69	5.32	5.42	5.52	8.29	8.42	7.11	7.63	6.85	7.11
	最低	7.00	6.80	6.00	5.60	4.10	4.50	4.00	6.70	6.90	5.40	6.30	5.60	4.00
潮差	最高	3.00	3.00	3.10	4.30	4.80	5.40	4.30	2.90	4.90	3.80	3.30		5.40
	平均	1.78	1.54	2.05	2.83	3.68	4.20	4.43	2.97	2.27	2.66	2.25	1.43	2.67
	最低	0.10	0.70	0.30	1.20	1.60	2.60	3.60	1.80	1.20	1.10	1.20	0.10	0.10

注：5 月、6 月内所记录之数目表示潮流之涨落较其他各月更为确切，5 月、6 月时河流甚微，所有潮落水之差皆由潮力故也。

表 26.7　1934 年疏浚工作情况

月份	"新河"号				"高林"		"西河"号		铁抓式挖泥船		总土方量（立方米）
	天津		陈塘庄		天津		天津				
	工作时间（时）	土方量（立方米）	工作时间（时）	土方量（立方米）	工作时间（时）	土方量（立方米）	工作时间（时）	土方量（立方米）	工作时间（时）	土方量（立方米）	
2	181	6 800	—	—	—	—	53	2 200	39	—	9 000
3	152	6 050	—	—	91	3 675	163	4 600	—	—	14 325
4	68	2 500	—	—	12	5 060	191	7 200	20	—	14 760
5	—	—	—	—	178	9 050	194	8 950	46	290	18 290
6	114	3 303	—	—	170	7 374	175	7 323	78	—	18 000
7	6	200	—	—	188	9 430	204	9 070	109	370	19 070
8	—	—	—	—	181	8 642	240	9 958	67	455	19 055
9	—	—	—	—	180	8 600	169	7 280	112	805	16 685
10	63	1 100	116	6 935	220	9 610	258	11 320	179	520	29 485
11	64	1 240	144	10 070	223	9 240	291	11 750	157	960	33 260
12	74	3 170	—	—	58	2 530	108	3 990	35	—	9 690
总计	722	24 363	260	17 005	1 501	73 211	2 046	83 641	842	3 400	201 620

表26.8 1935年填土工作情况

月份	"中华"号				"燕云"号							填在各坑内之泥量（立方米）	倾倒河内之泥量（立方米）
	天津英租界坑		特一区信德里大坑		特一区湖北路大坑		特一区信德里大坑		陈塘庄				
	工作时间（时）	土方量（立方米）	工作时间（时）	土方量（立方米）	工作时间（时）	土方量（立方米）	工作时间（时）	土方量（立方米）	工作时间（时）	土方量（立方米）			
2	191	9 000	—	—	—	—	—	—	—	—		9 000	—
3	76	3 925	—	—	158	10 400	—	—	—	—		14 325	—
4	—	—	—	—	201	14 500	—	—	—	—		14 500	260
5	—	—	—	—	210	18 000	—	—	—	—		18 000	290
6	—	—	—	—	189	16 521	19	1 479	—	—		18 000	—
7	—	—	—	—	—	—	182	18 600	—	—		18 600	470
8	—	—	—	—	—	—	162	18 600	—	—		18 600	455
9	112	7 720	—	—	—	—	87	8 160	—	—		15 880	805
10	—	—	221	16 050	—	—	59	6 690	43	4 890		27 630	1 855
11	—	—	303	23 190	—	—	—	—	66	10 070		33 260	—
12	—	—	115	7 290	—	—	—	—	31	2 400		9 690	—
总计	379	20 645	639	46 530	758	59 421	509	53 529	140	17 360		197 485	4 135

第二十七篇　海河工程局1936年报告摘编

从河道大沽沙航道的维护状况来看，1936年度工作是极为成功的。在严寒的冬季以后，唯恐永定河会有大的春汛，大量的降雪和上游各支流大量的积水更让人对此有所顾虑。但是，长时间的寒冷正好使雪逐渐蒸发，使冰逐渐融化，即使如此，春汛还是比过去几年严重得多。有些时候，海河泄洪量相当于1935年夏汛时的泄洪量，感谢华北河道局在永定河三角洲所采取的措施。这些措施使永定河携带下来的大量淤泥未对海河构成危害，永定河约227 000 000立方米水量中是所含的1 220 000立方米泥沙顺利注入北放淤区。如果这些泥沙流入海河，天津及其上游河段的航行将受到极其严重的影响。

南面的支流有大量泥沙流入港，经疏浚未对航运造成不利影响。在永定河及北河的夏汛来临之前，还需进行耗资的三角洲整治工作，一些无法避免的行政延误使开工推迟。负责施工的任务者不负众望，终于在6月底以前，即永定河夏汛严重时期以前，完成了任务。不幸的是，6月中旬，北河的一次早期洪水，使天津港内出现了一些淤积，将永定河及北河的水量引入南放淤区的实际日期是7月7日至9月24日。据估计，沉积于南放淤区的泥沙量约为9 427 000立方米。

不论分洪工作取得如何理想的效果，天津港仍然难以避免定期性的淤浅。这是由于当洪水严重时，永定河携带泥沙的河水越过卢沟桥的堤堰，经小清河和大清河流入海河，同时，南面各支流也携带大量泥沙带入海河。

不论如何，由于紧张的疏浚，在大沽基准水位以上8.6呎水位时，吃水14呎的船舶还能保持航行，洪汛期间，航运未中断。

全年之中，大沽沙航道情况特别良好。

从1935年延续下来的信号深度为大沽基准水位以下7呎。3月18日增至大沽基准水位以下8呎。这是因为严冬时，大沽沙航道两侧积聚的冰凌产生水流冲刷的结果，积聚的冰凌像导流坝一样，将水流约束于航道里。

大沽沙挖泥船略为扫平一下，5月16日信号水深又增至大沽基准水位以下9呎。

由于夏季洪水通过河道时会携带泥沙，7月17日水深减少了1呎，但大沽沙挖泥船成功地阻止了水深下降的趋势。年底，信号水深大沽基准水位以下8呎的数字上，还有6吋的余量。大沽沙挖泥船实施的一些革新大大地增加了它的效率。港口水深全年之中保持良好，年底时，取得这样的结果，原因是增加了挖泥支流。单是需从港内挖走的废弃场即超过214 000立方米，这就需要三艘挖泥船以及相应的拖轮和驳船进行有效的工作。

位于内护埝以外，大沽路以西的新吹填区的吹填工作始于 9 月。

与英租界市政委员会缔结了延长中转头地租用期的协议，条款规定了转头地应立即 REB-VNDING。

新的河道普测即将完成，在河道测量最佳的时候，测量人员接获了更紧急的探测新的吹填区的工作，影响了河道测量的完工，河道普测的收尾工作，将于明年补上。

作为一个良好的年份来考虑，其他不足之处可参阅 1935 年及 1936 年冬季破冰队长报告。

寒冷的程度和时长都是罕见的，船舶动态受到影响，有时瘫痪，船舶的延误以及受损是严重的。

本局竭尽全力减轻困难处境，甚至超区域作业，并以极大的开支借用一艘外加的破冰船，对渤海湾内的船只进行援助和护航。

本局考虑到如再发生像 1935—1936 年冬季的情况时，可采取协助船舶的措施。

考虑结果是：

（1）在严重情况下确保航运，只有增购更多出海破冰船。

（2）增加出海破冰船的费用是十分高的。

（3）所增出海破冰船的开支只有在发生类似 1935 年和 1936 年冬季的情况时，才是合理的。

（4）为了在严冬向大沽沙外的船只提供少量救援物品，应做出安排，另外招请一艘 "Christine Moller" 号那样的破冰船，付给船东一笔年度租赁费。

（5）从集中控制的观点出发，应在冰凌季节前组成一个包括本局总工程师、港务长，及天津总商会会长在内的管理委员会。

1936 年 12 月 17 日召开了一次咨询委员会会议，商计明冬大沽口破冰应采取的措施，并决定采取某种税制以收回费用。会议决定，本局破冰船超区作业的税金，应征收特别附加费，为弥补租用额外的破冰船的开支，建立一笔备用资金，要求总商会会长向领事团作出明确的提议。

天津总商会呈交的明确提议如下：

本次天津贸易和航运界会议议决呈请领事团与中国政府接触，批准向河工税和航运船舶征收税金，其用途是为大沽沙外破冰工作提供资金，其数额应为现有河工税及航运税的 10%，征收时间为 6 个月，该资金由海河工程局掌握，仅用于上述用途。

此项提议未获领事团批准。

由港务长天津总商会会长或其代表、本局总工程师及航政局长组成 1936 年和 1937 年冬季破冰管理委员会，其目的在于集中控制破冰工作和其他有关事宜，此委员会对海河工程局管理委员会负责，并向其提呈建议，以供审批。

工程部报告

冬季航行

自做出由本局在冬季利用破冰船尽力保证大沽沙航道及河道的航行畅通的决定以来，1935—1936 年的冰凌季节是最严寒的。

1935 年，报告叙述过该年 12 月发生的情况，这个季节的后半段时间仍然严寒，入港航行数度受阻。

一般来说是可以将海河保持可航状态的，除了少数几天外。当西北风减弱了流速，减少了水深，使冰凌和船只均不能动，河口外及大沽沙的航道直至气体浮筒也是能保持通航的，除非生成于北疆的冰凌被潮水拱托，流入并堵塞河口。可以这样说，如果本局船队一直保持在规定作业区域内工作的话，是可以获得良好的结果的。有些时候，破冰船被招请到港区以外去服务，这样不得不暂停其本来的工作。

因此，管理委员会决定，其破冰船只在极为特殊的情况时，才允许驶往港区以外，如涉及生命安全的情况。

严冬使渤海湾生成大片冰块，有时冰块可延伸到曹妃甸，因此驶往港口极为困难。1 月底，东风袭来，湾内的冰凌积聚在大沽沙前，许多船只特别是主机泄力较小者被冰挟持，随着风的方向漂流。

虽然本局并无这方面的职责，但管理委员会决定对遇险船只进行援助，租用了破冰船"Christine Moller"号在湾内工作。它是在中国唯一适用于此项工作的船只，这项做法和考虑是试验性的，目的在于证实在渤海湾内的冰凌中船舶进行护航是否可行。此外，它的参加摆脱了本局破冰船接受召请在港区以外的工作，"Christine Moller"号起了很大的作用，但在不少时候，援助冰困船舶对它来说，也是十分困难的。

按照，1935—1936 年冰凌季节的实际情况来说，护送船舶通过渤海湾进出大沽口至少要有两艘大马力破冰船。本局的破冰船队如果在不久的将来更新其中几艘，则足以维持天津至 Cas 浮标附近的航行，在特殊严寒情况下，偶尔会有有限性的延误。

应该再次说明，1935—1936 年的冬季是 1933 年以来最寒冷的一年，也是本局担任破冰工作以来最寒冷的一年。

根据 1935—1936 年冰凌季节的经验，组成了破冰管理委员会，包括总商会会长或其代表港务长、本局总工程师及天津航政局分长，委员会的目的是从总的方向考虑，改善破冰工作的方法及手段，并对冰凌严重情况下，航行于渤海湾及港口附近的船舶给予援助问题，予以特别注意。

从破冰的观点来看，1936 年 12 月是一个顺利的月份，虽然从 4 日到 8 日开始的几天有些麻烦。

1935—1936 年冰凌季节的破冰队长报告如下：

1935 年 12 月 8 日，冰凌季节开始时刮起了强烈的西北风，9 日河里及深渊结冰。

"没凌"号于 10 日受命投入工作，"清凌"号及"通凌"号分别于 11 日及 14 日受命投入工作。

12 月 17 日，从北疆下来的很厚的冰凌移过航道，当时湖面"协兴"号、"北河"号、"北熊"号、一艘日本驱逐舰和一艘拖轮，拖有两艘驳船正在深渊的内侧，"湖南"号、"协兴"号、拖轮和两驳船，以及"通凌"号均被推到南疆上。

"清凌"号和"没凌"号竭尽全力援助搁浅船，但无效。

18 日，冰况广播开始发布信号二，20 日以前情况不是十分严重。

20 日转为东北风，高潮时信号水深达 16 呎 3 吋，使"湖南"号和"通凌"号起浮。此后几天，强烈的西北风和寒潮来袭，河里及大沽沙航道积聚相当多冰凌，导致许多船只在大沽沙搁浅。

那天，冰况广播为信号二至信号三，次日改为信号三，河里因强烈西北风而挤满冰块，这种情况持续到 22 日，23 日情况好转，直至 27 日。

12 月 28 日，另一次西北风来临。"Yekishin 丸"号被从北塘下来的厚片冰凌推上南疆，三艘破冰船试图拖其出滩，但无效。当日，发布冰况"困难"信号。次日，冰况转重，西北风严寒，使大沽灯船离开原位。"Yekishin 丸"号在南疆上，被推得更高，当晚，大沽灯船复位。

T. T. L 公司两艘拖轮也被带走入海。

管理委员会下令营救这两艘 T. T. L 拖轮，它们被困在离大沽灯船 2 海里的大片冰块中，"通凌"号和拖轮于 1 月 1 日出发，当晚将它们救回。

1 月 11 日下午 5 时，开始刮西北大风，并有风沙，北疆大部分冰凌漂到深渊处，并将"没凌"号推上南疆，同时"Nanrei 丸"号及"Chohei 丸"号也在大沽沙搁浅，当时，"没凌"号的舵被扭弯，右主机盘车轮破裂。

衷州轮在大沽灯船外约 12 海里处，困于冰中，需"清凌"号于 14 日去救援。

1 月 17 日，由于强烈的西北风、酷寒，大沽沙和河里的冰况变得十分困难。"Hokarei 丸"号报告：曹妃甸外 30 海里有两呎厚的大片冰。

23 日"清凌"号奉命驶往曹妃甸调查冰况，发现大沽灯船至曹妃甸间并无大片冰，但可看到 1 吋、2 吋和 3 吋厚的薄冰片，一些地方有清水。

28 日，开始有东风，渤海湾内的大片冰逐渐移到大沽口。31 日，"天津丸"号和"新京轮"号报告：在曹妃甸至大沽灯船间遇到十分厚的冰，但曹妃甸以外，仅有小冰块。

直到 2 月 2 日早潮，船只虽然有困难，但仍能通过大沽沙，当日下午，潮水、东北风使大量冰凌积聚，当时正在外边的"清凌"号仅能勉强通过大沽沙，回到里边已是次日上午 5：30。

因此，2 月 3 日广播了冰况信号五，这样的情况持续到 6 日。3 日夜里，在航道北侧的航道浮标附近开始生成巨大冰块。为此，港务长向船舶发出警告："渤海冰况已无法航行，船舶航行自负危险的责任。"

6 日早晨，由于西北风及 16 呎的大潮，冰凌稍松动，从深渊到航道浮标间的航道部分重新开放。次日，全部航道，清除并复航。虽然，在深渊的大沽沙处航行仍困难，但从该时起至 16

日，一般来说，有好转，但在灯船处，仍有一块向海外延伸数海里的厚冰。

16 日，有一场强东北风并有大潮（17 呎 9 时），使积聚在北疆的大量冰凌流到河口和深渊。大沽处堆积了从海上来的巨大冰块。此外，赣州、岳州正凌、中利及两艘驳船均搁浅于大沽沙航道进口处的南、北两侧的浅滩上。两天后（16 日和 17 日）航道才重新开放。18 日，大马力船、"Hokarei 丸"号、"天津丸"号、"Choko 丸"号进港，他们报告称：距灯船 20 海里内，有大量冰凌，除此以外，海上很清楚。

19 日下午潮水起，一场东风以后，冰况又变坏。"兵州"号、"徽州"号、"Nikkyo 丸"号及"安利"号等于该潮出港，但到灯船后便动弹不得。

20 日上午 10：30 在"Christine Moller"号租用合同期满离去后，"清凌"号驶援"Chosan 丸"号，该轮船困于航道浮标北侧的大片冰块中，140 名中国旅客从该轮船上下来，在冰上徒步走到破冰船上。由于东方集结的冰凌的缘故，"清凌"号无法通过大沽沙，直到 22 日才通过，靠在信号台码头为上午 10：30。

24 日起，风向转为西北，冰凌转为松动。这样，"Hokarei 丸"号及"Choko 丸"号才得以于 25 日离港。

从 2 月 24 日至 3 月 1 日，冰况仍然很坏，但船只在破冰船护航下可以通过大沽沙。由于水的厚度大且量多，使大沽沙和深渊变得清楚，需要许多呎。在大沽沙被冰封闭时，河里的冰无法泄出，因此，需要清楚积水是大量的。

3 月 1 日以后，情况趋于好转，从 4 日起，广播信号二。最后，于 3 月 15 日停止冰况信号广播。

自海河工程局 1913 年开始破冰工作以来，今年的冰况是最严重的一年。在这段时间里，所有本局的破冰船以及一些船只均受到损伤。

鉴于本报告需包括各种事宜，特以不同标题分别附录如表 27.1 所示。

表 27.1　冰况信号 1935—1936 年

时间	发布时段	信号情况
12 月 18 日	开始发布	信号二
12 月 21 日		信号二、信号三
12 月 22 日	上午	信号三
12 月 22 日	下午	信号二
12 月 23 日、24 日、25 日、26 日、27 日		信号信号二
12 月 28 日	上午	信号二
12 月 28 日	下午	信号三
12 月 29 日	上午	信号三、信号四
12 月 29 日	下午	信号三、信号二
12 月 30 日、31 日		信号二
1 月 1—16 日		信号二
1 月 17 日	上午	信号三

续表

时间	发布时段	信号情况
1 月 17 日	下午	信号二
1 月 17—28 日		信号二
1 月 29 日	上午	信号二、信号三
1 月 29 日	下午	信号三
1 月 30 日	上午	信号三、信号二
1 月 30 日	下午	信号三
1 月 31 日		信号三
2 月 1—2 日		信号四
2 月 3 日、4 日、5 日		信号五
2 月 6 日	上午	信号五
2 月 6 日	下午	信号五、信号四
2 月 7 日		信号四、信号三
2 月 8 日	上午	信号四、信号三
2 月 8 日	下午	信号四
2 月 9 日	上午	信号四
2 月 9 日	下午	信号四
2 月 10 日	上午	信号四
2 月 10 日	下午	信号三、信号二
2 月 11 日、12 日、13 日		信号三、信号二
2 月 14 日、15 日		信号二
2 月 16 日		信号四
2 月 17 日		信号四、信号三
2 月 18 日		信号三
2 月 19 日	上午	信号三
2 月 19 日	下午	信号三、信号四
2 月 20 日、21 日、22 日、23 日		信号五
2 月 24 日		信号五、信号四
2 月 25 日		信号四、信号三
2 月 26 日	上午	信号三、信号二
2 月 26 日	下午	信号三、信号四
2 月 27 日、28 日		信号四
2 月 29 日	上午	信号四、信号三
2 月 29 日	下午	信号三
3 月 1 日、2 日		信号三
3 月 3 日		信号三、信号二
3 月 4—14 日		信号二
3 月 15 日		信号二

破冰船的损伤

"清凌"号。

12月21日：上午9：00，与灯船附近的"Nitto丸"号相撞，由于轮船左舱碰上一块破冰块，造成"清凌"号偏向该轮。损伤部分有：锚链孔，左侧导缆孔，及船首楼甲板上的铸铁件。

1月25日：与北华及浙江轮自曹妃甸返回，至灯船附近，厚冰使舵板弯曲约30度。26日上午8：00在太古修理厂换链，27日9：30完工。

2月23日：由于厚冰，在深渊处，舵板严重弯曲，25日上午1：00在太古修理厂更换舵柱链。

3月4日：靠泊在太古修理厂，换新煤斗卷轴，并于下午4：00拆下舵扇制动器，下午5：00完工。

"没凌"号。

1月11日：下午5：00开始刮西北大风，所有导标被风沙淹没。此滩的水浮动，"没凌"号漂移到南疆，舵弯曲，右主机盘车轮破裂。

1月26日：左主机推力块座裂缝，于27日上午11：00至下午1：00在太古修理厂修理。

2月4日：左主机推力块支承裂缝，于下午2：00在太古修理厂修理，下午8：00完工。

该轮还有其他一些损坏，在河里时，一根支柱断裂，2月24日协助"通凌"号时，边板稍弯曲。

"通凌"号。

1月25日：在河口工作时，推进器失灵，经安装推进器后，于11日恢复工作。

2月22日：舵板由于大沽沙处厚冰而严重弯曲，于23日上午11：00至下午11：00，在太古修理厂修理。

2月24日：由于厚的流冰，搁浅于舵道浮标附近，舵柱断裂并受到其他小损伤，如导孔及舵首楼搁杆断裂，当时该船正由"没凌"号进行援助。此时水流很强，25日下午8：00时，未用拖带，靠妥新河码头。26日下午5：00进沟，3月1日上午10：00恢复工作。

3月10日：在沙尾破冰时，推进器再次失落。

"正凌"号。

1月25日：在葛沽附近，尾轴管时板破裂。

"开凌"号。

12月19日：发现机舱底有裂漏，20日由"正凌"号替代其工作。

1月30日：在上行时，经N.Y.K码头前，丢落一推进器，经重新安装后，于2月6日恢复工作。

船只救援情况如表27.2、表27.3所示。

表 27.2　1935—1936 年船只搁浅情况

时间	搁浅情况
12 月 17 日	北滩厚冰下来，船只在深渊处南疆搁浅
	"湖南"号轮（20 日起浮，由"清凌"号拖出）
	"协兴"号轮（20 日起浮，由"清凌"号拖出）
	T. T. L 公司拖轮及驳船
12 月 18 日	由于雾气造成视线不良，三艘船只在大沽沙搁浅
	"Niigata 丸"号（19 日起浮）
	"Tingsang"号（19 日起浮）
	"SbunTien"号（19 日起浮）
12 月 20 日	水深不足，在深渊的搁江沙灯船处搁浅
	"Nitto 丸"号（23 日起浮，由"清凌"号拖出）
12 月 21 日	由于厚片凌横越大沽沙及深渊，造成四艘船只搁浅，四艘驳船漂移
	"Shima 丸"号（24 日起浮，由"清凌"号拖出）
	成都（24 日起浮）
	北康（24 日起浮）
	南昌（24 日起浮，由"清凌"号拖出）
	四艘 T. T. H 驳船（24 日，拖回两艘驳船）
12 月 25 日	岳州（上午潮在大沽沙搁浅，下午潮起浮，由"清凌"号拖出）
12 月 28 日	被厚的冰凌及西北大风压到南滩
	"Yekishin 丸"号（卸货后在 3 月 21 日起浮）
1 月 1 日	在大沽沙搁浅
	"Tingsang"号（2 日起浮，由"清凌"号拖出）
1 月 5 日	在航道浮标外的南滩上搁浅
	"Fansang"号（7 日起浮，由"清凌"号拖出）
1 月 6 日	在航道浮标附近的北滩上搁浅
	"Yu shun"号（7 日起浮）
1 月 10 日	视线不良，搁浅在北滩上
	"Chojo 丸"号（11 日起浮，由"清凌"号拖出）
	"Niigata 丸"号（11 日起浮，由"清凌"号拖出）
1 月 11 日	由于风沙使视线不良，在大沽沙搁浅
	"Chohei 丸"号（14 日起浮）
	由于北滩的水漂移入深渊，在搁江沙灯船附近搁浅
	"Nanrei 丸"号（14 日起浮，由"清凌"号拖出）
1 月 15 日	由于冰，有两艘船在大沽沙搁浅
	"Shima 丸"号（19 日起浮，由"清凌"号拖出）
	"Chosan 丸"号（16 日起浮）
1 月 16 日	进入航道时，过于落南而搁浅
	"Faksang"号（18 日起浮）

续表

时间	搁浅情况
1月30日	由于厚的片凌，使船只在大沽沙搁浅
	"Tingsang"号（31日起浮）
2月1日	由于厚冰，在大沽沙搁浅
	"Sanshin"号（3月16日起浮）
2月6日	有四艘船只在大沽沙搁浅，这些船只不听从劝其不要进港的忠告
	"Yeiko 丸"号（8日起浮）
	"HsinTai"号（7日起浮）
	"Tairee"号（7日起浮）
	"Peiching"号（7日起浮）
2月7日	由于厚的片凌，搁浅于大沽沙
	"HaPeh"号（8日起浮）
2月16日	受东北大风及严重的冰凌的推移，搁浅于进口航道附近的南、北滩上
	"Kan chow"号（6日起浮）
	"Ying chow"号（7日起浮）
	"Feng hee"号（10日起浮）
	"Chong hee"号（6日起浮）
	两艘太古公司驳船（其中之一于3月3日拖回，另一由"清凌"号拖至太左码头）
2月24日	由于强落流，搁浅于大沽沙
	"Keizan 丸"号（26日起浮）
2月26日	由于强落流，搁浅于大沽沙
	"Yuen Heng"号（3月6日起浮）
2月27日	由于厚冰，搁浅于航道浮标附近
	"LuShan"号（当日下午潮起浮）。
2月28日	由于厚冰，搁浅于搁江沙灯船附近
	"Keizan 丸"号（29日起浮）
3月8日	在航道浮标附近的北滩上搁浅
	"Chunlee"号（9日起浮）

表 27.3　特别援助

时间	援助事项
1月1日	"通凌"号奉管理委员会的命令去拖回 T. T. H 公司困于灯船以外 22 海里处冰中的驳船，上午 6：30 与 "YungFa"号拖轮同时出发，下午 7：30 将驳船拖回
1月14日	"Ying Chow"号轮船被困于离大沽灯船约 12 海里处的大片冰中，由"清凌"号进行援助
1月25日	三艘 T. N. T 驳船漂移至灯船南方 10 海里处，由"清凌"号拖回至灯船附近，全程从上午 6：00 至中午，共 6 小时
	协助夹在曹妃甸冰中的"PeiHua"号和"Chekiang"号两艘轮船，中午从大沽口出发，到曹妃甸为下午 3：00，返回为下午 9：00，回程时，大沽口冰况严重

续表

时间	援助事项
2 月 5 日	"清凌"号带回"Yeiko 丸"号旅客 9 人，他们从该轮船到破冰船，在冰上行走了约 6 海里
2 月 7 日	靠泊于大沽灯船附近的"Nichiei 丸"号上，取回其舵扇，以便送往修理
2 月 13 日	驶往大沽灯船外的 3 海里，为"Nichiei 丸"号送回已修妥的舵扇
2 月 20 日	从大沽口外带回"Chosan 丸"号上的中国旅客 140 名，于 22 日上午 10：30 抵塘沽。他们在 20 日下午 1：00 徒步在冰上行走 3 海里，抵达破冰船
2 月 27 日	"没凌"号驶靠大沽灯船外不远的"Ting Sang"号轮船，将其旅客带返塘沽
3 月 5 日	为大沽口锚地的"Cheong"号输送食物，燃煤及锅炉用水
	装上供应给"Hai Ming"号输送煤和食品，但该轮在破冰船离开大沽沙时，已进入塘沽，这些物品就在塘沽送上
	为大沽口锚地的"Tsengree"号及"Cheong Woo"号输送食品

破冰队队长

M. oki 签字

无线电报员报告
1935—1936 年冬季
报告第一号

X. A. B. 无线电台总办事处，1935 年 12 月 18 日至 1936 年 3 月 15 日：

抄收电报 279 份，合 13 556 字。

拍发电报 193 份，合 4 994 字。

共 18 550 字。

报告第二号

破冰船"没凌"号的无线电台 XPY，自 1935 年 12 月 23 日至 1936 年 3 月 10 日：

抄收及拍发电报 319 份，合约 5 000 字。

报告第三号

破冰船"清凌"号的无线电台 XMEI, 自 1935 年 12 月 18 日至 1936 年 3 月 10 日:

抄收及拍发给船舶的电报约 20 000 字。

抄收从总办事处发来电报 4 994 字。

拍发给总办事处的电报 13 566 字。

共计 38 560 字。

电报员: V. Ramanovich

增补的海上破冰船 "Christine Moller" 号船长的报告

亲爱的先生:

兹将自 2 月 10 日至 2 月 20 日上午,"Christine Moller"号所作的工作报告寄上。

在此, 我可以说, 冰况是十分严重的, 风流使冰凌堆积, 十分坚硬, 因此, 只有使用大马力船只才能随破冰船前进, 晚间, 则几乎不可能这样做, 因为冰凌始终在漂移, 船只看不清我们开出来的道路。有些堆积在一起的冰, 厚达 5~8 呎。

由于大马力和小马力的船只一起航行, 所以进出大沽口护航行十分困难。我认为: 护航应分为两种, 一种是对大马力船, 另一种是对小马力船。如不能办到, 则小马力船必须排在大马力船之后, 并且在出发前发给他们关于破冰船次序的命令。

总之, 冰况是困难的, 进、出大沽口正如我所讲的, 只有大马力船只并有破冰船护航才是可能的。

2 月份航行动态如表 27.4 所示。

表 27.4 关于动态和受阻船只的报告

时间	动态情况
2 月 10 日	下午 5: 00 护三轮出口
2 月 11 日	上午 3: 00 抵大沽口
	上午 7: 00 至 12: 00 协助一轮进口
	下午 5: 30 护三轮出口

续表

时间	动态情况
2 月 12 日	上午 6：00 护一轮返回
	下午 4：15 抵大沽口
	下午 6：30 护一出口，途中协助一船出冰困
2 月 13 日	上午 11：50 抵大沽口
2 月 14 日	上午 7：00 护三轮出口
	下午 2：00 护一轮抵大沽口
	下午 8：00 出航迎大船
2 月 15 日	下午 3：30 护二轮抵大沽口
	下午 8：00—9：00 在大沽口破冰
2 月 16 日	上午 8：00 护一轮出口
	下午 8：30 护三轮至大沽口
2 月 17 日	上午 6：00 外驶
	上午 11：30 护二轮抵大沽口
	下午 1：15 协助一拖轮，外驶并协助二轮进口，抵大沽口时为下午 4：30
2 月 18 日	下午 12：30 护一轮出口
	下午 7：30 护一轮抵大沽口
2 月 19 日	上午 6：30 外驶并协助二轮出口，二轮进口
	下午 9：00 抵大沽口，协助二轮驶出冰凌
2 月 20 日	上午 7：30 在大沽沙为港内破冰船破冰

两艘太古船，夜间，船名不详。

三艘船只出口，夜间，船名不详。

在大沽沙援助拖轮及驳船。

在列名的船只中，有一些在进出口时均予以援助，有些接受援助 3~4 次，当时船只不能跟上护航，我们离开了它们，当经过它们时，再次给予援助。

四艘船只在大沽沙陷入困境，救至安全地点。

轮船长 Christine Moller

J. Johansen 签字

支流

1936 年，春汛分洪所需的工作是从 1935 年 12 月初开始的。1935—1936 年冬季罕见寒冷，因此，上游积聚的水量大大超过往年。加上在正常解冻的前不久，落在流域里的一场大雪，使人对顺利完成分洪工作有些担心。

幸而寒冷的天气持续了一段时间，由于大量降雪有时间蒸发，以及冰凌融化推迟，洪水比预期要小一些。在 3 月 19 日分洪开始时，事实证明这次春汛比多年来所发生的要大得多。有一些日子，屈家店的流量与1935年夏汛流量一样。

然而，一切安排均令人满意，永定河没有将泥沙带入海河。

春汛初期几天里，通过永定河畅通的航道下游段，水位大升，河水越过河岸，使两侧的部分地区泛滥，情况不甚严重。在更下游的地方，河水回到河道之中，分洪未受到阻碍。

后来，该河上游段右岸堤埝发生小决口，河水从该决口流出，沿着永定河三角洲的南堤段进，淹没了邻近的一部分土地，其后，越过二石耳河方嘴的堰，注入浅河。据此表明了该堰是有用处的，只有比较清洁的水下浅滩，所有最近设置的浅洪道都起到了作用。

1936年春汛期间，总共有227 000 000立方米的水，内含1 220 000立方米泥沙排入放淤区，泥沙在那里沉积。

如果这么多的泥沙排入海河，无疑，天津港及海河上游将会淤积导致吃水11呎以上的船舶无法驶入，要恢复航道，将需要大量疏浚。

永定河河水于4月28日回到北运河。

虽然南面的支流在春汛初期造成了一点淤浅，但是进行疏浚以保持港口良好，是可以做到的。1936年春汛期间没有阻碍船舶运行。

为了进行必须在夏汛到来以前完成的永定河工程，必须在卢沟桥将永定河水引入小清河。这个项目流于4月26日完成，三角洲的工程得以立即开工。

这些工程为下列各项：

（1）中河道南侧建了一新堤埝，防止永定河在三角洲里另开一向南的新道。

（2）此堤埝上已备有一水堰，这样可以分出一部分洪水进入三角洲的南部，从该处可以越过二石耳河方嘴的堰和各条泄洪道。

（3）三角洲中的所谓中河道进行了加固和改善。

（4）引水道和放淤地进行了一些小工程。

全部费用为420 000元。

至1936年6月底，全部工程完工。6月29日和30日，在代表国家经济委员会的唐洽湘先生参加验收。

由于一些难以避免的管理上的延误，施工期要很短，只有负责谈工作的人员充满干劲地工作，才能在6月底前完成堤埝建造。

因为早在6月中旬，北河就发生了一次小的洪水，如果能按预先计划那样早一些日子完工，就更好了。这次洪水给天津港带来的一些淤积就可以避免。

永定河及北河河水的分洪是在1936年7月7日进行的。

7月9日、24日和9月5日，永定河发生几次大洪水，当时，卢沟桥的流量分别为790立方米/秒、826立方米/秒和1692立方米/秒，其流域部分泛滥。同期，屈家店进口道的流量分别达142立方米/秒、219立方米/秒和214立方米/秒。尽管如此，分洪还是做得十分令人满意的。

分洪于9月24日终止，当时测得屈家店进口道处的含沙量已下降到0.2%。

夏汛期间，约有9 427 000立方米泥沙沉积在南放淤区。在分洪期间，只有极少量泥沙从上述两河的下游河段流入海河。

但是，必须说明：在任何时候，只要永定河洪水的量过大，当带有泥沙的水越过卢沟桥的堰时，小清河和大清河就将大量的泥沙带入海河。

有好几次，这些泥沙汇合了南部支流中的泥沙，给天津港造成了严重淤浅，需要海河工程局的疏浚设备不间断的工作。

尽管如此，在大沽基准水位以上 8 呎 6 吋时，允许吃水还是保持着 14 呎，在整个汛期中，舵运未曾中断。

展望 1937 年春汛期间的分洪工程，将会是良好的，所有必需的工程均已完成。

大沽沙及其疏浚

1935 年末，信号标志水深为大沽基准水位以下 7 呎（大沽基准面）。

在 1935—1936 年严重冰凌季节时期，舵道水深显著改善，其原因是两侧堆积的冰凌起到了导流坝的作用。

结果，在 3 月 17 日，在"快利"号挖泥船冬后恢复施工时，将信号标志水深增加 1 呎。

经过"快利"号将河床略作扫平，于 5 月 16 日，又增加到大沽基准水位以下 9 呎。

搁江沙水深当时已相等于深渊浅点的水深，根据这个理由，因为不可能发生新的淤积，认为继续挖泥已无必要。

从 5 月 16 日至 6 月 15 日，"快利"号闲置于新河修船厂一个月。

在此段时期，观测到航道开始有些淤浅，"快利"号即恢复工作，勉强将信号水深大沽基准水位以下 9 呎维持到 6 月 7 日，那时，考虑到还是减为 -8 呎为妥，虽然还有一些余量。

从 7 月 7 日起，"快利"号一直继续工作，为了挖除这段时期中常有的航道回淤。此后，未发现有进一步减少信号标志水深的必要，至该季末，测深数字良好，有 6 吋的余量。因此，冬季信号标记水深维持在大沽基准水位以下 8 呎是合理的。

"快利"号于 12 月 1 日进坞，"快利"号全年工作是良好的，这是因为：①新装一台锅炉；②将吸水口进行了改造；③煤的质量。1935 年和 1936 年同样的工作小时，煤耗量下降 12%，所做工作反增加了 12%。

大沽沙堤

本年，堤不需要修理。

河道

全年，河道保持良好。

在春汛期间，驶向天津的船舶允许吃水保持 13 呎。

洪汛过去，将转头窝进行挖深后，于 5 月 18 日增加 6 吋。

允许吃水 13 呎 6 吋一直维持到 9 月 30 日，该日，考虑降至 13 呎更为合理。自该日至年底未再进行变更。

应该注意的是，自 5 月至 9 月（含 5 月及 9 月），潮水在正常情况下高于其他月份。因此，驾驶人员在此段时期内允许吃水 14 呎的船舶驶入天津。

1936 年，夏汛的严重程度未达到足以变更允许吃水。

虽然在夏、秋雨季中，有大量泥沙自内陆下来，但河道并未发生严重淤积。年底时，永恒段常年挖泥的地方进行了小量施工。

在葛沽以下河道进行了用"快利"号改善河床的尝试。挖泥船勉强加深加宽了一点，但是事实证明，如果有链斗式挖泥船，用它来进行同样的工作，将更为经济有效。

可以说，在年底时，河道允许吃水 13 呎是优于 1935 年年底情况的。

在第三裁弯段上端建造的柳条护岸，具有计划中的作用，改善了该段河道。沿河又建造了少量新护岸，但未进行其他较大工程。

河道和岸滩的总走向仍保持原有状况，因为没有大的洪水造成冲刷。

堤岸防护

4 月及秋季，所有护岸坝加添了柳条。

为了改善第三裁弯段，测石 60~62 号间，北岸沿航道的不良曲线建造了全长 470 呎的柳条护岸。

在测石 55~56 号间的陆家庄处，四个护岸延长了共 60 呎。

从原有护岸后侧抽出 453 根杆，加上 22 根新杆，用于新的护岸的施工。

用了 15 660 梱柳条，均由本局供应。

港口（疏浚与吹填）

1 月初，两个转头窝需要挖一些泥，虽然一部分挖泥设施在整个冬季都处于准备工作状态，但是，直至 3 月 25 日春汛到来造成港内有一些淤积之前，还没有紧张挖泥施工的必要。从 3 月 25 日起，挖泥船才继续施工，为了保证转头窝有足够水深，根据需要拓宽航道，有利于船舶靠泊转头窝，使船能航行到万国桥以上。

正如本报告前述一样，今年泥沙流入未达到以前年份的数量，虽然如此，但只要水中含沙量超过一定数量，港内所有人工挖宽部分都会变浅，因而需要挖泥。这样的程序会持续下去，直到海河各支流受到正确的控制或者特大洪水冲刷河床为止。

当年，两艘吹泥船可以使用，加上三艘挖泥船尽力工作，全年均可保证港内水深的良好状态。可以这样说，当年年底的港口情况优于 1935 年年底，但这种状态只是靠增加挖泥来维持的。

本年初，只有一个吹填区（坟地吹填）可用，到 8 月底，得到一个新吹填区的批准，即位于第一特别区南面的"任务吹填"。受线很快埋妥，并于 9 月中旬开始吹填，这个区的面积可以满足好几年混土处理之用。

在前几年，经常遇到搁浅的船舶（如潮水尚不够，转头过去），导致挖泥设施耽误大量时间。因此决定今后免费给搁浅船以协助，只要这类协助有利于挖泥设施工作的进行。

与英租界市政委员会签订了一项安排，由该委员会负责重建中转头窝，多年来，该处情况不准。

值得注意的是：挖泥和吹填量早已超过 200 000 立方米。

本年下半年，有两艘吹泥船可供使用。

今年所挖泥沙特别细，因此，在填筑地内沉积耗时较多，造成泥土处理和筑埝都有巨大困难。

修船厂及设备

修船厂全年忙于破冰船的修理。在 1935—1936 年冬季，大部分破冰船遭到各种大的损坏。但是，应该了解，冰况特别严重，本局的破冰航船渐老，其中四艘已工作了 20 年以上。

天津修船厂的起重把杆进行了修理。

在新河修船厂岸边进行了少量挖泥工程，有利于破冰船在冬季遇事故时进行修理。

"西河"号挖泥船安装了新的挖斗，同时利用机会对其进行了必要的检修。在挖泥季节的最后三个月，它完成的工作证明其效率大有增长。

其他设备均以最低的可能代价，保持可用状态。

河道测量

基本三角网，对所有 30 个基本测点坐标进行计算。

次级三角网，在春季，选择 52 个点，并设置永久性的圆杆、混凝土基座（直径 4 呎，高 1 呎），以及置于基座上的混凝土棱柱。现设立上述永久性标志的点已达 102 个，50 个点的三角测量已完成，67 个点的坐标已算出。

河岸以及河道附近的道路、房屋、提埝，在下列三个地段进行了测量：

（1）从三裁弯段（测石 74）至四裁弯段（测石 87）。

（2）从军粮城（测石 107）至葛沽上端（测石 123）。

（3）从小南窑（测石 151）至河头（测石 164）。

万国桥

经检查发现，梁材暴露部分的锈蚀已侵入原底涂料下的物质，需要补上新的底层及面层涂料。油漆被铲除，打清，涂以两层红丹，外加两层铅漆。

该桥开启 546 次。自 1927 年 10 月 18 日该桥段投产以来，总开启数已达 2 058 次。

结论

可以得出这样的结论，海河经历了又一个良好的年度。未发生严重洪水，本局挖泥设施控制了淤积，全年航运畅通，除了年初外，冰凌严重造成了一些耽误。

不幸的是，今后并不能保证做到这一点。一切重要的海河各支流的总的改造工作尚未落实。耗费大量的资金缓解工作并不能保证海河航运长期维持。在一定有限的条件下，它们能缓和一下淤浅，否则永定河含泥沙的水将带来淤积，但必须记住这种缓解对海河的危害作用。天津港越来越大淤积量的南部支流现已完全失控，很可能不久就会像永定河一样威胁海河。

希望负责整个支流系统的华北河道局很快着手海河各支流的改造工作，特别是对永定河。如果这些工作不能顺利开展，海河的航运畅通难有保障。

水文及疏浚状况如表 27.5 至表 27.11 所示。

表 27.5　1936 年大沽闸洲航道状况　　　　　　　　　　　　　单位：呎

变化情况		1 月	2 月	3 月	4 月	5 月	6 月	7 月	8 月	9 月	10 月	11 月	12 月
标记深度		7.0	7.0	8.0	8.0	9.0	9.0	8.0	8.0	8.0	8.0	8.0	8.0
变化日期				17 日		16 日		7 日					
最浅深度	北线	7.6	7.6	7.6	8.3	9.3	9.3	8.6	8.6	8.9	8.9	8.3	8.3
	中线	8.0	8.0	8.0	9.4	10.2	10.2	8.6	8.8	8.6	8.6	8.10	8.10
	南线	7.7	7.7	7.7	9.0	9.3	9.3	8.3	8.0	8.3	8.10	8.5	8.5
平均深度	北线	8.6	8.6	8.6	9.2	10.6	10.6	9.3	9.3	9.5	9.0	9.6	9.0
	中线	9.3	9.3	9.3	10.3	11.0	11.0	9.9	9.9	9.7	9.3	9.9	9.6
	南线	8.9	8.9	8.9	9.10	10.6	10.6	9.6	9.0	9.8	9.3	9.3	9.0

表 27.6　1936 年"快利"号疏浚作业情况

月份	实际作业时间（时）	往复回数			舍土回数	舍土量（立方米）
		长距	短距	深渊		
3	108	104	50	38	36	7 415
4	80	99	24	25	32	7 276
5	94	107	15	25	33	7 389
6	209	226	67	57	73	18 293
7	184	218	49	54	69	16 816
8	223	235	24	57	78	16 137
9	152	164	22	58	49	10 140
10	201	193	78	49	65	13 652
11	1 251	1 346	329	363	435	97 118

表 27.7　第 13 号测量标之流量（特别一区码头中间）

月份	3	4	5	6	7	8	9	10	11	12
最大量（立方呎/秒）	6 117	7 522	6 030	4 540	7 190	7 225	8 329	7 296	6 489	5 547
最小量（立方呎/秒）	4 987	5 964	4 155	3 734	3 999	6 173	6 276	5 786	4 386	4 203
平均量（立方呎/秒）	5 528	6 736	4 948	4 130	5 752	6 686	7 444	6 814	5 517	4 875
月份	3	4	5	6	7	8	9	10	11	12
最大量（立方米/秒）	173	213	171	128	203	204	236	206	184	156
最小量（立方米/秒）	141	168	118	106	113	175	178	164	124	119
平均量（立方米/秒）	156	191	140	117	163	189	211	193	156	138

表 27.8　1936 年河口、海河工程局材料机器厂干潮、满潮情况　　　　单位：呎

变化情况		1月	2月	3月	4月	5月	6月	7月	8月	9月	10月	11月	12月	年均
河口														
满潮	最高	10.20	10.90	9.80	10.70	10.40	10.40	10.70	10.90	11.60	10.90	10.30	10.40	11.60
	平均	7.19	7.52	7.43	8.51	8.70	9.09	9.35	9.38	9.35	8.85	7.91	7.50	8.40
	最低	3.20	3.70	4.30	4.70	6.30	7.30	7.30	6.50	7.10	5.50	4.10	5.00	3.20
干潮	最高	3.80	5.10	4.00	4.60	3.50	4.30	4.70	5.40	5.40	4.60	3.90	4.50	5.40
	平均	0.74	2.77	1.16	1.41	1.56	2.14	2.16	1.95	1.74	1.40	1.20	0.70	1.58
	最低	1.20	0.00	0.70	0.60	0.70	0.10	0.10	0.20	0.20	0.70	1.50	1.70	1.70
潮差	最高	9.80	8.30	8.90	10.60	10.20	9.80	10.00	10.30	10.30	10.10	10.10	9.10	10.60
	平均	6.45	4.75	6.27	7.10	7.14	6.95	7.19	7.43	7.61	7.45	6.71	6.80	6.82
	最低	2.70	0.90	2.20	2.80	4.30	3.50	3.00	2.50	2.60	3.50	3.50	3.60	0.90
海河工程局材料机器厂														
满潮	最高	9.50	11.40	10.60	10.80	10.60	10.40	11.20	11.10	11.50	10.90	10.50	10.50	11.50
	平均	7.63	8.34	8.56	9.29	9.06	9.48	10.19	10.31	10.27	9.58	8.57	7.80	9.09
	最低	5.70	6.60	6.30	4.90	7.60	7.80	8.70	8.60	8.60	8.00	4.80	4.90	4.80
干潮	最高	7.50	8.20	7.10	7.10	5.90	5.80	6.40	6.40	6.80	6.30	6.20	7.00	8.20
	平均	5.49	6.87	5.06	5.10	4.22	4.12	4.96	5.17	5.15	4.60	4.26	4.04	4.92
	最低	2.70	4.10	3.30	2.70	2.60	2.90	2.10	3.90	3.50	2.70	1.80	1.80	1.80
潮差	最高	6.00	5.10	5.40	6.60	6.30	7.20	7.00	6.50	6.50	7.00	6.10	5.60	7.20
	平均	2.14	1.47	3.50	4.19	4.84	5.36	5.23	5.14	5.14	4.98	4.31	3.76	4.17
	最低	0.10	0.10	0.10	1.30	3.50	3.90	3.60	3.60	3.60	3.70	2.30	0.60	0.10

表 27.9　潮差增减

（以大沽基准水位为标准）　　　　单位：呎

变化情况		1月	2月	3月	4月	5月	6月	7月	8月	9月	10月	11月	12月	年均
1914 年红桥														
满潮	最高			12.40	11.70	9.70	10.70	14.90	16.00	14.60	12.80			16.00
	平均			11.29	9.73	8.63	9.56	11.46	14.87	13.47	11.71			11.34
	最低			10.60	8.90	7.30	8.90	9.10	13.00	12.05	10.50			7.30
干潮	最高			11.70	9.80	6.20	6.60	14.60	15.90	14.20	11.80			15.90
	平均			10.32	7.69	4.97	5.52	8.95	14.53	13.06	10.73			9.47
	最低			8.70	5.10	3.20	4.40	5.40	13.40	11.45	9.50			3.20
潮差	最高			1.90	4.00	4.90	5.00	4.30	1.00	0.70	1.90			5.00
	平均			0.96	2.03	3.66	4.03	2.50	0.36	0.39	0.97			1.88
	最低			0.20	0.40	2.10	3.10	0.20	0.10	0.10	0.20			0.10

续表

变化情况		1月	2月	3月	4月	5月	6月	7月	8月	9月	10月	11月	12月	年均
						1920年红桥								
满潮	最高	11.30	10.60	11.70	11.30	10.20	10.06	11.10	10.90	11.80	10.70	10.90	9.90	11.80
	平均	8.35	8.61	10.10	9.54	9.36	9.71	10.11	9.98	9.81	9.78	9.10	8.02	9.37
	最低	3.30	4.60	7.20	7.80	7.80	8.80	8.80	8.70	8.80	8.60	7.40	4.40	3.30
干潮	最高	7.00	6.00	8.90	8.00	4.50	5.20	6.00	4.90	6.10	6.00	5.30	6.40	8.90
	平均	4.57	4.44	6.49	4.66	3.01	3.49	3.99	3.45	3.76	3.98	3.47	3.20	4.04
	最低	2.50	2.10	3.60	2.20	1.40	1.80	2.20	2.00	2.10	2.50	1.30	0.90	0.90
潮差	最高	6.40	6.30	6.20	7.00	7.80	8.00	7.50	7.90	8.60	7.50	7.30	7.00	8.50
	平均	3.78	4.18	3.60	4.86	6.34	6.23	6.13	6.52	6.06	5.81	5.65	4.81	5.33
	最低	0.70	0.30	2.20	2.90	4.30	3.80	4.40	4.90	4.30	3.90	3.90	1.50	0.30
						1936年新开河								
满潮	最高	9.30	11.50	10.70	10.90	9.90	10.00	10.90	11.00	11.30	10.50	10.10	9.20	11.50
	平均	7.90	8.56	8.79	9.44	8.94	9.21	9.96	10.26	10.19	9.44	8.58	7.79	9.09
	最低	7.50	7.70	6.50	7.90	7.80	7.90	8.10	8.60	9.00	8.10	7.20	5.20	5.20
干潮	最高	7.80	8.70	8.30	7.90	6.40	5.60	7.50	6.80	7.70	7.60	7.40	7.10	8.70
	平均	7.24	7.86	6.76	6.56	5.08	5.08	6.05	6.11	6.14	5.94	5.91	5.55	6.19
	最低	5.80	6.20	5.30	5.20	4.60	4.60	4.80	5.20	4.90	4.50	4.20	4.60	4.20
潮差	最高	2.60	3.40	4.00	4.30	4.90	4.90	4.80	5.00	4.80	4.30	4.20	3.10	5.00
	平均	0.74	0.70	2.03	2.88	4.13	4.13	3.91	4.15	4.05	3.50	2.67	2.24	2.90
	最低	0.00	0.00	0.00	1.20	3.10	3.10	2.30	2.90	3.20	2.70	0.80	0.40	0.00

注：5月、6月的数字比其他月份的读数更真实地说明了潮汐传播，因为在5月、6月期间，河流中的流量很小，高低水位之间的差异完全是由潮汐引起的。

表27.10　1936年疏浚情况

月份	"新河"号				"高林"号		"西河"号		铁抓式挖泥船		总土方量（立方米）
	天津		陈塘庄		天津		天津				
	工作时间（时）	土方量（立方米）	工作时间（时）	土方量（立方米）	工作时间（时）	土方量（立方米）	工作时间（时）	土方量（立方米）	工作时间（时）	土方量（立方米）	
1	—	—	—	—	—	—	117	3 660	—	—	3 660
2	—	—	—	—	—	—	—	—	—	—	—
3	—	—	—	—	—	—	49	1 800	—	—	1 800
4	52	—	—	—	195	8 850	315	8 790	153	660	18 300
5	189	—	—	—	162	7 230	183	7 680	45	180	24 925
6	173	9 835	—	—	179	8 820	161	6 115	131	—	26 835
7	155	11 900	—	—	205	10 890	—	—	29	—	22 350
8	169	11 460	—	—	193	10 380	—	—	36	150	21 150

《海河工程局年报》摘编

月份	"新河"号 天津 工作时间（时）	土方量（立方米）	陈塘庄 工作时间（时）	土方量（立方米）	"高林"号 天津 工作时间（时）	土方量（立方米）	"西河"号 天津 工作时间（时）	土方量（立方米）	铁抓式挖泥船 工作时间（时）	土方量（立方米）	总土方量（立方米）
9	138	8 620	—	—	181	8 970	63	2 820	245	1 860	22 270
10	166	6 070	—	—	224	12 090	227	9 860	107	460	28 480
11	110	4 450	130	5 795	228	11 730	258	11 205	198	975	34 155
12	126	4 650	—	—	76	2 910	68	2 430	97	270	10 260
总计	1 411	67 605	130	5 795	1 646	81 870	1 446	54 360	1 041	4 555	214 185

表 27.11　1936 年吹填情况

月份	"中华"号 天津第一特别三区池 作业时间（时）	土方量（立方米）	天津任务填充池 作业时间（时）	土方量（立方米）	"燕云"号 天津第一特别三区池 作业时间（时）	土方量（立方米）	天津任务填充池 作业时间（时）	土方量（立方米）	陈塘庄 作业时间（时）	土方量（立方米）	吹填总量（立方米）	倾倒总量（立方米）
1	112	3 660	—	—	—	—	—	—	—	—	3 660	—
2	—	—	—	—	—	—	—	—	—	—	—	—
3	42	1 800	—	—	—	—	—	—	—	—	1 800	—
4	267	17 640	—	—	—	—	—	—	—	—	17 640	660
5	326	24 330	—	—	—	—	—	—	—	—	24 330	595
6	329	24 875	—	—	—	—	—	—	—	—	24 875	1 960
7	249	21 930	—	—	—	—	—	—	—	—	21 930	420
8	235	21 150	—	—	—	—	—	—	—	—	21 150	—
9	204	17 550	—	—	—	—	36	4 440	—	—	21 990	280
10	194	13 290	—	—	—	—	111	15 030	—	—	28 320	160
11	151	13 230	84	7 380	1	210	38	5 460	41	5 880	32 160	1 995
12	—	—	41	2 746	15	1 788	48	5 726	—	—	10 260	—
总计	2 114	159 455	125	10 126	16	1 998	235	30 656	41	5 880	208 115	6 070

第二十八篇　海河工程局1937年报告摘编

本年度工作概况

日本军队和地方保安队之间的冲突使海河工程局的工作暂时停止了，这段时间为7月29日至8月3日，在此期间进行了海河工程局船只和设备安全停放以及沿河各处稳定工作人员的工作。在万国桥进行了日夜守卫，而且必须表彰比尼斯基和罗曼诺维奇，他们两人是大桥的负责人，在险峻的情况下忠于职守，疏浚工作8月3日开始。塘沽和新河完成了急需的测量工作，而且在冲突期间"快利"号也从大沽沙坝疏浚工作中散了下来，除去被塘沽的一名日本兵枪击毁坏了西沽水闸以外，海河工程局的财产没有任何损失，人员没有任何伤亡。

在海河放淤工程委员会指挥的请求下，放淤工程由海油工程局于1937年9日10日临时接手，通往放淤区的引河的决口已被修好，把即将来临的春汛引到南淀的准备工作已着手进行。

"海河"号汽艇于9月29日售给大连 KISEN KAISALA 公司。

感谢维持和平委员会和日本当局采取的有力的和有效的步骤，以及海河工程局总工程师穆勒有经验的建议，天津的城市和租界才能免遭洪水一样的灾害，今秋发生的洪水情况与已往经历过的大不相同。8月才开始下暴雨，但看上去受到影响的河流只有永定河和北运河，两条河水中的洪水向下流来，西部和南部的支流像往常一样平静。由于军事冲突，不可能维持测量站的工作，以致不能提前了解汛期情况，以及为洪水到来而做准备工作。接近9月底，洪水显然已达到外防护堤外围了。因为洪水正在进入位于河道田边的小港和低洼地区，所以我们立即向当局建议关闭外防护堤的闸门，这两条河流之间长约100哩，宽约75哩，从德州至天津的大片土地被淹没了。谣传于牙河河系的支流沪沱河也在发大水，洪水通过专为从洪水中挽救天津而在于牙河下游决的口子，然后溢流过南运河左岸，流过南运河，重建自己的河床，进入海河，南运河水上升到了几乎要淹没南大堤顶部的高度了。南大堤是天津的最后一道防线，南大堤曾发生小规模决口，但由于注意及时采取了适当的措施，在这些小决口酿成危险之前就被修好了。9月28日，由于在独流镇南2哩的南运河右岸发生决口，情况就要恶化了。据说这个决口很快扩大到400米宽，以致很大的一股水量又加到了天津的南部及西部防线，外防护堤外围的土地已被淹没了，在下两周内情况非常险峻。在天津城市后面的南运河大堤决口依然存在的情况下，外防护堤外围的水位持续上升。由于缺乏对溥沱河地区洪水泛滥的明确认识，整个形势非常危急。10月12日，由于西河比原来的水位下降，天津背后的危险减轻了。随后，九关南运河及西河水位进一步下降，减轻了从北面发生意外的危险，外防护堤外围的情况仍有不少危险。直到 10 月 22 日，外防护堤外围的水量和第四次裁弯处向海河的排水量形成了平衡，经历了很大危险的外防护堤能否顶得住其外围的洪水——强劲的西风是最可怕的因素。从 11 月中旬起，大堤被维持和平委员会保护起来了，水位也下降到安全水位，在所有洪水排走之前就结冰了，以致大范围的冰冻只能等到春天才能解冻。在夏季到来之前就着手修复，每条支流有可能流经新的河道，导致整个河系彻底混乱。

冬航

1 月 27 日夜间之前，冰况还是令人很满意的，当天气突然间变得非常寒冷并且没有落潮水，在盐地和南窑造成水位塞，这样就使"潮南"和"庭桑"的进港晚了一个潮水。

除这两件小事以外，航行没有困难，1936—1937 年冬季海河和大沽沙令人满意。

2 月 22 日，冰况广播停止了。

1937 年 12 月初一些冰板漂入大沽沙航道，直到 12 月 22 日才开始使用破冰船。截至年底，冰况一直保持变好态势。

大沽沙航道

当 3 月 31 日大沽沙挖泥船"快利"号开始工作时，在挖泥船上进行的测量结果表明，航道标记深度仍有大沽基准水位以下 8 呎。自 1936 年 6 月 7 日以来，一直维持着这个深度，5 月 11 日进行测量的结果表明，在中心线上有一呎多的富余量，在进线上有 6 吋多的富余量。因此，疏浚工作停止了，"快利"号从 5 月 12 日起停止工作。接近 6 月中旬时，在老航道上观测到有淤泥沉积，"快利"号 6 月 16 日又开始工作。7 月和 8 月，"快利"号的工作由于连续降雨和能见度太低而受阻，7 月 31 日至 8 月 8 日需要撤退下来是因为 8 月的强大落潮。8 月的大量淤泥被带到大沽沙，8 月 25 日测量结果表明，深度下降大约 1 呎，尤其是在招商局瞭望台里边。9 月 4 日，必须将标记深度由大沽基准水位以下 8 呎降到大沽基准水位以下 7 呎。尽管"快利"号工作令人满意，但海河输出量仍在增大，河口以外不断淤积。天气状况及新船航行的干扰使测量工作不能准确进行，粗略的测量后于 9 月 18 日将标记深度降到大沽基准水位以下 6 呎。受 10 月排泄的影响，天津港最大排流量为每秒 38 139 立方呎，这个流量冲刷海河的每个截面，冲刷下来的泥沙淤积在大沽沙航道中。10 月 14 日标记深度降至大沽基准水位以下 5 呎，10 月 19 日降至大沽基准水位以下 4 呎，10 月 29 日又降至大沽基准水位以下 3 呎 6 吋。由于大沽沙的浅滩，"快利"号只能在一次高潮期工作 3~5 小时。但在 11 日情况有些好转，这时标记深度已上升到大沽基准水位以下 4 呎 6 吋。11 月 18 日刮起了强东风，潮汐运动夹带了大量的还没来得及在航道岸边降下来的泥沙进入航道，并埋没了北线。11 月 22 日标记深夜不得不下降至大沽基准水位以下 2 呎 6 吋，这就使大沽沙航道达到与 1917 年秋季洪水之后相同的深度。立即对大沽沙进行观测，发现若将航道线向南移动 78 呎，可以加深 10 呎的吃水深度。立即在新航道线上进行疏浚，将北线向南移动 75 呎，原来的北线就变成了将来的中线。这样一来，测量结果表明深度上升 2 呎，12 月 9 日标记深度上升到大沽基准水位以下 4 呎 6 吋。"快利"号于圣诞节前撤回，过冬之前集中挖泥，使标记深度上升到大沽基准水位以下 5 呎 3 吋。

海河

永定河春汛时向淀北放淤工作于 3 月 2 日进行，由于在夏汛之前要将铁路桥梁升高。此桥横跨放淤系统的引河，流向海河的永定河水要在含沙量下降到民害含量之前进行。改道工作于 4 月 11 日之前进行，到 4 月 21 日，港口内含沙量已达到 0.08%，通过不断的疏浚转头地的办法。将航道吃水保持在航行吃水 13 呎（大沽基准水位以下 8 呎）也有可能，但是在 4 月 29 日将吃水降至 12 呎是稳妥的。因为整个港口的停泊地都已淤积，以致吃水 13 呎的船只不得不停靠在远离岸边的地方。5 月借港口工作令人满意，但 6 月又经受了严重的挫折，6 月 13 日永定河发生了一次不正常的早汛，与放淤工程有关的北宁铁路大桥的提高工作尚未完成。大量泥沙不断流入港口，以致 3 个半月的疏浚工作全部付之东流。6 月 12 日容许吃水深度降至 10 呎。永定河放淤工程于 6 月 23 日生效。接近月底时河况有所好转，港口下游已无淤积现象。7 月 30 日，战舰"升海"号在中转决地中间沉没，转头地因此停用，放淤工程 8 月进一步进行。尽管引河北岸于 8 月 23 日发生决口，但用了一夜时间就修好了。虽说屈家店经常开放，南部支流含泥量较高，港口和海河都有淤积，能够维持吃水 10 呎是因为水位升高。9 月 2 日放淤，引河北岸峡口淹没了北平至天津的公路，威胁着铁路线。海河放淤委员会已无能为力，海河工程局接管了放淤工程，并于 9 月 25 日修好了决口。9 月 2 日至 25 日，夹带了大量泥沙的永定河水流入海河，结果使港口及上游淤积。接近 9 月中旬时，观测发现航道深度增加了许多，这个深度一直持续到 10 月底，航道河床都在大沽基准水平以下 10 呎。显而易见，冲刷来源于平海河流量加大。10 月，天津港观测流量为每秒 38 139 立方呎。第四次裁弯处的流量为每秒 40 000 立方呎，如此排泄，天津周围被淹，到 11 月淹没天津周围农村的洪水逐渐退了，天津及租界都免遭洪水之灾害。为了尽可能在洪水过后保存清水，新开河上的海洪闸于 11 月 18 日全部关闭。

海河的洪水泛滥一般都有利于航行，自 1925 年，反常的大洪水以后，海河主要来自永定河的泥沙面变得狭窄了。1909 年，永定河三角洲尽快扩张到了海河第三裁弯处，天津处于严重威胁之下。采取一个减少淤泥的计划就是将永定河超负荷的三角洲扩大到北运河左岸的低洼地区进行放淤，这成功地阻止了对海河的侵犯，但是整个海河截面仍受限制。今年的大洪水对于清除沉积物有利，并且改善了自然特征，也加剧了海河结构上的一两个众所周知的弱点。

当海河被冲刷时，大沽沙滩免受损失。尽管这对于航运及商业极为不方便，说来是件坏事，实际是件好事。在河口外发生的变化非常快，在过去 10 年中零度等深线向大海方向前移了 4 100 呎，现在到了 1927 年大沽基准水平以下 2 呎等深线的位置。自 1927 年大洪水以后，目前的大沽沙航道的线路被认为是最合适的航道，原来的航道比现在的靠北，目前的迹象表明，或许有一个更适合的航道。现在航道靠南边，关于采用新航道的优越性的研究将于 1938 年春季通过。

海河测量工作已经完成，新图纸也已印出。

在蔡家庄修建了总长度为 450 呎的护岸，并将已有的护岸延长了 30 呎。

原有在卢家庄的护岸加以延长，总计长度为 205 呎。

在坟地弯道新漆了许多柳条把子，在卢家庄和蔡家庄的护岸也是如此。

这次海河整治工程使用的材料有2万根木桩和6 034捆柳木。

万国桥本年度开桥442次，自建桥以来共开桥2 500次。

工程部门报告

冬季航行

1936—1937年的结冰期天气非常温和，12月的几天及1937年1月底没有再经历过严寒的天气，冰冻标志一直是2号——即令人满意的——整个儿冬天都是如此，而且2月22日结冰广播就停止了。

从破冰角度来讲，1937年12月也是天气温和的月份，几乎不需要进行破冰工作，我们也发现没有必要在本月份内再广播冰况。

尽管气温比较低，但海河仍没有结冰，这主要是因为秋季被洪水淹没地区的清水排泄到河中，导致连续不断的退期。

由于北线滩的淤积达到了使结在堤岸上的冰在合理的高潮时也保持冰结在地面上这样的程度，所以在12月大沽河上的冰况也是格外令人满意。

支流

1937年，永定河与北河的春汛放淤工程于1936年12月完工，放淤工程于3月2日开始起作用。

不幸的是，必须在比较早的一天，即4月11日进行运转工作，因为254号北平—沈阳铁路大桥必须在夏汛到来之前建好，为的是在放淤工程进行的几年当中尽可能地使用河南淀的进入航道，河淀淤积达到了铁路工程师们认为上升的水位，将导致威胁大桥安全的程度。

铁路当局在当年秋天并没有像人们期望的那样准备承担这项工作，但是他们于1937年3月从中国华北水利委员会管辖下接手放淤工程的海河转向委员会，准备在春汛和夏汛之间进行这项工作。由于人们认为必须在夏汛到来之前将大桥做一些改动，所以我们决定提前放淤，并希望春汛的余下部分将不会有危害。

铁路当局以最快的速度进行这项工作，到6月23日，放淤工作就已经可以进行了，但是碰巧今年是对于此项工作不幸的一年，因为春汛持续到5月5日，而夏汛早在6月9日就开始了。

返转工作从6月23日至9月5日一直未受干扰，在此期间，一个受影响而发生的进行航道的决堤放淤的河水必须进入海河。

考虑到存在的特殊条件，这个委员会于9月10日接管了放淤工程。

决堤候补工作立即着手进行，9月26日放淤工作重新进行，直到11月2日最后的放淤工作完成了。今年年底，委员会又进行1938年春季永定河和北河的放淤工作的必须工作。

本年度永定河和北河都没有发大水，但是在放淤工程被截断的这两个期间，淤泥多得可以使天津港引起搁浅。在春汛期间，淤积在河淀的淤泥大约有 400 000 立方米，夏汛期间大约为 1 200 000 立方米，在这两个汛期，大约有 750 000 立方米的淤泥被冲入海河。

1937 年秋汛

我们不能肯定是否会影响 1937 年秋季发生的，1937 年发生的秋汛在一个时期威胁了天津城市和租界，而且如果成为现实就会出现与 1917 年发生的大洪水同样严峻的真实情况。

正如大家所知道的北河和永定河，与大清河及其支河一样，从未达到过高水位。放淤工程在整个夏、秋两季都在屈家店进行，除 9 月中的三个星期外，当引河发生堤岸决口，放淤的水流必须流往海河，其间南部支流的大洪水还未暴发。

据居住在省关地区的传教士和 9 月在滹沱河附近筑路的一些工程师说，这条河流在每年的一段时间内有着不寻常的大量的小流量，甚至大约每秒 15 000 立方米。

目前，没有南部支流的可信的数据或许永远也不会得到，因为通常由中国华北水利委员会建立起的观测站由于今年秋季河北省的特殊条件而全部被放弃了。

天津今夏的降雨量较大，7~9 三个月的总降雨量大约为 25 时，但是阵雨实际上对支流的河流输出量没有影响，所仿造的是内陆降雨，如降在内陆省份山西或绥远，本年度这些地区没有得到任何信息。

今年直到 9 月中旬才开始上升，并且缺乏边远地区河况的情况，当报告到来并被以后的考察证实有广泛的地区方圆几百平方英里的土地被洪水淹没时，的确令人大吃一惊。

这些洪水泛滥主要是因为为了军事用途而挖开堤岸导致的，这也就解释了为什么不能观测到海河河水流量不断增加的原因。被淹地区积聚的洪水如此之多，以致看上去简直不能令人相信这些水仅是由滹沱河一条河流提供的。但是无论洪水从何而来，都由被淹地区的水逐渐聚集而不是由支流提供的实际水量，导致天津周围洪水形势这么危急。如果支流可以以正常开工排泄，海河的流量早就会上升，并且停留在天津以西的水量也会不断地大量减少。

直到 9 月中旬，人们才普遍清楚这些大量的洪水正向天津移动。那时，大水已到达连接王河左岸和子牙河右岸的独流，我们做出了很大努力将这股水势的主流转向子牙河；但是已经为时过晚，洪水冲过独流的横坝堤，在杨柳青冲过另一条横坝堤顶，到达天津西站附近的北郊。在那里形成一个方圆几百平方英里，坐落在玉河左岸与子牙河右岸及西河之间的湖泊，在子牙河和西河的右岸发生了几次决堤，为的是缓和形势。当西站附近一条匆忙修复的横坝成功地抵挡住汹涌的河水时，形势很快就变得固定住了，即上述湖泊的排泄涌入相等了。这个形成的面积为几百平方英里的湖泊的水位达到海拔大约（于 10 月 9 日）大沽基准水位以上 24 呎，并在一个较长的时期内对天津形成一个严重的威胁。

如果我们真的还没有修复好上述的横坝，就一定会发生一次严峻的灾难，因为那时存留在这个湖泊中的水会涌入御河，而御河的形势在今后我们也会看到，已经非常危急了。

独流横坝被洪水冲过的同时，洪水也涌入了御河和牙河，两条河距离天津比较近，是西河的一部分。

（1）御河，也叫大运河，从天津城市北部流过，并在那里被一条急需修补的大坝分开。通过其左岸的许多处决口，御河得到一个比其自身宽度所能够要得多的水量。其水位不断上升，到 10 月 9 日，国家城市河流工程入口处大约为海拔大沽基准水位以上 21 呎 5 吋，这比 1937 年在同一地点最高海拔高度还多出 1 呎。为了表明形势的严峻，我们将提到在城市区域内御河堤坝实际上发生的小决堤是在两种情况下发生的。

（2）同时，西河水位也大幅上升，主要是因为流进了沿子牙河决堤的水，10 月 9 日在上述河流工程的西河入口处的水位上升到大沽基准水位以上 22 呎 1 吋，这比 1917 年大洪水时的水准还高出大约 1 呎，而且水几乎在紧挨着新红桥的上游冲破西河堤岸，正如以上我们所看到的，天津在 3 个方向受到洪水的威胁。当水从这三个地方涌来时，那时是非常危险的，因此我们决定在紧靠天津附近，通过扩大一些堤岸的决口的办法缓和局势，这些决口早已发生在独流的玉河右岸上，这样可以从西到南在天津周围的平原上存储额外的水量。

采取这样的步骤是完全可信的，因为在一些时期天津周围的平原已经被马厂减河和御河的决堤流出的水填满了。而且在目前的条件下，关闭是不实际的，由于缺少合适的信息，预见外防护以外的水流海拔高度是不可能的。

不过我们认为这是可以采取的唯一办法，而且为了肯定在第四次裁弯处向海河排泄正在转向跨过平原的河水，已经进行了一次考察。

为了尽可能多地限制流往天津周围平原的水量，我们亦然决定打开折直闸，并且在马场运河的右岸进行挖掘，使运河上的一道闸进入正常运行。

经平原的大水部分排泄，立即影响到天津北部所有危险地区的水下降，几天后，这个方向的洪水危险已经下降，所有努力都可用在外围堤坝的防护工作上。

外围堤坝是一条长 15 英里的土堤，它建于 1917 年天津洪水之后的 1918 年。它完全不受任何保护，也不能够实现建立它的目的，即保护拥有 100 多万人口的天津。

这次，平原大洪水由独流附近而发，水位上升到最大限度大沽基准水位以上 14 呎 7 吋，这只比 1917 年天津大洪水低了 1 呎。要不是在杨柳青发生了决堤，正像曾经发生过的那样，不是被动的。主动的水位上升很高，堤岸就会毫无疑问地决口。

一如既往，决堤的危险仍然很大，这只是因为没强西风，加之公共事务部及日本城市委员会的联合务力，才没有发生严重事件。

独流发生决堤这是有益的，经过平原而排泄到海河中的水很快就上升到大约每秒 40 000 立方呎，使海河在第四次裁弯下游的水上升到 62 000 立方呎。这么大量的河水本不能被这么迅速地排泄，通过海河上游流域。而且，其结果也应该是在光秃的地方积水，最大可能是灾难性结局，因为那里的堤坝不能够承受任何的水位上升。

从 10 月 9 日起，独流流出的水量开始增加，到 10 月 25 日，外防护堤以外的水位达到最高权限，为大沽基准水位以上 14 呎 7 吋，直到 11 日中旬，水位才下降 1 呎 5 吋，对天津来讲洪水的危险才算过去。那时外防护堤以内的水位大约为大沽基准水位以上 9 呎 5 吋，以致水位上一直存在着 3 呎 7 吋的差别。

没有必要提及虽然天津及租界幸运地避免了一场大洪水，但是在成千上万平方哩被淹的偏僻的乡村的人员却忍受巨大的痛苦。

为了与前几年的洪水做比较，摘取了一些数据：

1937 年，海河最大输出量为每秒 38 000 立方呎，同时新开河的水流量为每秒 13 000 立方呎。

1917 年，海河的最大水流量为每秒 33 000 立方呎，新开河当时只被建成一条洪流河，水流量比现在少得多。

1929 年和 1925 年，海河的最大水流量依次为每秒 53 000 立方呎和每秒是 57 000 立方呎，在那几年中，海河的截面比目前宽得多。

1917 年红桥水位最高为大沽基准水位以上 20 呎 70 吋。

1924 年红桥水位最高为大沽基准水位以上 20 呎 80 吋。

1925 年红桥水位最高为大沽基准水位以上 19 呎 60 吋。

1937 年红桥水位最高为大沽基准水位以上 20 呎 70 吋。

1917 年在海河工程局修船厂处的最高水位为大沽基准水位以上 15 呎 90 吋。

1924 年在海河工程局修船厂处的最高水位为大沽基准水位以上 15 呎 50 吋。

1925 年在海河工程局修船厂处的最高水位为大沽基准水位以上 14 呎 20 吋。

1937 年在海河工程局修船厂处的最高水位为大沽基准水位以上 16 呎 10 吋。

今年港口的水流速比以往任何发生洪水年份的相同条件下的水流速都慢的原因是：

（1）涌入的水只来自西河，北部支流的所有水都在屈家店放淤。

（2）从 10 月 2 日至 11 月 22 日新开河水的排泄一直不停进行，最大水流量约为每秒 16 000 立方呎。

（3）由于通过城市的御河的截面受到限制，河的水流量相对比较小。

（4）10 月 12 日流经平原向天津南部涌去的水开始在第四裁弯处向海河排泄，随之而来的后果是水放淤后向海河上游流域流去，同时下游水流速度增加了。

一般地说，海河的洪水泛滥是有益的。

港口已经加深了大约大沽基准水位以下 10 呎，为了有利于船只的停泊，明年春季还要在几个地方沿码头进行疏浚。

我们很高兴地注意到，港口前面的码头无一受到毁坏，这在很大程度上是由于今年的水流速度较慢，也是因为以上所做的参考。

沿海河的河床也已冲到大约大沽基准水位以下 10 呎，但是河岸所受严重的侵蚀影响到河湾的几处凹陷边。

为使各条支流恢复到它们原先的线路，需要大量的工作和资金。

最重要的项目，即修复玉河右岸及马场运河左岸，为的是避免天津南部平原重复发生洪水，据报告说正在良好地进行，并希望于 1937 年底完成。

对于修复其余的堤坝决口，据天津最近的记录，马场闸的修复比较重要，因为天津的饮水资源主要依靠于此。但是得不到任何消息，我们希望 1938 年的春汛将会是适宜的，并在 1938 年以前影响到所有的必需的堤坝修复工作，如果不是这样，南部乡村的整个河流引河系统就可能会被彻底毁坏，包括天津和海河的航运。

必须强调的是沿天津的外房护堤和玉河堤应该被加固，重新建立所谓的内堤是明智的，靠着这个内堤泵吸设备的工作就可以进行。这类设备是在 1917 年洪水之后几年在海河工程局的建议下安装的，虽然今年的泵吸工作不得不从一个广大的、与外堤相连的地区进行，但是它证明了其实用性，它使这整个儿地区的水位在 3 个月的时期内连续下降 15 英吋。

大沽河和大沽沙疏浚

1936 年年底，标记深度为大沽基准水位以下 8 呎。

"快利"号于 3 月 31 日开始工作，大沽基准水位以下 8 呎的标记深度很容易就被维持住了，到 5 月 11 日水深测量表明已经取得了一个大于 6 吋的深度，"快利"号于 5 月 12 日停止了疏浚工作。由于航道内发生小量淤积，"快利"号于 6 月 16 日重新工作。

水中淤泥含量比较适宜，我们发现维持大沽基准水位以下 8 呎的标记深度是可能的，而且可以一直维持到 9 月 4 日。但是，在那时一个来自南部支流的大洪水开始了，并影响到航道逐渐淤积，直到标记深度降至大沽基准水位以下 25 呎，这是在 11 月 22 日，即在 2 个半月的时间内损失了 5 呎 2 吋的深度。

大洪水的后果通常是河流的加深。那里的泥沙被夹带到大沽沙，部分积在航道内和河口外的线滩上。这些线滩在一些地方淤积达到 2 呎，冬季到来之前，便向大海伸展到前所未有的程度。为了刺激航道，进行一次测量，发现航道内深水位于航道南线以南 75 呎处。因此，北寻航标被移动到南部标记以南 75 呎的地方，由于这个测量和以后所有的疏浚工作，发现在浮冰使疏浚工作有危险之前将标记深度上升至大沽基准水位以下 5 呎 3 吋是可能的。

然而，12 月对于"快利"号的工作是有利的，因为发现疏浚工作持续到 12 月 23 日是可能的。

能否维持航道目前的走向，或者以后是否有必要在更东南方向修一条航道都取决于 1938 年春季，当大沽沙上情况稳定之后进行测量。

大沽沙堤岸

今年内大沽沙堤岸不需要任何维修。

位于南堤外端的绿灯向陆地移动 120 呎，因为原处被冲刷，威胁了它的稳定性。

海河

今年初对于驶入天津的船只来讲，可行的吃水深度为大沽基准水位以上 8 呎。

尽管春汛时从南部支流涌入大量淤泥，永定河及北河提前被淤，海河河况大致还比较令人满意。可行的吃水深度的下降是由今年晚些时候天津港水深度的下降引起的，同时，海河自天津下游至大海一段一直是没有任何变化的，直到来自被淹地区的清水到来之后。

清水的到来，逐渐使水深加深，到年底，整条河的航道都加深到最低为大沽基准水位以下 8 呎，但是由于大沽沙淤积严重，透支航运不能充分利用这大好时光。

幸运的是，水流不是很强，所以对河堤岸的冲刷，尤其是河湾的凹陷部分不是非常严重，但有几处除外。明年，当被淹没地区导流工作结束时水位变得正常后，将对这几处地方进行考察。

第三次裁弯的较上端的防波堤令人满意的与河流走向维持着一条直线。

堤岸保护

6月，在蔡家庄、卢家庄及坟地弯道裁弯处的现存防波堤上种植了新树木。

为维持第三次裁弯处测量水准点 60~62 号的现存的防波堤，不在蔡家庄防波堤之间建起总长为 450 呎的 4 条防波堤。

在卢家庄，延长的 6 条防波堤长为 205 呎。

从霞村现存的防波堤内端撤换下来 164 根木桩，为修建新防波堤及延长老防波堤又用了 123 根木桩。

需要 6 034 捆树木，都是由海河工程局的柳树种植地提供的。

港口（疏浚和吹填）

今年年初，为将春汛时南部支流冲下来的淤泥挖走，需要在转头地及海河岸地区进行疏浚工作，永定河及北河提前放淤增加了这一工作的难度。4 月 29 日发现，尽管大力进行疏浚，维持来天津港的船只的可航行吃水在大沽基准水位以上 8 呎是不可能的了，因此，将大沽基准水位以上 8 呎下降至 12 呎。

5 月 5 日春汛退去，重新为改变港口条件而做努力。

已经期望可行的吃水上升 1 呎，当 6 月 10 日永定河提前发生的汛期开始时，河水不能被放淤到河线中，因为 25A 号铁路桥的变化已在两天的进程中，港口淤积达到了可行吃水深度下降到 10 呎（大沽基准水位以上 8 呎）的程度了。

以后当永定河及北河放淤工程进行时，大量的淤泥通过西河涌了过来，而且在来自乡村被淹地区的清水来到之前，可行的吃水深度不会有什么改善。

港口的航道逐渐加深到大沽基准水位以下 8 呎，但是经码头沉下了许多泥沙，为了船只在 1938 年春季停泊，一定要将它们挖走。幸运的是水流和冲击都比较适宜，因为如果不是这样，一些码头就会暴露在严重的冲击之下，而直倒场的危险正是如此，除了管理人员没有精心维修的几处之外，秋汛时没有受损的地点。

英租界城市议会于 3 月完成中转头地的码头工作。

疏浚及回填的工作量相对来讲都比较少，因为在今年过去的三个月中，几乎没有工作。

今年年初，两个泵站都在运行之中，淤泥都用于坟地吹填及教堂吹填。

修船厂和设备

修船快于修理设备。在挖泥船"西河"号上安装了新齿轮，吸扬挖泥船安装了新锅铲，更新了部分甲板，也更新了已经使用 35 年多的吸扬挖泥船的船壳，这条挖泥船仍被广泛地使用。

潮河测量。海河测量实际已经完成,一套新图纸已印刷出来。

万国桥。没有在万国桥上进行任何特殊的主要工作。小齿轮不得不进行更换,因为有一个齿已经坏了,为使清理和喷漆工作顺利进行,在接近主要部分安装了一个进口。

今年,万国桥开桥共 442 次,自万国桥建成典礼(1927 年 10 月 18 日)举行以来,总开桥次数为 2 500 次。

结论

最后我们就航行条件来讲,天津港和海河今年年底的状况令人十分满意。与往年相同,大沽沙在汛年之后总是严重的淤积,而第二年总要花费巨大精力来提高航行条件。在农村仍有几处决堤,不幸的是,在 1958 年春汛到来之前,不可能将这几处决堤修复,因此,我们希望明年汛期不会太长,不然,外防护堤外围就有再次被淹没的危险。

治标工作花费很大,期望此项工程能够清除永定河的淤泥使海河变浅的危险,而且已经顺利地进行了几年。但是它表明,这样一个因素就是要有个组织来控制这个工作,它必须拥有随时按需要使河流改道及复原的全部能力。如果不是因为今年秋汛,永定河今春过早的恢复老航道以及夏初改道放淤太晚了,情况早就不好了。为了此理由,需要坚持使洪水在一年之内顺序分流到南海或北淀区放淤。

第二十九篇 海河工程局 1938 年报告摘编

财政

本年 10 月 20 日举行第 417 次委员会，会上讨论了工程局的财政困难，引起了委员会的注意，从以下两方面看：

（1）专门设计的改进海河计划是工程局的临时措施，但在中日战争时期，工作资金日渐减少。

（2）政府每月拨款减少，工程局的正常税收也大为减少。

委员会给最高领事写信，说明工程局面临的困难情况，信的内容由领事团开会讨论通过。

1937 年 11 月 2 日，由信使把信送给外交官，最高领事陈述了海河工程局的财政困难，并且由领事团商定，动用海河改进附加税和桥税的存款来解决这一困难。

（1）1937 年工程局税收透支，弥补这一项共用 158 755.17 元。

（2）1937 年的放淤工作和 1938 年淀南春汛放淤工作，共用 26 000 元，为了使海河工程局今后保持良好状态。

（3）同意工程局从 1938 年开始，征收海河改进附加税和桥税要比以前多。

同意的结果，工程局于 1938 年 1 月 14 日收到海关总长的来信。

先生：

海关检查长 12 日来电，提出可采取临时措施，特此通知如下：

（1）每月从我们所收的税收中付给你们 7 790 元（自 1937 年 11 月 1 日起扣除 30%），从上次收到之日起继续按期支付，直到将来改变为止。

（2）按照你们的平衡表所计算的数字，立即付给你们海河改进附加税和桥税。

（3）自 1938 年 1 月 1 日起，每 10 天一次，将收到的海河改进附加税和桥税拨给你们工程局。

非常明显，以上所订的暂时付款办法在任何时间都可以停止，工程局应该知道这是官方照顾你们，相当于预支。将来中国政府需要时是要偿还的，工程局同意每月提交给中国政府一份详细的账目，包括使用情况、收入和支出。

冬季航行

大沽沙和海河的冰况在 1 月、2 月格外容易，去年秋天的洪水继续向下流，再加上落潮，使海河冰凌很容易疏散出去。没有东风，沙留田和大沽灯船之间形不成冰堆，也吹不到深海来。1 月 6 日和 1 月 20 日，预西北风使奇闻骤然下降，但可喜的是这两次风都是短期的。

破冰船的主要工作是帮助拖轮船，冰季大沽沙经常有很多船。

1938—1939 年，冰季天气温和。虽说如此，破冰船很早就进入岗位待命。1938 年 12 月，只有几次破冰服务，对船舶的冰况广播于 12 月 26 日开始，第一次公告表示冰况良好。

大沽沙航道

由于冬季特别温和，大沽沙挖泥船可以提前于 2 月 18 日出无坞，紧接着参加大沽沙的挖泥工作。在 1937—1938 年冬季，将"中华"号泵站改为吸扬式挖泥船，并于 2 月 26 日去大沽沙帮助"快利"号工作，3 月 14 日测深由于挖泥的作用，公布水深可以增加到大沽基准水位以下 7 呎 6 吋，4 月 7 日又增加到 6 呎 6 吋。5 月，深度没有增加，因为两个挖泥船时常因为暴风雨而工作中断，挖走的泥由于波浪的作用又淤上了。6 月，天气良好，挖泥数量比上月高 1 倍，没有做回声测深，只由"快利"号做深度测量，看得出比公布水深又深了 6 吋。虽说如此，无论如何汛期即将到来，公布水深不能改为大沽基准水位以下 7 呎。7 月，日本特别军事代表团命令两个链斗式挖泥船出来到大沽沙外边工作，妨碍了两艘吸扬式挖泥船的工作，挖泥量降低了，紧接着从海河冲刷下来的泥沙沉积在大沽沙。7 月 30 日，公布水深由大沽基准水平以下 6 呎 6 吋下降到大沽基准水位以下 7 呎 6 吋。8 月、9 月同样情况，8 月 14 日水深降到大沽基准水位以下 5 呎 6 吋。9 月 8 日为大沽基准水位以下 5 呎。9 月末，大沽沙下淤了，因为利用两个链斗式挖泥船挖大沽沙航道，使水深仍保持在大沽基准水位以下 5 呎。一直到 11 月底，都知道航行时有效的深度决定于大沽沙最浅的一点，吸扬式挖泥船在整个航道上挖泥，每天只能挖一小段，深度的增加不变，链斗式挖泥船可以挖得深一点，但也只能挖一小段，吸扬式挖泥船今后只能给它当运泥船。因为链斗式挖泥船不能航行，直到它挖完 15000 呎的航道。11 月 28 日前，链斗式挖完了航道的全长，公布水深只能达到大沽基准水位以下 7 呎 6 吋，因为链斗式挖泥船在挖泥的过程中有一部分深度又损失了。经验证明，链斗式挖泥船不宜于在大沽沙航道挖泥，有三个理由：①用吸扬式挖泥船"快利"号给它运输是个损失；②链斗式挖泥船的工作费用为"快利"号得到同样效果的 7 倍；③链斗式挖泥船工作时，在航道的狭窄处对航行船只有阻碍。

链斗式挖泥船撤走后，"快利"号又恢复工作，在整个大沽沙航道中挖泥，希望它在撤走之前挖深半呎。但由于 12 月中旬的东北风，波浪的作用使航道重新淤积，以致毫无进展，"快利"号于 12 月 20 日进坞修理，航道水深仍维持在大沽基准水位以下 7 呎 6 吋。

海河

今年一开始，就对排水和航行有关的诸多问题非常担心。

去年秋天洪水后积存的水冻成了冰，围绕在天津四周地区。尽管在冰冻开始以前，海河有大量的排放，所有的堤坝包括各支流都处于悲惨的状况，由于农村的混乱情况，不能做一个粗略的测量以确定堤坝的真实情况。夏天发生的大洪水影响整个农村的命运，有一点叫人安慰，事实上永定河河道完全存储了 1937 年的洪水。3 月 19 日，永定河南堤决口，河水从三角洲的顶点跑了出去，穿过南堤流经老河道，沿着南堤围绕着三角洲。为了对付这种偶然性，设计建造了一个坚强的十字堤，引导三角洲的水向南流，在贾沽庄返回到中间引河。第二道防线在郑家楼，被土匪破坏，永定河的水流入了三角洲的南段，然后在 ERH-SHIH-ERH-HAO FANG-TEU 流入堤坝，按它自己的航道经过两河流入海河，这个灾害对海河没有什么严重后果。因为在 ERH-SHIH-ERH-HAO FANG-TEU 地方的堤坝有足够高度，可以使春汛期间的大部分泥沙沉降在三角洲里。但是这种情况对接之而来的夏汛存在着极大可能的灾难。这种做法很讨厌，假如旋风到来，有可能再次发生洪水。1924 年夏天有过这种情况，近期的做法是纠正三角洲的这种情况，要早些时候承认。唯一的办法是集中力量修理郑家楼重要堤坝上的缺口，为了能让永定河完成第一次改道，从卢沟桥流入小清河。这次改道成功以后，海河工程局又注意到修理郑家楼的破口，这项工作最后终于由中央复兴局来执行。

7 月 7 日将永定河和北运河的水引到淀南放淤，但时间不长，三角洲发生了大规模的破坏，7 月 14 日在郑家楼新修完的决口处又重新开了口子，在永定河三角洲堤坝最下头又开了两个口子，在屈家店和唐家湾的下边，永定河的放淤成为不可能了，它和其他支流一样直接流入了海河。港口的含沙量迅速上升，使港口变浅 2~3 呎，但航行的吃水深度并未改变，因为与此同时，上游各支流的泄水量大增，使得天津的高潮水位提高了 3 呎。侥幸的是，永定河的洪水不再高涨，很快又落了下去，流量也很大了。另外一件事是，在初夏时当地下了特大雨，支流的六个汇水地区只有一个汇流到海河来，影响严重。在北运河和大清河汛期，子牙河、滹沱河和卫海都很温和正常，8 月末挖泥船在转头地、停泊地和沿码头挖泥，海河一般只有看得出来的小问题。

船舶在中转头地转头，或在海关大楼前行驶，允许吃水由 7 月 27 日的 14 呎降到 11 呎，但是到 8 月 29 日又回升到 14 呎。

11 月支流下来，水量很大，含沙量不大，海河狭窄地段也有所改进，到 12 月 16 日海河吃水深度提高到 15 呎。

无论如何，必须强调这种情况是侥幸得来的。一般情况下，支流决口就有水灾的可能性，加之不可抗力阻挠挽救工作，想使大自然的破坏力充分发挥，可庆幸的是大自然没有让他们得逞。

"快利"号被劫

一件令人非常惋惜的暴行发生在 4 月 28 日下午 7：00 的"快利"号上，它在深渊下错误停泊。

"快利"号大约在下午 6：00 挖完泥收工在深渊下锚，不到 7：00，来了两艘船板，比渔船略大一点，靠在"快利"号船边，舢板上的人上到了"快利"号上，用手枪对准水手长。当时舵手（杨臣吉）正在值班，就拉了警报，一部分海盗直奔船尾进入船长室，船长正坐在椅子上休息，一下子就被打死了，身上中了四五颗子弹，然后搜查了三个监督的房间，拿走了他们想拿的东西，又去船长房间偷了一些衣服，他们绑架了四个船员出海去了。

张云生是一级老大，杨臣吉是值班舵手，杨金生是五级电工，王锡忠是副司机。

除船老大外，其余三个俘虏于被俘的当天晚上又逃了出来，禁闭他们的渔船由两个荷枪的看守看着他们，走到了河口南面 11 海里，在离岸 2 海里处下锚过夜。当时是 4 月 28 日晚上 10：00 左右，土匪向岸上呼唤舢板，但是岸上没有人答应。午夜前，荷枪看守和俘虏都睡着了，利用这个良机，杨臣吉、杨金生和王锡忠蹚水到岸上，并且找到了回村的道路。老大张云生没能逃走，因为有个警卫睡着了，把腿压在他身上。6 月末，老大被释放了。

这个残忍的事件丧失了 Kikuo Hosobuchi，工程局的一位非常好的有价值的职员，委员会及海河工程局全体职工致以深切的哀悼。

永定河放淤计划

所有放淤工程、水闸、放水闸、堤埝等使用和维护工作原来由海河放淤工程管理局领导，自 9 月 10 日起，暂时移交给天津海河工程局管理，工程局于 7 月 5 日着手接管。

海河治理工作

4 月，将已经淤了的护岸的元木桩拔掉，储存用于延长其他护岸。

5 月、6 月在海河北岸 47 号及 49 号测标之间，全长 320 呎，修筑了四个新护岸；在芦家庄延长了五个老护岸，共延长 62 呎；在蔡家庄延长了九个老护岸，共延长 157 呎。

总共从本局柳林（坟地裁弯）新做了 11 930 捆柳把子，编入老的或新的护岸中。

9 月，为被冲刷的 80 呎河岸做了护坡，在四段裁弯的上游。

大沽沙治理工作

7 月，从横堤和北堤转角处拔回 92 个混凝土板桩。

万国桥

本年度开桥 998 次，从建桥之日起，累计已开桥 3 498 次。

工程部门报告

破冰

2 月冰凌很少，航行无困难，能够如此，原因有三：①天气温暖；②1937 年的洪水；③没有刮东风。

天气比较暖和，只有两次低温天气，是由西北风引起的。一次是 1 月 5 日，一次是 1 月 20

日，但两次时间都很短。

1937 年秋季的洪水泛滥面积很大，到 1938 年初还没有完全泄走，因此，各支流的汛水水面很高。1938 年 1 月的平均流量为 12 000 立方呎/秒，前两年的 1 月同期只有 4 600 立方呎/秒。在 1 月寒流所形成的大量冰块很快就被大水冲到了海里，因为流量大，落潮时，流速大、水位高，但在海河弯道处形成的冰堆阻碍了行船，也阻碍了潮水的自由流动。

在大沽沙、深渊和海河口航行仍很容易，因为大部分在沙留店和大沽沙之间的河岸边形成的薄冰板留在大沽沙外边，正常冬季有强东北风时驱使这些冰块向大沽沙、深渊和海河口流动。

破冰船"泽凌"号上的无线电广播电台呼号 XNEI 每天广播冰况，自 1 月 5 日开始，至 2 月 17 日停止。

1938 年 12 月最后一星期也是一个暖和天气，船只航行没有困难。虽说刮过几次西北风，风既不大，时间也不长，对潮水没有影响，落潮水流很快，是可以把海河中形成的冰板冲走的。

从 11 月中旬起，破冰船"工凌"号、"开凌"号、"正凌"号和"没凌"号准备待命；12 月 3 日，"泽凌"号准备好；12 月 19 日"通凌"号准备好。

12 月 26 日，奉命开始每日广播冰况报告。

大沽沙及大沽沙挖泥

船长 Kikvo Hosobvhi 的死亡使人深为惋惜，他在"快利"号挖泥船上惨遭杀害，他是有责任心的、尽职的、有高度评价的职员。

今年的挖泥工作范围扩大，以前从未这样干过，两艘吸扬式挖泥船"快利"号和"中华"号，还有两艘链斗式挖泥船"汉新丸"号和"奥达（NODA）丸"号，在大沽沙航道和深渊的浅滩处挖泥，在 3 号鼓和大法灯船之间工作。

"快利"号从 2 月 19 日开工，"中华"号于 2 月末开始。链斗式挖泥船"汉新丸"号每小时 540 立方米的工作量，6 月 3 日参加工作；"奥达丸"号每小时 670 立方米工作量，于 7 月 10 日开始工作。后者在大沽沙航道外口工作，而"汉新丸"号则在深渊工作。两船一起向大沽灯船方向挖泥，8 月，"快利"号工作时间受到限制，9 月间它从航道上被拖走，因为有两个链斗式挖泥船在深渊工作。10 月 3 日，"中华"号停止在大沽沙挖泥，回到天津，进坞冬修。11 月 28 日两艘链斗式挖泥船停止工作，只留"快利"号一艘船继续挖泥工作到 12 月 20 日。

本年初公布水深 5 呎 3 吋，由于"快利"号工作的效果水深从 3 月 16 日升至 6 呎，4 月 12 日又升至 6 呎 6 吋。6 月末公布水深达到 7 呎，但是北河的春汛在下季以前到来。到 7 月、8 月、9 月淤泥继续增长，水深下降，7 月 30 日降到 6 呎，8 月 14 日降到 5 呎 6 吋，9 月 8 日下降为 5 呎，直到 11 月 29 日公布水深维持在 6 呎。等到链斗式挖泥船在大沽沙工作完毕，水深又上升到 7 呎，强东北风 12 月 15 日至 16 日刮来，由于波浪的作用，水深又下降 6 吋，因此，盼望水深升到 8 呎是办不到的。

四个挖泥船只能把大沽沙航道水深增加 2.5 呎，事实是夏天和秋天是挖泥的好季节，"快利"号自己工作也使水深从大沽基准水位以下 5 呎提高到大沽基准水位以下 7 呎 6 吋，那三艘船与"快利"号不同，在航道中挖泥利少弊多。

"中华"号挖泥船没有泥舱，它挖出来的泥又泵回到河床里，两个链斗式挖泥船虽说日夜工作，但每天只能前进 110 呎。进度慢是因为它和驳船吃水太深，挖泥船只能挖大沽沙基准水位以下 12 呎的地方。为了在落潮时能浮起来，航道底部只有大沽基准水位以下 5 呎，挖掘深度需要 7 呎，泥驳吃水 12 呎 6 吋。汉新号在大沽沙的里头工作时，每一次潮水只能工作 3~4 小时，工作时间受限制，水位至少要在大沽基准水位以下 6 呎 6 吋，泥驳才能拖到海里去倒泥，挖泥船经常要移动，四个锚也用去不少时间。链斗式挖泥船挖大沽沙、航道及深渊的浅滩，全长 15 000 呎，吃水在大沽基准水位以下 12 呎，前边挖后边淤，4 呎 6 吋的深度又重新淤上。链斗式挖泥船每天只挖 7 呎深 110 呎长，而"快利"号可以挖半呎深 15 000 呎长，等于深渊的全长。"快利"号单独工作时，深度有所增加，从船舶航改可以看出来，今年的经验再度证明，吸扬式挖泥船是最合适大沽沙航道挖泥船只的。

大沽沙堤岸

从放弃不走的老大沽沙、航道的北堤及老横堤转角处，拔走混凝土板桩。

支流

1. 永定河、北运河及其放淤区

（1）春汛。2 月以后天气温和，山上的雪和各支流的冰都开始融化，永定河和北运河的含沙量也增加了。2 月 25 日，这两个支流的水来到了淀南，永定河的流量在屈家店测量大约是 6 立方米/秒，到 3 月 4 日为 55 立方米/秒，到 3 月 6 日达到 186 立方米/秒，到 3 月 19 日停留在 40~60 立方米/秒，然后，到 3 月 21 日突然下降至 8 立方米/秒。流量突然下降的原因是，继续流经屈家店的只剩下一部分，永定河在三角洲的入口处改道了，沿着三角洲的南堤到郑家楼，然后经过航道中线的新南堤的缺口，进入三角洲的南部，再翻过一个低坝进入西河。由于发生了这个情况，3 月 29 日放淤区不再放淤了，也没有多少泥沙经过防水闸门了，春季大约有 680 000 吨泥沙沉淀在淀南，有两种情况使港口水深不致大量降低：①永定河的流量和含沙量都降低了；②由于 ERH-SHIH-ERH-HAO FANGTZU 的低坝的作用，有大部分泥沙沉淀在三角洲。这个低坝，当河水没有翻过它以前，河水在三角洲里大面积扩散，使泥沙发生沉淀，它还可以防止河水在三角洲里冲刷出一条深沟。假如河水在三角洲的出口已经形成了一个深沟，并且有坡度，河水的含沙量会相应增长，那样就要考虑三角洲内的水土流失问题，同时永定河在流入西河以前含沙量也会大增，4 月中旬春汛退去，天津的含沙量减少。

（2）夏汛放淤的准备工作。1938 年永定河向淀南放淤，想要泥沙流入放淤区，需要永定河调转流向，是屈家店闸门，解决这个问题的办法是重新使用以前的在三角洲中间的老航道。这条道春汛时已经淤死了，既无资金又无足够的时间，在夏汛到来前挖开这条 60 公里长的老航道。唯一的办法是关闭郑家楼堤上的口子，并且挖一条引河通往老航道，在它的东头并没有完全淤死，能继续从永定河流过中等水量。为了完成这个工作，使河水流通无阻，永定河在流到三角洲以前，需要临时改道，办法是在卢沟桥给永定河修一个横堤，迫使河水流入小清河。

（3）卢沟桥堤。于 4 月 24 日开始修建这条堤，5 月 11 完工，建造及保养至 7 月 7 日止，共用 19 000 元，为了挡住河床，使用了沙袋子 13 000 个，放在河底当作堤的基础。开始修堤时，永定河的流量只有 20 立方米/秒，为了在这样良好的情况下完成修堤工作，夜里也工作。400 个人黑夜轮班工作，工作期间流量没有上升，到 5 月 11 日永定河改道成功，全部水量流入小清河。

三角洲的工作又奉命开始，但由于这个地区非常混乱，需要派车队保护，为了这个原因，有些工作直到 7 月 7 日才由中央复兴局来完成，同一天挖开在卢沟桥的挡水堤，永定河进入，经河道流入三角洲，再流向屈家店。

（4）夏汛。幸运的是永定河夏汛到来很晚，第一次汛期是 7 月 20 日。以前那些年汛期早在 6 月 9 日就来到了，7 月 7 日屈家店开始放淤，北运河的水 7 月 20 日流到。当时永定河的水夹杂大量泥沙，正再次流向屈家店，三天的工夫，12 月 13 日和 14 日永定河的全部水量放入淀南。7 月 14 日在郑家楼土匪把堤破坏了，同时永定河的大部分河水进入了三角洲的南部，漫过小堤坝进入西河，只有一小部分河水继续流入到屈家店放淤区。7 月 24 日放淤停止。7 月 20 日永定河流量开始上升，7 月 23 日到达最高峰，7 月 26 日又开始下降。永定河流量增加的结果，使三角洲的南部水位暴涨，农民挖开了屈家店下游的东堤和北洋大学附近的唐家洼。天津河水的含沙量从 23 日的 0.21% 长到 26 日的 0.28%，海河上游淤浅了 2~3 呎。永定河另外一次高峰汛水发生在 8 月 10 日，9 日的流量为 55 立方米/秒，10 日涨到 260 立方米/秒，这次汛水没有在海河淤积，今后永定河流量一直不高。今年，永定河夏汛比往年小，但北运河有点反常，往年它的流量和含沙量都很大，它的流量在 5 月末上升到 20 立方米/秒，到 6 月 4 日升到 116 立方米/秒，并带有大量泥沙，幸好颗粒很细，全流到港内去了。北运河流来泥沙，结果是转头地弯淤积了，但由于挖泥的作用，还能保持足够的深度和宽度，海河的航道无大变化，几乎所有的泥沙跟着落潮流到海里去了。等到 8 月、9 月，北运河的平均流量大于永定河。

2. 西河

幸好南部支流有几个月供给大量的清水，7 月末港口淤浅 2~3 呎时，西河的大水能使天津的水位上升 3~4 呎。港口有泥沙淤积，实际水位是上升了，直到 12 月中旬，清水的流量不减。与此同时，永定河的含沙量很小了，海河开始被冲刷，夏汛时期沉积在港里的泥沙全被冲到海里去了，航道的深度和宽度变得比汛期时更好。

各条支流的洼地在下雨时存满了雨水，落雨量和落雨的时间对海河的疏浚和航行都有利，使得流入海河的泥沙全冲到海里去了，今年夏天海河的深度甚至没有暂时变浅的时候。

海河

年初，允许上天津的船只吃水深度 140 呎，正常高水位为大沽基准水位以上 8 呎，全年都保持了这个深度，只有中转头地例外，大约有一个月的时间，允许吃水暂时降低，但到 12 月 15 日增加到 15 呎。

春汛给海河带来的泥沙不多，春汛来得早，到 3 月 9 日开始放淤。夏汛有两个时期含沙量很大，第一次高峰是 6 月初，海河的泥沙是北河的春汛冲下来的，北河下来的泥沙颗粒非常细，可以完全跟着落潮冲到海里去，只有转头地的湾子里在这个时期有点淤泥，对航道并无影响。第二次高峰是 7 月 23 日，永定河的汛水带下来的并不能放淤，带下来的泥沙虽说同 6 月北河带下来的一般多，但对海河的影响却很大，海河含沙量的增大，是因为河水的流量和流速增大。这些泥沙沉积在海河的上游，使得河床淤浅 2~3 呎，海河落潮，水不能全冲走这些泥沙，因为它比北河的泥沙颗粒粗大。幸好南面各支流也正是汛期，汛水流入海河增加了天津的水位 3~4 呎，这样一来，增加的水深比淤浅的还大。永定河的汛期很短，放淤作用不大，在 ERH-SHIH-ERH-HAO FANGTZU 的小堤内储存了许多淤泥在三角洲内，在 9 月、10 月、11 月甚至 12 月内，子牙河一直供给定量的清水，结果航道的深度和宽度都有所增加，到 12 月 15 日公布允许吃水 150 呎。

堤岸保护

5 月间从护岸的里边拔走 371 根桩木，因为堤岸已经用泥土修好，木桩不需要了。

5 月间新修了四个护岸每个 80 呎长，在坟地弯道海河北岸 47~49 号测量水准点之间，在芦家庄有五个护岸加以延长共 67 呎，在蔡家庄有九个护岸加以延长共 167 呎。

每个护岸都加入了新柳把子，共 11 930 捆柳条，来自本局柳林，位于坟地裁弯处。

在第四裁弯处上游修建了 80 呎长的一条护岸在海河南岸。

港口（挖泥及吹填）

泥沙来自各支流，虽说永定河春汛很小，夏汛更小，但泥沙还够一年忙碌挖泥的。夏汛到来之前，挖泥船在转头地工作，并沿着各停泊码头挖泥，夏汛到来，转头地需要经常挖泥，沿河两岸也经常淤积经常挖泥，1938 年在转头地和码头边挖泥量如下：

上转头地挖泥量为 3 400 立方米。

中转头地挖泥量为 18 300 立方米。

下转头地挖泥量为 18 100 立方米。

在法租界河边万国桥和海关之间挖泥 28 800 立方米，海河北岸不需要挖泥，那边是弯道的西面。下转头地和中转头地之间挖泥 24 000 立方米，大部分在河东岸。西岸英租界段只挖泥 4 600 立方米，在下转头地和英孚油公司之间特别三区河岸挖泥 7 000 立方米，特别一区这边挖泥 27 200 立方米方，在士石油公司和美孚油码头之间挖泥 2 000 立方米，被丰纱厂河边挖泥 4 500 立方米，在大公纱厂（KANEBO）前挖泥 1 400 立方米，海河修理厂门前挖泥 3 500 立方米，其余工作是在河里挖沟和几处泵站进水口挖泥。

港口全年状况良好，只有一个很短的时间（7 月 27 日到 8 月 29 日）。在中转头地海关前边，暂时降低吃水，从 14 呎降到 11 呎。春汛期间，泥沙淤积在岸边和转头弯道上，海河航道并无变化。夏汛时，泥沙大量来到把河床淤浅了 2~3 呎。到秋季由于南边支流的大量清水和挖泥的作用，淤泥又清除了，整个港口包括转头地和码头前沿情况良好。

挖泥工作从 2 月 23 日开始，挖深转头地，于 12 月 20 日停止，全部挖泥量为 146 760 立方米。去年为 112 840 立方米，不同的是 1937 年秋季根本不需要挖泥，因为清水和急流维持了航道的深度及码头岸边和转头地的深度。

吹填

由于"中华"号去大沽沙航道挖泥去了，天津泵站只剩下"燕云"号一艘船，从挖泥开始一直把泥沙吹填到传道会洼地和墓地洼地。

修船厂和机械设备

修理一个码头工作船，在新河船厂建立三个铁水灌，并给水罐盖了一座砖房子。

万国桥

今年不需要修理，共开桥 998 次。

永定河流入海河的泥沙及其对海河及大沽沙航道的影响（自 1926 年以后）。

海河有一个主要的特点是，与世界上其他河流不同，它河底的高度经常变化。有时发生在非常短的时间内，一天之间可以把河床淤高几呎。清水来时的强度速也可以再冲刷几呎深，如 8 天之内可以淤浅 5 呎 6 吋。1927 年 3 月 22 日，海河深度 17 呎 6 吋，到 3 月 30 日变成了 12 呎。

由永定河流入海河的泥沙是惊人的，在海河上游测量，并计算泥沙的淤泥数量，分别每年春汛和夏汛进行统计。为了能够看得出来"减轻淤积计划"的作用，在放淤区沉积的泥沙也从 1932 年夏汛起分别计算。1932 年放淤区第一次开始工作，对于一些颗粒非常细的泥沙，它不能沉积在河床上，被落潮冲到了海里呈悬浮状态。这部分数量在统计表上没有，因为也没法计算，只有沉积在河床上的泥沙以及长时间留在那里，才能够测量出来，才能计算。

永定河泥沙情况如表 29.1 所示。

表 29.1　由永定河夹带下来的泥沙数量　　　　　　　　　　单位：立方米

年份	春汛期间		夏汛期间		年度总计		永定河三角洲每年流出数量
	流入放淤区	流入海河	流入放淤区	流入海河	流入放淤区	流入海河	
1927		1 700 000		1 800 000		3 500 000	3 500 000
1928		750 000		2 700 000		3 450 000	3 450 000
1929		1 400 000		3 700 000		5 100 000	5 100 000
1930		300 000		700 000		1 000 000	1 000 000
1931		300 000		2 300 000		2 600 000	2 600 000
1932		350 000	5 300 000	2 400 000	5 300 000	2 750 000	8 050 000
1933	500 000		6 500 000	3 100 000	7 000 000	3 100 000	10 100 000
1934	550 000		1 850 000	1 200 000	2 400 000	1 200 000	3 600 000
1935		100 000	900 000		900 000	100 000	1 000 000
1936	460 000		3 900 000		4 330 000		4 330 000
1937	400 000		1 200 000	800 000	1 600 000	800 000	2 400 000
1938	180 000		20 000	500 000	200 000	500 000	700 000
总计	2 090 000	4 900 000	19 670 000	19 200 000	21 730 000	24 100 000	45 830 000

1927 年到 1934 年排放泥沙最多，1933 年为 10 100 000 立方米，确实惊人。永定河从三角洲夹带这么多泥沙下来，幸亏这时期放淤区已经起作用了，可以容纳 700 万立方米泥沙，表中甚至到 1 000 万立方米。假如这些泥沙平铺在天津英租界的地面上，可以使地面升高 27 呎；如果平铺在天津到大沽的河底上，海河的断面将缩小 30%。1937 年海河工程局的挖泥量为 112 800 立方米，只相当于这个数的百分之一。

由永定河给三角洲夹带下来的泥沙总量从 1927 年到 1934 年为 37.4 百万立方米，其中 14.7 百万立方米沉积在放淤区，其余 22.7 百万立方米流入海河，最后有 11 百万立方米留在河床上。可以参看 1926 年 10 月的海河横断面和 1934 年 10 月的横断面，有 11.7 百万立方米流到大沽沙去了。

1934 年以后，排泄量逐渐减少，放淤区留下了大量的泥沙。相比以前，大部分永定河的泥沙沉积在三角洲里，泥沙的夹带量与河流的坡度和深度有关，低坝降低了河道的坡度和深度，防止河床的冲刷和三角洲水土的流失。三角洲的农民相信，河水溢过长低坝，流量足够降低三角洲的水位，将低坝决口是不需要的。1934 年以后，海河逐步改进，到 1938 年末，海河增长的泥沙比 1926 年多 700 万立方米，但比 1934 年少 400 万立方米。

减少淤泥的计划

将永定河满载泥沙的水进行放淤是从 1932 年开始的，大约有 22 400 000 立方米，沉积在放淤区，带进放淤区的泥沙不少于 5 千万立方米抛在那里吹填。建造水闸、堤坝、闸门、桥梁等，这个减少泥沙的计划。淀南一年一次交替使用花费不多，相当于永定河在三角洲每 2~3 年改变一次航道，挖一个新引河使永定河流入屈家店节制闸。今后八年，需要在三角洲给永定河挖三次应河，可以减少淤泥 5 千万立方米。

泥沙流入海河的影响

泥沙在海河河床沉积的结果是航道的深度下降，除非特大汛期，一般落潮不能把泥沙冲到大沽沙。1927 年 3 月 22 日到 30 日，第一次涌进海河的泥沙 800 000 立方米，结果使吃水深度由 17 呎 6 吋降到 12 呎。不少船只进入天津需要最低吃水为 13 呎方为安全，这 800 000 立方米的淤泥长度为 7 海里，足使一些沿海汽车停止运输，淤积对海河下游影响不大。1927 年 10 月，海河下游的宽度和深度比 1926 年好，潮水在当年差不多冲到海里 490 000 立方米，潮水的作用改善了海河下游 7 海里浅滩。4 月、5 月、6 月间，600 000 立方米淤泥被冲下去了，这次改善的时间很短，因为夏汛到来，又带来了大批泥沙，使海河的情况变坏。1927—1934 年含沙量大，但最低吃水深度曾于 1928 年夏汛时达到过，在天津附近有几处河床的深度为大沽基准水位以上 2 呎，那么当高潮为大沽基准水位以上 8 呎时，吃水深度仅有 6 呎，拖轮和驳船在海河航行很困难。1928 年初海河上游得到改善，1929 年夏汛强大，冲走上游的泥沙，冲到海河下游去。但这种改善到 1931 年又不行了，自 1932 年以后，海河深度得到改善，只有 1934 年夏天例外。

从 1929 年起海河下游变坏，直到 1934 年末，从天津到海口海河的断面面积比 1926 年缩小了 30%，相当于有 11 百万立方米泥沙盖在了 1926 年的河床上。泥沙沉积在海河的下游，并不直接影响海河的吃水深度，海河吃水深度主要受上游几处浅滩的影响，葛沽到大沽一段逐渐变坏。对海河来说不值得注意，但是泥沙沉积在下游，导致低潮水位升高，同时海水的坡度变大。

海河低潮时海水的坡度增大，使得落潮时流速增大，对涨潮来说，是一种破坏能量。所以涨潮时流入海河的潮水量变少了，落潮时水量也少了，落潮时的冲刷力减小了，海河横断面减小，低潮时水位增高。这两个因素促使海河在潮水时流入河口的海水量减少了大约30%。1926年6月24日海河口进行过测量，1934年5月29日也进行过测量，1926年的潮差为9.2呎，1934年的潮差为9.7呎，1926年涨潮时从海里流入海河的水量为1267百万立方呎，而1934年只有919百万立方呎。两年相比较，尽管潮差增大，潮水流入海河的水量却减少了。假定1926年的潮差是9.7呎，那么1926年的潮水量将是1 336百万立方呎，比1934年多31%，明显感觉到涨潮水量的减少，被落潮水冲到海里去的泥沙量也随之减少。将每年12月的测量数据和来年春汛前的测量数据进行比较，可以计算出来落潮潮水冲走的泥沙数量。这提示了一个问题，就是海河下游的泥沙淤积与河床坡度的降低有关。

1929年被落潮水冲走的泥沙为1 700 000立方米。

1930年被落潮水冲走的泥沙为1 000 000立方米。

1931年被落潮水冲走的泥沙为500 000立方米。

1932年被落潮水冲走的泥沙为400 000立方米。

1933年被落潮水冲走的泥沙为200 000立方米。

1934年被落潮水冲走的泥沙为200 000立方米。

大量泥沙流入海河对大沽沙的影响

海河上游变浅对大沽沙没有什么影响。海河上游的淤泥由于落潮的作用逐渐流下来，淤积在下淤。1929年夏汛特别大，水量大，水流急，大约5 100 000立方米的淤泥冲到大沽沙来。测量证明有4 300 000立方米泥沙淤积在大沽沙，其余的（800 000立方米）淤积在大沽沙外边，有2 500 000立方米淤积在大沽沙航道北边，1 800 000立方米淤积在航道南边。1930年到1936年期间有2 040 000立方米泥沙淤积在大沽沙，1937年的洪水将3 200 000立方米冲出了大沽沙。2 400 000立方米淤积在大沽沙，800 000立方米经过大沽沙冲到深海去了。1938年大约1 230 000立方米泥沙从河口流下来，330 000立方米沉到海里去，900 000立方米淤在大沽沙，这些淤泥大部分淤在大沽灯船以北深渊内。1937年大洪水时向海外延伸了6 000呎，与1936年相比相差2 500呎。1938年秋天，大沽基准水位以下1呎的等深线向海移动700呎，向南移动600呎，此时大沽沙在大沽灯船南边3 000呎，深度为大沽基准水位以下1呎。1936年是大沽基准水位以下7.4呎，现在大沽沙航道的河床低于北堤7呎。从1925年到1938年，大沽基准水位以下7呎和大沽基准水位以下12呎的等深线并没有向海延伸，深渊淤到大沽基准水位以下5呎，这使大沽沙的挖泥长度延长了5 000呎。由于强潮时流入海河的海水量减少了30%，落潮时的泥沙冲刷量也减少了，主要受影响的是深渊。

水文情况及疏浚作业情况如表29.2至表29.7所示。

表 29.2　1938 年大沽闸洲航道状况　　　　　　　　　　　　　　　　单位：呎

变化情况		1 月	2 月	3 月	4 月	5 月	6 月	7 月	8 月	9 月	10 月	11 月	12 月
标记深度		5.3	5.3	6.0	6.6	6.6	6.6	6.0	5.6	5.0	5.0	7.6	7.6
变化日期				16 日	12 日			30 日	14 日	8 日		29 日	
最浅深度	北线	5.5	5.5	6.2	6.6	6.6	6.6	6.6	5.7	4.10	4.10	6.6	6.6
	中线	6.0	6.0	6.5	6.11	6.11	6.11	6.11	6.3	5.0	5.0	9.8	9.8
	南线	5.4	5.4	6.0	6.9	6.9	6.9	6.9	5.6	5.0	5.0	8.5	8.5
平均深度	北线	6.3	6.3	7.6	7.3	7.3	7.3	7.3	6.9	5.10	5.10	9.0	9.0
	中线	6.9	6.9	7.9	7.9	7.9	7.9	7.9	7.0	6.0	6.0	11.0	11.0
	南线	5.10	5.10	7.6	7.6	7.6	7.6	7.6	6.6	5.4	5.4	10.3	10.3

表 29.3　1938 年"快利"号疏浚作业情况

月份	实际作业时间（时）	往复回数（回或次）			舍土回数（次或回）	舍土量（立方米）
		长距	短距	深渊		
2	60	81	0	6	17	2 398
3	195	315	2	63	67	11 712
4	157	224	11	112	56	5 403
5	134	197	13	82	50	10 472
6	231	339	12	113	80	17 714
7	158	232	0	81	63	11 681
8	158	253	9	22	50	8 218
9	119	29	187	46	28	5 760
10	106	0	41	184	25	8 526
11	98	7	87	151	32	7 569
12	142	166	27	78	49	10 174
合计	1 558	1 843	389	938	517	99 627

表 29.4　第 13 号测量标之流量特别一区码头中间水流情况

月份	1	2	3	4	5	6	7	8	9	10	11	12
最大量（立方呎/秒）	12 268	11 184	12 146	12 518	10 635	11 652	16 597	15 736	15 590	15 826	14 026	11 575
最小量（立方呎/秒）	11 692	9 459	9 398	10 698	9 276	10 082	9 167	11 867	13 017	12 922	11 881	10 991
平均量（立方呎/秒）	11 969	10 311	10 370	11 545	9 893	10 964	11 933	13 870	14 000	14 583	12 751	11 205
月份	1	2	3	4	5	6	7	8	9	10	11	12
最大量（立方米/秒）	347	317	344	354	301	330	470	446	441	448	397	328
最小量（立方米/秒）	331	268	266	303	263	285	259	336	369	366	336	311
平均量（立方米/秒）	338	292	294	327	280	310	338	393	296	413	361	317

表 29.5　1938 年海河河口及海河工程局材料机器厂水位变化情况（以大沽基准水位为标准）

单位：呎

变化情况		1月	2月	3月	4月	5月	6月	7月	8月	9月	10月	11月	12月	年均
河口														
满潮	最高	10.50	9.70	10.90	11.40	11.60	11.10	11.60	12.10	11.00	12.60	10.30	11.30	12.60
	平均	7.50	7.64	8.48	8.94	9.41	9.55	10.16	10.50	9.59	9.43	8.17	7.96	8.94
	最低	2.80	4.30	5.60	6.50	6.20	8.20	8.80	8.60	7.20	6.70	4.60	4.90	2.80
干潮	最高	3.90	4.10	4.30	3.70	4.90	5.00	5.30	5.90	5.10	5.90	5.30	4.30	5.90
	平均	1.37	1.24	1.52	1.68	2.08	2.16	2.52	2.68	2.29	2.40	1.74	1.49	1.93
	最低	0.20	-0.30	0.10	0.40	0.30	0.70	1.00	1.30	0.60	0.90	0.00	0.00	-0.30
潮差	最高	8.80	8.70	9.10	10.10	10.10	10.00	9.90	10.20	9.20	10.40	9.30	9.40	10.40
	平均	6.13	6.40	6.96	7.26	7.33	7.39	7.64	7.82	7.30	7.03	6.43	6.47	7.01
	最低	1.40	2.30	3.00	4.30	4.90	4.70	4.20	3.60	2.90	3.00	3.90	3.80	1.40
海河工程局材料机器厂														
满潮	最高	11.90	11.20	11.90	12.30	12.20	11.80	13.30	13.20	12.30	13.00	11.40	11.80	13.30
	平均	9.85	9.60	10.13	10.47	10.45	11.12	11.77	12.18	11.32	11.26	9.93	9.38	10.62
	最低	7.00	7.00	5.70	8.30	7.70	10.20	10.40	10.80	10.10	9.30	7.50	7.00	5.70
干潮	最高	9.10	7.80	8.70	8.20	7.90	7.90	10.20	9.80	9.50	9.80	8.40	7.50	10.20
	平均	7.45	6.52	6.76	6.62	5.51	6.53	7.24	8.92	8.39	8.64	6.90	5.61	7.09
	最低	6.10	4.40	3.80	4.60	3.80	5.70	4.70	7.20	7.20	7.10	4.90	3.70	3.70
潮差	最高	4.30	4.90	5.30	5.30	6.40	6.10	6.60	4.50	3.80	3.70	4.50	5.90	6.60
	平均	2.40	3.08	3.37	3.85	4.94	4.59	4.53	3.26	2.93	2.62	3.03	3.77	3.53
	最低	0.70	1.00	1.50	2.30	3.20	3.00	1.90	1.60	1.40	1.10	1.60	1.60	0.70

表 29.6　潮差增减情况（以大沽基准水位为标准）　　单位：呎

变化情况		1月	2月	3月	4月	5月	6月	7月	8月	9月	10月	11月	12月	年均
1914 年红桥														
满潮	最高			12.49	11.70	9.70	10.70	14.90	16.00	14.60	12.80			16.00
	平均			11.29	9.73	8.63	9.56	11.46	14.87	13.47	11.71			11.34
	最低			10.50	8.90	7.30	8.90	9.10	13.00	12.05	10.50			7.30
干潮	最高			11.70	9.80	6.20	6.60	14.60	15.90	14.20	11.80			15.90
	平均			10.32	7.69	4.97	5.52	8.95	14.53	13.06	10.73			9.47
	最低			8.70	5.10	3.20	4.40	5.40	13.40	11.45	9.50			3.20
潮差	最高			1.90	4.00	4.90	5.00	4.30	1.00	0.70	1.90			5.00
	平均			0.96	2.03	3.66	4.03	2.50	0.36	0.39	0.97			1.86
	最低			0.20	0.40	2.10	3.10	0.20	0.10	0.10	0.20			0.10

变化情况		1 月	2 月	3 月	4 月	5 月	6 月	7 月	8 月	9 月	10 月	11 月	12 月	年均
						1920 年红桥								
满潮	最高	11.30	10.60	11.70	11.30	10.20	10.60	11.10	10.90	11.80	10.70	10.90	9.90	11.80
	平均	8.35	8.61	10.10	9.54	9.36	9.71	10.11	9.98	9.81	9.78	9.10	8.02	9.37
	最低	3.30	4.60	7.20	7.30	7.80	8.80	8.80	8.70	8.80	8.60	7.40	4.40	3.30
干潮	最高	7.00	6.00	8.90	8.00	4.50	5.20	6.00	4.90	6.10	6.00	5.30	6.40	8.90
	平均	4.57	4.44	6.49	4.66	3.01	3.49	3.99	3.45	3.76	3.98	3.47	3.20	4.04
	最低	2.50	2.10	3.60	2.20	1.40	1.80	2.20	2.00	2.10	2.50	1.30	0.90	0.90
潮差	最高	6.40	6.30	6.20	7.00	7.30	8.00	7.50	7.90	8.60	7.50	7.30	7.00	8.50
	平均	3.78	4.18	3.60	4.86	6.34	6.23	6.13	6.52	6.06	5.81	5.65	4.81	5.33
	最低	0.70	0.30	2.20	2.90	4.30	3.80	4.40	4.90	4.30	3.90	1.50	0.30
						1938 年新开河								
满潮	最高	12.80	11.50	11.60	12.70	11.30	11.80	14.80	11.00	13.20	13.20	12.00	12.10	14.80
	平均	10.35	9.90	10.58	10.90	10.44	11.22	12.38	13.28	12.53	12.63	10.81	9.89	11.24
	最低	8.90	9.00	9.50	8.80	8.20	10.00	10.50	12.00	11.80	9.40	8.30	8.20
干潮	最高	11.00	9.20	10.20	10.20	8.20	9.00	13.50	12.70	11.80	12.40	10.00	8.50	13.50
	平均	8.80	7.99	8.70	8.44	6.37	7.96	9.00	11.70	10.98	11.02	8.84	7.37	8.93
	最低	7.10	7.00	7.70	7.00	5.30	7.30	6.00	9.80	10.40	9.60	7.50	6.50	5.30
潮差	最高	3.40	2.70	2.50	3.70	5.10	4.40	5.50	2.60	1.90	2.00	2.50	4.50	5.50
	平均	1.55	1.91	1.85	2.46	4.04	3.26	3.38	1.58	1.55	1.61	1.97	2.52	2.31
	最低	0.50	1.20	0.50	1.50	2.30	2.00	1.10	1.10	1.10	0.80	0.70	1.40	0.50

注：5 月、6 月的数字比其他月份更能真实地说明潮汐传播，因为在 5 月、6 月期间，河流中的流量很小，高低水位之间的差异完全是由潮汐引起的。

表 29.7　1938 年疏浚情况

月份	"高林" 号 天津		"海河" 号 天津		"北河" 号 天津		抓斗式挖泥船		总计 （立方米）
	作业时间 （时）	土方量 （立方米）	作业时间 （时）	土方量 （立方米）	作业时间 （时）	土方量 （立方米）	作业时间 （时）	土方量 （立方米）	
1	—	—	—	—	—	—	59	—	—
2	26	925	51	2 325	—	—	72	275	3 525
3	191	8 175	230	8 700	169	3 625	34	25	20 525
4	147	6 400	175	6 550	99	2 640	7	—	15 590
5	162	6 400	148	5 110	234	5 925	73	530	17 965
6	112	4 425	148	5 350	124	4 285	6	40	14 100
7	163	6 050	189	6 250	79	2 230	—	—	14 530
8	92	3 450	194	5 400	140	2 750	49	80	11 680

续表

| 月份 | "高林"号 | | "海河"号 | | "北河"号 | | 抓斗式挖泥船 | | 总计 |
| | 天津 | | 天津 | | 天津 | | | | （立方米） |
	作业时间 （时）	土方量 （立方米）	作业时间 （时）	土方量 （立方米）	作业时间 （时）	土方量 （立方米）	作业时间 （时）	土方量 （立方米）	
9	187	7 925	182	4 950	147	3 400	8	50	16 325
10	106	4 275	163	5 100	141	3 125	51	265	12 765
11	171	6 775	193	5 340	56	1 075	19	100	13 290
12	13	525 000	121	3 700	122	1 975	176	265	6 465
总计	1 370	55 325	1 794	58 775	1 311	31 030	554	1 630	146 760

第三十篇　海河工程局 1940 年报告摘编

冬季航行

破冰工作于 1 月 9 日开始，海河落潮时，把冰凌全冲到河口去，在那里高潮水向里流，形成水堆。由于西北风的原因，大沽沙于 1 月 22 日温度下降，破冰船夜以继日地工作，因为海河和大沽沙冰凌均有所增加。

从 1 月 28 日开始，大沽沙冰凌情况变得困难。当时有薄冰漂流下来，横在大沽沙，加之东北风把海里的冰块也带到大沽沙来，航行变得困难。30 日黄昏，强西北风吹来，把深渊的水全聚在一起了，致使航行通畅。

2 月开始，破冰船夜以继日地工作。冰凌在大沽沙外边向南移动，有 12 艘驳船和四个拖轮被冰卡住，推移到大灯船南边 40 海里。3 日清早，"清凌"号外出营救，克服许多困难，直到 5 日中午才成功，把他们护送到锚地。

3 日黄昏，又刮偏东风，把冰凌带到大沽沙。4 日早晨广播冰况 3~4 级，到 5 日早晨情况更趋严重，广播冰况 4 级，即通行非常困难。2 月 4~5 日，东北风和东南风把冰块推到深渊，聚在大沽沙。2 月 4~7 日冰况困难，5 日船舶已经不能通过大沽沙，6 日风向北偏西，把冰块吹向大沽沙。2 月 8 日刮西北风，把冰吹到海里，直到 2 月 23 日冰凌全部消失，不再每日广播冰况。

结冰季节，由于偏东风的关系，很多冰块从北到南横挡在大沽沙航道上，使得一些船只偏离了航线，搁浅在大沽沙及深渊的南面浅滩上。

1940 年 12 月 24 日又开始破冰工作。

破冰船到天津工作，无线电广播为海河和海里航行的船舶服务，给船只很好的帮助。

大沽沙航道

1 月初，公布水深为 5 呎，春天和往年一样是大风天，挖泥效果不好。"快利"号从 3 月 2 日开始挖泥，3 月 27 日测深结果在大沽沙航道中线南边，水深只比公布的深度深 1.5 呎。在航道南边挖泥，为了使航道向南移 75 呎，挖泥 4 460 立方米，由"快利"号抛在海里。4 月挖泥船夜以继日地工作，创造了月挖泥量的纪录。航道挖泥 1 呎多，30 日公布水深由大沽基准水位以下 5 呎提高到大沽基准水位以下 6 呎。

5 月 10 日，航道南移了 75 呎，由于这个月大量挖泥，抛到海里，使航道加深了 1 呎。31

日，公布水深由 6 呎提高到大沽基准水位以下 7 呎。

6 月，挖泥船有巨大工作量，更换泥门滑轮，但挖泥量又创新纪录，共挖泥 20 120 立方米。27 日测深结果显示，航道的三条线又加深了，6 月 29 日公布水深提高到 7 呎 6 时。

7 月，维持水深在 7 呎 6 时，挖泥船只在白天落潮时工作。

8 月，由于台风期间的波浪作用，航道又淤浅了。这次淤的航道，水面比航道底高 7 呎。9 月 17 日，"快利"号奉命日夜挖泥，已维持水深，接到上游的报告，确信没有更多的淤泥来自上游。

10 月，"快利"号日夜工作，大沽沙航道好转，公布水深达到 7 呎。23 日和 24 日强东北风刮来，由于波浪作用，淤泥又多了，航道不能再挖深。由于波浪作用，搅动淤泥，从坝上进入航道。这次是因为有两次大风雨，一次在 10 月末，一次在 11 月初。由于挖泥船辛勤工作，日夜挖泥的效果使航道加深了，12 月 7 日公布水深为大沽基准水位以下 7 呎 6 时。

海河

本年初允许吃水（大沽基准水位以下 3 呎）16 呎，轮船可以在高潮时进港，春汛时期流入海河的泥沙很少。因为永定河水全部流入小清河，3 月永定河含沙量增大，但海河深度不变。4 月，永定河继续流入小清河，进入一片洼地，把泥沙沉淀在洼地以后，再流入海河。

5 月，天津海河的潮水有涨有落。尽管西河的流量有所增加，在天津西边，有一片放淤洼地。5 月，强潮到来，将海河河床最浅断面（包括永久性河道及坟地裁弯处）刷深了 2 呎，这种好情况是由于强潮涨落造成的。6 月，天津达到 6.87 呎，这是海河的最新纪录，河口处还比天津深 0.3 呎。

7 月，河床没有变化，由于夏汛很小，上流水量增加不多，淤积也很小，含沙量在 35/1 000 000 至 260/1 000 000 之间涨落。一直到年末海河情况良好，水深仍保持在 16 呎。

海河养护

6 月，修理全部护岸，更换新柳把子。

放淤工程

5 月，修理围埝，将北淀从南淀分开，修好北淀的东围埝。南围埝通北运河的三角洲，过去两年的洪水给围埝造成损坏，到 12 月末全部修好，东北淀挖掘三条引河。有一条围埝横跨南淀进口，并且通向北淀的进口，10 月开始修建，12 月底完工。

挖泥和吹填工作

1 月 6 日，中断一段时间，为了修理挖泥设备。

新河船厂

修好码头，并在水泵房前边修筑了 40 呎的护岸，用洋灰桩和块石砌坡，以防止侵蚀。

下转头地

利用低潮水的机会，修理洋灰板桩和洋灰桩。

天津船厂

修正 1 号船坞和 2 号船坞之间的堤岸，由于船坞进口于去年被洪水冲坏，打完木桩，加以保护。

万国桥

本年度修理操作室前边的洋灰板桩及木靠帮。

本年度开桥 608 次，从桥建好开始，累计开桥 5 002 次。

工程部门报告

破冰

冬天很暖和，从 1 月 19 日开始，有一个时期的连续低温，一直到 2 月 4 日，天津温度一般为 -7℃，1 月 23 日最低温度为 -14℃。

1 月 4 日，海河开始有水，破冰船"清凌"号开始工作，并用 XNEI 呼号广播冰况。

一直到 1 月 19 日，破冰船工作量不大。此后，天气变冷，破冰船队日夜工作直到 2 月 3 日。海河里有很多水，堆在沿河沙滩上，大沽沙也有水，海里也有。

海河里破碎的冰块很快就流到河口入海，在河流拐弯处没有形成冰块堵塞妨碍航。海河的流速之所以能够增加，是因为 1939 年 7 月的洪水还没有完全排净，虽说海河大量结冰，但航行并不困难，只有海河拐弯处发生过几次冰凌堵塞，行船困难。

尽管天气寒冷，出现大量冰凌，但在海里、大沽沙航道、深渊及河口冰况一直不坏，破冰船日夜工作，从未间断，保证了冰况良好，航行无阻。

1 月 27 日，刮来偏东风，航行困难了，有海河的弯道里全是冰块，漂流到大沽沙来。由于波浪的作用，一些凌板紧紧地压挤在海岸边，1 月 28 日至 30 日冰况严峻。

1 月 30 日下午，冰况好转，堆积在深渊和大沽沙航道的冰块被强西北风吹到海里去了。有 12 艘驳船和几个拖轮，被大批凌板夹住，挤到锚地以南 301 海里，直到 2 月 5 日才由破冰船"清凌号"把它们救回到大沽沙来。

2 月 3 日，偏东风把 1 月 30 日由西北风吹到海里的尚未散开的大片冰块又吹回到大沽沙来。2 月 5 日，一度冰况严峻，航行受阻。2 月 5 日和 6 日广播发出"非常困难"信号。2 月 6 日刮的西北风才又把冰块吹到海里去，大沽沙冰况变好。2 月 7 日下午开始广播冰况良好，2 月 23

日，破冰船停止工作。

很多船只被大沽沙漂流入海的冰块挤到航道挖过泥的浅滩上。

1940 年 12 月，天气暖和，不需要破冰工作。

大沽沙及大沽沙航道

10 月，对大沽沙航道进行了全面的水深测量，同 1939 年 10 月用回声测深的结果进行比较，浅滩部分的等深线均有所加深。在大沽沙的外深渊北边，和航道连边，冲走 7 500 000 立方米泥沙，大沽沙航道北边冲走 6 100 000 立方米，航道南边冲走 1 400 000 立方米。冲刷多在航道北边外深渊和三角标之间，在大沽停船，向北延伸四五公里，在这个区域，1940 年冲刷走 4 700 000 立方米泥沙，东边等深线"0"点（大沽基准水位）处退回岸边 1.5 公里，大沽基准水位以下 1 呎等深线后退 1.7 公里。大沽沙航道两边、离大沽停船 1 公里处、航道湾的东边，在 3 公里的距离里，各加宽了 1.5 公里，其中最浅部分距航道中线南北各 300~600 米，河床下降 1 呎，从南北两部分各冲刷走泥沙 1 400 000 立方米，等深线向岸边推移。

从大沽沙冲下来的大部分泥沙朝东南方向移动，同落潮的方向是一致的，主要因为西北风，有 3 200 000 立方米的泥沙沉积，在大沽沙航道的南边。从航道轴线向南延伸 1.5 公里到 6 公里，距航道轴线 3 公里，在航道南边。大部分泥沙沉积在这块地方的南头，由于这里距离大沽海岸的测量标志太远，用六分仪很难观测。

大沽坝泥沙冲刷的原因主要是落潮水流和波浪的作用，过去十年间有 38 000 000 立方米的泥沙被冲到海里，平均每年大约 3 800 000 立方米。1940 年从大沽沙冲走 7 500 000 立方米，增加的原因是今年潮水量的增加。1940 年天津的涨落为 5.62 呎，比往年高得多，1938 年为 3.53 呎，1935 年为 3.75 呎，1934 年为 3.35 呎，1932 年为 3.34 呎。天津潮差的增加情况在 1940 年最好，这意味着流经大沽沙的潮水量也增加了。

大沽沙的一般情况

不考虑今年的改进工作，大沽沙的水位今年是比较高的。在过去 60 年的时间里（1878—1938 年）大沽沙在 1905 年情况最坏，几年后得到了改进和提高。

整个大沽沙区域是高水位的，但有一部分航道出现淤泥是因为波浪的作用造成的。

波浪作用

正常的波浪不攻击海底，被称作破裂波。波浪走近一个漫坡或沙滩，由于波底和河床的摩擦而破碎，波峰前进的速度比波底大，这时波峰就空了。由于引力掉下来，冲击海底，使水因波峰的下降而产生动力。

波浪的高度等于水深，波浪破碎。在大沽沙，波浪破碎常因为大风和强风登陆而发生。1940 年发现过这样的破碎波，小风吹过浅滩，在大沽沙航道南北两面，或大沽停船北边。前年，由于西北风也发现过。1940 年经常发现，比往年多，这时大沽沙航道的淤泥也比往年多，挖泥工作效率高，航道水深，年末可能达到 8 呎 6 时。

大沽沙挖泥

3 月 2，"快利"号奉命开始挖泥工作。

本季度大部分时间日夜挖泥，不只是解稀大量的淤泥，还试图提高航道的深度。1940 年"快利"号共挖泥 282 000 立方米，前几年"快利"号挖泥量平均每年 80 000～90 000 立方米，1938 年第一次达到 99 000 立方米，1939 年提高到 116 000 立方米，1940 年创新纪录，达 282 000 立方米，挖泥量大增，但航道深度并未相应提高。波浪作用导致大量的淤积，但今年的效果很好，战胜了不利因素。

挖泥船于 12 月 19 日停止工作，于 20 日进船厂冬修。

大沽沙航道的情况

年初公布水深为大沽基准水位以下 5 呎，3 月和 4 月挖泥的结果使航道深度增加了 1 呎。4 月 30 日，公布水深为大沽基准水位以下 6 呎。5 月 10 日，由于挖泥的作用，航道向南移 7.5 呎。5 月 31 日，公布水深为大沽基准水位以下 7 呎。6 月，挖泥量为 59 000 立方米。6 月 29 日，公布水深为 7 呎 6 时。7 月，挖泥维持水深，但由于波浪作用以及 8 月的台风，深度下降 1 呎。8 月 16 日，水深降至 7 呎，8 月 31 日降至 6 呎 6 时，9 月风平浪静，10 月 5 日水深提高至 7 呎，10 月深度有所增加，但由于 10 月末的暴风雨及波浪作用，又减少了。11 月初，约 68 000 立方米的淤泥流到航道里来，并沉积在航道里。11 月的下半月和 12 月，天气良好，失去的深度不但恢复，而且还提高一步。12 月 2 日回声测深测出航道中线为大沽基准水位以下 8 呎 8 时，南线最浅断面为大沽基准水位以下 8 呎 3 时，北线只有一小段距离为大沽基准水位以下 8 呎，其余都比较深，12 月深度又有增加。12 月 19 日挖泥船停止工作，12 月 7 日水深只有 7 呎 6 时。回声测深测得的深度为大沽基准水位以下 8 呎，留有一定的富余量，这是因为冬季挖泥船停止工作，波浪的作用产生了淤积。

上游支流

今年，永定河流过三条不同的河道，本年大部分时间走卢沟桥的南道，通过西堤的一条支流进入小清河，经大清河及西河到达天津海河。去年洪水时卢沟桥西堤受到破坏，修理了这个缺口。从春天开始，到 1940 年 5 月 25 日完成，5 月 25 日到 6 月 11 日，这条河走它原来的老道。在屈家店进入北运河，1940 年 6 月 11 日永定河北堤在梁各庄决口，河水淹没田地，经龙河和凰河泄入北运河，去年洪水时，这条堤决过口，年初修好缺口，6 月 11 日又崩溃。当这条堤在卢沟桥处再次决口时，这条河今年走北道 14 天，从 6 月 11 日到 6 月 25 日，6 月 25 日到年底这条河一直走南道。

春汛和夏汛流量都不大，淤泥量也不大，河流经过南线，把带来的泥沙沉淀在小清河河谷和西淀。一个蓄水池坐落在保定府的东边，从永定河进入海河，因为南道坡度稍微减弱了带走泥沙的力量，从卢沟桥经南道到天津，行程 245 公里，过去经过三角洲只有 155 公里。

屈家店放淤工作，因为永定河含有泥沙的，春汛和夏汛都是走的南道，汛水没有出现屈家店，所以今年没有泥沙沉淀到放淤区去。

北运河

北运河对海河没有什么作用，因为它今年的流量和含沙量都很小。1939 年的洪水破坏了苏庄的洪水调节装置，北运河变成了一个不重要的支流。它的主要水源是潮白河流域 18 000 平方公里，从山上流入北塘河水系。温榆河是它的支流，在山上有 2 200 平方公里的流域。另一个支流凰河，有一个完整的溢流盆地，坐落在北京南部平原，它提供清水，春汛和夏汛含沙量都很小，对于海河航道的深度毫无影响。

大清河和子牙河的流量于 8 月有所增长，一直到年底。7 月初，两条河的流速为 50 立方米/秒，7 月末升到 90 立方米/秒，8 月逐渐增长，9 月 8 日达到最高纪录，为 256 立方米/秒，12 月中旬又降到 136 立方米/秒。增长的流量不能对天津海河造成冲刷，带来的泥沙也很少，也不能造成海河的临时性淤积，这两条支流不影响海河航道的深度和宽度。

虽说南运河夏汛水量很大，但也不影响海河的情况，夏季天津的流量和含沙量都增大，但这对海河来说不重要，因为它的大部分流量通过减河直接入海。

海河全年航行允许吃水 16 呎，直到天津，按正常高潮水位（大沽基准水位以上 8 呎）计算。最浅断面为永久性河道，是一个 16 呎的窄道，使用 33 号和 34 号测锤测量。

使航道河床改变高度的力量是泥沙淤积和冲刷作用，今年这两种力量平衡，所以河床没有变化。

春汛和夏汛时这条河泥沙很少，永定河进入海河的泥沙量超过上游各支流的总和。河道比往年长，运送到海河的泥沙减少很多，淤积只在转头地和石厚头前边，以及弯道的外侧，对海河航道并无影响，因为夏汛水量很少，对河床没有冲刷现象。

海河的情况一般比公布的要好得多。在永久性河道和坟地弯道挖泥不多，把某些浅滩挖深，允许吃水 18 呎。没有必要把海河挖深到 18 呎，因为今年大沽沙航道吃水和海河一样，天津再挖深也没有用处。

海河状况良好，和往年比较，天津的潮差增大了。长落潮的潮水量大增，冲刷作用也加大了。6 月潮水长落差为 6.78 呎，1938 年为 4.59 呎，1934 年为 4.80 呎。

春潮时曾达到 9 呎，河口处流量增加，1934 年为 912 百万立方呎，1936 年为 914 百万立方呎，1940 年为 1095 百万立方呎。

河岸保护

本年度没有新建护坡（丁坝），原有的尽量延长使用，因为元木桩太贵了。5 月、6 月间从坟地裁弯后砍伐柳条，做成 6 930 捆柳把子，围绕在护岸原有的木桩上。

天津船厂和新河船厂在去年洪水时期侵蚀严重，需要保护。在天津船厂前打下原木桩，把柳把子放在木桩后边，在新河船厂打下 40 呎长的矛，洋灰桩打在河岸根部，再用石子水泥砂浆砌好护坡。

修船厂和机械设备

天津船厂在一号坞和二号坞中间的土坝根部打下元木桩，分隔开两个船坞，并加强土坝。

天津船厂新购新电焊机一台。

闫大阪铁工厂签订合同，定做一艘新的绞吸式挖泥船，在大沽沙挖泥用，要比"快利"号效率高、马力大，泥舱也比"快利"号大。

万国桥

本年度开桥 608 次，几个支持人行道的梁更换新梁，桥中间靠近电车道的几根横梁也进行更新。

海河挖泥和吹填工作

1940 年总共挖泥 185 000 立方米，有 178 000 立方米在天津港，在塘沽和新河码头前沿 5 560 立方米。虽说淤泥不多，但挖泥任务却比往年多，转头地需要挖深和加宽，距离老航道 20 呎，有两个土坝。从 1929 年到现在，今年才挖，两条泥坝在特别三区前边，从万国桥到日租界桥共挖土 23 850 立方米，挖出来的全是炉灰和垃圾，这些东西使泵站吹泥效率降低 50%，并对泥泵铜板造成了严重磨损，特别是三区前面，标准油公司河东工厂以及海河修船厂都需要挖泥。

土堤沿河岸北边在第一裁弯处的下头，那里河道太窄，需要挖泥。

挖泥和吹填工作于 1 月 6 日停止，完成了全年计划。链斗式挖泥船"新河"号、"西河"号和吹泥泵站"中华"号于 12 月 4 日停止工作，预备进厂冬修。链斗式挖泥船"高林"号及泵站"燕云"号继续工作，直到明年 1 月。

总工程师崔哈德

本年度水文及疏浚、吹填情况如表 30.1 至表 30.6 所示。

表 30.1 1940 年大沽闸洲航道状况 单位：呎

变化情况		1 月	2 月	3 月	4 月	5 月	6 月	7 月	8 月	9 月	10 月	11 月	12 月
标记深度		5.0	5.0	5.0	5.0	6.0 6.6	7.0 7.6	7.6	7.0	6.6	7.0	7.0	7.6
变化日期						1 日 12 日	1 日 29 日		17 日	1 日	5 日		7 日
最浅深度	北线	1.8	1.8	4.4	5.10	7.3	7.8	7.8	6.7	6.7	7.0	7.0	7.6
	中线	4.9	4.8	6.4	5.11	7.4	8.4	8.4	7.4	7.4	7.8	7.8	8.8
	南线	5.3	5.3	6.3	6.9	7.6	7.6	7.6	6.10	6.10	7.10	7.10	8.3
平均深度	北线	5.6	5.6	5.6	6.6	8.0	8.9	8.9	7.9	7.9	7.10	7.10	10.0
	中线	6.9	6.9	7.0	7.3	8.9	9.6	9.6	8.3	8.3	8.2	8.2	10.3
	南线	6.9	6.9	7.0	7.6	8.4	9.3	9.3	8.4	8.4	8.4	8.4	9.4

表 30.2 1940 年"快利"号疏浚作业情况

月份	实际作业时间（时）	长距（回）	短距（回）	深渊（回）	舍土回数（回）	舍土量（立方米）
3	147	179	27	35	62	12 629

续表

月份	实际作业 时间（时）	长距 （回）	短距 （回）	深渊 （回）	舍土回数 （回）	舍土量 （立方米）
4	289	421	36	55	136	31 876
5	273	432	12	110	138	41 051
6	329	461	6	240	175	56 974
7	264	262	7	223	124	36 090
8	192	221	13	107	79	19 459
9	288	402	10	100	109	26 038
10	269	346	10	120	104	24 585
11	300	331	39	109	107	21 108
12	137	147	4	67	51	12 394
合计	2 488	3 202	164	1 166	1 085	282 204

表 30.3 第 13 号测量标流量特别一区码头中间水位变化情况

月份	1	2	3	4	5	6	7	8	9	10	11	12
最大量（立方呎/秒）	12 301	11 599	12 311	12 502	12 807	9 981	9 654	13 062	14 271	11 270	10 879	9 886
最小量（立方呎/秒）	11 060	10 349	10 122	10 025	9 256	8 190	8 328	9 806	10 622	8 768	8 144	7 288
平均量（立方呎/秒）	11 9000	10 943	11 144	11 323	10 929	9 030	8 898	11 871	12 780	10 239	9 455	8 894
月份	1	2	3	4	5	6	7	8	9	10	11	12
最大量（立方米/秒）	348	328	349	354	363	233	273	370	404	319	308	280
最小量（立方米/秒）	313	293	287	284	262	240	236	278	301	248	231	206
平均量（立方米/秒）	337	310	316	321	209	256	252	336	362	290	268	252

表 30.4 1940 年海河河口及海河工程局材料机器厂水位变化

（以大沽基准面为标准）情况

单位：呎

变化情况		1 月	2 月	3 月	4 月	5 月	6 月	7 月	8 月	9 月	10 月	11 月	12 月	1941 年
河口														
满潮	最高	10.00	10.70	10.10	10.50	10.70	11.70	11.60	12.40	11.40	11.00	12.20	10.80	12.40
	平均	7.73	8.02	8.33	8.56	8.85	9.38	9.75	10.04	9.71	9.01	8.27	8.07	8.81
	最低	5.10	5.40	5.80	4.90	6.70	7.80	8.10	8.10	8.00	4.50	4.80	4.10	4.10
干潮	最高	5.40	4.00	3.80	4.40	3.90	4.20	4.80	6.76	6.70	5.40	5.30	5.40	6.76
	平均	1.56	1.52	1.31	1.58	1.73	2.21	2.34	2.34	2.22	1.71	1.44	1.37	1.78
	最低	0.20	0.20	0.10	0.20	0.30	0.70	0.90	0.90	0.80	0.00	-0.20	-0.10	-0.20
潮差	最高	8.80	9.70	8.80	9.00	9.60	9.70	10.20	10.00	9.50	9.80	9.40	9.90	10.20
	平均	6.17	6.50	7.02	6.98	7.12	7.17	7.41	7.70	7.49	7.30	6.83	6.70	7.03
	最低	2.30	2.80	4.00	3.30	4.40	4.40	3.80	3.40	1.30	2.90	2.60	3.10	1.30

变化情况		1月	2月	3月	4月	5月	6月	7月	8月	9月	10月	11月	12月	1941年
海河工程局材料机器厂														
满潮	最高	11.50	11.70	11.10	11.40	11.00	11.50	11.80	12.70	12.50	11.90	12.20	11.80	12.70
	平均	9.48	9.67	9.90	10.01	10.05	10.36	10.91	11.64	11.24	10.31	9.82	9.57	10.25
	最低	6.60	7.50	7.50	6.60	8.20	9.30	9.90	10.20	8.20	6.30	5.40	6.10	5.40
干潮	最高	7.80	7.30	6.40	6.20	5.20	5.40	5.80	7.50	8.00	7.50	7.40	7.40	8.00
	平均	5.71	4.93	4.81	4.24	3.42	3.49	4.07	5.66	6.01	4.37	4.55	4.30	4.63
	最低	3.40	3.10	3.00	2.50	2.00	2.10	2.70	3.90	3.70	1.90	1.50	2.40	1.50
潮差	最高	5.70	6.80	7.00	8.00	8.50	8.80	8.50	7.80	7.20	8.00	7.00	7.10	8.80
	平均	3.77	4.74	5.09	5.77	6.63	6.87	6.84	5.98	5.23	5.94	5.27	5.27	5.62
	最低	1.10	1.10	3.50	2.30	4.40	5.20	4.90	3.70	0.20	2.20	1.10	3.00	0.20

表30.5 1940年疏浚情况

| 月份 | "新河"号 | | | | "高林"号 | | "西河"号 | | "北河"号 | | 抓斗式挖泥船 | | 总计 (立方米) |
| | 新河材料厂 | | 陈塘庄 | | 葛沽扣 | | 天津 | | 天津 | | | | |
	作业时间 (时)	工作量 (立方米)	作业时间 (时)	工作量 (立方米)	作业时间 (时)	工作量 (立方米)	作业时间 (时)	工作量 (立方米)	作业时间 (时)	工作量 (立方米)	作业时间 (时)	工作量 (立方米)	
1	—	—	—	—	31	1 200	—	—	—	—	—	—	1 200
2	—	—	—	—	41	1 725	—	—	—	—	32	70	1 795
3	—	—	—	—	195	8 860	176	6 440	—	—	28	—	15 300
4	—	—	—	—	208	10 075	163	5 900	—	—	69	100	16 075
5	—	—	—	—	166	8 075	227	8 600	56	1 575	45	200	18 450
6	—	—	—	—	146	6 800	148	4975	159	4 175	144	450	16 400
7	—	—	—	—	157	7 625	217	8 450	236	3 075	67	280	19 430
8	23	238	—	—	100	4 675	190	8 650	21	325	—	—	13 888
9	—	—	45	1 600	155	6 750	187	7 720	—	—	14	—	16 070
10	136	6 525	104	3 960	199	9 500	236	10 350	—	—	41	175	30 510
11	252	11 300	—	—	173	8 275	203	7 375	—	—	68	390	27 340
12	32	775	—	—	251	7 075	25	875	—	—	46	160	8 885
总计	443	18 838	149	5 560	1 822	8 063	1 772	69 335	472	9 150	554	1 825	185 343

表30.6 1940年吹填作业情况

| 月份 | "燕云"号 | | | | | | | | | | "中华"号 | | | | 吹填总量 (立方米) | 倾倒总量 (立方米) |
| | 天津大直沽池 | | 天津特别三区池 | | N.C.C.公司天津填池 | | D.K.K.津海塘 | | 塘沽三菱株式会社池 | | 天津大直沽池 | | 天津特别三区池 | | | |
	作业时间 (时)	工作量 (立方米)	作业时间 (时)	工作量 (立方米)	作业时间 (时)	工作量 (立方米)	作业时间 (时)	工作量 (立方米)	作业时间 (时)	工作量 (立方米)	作业时间 (时)	工作量 (立方米)	作业时间 (时)	工作量 (立方米)		
1	—	—	—	—	—	—	—	—	—	—	19	1 200	—	—	1 200	—
2	—	—	—	—	—	—	—	—	—	—	30	1 725	—	—	1 725	70

续表

| 月份 | "燕云"号 | | | | | | | | | | | "中华"号 | | | | 吹填总量（立方米） | 倾倒总量（立方米） |
| | 天津大直沽池 | | 天津特别三区池 | | N.C.C.公司天津填池 | | D.K.K.津海塘 | | 塘沽三菱株式会社池 | | 天津大直沽池 | | 天津特别三区池 | | | |
	作业时间（时）	工作量（立方米）	作业时间（时）	工作量（立方米）	作业时间（时）	工作量（立方米）	作业时间（时）	工作量（立方米）	作业时间（时）	工作量（立方米）	作业时间（时）	工作量（立方米）	作业时间（时）	工作量（立方米）		
3	4	284	0	31	153	9 150	—	—	—	—	103	5 616	4	219	15 300	—
4	173	10 150	—	—	—	—	—	—	—	—	—	—	120	5 925	16 075	—
5	104	4 225	—	—	—	—	75	3 075	—	—	—	—	213	11 150	18 450	—
6	124	7 500	—	—	—	—	—	—	—	—	—	—	132	8 900	16 400	—
7	24	1 625	—	—	—	—	—	—	—	—	—	—	240	17 525	19 150	280
8	13	925	—	—	—	—	—	—	—	—	—	—	212	12 725	13 650	238
9	44	2 975	—	—	—	—	—	—	—	—	—	—	199	10 575	13 550	2 520
10	9	625	—	—	—	—	—	—	106	6 825	—	—	206	19 100	26 550	3 960
11	—	—	—	—	—	—	—	—	156	11 500	—	—	186	15 800	27 300	40
12	—	—	—	—	—	—	—	—	132	6 800	—	—	28	1 925	8 725	160
总计	495	28 309	0	31	153	9 150	75	3 075	394	25 125	152	8 541	1540	103 844	178 075	7 268

第三十一篇 海河工程局 1941 年报告摘编

工程报告

破冰

1940—1941 年整个冬季非常暖和，海河和大沽坝只有很小的冰冻，船只往来并不困难，破冰船也不需要全天工作。

破冰船工作时间缩短，河面上只有薄冰，从 1 月 14 日开始到 2 月 19 日结束，每天的冰凌情况由破冰船"清凌"号向外广播，电台呼号 XNEI。因为冰凌很少，一直广播"状况良好"。

1941 年 12 月也很暖和，12 月 24 日天津最低温度为 -34℃，到 26 日为 -12℃，27 日为 -13.2℃。河西出现薄冰，破冰船开始工作。

大沽沙

10—11 月在大沽沙进行了全面的深度测量。深渊南边和南沙滩约有 5 800 000 立方米的泥沙被冲走了，靠近航道的高岗比去年少了，深圳北边有 300 000 立方米的泥沙被冲走了，北沙滩有 500 000 立方米泥沙被海浪和潮水冲走。在大沽沙航道的北边，深渊的南边有 650 000 立方米泥沙从深渊冲走，有 770 000 立方米泥沙从浅滩冲到了大沽沙航道南边，东南边的浅滩淤了大约 1 000 000 立方米。1941 年比 1940 年更靠近海岸 2 公里，1941 年南沙滩的等深线由于冲刷的缘故向海岸推移，大沽灯船以北，整个沙滩下降约 1 呎，达到大沽基准水位以下 1 呎。

根据 1941 年 10 月的测量结果，大沽沙的淤泥量 1940 年同期少了大约 800 万立方米，1941 年海河流向大沽沙的泥沙为 340 万立方米，从大沽沙流到海里的泥沙总量约为 1 140 万立方米。

大沽沙航道的挖泥工作

"快利"号挖泥船自 3 月 28 日开始挖泥，在挖泥季节日夜工作，总挖泥量为 312 740 立方米，"快利"号自 1921 年工作，20 年来每年都有工作记录。7 月，它从大沽沙航道到外深渊再到航道，挖深超过深渊的深度，工作距离由 1.5 公里到 3 公里。

12 月 8 日，挖泥船停止工作，准备于 12 月 11 日进本局新河船厂进行冬季大修。

大沽沙航道的情况

年初公布大沽沙航道深度为大沽基准水位以下 7 呎 6 吋。4 月初的测量结果显示，航道已有淤泥，因为冬季有三个半月淤泥船不工作。沿北线淤泥严重，中线很少，南线几乎没有大沽沙河底的水流力量使南岸的深度远比北岸深，促使航道向南移动了 75 呎，等于半个航道宽度。4 月 5 日公布航道水深由大沽基准水位以下 7 呎 6 吋降为 7 呎，由于北岸淤积严重，用桩顶架水泥板做基础，给新的南线撞上灯标，北线的灯标于 5 月 1 日取下来，按照南线灯标的方法重新安装。5 月，有效的挖泥工作从航道底挖走 52 000 立方米淤泥，使航道水深于 5 月 14 日增加到大沽基准水位以下 7 呎 6 吋，于 5 月 31 日增加到大沽基准水位以下 8 呎，6 月继续挖泥，7 月 1 日航道水深为大沽基准水位以下 8 呎 6 吋。

7 月航道水深没有增加，虽说挖泥船昼夜挖泥抛泥，但因为夏汛期间南运河、滹沱河带下来大量泥沙淤积在航道中，又因为挖泥距离加长，大沽沙航道到深渊又加了 1.5 公里。9 月由于海河水的含沙量下降，再加上不断挖泥，到 9 月 30 日，水深增加到 9 呎。到 10 月初，由于大风天波浪的作用，25 000 立方米的泥沙进入了航道，使航道水深下降。10 月挖泥使水深又恢复到大沽基准水位以下 12 呎 7 吋，考虑到要给公布的水深留有一定的富余量，因为冬季波浪的作用会造成航道两边淤积，所以公布的水深仍保持在 9 呎，不再增加。这是航道超过公布水深的富余量，北线为 7 吋，中线为 3 呎 7 吋，南线为 1 呎 1 吋。

支流

今年夏季除恒河盆地降雨量很小外，南太平洋到九州有大量的暴风雨，但没有转到河北西部来，所有台风路线都在日本列岛或日本东南部，1941 年夏天河北省特别干旱。

永定河

今年这条河的河水通过它的南道从卢沟桥经过小清河，再由大清河进入海河，到达天津。

春汛和夏汛都很小，因为整个夏天盆地的降雨量是微不足道的，带下来的泥沙全沉积在小清河河谷及西淀，大清河全年都是清水，永定河没有泥沙流到海河，今年是大清河和永定河有史以来汛期流量最小的。

今年不需要放淤，因为永定河河水流入小清河后，流不到北运河屈家店水闸。

北运河

今年这条河的流量和含沙量都不大，流量上升到 10 立方米/秒。1939 年洪水以后，它已变得没有价值了，它的主要水源潮白河已改道流入北塘河水系，因此这两年来北运河对海河的影响微不足道。

大清河和子牙河

这两条河在春汛和夏汛泥沙量都很小，即便是永定河的水全流入大清河，也没有多少。溏沱河携带 1 000 000 立方米的淤泥进入子牙河，夏季流入海河造成海河上游淤积。

南运河

这条河在夏汛时大约有 800 000 立方米的泥沙流入海河，南运河带来的泥沙颗粒非常小，大部分流到海里去，呈悬浮状态。今年有大量的泥沙，一部分淤积在海河上游，大约有 300 000 立方米沉积在天津到坟地之间的河底下，总数大约为 1 800 000 立方米，来自溏沱河和南运河。7 月 29 日在杨柳青测量，最大含沙量为 2.47%。

海河

年初海河允许吃水 16 呎的轮船航行进天津，整场高潮为大沽基准水位以上 8 呎。6 月永久性河道是从深海到天津之间的最浅部分，因为大沽沙已经因挖泥而有所改进，同时永久性河道也有改进。7 月 3 日，允许吃水上升到 17 呎，高潮水位仍在大沽基准水位之下。夏汛期间，永定河和南运河不管带来多少泥沙，仍能保持航道深度。海河在天津的含沙量在 2 月 27 日春汛时为 0.0298%，到夏季增加到 0.3787%。含沙量自 7 月 2 日至 9 月 17 日一直保持在 0.1% 以上，泥沙沉积在海河上游，淤高河底，使航道淤浅大约 1 呎，但吃水仍保持不变，因为夏汛时高潮水位升高了 1 呎。夏季由于海河潮水水流大，将 1 500 000 立方米的泥沙冲到大沽沙去，这些泥沙大部分冲到海里，呈悬浮状，因为泥沙的颗粒非常细小，只有南运河的微红色黏土例外。

由于潮水水流大，今年从河床冲走 1 800 000 立方米泥沙，流经海河入海，呈悬浮状。1941 年流入海河的泥沙量如下：

（1）春汛期间子牙河的泥沙量为 100 000 立方米；南运河的泥沙为 20 000 立方米。

（2）夏汛期间子牙河的泥沙量为 1 000 000 立方米；南运河的泥沙量为 800 000 立方米。流入海河的泥沙总量，不计算春汛期南运河的 20 000 立方米，总计 1 900 000 立方米，其中 300 000 立方米淤在上游，其余 1 600 000 立方米流到海里去。1941 年，由潮水冲到海里去的泥沙总数为 3 400 000 立方米。

10 月不止一次地在永久性航道挖泥，为了提高吃水量，因为高潮水位下降很快，河床冲刷变小。

12 月 1 日允许吃水下降到 16 呎，高潮水位为大沽基准水位以上 8 呎，冬季潮水位降低是主要原因。

1941 年海河情况良好，海河蓄水量增加，海河的低潮水位降低，特别是海河上游，天津的潮差增大很多。

低（枯）潮水位的降低

根据 1941 年 11 月 28 日的测量记录，天津枯潮水位为大沽基准水位以下 0.7 呎，天津枯潮水位下降。1902 年天津枯潮水位为 10.73 呎，1910 年为 6.19 呎，1920 年为 3.41 呎，1930 年又上升到 4.51 呎，1940 年为 4.63 呎，1941 年为 3.33 呎，天津枯潮水位的逐渐下降，是由 1926 年河道整治导致的。枯潮水位于 1943 年上升，这是因为永定河的含沙量过大，之后又逐渐下降。

天津的潮差

今年不只是枯潮水位降低，潮差也达到了新纪录，天津于 1941 年 7 月第一次超过 7 呎，8 月最大，达到 7.32 呎，天津潮差的增长是由河道整治导致的，1902 年为 0.2 呎，1910 年为 2.7 呎，1920 年为 5.66 呎，1926 年为 5.98 呎。1927—1934 年，潮差减小是因为海河淤积，1930 年为 4.70 呎，1934 年为 3.35 呎，以后再次增大，是因为河道大力整治的结果。1940 年为 5.62 呎，1941 年创新纪录为 6.52 呎，天津潮水量的计算是根据 1934 年和 1941 年的平均潮差（3.35 呎和 6.52 呎）计算的。计算说明在 1941 年天津潮水流入海河和流出海河的量大于 1934 年。这样一个巨大的潮水量每天两次流入和流出海河，增强了冲刷力和带走泥沙的能力，对改进海河和大沽沙的航道深度非常有力。

河岸保护

6 月将所有护坡损坏的木桩拔走，更换新木桩，并将柳把子换新。

修建了三个新的护坡，每个长 70 呎，修在本局新河船厂的上游、水泵房的前面以及场门进口处，以防止堤岸被水冲蚀。

从坟地裁弯后的柳林砍伐柳枝，制作 11 700 捆柳把子。

修船厂及设备

新购置了一个容压机，用 35 马力的马达带动，供给铆钉锤用，给"快利"号安装了一个给水加热器、一个小的冷凝器和一套循环水泵。当主机和大冷凝器不工作的时候，小冷凝器利用乏汽带动发电机。

新购一台中短波发报机，带收音机以及电话设备，为冬季破冰使用。

万国桥

今年开桥 349 次，自桥建成后，累计开桥 5 351 次。

新购一台三级水泵，由马达直接带动，为桥使用。

电车道之间的木梁、原木板及铺地木砖，这些木材已使用 14 年，变质了，全部更新。铁导轨已不需要了，借此机会拆除它，因为现在的车已改用胶皮轮了。黄色车和人行道的木板也全部更新，施工占用几个夜间，避免交通中断。

测量

在沿海河的观潮站附近建立了八个水位标志，它包括水泥棱形标，洋灰板底垫，一根长杆子安装在底座中心，在棱形标的顶面用铜螺钉固定在升降器上，铜螺套上生铁管加以保护，在地面用铁板可以固定起来，水位标志。指示精确的水位。

水位基准点，按大沽基准水位计算，从大沽开始，沿海河北岸到天津，然后再沿南岸到大沽，误差大约 61 毫米。在 120 公里的距离内，这点误差不算大，其精准度还可以用水位标志来校正，它是前华北水利委员会建造的，两个升降器的高度只差 31 毫米。

精确的水准点是在 8 月间完成的，以大沽基准水位为标准，从 9 月开始所有水尺都依此为准。

海河挖泥和吹填工作

1941 年总挖量为 684 940 立方米，天津港挖泥 570 000 立方米，永久性河道挖泥 59 660 立方米，码头前沿挖泥 43 000 立方米，葛沽裁弯挖泥 13 300 立方米。

天津永久性河道挖出的泥由原站（吹泥船）吹到特别三区（289 000 立方米）和大直沽（339 100 立方米）加高地面。

挖泥和吹填工作在 1 月 8 日至 2 月 15 日中断，由于设备冬修而停工，预计 12 月 26 日结冰后也要停止。

葛沽裁弯

1940 年 10 月对购买的土地做精确测量，由建设总监主办，海河工程局的测量人员协助这项工作，于 1941 年 2 月完成，计划 4 月末动工。几次延期都是因为当地的农民反对，一直等到 6 个月以后，才由军事当局、华北政务委员会和宁河县的领导帮助调停。

8 月 30 日开始，修建围埝只有 50 名工人工作，所需的一部分土地 9 月才付款。挖泥船工作用的水池和连接海河的水渠用人工挖掘，修筑围埝，400 人自 10 月 8 日开始，到 11 月 7 日完工。链斗式挖泥船"西河"号吃泥管和其他设备，于 11 月 29 日进入工地。

150 呎长的吹泥营线从"西河"号的泥泵用浮筒架管子连接到吹泥管，挖泥工作于 12 月 10 日开工，12 月 24 日停止。因为河水流水，只挖泥 4 700 立方米，另有 12 500 立方米是人工挖掘的，这是将来的新河床。

放淤工作

永定河三角洲北边的低洼地占地面积约 315 平方公里，将来作为一个新三角洲或放淤池，容量在 10 亿立方米以上，若放永定河的淤泥，可以使用 100 年。放淤区的东堤同时保护京山铁路，今年建成，堤长 20 公里堤高 2.5~3 米，堤顶宽 6~10 米，边坡比为 1∶3，筑堤用土超过 1 000 000 立方米。

这座堤关闭了引河去南淀的航道，开放了北淀的航道，11~12 月又修了一个堤，关闭了去北淀的航道。

结论

从天津到海河的航道水深在 1941 年保持了良好的状态，海河最浅的断面经过挖泥，保持了相同的深度。

从过去的 40 年来看，洪水之后，海河变深，大沽沙航道变浅，上游常因永定河淤浅，同时大沽沙航道变深。航行往往是大沽沙好，海河坏，但海河的深度优于大沽沙。

1941 年，大沽沙好，海河也好，这种情况是稀少的，过去几个月证明 1941 年是这样。

总工程师崔哈德

天津 1942 年 1 月 24 日

本年度水文及疏浚、吹填情况如表 31.1 至表 31.7 所示。

表 31.1　1941 年大沽闸洲航道状况　　　　　　　　　　　单位：呎

变化情况		1 月	2 月	3 月	4 月	5 月	6 月	7 月	8 月	9 月	10 月	11 月	12 月
标记深度		7.6	7.6	7.6	7.0	7.6 8.0	8.0	8.6	8.6	9.0	9.0	9.0	9.0
变化日期					5 日	14 日 31 日		1 日		30 日			
最浅深度	北线	7.6	7.6	7.6	7.6	8.0	8.9	9.3	9.3	9.6	9.6	9.6	9.7
	中线	8.8	8.8	8.8	8.8	9.3	9.3	9.0	9.0	10.10	10.10	10.10	12.7
	南线	8.3	8.3	8.3	8.3	9.2	9.0	8.10	8.10	9.1	9.1	9.1	10.11
平均深度	北线	10.0	10.0	10.0	10.0	9.9	9.9	11.0	11.0	10.7	10.7	10.7	11.8
	中线	10.3	10.3	10.3	10.3	10.6	10.6	11.3	11.3	11.8	11.8	11.8	13.11
	南线	9.4	9.4	9.4	9.4	10.6	10.9	11.3	11.3	10.7	10.7	10.7	13.1

表 31.2　1941 年"快利"号疏浚作业情况

月份	实际作业时间（时）	往复回数（回）			舍土回数（回）	舍土量（立方米）
		长距	短距	深渊		
3	31	44	—	6	13	2 911
4	266	367	70	53	127	30 353
5	343	504	16	165	177	52 582
6	295	312	2	284	147	42 246
7	392	405	4	273	163	48 512
8	272	344	1	145	119	34 091
9	338	420	—	196	146	43 783
10	261	295	—	123	97	23 191
11	272	358	—	130	110	28 727
12	53	72	—	25	23	6 332
合计	2 523	3 121	93	1 400	1 122	312 728

表 31.3　第 13 号测量标流量情况（特别一区码头中间）

月份	1	2	3	4	5	6	7	8	9	10	11	12
最大量（立方呎/秒）	8 596	10 288	10 819	10 985	10 709	9 091	11 324	10 621	9 338	8 696	8 652	8 319
最小量（立方呎/秒）	7 388	8 699	8 737	8 475	7 733	7 232	8 104	8 514	7 749	6 164	5 731	7 146
平均量（立方呎/秒）	7 877	9 444	9 831	9 335	8 781	8 248	9 637	9 205	8 274	7 190	7 226	7 803
月份	1	2	3	4	5	6	7	8	9	10	11	12
最大量（立方米/秒）	243	291	306	311	303	257	321	301	264	246	245	236
最小量（立方米/秒）	209	246	247	240	219	205	229	241	219	175	162	202
平均量（立方米/秒）	223	267	278	264	249	234	273	261	234	204	205	221

表 31.4　1941 年海河河口及海河工程局材料机器厂水位变化情况

（以大沽基准面为标准）　　　　　　　　　　　　　　　　单位：呎

变化情况		1 月	2 月	3 月	4 月	5 月	6 月	7 月	8 月	9 月	10 月	11 月	12 月	年均
河口														
满潮	最高	11.00	10.00	11.40	11.50	10.70	10.90	11.20	11.40	10.80	10.30	12.30	10.90	12.30
	平均	7.85	8.11	8.54	8.69	9.14	9.45	9.92	10.01	9.44	8.32	8.52	8.25	8.85
	最低	4.60	5.00	5.60	5.00	7.40	7.80	7.50	7.00	7.80	4.80	2.00	5.00	2.00
干潮	最高	4.50	5.40	5.40	5.90	5.00	4.00	5.10	5.60	5.70	3.50	6.70	7.00	7.00
	平均	1.18	1.21	1.42	1.58	2.06	2.35	2.64	2.49	2.21	1.47	1.59	1.40	1.80
	最低	-0.50	-0.10	0.00	-0.50	0.50	0.80	0.90	0.10	1.00	-0.90	-0.90	-0.50	-0.90
潮差	最高	10.10	9.30	10.40	10.10	9.30	9.90	9.80	9.70	9.60	9.30	11.10	10.20	11.10
	平均	6.67	6.90	7.12	7.11	7.08	7.10	7.28	7.52	7.23	6.85	6.93	6.85	7.05
	最低	3.40	2.20	3.50	3.60	3.10	4.20	3.80	3.60	2.40	3.50	2.60	2.10	2.10
海河工程局材料机器厂														
满潮	最高	12.40	11.10	12.00	11.90	11.00	12.20	12.30	12.50	11.10	10.60	11.20	11.20	12.50
	平均	9.09	9.51	9.84	9.74	10.03	10.62	11.33	11.34	10.04	8.99	9.06	8.67	9.86
	最低	5.50	6.40	7.40	6.40	8.80	9.50	9.60	8.90	9.00	5.80	3.50	5.60	3.50
干潮	最高	7.60	6.80	7.40	7.10	5.90	5.80	6.00	6.10	5.40	4.40	6.60	7.60	7.60
	平均	3.72	3.79	3.91	3.46	3.24	3.74	4.20	4.02	2.92	2.08	2.44	2.50	3.34
	最低	0.30	1.90	1.34	1.30	1.80	2.00	2.50	1.10	1.60	-0.70	-0.70	0.10	-0.70
潮差	最高	7.90	7.20	8.10	8.40	8.50	8.90	8.70	8.80	9.10	8.70	8.90	8.90	9.10
	平均	5.37	5.72	5.93	6.28	6.79	6.88	7.13	7.32	7.12	6.91	6.62	6.17	6.52
	最低	1.50	2.70	3.80	3.00	3.80	4.60	5.40	4.80	4.10	5.00	2.50	2.70	1.50

表 31.5　红桥潮差增减情况（以大沽基准面为标准）　　　　　　单位：呎

变化情况		1月	2月	3月	4月	5月	6月	7月	8月	9月	10月	11月	12月	年均
						1914 年红桥								
满潮	最高			12.49	11.70	9.70	10.70	14.90	16.00	14.60	12.80			16.00
	平均			11.29	9.73	8.63	9.56	11.46	14.87	13.47	11.71			11.34
	最低			10.50	8.90	7.30	8.90	9.10	13.00	12.05	10.50			7.30
干潮	最高			11.70	9.80	6.20	6.60	14.60	15.90	14.20	11.80			15.90
	平均			10.32	7.69	4.97	5.52	8.95	14.53	13.06	10.73			9.47
	最低			8.70	5.10	3.20	4.40	5.40	13.40	11.45	9.50			3.20
潮差	最高			1.90	4.00	4.90	5.00	4.30	1.00	0.70	1.90			5.00
	平均			0.96	2.03	3.66	4.03	2.50	0.36	0.39	0.97			1.86
	最低			0.20	0.40	2.10	3.10	0.20	0.10	0.10	0.20			0.10
						1920 年红桥								
满潮	最高	11.30	10.60	11.70	11.30	10.20	10.60	11.10	10.90	11.80	10.70	10.90	9.90	11.80
	平均	8.35	8.61	10.10	9.54	9.36	9.71	10.11	9.98	9.81	9.78	9.10	8.02	9.37
	最低	3.30	4.60	7.20	7.80	7.80	8.80	8.80	8.70	8.80	8.60	7.40	4.40	3.30
干潮	最高	7.00	6.00	8.90	8.00	4.50	5.20	6.00	4.90	6.10	6.00	5.30	6.40	8.90
	平均	4.57	4.44	6.49	4.66	3.01	3.49	3.99	3.45	3.76	3.98	3.47	3.20	4.04
	最低	2.50	2.10	3.60	2.20	1.40	1.80	2.20	2.00	2.10	2.50	1.30	0.90	0.90
潮差	最高	6.40	6.30	6.20	7.00	7.30	8.00	7.50	7.90	8.60	7.50	7.30	7.00	8.60
	平均	3.78	4.18	3.60	4.86	6.34	6.23	6.13	6.52	6.06	5.81	5.65	4.81	5.33
	最低	0.70	0.30	2.20	2.90	4.30	3.80	4.40	4.90	4.30	3.90	3.90	1.50	0.30
						1941 年新开河								
满潮	最高	11.50	11.20	11.50	12.00	10.60	11.20	12.50	12.50	11.20	10.60	10.90	11.30	12.50
	平均	9.25	9.79	9.90	9.77	9.94	10.39	11.28	11.40	10.43	9.09	9.35	9.02	9.97
	最低	6.10	7.10	8.00	6.80	9.20	9.40	10.10	9.00	9.30	6.50	3.70	6.20	3.70
干潮	最高	7.80	7.40	7.60	6.30	6.00	6.40	6.40	5.60	4.80	4.20	5.20	5.00	7.80
	平均	5.12	5.49	5.13	4.23	3.69	4.00	4.73	4.60	3.64	3.04	3.64	3.71	4.25
	最低	3.40	4.10	3.60	3.30	3.00	3.00	3.20	2.50	3.30	2.00	2.30	2.30	2.00
潮差	最高	5.50	5.80	6.50	6.90	7.10	7.30	8.00	8.10	7.60	7.20	7.50	7.00	8.10
	平均	4.13	4.30	4.77	5.54	6.25	6.39	6.55	6.80	6.79	6.05	5.71	5.31	5.72
	最低	1.20	1.40	3.20	3.20	3.70	4.20	5.10	6.00	5.80	4.50	1.40	2.60	1.20

　　注：5 月、6 月的数字比其他月份的读数更能真实地说明潮汐传播，因为在 5 月、6 月，河流的流量很小，高低水位之间的差异完全由潮汐引起。

表 31.6 1941 年疏浚情况

| 月份 | "新河" 号 | | | | | | "高林" 号 | | "西河" 号 | | | | "北河" 号 | | 抓斗式挖泥船 | | 总计（立方米） |
| | 新河材料厂 | | 陈塘庄 | | 葛沽 | | 天津 | | 天津 | | 陈塘庄 | | 天津 | | | | |
	作业时间（时）	工作量（立方米）	作业时间（时）	工作量（立方米）	作业时间（时）	工作量（立方米）	作业时间（时）	工作量（立方米）	作业时间（时）	工作量（立方米）	作业时间（时）	工作量（立方米）	作业时间（时）	工作量（立方米）	作业时间（时）	工作量（立方米）	
1	—	—	—	—	—	—	25	1 150	—	—	—	—	—	—	—	—	1 150
2	—	—	—	—	—	—	88	4 150	—	—	—	—	—	—	10	40	4 190
3	—	—	—	—	—	—	208	10 725	205	8 475	—	—	—	—	56	200	19 400
4	—	—	—	—	—	—	207	10 475	235	10 525	—	—	169	3 650	259	1 880	26 530
5	—	—	—	—	—	—	225	11 450	210	8 650	—	—	250	4 325	207	1 680	26 105
6	—	—	—	—	—	—	192	9 600	117	4 925	110	4 775	184	3 775	109	825	23 900
7	—	—	—	—	—	—	190	9 150	108	4 700	120	4 925	239	4 175	274	1 760	24 710
8	—	—	—	—	—	—	193	9 525	236	10 000	—	—	270	5 275	284	1 960	26 760
9	102	4 240	—	—	—	—	151	7 250	208	8 325	—	—	232	4 250	120	720	24 785
10	—	—	239	8 275	—	—	178	8 675	204	6 975	—	—	153	2 375	244	1 960	28 260
11	—	—	91	3 100	48	—	169	8 150	221	7 625	—	—	237	4 025	212	120	23 020
12	—	—	—	—	131	4 700	114	5 425	45	1 600	—	—	73	1 350	42	—	13 075
总计	102	4 240	330	11 375	179	4 700	1 940	95 725	1 789	71 800	230	9 700	1 807	33 200	1 817	11 145	241 885

表 31.7 1941 年吹填作业情况

| 月份 | "燕云" 号 | | | | "中华" 号 | | | | "新河" 号 | | 吹填总量（立方米） | 倾倒总量（立方米） |
| | 大直沽日本军用池 | | 天津大直沽池 | | 天津特别三区池 | | 塘沽三菱株式会社池 | | 葛沽以北一号池 | | | |
	作业时间（时）	吹填量（立方米）	作业时间（时）	吹填量（立方米）	作业时间（时）	吹填量（立方米）	作业时间（时）	吹填量（立方米）	作业时间（时）	吹填量（立方米）		
1	25	1150	—	—	—	—	—	—	—	—	1 150	1 150
2	76	4 150	—	—	—	—	—	—	—	—	4 150	40
3	218	10 700	—	—	105	8 500	—	—	—	—	19 200	200
4	160	11 975	15	1 150	139	11 525	—	—	—	—	24 650	1 880
5	194	13 900	—	—	91	10 525	—	—	—	—	24 425	1 680
6	41	2 525	142	8 750	99	11 825	—	—	—	—	23 100	800
7	171	12 925	—	—	95	10 025	—	—	—	—	22 950	1 760
8	160	11 675	—	—	126	13 125	—	—	—	—	24 800	1 960
9	141	10 750	—	—	90	9 075	—	—	—	—	19 825	4 960
10	176	17 075	—	—	82	9 225	—	—	—	—	26 300	1 960
11	94	8 825	—	—	123	14 075	—	—	48	—	22 900	120
12	17	1 500	—	—	44	4 150	29	2 725	131	4 700	13 075	—
总计	1 473	107 150	157	9 900	994	102 050	29	2 725	179	4 700	226 525	15 360

第三十二篇　海河工程局1942年报告摘编

破冰

1941—1942年的冬季比往年严重，在河道急转弯的地方形成了基础冰堆，使拖轮和驳船航行延期。大沽沙的情况则比较顺利，整个冬季航行没有任何困难，当东北风刮来的时候，塘沽港口的南防波堤阻挡海水向河岸漂流。

在海河里，水的情况也不像大沽沙那么容易，有两个寒冷期间。1941年12月24日到1942年1月24日，以及1942年2月9~13日，有西北风。

西北风对冰凌情况和航行有下列几点坏处：

（1）气温骤降，海河形成很多冰堆。

（2）风的压力使潮水不能涨到正常高度，结果导致海水及大沽沙的吃水变浅，每天两次涨落潮的水量减少，降低和缩短了落潮水流的速度和持续时间。

（3）由于落水水流很弱，所以破冰船破碎的冰块不能随落潮水流到海里去。

（4）在海河急转弯处形成冰堆，加速了冰的形成，并且降低和缩短了落潮水流的速度和持续时间。

自1941年12月29日起，由"清凌"号破冰船用无线电向外界广播冰凌情况，直到1942年2月24日冰况顺利时结束。

1941年12月26日以前，气温下降到-12.5℃开始形成冰块，同一天破冰船开始工作，从12月29日开始用无线电广播冰的情况。

大沽沙

10月对大沽沙进行测量工作，发现在大沽沙航道的南北两边水下的泥潭和大沽沙南头的漫堤上，等深线-5呎及-14呎处还有深渊的南岸，都有冲刷的现象。同时在深渊航道的南北两边一直到最南头，也都有沉积的现象。

今年大沽沙航道的水位继续降低，航道北边的浅滩冲刷走的泥沙有360 000立方米。东边也冲刷走了1 100 000立方米，航道附近的浅滩通过挖泥来维持，航道附近最浅的水位在1939年洪水后下降了2呎。

吸扬式挖泥船"快利"号自3月17日开始工作，在深渊和航道底部挖了283 500立方米泥土，在塘沽新港的入口处挖了 10 300 立方米泥土。

挖泥船的效率超过了以往的纪录，"快利号"使用了 20 多年的机器都磨损了，效率也下降了，锅炉的蒸汽机效率从 1928 年开始下降，1931 年有好几个月停产检修，检修时采取了一系列措施。为了防止效率下降，1935 年新增加了一台锅炉，1938 年吸泥口换了新的高压喷水嘴，1939 年又增加了一个辅助喷水嘴，在锅炉的燃烧室里加装助燃器，改进不仅恢复了挖泥船的原有效率，而且还有所提高。

1924—1939 年，年平均每小时挖泥量从未超过 80 立方米，1940 年提高到 113 立方米，1941 年为 124 立方米，1942 年创新纪录，为 138 立方米。

1942 年的燃料消耗最低。1924—1939 年，每挖 1 立方米平均用煤不少于 30 公斤，1940 年下降到 26 公斤，1941 年为 23 公斤，1942 年为 17.8 公斤，由于最近几年的改进，节约了数千吨煤炭。

大沽沙航道逐渐加深，同时挖泥距离也要伸长，以前挖泥距离为 1.5 公里，现在扩展到 2.5 公里，同时深水区的外部，三号标记位到大灯船之间有 1.5 公里也要挖泥，深水区内部即三号标记位到四号能之间有 1.5 公里。当公告深度为 10 呎时，有些浅滩也要挖泥，由于水深增加，挖泥距离从 1.5 公里延伸到 5.5 公里。

挖泥工作于 12 月 8 日停止，于 12 月 9 日进船厂进行冬修。

本年初，公告水深为大沽基准水位以下 9 呎，当挖泥在冬季不工作时，水深下降，航道中线下降了 3 呎，南线下降了 2 呎，北线下降了 1 呎。1941 年 12 月 15 日到 1942 年 3 月 15 日，大约有 85 000 立方米的泥沙带到大沽沙航道，有些泥沙受到了波浪的影响当春天和初夏大风天，航道公告水深为 9 呎时，有一定的富余量。通过挖泥，6 月以后水深有所增长，6 月 22 日公告水深为 9 呎，7 月 20 日为 10 呎，一直维持到年底，挖泥季节 7—9 月，三个月可挖走由河水带来的泥沙。

11—12 月，通过挖泥可以使航道的实际水深超过公告的数字，大沽沙北线可超过 1 呎，个别浅滩也比公告水深深 7 吋，中线水深比公告数字（10 呎）深 2 呎 6 吋，南线水深比公告水深（10 呎）深 1 呎 7 吋。

12 月，航道水深比其他月份更深，是全年吃水最深的时候。

支流

自 1939 年 7 月 31 日开始，由于卢沟桥两闸损坏，永定河河水涌入大清河。两闸修好以后，1942 年 7 月 7 日，永定河又回到老航道。

春汛时期，永定河带下来的大量泥沙沉淀在小清河流域，沉淀后的清水通过大清河及西河流入海河。

夏汛尤其严重，在 7—8 月，流量达到 625 百万立方米，1941 年流量为 121 百万立方米，永定河东堤在各庄附近决口，洪水流进了永定河三角洲北部的低洼地区，所有泥沙全沉淀在这个地区，把这个地区当成了放淤区。沉淀后的河水通过三角洲北堤的两个开口，进入三角洲的东部，然后从屈家店附近进入北运河。

天津和永定河的汇合处及北运河下游在 1939 年洪水之后，淤积严重，排洪能力下降，主要支流永定河和潮白河的排水面积大约为 47 000 平方公里。1939 年后，两河改道，各自有 18 000 平方公里，排洪进入大清河和北塘河水系，北运河的排洪区在屈家店附近，从原来的 69 000 平方公里缩小到 4 000 平方公里，河道断面加宽，流水速度降低，泥沙自然沉淀。

今年夏季，当永定河再次流入北运河时，情况发生了大变化。1941 年，北运河最大流量为 19 立方米/秒。1942 年夏汛到来时，流量达到 253 立方米/秒，强大的洪流冲宽了河道，刷深了河底，将 900 000 立方米的泥土冲到了天津港。

当春汛和夏汛时，这两条支流流量都不大，总流量在 7 月 11 日为 14 立方米/秒，到 8 月 6 日为 180 立方米/秒，为本年最大流量，然后逐渐下降。9 月末为 90 立方米/秒，10 月末为 53 立方米/秒，最大流量时依然比其他河流小，并且时间不长。

尽管流量相当小，但也给海河带来了大量泥沙。春汛时两条河共带下 245 000 立方米泥沙；夏汛时流入海河的泥沙大约为 3 000 000 立方米，这些泥沙大部分沉淀在天津转头地和沿仓库地区，对航道的深度和宽度影响不大。

南运河

夏汛时的含沙量比过去两年大，8 月初天津的流量为 44 立方米/秒。

这条河带下来的泥沙，按它们的流量和坡度（1∶20 000）来说是可观的。夏汛时天津海河携带泥沙 500 000 立方米，春汛时有 55 000 立方米，夏季有大部分泥沙转移到了别的地区，有 2 000 000 立方米。通过减河，有 1 700 000 立方米直接流入了耳、减河，最后一部分通过新航道进入了海河。

海河

本年度全年天津航道允许吃水为 16 呎，水位在大沽基准水位以上 8 呎。

春汛和夏汛给海河带来了 4 700 000 立方米的泥沙。1941 年给海河带来的泥沙量为 1 920 000 立方米。1942 年夏汛时为 6440/百万（0.64%），相同时期，1941 年春天的含沙量是 298/百万，夏汛时是 3787/百万。1942 年春汛和夏汛带给海河的泥沙量如下：

（1）春汛时子牙河及大清河带给海河 245 000 立方米泥沙，夏汛时带给海河 3 000 000 立方米泥沙。

（2）春汛时南运河带给海河 55 000 立方米泥沙，夏汛时带给海河 500 000 立方米泥沙。

（3）夏汛时永定河及北运河带给海河 900 000 立方米泥沙。

由西南支流、子牙河、大清河及南运河带来的泥沙颗粒非常细，呈悬浮状态，可以一直流入海里，有少部分沉淀在天津沿仓库地区、河边和转头地。虽说泥沙共有 3 800 000 立方米，但航道的深度和宽度并未减少。

由永定河流入北运河的河水，将此运河下游的泥沙冲刷下来 900 000 立方米，河水全部进入新放淤区，将泥沙沉淀在那里，以后再流入天津港。这样不仅转头地的深度减小，沿仓库一带及航道也受损失，公告吃水深度为 16 呎，仍可保持，只是以前超过公告吃水深度的部分损失了大约 2 呎。

夏汛以后，天津港是航道最浅的地方，航道深度为大沽基准水位以下 8 呎，即 16 呎，下游为 17 呎，津浦铁路仓库为 18 呎，葛沽为 20 呎，南开为 20 呎，塘沽到河口一段为 30 呎。

天津河流得好的时候，是在低水位。1910 年以后，有些年份低潮水位达到了 3 呎以下，新记录为大沽基准水位以上 2.83 呎，低潮水主要发生在 5 月，低潮为大沽基准水位以上 2.19 呎，潮差最大的也是 5 月，高潮时升至大沽基准水位以下 6.99 呎。

5—6 月，支流中清水很少。当内地严重干旱时，6 月天津的最高水位才 9.30 呎，低于河口（9.53 呎），河水中的清水很少也是干旱更为严重的原因。7 月 3 日进行了潮水观测，在天津落潮时，河水中的清水只有 12%，在塘沽有 2.3%，其余为 97.7%，都是碱水（含盐）。碱水在河水的上层，用于灌溉，天津河水中的碱水为 0.27%，泥窝为 0.30%，军粮城为 0.6%，对植物有严重的危害。

堤岸保护

本年度既没有新建防护坝，也没有加长老的保护坝，其原因是木桩太贵了。用坟地栽弯后柳林的柳树枝做了 36 130 捆柳把子，4 530 捆填进防护坝里，1 600 捆用作靠帮，代替易损坏的软木。

在砍下 5 000 棵柳木棍的地方重新种上柳树，为了长成新树，2 000 棵种在了老树林子里，3 000 棵种在了柳林北边的空地里。

修船厂及其设备

5 月，将过去依靠蒸汽机及皮带转动的机器换上了新的电动机，共 35 马力，新的动力系统比老的系统经济得多，大约每年可节约费用 12 000 元。

天津船坞老的水泵装置换成了新式的电切机及高速水泵，只花了一半费用，卖掉老设备，相当于半价。

船厂制作了新的给水加热器，代替了挖泥船"快利"号上的加热器，因为老的加热器受热面积小，效率低。

万国桥

本年度没有修理工作，只对桥架子表面做了一般的保养工作。为了过船，本年度共开桥 153 次，从建桥起至今，累计开桥 5 504 次。

内河挖泥及吹填工程

本年度海河总的挖泥量为 607 000 立方米，天津总的挖泥量为 449 700 立方米，塘沽总的挖泥量为 157 300 立方米。天津挖出的泥沙，运到特别三区的低洼地 265 500 立方米，运到大直沽附近 184 200 立方米。塘沽有两块低洼地，吹填了 140 475 立方米。

挖泥和吹填工作开始于 3 月 7 日，一直工作到 12 月 17 日。链斗式挖泥船"西河"号及吹泥船"燕云"号一直工作到 1943 年 1 月,其他船只进船坞进行冬季大检修。

葛沽裁弯

为了挖掘新河道,需要买地存放挖掘出来的土,本年 7 月完成了这一工作。新地坐落在宁合县境内,长度为 6400 米,共计 5614 亩多,支付了买地费用和房子、坟地及树木的搬迁费用。留作裁弯用的一部分长度为 2 000 米,坐落在天津县,准备以后再买。

混合式挖泥船"西河"号从 3 月 9 日奉命开始工作,到 12 月 16 日停止工作,3 月它每日工作 10 小时,4 月每日工作 12 小时,5—9 月每日工作 14 小时,10—12 月每日工作 13 小时。挖泥船把未来河道的半部分挖掘成了两段,第一段挖深在大沽基准水位以下 2 呎,第二段挖到大沽基准水位以下 12 呎,总的挖泥高度从地面(大沽基准水位以下 11 呎)算起到新河道的河底大约 7 米(23 呎),横断面面积大约 470 平方米,这一段长度不少于 1 800 米,总挖泥量为 854 900 立方米。

挖泥船于 3 月奉命开始工作,当时效率很低,通过一年来的几项改进措施,提高了效率,每小时的挖泥量从 3 月的 183 立方米提高到 275 立方米。每挖 1 立方米的泥沙燃料消耗由 5.9 公斤下降到 3.8 公斤,挖泥量相较 20 年前提高了 10%,而燃料消耗却比 20 年前下降了 20%。

第一部分的裁弯工作,挖泥船如能保持 1942 年的工作水平,将于 1946 年 8 月完工。

放淤排洪工作

修建新放淤区的北堤连接铁路的保护堤,沿龙河南岸全长 15.5 公里,于本年 4—5 月完成,堤顶宽 6 米,高约 2 米,边坡坡度 1∶3,共用土 316 800 立方米。

新放淤区于本年永定河夏汛时第一次使用,非常成功。在靠近北放淤区的引河处,修了一个新堤和开口,靠近南放淤区的进口。一旦 10 月和 11 月发生紧急情况,老放淤区可作为备用。

总工程师　崔哈德

天津 1943 年 1 月 22 日

本年度水文及疏浚、吹填工作如表 32.1 至表 32.7 所示。

表 32.1　1942 年大沽闸航道状况　　　　单位:呎

变化情况		1 月	2 月	3 月	4 月	5 月	6 月	7 月	8 月	9 月	10 月	11 月	12 月
标记深度		9.0	9.0	9.0	9.0	9.0	9.6	10.0	10.0	10.0	10.0	10.0	10.0
变化日期							22 日	25 日					
最浅深度	北线	9.7	9.7	9.7	9.7	9.7	10.0	10.1	10.11	10.1	10.1	10.7	10.7
	中线	12.7	12.7	12.7	12.7	12.7	10.7	10.2	10.2	10.2	10.2	12.6	12.6
	南线	10.1	10.11	10.11	10.11	10.11	10.3	10.1	10.1	10.1	10.1	11.7	11.7
平均深度	北线	11.3	11.3	11.3	11.3	11.3	11.5	12.0	12.0	12.0	12.0	12.5	12.5
	中线	13.11	13.11	13.11	13.11	13.11	12.1	11.5	11.5	11.5	11.5	14.9	14.9
	南线	13.1	13.1	13.1	13.1	13.1	11.9	11.10	11.10	11.10	11.10	13.10	13.10

表 32.2　1942 年"快利"号疏浚作业情况

月份	实际作业时间（时）		往复回数（回）				舍土回数（回）		舍土量（立方米）	
	大沽航道	新港航道	大沽航道		深渊	新港	大沽航道	新港	大沽航道	新港
			长距	短距						
3	65	13	67	1	33	56	26	7	6 366	3 152
4	202	3	204		61	17	79	2	20 408	901
5	237		252		81		113		29 659	
6	310	19	372		111	76	156	15	46 873	6 241
7	238		313		71		116		35 147	
8	290		363		114		120		37 126	
9	263		333		119		115		35 623	
10	170		200		92		74		23 421	
11	254		301		120		110		39 253	
12	58		60		34		25		9 636	
总计	2 087	35	2 465	1	836	149	934	24	283 512	10 294

表 32.3　第 13 号测量标之流量特别一区码头中间

月份	1	2	3	4	5	6	7	8	9	10	11	12
最大流量（立方呎/秒）	—	9 217	8 573	8 625	8 386	7 537	12 023	20 120	13 498	9 605	8 393	8 710
最小流量（立方呎/秒）	—	6 851	6 814	6 131	6 276	6 436	6 136	10 748	9 297	7 445	6 413	6 208
平均流量（立方呎/秒）	—	7 799	7 497	7 395	7 300	6 818	7 763	15 384	11 357	8 554	7 657	7 249
月份	1	2	3	4	5	6	7	8	9	10	11	12
最大流量（立方米/秒）	—	261	243	244	237	213	340	570	382	272	238	246
最小流量（立方米/秒）	—	194	193	174	178	182	174	304	263	211	182	176
平均流量（立方米/秒）	—	221	212	209	207	193	220	436	322	242	217	205

表 32.4　1942 年海河河口及海河工程局材料机器厂水位情况

（以大沽基准水位为标准）　　　　　　　　　　　　　　单位：呎

月份			1	2	3	4	5	6	7	8	9	10	11	12	年均
海河河口	满潮	最高	9.50	11.70	10.60	10.90	10.90	10.60	11.40	12.10	13.00	11.00	10.40	9.60	13.00
		平均	7.22	8.02	8.57	8.54	9.17	9.53	10.06	10.32	9.77	8.76	8.07	7.52	8.80
		最低	4.10	4.90	4.20	6.50	7.90	8.00	8.50	8.90	8.10	5.70	4.00	5.10	4.00
	干潮	最高	3.90	3.80	5.40	4.20	4.40	4.70	5.50	6.20	5.80	4.90	4.10	4.20	6.20
		平均	0.75	1.08	1.31	1.41	2.01	2.36	2.78	2.58	2.27	1.98	1.56	1.22	1.78
		最低	-1.10	-0.30	-0.70	-0.40	0.00	0.70	0.90	1.20	0.80	0.30	-1.00	-0.60	-1.10
	潮差	最高	9.10	9.10	10.20	9.80	9.60	9.50	9.90	10.20	11.30	9.00	9.20	8.70	11.30
		平均	6.47	6.94	7.26	7.13	7.16	7.17	7.28	7.74	7.50	6.78	6.51	6.30	7.02
		最低	3.10	2.40	2.70	3.60	4.60	4.60	3.60	3.50	3.20	3.30	2.50	2.90	2.40

续表

月份			1	2	3	4	5	6	7	8	9	10	11	12	年均
海河工程局材料机器厂	满潮	最高	10.10	12.00	11.20	10.70	10.60	10.30	12.00	12.70	12.70	10.80	10.10	9.60	12.70
		平均	7.09	8.37	9.23	8.87	9.18	9.30	10.41	11.50	10.59	9.39	8.57	7.81	9.19
		最低	3.20	5.00	5.00	7.00	10.28	8.20	8.70	10.50	9.40	6.50	4.80	5.60	3.20
	干潮	最高	4.40	4.50	5.80	4.60	4.10	4.80	5.40	7.30	6.10	4.80	4.20	4.80	7.30
		平均	2.08	2.29	2.75	1.97	2.19	2.45	3.43	5.21	4.31	2.97	2.38	1.94	2.83
		最低	-1.60	0.40	-0.40	-0.30	-0.90	0.90	1.70	2.70	2.80	0.30	-1.00	0.10	-1.60
	潮差	最高	8.00	7.90	8.90	9.60	8.80	8.80	8.80	8.30	7.80	7.90	8.10	8.00	9.60
		平均	5.01	6.08	6.48	6.90	6.99	6.85	6.98	6.29	6.28	6.42	6.19	5.87	6.36
		最低	0.70	1.60	3.50	4.30	5.10	4.80	4.30	4.00	4.10	4.40	3.60	3.10	0.70

表 32.5　1941 年 10 月及 1942 年 10 月航路最浅深度

（以大沽基准水位以上 8 呎为标准）　　　　　　　　单位：呎

河段	1942 年 10 月	1941 年 10 月
金汤桥至天津港下流	16.4	16.8
天津港下流至第五裁弯上端	16.6	16.7
第五裁弯上端至第三裁弯上端	18.5	17.6
第三裁弯上端至第四裁弯上端	19.2	18.3
第四裁弯上端至严庄	19.9	19.5
严庄至葛沽	18.1	20.5
葛沽至南开	20.3	21.4
南开至新河	23.6	23.7
新河至大梁庄	25.7	23.9
大梁庄至塘沽	30.3	29.3
塘沽至大沽	29.7	27.7
大沽至深渊	19.7	20.9
大沽闸航道中线	20.5	20.6

表 32.6　1942 年疏浚作业情况

月份	"高林"号		"西河"号				"北河"号		抓斗式疏浚船		总计
	天津		天津		塘沽		天津				（立方米）
	作业时间（时）	作业量（立方米）	作业时间（时）	作业量（立方米）	作业时间（时）	作业量（立方米）	作业时间（时）	作业量（立方米）	作业时间（时）	作业量（立方米）	
1	—	—	—	—	—	—	—	—	53	—	—
2	—	—	—	—	—	—	—	—	—	—	—
3	116	17 250	160	18 675	—	—	107	6 225	39	—	42 150

| 月份 | "高林"号 | | "西河"号 | | | | "北河"号 | | 抓斗式疏浚船 | | 总计 |
| | 天津 | | 天津 | | 塘沽 | | 天津 | | | | （立方米） |
	作业时间（时）	作业量（立方米）	作业时间（时）	作业量（立方米）	作业时间（时）	作业量（立方米）	作业时间（时）	作业量（立方米）	作业时间（时）	作业量（立方米）	
4	190	28 950	133	14 400	63	6 210	264	16 800	19	—	66 360
5	200	28 800	—	—	186	20 595	259	16 200	26	75	65 670
6	168	22 500	29	3 075	176	18 450	248	15 300	—	—	59 325
7	181	24 375	221	23 925	—	—	258	17 625	47	750	66 675
8	159	20 100	64	8 400	87	12 150	234	13 500	5	—	54 150
9	175	23 250	—	—	278	36 375	226	11 475	—	—	71 100
10	180	23 325	—	—	298	39 300	211	11 250	93	1 425	75 300
11	183	24 300	34	3 225	205	24 225	276	15 225	87	1 125	68 100
12	80	10 275	192	19 650	—	—	169	7 500	81	750	38 175
总计	1 632	223 125	833	91 350	1 293	157 305	2 252	131 100	450	4 125	607 005

表 32.7　1942 年葛沽疏浚及填埋作业情况

| 月份 | "高林"号 | |
	作业时间（时）	作业量（立方米）
1	—	—
2	—	—
3	222	40 600
4	341	77 000
5	404	94 200
6	397	100 380
7	400	102 900
8	405	104 300
9	345	91 300
10	353	96 000
11	361	99 700
12	199	48 500
总计	3 427	854 880

表 32.8 列示了 1942 年填埋作业情况。

表 32.8 1942 年填埋作业情况

月份	"燕云"号								"中华"号				总计或总计填埋（立方米）	舍土（立方米）
	大直沽日本军用池		天津大直沽池		塘沽三菱株式会社池		塘沽连塘庄池		天津特别三区池		天津大直沽池			
	作业时间（时）	作业量（立方米）	作业时间（时）	作业量（立方米）	作业时间（时）	作业量（立方米）	作业时间（时）	作业量（立方米）	作业时间（时）	作业量（立方米）	作业时间（时）	作业量（立方米）		
1	—	—	—	—	—	—	—	—	—	—	—	—	—	—
2	—	—	—	—	—	—	—	—	—	—	—	—	—	—
3	119	26 850	—	—	—	—	—	—	45	15 300	—	—	42 150	—
4	187	39 750	—	—	—	—	—	—	55	20 400	—	—	60 150	6 210
5	46	9 300	19	3 975	49	9 975	—	—	—	—	98	31 800	55 050	10 620
6	—	—	—	—	85	18 450	—	—	49	12 225	117	28 650	59 325	—
7	—	—	41	9 300	—	—	—	—	181	57 375	—	—	66 675	—
8	—	—	42	8 175	—	—	63	12 150	125	33 825	—	—	54 150	—
9	—	—	—	—	—	—	196	36 375	175	34 725	—	—	71 100	—
10	—	—	—	—	—	—	243	39 300	211	36 000	—	—	75 300	—
11	—	—	35	5 925	37	6 225	109	18 000	187	37 950	—	—	68 100	—
12	—	—	118	20 475	—	—	—	—	76	17 700	—	—	38 175	—
总计	352	75 900	255	47 850	171	34 650	611	105 825	1 104	265 500	215	60 450	590 175	16 830

第三十三篇　海河工程局 1943 年报告摘编

新港防波堤的建成阻挡了东北风，冰块向大沽和老河口漂流，消除了过去冬季船只航行于此处的困难。

在 1942 年 12 月 26 日至 1943 年 1 月 15 日，以及 1943 年 1 月 26 日至 1 月 31 日，这两个时期有强西北风刮来，天津的气温在 1 月 11 日降为 -14.4℃，在 1 月 24 日为 -14.2℃。由于强西北风的关系，潮水不能涨到正常高度，落潮水流很弱，以致破碎的冰块不能随潮水流到海里去，在河道的几个急转弯处，形成了冰堆，导致拖轮和驳船延误了航期。

2 月，天气非常暖和，河流的弯道处冰块变少了，到 2 月 17 日，几乎没有冰块了，所以破冰工作于 2 月 18 日就停止了。

大沽〔大沽沙〕

10 月对大沽沙的区域进行了全面的深度测量，结果表明淤泥量是惊人的。1943 年全区域淤泥量达到 11 325 000 立方米，大沽沙航道的南端淤泥量为 5 154 000 立方米，航道出口的北面淤泥量为 2 776 000 立方米，航道出口的南面淤泥量为 2 916 000 立方米，内深渊的南面尚有淤泥 479 000 立方米。

1943 年，大沽沙受潮水冲刷，冲走淤泥约 798 000 立方米，在外深渊的南面和北面。

航道水深的最大变化发生在瓦斯灯标的南面和北面，在那里 1943 年的水深减少了 3 呎，在大沽基准水位以下 12 呎等深浅的前方 4500 呎处。

工程报告

破冰

破冰作业于 1942 年 12 月 26 日开始，至 1943 年 2 月 18 日结束。

整个冬季，在大沽沙的破冰工作比较容易，而在内河的破冰工作则并不顺利。在河道的急转弯处形成的冰堆，使小马力的拖轮和驳船经常受阻，往往航行延期。

造成巨大淤泥量的原因是塘沽新港防波堤的建成，在防波堤口的浅滩，水深只有大沽基准水位以下 5 呎。

1943 年，内河流向海上的泥沙共有 3 877 000 立方米，但是大沽沙的淤泥却有 11 325 000 立方米。过量的淤泥是由塘沽新港防波堤造成的，它阻止了泥沙沿大沽沙口向外流动。

大沽沙航道的疏浚工程

绞吸式挖泥船"快利"号从 3 月 30 日开始工作，到 11 月 30 日结束，共挖泥 19 159 立方米。与前年相比，从深渊的浅滩和大沽沙航道挖走泥沙的时间缩短了，这是因为已经达到了航道的合理深度，总的挖泥量当然也下降了。由于 1943 年的下半年使用了劣质煤炭，这种低级煤炭不能保证有足够的蒸汽压力。

新造的大沽沙挖泥船"浚利"号于 7 月 31 日从日本到来，8 月 5—12 日进行试验工作，并举行最后的验收仪式，然后它就参加了大沽沙航道的挖泥工作。8 月 24 日挖掘大沽沙航道，11 月 1 日挖掘新港航道的进口航道，12 月 15 日停止挖泥，准备去新河进行修理。它在大沽沙航道挖泥 84 870 立方米，在新港挖泥 100 190 立方米。

大沽沙航道今年的总挖泥量为 364 220 立方米，其中大沽沙航道为 264 030 立方米，新港为 100 190 立方米。

大沽沙航道的状况

年初公布的大沽沙航道的深度为大沽基准水位以下 10 呎。4 月末到 5 月初在这里进行挖泥后，5 月 22 日新航道的深度提升到大沽基准水位以下 10 呎 6 吋。

当夏季来临，大量泥沙在大沽航道沉淀下来，新挖泥船"浚利"号由老挖泥船"快利"号协助，两船共同挖泥沙，不但把新沉淀下来的泥沙挖走了，而且还疏浚了全部航道。11 月 1 日公布水深为大沽基准水位以下 11 呎，创造了前所未有的新纪录。

支流

永定河在春汛和夏汛期间，携带大量的泥沙经过小清河流入海河。永定河在卢沟桥分流，有一部分流进小清河。春汛期间，河水的 60% 以上流入小清河，20% 以下流入新放淤区，使泥沙沉积在这里。从新放淤区溢流出来的水改道进入老放淤区（北淀），自 3 月 10 日开始，溢流的河水仍含有一定的淤泥。

当春季时，不管是从改道来看还是从实际来看，确实都给海河带来了大量的泥沙，不过春汛还是少量的，其流量从未超过每秒 100 立方米。

当夏汛到来时，从卢沟桥溢流出来的大量泥沙进入海河。永定河携带大量的泥沙经由小清河进入海河。

北运河对海河的影响不大。

大清河和子牙河在今年夏汛时期的流量相比之前两年并未增大，但含沙量却比前两年多，这是因为永定河的大量泥沙从卢沟桥流入大清河。

春季这两条河携带 660 000 立方米的泥沙流入海河，1942 年流入海河的泥沙量为 245 000 立方米，1941 年为 100 000 立方米，夏汛时为 240 000 立方米。完全带入海的泥沙量，1942 年为 3 000 000 立方米，1941 年为 1 000 000 立方米。

大清河和子牙河的春汛和夏汛的泥沙量都不算大。

南运河夏汛时的水量很大，并带有大量泥沙，但它可以通过减河和马厂减河两条浅水河入海，有 2 000 000 立方米的泥沙在夏汛时流入地减河，有 1 200 000 立方米排入马厂减河，只有 220 000 立方米的泥沙随夏汛流入海河，有 30 000 立方呎随春汛到达天津。

从海河到天津轮船航行的正常吃水 16 呎，今年全年均达到大沽基准水位以上 8 呎。

春汛期间，各支流给海河带来泥沙 700 000 立方米，夏汛期间为 3 500 000 立方米，大部分来自永定河。流经小清河到达天津造成大量淤泥的原因是天津海河水中含沙量增加。天津河水的含沙量在 3 月、4 月仍然很高，直到 5 月 18 日才下降。

永定河在 5 月末有一个小汛期，使天津河水和含沙量增高，夏汛来临后再度增高。

考虑到长时期增长的淤泥在海河上游的春天有 320 000 立方米，夏天有 750 000 立方米，在港口全年有 430 000 立方米，这些都要通过挖泥来解决。海河的支流每年带来 1 500 000 立方米的泥沙，都沉积在海河的上游。这些淤泥能维持航道吃水 16 呎，强潮流能带走大量泥沙，在海中悬浮，能暂时改进海河的吃水深度。转头地和沿仓库一带就要靠挖泥来维持，但在河道最浅的断面处，富余的吃水深度就没有了，其余的河道仍然维持着很好的吃水深度。

海河下游的深度由于强潮水流的冲刷得到了改进，海河下游有 1 040 000 立方米的淤泥被潮水从河床冲到大沽河去，每年由支流带来的 2 840 000 立方米的泥沙进入海河，呈悬浮状况，被落潮水冲到大沽河去。

河海状况良好，也表现为在天津有一个较大的潮差，主要月份天津的潮差很高。1943 年 7 月曾创下 7.63 呎的新纪录。

海河挖泥沙及吹填工程

1943 年共挖泥沙 611 100 立方米，在天津海河挖泥 433 125 立方米，在新河仓库前沿挖泥 21 900 立方米，在于家堡（大沽）附近和三井物产株式会社靠船地挖泥 156 075 立方米，这些土都吹到了三井物产株式会社的洼地里。在新河挖泥 21 900 立方米，倒在了海河里。在天津港挖泥 433 125 立方米，填进了天津特别三区的第 7—11 号泥地（353 400 立方米）和华北株式会社的两个小池塘（26 100 立方米），也在特别三区境内，填到大直沽 2 号及 3 号填地 31 050 立方米，给靠近大直沽的华北运输株式会社 1 号填池填泥 22 575 立方米。

为保证转头地足够的水深（吃水 16 呎）和宽度，今年的挖泥量比往年多，转头地 1942 年的挖泥量为 44 925 立方米，1943 年的挖泥量为 73 275 立方米。

葛沽裁弯

多用途挖泥船"新河"号自 4 月 1 日起开挖，第一段为裁弯未完工部分，河床横断面的北部，从地平线到大沽基准水位以下 2 呎，总长 340 米，靠近郑家社。

第三段为南半部，深度为大沽基准水位以下2呎，靠近郑家庄，土质非常坚硬，总长为1808米，直至12月8日出现冰凌，煤床移动困难方才停工。

从秋季开始，供应低质量的褐煤，降低了挖泥效率，全年挖泥531 720立方米，自1941年12月10日开工以来，总计挖泥1 434 620立方米。

护岸工程

4月，编制了许多灌木排当作护坡，今年由于木桩价格太贵，没有再做新的护岸桩，老的也差不多都坏了，用柳林制作了194个柳木桩，打在护坡处，代替了原有已坏的木桩。

3月，用柳林的柳树枝编制了9 561捆柳把子，8 261捆用来编制护坡，挡住坡上的泥土，防止冲刷，其余1 300捆用作挖泥船和破冰船上的靠帮。

在砍下3 136棵柳树的地方又种上了柳树。

万国桥

本年度开桥过船118次，从桥建成算起，累计开桥5 622次。

新河船厂

用水泥沙浆和砖在船厂北边新建了一道砖墙，老墙年久失修，因为靠近铁路，往来火车震动，现在用木棍支撑着，防止倒塌。

电器设备

售出两个锅炉、两台封闭式高速蒸汽机，带着两台120千瓦的发电机，12个电动机，从5马力到80马力都有，总共300马力。

这些设备都是老式的、直流式的，电压250伏，修理和更换零件都非常困难，因此才决定更换成现代的交流设备，电压220伏，5台新的电动机安装在修船厂，由天津发电所供电。

新机械设备

吸扬式挖泥船"浚利"号由日立造船所承造，于1941年12月中旬在日本船坞开工，今年4月8日下水，首次试航在日本船厂进行，最后一次试航于1943年8月5—12日在大沽沙进行。试航非常满意，与老船相比，同样的燃料消耗量挖泥量增加了1倍，主机马力比老船增加了43%。

挖泥船规格如下：

全长（垂线间长）79米，型宽13.70米，最大吃水（泥舱满载）3.35米，泥舱容量700立方米。

驱动泥浆需用额定功率500马力，推进器2台，各500马力，高压泵需用200马力，泥泵输出直径2米。

高压泵输出容量为680立方米/时，压力为5个大气压力。

分洪工程（放淤）

把永定河的河水在卢沟桥进行分洪，使大部分流入小清河，总流量小于 40%，到达这个放淤区，使含沙量下降 60%，然后经过大清河流入海河。

新的放淤区接纳永定河流量的 40% 以下，永定河水是从卢沟桥流下来的。春汛和夏汛时，河水将大量泥沙沉淀在这个放淤区，从新放淤区流出来的水仍带了少量泥沙。春汛时，流入北运河，经过屈家店分洪闸流入老放淤区，从 3 月 10 日开始在屈家店放淤。

南边放淤区的进口水道有一个开口和一个闸厅，等到 11—12 月，可以关闭通向北放淤区的航道。

总工程师　崔哈德

天津 1944 年 4 月 3 日

水文及疏浚、吹填航道运输情况如表 33.1 至表 33.9 所示。

表 33.1　1943 年大沽闸航道状况

单位：呎

变化情况		1 月	2 月	3 月	4 月	5 月	6 月	7 月	8 月	9 月	10 月	11 月	12 月
标记深度		10.0	10.0	10.0	10.0	10.6	10.6	10.6	10.6	10.6	10.6	11.0	11.0
变化日期						22 日						1 日	
最浅深度	北线	10.7	10.7	10.7	10.7	10.4	10.11	10.11	10.11	10.11	11.0	11.0	11.0
	中线	12.6	12.6	12.6	12.6	12.2	11.2	11.2	11.2	11.2	12.0	12.0	12.0
	南线	11.7	11.7	11.7	11.7	11.2	10.7	10.7	10.7	10.7	11.4	11.4	11.4
平均深度	北线	12.5	12.5	12.5	12.5	12.2	12.1	12.1	12.1	12.1	13.1	13.1	13.1
	中线	14.9	14.9	14.9	14.9	14.1	12.7	12.7	12.7	12.7	13.10	13.10	13.10
	南线	13.10	13.10	13.10	13.10	13.2	12.7	12.7	12.7	12.7	13.4	13.4	13.4

表 33.2　1943 年疏浚船"快利"号疏浚作业情况

月份	实际作业时间（时）	往复回数（回）			弃土回数（回）	弃土量（立方米）
		长距	短距	深渊		
3	6	5	—	3	3	520
4	193	210	—	77	78	23 384
5	127	128	16	47	52	17 084
6	231	223	—	77	83	24 134
7	269	263	—	89	90	28 643

续表

月份	实际作业时间（时）	往复回数（回）			弃土回数（回）	弃土量（立方米）
		长距	短距	深渊		
8	180	178	—	60	64	17 200
9	197	209	—	80	78	21 005
10	197	209	—	79	74	24 489
11	209	199	—	91	74	22 720
12	—	—	—	—	—	—
总计	1 609	1 624	16	603	596	179 179

表 33.3　1943 年疏浚船"浚利"号疏浚作业情况

月份	实际作业时间（时）		往复回数（回）				弃土回数（回）		弃土量（立方米）	
	大沽航道	新港航道	大沽航道		深渊	新港	大沽航道	新港	大沽航道	新港
			长距	短距						
3										
4										
5										
6										
7										
8	107		118		42		42		15 939	
9	216		269		90		94		43 539	
10	136		141		52		52		25 391	
11		205				314		156		76 046
12		73				112		50		24 145
总计	459	278	528		184	426	188	206	84 869	100 191

表 33.4　第 13 号测量标流量情况

月份	1	2	3	4	5	6	7	8	9	10	11	12
最大流量（立方呎/秒）	—	6 424	9 199	8 206	7 115	7 459	8 225	11 023	10 709	11 482	1.1 773	10 742
最小流量（立方呎/秒）	—	5 586	6 307	6 161	5 832	5 520	6 227	8 084	8 667	9 418	7 825	7 621
平均流量（立方呎/秒）	—	6 060	7 727	7 034	6 525	6 428	7 276	9 473	9 892	10 219	9 761	9 496
月份	1	2	3	4	5	6	7	8	9	10	11	12
最大流量（立方米/秒）	—	182	260	232	201	211	233	312	303	325	333	304
最小流量（立方米/秒）	—	158	179	174	165	156	176	229	245	267	222	216
平均流量（立方米/秒）	—	172	219	199	185	182	206	268	280	289	276	269

表 33.5　1943 年海河河口及海河工程局材料机器厂水位变化情况

（以大沽基准面为标准）　　　　　　　　　　　　单位：呎

月份			1	2	3	4	5	6	7	8	9	10	11	12	平均
海河河口	满潮	最高	9.10	9.10	10.30	10.50	10.80	10.80	11.70	12.20	11.10	11.00	11.80	11.10	12.20
		平均	7.10	7.59	8.55	8.61	9.44	9.46	9.79	10.19	9.40	9.11	8.34	8.30	8.82
		最低	2.60	5.20	6.40	6.20	7.70	7.90	8.10	8.50	6.80	7.10	3.30	2.10	2.10
	干潮	最高	2.90	3.40	4.50	4.00	4.00	4.60	5.40	5.80	5.00	4.70	6.10	5.60	6.10
		平均	0.83	1.18	1.72	1.79	2.38	2.59	2.79	2.73	2.17	1.98	1.74	1.63	1.96
		最低	-1.50	-0.70	0.30	-0.40	0.90	0.80	0.70	0.70	0.50	0.90	-0.60	-0.60	-1.50
	潮差	最高	8.50	9.10	8.70	9.00	9.70	9.50	10.10	10.20	9.40	9.60	10.30	9.40	10.30
		平均	6.27	6.41	6.83	6.82	7.06	6.87	7.00	7.46	7.23	7.13	6.60	6.67	6.86
		最低	2.90	2.70	3.60	3.30	4.30	4.40	4.00	3.60	3.00	2.60	2.30	2.60	2.30
海河工程局材料机器厂	满潮	最高	8.90	9.90	10.40	11.00	10.50	10.50	11.20	12.50	11.40	11.30	12.00	11.50	12.50
		平均	6.81	7.98	9.40	9.08	9.35	9.37	10.02	11.08	10.42	10.12	9.17	9.21	9.33
		最低	3.00	5.70	7.70	7.30	7.40	8.40	8.90	10.00	8.40	8.70	4.50	5.50	3.00
	干潮	最高	5.10	3.90	4.50	4.00	4.00	4.00	4.10	5.60	5.90	5.00	6.90	6.60	6.90
		平均	2.65	1.94	2.88	2.22	2.36	2.18	2.39	3.77	3.34	3.66	3.26	3.57	2.85
		最低	0.50	-0.60	1.20	0.40	1.00	0.50		2.10	2.00	2.00	-0.20	0.40	-0.60
	潮差	最高	7.20	8.10	8.60	8.60	8.60	9.00	9.40	8.80	8.40	7.90	8.20	7.90	9.40
		平均	4.16	6.04	6.52	6.86	6.99	7.19	7.63	7.31	7.08	6.46	5.91	5.64	6.48
		最低	1.20	3.70	4.50	4.60	4.90	5.50	5.40	4.70	4.40	4.00	3.50	2.70	1.20

表 33.6　1943 年疏浚作业情况

月份	"高林"号 天津		"西河"号 天津		塘沽		大沽三井株式会社船坞		"北河"号 天津		疏浚船吹填		总计（立方米）
	作业时间（时）	吹填量（立方米）	作业时间（时）	吹填量（立方米）	作业时间（时）	吹填量（立方米）	作业时间（时）	吹填量（立方米）	作业时间（时）	吹填量（立方米）	作业时间（时）	吹填量（立方米）	
1			2	150									150
2													
3	101	12 750	123	14 475					3	150	39	75	27 450
4	189	27 225			193	21 450			243	15 375	30	450	64 500
5	181	21 375	149	17 025					246	14 700	157	2 625	55 725
6	201	23 700	63	7 275			112	11 625	235	15 375	195	2 025	60 000
7	212	25 725					232	31 125	264	16 800	70	1 200	74 850
8	200	24 375	30	375			221	24 300	265	15 750	99	825	65 625
9	202	25 500					288	34 575	244	15 075	45	600	75 750
10	166	21 450					303	40 425	218	14 175	214	3 525	79 575

月份	"高林"号 天津		"西河"号 天津		塘沽		大沽三井株式会社船坞		"北河"号 天津		疏浚船吹填		总计（立方米）
	作业时间（时）	吹填量（立方米）	作业时间（时）	吹填量（立方米）	作业时间（时）	吹填量（立方米）	作业时间（时）	吹填量（立方米）	作业时间（时）	吹填量（立方米）	作业时间（时）	吹填量（立方米）	
11	229	22 875	78	7 125			120	14 025	333	18 375	247	3 225	65 625
12	180	13 575	180	16 275					208	10 875	182	1 125	41 850
总计	1 861	218 550	625	62 700	193	21 450	1 276	156 075	2 259	136 650	1 278	15 675	611 100

表 33.7　1943 年葛沽吹填作业情况

月份	"新河"号 葛沽地区	
	作业时间（时）	作业量（立方米）
1		
2		
3		
4	156	34 930
5	268	60 700
6	193	42 070
7	272	78 200
8	255	59 700
9	344	88 920
10	326	83 500
11	298	67 000
12	103	16 700
总计	2 215	531 720

表 33.8　1943 年吹填作业情况

月份	"燕云"号 天津大直沽池		大沽三井株式会社池		天津国际株式会社池		天津特别三区池		"中华"号 天津华北交通株式会社池		天津国际株式会社池		吹填总量（立方米）	弃土总量（立方米）
	作业时间（时）	吹填量（立方米）	作业时间（时）	吹填量（立方米）	作业时间（时）	吹填量（立方米）	作业时间（时）	吹填量（立方米）	作业时间（时）	吹填量（立方米）	作业时间（时）	吹填量（立方米）		
1	2	150											150	
2														

续表

月份	"燕云"号								"中华"号				吹填总量（立方米）	弃土总量（立方米）
	天津大直沽池		大沽三井株式会社池		天津国际株式会社池		天津特别三区池		天津华北交通株式会社池		天津国际株式会社池			
	作业时间（时）	吹填量（立方米）	作业时间（时）	吹填量（立方米）	作业时间（时）	吹填量（立方米）	作业时间（时）	吹填量（立方米）	作业时间（时）	吹填量（立方米）	作业时间（时）	吹填量（立方米）		
3							107	27 375					27 375	75
4							170	43 050					43 050	21 450
5	105	19 200					44	10 425	112	26 100			55 725	
6	64	11 700	64	11 625			122	36 675					60 000	
7			193	31 125			141	43 350					74 475	375
8			122	24 300			140	41 325					65 625	
9			147	34 575			137	41 175					75 750	
10			130	40 425			153	39 150					79 575	
11			69	14 025	22	4 500	220	47 100					65 625	
12					104	6 375	151	23 775			74	11 700	41 850	
总计	171	31 050	725	156 075	126	10 875	1 385	353 400	112	26 100	74	11 700	580 200	21 900

表 33.9　海河改修以来大沽闸及天津埠头通过船只

年份	天津埠头船只数量（艘）	闸洲通过船只数量（艘）	天津着船只之吃水量			每年天津埠头船舶吃水之最高纪录（呎）	船名
			13 呎以下	13 呎或13 呎以上	船只总数（艘）		
1898	—	—	0	—	0		
1899	—	—	2	—	2		
1900	—	—	4	—	4		
1901	—	—	15		15		
1902	—	—	134	—	134		
1903	—	—	333		333	11.8	"连升"
1904	707	—	374	—	374	11.9	"安平"
1905	795	—	395	—	395	11.7	"特皮兹"
1906	1017	—	444	—	444		
1907	856	—	—	—	513	13.6	"连升"
1908	788	—	—	—	511	13.6	"定生"
1909	1006	—	620	3	623	13.6	"长山丸"
1910	992	—	598	9	607		
1911	1198	—	678	20	698	14.0	"万"
1912	943	654	615	5	620	13.9	"义隆"

续表

年份	天津埠头船只数量（艘）	闸洲通过船只数量（艘）	天津着船只之吃水量			每年天津埠头船舶吃水之最高纪录（呎）	船名
			13呎以下	13呎或13呎以上	船只总数（艘）		
1913	1001	731	687	16	703	14.0	"昌升"
1914	1147	831	770	44	814	14.8	"昌升"
1915	982	790	684	84	768	15.6	"张家口"
1916	866	696	585	73	658	14.8	"捷升"
1917	742	555	462	11	473	13.6	
1918	759	575	500	29	529	14.3	"捷升"
1919	1024	855	657	90	747	15.6	"名古屋丸"
1920	1154	1041	718	284	1002	16.11	"华戊"
1921	1415	1275	770	461	1231	16.3	"西鲁"
1922	1370	1223	622	550	1172	16.9	"定生"
						17.4	"阿鲁伯沙劳提"
1923	1447	1288	514	755	1269	16.10	
1924	1502	1337	517	794	1311	17.6	"升平"与"福建丸"
1925	1696	1711	602	1100	1702	18.3	"北昌"
1926	1889	1702	671	994	1665	17.11	"北岭丸"
1927	1701	1503	874	361	1235	17.4	"定生"
1928	2031	1791	668	0	668	12.0	
1929	1878	1615	538	6	544	13.0	
1930	1781	1556	932	528	1460	14.6	
1931	1835	1625	686	116	802	15.0	"北晋"
1932	2149	1934	364	18	382	13.5	英船"定生""顺天"
1933	2302	2061	869	139	1008	14.3	"北泰"
1934	2266	2016	915	59	974	13.6	"成利""新豊""平顺"
1935	2216	1985	848	145	993	14.0	"北华"
1936	2044	1833	792	194	986	14.5	日船"一进丸"
1937	1681	1060	992	81	1073	14.5	"新泰"
1938	2683	2280	2319	643	2962	16.0	英船"达生"
1939	2807	2275	1969	556	2525	16.0	日船"龙安丸"
1940	3122	2758	2222	320	2542	16.0	日船"日满丸"
1941	2406	2212	416	1176	1592	16.6	英船"阜生""凉洲"
1942	1623	1452	755	174	929	16.7	日船"胜浦丸"
1943	1283	1130	610	42	652	15.6	日船"平龙丸"

第三十四篇　海河工程局 1944 年报告摘编

撞凌工作

1943—1944 年冬季，气候特别温和，河内结冰甚少。全冬无须撞凌，冰信号之广播自亦无须，虽未用撞凌船碎冰，但海河并未封冻，往年如不用撞凌船碎冰，海河航行封闭。

此次冬季异常温暖之原因，大半缘于高云层之空气非常寒冷，天津之气压尤其在 1944 年 1 月较冬季同月份高。

1944—1945 年冬季之始，情形迥异，11 月 30 日夜至 12 月 1 日西北风强烈，使天津气温降低至 -11℃。撞凌工作于 12 月 1 日以"飞凌"号及"开凌"号开始，12 月 3 日加之以"没凌"号。12 月 4 日河以皆行破碎，气候转和。但 12 月 5 日气温骤降，新凌重生。12 月 7 日清凌，工作至 12 月 11 日，河冰皆被击碎。破碎之冰块随流而下，数量甚多，致将河口堵塞。12 月 12—14 日航运停顿，12 月 15 日寒流来袭，直至 17—19 日，在海河上游轮航备尝艰困。12 月 11—31 日气候渐暖，水况较好。

撞凌船之工作效率，因煤质不佳及供应之不规律、不充足，颇形低减。

大沽沙

10 月，将塘沽新港以南向外延展至大沽基准水位以下 12 呎深水线内之大沽沙重行勘测。若与去年之测量比较，则等深线之开关与地位略有变更。大沽沙航道附近沙滩之高度，或毫无变动，位于搁江沙灯船巢航道以北，大沽沙之最浅部分，稍见冲刷。1943 年，在大沽沙航道外端发现之淤积，幸于 1944 年不复加剧。

因煤斤之缺乏，大沽沙航道之疏浚在 5 月 4 日之前无法实施。吸泥船"快利"号开始工作，6 月该船着手开挖航道南线以南，且继续工作直至 7 月底，以便能使航道航线南移 75 呎。自 7 月 8 日起，新挖泥船"浚利"号于高潮期在大沽沙航道工作，低潮期则转至新港工作。

新挖泥船"浚利"号自 3 月 1 日即在新港工作。7 月 8 日至 10 月 8 日，该船于高潮时在大沽沙海道工作，低朝时则在新港工作。10 月 8 日至 12 月 5 日疏浚大沽沙、航道及深渊航道之较浅地段。

"浚利"号在大沽沙航道挖出 121 284 立方米，塘沽新港挖出 303 205 立方米。

"快利"号在大沽沙航道挖出 103 116 立方米，塘沽新港挖出 140 145 立方米。

两船共在大沽沙航道挖出 224 400 立方米，在塘沽新港挖出 343 350 立方米。

1944 年两船总计挖出 567 750 立方米。

12 月 5 日因冰冻严重，两船不得不停止工作，遂开往天津，以备冬季检查修理。

本年初大沽航道的标记深度为大沽基准水位以下 11 呎，4 月 4 日减至 7 呎，5 月 7 日减至 9 呎。疏浚工作本应自 3 月初开始，因煤源缺少延误两月。

因伏汛期间海河倾泄于大沽沙之巨量泥沙 3 600 000 立方米，所失之深度无法恢复，全部浚滩工作只能维持此项深度，如欲增进则更需积极工作。

7 月 26 日，航道航线南移 75 呎，因在新航道疏浚尤显有效，而淤积之速率亦小。

支流

本年一如往年，永定河倾注大量泥沙，幸而仅有小部分到达海河，该河水量溢出，卢沟桥滚水坝不在本局管辖内，大量含沙之水流入大清河流域，又将其中部分泥沙输注海河，由大清河堤防之两处决口，河流奔放灌注低洼地带，将泥沙沉淀后方由决口下游复归故道。因大清河堤防之残破，故永定河之泥沙仅有极少部分由大清河流入海河。

仍循永定河故道局部流量所夹带之泥沙，于放淤区内沉淀，大部分在新放淤区，小部分在旧淀南放淤区，新放淤区流出之水仍有泥沙，即在屈家店导入旧淀南放淤区。

本年春伏汛期间大清河与子牙河之汇流，因太清河之堤防有两处溃决，大部分水流注入，保定府附近之卑湿地带名曰西淀，在此区水散沙沉。

春伏汛期间，两河输入海河之泥沙分别为 300 000 立方米及 2 300 000 立方米，去年同期分别为 660 000 立方米及 3 240 000 立方米。

9—10 月由两河下洩之清水增加，致海河上游显有冲刷，两月内两河之汇合流量约为 2 001 355 立方呎。

南运河伏汛甚盛，但因其大半水流及含沙均由浅水减河径行入海，故仅小量泥沙输入海河，春汛期间为 60 000 立方米，夏汛为 260 000 立方米，但于航道深度无所损减。

本年驶抵天津轮船之通行吃水量为 15 呎，夏秋期间航道的深宽均见进益，是上游最浅地段，通行 16 呎有余。但为节省用煤，依然保持 15 呎之吃水量。依照通行吃水量 16 呎减至 15 呎之疏浚深度，转头地内及各码头前之挖泥量大见减少。

上游各支河今年输入海河之泥沙总量较去年减少，春汛共输入 360 000 立方米，夏汛共输入 2 560 000 立方米，去年春夏汛下注之泥沙，为 700 000 立方米及 3 500 000 立方米，天津海河之含沙量较去年轻微，沉积于上游之泥沙亦甚鲜少。

9 月、10 月西南支流倾注含沙甚少之大量水流，此项增大水流使天津河流之冲刷力加强，结果在天津港及陈塘庄最浅河段之深度增进 1.512 呎。

海河下游自河口至新河遭受海潮所致之严重淤积，因塘沽新港南防波堤之修建，大沽沙潮流之夹沙力增强，河水近河口之含沙量通常较天津高，只在大汛期间天津河水含沙量较河口多。5 月测验表示同日之日平均含沙量，河口为 0.166%（干重），在天津为 0.025%。

横断面测量亦可确定自大沽沙流入及沉积于河内之巨量泥沙。

1943 年 10 月至 1944 年 7 月（即 1943 年夏汛之末，至 1944 年夏汛之始），新河至河口约长

16 公里之段落共淤积 1 550 000 立方米，夏汛时此段又行刷去 880 000 立方米，自上游冲下 470 000 立方米，本年夏汛输至海内之泥沙总量为 3 580 000 立方米，随每次潮汐入出之沙量不计，此中包括自上游支河刷下之 2 560 000 立方米，因海河下游较大沽沙航道及天津附近深 10 呎，此次暂时损失之两三呎深度，对于航运并无影响。

河内疏浚及填土工作

疏浚及填土工作因煤源不畅极受限制，致使 1944 年之挖泥总量较 1943 年减少一半之余，1944 年共挖出 284 475 立方米，1943 年则为 611 100 立方米。

216 000 立方米在天津河内掘出，68 000 立方米在塘沽挖出。在塘沽挖出 54 450 立方米，吸垫塘沽三井株式会社池。

葛沽裁弯

因无法购得煤炭，故未继续开掘。10 月将架管线船拆卸，并拖至天津。

护岸

本年因木桩价昂，未建新透水坝，亦未加长。4 月新柳枝编入现有各坝，其折断木桩亦由本局柳林砍下之柳树加以更替。

9 400 捆柳枝编入透水坝内，2 000 捆用作本局各船靠傍，以代昂贵之胶皮傍。

万国桥

为使轮船上下通行，该桥共开启 175 次，自其落成后，共启开 5 797 次。

放淤工程

永定河夹带之大量泥沙皆在永定河三角淀迤北之新放淤区洩出，当春夏汛期间，此新放淤区洩出之水所含沙量对海河深度有危害时，则在屈家店导入旧淀南放淤区。

12 月内淀南放淤区引水河用埝闭塞，而堵截淀北放淤区引水河之用埝则被拆除。

结论

全年海河及大沽沙航道均保持相当水深，因煤源不足而稍有损减，深度对于航运多有不便。

总工程师　崔哈德

天津 1945 年 2 月 24 日

海河水文疏浚及吹填工作如表 34.1 至表 34.12 所示。

表 34.1　1944 年大沽沙航道深度

单位：呎

变化情况	1 月	2 月	3 月	4 月	5 月	6 月	7 月	8 月	9 月	10 月	11 月	12 月
标记深度	11.0	11.0	11.0	10.0	9.0	9.0	9.0	9.0	9.0	9.0	9.0	9.0

续表

变化情况		1月	2月	3月	4月	5月	6月	7月	8月	9月	10月	11月	12月
变化日期					4日	7日							
最浅深度	北线	11.0	11.0	11.0	—	—	—	—	9.2	9.2	9.2	9.2	9.2
	中线	12.0	12.0	12.0	—	—	—	—	9.0	9.0	9.0	9.0	9.0
	南线	11.4	11.4	11.4	—	—	—	—	9.2	9.2	9.2	9.2	9.2
平均深度	北线	13.1	13.1	13.1	—	—	—	—	10.5	10.5	10.5	10.5	10.5
	中线	13.10	13.10	13.10	—	—	—	—	11.0	11.0	11.0	11.0	11.0
	南线	13.4	13.4	13.4	—	—	—	—	12.3	12.3	12.3	12.3	12.3

表 34.2　1944 年海河天津港流量情况

（测量地点特别一区码头中间）

甲												
月份	1	2	3	4	5	6	7	8	9	10	11	12
最大流量（立方呎/秒）	9 604	9 350	10 532	10 271	8 790	9 433	18 840	19 417	16 807	—	13 761	—
最小流量（立方呎/秒）	8 661	7 440	8 780	7 039	6 664	6 997	6 853	15 700	18 282	—	11 797	—
平均流量（立方呎/秒）	9 126	8 752	9 676	8 646	7 830	8 005	13 785	17 431	15 866	—	15 004	—

乙												
月份	1	2	3	4	5	6	7	8	9	10	11	12
最大流量（立方米/秒）	272	266	298	291	249	267	535	550	476	—	390	—
最小流量（立方米/秒）	245	211	249	199	189	198	194	445	433	—	332	—
平均流量（立方米/秒）	258	248	274	245	222	227	390	494	449	—	369	—

表 34.3　年海河含沙量　　　　　　　　　　　　　　　　单位：公斤/立方呎

月份	1	2	3	4	5	6	7	8	9	10	11	12	平均
水面下半呎	0.03	0.04	0.24	0.21	0.14	0.10	0.59	0.31	0.11	0.06	0.05	0.04	0.16
河中心	0.15	0.11	0.40	0.37	0.35	0.25	0.88	0.65	0.20	0.10	0.07	0.11	0.30
河流上半呎	0.34	0.18	0.77	0.72	0.60	0.40	1.12	0.89	0.34	0.19	0.12	0.17	0.49

表 34.4　1944 年海河河口潮位情况

（以大沽基准水位为标准） 单位：呎

月份		1	2	3	4	5	6	7	8	9	10	11	12	全年
满潮	最高	10.00	11.80	11.00	10.70	10.80	11.00	11.20	12.50	11.50	11.10	12.20	10.40	12.50
	平均	8.13	8.11	8.61	8.97	9.20	9.51	8.73	10.20	9.97	5.38	9.35	7.41	8.73
	最低	3.70	4.20	2.30	6.60	6.80	7.70	7.10	8.70	8.00	6.00	5.90	3.50	2.30
干潮	最高	5.10	5.20	5.00	5.10	4.80	4.90	5.20	5.40	7.40	6.80	5.50	5.40	7.40
	平均	1.17	1.34	1.60	1.99	2.31	2.61	2.74	2.74	2.65	2.25	2.26	1.20	2.07
	最低	-0.80	-0.60	-0.20	0.10	0.80	0.80	1.20	1.40	1.10	0.98	0.80	-1.00	-1.00
潮差	最高	9.60	10.70	9.30	9.40	9.20	10.00	9.60	8.38	9.50	5.46	10.30	9.50	10.70
	平均	6.96	6.87	7.01	6.98	8.89	6.90	7.15	7.46	7.52	7.13	7.03	6.12	7.17
	最低	3.10	2.60	2.40	2.90	3.40	3.90	4.18	3.80	3.30	2.70	3.00	2.30	2.30

表 34.5　1944 年海河工程局修理厂潮位情况

（以大沽基准水位为标准） 单位：呎

月份		1	2	3	4	5	6	7	8	9	10	11	12	全年
满潮	最高	10.00	11.10	11.20	10.90	10.80	10.40	12.50	12.50	11.80	11.88	12.10	10.30	12.50
	平均	8.62	8.67	9.22	9.25	9.42	9.60	10.79	11.22	10.88	10.22	9.81	7.62	9.61
	最低	4.70	5.10	4.60	6.00	7.40	8.40	7.88	3.80	9.80	8.80	8.80	4.20	3.80
干潮	最高	4.70	8.80	8.80	8.60	4.60	4.30	7.20	7.90	7.90	8.18	7.50	7.00	8.80
	平均	2.55	3.15	3.46	3.24	3.07	3.09	5.08	6.37	6.54	5.65	5.05	4.38	4.30
	最低	6.60	0.10	0.90	1.30	1.60	1.20	1.80	5.00	5.00	3.80	2.70	2.00	0.10
潮差	最高	7.30	8.90	8.80	8.30	8.10	8.30	8.40	6.80	5.90	6.15	6.80	6.40	8.90
	平均	5.65	5.52	8.76	6.04	6.35	6.51	5.71	4.55	4.34	4.37	4.78	3.24	5.49
	最低	1.00	2.10	2.80	6.00	4.30	4.30	3.80	3.10	2.10	1.70	2.40	0.40	0.40

表 34.6　1944 年葛沽潮位情况

（以大沽基准水位为标准） 单位：呎

月份		1	2	3	4	5	6	7	8	9	10	11	12	全年
满潮	最高	9.60	10.40	10.00	10.00	10.00	10.30	10.00	11.10	11.10	10.20	11.20	9.90	11.20
	平均	7.74	7.75	8.23	8.40	8.61	8.92	9.48	9.80	9.70	9.08	8.71	6.58	8.58
	最低	5.50	4.10	1.70	5.90	6.50	7.50	6.90	8.50	8.20	7.40	5.60	2.80	1.70
干潮	最高	5.28	5.00	5.00	4.40	3.60	4.00	5.00	5.80	7.40	6.80	5.60	4.20	7.40
	平均	1.54	1.60	1.67	1.86	1.77	2.13	2.89	3.51	3.48	3.02	2.90	1.16	2.30
	最低	-0.90	-0.60	-1.20	-0.50	0.30	0.40	1.00	2.40	1.80	0.80	0.90	-0.80	-1.20
潮差	最高	8.50	8.90	8.60	9.10	8.80	9.40	9.10	8.10	8.00	7.80	7.90	7.80	9.40
	平均	6.20	6.11	6.66	0.55	6.84	6.79	6.49	6.29	6.22	6.04	5.81	5.42	5.79
	最低	3.10	2.50	2.30	3.30	3.90	4.00	3.80	3.60	2.80	2.40	3.10	3.20	2.30

表 34.7 1944 年新河材料厂潮位情况

（以大沽基准水位为标准） 单位：呎

月份		1	2	3	4	5	6	7	8	9	10	11	12	全年
满潮	最高	9.70	10.90	10.70	10.10	10.20	10.00	10.40	11.80	10.90	10.10	11.80	9.90	11.80
	平均	7.89	7.84	8.18	8.36	8.53	8.69	9.12	9.63	9.50	8.94	8.76	6.73	8.51
	最低	4.60	6.30	1.90	6.00	6.60	7.40	6.70	8.30	7.70	7.20	5.50	2.80	1.90
干潮	最高	4.90	4.80	4.60	4.00	3.00	3.40	3.20	3.20	4.30	6.60	5.30	5.00	6.60
	平均	2.08	1.98	1.64	1.39	1.33	1.38	1.74	2.28	2.49	2.48	2.88	1.24	1.91
	最低	0.80	-0.70	-0.70	0.00	0.20	0.20	0.80	1.70	0.90	0.40	1.00	2.90	-0.70
潮差	最高	7.00	7.90	8.60	8.90	8.90	8.90	9.00	9.10	8.50	8.20	8.00	7.50	9.10
	平均	5.81	6.96	6.54	6.97	7.20	7.31	7.38	7.35	7.01	8.46	6.88	5.48	6.95
	最低	3.30	2.50	2.60	3.10	3.90	4.00	6.10	6.60	4.40	2.48	3.10	2.40	2.40

表 34.8 1944 年西沽关潮位情况

（以大沽基准水位为标准） 单位：呎

月份		1	2	3	4	5	6	7	8	9	10	11	12	全年
满潮	最高	9.70	10.70	10.60	10.20	10.20	10.20	10.60	11.60	10.80	10.20	11.40	9.70	11.60
	平均	7.94	7.80	8.20	8.38	8.63	8.86	9.31	9.78	9.66	9.26	8.58	6.70	8.60
	最低	4.50	6.10	1.90	6.10	6.50	7.40	7.00	8.20	7.70	7.70	5.70	3.30	1.90
干潮	最高	4.90	5.00	4.70	4.20	3.20	3.60	3.00	4.20	6.00	6.40	5.10	5.00	6.40
	平均	5.54	1.31	1.46	1.54	1.40	1.49	1.65	2.01	2.22	1.89	2.62	1.37	2.04
	最低	6.90	0.00	-0.40	0.00	0.50	0.50	0.90	1.20	0.80	0.90	0.70	-0.70	-0.70
潮差	最高	8.90	8.30	8.50	8.90	8.80	9.60	9.60	9.50	9.20	8.90	8.10	7.30	9.60
	平均	6.70	6.99	6.74	6.84	7.23	7.37	7.66	7.77	7.44	7.37	5.96	5.55	6.97
	最低	2.80	2.30	2.30	3.00	3.80	4.10	5.30	4.60	4.60	2.70	3.50	2.4	2.30

注：记录是由上午 6：00 至下午 6：00。

表 34.9 "快利"号挖泥船大沽沙疏浚情况

月份	工作时间（时）		往复回数（回）				弃土回数（回）		弃土方数（立方米）	
	大沽沙航道	新港航道	大沽沙航道		河口深渊段	新港	大沽沙航道	新港	大沽沙航道	新港
			长距	短距						
3										
4										
5	244		237		75		65		16 340	
6	188		160		55		68		14 280	
7	278		308		83		92		37 360	
8	180		198		70		64		18 549	
9	241		207		107		78		21 283	

月份	工作时间（时）		往复回数（回）				弃土回数（回）		弃土方数（立方米）	
	大沽沙航道	新港航道	大沽沙航道 长距	大沽沙航道 短距	河口深渊段	新港	大沽沙航道	新港	大沽沙航道	新港
10	66	84	53		43	104	21	19	5 560	16 815
11		104				112		85		21 320
12		8				10		5		2 010

表34.10　1944年"浚利"号挖泥船大沽沙疏浚情况

月份	工作时间（时）		往复回数（回）				弃土回数（回）		弃土方数（立方米）	
	大沽沙航道	新港航道	大沽沙航道 长距	大沽沙航道 短距	河口深渊段	新港	大沽沙航道	新港	大沽沙航道	新港
3		184				164		55		23 895
4		70				90		36		16 635
5		188				279		123		72 865
6		10				188		94		65 390
7	153	81	192		53	124	61	62	30 585	44 020
8	139	118	169		51	166	67	83	26 792	57 742
9	70	51	60		40	58	28	28	9 986	16 669
10	150	17	113		99	20	49	10	16 960	5 359
11	222		189		144		88		33 745	
12	21		17		13		9		3 216	

表34.11　1944年海河疏浚情况

船名	"高林"号		"西河"号								"北河"号		抓泥船		总计
浚挖地点	天津		天津		塘沽		大沽三井株式会社码头		葛沽		天津				
月份	工作时间（时）	工作量（立方米）	工作时间（时）	工作量（立方米）	工作时间（时）	工作量（立方米）	工作时间（时）	工作量（立方米）	工作时间（时）	工作量（立方米）	工作时间（时）	工作量（立方米）	工作时间（时）	工作量（立方米）	工作量（立方米）
1	119	9 525	93	9 825											19 350
2	17	1 200	19	1 125									92		2 325
3	47	3 150	40	3 675									29		6 925
4	158	13 125	18	1 350									49	375	14 850
5	203	18 900									176	10 200	120	600	29 100
6	222	21 675			117	13 275	10	975			232	13 275	174	1 500	50 700
7	286	25 500					178	21 300			250	15 075	131	1 575	63 450
8	218	17 850							207	25 200	214	13 050	40	450	56 550

| 船名 | "高林"号 | | "西河"号 | | | | | | | | "北河"号 | | 抓泥船 | | 总计 |
| 浚挖地点 | 天津 | | 天津 | | 塘沽 | | 大沽三井株式会社码头 | | 葛沽 | | 天津 | | | | |
月份	工作时间（时）	工作量（立方米）	工作时间（时）	工作量（立方米）	工作时间（时）	工作量（立方米）	工作时间（时）	工作量（立方米）	工作时间（时）	工作量（立方米）	工作时间（时）	工作量（立方米）	工作时间（时）	工作量（立方米）	工作量（立方米）
9	175	13 950					71	6 975			80	4 650			25 575
10													49	375	375
11	109	6 623							11	675	49	2 775	145	1 050	13 125
12			11	975							8	450	36	225	1 660

表 34.12　1944 年吹填情况

| 吹泥船名 | "燕云"号 | | | | "中华"号 | | 吹填数量（立方米） | 倾弃数量（立方米） |
| 沉泥地点 | 大沽国际株式会社池 | | 大沽三井株式会社池 | | 天津国际株式会社池 | | | |
月份	工作时间（时）	工作量（立方米）	工作时间（时）	工作量（立方米）	工作时间（时）	工作量（立方米）		
1					159	19 350	19 350	
2					18	2 325	2 325	
3					66	6 825	6 825	
4					142	14 850	14 850	
5	59	5 850			202	23 850	29 700	
6	91	10 650	8	975	172	25 800	37 425	13 275
7			134	21 300	269	42 180	63 450	
8			157	25 200	193	31 350	56 550	
9			68	6975	131	18 600	25 575	
10								375
11					95	12 225	12 225	900
12					30	1 680	1 650	

第三十五篇 海河工程局 1945 年报告摘编

撞凌

1944—1945 年冬令，情势严重，12 月 1 日当气温骤降到-11℃时，全河封冻，撞凌工作随即开始。直至 12 月 20 日，天气依然酷寒，此后逐渐和暖，冰况较好。

1945 年 1 月虽较 12 月温和，但冰冻仍烈，浮冰集聚于转弯处，形成冰坝，曾数度阻碍拖船与驳船的通行。

2 月 7 日强烈的西北风，广大冰田向东南漂流，两辆汽船、二艘拖船及三艘驳船被浮冰挟持至 80 里以外，后经"浚凌"号一一救出。

通常，撞凌船"清凌"号与总局以无线联络，今冬改用电报线和总局与塘沽无线电台联系，再由该台转至"清凌"号船上轮 XNEI 电台。

2 月 10 日以后，天气好转，2 月 16 日河内几乎无水凌痕迹，撞凌工作逐于次日停止。

1945 年 12 月为极度温和之月，本月梢河冰始冻，撞凌工作逐渐开始。12 月 30 日"飞凌"号出动工作，31 日继续出动"清凌"号。

大沽沙

因煤斤缺乏及财政艰窘，每年秋季大沽沙全部面积之测深未得举行，夏季由河内冲下之大量泥沙，转冲至大沽沙而沉积，巨量泥沙加重中断数月，致大沽沙航道深度达 4 呎之巨。

大沽沙航道之疏浚

3 月初两挖泥船经过冬季检查修理后，即已准备工作，但因煤炭缺乏无法开始，直至 4 月日，挖泥船"浚利"号才着手在大沽沙航道疏浚，而后继续工作。7 月 2 日，该船之锅炉蓄水管渗漏，必须驶返天津修补，因煤源不足，本年内未再进行恢复工作。

挖泥船"快利"号自 4 月 17 日开始工作，因煤之供应断绝，于 4 月 21 日终止。5 月 4 日又在塘沽新港开始浚挖，直至 6 月 24 日开往新河进坞修理，7 月 13 日复在大沽沙航道工作，7 月 26 日又转至新港航道，至战事停止，煤源中断，所有疏浚工作逐于 8 月 17 日全部停止。

10 月 31 日"快利"号恢复工作，所用煤炭由美军当局供给，12 月 3 日终止工作。该船于 12 月 15 日坞内枕木修补完成后，进入新河厂船坞。

1945 年，"浚利"号在大沽沙航道共挖出 97 730 立方米泥沙。"快利"号在大沽沙航道共挖出 17 150 立方米泥沙。

两船在大沽沙航道挖出的泥沙量仅有 24 880 立方米，1944 年为 224 400 立方米，1943 年为 264 030 立方米。

1945 年 3 月 17 日，挖泥船"快利"号在新河曾受破坏。

大沽沙航道状况

本年初大沽沙航道的标记深度为大沽基准水位以下 9 呎，3 月风浪汹涌，将航道淤塞，不幸因煤荒之故，不能提前在 3 月初开始疏浚，以防止航道淤浅。4 月 7 日不得不将大沽沙航道标记深度减至大沽基准水位以下 8 呎，此项深度直至 9 月始终维持不变。夏汛期间增加之水源冲刷河床，将大量泥沙倾注于大沽沙，致使航道深度大为损减。8 月 17 日，煤源断绝，所有疏浚工作均停止，大沽沙航道之淤积愈加严重。9 月因沿河标志物不清，全河断面测量无法施行。10 月 11 日航道测深昭示所丧失之深度达 4 呎，10 月 29 日标记深度丧失。11 月疏浚之后，深度增加，标记深度自 12 月 6 日增加至大沽基准水位以下 5 呎。

支流

本年关于上游各支河的报告资料，如水位流量及含沙量等，极不完备，其泄入海河之泥沙量亦无从知。

春夏两汛随流下注之泥沙大半放池于永定河三角淀北之新三角淀由放淤区，池出之水含沙仍盛时，曾导入旧淀放淤区。夏汛时屈家店操纵机关之启闭曾被当地游杂部队阻挠，该河部分水流漫溢卢沟桥滚水坝而到达海河，所含泥沙亦属无多，因大清河堤防数处溃决故也。河水在决口处奔流，淹没邻地，并将所载泥沙沉淀其中。

本年夏汛期间大清河与子牙河汇流，较 1943 年及 1944 年多，但输入海河之泥量则不详。

关于南运河与北运河之资料无从获得，但其泄入海河之泥沙则甚少。

驶达天津轮船之许可吃水量全年为 15 呎，夏秋之间，因子牙、大清两河清水来源续增，航道之深宽均有进益。在天津及陈塘庄海河河道浅地段，当平常高潮至大沽基准水位以上 8 呎时，其宽深皆是许可吃水量至 17 呎。

全河横断面测深因财政困难 10 月仅将海河上游最浅段加以量测，其后宣示航道之深宽皆有明显的增进，足以通行吃水 17 呎之轮船。但因大沽沙地狭窄，通行吃水量并未增加，转头地与各码头前因无煤未能浚挖。

河内疏浚及填土工作

挖泥及填土工作因煤源之缺乏大行缩减，本年由河内挖出及用水力吹垫之泥土总量仅 45 188 立方米，1944 年为 284 475 立方米，1932 年为 611 100 立方米。

葛沽裁弯

因煤源不继，开挖工作并未实施，葛沽裁弯新河槽口门之土埝于 7 月 5 日复堵。

护岸工作

4 月在第五裁弯处本局柳林砍伐柳枝共 12 000 捆，因财政窘因，未建筑透水坝，现有之坝亦未修补。

万国桥

该桥为船只来往共开启 58 次，自 1927 年落成后，共启闭 5 855 次，因财政恐慌，材料缺乏，万国桥未加修葺。

放淤工程

春汛期间，因新三角淀流出之水含沙甚多，屈家店之操纵机关曾经运用。夏汛时闸门由游杂部队及农民启闭，幸而永定桥大量泥沙已在永定河三角淀迤北之新三角淀沉淀。

总工程师　崔哈德

天津 1946 年 2 月 11 日

海河水文、疏浚、吹填工作如表 35.1 至表 35.15 所示。

表 35.1　1945 年大沽沙航道深度　　　　　　单位：呎

变化情况		1 月	2 月	3 月	4 月	5 月	6 月	7 月	8 月	9 月	10 月	11 月	12 月
标记深度		9.0	9.0	9.0	8.0	8.0	8.0	8.0	8.0	8.0	4.0	4.0	5.0
变化日期					7 日						19 日		6 日
最浅深度	北线	9.2	9.2	9.2	7 日	7 日	8.0	8.0	8.0	8.0	4.0	5.0	5.0
	中线	9.0	9.0	9.0	7 日	7 日	8.3	8.3	8.3	8.3	4.3	5.3	5.3
	南线	9.2	9.2	9.2	7 日	7 日	8.3	8.3	8.3	8.3	8.3	5.0	5.0
平均深度	北线	10.5	10.5	10.5	7 日	7 日	9.10	9.10	9.10	9.10	6.8	7.4	7.4
	中线	11.0	11.0	11.0	7 日	7 日	10.0	10.0	10.0	10.0	6.11	7.9	7.9
	南线	12.3	12.3	12.3	7 日	7 日	9.4	9.4	9.4	9.4	9.4	7.11	7.11

表 35.2　1945 年海河天津港流量情况

月份	1	2	3	4	5	6	7	8	9	10	11	12
最大流量 （立方呎/秒）			13 511	13 383	10 714	9 269	13 070	19 436	19 993	20 524	17 349	14 376
最小流量 （立方呎/秒）			10 026	9 069	7 937	7 075	7 722	10 024	18 768	16 780	14 662	13 053

续表

月份	1	2	3	4	5	6	7	8	9	10	11	12
平均流量（立方呎/秒）			12 300	11 005	8 940	7 923	10 124	13 189	19 638	18 489	16 286	13 540
月份	1月	2月	3月	4月	5月	6月	7月	8月	9月	10月	11月	12月
最大流量（立方米/秒）			383	379	303	262	370	550	566	581	491	407
最小流量（立方米/秒）			284	257	225	200	219	284	531	475	415	370
平均流量（立方米/秒）			348	312	253	224	287	373	556	524	461	383

表 35.3　1945 年海河天津港含沙量　　　　单位：公斤/立方呎

月份	1	2	3	4	5	6	7	8	9	10	11	12	平均
水面	0.00	0.00	0.12	0.15	0.02	0.07	0.26	0.20	0.14	0.11	0.06	0.03	0.11
河中	0.05	0.01	0.19	0.27	0.08	0.10	0.64	0.31	0.23	0.19	0.14	0.10	0.21
河底	0.11	0.07	0.36	0.49	0.17	0.15	1.11	0.45	0.25	0.17	0.12	0.31	0.33

表 35.4　1945 年海河河口潮位情况

（以大沽基准水位为标准）　　　　单位：呎

月份		1	2	3	4	5	6	7	8	9	10	11	12	年均
满潮	最高	10.10	11.60	11.30	11.30	11.10	11.50	11.90	11.90	12.00	12.80	11.00	11.20	12.80
	平均	8.08	8.68	8.78	9.32	9.50	9.87	10.34	10.56	10.74	9.82	9.48	8.33	9.46
	最低	5.40	5.30	4.10	7.00	7.70	8.30	8.60	9.20	8.90	7.70	6.50	3.50	3.50
干潮	最高	3.90	4.40	4.40	5.60	4.60	5.20	5.60	6.80	6.90	5.80	5.10	5.70	6.90
	平均	1.88	2.04	1.86	2.21	2.60	3.10	3.36	3.32	3.33	2.79	2.70	1.94	2.59
	最低	0.50	0.00	0.50	0.30	1.00	1.20	1.40	1.20	1.70	1.20	1.20	-0.20	-0.20
潮差	最高	8.90	10.40	9.20	9.20	9.50	9.50	9.60	9.60	9.70	10.30	9.30	9.80	10.40
	平均	6.20	6.64	6.92	7.11	6.90	6.77	6.98	7.24	7.41	7.03	6.78	6.39	6.86
	最低	3.10	3.10	2.00	3.00	3.90	4.40	3.90	2.90	2.40	2.90	3.30	3.00	2.00

表 35.5　1945 年海河工程局修理厂潮位情况

（以大沽基准水位为标准）　　　　单位：呎

月份		1	2	3	4	5	6	7	8	9	10	11	12	年均
满潮	最高	10.60	11.00	10.90	11.40	10.30	10.80	11.10	12.70	12.10	12.40	12.00	11.30	12.70
	平均	8.20	8.75	9.25	9.24	9.05	9.28	10.05	10.62	11.27	10.67	10.14	8.80	9.61
	最低	6.00	5.30	5.70	7.70	7.50	8.20	8.90	9.40	9.60	9.00	7.90	5.60	5.30

月份		1	2	3	4	5	6	7	8	9	10	11	12	年均
干潮	最高	6.00	6.60	6.10	6.50	4.90	4.50	5.60	7.90	9.20	8.40	7.90	7.20	9.20
	平均	3.40	4.09	4.00	3.89	3.30	3.09	3.75	4.39	6.87	6.87	6.47	4.72	4.57
	最低	2.20	2.60	0.10	1.70	1.60	1.00	2.40	2.10	5.60	5.50	4.90	2.10	0.10
潮差	最高	6.90	7.00	7.50	7.40	7.70	7.90	8.20	7.90	5.80	5.30	4.90	6.00	8.20
	平均	4.80	4.66	5.25	5.35	5.75	6.19	6.31	6.23	4.40	3.80	3.67	4.08	5.04
	最低	2.20	0.60	2.50	3.00	3.80	4.50	4.30	4.30	1.70	1.80	2.40	1.20	0.60

表 35.6 1945 年葛沽潮位情况

（以大沽基准水位为标准）   单位：呎

月份		1	2	3	4	5	6	7	8	9	10	11	12	年均
满潮	最高	8.90	10.10	10.10	10.20	9.90	9.70	10.20	11.20	11.30	11.00	10.20	10.20	11.30
	平均	6.99	7.74	7.07	8.29	8.44	8.75	9.25	9.70	10.04	9.41	9.27	7.76	8.56
	最低	4.70	5.80	5.10	6.30	7.10	7.60	8.00	8.10	8.60	7.40	7.30	3.20	3.20
干潮	最高	3.80	4.30	5.30	5.30	4.00	3.80	5.00	4.60	6.20	5.60	5.20	4.80	6.20
	平均	1.24	1.71	2.05	2.39	1.77	2.23	2.65	2.92	3.62	3.54	3.47	2.35	2.50
	最低	−0.12	−0.10	−0.10	0.04	0.10	0.20	1.00	0.70	2.30	1.90	1.60	−0.70	−0.70
潮差	最高	7.20	9.60	8.30	7.70	8.80	8.90	8.50	9.10	8.20	7.60	7.90	9.30	9.60
	平均	5.75	6.03	5.90	5.90	6.67	6.52	6.60	6.78	6.42	5.87	5.80	5.41	6.14
	最低	3.80	3.30	2.30	2.70	3.70	400	3.70	3.90	3.70	3.50	4.10	2.20	2.20

表 35.7 1945 年新河材料厂潮位情况

（以大沽基准水位为标准）   单位：呎

月份		1	2	3	4	5	6	7	8	9	10	11	12	年均
满潮	最高	8.70	10.20	10.20	10.50	9.50	9.50	10.00	11.00	10.80	10.30	9.00	9.70	11.00
	平均	7.31	8.04	7.68	8.35	8.45	8.49	9.15	9.51	9.76	8.98	8.76	7.47	8.50
	最低	5.40	4.40	5.10	6.20	6.90	7.40	7.80	8.40	8.60	7.20	6.80	2.50	2.50
干潮	最高	4.00	3.90	5.20	5.00	3.70	3.40	3.60	3.20	6.40	5.10	4.60	5.10	6.40
	平均	2.08	2.21	1.84	2.18	1.20	1.57	1.85	1.98	2.93	2.89	2.86	2.33	2.16
	最低	0.30	−1.30	−2.50	0.10	0.10	0.50	0.80	0.70	1.60	1.00	0.80	−0.70	−2.50
潮差	最高	6.40	7.40	7.90	8.10	8.70	8.30	8.70	9.70	9.20	7.40	7.80	6.60	9.70
	平均	5.23	5.83	5.84	6.17	7.25	6.92	7.30	7.53	6.83	6.09	5.90	5.14	6.34
	最低	3.80	3.30	2.60	2.90	4.20	4.10	4.80	5.90	3.20	3.70	4.10	3.20	2.60

表 35.8 1945 年西沽闸潮位情况

（以大沽基准水位为标准）   单位：呎

月份		1	2	3	4	5	6	7	8	9	10	11	12	年均
满潮	最高	9.10	10.90	10.40	10.70	10.00	10.20	10.70	11.30	11.10	11.10	10.10	9.70	11.30
	平均	7.42	8.12	8.02	8.55	8.62	8.82	9.47	9.75	9.89	8.96	8.83	7.50	8.66
	最低	5.00	4.50	5.10	6.20	6.90	7.50	8.20	8.30	8.50	7.00	7.00	2.90	2.90

续表

月份		1	2	3	4	5	6	7	8	9	10	11	12	年均
干潮	最高	3.50	3.80	5.20	5.10	3.80	3.50	4.10	4.20	6.40	5.00	4.70	5.00	6.40
	平均	1.71	2.35	1.69	1.74	1.20	1.58	1.88	2.12	2.76	2.31	2.67	2.10	2.01
	最低	0.30	0.50	-0.50	0.20	0.30	0.60	1.00	0.60	1.00	0.70	0.60	-0.30	-0.50
潮差	最高	7.50	7.40	8.20	8.90	9.00	8.90	9.30	9.70	9.10	7.90	8.00	7.00	9.70
	平均	5.71	5.77	6.33	6.81	7.42	7.24	7.59	7.63	7.13	6.65	6.16	5.40	6.65
	最低	4.00	2.70	2.50	3.50	3.80	4.10	4.70	4.40	3.20	3.70	4.10	3.20	2.50

注：各站之记录时间为上午6：00至下午6：00。

表35.9　1945年新开河潮位情况

（以大沽基准水位为标准）

单位：呎

月份		1	2	3	4	5	6	7	8	9	10	11	12	年均
满潮	最高	10.50	11.20	11.20	11.00	10.00	10.00	11.50	13.00	13.30	13.10	12.00	11.60	13.30
	平均	8.37	9.23	9.67	9.36	8.87	9.28	10.09	10.64	12.33	12.21	11.44	10.26	10.15
	最低	7.20	7.50	7.80	7.30	7.00	8.50	8.50	9.40	11.10	11.20	10.40	8.50	7.00
干潮	最高	7.80	8.80	8.20	8.60	6.80	6.90	7.70	9.40	9.50	8.90	9.30	8.30	9.50
	平均	5.66	7.07	6.94	6.46	5.31	5.30	5.65	6.03	8.08	7.75	7.39	6.52	6.51
	最低	3.00	5.20	5.30	4.00	3.50	3.80	3.60	4.70	6.40	6.40	5.90	5.00	3.00
潮差	最高	4.80	3.20	3.40	4.80	4.90	4.90	5.90	5.30	4.80	5.80	4.80	4.80	5.90
	平均	2.71	2.21	2.73	2.90	3.56	3.98	4.44	4.61	4.25	4.46	4.05	3.74	3.64
	最低	1.60	1.30	1.60	1.70	1.60	2.10	2.60	3.50	2.80	3.50	2.40	2.40	1.30

表35.10　1945年宋家庄潮位情况

（以大沽基准水位为标准）

单位：呎

月份		1	2	3	4	5	6	7	8	9	10	11	12	年均
满潮	最高	9.70	10.30	10.80	10.80	9.60	9.70	10.70	12.80	12.10	12.30	10.80	10.80	12.80
	平均	7.80	8.45	8.73	8.83	8.75	9.01	9.71	10.40	11.07	10.45	9.90	8.63	9.31
	最低	5.40	5.70	5.00	7.00	7.50	8.00	8.60	9.00	10.10	9.00	7.80	5.20	5.00
干潮	最高	5.50	6.00	6.20	6.30	4.40	4.50	5.90	7.40	7.80	7.60	7.10	6.80	7.80
	平均	3.05	4.16	4.13	4.04	2.94	3.03	3.71	4.29	6.14	5.96	5.70	4.33	4.29
	最低	1.50	1.60	1.50	1.90	1.30	1.60	2.00	1.50	4.80	4.40	4.10	1.60	1.30
潮差	最高	6.40	6.20	6.60	7.60	7.30	7.60	8.00	8.10	6.60	6.00	5.40	8.10	8.10
	平均	4.75	4.29	4.60	4.79	5.91	5.33	6.00	6.11	4.93	4.49	4.20	4.30	4.98
	最低	1.80	1.00	2.40	2.80	4.00	4.00	3.70	2.90	3.00	2.30	2.20	2.30	1.00

表 35.11 1945 年第四段裁弯尾端潮位情况

（以大沽基准水位为标准）   单位：呎

月份		1	2	3	4	5	6	7	8	9	10	11	12	年均
满潮	最高	9.10	10.10	10.40	10.40	9.50	9.60	10.20	11.70	11.40	11.70	10.50	10.10	11.70
	平均	7.32	7.76	8.14	8.32	8.36	8.64	9.29	9.86	10.52	9.86	9.41	7.91	8.78
	最低	5.60	4.30	4.20	5.20	6.80	7.50	8.30	8.60	9.00	7.70	6.80	4.50	4.20
干潮	最高	4.80	5.40	4.80	5.40	3.90	4.20	4.90	5.80	7.60	6.40	6.10	6.10	7.60
	平均	2.03	2.68	2.64	2.81	2.52	2.73	3.22	3.72	4.93	4.46	4.23	3.12	3.26
	最低	0.30	0.10	-0.50	0.60	0.80	1.00	1.90	1.00	3.22	2.70	2.50	-0.50	-0.50
潮差	最高	7.30	7.00	7.90	8.20	7.70	7.60	8.10	8.20	7.40	7.50	6.70	9.30	9.30
	平均	5.29	5.08	5.50	5.51	5.84	5.91	6.07	6.14	5.59	5.40	5.18	4.79	5.53
	最低	2.50	1.10	2.60	1.90	3.90	4.10	4.40	3.60	1.40	2.50	3.30	2.60	1.10

表 35.12 1945 年"快利"号大沽沙疏浚情况

月份	工作时间（时）		往复回数（回）				挖土回数（回）		挖土量（立方米）	
	大沽沙航道	新港航道	大沽沙航道		河口深渊段	新港	大沽沙航道	新港	大运河航道	新港
			长距	短距						
3										
4	17		13		5		5		895	
5		201				461		92		41 898
6		153				214		65		3 312
7	117	30	90	6	39	42	31	16	4 304	—
8	35	68	77	6	29	92	20	37	3 868	—
9										
10	10		8		2		2		292	
11	167		60	104			34		6 612	
12	12		4	10			2		563	
合计	358	452	252	126	75	809	94	210	16 534	45 210

表 35.13 1945 年"浚利"号大沽沙疏浚情况

月份	工作时间（时）	往复回数（回）			挖土回数（回）	倾弃土方数（立方米）
		长距	短距	深渊		
3						
4	169	154	28	53	60	26 677
5	232	228	16	72	79	35 710
6	203	188	12	58	65	32 280
7	16	16		4	6	3 058
8						

续表

月份	工作时间（时）	往复回数（回）			挖土回数（回）	倾弃土方数（立方米）
		长距	短距	深渊		
9						
10						
11						
12						
总计	620	586	56	187	210	97 725

表 35.14　1945 年天津港疏浚情况

月份	"高林"号				"新河"号		抓泥船		总计（立方米）
	天津		东洋造纸厂		葛沽裁弯				
	工作时间（时）	工作量（立方米）	工作时间（时）	工作量（立方米）	工作时间（时）	工作量（立方米）	工作时间（时）	工作量（立方米）	
1									
2									
3	48	2 400					21	75	2 475
4	57	3 900	138	12 225			77		16 125
5	167	13 125			97		107	1 425	14 550
6	12	675			49		112	413	1 088
7					25		161		
8							100	450	450
9									
10	8	750							750
11	121	9 750					30		9 750
12							65		
总计	413	30 600	138	12 225	171		673	2 363	45 188

表 35.15　1945 年天津吹填情况

月份	"中华"号		吹填数量（立方米）	倾倒数量（立方米）
	天津国际株式会社			
	工作时间（时）	工作量（立方米）		
1				
2				
3	20	2 400	2 400	75
4	38	3 900	3 900	12 225
5	112	14 550	14 550	
6	8	825	825	263

月份	"中华"号		吹填数量（立方米）	倾倒数量（立方米）
	天津国际株式会社			
	工作时间（时）	工作量（立方米）		
7				
8				450
9				
10	3	750	750	
11	64	9 750	9 750	
12				
总　计	245	32 175	32 175	13 013

第三十六篇　海河工程局 1946 年报告摘编

撞凌

1 月气候极为温和，撞凌工作于 1 月 22 日停止，2 月无须撞凌。

1946 年 12 月奇寒。12 月 8 日西北风强烈，天津气温降至 -2℃、-4℃，河冰冻结，即日撞凌船"工凌"号工作，9 日"清凌"号开始工作，11 日则"开凌"号、"飞凌"号及"没凌"号全部出动。12 月 12 日气温上升，12 月 17 日另一寒流来袭，17 日温度降至 12.8℃，19 日降至 13.6℃。之后气候渐暖，河冰未使运输船、拖船及驳船连遇严重之困难。

大沽沙

1946 年秋季测深结果显示，1944 年初至 1946 年，曾有 15 000 000 立方米泥沙，由大沽沙冲去。大沽沙航道附近地区亦有显著之冲蚀。航道以北冲去 1 400 000 立方米泥沙，以南冲去 1 300 000 立方米泥沙。在深渊航道与航道之遥远南部广大区域冲去 8 250 000 立方米。

疏凌工作于 4 月 15 日由挖泥船"快利"号开始，因财政枯窘，此船之修理在 3 月 16 日前无从着手。4 月 21~30 日因煤炭缺乏，不得不停止工作。5 月该船挖泥量仅有 10 900 立方米，通常 5 月在类似情形下可挖泥 30 000 立方米。1943 年挖泥 29 660 立方米，1946 年挖泥 10 900 立方米，每小时出泥量由 1943 年之 125 立方米减至 1946 年之 48 立方米。

工作效率之极度低减一半原于煤质之恶劣，一半原于蓄煤之不力，锅炉气压永远过低，致使机力不能全部利用。6 月 5 日至 19 日因修理锅炉舱的风扇，6 月仅挖出 2 210 立方米泥沙，7 月只有 5 210 立方米。6 月 22 日至 7 月 14 月因发去工潮工作停顿，8 月挖出之泥量亦无多，不过 7 150 立方米而已，煤炭之烘烧力低弱，火夫工作不努力，工作时间由每日 10 小时减至 8 小时，深度过小乃挖泥量低减之主要原因。9 月"快利"号挖出 6 025 立方米泥沙，"消利"号挖出 1 350 立方米泥沙。9 月 23 日"消利"号开始在塘沽新港及大沽沙航道浚挖，两处工作时间相等。

10 月两挖泥船共在大沽沙航道掘出 14 730 立方米泥沙，11 月加班工作，共掘出 27 460 立方米泥沙。

11 月 22 日，浚挖修正，因两挖泥船必须借调塘沽新港在彼工作故也。

因前述之多种原因，大沽沙航道之挖泥总量甚少，不过 75 980 立方米。

本年初大沽沙航道的标示深度为大沽基准水位以下 5 呎。3 月风浪鼓动，航道被淤垫。3 月 25 日将标示深度减至 4 呎，直至 11 月此段因掘出之泥量过少，航道毫无进益，本月因增加工作时间，出泥量亦增多，疏浚航道向南移 150 呎，标示深度于 11 月 28 日增至大沽基准水位以下 5 呎。自然不能增进，挖泥船于 12 月 1 日必须借调塘沽新港。

支流

因上游各支流情况及所输泥沙量毫无所知，春夏汛之影响与往年比较，各支流倾注海河之泥量亦不能统计。

此河所夹之巨量泥沙大半在永定河三角淀以北之区域沉淀，仅有小部分越卢沟桥滚水坝经大清河到达海河。由北宁钱路与永定河三角淀间低地带流出之水泥沙不多。

由于大沽沙航道之淤浅，出入天津港轮船之通行吃水量在平常高潮时限于 13 呎，但河内实察深度在平常高潮时足以容 15 呎之吃水量。

春汛与夏汛期间海泥之淤积甚少，于是河深无显著之增减。

冲刷极轻微，未使河深稍有增益，7 月微见淤积而水流增加。

天津海河含沙量由 7 月 12 日的 17.2%（干重）增至 7 月 17 日的 0.0363%，7 月 18 日已降至 0.0136%，5 月则为 0.0775%。7 月 15 日海河流量为每秒 260 立方米，7 月 26 日增至每秒 570 立方米。8 月底为每秒 480 立方米，9 月末则为每秒 330 立方米。

全河断面测深于 10 月举行，河道最浅段为天津港及陈塘庄，航道之深宽度在平常高潮时可容 16 呎之吃水量。

河内浚挖及填土工作

由于财政紧张，浚挖及填土工作颇受控制。因本年煤价狂涨，为节省用煤，挖泥船只有一部分工作。3 月 18 日至 12 月 4 日泥船"高林"号与"北河"号继续疏浚，只于 6 月 21 日至 7 月 11 日冬潮期间停辍，挖泥船"西河"号于 12 月 4 日开始工作，12 月 16 日因冰冻坚厚，河内浚挖已不可能。

天津港河内挖出泥量总计为 132 225 立方米，1945 年则挖出 45 000 立方米，通常每年挖出 600 000 立方米。此次极度低减由于下列原因：

（1）挖泥船仅有一部分工作，映斗式挖泥船"西河"号只工作 12 日，而"新河"号本年并未疏浚。

（2）每日挖泥时间必须由 10 小时减至 8 小时。在天津挖出 129 300 立方米泥沙，在塘沽挖出 2 925 立方米泥沙，而在天津用水力吹垫 124 500 立方米泥沙。

葛沽裁弯

因经黄原因改道新河，并未开挖。

护岸工程

护岸工作并未进行。3 月，当柳树砍伐之时，亦因款源缺少，未得举办。

中正桥

本年该桥仅开启 10 次，其中 2 次为船通行，其他 8 次则为试验操纵机械。

该桥大部分修理，重 45 吨之坦克车曾数度由桥上通过，并未使此建筑有何可见之损害，虽然承载桥面之梁未计划 45 吨之筑中荷重。

放淤工作

1946 年并未放淤。春汛时，沙量微少，无须放淤。夏汛因农民反对开挖亦未放泄，故与淀南居民达成谅解，而屈家店操纵机关之水位因 7 月 26 日北运河东堤在杨村附近溃决，遂由 689 呎降落，此后放淤已是所需。

所有有关放淤工程之建筑委托海河工程局进行。

1946 年 5 月 13 日，本局成立支处专司放淤工程。

在屈家店焚毁之解公室修葺，淀北淀南引水河截口堤于 6 月与 11 月分别修葺。

技术主任　崔哈德
1947 年 2 月 5 日

水文、吹填、疏浚情况如表 36.1 至表 36.15 所示。

表 36.1　1946 年大沽沙航道深度　　单位：呎

变化情况		1月	2月	3月	4月	5月	6月	7月	8月	9月	10月	11月	12月
标记深度		5.0	5.0	4.0	4.0	4.0	4.0	4.0	4.0	4.0	4.0	5.0	5.0
变化日期				25 日								28 日	
最浅深度	北线	5.0	5.0	5.0	5.0	5.0	5.0	5.0	5.0	5.0	5.0	5.10	5.0
	中线	5.5	5.5	5.5	5.5	5.5	5.5	5.5	5.5	5.5	4.4	6.11	
	南线	5.0	5.0	5.0	5.0	5.0	5.0	5.0	5.0	5.0	4.4	5.9	
平均深度	北线	7.4	7.4	7.4	7.4	7.4	7.4	7.4	7.4	7.4	7.4	7.1	8.0
	中线	7.9	7.9	7.9	7.9	7.9	7.9	7.9	7.9	7.9	7.9	7.9	9.4
	南线	7.11	7.11	7.11	7.11	7.11	7.11	7.11	7.11	7.11	7.11	8.0	9.2

表 36.2 1946 年海河天津港流量

月份	1	2	3	4	5	6	7	8	9	10	11	12
最大流量 （立方呎/秒）				9 008	8 887	8 894	2 0212	20 278	18 134	12 662	10 790	
最小流量 （立方呎/秒）				7 355	7 702	6 897	8 124	17 059	11 761	12 344	10 177	
平均流量 （立方呎/秒）				8 294	8 325	8 168	15 161	18 821	15 336	12 523	10 409	
月份	1	2	3	4	5	6	7	8	9	10	11	12
最大流量 （立方米/秒）				255	252	252	572	574	514	359	306	
最小流量 （立方米/秒）				208	218	195	230	483	333	350	288	
平均流量 （立方米/秒）				235	236	231	429	533	434	355	295	

表 36.3 1946 年海河天津港含沙量　　　　单位：公斤/立方米

月份	1	2	3	4	5	6	7	8	9	10	11	12	平均值
水面	0.01	0.04	0.10	0.07	0.08	0.07	0.66	0.45	0.19	0.13	0.12	0.05	0.16
河中	0.06	0.07	0.18	0.16	0.15	0.14	0.79	0.56	0.24	0.21	0.19	0.08	0.24
河底	0.09	0.11	0.31	0.28	0.26	0.23	0.97	0.70	0.31	0.28	0.26	0.13	0.33

表 36.4 1946 年海河河口潮位情况

（以大沽基准水位为标准）　　　　单位：呎

月份		1	2	3	4	5	6	7	8	9	10	11	12	年均
满潮	最高	10.90	11.60	10.80	12.00	11.10	11.60	11.80	12.60	12.70	11.60	12.10	9.30	12.70
	平均	8.43	8.84	9.11	9.43	9.89	10.07	10.46	10.70	10.70	9.47	9.12	7.13	9.45
	最低	5.10	7.00	6.00	6.50	8.00	8.20	8.90	8.60	5.50	7.00	5.50	3.20	3.20
干潮	最高	4.30	5.60	6.10	5.30	5.90	5.70	5.50	7.30	7.00	5.80	6.00	4.20	7.30
	平均	1.99	2.03	2.28	2.50	2.87	3.20	3.43	3.28	3.13	2.80	2.61	0.83	2.58
	最低	0.00	0.10	0.50	1.00	1.50	1.50	1.20	1.70	0.90	1.50	-0.20	-1.90	-1.90
潮差	最高	9.10	10.60	9.10	9.70	9.60	9.30	9.70	9.70	10.10	9.30	10.30	9.00	10.60
	平均	6.44	6.81	6.83	6.93	7.02	6.87	7.03	7.42	6.93	6.67	6.51	6.30	6.81
	最低	3.50	2.70	2.60	3.30	3.80	4.00	4.30	4.00	2.00	2.80	2.40	3.70	2.00

表 36.5　1946 年海河工程局修理厂潮位情况

（以大沽基准水位为标准）

单位：呎

月份		1	2	3	4	5	6	7	8	9	10	11	12	年均
满潮	最高	10.60	11.20	10.60	11.00	10.50	10.50	12.40	13.10	12.20	11.40	11.20	9.70	13.10
	平均	8.54	9.12	9.46	9.33	9.61	9.55	10.66	10.89	10.72	9.73	9.30	7.84	9.56
	最低	5.20	7.10	7.50	6.40	8.10	8.20	9.10	10.60	6.90	7.80	5.80	4.50	4.50
干潮	最高	6.10	6.50	6.60	6.00	5.60	8.60	8.60	9.30	8.00	7.00	7.10	5.40	9.30
	平均	3.74	4.12	4.26	3.69	3.65	3.41	4.95	7.73	6.27	5.04	4.35	3.56	4.56
	最低	1.50	2.30	2.30	1.70	1.80	1.80	1.80	6.10	2.40	2.60	1.70	1.50	1.50
潮差	最高	6.50	7.20	7.00	7.70	7.90	7.90	8.20	6.20	6.70	6.90	7.50	7.00	8.20
	平均	4.80	5.00	5.20	5.64	6.14	6.14	5.71	4.16	4.45	4.69	4.95	4.28	5.10
	最低	2.40	2.10	2.40	3.50	4.40	4.40	3.10	2.60	2.10	2.00	2.50	0.70	0.70

表 36.6　1946 年新河潮位情况

（以大沽基准水位为标准）

单位：呎

月份		1	2	3	4	5	6	7	8	9	10	11	12	年均
满潮	最高	9.90	10.80	10.00	9.90	10.50	10.20	11.10	12.00	10.90	10.70	10.20	9.00	12.00
	平均	7.71	8.19	8.33	8.59	9.04	9.04	9.68	10.43	9.42	8.80	8.37	7.29	8.74
	最低	5.20	5.60	5.60	7.20	7.40	8.20	8.40	8.90	5.30	6.40	4.90	3.50	3.50
干潮	最高	3.70	4.50	4.50	3.80	3.20	3.00	3.60	4.80	5.20	5.60	5.70	3.70	5.70
	平均	2.23	2.14	2.36	1.66	1.34	1.21	1.88	3.12	2.61	2.58	2.78	1.84	2.15
	最低	-0.30	0.50	0.50	-0.50	0.20	0.50	0.60	2.00	0.40	1.10	0.30	-1.50	-1.50
潮差	最高	7.60	7.70	7.60	8.80	9.80	9.30	9.20	9.30	8.40	8.80	7.60	6.90	9.80
	平均	5.48	6.05	5.97	6.93	7.70	7.83	7.80	7.31	6.81	6.22	5.59	5.45	6.60
	最低	3.00	3.70	2.50	4.00	4.40	5.30	5.80	5.20	3.30	2.60	2.70	4.30	2.50

表 36.7　1946 年西沽闸潮位情况

（以大沽基准水位为标准）

单位：呎

月份		1	2	3	4	5	6	7	8	9	10	11	12	年均
满潮	最高	10.00	10.90	10.00	10.10	10.60	10.60	11.00	11.70	10.70	11.00	10.40	9.00	11.70
	平均	7.84	8.29	8.35	8.59	9.16	9.25	9.83	10.46	9.51	8.88	8.45	7.27	8.82
	最低	4.30	5.70	5.70	5.50	7.50	7.60	8.50	8.90	5.30	6.40	5.00	3.50	3.50
干潮	最高	4.20	4.20	4.70	4.10	4.40	3.40	4.50	5.60	5.10	4.80	5.20	3.60	5.60
	平均	2.15	2.08	2.10	1.63	1.34	1.33	1.75	2.92	2.29	2.28	2.43	1.83	2.01
	最低	-0.10	0.60	0.50	-0.30	0.10	0.50	0.80	1.70	0	0.80	0	-0.70	-0.70
潮差	最高	7.70	7.80	8.20	9.60	9.90	9.80	9.70	9.50	8.90	9.50	8.30	6.90	9.90
	平均	5.69	6.21	6.25	6.96	7.82	7.92	7.54	7.22	6.60	6.02	5.44	6.81
	最低	3.40	3.80	2.30	3.50	4.40	5.10	5.00	3.90	2.50	2.50	3.10	4.20	2.30

表 36.8　1946 年赵北庄潮位情况

（以大沽基准水位为标准）　　　　　　　　　　　　　　单位：呎

月份		1	2	3	4	5	6	7	8	9	10	11	12	年均
满潮	最高	9.50	10.30	10.50	10.10	9.90	10.10	11.80	12.40	11.60	10.70	10.60	9.00	12.40
	平均	7.56	8.10	8.48	8.33	8.80	9.06	10.10	11.12	9.92	9.08	8.64	7.30	8.87
	最低	4.60	6.30	6.40	5.50	7.60	7.50	8.60	10.00	6.10	7.10	5.20	3.60	3.60
干潮	最高	5.70	5.90	6.00	5.90	5.50	5.30	7.70	7.80	7.70	6.20	5.80	4.30	7.80
	平均	2.61	3.11	3.37	3.06	2.89	2.91	4.04	6.05	4.82	3.76	3.27	2.07	3.50
	最低	-0.30	0.80	1.50	0.90	0.80	1.00	1.20	4.20	1.60	1.80	-0.20	-0.70	-0.70
潮差	最高	8.50	7.70	7.10	7.90	8.30	8.30	9.30	7.40	6.80	7.10	7.50	7.80	9.30
	平均	4.95	4.99	5.11	5.27	5.91	6.15	6.06	5.07	5.10	5.32	5.37	5.23	5.38
	最低	2.30	2.70	2.30	2.80	3.30	3.80	3.30	2.80	1.60	2.70	2.10	1.50	1.50

表 36.9　1946 年葛沽潮位情况

（以大沽基准水位为标准）　　　　　　　　　　　　　　单位：呎

月份		1	2	3	4	5	6	7	8	9	10	11	12	年均
满潮	最高	9.90	10.20	9.90	10.60	10.40	9.90	11.00	11.80	11.10	10.30	10.20	8.90	11.80
	平均	7.74	8.23	8.53	8.42	8.76	8.81	9.31	10.37	9.26	8.70	8.30	7.05	8.62
	最低	4.10	6.50	6.10	6.40	7.20	7.30	8.00	9.00	5.50	6.60	4.70	3.90	3.90
干潮	最高	4.30	4.60	4.90	4.30	4.40	4.20	4.90	6.50	5.50	5.70	6.00	4.50	6.50
	平均	2.29	2.56	2.80	2.47	2.39	2.26	2.98	4.16	3.49	2.99	2.75	1.69	2.74
	最低	0.20	0.60	0.90	0.20	0.90	0.60	1.00	2.90	0.70	1.60	0.50	-0.90	-0.90
潮差	最高	7.30	7.50	7.70	8.70	8.20	8.60	8.50	7.70	7.50	7.80	7.60	7.80	8.70
	平均	5.45	5.67	5.73	5.95	6.37	6.55	6.33	6.21	5.77	5.71	5.55	5.36	5.89
	最低	3.10	2.70	2.70	3.20	3.20	4.30	4.50	4.40	3.10	2.80	3.00	4.00	2.70

表 36.10　1946 年新开河潮位情况

（以大沽基准水位为标准）　　　　　　　　　　　　　　单位：呎

月份		1	2	3	4	5	6	7	8	9	10	11	12	年均
满潮	最高	11.00	10.40	10.70	11.00	10.90	10.50	13.10	13.90	13.30	11.90	11.80	10.00	13.90
	平均	9.21	9.57	9.98	9.53	9.73	9.28	10.91	12.73	11.54	10.45	10.00	9.02	10.16
	最低	7.70	8.00	8.80	7.20	8.50	8.00	9.10	11.00	9.60	8.90	7.50	7.20	7.20
干潮	最高	7.60	7.80	7.70	7.60	7.20	7.00	9.80	12.70	10.80	8.40	8.60	7.20	12.70
	平均	6.34	6.47	6.69	5.78	5.25	4.72	6.70	10.39	9.11	7.20	6.12	5.75	6.71
	最低	4.70	5.20	5.50	2.70	3.60	3.00	3.60	7.80	7.40	6.60	4.00	4.20	2.70
潮差	最高	4.80	4.30	4.80	5.90	6.40	6.30	6.40	3.80	3.90	4.30	5.70	4.30	6.40
	平均	2.87	3.10	3.29	3.75	4.48	4.56	4.21	2.34	2.43	3.25	3.88	3.27	3.45
	最低	2.10	2.40	2.40	2.60	2.10	2.00	2.90	1.10	1.50	1.60	3.10	2.30	1.10

表 36.11　1946 年宋庄潮位情况

（以大沽基准水位为标准）　　　　　　　　　　　　　　　　单位：呎

月份		1	2	3	4	5	6	7	8	9	10	11	12	年均
满潮	最高	10.30	10.80	10.50	10.60	10.30	10.40	12.30	12.90	12.10	11.10	11.00	9.50	12.90
	平均	8.35	8.77	9.06	8.95	9.33	9.41	10.49	11.70	10.43	9.62	9.15	7.82	9.42
	最低	5.20	6.70	6.80	6.20	7.80	7.90	9.20	10.40	6.80	7.40	5.60	3.90	3.90
干潮	最高	5.50	6.20	6.20	5.80	5.40	5.70	7.90	8.30	7.70	6.50	7.00	5.00	8.30
	平均	3.72	3.97	4.23	3.53	3.30	2.97	4.26	6.74	5.69	4.56	3.97	3.03	4.16
	最低	1.40	2.20	2.40	1.00	1.40	1.30	1.60	5.10	2.80	2.90	1.10	1.10	1.00
潮差	最高	5.80	6.70	6.80	7.50	7.80	8.30	8.30	6.70	6.40	6.80	6.70	7.10	8.30
	平均	4.63	4.80	4.83	5.40	6.03	6.44	6.22	4.96	4.74	5.06	5.18	4.79	5.26
	最低	2.10	2.50	2.50	3.10	4.10	4.00	3.80	3.00	1.80	2.70	1.40	1.20	1.20

表 36.12　1946 年"快利"号大沽沙挖泥船疏浚情况

月份	工作时间（时）		往复回数（回）				舍土回数（回）		舍土量（立方米）	
	大沽沙航道	新港航道	大沽沙航道		河口深渊段	新港	大沽沙航道	新港	大运河航道	新港
			长距	短距						
3										
4	30		18		10		7		950	
5	227		23		70		54		10 890	
6	48		46		20		11		2 210	
7	117		104		42		25		5 210	
8	166		139		53		33		7 150	
9	141		119		43		32		6 025	
10	239		176	66	82		49		8 890	
11	176		192				59		12 110	
12		93				161		161		80 500
总计	1 144	93	817	66	320	161	270	161	53 435	80 500

表 36.13　1946 年"浚利"号大沽沙挖泥船疏浚情况

月份	工作时间（时）		往复回数（回）				弃土回数（回）		舍土量（立方米）	
	大沽沙航道	新港航道	大沽沙航道		河口深渊段	新港	大沽沙航道	新港	大运河航道	新港
			长距	短距						
3										
4										
5										
6										
7										

月份	工作时间（时）		往复回数（回）				弃土回数（回）		舍土量（立方米）	
	大沽沙航道	新港航道	大沽沙航道		河口深渊段	新港	大沽沙航道	新港	大运河航道	新港
			长距	短距						
8										
9	10	12	9	4		16	5	9	1 353	6 330
10	49	54	42	28		93	20	35	5 841	24 850
11	154	45	94			19	37	18	15 348	12 780
12		119						163		115 730
总计	213	230	145	32		128	62	225	22 542	159 750

表36.14　1946年天津港疏浚渠情况

月份	"高林"号		"北河"号				"西河"号		抓泥船		总计（立方米）
	天津		塘沽		天津		天津				
	作业时间（时）	土方量（立方米）	作业时间（时）	土方量（立方米）	作业时间（时）	土方量（立方米）	作业时间（时）	土方量（立方米）	作业时间（时）	土方量（立方米）	
1											
2											
3	56	—			—	4 425			13	225	4 650
4	18	—			—	7 875			182	1 350	9 225
5	170	—			167	9 676			10	150	9 826
6	22	—	41	2925					20		2 925
7	10	9 000			117	8 700			23		17 700
8	113	11 175			68	4 275			24		15 450
9	42	3 375							113	750	4 125
10	72	6 225			50	3 300			92		9 525
11	173	15 450									15 450
12	31	3 525					52	3 525	65		7 050
总计	707	48 750	41	2 925	402	38 251	52	3 525	542	2 475	95 926

表36.15　1946年天津港吹填情况

月份	"中华"号		吹填数量（立方米）	倾弃数量（立方米）
	天津大直沽铁路局坑地			
	工作时间（时）	土方量（立方米）		
1				
2				
3	68	11 175	11 175	
4	153	24 675	24 675	

月份	"中华"号		吹填数量（立方米）	倾弃数量（立方米）
	天津大直沽铁路局坑地			
	工作时间（时）	土方量（立方米）		
5	152	23 250	23 250	
6	7	900	900	2 925
7	88	17 700	17 700	
8	73	11 400	11 400	4 050
9	32	3 375	3 375	750
10	74	9 525	9 525	
11	114	15 450	15 450	
12	63	7 050	7 050	
总计	824	124 500	124 500	7 725

第三十七篇　海河工程局1947年报告摘编

撞凌

11月25日内河开始见冰凌，12月14日前编航尚无不便，此后冰凌积聚于第四裁弯附近。

"清凌"号与"工凌"号自12月15日开始工作，19日"开凌"号加入工作。"没凌"号、"飞凌"号两船则于12月9日调往葫芦岛工作。因"工凌"号尚需担任接送津港引水人员的任务，实际仅用撞凌船两艘，经大沽沙、塘沽及上游直至天津，全冬通航。所幸冬季气候不寒，全季航运尚未受影响。船挈带驳船及机力较小之汽轮，曾数度于河湾冰凌聚积处被阻，但撞凌船及强有力之海船均能通行，无何延误。因撞凌船太少，故破碎之冰块于河湾处停聚时间较长，其两艘撞凌船必须先行击碎大沽沙及河口之冰凌，再沿河行驶，清除河湾之积冰。如此工作，在每次寒流之后，常需两三个星期方能使驳船航行不遭梗阻。天津航运协会所租用之"孟通"号拖船交付于海河工程局，辅助撞凌。12月26日推进机轮折断，此后遂不堪使用，前后参加工作仅有3日。

本年冬季幸而只有两度奇寒，但均为期短暂。

12月18日，西北烈风忽起，天津气温降至-14.6℃，又于20日降至-14.7℃。在此3日间，竖冰凝结，汽轮暂不能自塘沽驶向天津，拖船"孟通"号为到达津港之第一轮，继之以招商局之撞凌船"清凌"号于21日驶抵津埠，停顿8日，于12月26日恢复通航。

1月下旬，寒流来袭，1月25日气温降至-14.8℃，26日降至-16.3℃。大沽沙及河内结冰甚多，25日及26日大沽沙冰况险恶，河内冰况直至2月2日，除强有力之轮船外，航运颇感困难。

2月初，冰田漂流至大沽沙外之碇泊处，最远至渤海湾。

2月，气候渐暖，大部分冰凌于6日流至海外，海河航行已不再为冰凌所阻困，2月18日撞凌工作终止。

天津本局与撞凌船"清凌"号之间的无线电通讯工作在整个冬季甚为圆满。同时，清凌船上XNEI之无线电冰讯广播继续维持。

大沽沙

1947年10月之测深与1946年10月测深比较，在塘沽新港工程局的南防波堤北标志与北港标志的直线及大沽基准水位以下 14 呎的等高线，约有 3 940 000 立方米泥沙，大沽沙表层被潮流冲洗而去，大沽沙航道附近，因冲蚀而低降，但等高线之地位与形势变化甚少。

年初因新河修理厂之屡屡停电，致"浚利"号机船冬季修缮完成稍晚。4 月 1 日"浚利"号开始在大沽沙航道浚挖，又继之以"快利"号两船在工作期间效力甚佳，大沽沙航道挖去泥沙 392 500 立方米，另协助塘沽新港挖去 314 100 立方米。全年挖泥总量与去年相较，显示甚大之增益，因去年仅有 76 000 立方米。

"浚利"号在大沽沙航道之全月最大出泥量为本年 10 月，有 64 560 立方米，而"快利"号之全月最大出泥量则为 6 月，有 26 460 立方米。

新港内沉积之泥土较易浚挖，"快利"号 10 月在新港工作，曾达全月 86 280 立方米之纪录。

"浚利"号自 4 月 1 日至 11 月 15 日，始终在大沽沙航道疏浚。11 月 15 日以后调往塘沽新港工作，直至 11 月底然后入新河船坞，以备冬季检查修理。6 月 16 日，疏浚工作因修理吸泥机大轴必须停顿，7 月 11 日方恢复工作。

"快利"号自 4 月底在大沽沙航道开始工作，8 月 11 日工作停止。开始在塘沽新港工作，至 9 月底"快利"号半在新港半在大沽沙航道挖浚。10 月和 11 月则只在新港工作，12 月 14 日因新港内结冰过多，工作停止，乃驶往天津检修。

本年初标记深度为大沽基准水位以下 5 呎，5 月 7 日航道南移 75 呎，因南线较北线可得较优之深度。5 月 9 日，标记深度增至大沽基准水位以下 6 呎，经两浚滩机有效之疏浚以后，6 月 24 日增至大沽基准水位以下 7 呎。8 月 5 日，标记深度增至大沽基准水位以下 8 呎，11 月 26 日复增至大沽基准水位以下 9 呎。

上游支流

关于上游支流之含沙量及流量，因未获有充分资料，故与往年各支流之春夏汛情形无法比较，1947 年上游各河流注海河之泥沙总量不详。

永定河大部分泥沙仍沉积于永定河三角淀以北地区，由此地区泄出之泥沙甚微，故在旧放淤区之放淤工作无须施行。全年经卢沟桥滚水坝及小清河流入海河之泥量颇少。

本年永定河泥沙在永定河三角淀以北低洼区域沉积。

到达海河的泥沙比较少量，对于河道航槽无所减少，因荡潮水流足以将浮悬之泥淤载至大沽沙。

全年驶抵天津港轮船之通行吃水量在平常满潮时始终为 16 呎。

本年河道水深无变更，仍能保留由上游注下之大部分泥沙。上游各河虽于复雨之际，流量过小，不足以加强海河水流之冲刷力，而将河床刷深，使其航道及河床高度全年无变迁。

春汛期间，天津港所测之最大含沙量为 0.0659%（每日六次观测之平均数），而在夏汛期间，则只有 0.0617%（干重量）。

如此微弱的流量，实在不足以冲刷河床。

10 月对海河全部断面进行测深，与 1946 年 10 月测深结果比较，则显有极小之变化。

河海最浅地段为陈塘庄，在彼处 100 呎宽之航道，至于天津港，则深达 17 呎。

当出口轮船驶往葛沽时常感觉困难，虽然该段锐湾处上最浅处，但在平常满潮 8 呎时，保有 19.8 呎之深度。轮船如离津过晚，约满潮时到达葛沽，在满潮后三四小时，水面高度较平常满潮时低三四呎，在其最浅处仅有 15.8 呎之深度。

此项困难于葛沽裁弯完成后可免除，因新河之最浅处较现在河道之最浅处深三四呎也。

本年通行吃水量因陈塘庄一带过浅，不能增加至 17 呎。

内河疏浚及垫土工作

为维持通行吃水深度，天津港各码头及两转头地之疏浚数量比较微少，因输入海河之泥沙本不甚多，仅有 228 400 立方米之泥淤由天津港挖出，并吹垫于大直沽铁路局第三号池及池外。本年全年浚挖数量较以往两年多。1946 年为 132 225 立方米，1945 年则只有 45 000 立方米。此种浚挖数量之增加，因来津轮船吨位加多，当属必然。

天津港之疏浚工作大部分由联斗式挖泥船"西河"号及"北河"号担任，挖出泥土，由"中华"号吹泥船吹至低地。

联斗式挖泥船"新河"号在塘沽新港内挖出泥淤 154 950 立方米，而吹泥船"燕云"号则将 130 540 立方米吹至低地。

去年本局全部挖泥船在大沽沙及塘沽新港所挖出泥沙总量为 964 550 立方米。

中正桥

本年中正桥共开启 47 次，该桥自 1927 年落成以后，共开启 5 912 次。

放淤工程

本年并未放淤，因所有危害海河之泥沙皆在上游保留，春汛时农民也及时放淤。

航道水文和疏浚及吹填工作情况如表 37.1 至表 37.14 所示。

表 37.1　1947 年大沽沙航道深度　　　　　　　　　　单位：呎

变化情况		1 月	2 月	3 月	4 月	5 月	6 月	7 月	8 月	9 月	10 月	11 月	12 月
标记深度		5.0	5.0	5.0	5.0	6.0	7.0	7.0	8.0	8.0	8.0	9.0	9.0
变化日期						9 日	24 日		5 日			26 日	
最浅深度	北线	—	—	5.7	5.0	6.0	7.0	8.0	—	—	—	-0	—
	中线	—	—	5.9	6.8	7.0	8.6	8.6	—	—	—	-0	—
	南线	—	—	5.1	6.6	6.6	9.1	8.6	—	—	—	-0	—
平均深度	北线	—	—	—	6.6	6.6	6.8	9.6	8.8	—	—	-3	—
	中线	—	—	—	7.0	7.10	7.8	10.10	10.0	—	—	-2	—
	南线	—	—	—	5.9	7.5	7.6	11.2	9.5	—	—	-7	—

表 37.2　1947 年海河天津港流量表情况

月份	1	2	3	4	5	6	7	8	9	10	11	12
最大流量（立方米/秒）	—	—	317	346	273	235	283	331	401	422	273	209
最小流量（立方米/秒）	—	—	241	206	197	160	235	214	249	408	196	197
平均流量（立方米/秒）	—	—	269	285	230	195	259	261	341	415	237	203
月份	1	2	3	4	5	6	7	8	9	10	11	12
最大流量（立方呎/秒）	—	—	10 190	12 200	9 625	8 280	9 980	11 690	14 160	14 900	3 640	7 380
最小流量（立方呎/秒）	—	—	8 500	7 270	6 950	5 645	8 290	7 560	8 795	14 420	5 920	6 955
平均流量（立方呎/秒）	—	—	9 490	10 050	8 110	6 880	9 140	9 220	12 045	14 660	3 370	7 165

表 37.3　1947 年海河沿河各水位站潮位情况

（以大沽基准水位为标准）

单位：米 *

月份		1	2	3	4	5	6	7	8	9	10	11	12	年均
满潮	最高	2.99	3.09	3.42	3.05	3.45	3.32	3.36	3.29	3.63	3.14	3.51	3.20	3.63
	平均	2.32	2.18	2.59	2.72	2.68	2.78	2.93	2.93	2.86	2.58	2.47	2.22	2.61
	最低	1.86	1.25	1.13	1.59	2.07	2.16	2.41	2.41	1.77	1.34	1.62	1.22	1.13
干潮	最高	1.49	0.98	1.83	1.65	1.49	1.65	1.77	1.77	1.86	1.46	1.52	1.22	1.86
	平均	0.30	0.22	0.58	0.66	0.55	0.70	0.78	0.73	0.66	0.50	0.43	0.25	0.53
	最低	-0.24	-0.43	-0.19	-0.03	0.09	0.09	0.12	0.15	0.09	-0.23	-0.27	-0.58	-0.58
潮差	最大	2.74	2.74	2.99	2.72	3.23	3.02	2.17	2.99	3.02	2.90	3.39	2.84	3.39
	平均	2.02	1.96	2.01	2.06	2.13	2.08	2.15	2.20	2.20	2.08	2.04	1.97	2.08
	最小	0.67	0.64	0.55	0.61	0.92	1.03	1.04	0.64	0.52	0.24	0.76	1.07	0.24

表 37.4　海河工程局机器厂潮位情况

单位：米

月份		1	2	3	4	5	6	7	8	9	10	11	12	年均
满潮	最高	3.23	3.29	3.45	3.2	3.3	3.28	3.56	3.4	3.58	3.37	3.38	3.27	3.58
	平均	2.59	2.46	2.68	2.79	2.75	2.83	3.07	3.07	3.17	2.84	2.67	2.21	2.76
	最低	1.98	1.68	1.37	1.83	2.41	2.4	2.77	2.72	2.36	1.74	1.92	1.28	1.28
干潮	最高	2.16	1.86	1.85	1.92	1.71	1.73	1.83	1.80	2.15	2.07	1.85	1.79	2.16
	平均	1.34	1.34	1.17	1.22	1.02	0.96	1.19	1.15	1.50	1.36	1.05	1.06	1.20
	最低	0.70	0.92	0.34	0.64	0.40	0.44	0.65	0.58	0.73	0.60	0.50	0.28	0.28
潮差	最大	2.04	2.01	2.32	2.07	2.44	2.40	2.45	2.50	2.32	2.05	2.20	2.03	2.50
	平均	1.25	1.12	1.51	1.57	1.73	1.87	1.88	1.92	1.67	1.48	1.62	1.15	1.56
	最小	0.40	0.31	0.24	0.40	1.01	1.26	1.22	1.01	0.86	0.55	0.86	0.17	0.17

* 从 1947 年开始表中潮位改为米制，1947 年前为呎。

表 37.5　1947 年新开河各水位站潮位情况

（以大沽基准面为标准）　　　　　　　　　　单位：米

月份		1	2	3	4	5	6	7	8	9	10	11	12 月	年均
满潮	最高	3.02	3.69	3.49	3.37	3.44	3.19	3.33	3.39	3.62	3.5	4.01	2.90	4.01
	平均	2.74	2.86	2.99	3.25	3.06	2.81	3.08	3.08	3.17	2.87	2.81	2.33	2.92
	最低	2.53	2.74	2.38	2.74	2.77	2.4	2.84	2.75	2.85	1.94	2.11	1.37	1.37
干潮	最高	2.29	1.92	2.32	2.56	1.83	1.98	2.05	1.68	2.65	2.65	1.81	1.84	2.65
	平均	1.72	1.75	1.93	2.01	1.34	1.19	1.31	1.19	1.98	1.84	1.34	1.34	1.58
	最低	1.37	1.37	1.43	1.52	0.73	0.84	1.00	0.90	1.00	0.98	0.88	0.88	0.73
潮差	最高	1.37	1.37	1.46	1.68	2.65	2.15	2.12	2.13	2.02	1.80	2.30	1.74	2.65
	平均	1.02	1.11	1.06	1.24	1.72	1.62	1.77	1.89	1.19	1.03	1.47	0.99	1.34
	最低	0.73	0.91	0.79	0.73	0.98	0.90	1.21	1.52	0.70	0.66	0.93	0.28	0.28

表 37.6　宋庄潮位情况　　　　　　　　　　单位：米

月份		1	2	3	4	5	6	7	8	9	10	11	12	年均
满潮	最高	3.20	3.20	3.23	2.90	3.20	3.23	3.40	3.36	3.50	3.32	3.34	3.20	3.50
	平均	2.55	2.38	2.53	2.48	2.66	2.81	3.05	3.05	3.07	2.78	2.59	2.18	2.67
	最低	1.86	1.62	1.25	1.58	2.19	2.34	2.77	2.66	2.28	1.74	1.85	1.21	1.21
干潮	最高	2.01	1.83	1.87	1.34	1.63	1.30	1.85	1.84	1.90	1.81	1.75	1.93	2.01
	平均	1.20	1.24	0.95	0.64	0.76	0.83	1.12	1.07	1.30	1.14	0.86	0.94	1.00
	最低	0.61	0.79	0.00	-0.01	0.02	0.05	0.54	0.44	0.50	0.35	0.14	0.15	-0.01
潮差	最高	2.01	1.95	2.62	2.65	2.74	2.51	2.54	2.55	2.47	2.08	—	2.16	2.74
	平均	1.35	1.14	1.58	1.84	1.90	1.98	1.90	1.95	1.77	1.64	1.73	1.24	1.67
	最低	0.40	0.31	0.58	0.64	0.90	1.18	1.04	0.90	0.91	0.62	0.90	0.23	0.23

表 37.7　赵北庄潮位情况　　　　　　　　　　单位：米

月份		1	2	3	4	5	6	7	8	9	10	11	12	年均
满潮	最高	3.02	3.11	3.11	2.90	3.20	3.10	3.27	3.23	3.40	3.20	3.12	3.17	3.40
	平均	2.41	2.28	2.45	2.59	2.56	2.69	2.86	2.88	2.95	2.66	2.50	2.11	2.58
	最低	1.83	1.55	1.19	1.62	2.08	2.20	2.57	2.50	2.12	1.06	1.79	1.21	1.06
干潮	最高	1.89	1.58	1.95	1.68	1.32	1.66	1.82	1.84	1.95	1.76	1.64	1.49	1.95
	平均	0.85	0.86	0.79	0.86	0.69	0.82	1.03	1.06	1.21	1.00	0.78	0.73	0.89
	最低	0.03	0.09	-0.49	0.12	0.09	-0.05	0.35	0.35	0.43	0.17	-0.42	-0.40	-0.49
潮差	最高	2.26	2.16	2.98	2.47	2.61	2.46	2.55	2.59	2.48	2.36	2.54	2.35	2.98
	平均	1.56	1.42	1.66	1.73	1.87	1.87	1.83	1.82	1.74	1.66	1.72	1.38	1.69
	最低	0.52	0.37	0.46	0.49	1.04	1.05	1.08	1.00	0.95	0.47	0.89	0.35	0.35

表 37.8　葛沽潮位情况　　　　　　　　　　　　　　　　　单位：米

月份		1	2	3	4	5	6	7	8	9	10	11	12	年均
满潮	最高	3.05	3.11	3.17	2.86	3.20	3.08	3.20	3.11	3.32	2.99	3.14	2.98	3.32
	平均	2.33	2.23	2.40	2.48	2.49	2.58	2.76	2.76	2.76	2.49	2.33	2.06	2.47
	最低	1.52	1.43	1.04	1.58	1.96	2.10	2.46	2.40	1.85	1.41	1.61	1.00	1.00
干潮	最高	1.71	1.25	1.74	1.34	1.49	1.24	1.75	1.73	1.85	1.51	1.52	1.48	1.85
	平均	0.62	0.55	0.54	0.64	0.55	0.61	0.88	0.83	0.87	0.74	0.58	0.59	0.67
	最低	0.15	-0.15	-0.46	-0.09	-0.09	-0.07	0.24	0.22	0.20	-0.06	-0.12	-0.19	-0.46
潮差	最高	2.38	2.47	2.86	2.65	2.78	2.62	2.64	2.53	2.50	2.40	2.40	1.99	2.86
	平均	1.71	1.68	1.86	1.84	1.94	1.98	1.88	1.93	1.89	1.75	1.74	1.47	1.81
	最低	0.70	0.49	0.67	0.64	0.70	1.23	1.11	0.65	0.87	0.41	0.93	0.71	0.41

表 37.9　新河潮位情况　　　　　　　　　　　　　　　　　单位：米

月份		1	2	3	4	5	6	7	8	9	10	11	12	年均
满潮	最高	3.08	3.19	3.17	2.90	2.99	3.15	3.29	3.18	3.59	3.12	3.42	3.27	3.59
	平均	2.49	2.32	2.42	2.50	2.64	2.71	2.92	2.92	2.91	2.63	2.57	2.37	2.62
	最低	1.95	1.52	0.98	1.43	2.19	2.20	2.60	2.49	1.88	1.53	1.82	1.24	0.98
干潮	最高	1.46	1.19	1.49	1.16	0.98	0.97	1.22	1.35	1.85	1.58	1.62	1.36	1.85
	平均	0.67	0.51	0.43	0.37	0.35	0.49	0.54	0.60	0.82	0.78	0.73	0.63	0.58
	最低	0.12	-0.30	0.24	0.00	0.02	0.08	0.24	0.22	0.22	-0.06	0.15	-0.01	-0.30
潮差	最高	2.35	2.35	2.56	2.83	2.97	2.72	2.94	2.80	2.74	2.36	2.45	2.29	2.97
	平均	1.82	1.81	1.99	2.13	2.29	2.22	2.38	2.32	2.09	1.84	1.84	1.74	2.04
	最低	1.16	0.88	0.98	1.07	1.40	1.49	1.75	1.17	0.88	0.52	0.89	1.01	0.52

表 37.10　西沽闸潮位情况　　　　　　　　　　　　　　　　单位：米

月份		1	2	3	4	5	6	7	8	9	10	11	12	年均
满潮	最高	3.05	3.05	3.15	3.02	3.40	3.19	3.24	3.19	3.51	3.13	3.39	3.15	3.51
	平均	2.47	2.31	2.40	2.52	2.68	2.67	2.86	2.87	2.85	2.57	2.80	2.23	2.60
	最低	1.95	1.55	0.94	1.40	2.16	2.16	2.52	2.44	1.78	1.35	1.70	1.15	0.94
干潮	最高	1.83	1.13	1.68	1.46	1.01	0.77	1.11	1.79	1.71	1.45	1.51	1.35	1.83
	平均	0.70	0.59	0.46	0.33	0.37	0.38	0.46	0.56	0.68	0.66	0.66	0.64	0.54
	最低	0.21	-0.06	-0.18	-0.06	0.10	-0.04	0.16	0.18	0.16	-0.10	0.00	0.10	-0.18
潮差	最高	2.35	2.26	2.59	2.93	3.09	2.81	2.97	2.91	2.82	2.54	2.30	2.10	3.09
	平均	1.77	1.72	1.94	2.19	2.31	2.29	2.40	2.31	2.17	1.91	2.14	1.59	2.06
	最低	1.10	0.64	0.58	0.73	1.40	1.54	1.46	0.65	0.89	0.52	0.91	1.05	0.52

表 37.11　1947 年海河大沽沙挖泥船浚挖情况

月份	"快利"号			"浚利"号			各月浚挖数量（立方米）
	工作时间（时）	往复回数（回）	浚挖数量（立方米）	工作时间（时）	往复回数（回）	浚挖数量（立方米）	
4				227	231	31 910	31 910
5	245	224	15 280	244	203	46 050	61 330
6	268	278	26 460	140	125	26 500	52 960
7	224	205	19 266	192	152	23 617	42 883
8	112	107	10 087	379	308	57 054	67 141
9	178	155	18 307	150	108	21 806	40 113
10				383	365	64 580	64 580
11				181	158	28 600	28 600
总计	1 027	969	89 400	1 896	1 650	300 117	389 517

表 37.12　1947 年大沽沙挖泥船协助新港浚挖情况

月份	"快利"号			"浚利"号			各月浚挖数量（立方米）
	工作时间（时）	往复回数（回）	浚挖数量（立方米）	工作时间（时）	往复回数（回）	浚挖数量（立方米）	
8	249	242	58 322				58 322
9	116	100	24 100				24 100
10	180	358	86 280				86 280
11	130	262	63 140	96	86	62 060	125 200
12	57	88	21 210				21 210
总计	732	1 050	253 052	96	86	62 060	315 112

表 37.13　1947 年海河内疏浚情况

月份	"高林"号 天津		"新河"号 塘沽		"西河"号 天津		"北河"号 天津		抓泥船		总计（立方米）
	工作时间（时）	工作量（立方米）	工作时间（时）	工作量（立方米）	工作时间（时）	工作量（立方米）	工作时间（时）	工作量（立方米）	工作时间（时）	工作量（立方米）	
1									56		
2											
3					41	5 950			38		5 960
4					174	23 450			25		23 450
5					292	26 320	234	11 680	119		38 000
6					138	17 780	165	10 150			27 930
7			206		43	5 850	56	3 375			9 225
8	108	13 725	190				152	10 050			23 775

月份	"高林"号 天津		"新河"号 塘沽		"西河"号 天津		"北河"号 天津		抓泥船		总计（立方米）
	工作时间（时）	工作量（立方米）	工作时间（时）	工作量（立方米）	工作时间（时）	工作量（立方米）	工作时间（时）	工作量（立方米）	工作时间（时）	工作量（立方米）	
9	99	13 650	203				150	10 990	53	560	25 200
10			195		139	18 830	102	6 650	128	1 540	27 020
11			118	350	144	19 250	204	14 140	214	2 030	35 770
12			65	8 640	59	7 910	45	3 080	110	1 470	21 100
总计	207	27 375	977	8 990	1 030	125 340	1 108	70 115	743	5 600	237 420

表 37.14　1947 年海河吹泥情况

月份	"中华"号 大直沽吸泥地		"燕云"号 大直沽吸泥地		吹填数量（立方米）	倾弃数量（立方米）
	工作时间（时）	工作量（立方米）	工作时间（时）	工作量（立方米）		
3	33	5 950			5 950	
4	102	23 450			23 450	
5	332	38 000			38 000	
6	122	27 930			27 930	
7	41	9 225			9 225	
8	86	23 775			23 775	
9	81	25 200			25 200	
10	102	25 200			25 200	1 820
11	129	34 370			34 370	1 400
12			63	11 760	11 760	9 340
总计	1 028	213 100	63		224 860	12 560

第三十八篇　海河工程局 1948 年报告摘编

撞凌

1947 年 2 月 9 日"没凌"号、"飞凌"号两撞凌船奉调去葫芦岛工作，津港仅留"清凌"号、"工凌"号、"开凌"号三艘撞凌船。其中，"工凌"号担任海口接送引水工作，"清凌"号和"开凌"号两船负担撞凌工作。津港关系整个华北之运输，引起各界恐慌，后由航业公会租用渤海公司的"孟通"号轮船及招商所派"民一零七号"登陆艇协助。"孟通"号在最紧急的时候，工作半日即因推进浆被冰磕掉，入坞修理未再参加工作，"一零七号"登陆艇在撞冰时仅数回合便甲板裂隙，船身受损，亦不敢再尝试撞凌工作。这表明撞凌工作不是普通船只所能担任的。

1947 年 11 月 25 日海河发现浮冰，但无碍航行。12 月 15 日天气渐转寒，各河湾处已开始积聚冰凌。"清凌"号、"江凌"号离津去河口工作，19 日"开凌"号出动在内河工作，12 月 18 日因受强烈西北风的影响，温度低至-14℃。届时，受风的影响，潮位低落，航行极感困难，至 23 日稍见温和。在此期间"孟通"号、"民一零七号"登陆艇，因撞冰受损，12 月 31 日"清凌"号撞凌天津，海河恢复航运。

1948 年 1 月 9 日，天气复转严寒，10 日因人民解放军临时占用葛沽等地，"开凌"号仅维持塘沽大沽坝一段航道。15 日海河航道便通，西河口至塘沽最终维持开放，塘沽以上各河湾常遭冰凌阻塞，但撞凌船经常协助船只勉强通过。2 月气温转高，海河于 4 日实现通船无阻，撞凌工作于 2 月停止。

1948 年冬季，天气和暖，年底河西仅见浮冰，无封河现象，因受革命战争影响，无往来船只，撞凌工作亦未施行。

大沽沙及大沽航道情形

根据 1948 年 10 月大沽沙测量结果，在大沽沙以下 3 呎深度内，本年冲刷共计 990 000 立方米，沉积部分共计 49 990 立方米。

1947 年冬季，浚挖成绩显著，中线深度超过大沽基准水位以下 10 呎。1948 年 3 月 30 日测量结果显示，航道深度维持为大沽基准水位以下 9 呎。4 月 17 日"浚利"号开始工作，至 6 月测量结果仍为大沽基准水位以下 9 呎，伏汛期间海河含沙增多，大沽沙于 8 月中旬标记深度改为 8 呎。至 9 月 6 日，中线深度最深为 7 呎 6 吋，南线为 5 呎 10 吋，北线为 5 呎 6 吋，在此期间，因局内经费拮据，大沽沙疏浚工作停顿，9月16日"浚利"号亦开始工作。在此期间，因海河泥沙大量下注大沽沙，航道持续变浅。11月7日，航道中线加深至大沽基准水位以下8呎，南线6呎3吋，北线5呎8吋。12月3日测量结果显示南线增至大沽基准水位以下7呎6吋，12月5日挖泥工作停止，7日标记深度为大沽基准水位以下8呎。

本年大沽航道共挖98 640立方米，4月、5月共挖泥26 950立方米。6月至8月未工作，9月至12月共挖泥沙71 692立方米。1947年共挖3 895 178立方米泥沙，相差悬殊，故为造成航道严重淤浅之最大原因。9月后浚挖工作放弃，北线航道由150尺变为75尺，造成航道流量减弱，如受风浪航道极易坍塌淤塞。

本年标记深度之更易，不适合航道变更为实际情况。

"浚利"号本年的工作时间为600小时15分，挖泥72 260立方米，用煤3 610吨，平均每小时挖泥120立方米，挖泥每立方米用煤50公斤。"快利"号本年工作时间370.5小时，共挖泥26 382立方米，用煤2 625.6吨，平均每小时挖泥728立方米，挖泥每立方米用煤99.5公斤，本年挖泥船效果较往年弱，主要原因为煤质较差及工作人员情绪不佳。

内河

本年初，海河可通行吃水17呎之船只，春汛期间流量较往年略大。3月7日津港含沙量曾达0.085%，次日即下降至0.046%，同时屈家店含沙量高达0.096%，故泥沙大部分来自淀河，因上流各河清水来源增加，故对航道深度未有影响。夏汛期间流量与含沙量俱增，7月尚能维持河道深度不变，8月本局挖泥工作停止，9月中旬津港航道淤浅至大沽基准水位以下6呎，吃水较大之船只航行极感困难，尤以两转头地及本局办公厅前最浅。各码头塞情亦极为严重，造成如此恶劣之情况，主要是因于浚挖工作停顿。

夏汛期间，永定河泥沙大部分沉积于各庄决口后之新三角淀。

夏汛后，清水冲刷航道之情形逐渐好转。10月初津港最浅航道为大沽基准水位以下6.5呎，至11月初已增至大沽基准水位以下8呎，吃水16呎之船只复能通行。

本年4月设立塘沽水文站，每日观测全潮三次，至9月中旬停止测流13次，并经常测量含沙量。强潮期间，每次强潮流入总量为2 810万立方米至3 500万立方米，弱潮期间流入量为1 002万立方米至2 220万立方米，含沙量在汛期较津港低，可见本年汛期泥沙先沉积于上游；汛期后较津高，实为津港泥沙下夹于大沽沙。

津港主要浚挖部分为两转头地及码头，从3月初开始"泥河"号、"西河"号两船参加工作，3月至6月平均每月每船工作150小时；7月因正值夏汛上游沉沙增多，挖泥工作每月每船均在220小时以上；8月至9月上旬因经费短缺，停止挖泥工作；9月中旬因津港淤积严重，复开始浚挖工作，参加船只为"北河"号、"西河"号及夹泥船；至11月初因"北河"号六方轮损坏，改由"高林"号代理工作，至12月3日停止，全年总挖泥量217 270立方米，吹填地点仍为大直沽铁路坑吹泥地，"中华"号吹泥1381小时，"燕云"号吹泥1842小时。

"高林"号工作87小时40分，挖泥2 600立方米，用煤8 725吨，平均每小时挖泥1 323立方米，每立方米用煤7.53公斤。

"西河"号工作 1 303 小时，挖泥 127 230 立方米，用煤 548.6 吨，平均每小时挖泥 978 立方米，每立方米需煤 4.31 公斤。

"北河"号工作 1 266 小时，挖泥 7 640 立方米，用煤 155.7 吨，平均每小时挖泥 603 立方米，每立方米需煤 2.05 公斤。

吹泥船"中华"号工作 1 381 小时 40 分，吹泥 191 920 立方米，用煤 1 280 吨，平均每小时吹泥 138.5 立方米，每立方米需煤 6.7 公斤。

吹泥船"燕云"号吹泥 184 小时 56 分，吹泥 18 930 立方米，用煤 188.7 吨，平均每小时吹泥 102 立方米，需煤 7.7 公斤。

船只修理

上年曾在天津修理船坞检修的船只有"中华"号、"海河"号、"御河"号及泥船两艘，在新河船坞内检修的船只有"浚利"号、"浚捷"号及"煤水船"号。冬季后，以上各船出坞，"飞凌"号在津厂入坞修理，"江凌"号和"开凌"号在新河厂入坞修理。年终入坞天津厂的船只有"云燕"号、"海河"号、"挟泥船"号及"二五号"，在新河厂入坞修理的船只有"快利"号和"浚捷"号及煤水船。

放淤工程

3 月 18 日开始疏浚欢坨洩水渠土方工程，至 8 月 25 日完工，全部疏浚量为 10 200 立方米，5 月 31 日培修新引河南堤工程，后因战争影响而停止工作，完成土方量为 28 212 立方米。10 月初施测永定河中泓南堤及 22 号房子滚水坝附近的地形，5 月会同华北水利工程总局查看各庄堵口复堤工程。

本年因永定河各庄决口未复堵，泥沙均沉积于上游之新汛区。本年含沙量最高曾达 0.096%（3 月 27 日），夏汛期间水位最高仅达 5.36 呎（8 月 27 日），流量最大为 162 立方呎/秒，故该年泥沙及洪流均无任何威胁可言，屈家店亦未提闸放淤。

中正桥

本年共开桥 8 次，建桥以来共开桥 5 920 次，本年度该桥仅有桥西之零星修理工作。

水文、疏浚、吹填情况如表 38.1 至 38.9 所示。

表 38.1 1948 年大沽沙航道深度 单位：呎

变化情况		1 月	2 月	3 月	4 月	5 月	6 月	7 月	8 月	9 月	10 月	11 月	12 月
标记深度		9.0	9.0	9.0	9.0	9.0	9.0	9.0	8.0	8.0	7.0	7.0	8.0
变化日期									2 日		11 日		7 日
最浅深度	北线	9.0	—	—	—	—	—	—	6.2	5.6	5.0	5.8	5.8
	中线	10.0	—	—	—	—	—	—	8.5	7.6	7.9	8.4	8.4
	南线	9.0	—	—	—	—	—	—	7.8	5.10	5.9	6.3	7.6

变化情况		1月	2月	3月	4月	5月	6月	7月	8月	9月	10月	11月	12月
平均深度	北线	9.0	—	—	—	—	—	—	7.0	7.6	7.0	7.3	7.3
	中线	10.2	—	—	—	—	—	—	9.6	8.9	8.6	9.0	9.0
	南线	9.7	—	—	—	—	—	—	8.6	7.6	7.3	7.2	8.2

表 38.2　1948 年海河天津港流量情况

月份	1	2	3	4	5	6	7	8	9	10	11	12
最大流量（立方米/秒）	—	289	360	314	276	252	435	568	583	—	336	325
最小流量（立方米/秒）	—	241	233	267	212	194	222	437	515	—	301	288
平均流量（立方米/秒）	—	261	317	284	241	231	295	500	554	—	316	311
月份	1	2	3	4	5	6	7	8	9	10	11	12
最大流量（立方呎/秒）	—	10202	12708	11084	9743	8900	15356	20050	20580	—	11861	11473
最小流量（立方呎/秒）	—	8507	8225	9425	7484	6848	7837	15426	18180	—	10625	10166
平均流量（立方呎/秒）	—	9213	11170	10025	8507	8154	10414	17650	19556	—	11155	10978

表 38.3　1948 年海河沿河各水位站潮位情况

（以大沽基准水位为标准）

单位：米

变化情况		1月	2月	3月	4月	5月	6月	7月	8月	9月	10月	11月	12月	年均
海河河口														
满潮	最高	3.38	3.33	3.20	3.23	3.08	3.29	3.38	3.54	3.47	3.26	3.06	3.54	3.54
	平均	2.28	2.50	2.61	2.66	2.64	2.80	2.98	3.06	2.93	2.69	2.46	2.54	2.68
	最低	0.31	1.68	1.62	2.07	2.04	2.16	2.13	2.62	2.16	1.68	1.65	1.52	0.31
干潮	最高	0.37	1.40	2.44	1.40	1.34	1.37	1.74	1.83	1.83	1.65	1.71	1.92	2.44
	平均	0.19	0.40	0.40	0.45	0.50	0.68	0.80	0.78	0.71	0.56	0.40	0.52	0.53
	最低	-0.76	-0.31	-0.30	-0.12	-0.18	0.00	0.00	0.18	0.18	0.03	-0.15	0.24	-0.76
潮差	最高	2.48	3.26	2.90	3.14	2.99	3.14	3.17	3.17	2.99	3.02	2.84	3.34	3.34
	平均	2.09	2.10	2.21	2.21	2.14	2.12	2.18	2.25	2.22	2.13	2.06	2.02	2.14
	最低	0.67	2.74	0.37	0.67	1.04	1.01	1.28	0.34	0.73	0.46	0.73	0.79	0.34
海河工程局天津机器厂														
满潮	最高	3.45	3.32	3.28	3.20	5.04	3.18	3.74	3.80	3.70	3.56	3.28	3.40	5.04
	平均	2.22	2.62	2.85	2.83	2.74	2.88	3.17	3.42	3.36	3.07	2.79	2.80	2.90
	最低	1.03	1.60	1.78	2.41	2.27	2.46	2.43	3.10	2.85	2.27	2.09	1.23	1.03

续表

变化情况		1月	2月	3月	4月	5月	6月	7月	8月	9月	10月	11月	12月	年均
干潮	最高	1.94	1.84	2.88	1.73	1.47	1.50	2.05	2.38	2.65	2.49	2.35	2.50	2.88
	平均	1.22	1.27	1.40	1.24	0.94	0.98	1.37	1.88	2.15	1.93	1.54	1.52	1.45
	最低	0.40	0.89	0.62	0.70	0.35	0.53	0.63	1.50	1.68	1.24	0.78	0.87	0.35
潮差	最高	2.33	2.15	2.23	2.33	2.40	2.43	2.48	1.99	1.82	1.62	1.33	1.99	2.48
	平均	1.00	1.35	1.45	1.59	1.80	1.90	1.80	1.44	1.21	1.14	1.25	1.28	1.43
	最低	0.17	0.06	0.22	0.82	1.12	1.18	1.20	0.83	0.47	0.44	0.60	0.45	0.06

表 38.4 1948 年海河沿河各水位站潮位情况

（以大沽基准水位为标准）   单位：米

变化情况		1月	2月	3月	4月	5月	6月	7月	8月	9月	10月	11月	12月	年均
					塘沽									
满潮	最高	—	—	—	3.21	2.98	3.20	3.39	3.47	3.44	3.22	3.02	2.81	3.47
	平均	—	—	—	2.68	2.60	2.77	2.95	2.99	2.91	2.69	2.44	2.47	2.72
	最低	—	—	—	2.30	2.02	2.20	2.23	2.65	2.20	1.93	1.63	1.88	1.63
干潮	最高	—	—	—	1.27	1.36	1.41	1.70	1.84	1.75	1.66	1.72	1.27	1.84
	平均	—	—	—	0.40	0.48	0.74	0.83	0.88	0.84	0.66	0.49	0.60	0.66
	最低	—	—	—	-0.08	-0.16	0.08	0.08	0.19	0.26	0.22	0.06	-0.04	-0.16
潮差	最高	—	—	—	3.05	2.91	2.98	3.15	3.04	2.84	2.75	2.71	2.64	3.15
	平均	—	—	—	2.28	2.12	2.04	2.12	2.11	2.06	2.03	1.95	1.87	2.06
	最低	—	—	—	1.15	1.02	0.99	1.17	96.00	0.65	0.62	0.76	1.05	0.62
					新河									
满潮	最高	3.44	3.20	3.16	3.25	2.95	3.21	3.40	3.37	3.37	3.26	3.04	—	3.44
	平均	2.45	2.64	2.62	2.63	2.63	2.73	2.95	3.05	3.00	2.77	2.55	2.61	2.72
	最低	1.82	1.64	1.68	2.15	2.16	2.26	2.23	2.73	2.28	2.07	1.83	—	1.64
干潮	最高	1.45	1.43	1.52	1.48	0.97	0.94	1.10	1.71	1.83	1.79	1.49	—	1.83
	平均	0.55	0.68	0.60	0.54	0.33	0.48	0.66	0.83	1.00	0.93	0.82	1.09	0.71
	最低	-0.34	-0.14	-0.13	0.06	-0.06	0.11	0.13	0.40	0.46	0.24	0.13	—	-0.34
潮差	最高	2.59	3.03	2.61	2.92	2.78	2.89	2.85	2.77	2.61	2.38	2.09	—	3.03
	平均	1.90	1.96	2.03	2.07	2.30	2.25	2.29	2.22	2.00	1.84	1.73	1.52	2.01
	最低	0.67	0.22	0.09	0.67	1.46	1.37	1.62	1.17	0.90	0.62	1.10	—	0.09
					葛沽									
满潮	最高	2.93	3.06	3.13	2.90	2.76	3.23	2.90	3.31	3.26	3.06	2.91	3.20	3.31
	平均	2.20	2.44	2.51	2.46	2.45	2.81	2.58	2.36	2.88	2.62	2.37	2.45	2.51
	最低	1.14	1.49	1.16	2.11	1.89	2.10	2.15	2.53	2.22	1.70	1.63	1.44	1.14
干潮	最高	1.57	1.35	1.55	1.42	0.90	1.53	1.18	1.86	1.81	1.73	1.78	2.00	2.00
	平均	0.67	0.65	0.75	0.61	0.41	0.89	0.50	1.11	1.13	0.95	0.70	0.82	0.77
	最低	-0.16	-0.37	0.08	0.05	-0.17	0.10	0.03	0.50	0.30	0.23	-0.07	-0.13	-0.37

变化情况		1月	2月	3月	4月	5月	6月	7月	8月	9月	10月	11月	12月	年均
潮差	最高	2.43	2.72	2.38	2.55	2.95	2.75	2.77	2.49	2.33	2.63	2.36	2.60	2.95
	平均	1.53	1.79	1.76	1.85	2.04	1.93	2.08	1.85	1.75	1.67	1.67	1.63	1.79
	最低	0.43	0.14	0.32	0.62	1.11	1.30	1.45	0.93	0.74	0.57	0.64	0.63	0.14
宋家庄														
满潮	最高	3.40	3.22	3.15	3.20	3.03	3.18	3.66	3.77	3.67	3.51	3.42	3.36	3.77
	平均	2.18	2.53	2.74	2.77	2.73	2.88	3.17	3.41	3.35	3.04	2.72	2.73	2.85
	最低	1.02	1.80	1.72	2.30	2.25	2.42	2.50	3.20	2.81	2.20	2.01	1.92	1.02
干潮	最高	1.79	1.75	2.81	1.60	1.48	1.60	2.02	2.43	2.48	2.20	2.26	2.41	2.81
	平均	1.15	1.09	1.09	1.05	0.89	0.97	1.32	1.81	1.89	1.64	1.25	1.27	1.29
	最低	0.51	0.29	0.23	0.70	0.45	0.50	0.57	1.29	1.45	1.05	0.23	0.50	0.23
潮差	最高	2.26	2.27	2.08	2.30	2.38	2.38	2.54	2.23	1.95	1.93	2.18	2.33	2.54
	平均	1.03	1.44	1.65	1.72	1.84	1.91	1.85	1.60	1.46	1.40	1.47	1.46	1.57
	最低	0.24	0.15	0.28	0.82	1.10	1.17	1.21	0.85	0.44	0.46	0.65	0.54	0.15
赵北庄														
满潮	最高	3.31	3.10	3.01	3.10	3.00	3.12	3.54	3.62	3.60	3.36	3.12	3.36	3.62
	平均	2.04	2.41	2.60	2.69	2.68	2.82	3.07	3.29	3.19	2.96	2.63	2.66	2.75
	最低	0.98	1.52	1.40	2.20	2.16	2.40	2.35	3.00	3.60	2.35	1.91	1.78	0.98
干潮	最高	1.80	1.59	1.71	1.50	1.48	1.52	1.93	2.18	2.30	2.14	2.16	2.34	2.34
	平均	1.00	0.92	0.89	0.92	0.80	0.91	1.24	1.61	1.69	1.42	1.10	1.14	1.14
	最低	-0.14	-0.10	-0.10	0.40	0.30	0.27	0.40	0.94	1.17	0.67	0.24	0.51	-0.14
潮差	最高	2.32	2.41	2.49	2.50	2.52	2.54	2.57	2.47	2.17	2.03	2.14	2.33	2.57
	平均	1.04	1.49	1.71	1.77	1.88	1.91	1.83	1.69	1.50	1.54	1.53	1.52	1.62
	最低	0.21	0.13	0.35	0.70	1.06	1.35	1.13	0.93	0.41	0.69	0.66	0.55	0.13
新开河														
满潮	最高	3.48	3.40	3.38	3.13	3.00	3.12	3.60	3.84	4.00	3.78	3.28	3.68	4.00
	平均	2.31	2.73	2.99	2.88	2.72	2.81	3.15	3.57	3.67	3.31	2.98	2.92	3.00
	最低	1.36	1.93	1.91	2.55	2.26	2.44	2.40	3.32	3.38	2.81	2.80	2.37	1.36
干潮	最高	1.96	2.12	3.08	1.95	1.68	1.48	2.23	3.03	3.30	3.05	2.77	2.57	3.30
	平均	1.46	1.56	1.94	1.68	1.30	1.28	1.67	2.78	3.00	2.63	2.16	1.97	1.95
	最低	0.88	1.28	1.30	1.42	1.10	1.12	1.18	2.54	2.60	2.01	1.80	1.50	0.88
潮差	最高	1.76	1.64	1.51	1.60	1.84	1.77	1.91	1.14	1.12	1.07	1.21	1.93	1.93
	平均	0.85	1.17	1.05	1.20	1.42	1.53	1.48	0.79	0.65	0.68	0.82	0.94	1.05
	最低	0.23	0.55	0.20	0.69	0.95	1.06	72.00	0.57	0.33	0.35	0.56	0.54	0.20

表 38.5　1948 年 10 月及 1947 年 10 月航道最浅深度

（以大沽基准水位以上 8 呎为标准）　　　　　　　单位：米

河段	1948 年 10 月	1947 年 10 月
金汤桥至天津港下游	16.1	17.5
天津港下游至第五裁湾上端	16.3	16.7
第五裁湾上端至第三裁湾上端	17.8	17.6
第三裁湾上端至第四裁湾上端	18.8	18
第四裁湾上端至严庄	19.2	19.2
严庄至葛沽	19.6	19.5
葛沽至南开	21	20.2
南开至新河	22.9	23.3
新河至大梁庄	22.6	24.7
大梁庄至塘沽	29.8	29.6
塘沽至大沽	28.1	28.5
大沽至深渊	20.3	19.7
经过大沽沙航道中线	16	17

表 38.6　1948 年海河大沽沙挖泥船浚挖情况

月份	"快利"号			"浚利"号			各月浚挖数量（立方米）
	工作时间（时）	往复回数（回）	浚挖数量（立方米）	工作时间（时）	往复回数（回）	浚挖数量（立方米）	
4				197		10 730	10 730
5				184	131	16 220	16 220
9	108	96	7 900	74			7 900
10	177	166	12 116	128	81	18 242	30 358
11	83	161	6 366	15	97	25 038	31 404
12						2 030	2 030
总计	368	423	26 382	598	309	72 260	98 642

表 38.7　1948 年大沽沙挖泥船协助新港浚挖情况

月份	"快利"号			"浚利"号			各月浚挖数量（立方米）
	工作时间（时）	往复回数（回）	浚挖数量（立方米）	工作时间（时）	往复回数（回）	浚挖数量（立方米）	
3	305	311	76 156				76 156
4	353		107 960				107 960
5	338	302	72 782				72 782
6				419	237	165 900	165 900

续表

月份	"快利"号			"浚利"号			各月浚挖数量（立方米）
	工作时间（时）	往复回数（回）	浚挖数量（立方米）	工作时间（时）	往复回数（回）	浚挖数量（立方米）	
7				452		179 200	179 200
8	43		8 194				8 194
总计	1 039	613	265 092	871	237	345 100	610 192

表 38.8 1948 年海河浚挖情况

月份	"高林"号		"新河"号		"西河"号		"北河"号		抓泥船		总计（立方米）
	天津		天津		天津		天津				
	工作时间（时）	工作量（立方米）	工作时间（时）	工作量（立方米）	工作时间（时）	工作量（立方米）	工作时间（时）	工作量（立方米）	工作时间（时）	工作量（立方米）	
1											
2											
3					178	12 190	206	9 680			21 870
4					194	19 120	192	12 000			31 120
5					203	16 720	184	13 520			30 240
6					144	12 880	161	10 640			23 520
7					227	11 360	224	5 840	64	800	18 000
8											
9					111	14 880	95	6 560			21 440
10					135	23 520	189	16 640	168		40 160
11	73	10 720			101	15 680	13	1 520	72	1 080	29 000
12	14	880			6	8 800			24	160	9 840
总计	87	11 600			1 299	135 150	1 264	76 400	328	2 040	225 190

表 38.9 1948 年海河吹泥情况

月份	"中华"号		"燕云"号		吹泥数量（立方米）	倾弃数量（立方米）
	大直沽吸泥地		大直沽吸泥地			
	工作时间（时）	工作量（立方米）	工作时间（时）	工作量（立方米）		
3	29	2 660	184	18 930	21 590	280
4	256	31 120			31 120	
5	246	30 240			30 240	
6	213	23 520			23 520	

月份	"中华" 号		"燕云" 号		吹泥数量（立方米）	倾弃数量（立方米）
	大直沽吸泥地		大直沽吸泥地			
	工作时间（时）	工作量（立方米）	工作时间（时）	工作量（立方米）		
7	253	16 560			16 560	1 440
8						
9	87	18 780			18 780	2 660
10	156	40 160			40 160	
11	128	28 880			28 880	120
12	9	1 920			1 920	
总计	1 377	193 840	184	18 930	212 770	4 500

第三十九篇　海河工程处 1949 年报告摘编

撞凌

1948 年冬季，气候和暖，直至岁末河内始见浮冰，河面未封冻，又因天津解放战争正在进行，航运断绝，本处撞凌船终未出动。1949 年 1 月，冰冻情形仍极轻微，因正值解放天津战役，轮航绝迹，撞凌船虽经常准备撞凌，但始终未出动工作。1 月 5 日，"工凌"号被天津国民党强制征调在津市城防以内破水，每日上下午各往返一次，8 日"飞凌"号又被征参加工作，直至 15 日，此项工作方告终止。"开凌"号与渤海轮船公司之"孟通"号被塘沽国民党扣留担负撞凌及军运事务，塘沽解放后又被遗弃海外为积冰所困，直至 24—27 日派"清凌"号与"没凌"号前往寻觅营救，始将"开凌"号拖回天津，而全部船员则被威胁随其至上海。2 月冰冻情形愈见轻缓，又无出入轮船，撞凌工作全面停止，无线电台之水况广播亦未应用。

1949 年冬季，本处所属五艘撞凌船均于 12 月初检修竣工，待命出发。12 月 4 日初雪之后，一度降至-13.6℃，但冰冻并不严重，"工凌"号于 6 日在葛沽附近营救"恒安"号货轮，13 日协助引水工作。"清凌"号与"飞凌"号在本月下旬展开撞凌工作，"清凌"号在塘沽码头担负大沽口至葛沽一段，"飞凌"号则负责葛沽至天津之破冰任务，其余"没凌"号和"开凌"号则因气候不冷待机出动。在当时的状况下反"清凌"号和"飞凌"号即足以完成撞凌任务，河道航行毫无阻碍。

1949 年 12 月 15 日起广播冰况，本处电台必经常联络并分送冰况报告，但冰凌情况至年底均不严重，航行亦未遭遇任何阻碍。

大沽沙及大沽航道情形

根据 1949 年 10 月大沽沙的测量结果，在大沽基准水位以下 13 呎等水平线以内共冲刷泥沙 3810 414 立方米，淤积部分 5326 780 立方米。

1949 年初标记深度虽维持在大沽基准水位以下 8 呎，但中线深度较 8 尺稍有余留，而南北两线则均不足。"浚利"号在天津修理厂码头前赶修，"快利"号在新河分厂坞内检修，因在解放战争中遭受破坏，需加大修复方能开始工作。3 月初大沽沙航道有淤浅情形，标记深度不足 8 呎，3 月 6 日标记深度减至大沽基准水位以下 7 呎，11 日正式施测，中线之最浅深度为 6 呎 4 吋，南线为 6 呎 7 吋，而北线仅有 4 呎 5 吋。"浚利"号自 3 月 22 日在大沽沙航道开始工作，26

日因泥舱门的吊链折断，停止疏浚，27 日返塘沽修理，直至 30 日方重回大沽沙继续工作。4 月初"浚利"号报称航道中南两线在一二号浮鼓以外仍有淤浅，10 日将标记深度减至大沽基准水位以下 6 呎，4 月下旬施测航道两次，中线最浅处为大沽基准水位以下 6 呎半，南线为 7 呎 4 吋，北线为 5 呎，但一二号浮鼓外之最浅部分稍见挖深，且有向外移动之倾向。5 月"浚利"号的工作着重于南北两线及一二号浮鼓外之最浅部分，但有时亦附带疏浚中线。5 月 14 日测量的水线深度均有显著增益，以中南两线为最，北线最浅部分为大沽基准水位以下 5 呎 7 吋，南线为 7 呎 3 吋，中线则为 8 呎 4 吋，标记深度于 25 日早潮加深至大沽基准水位以下 7 呎，30 日"浚利"号返津清洗锅炉，修理吸泥管口钢板。6 月大沽沙航道并未浚挖，但据 6 月 23 日之测量结果，除中线处能变动外，南北两线均见刷深，标记深度仍能维持不动。7 月初"浚利"号又继续在大沽沙航道工作，中旬因水流急及零件修理驶回天津。8 月"浚利"号尚未修复，未出动工作，大沽沙则因海河上游各河洪水冲刷，倾泄于海口，航道遂见淤积。12 日测量结果显示，中线最浅处仅有 6 呎 7 吋，南北两线只有 5 呎，标记深度减至大沽基准水位以下 6 呎。9 月 8 日测量结果几乎全部淤平，标记深度再减至大沽基准水位以下 4 呎。同时，大沽沙于 9 月 2 日开始浚挖，航轮经由新航道进出，旧大沽沙航道宣告厌弃。

大沽沙新航道

因大沽沙航道不稳定，经常南移（自 1937 年开始南移 8 次，共计 675 呎），养护困难。大沽新港工港局修建南防波堤后，大部潮汐流集中于南防堤以南地区，大沽沙航道极其不利于航行。1948 年拟制订开辟新航道计划，因经费未能举行。今年由于人民政府的重视，得以迅速举办。6 月在塘沽新港南防波堤以南测深，并观测流量、流向，以决定方位，经研究决定，在内深水航道之外端，距新港南防波堤南 1300 呎处，向航道以东的方向开展。此项计划经华北水利委员会排查后，本处即着手于 8 月内竖立新航道疏浚标志碑，可使"浚利"号和"快利"号于 9 月初开始开挖。其航行标记的拆卸与新航道航行标记的重建可逐步进行。2 日"浚利"号和"快利"号同时出动开挖新航道。新航道经开挖尚未公告开放，进出口轮船皆循此而行，两船船员情绪更加高涨，工作亦更努力，至 27 日新航道标记深度竟由大沽基准水位以下 4 呎增至大沽基准水位以下 6 呎。9 月 15 日开始建立新航道灯塔灯标的基础、混凝土基座等共 30 个，并拆卸现行航道的灯塔灯标。10 月"浚利"号和"快利"号仍继续开挖新航道，三线平均深度皆有增进，南北两线附近处稍有淤浅，着重在该处开挖，期于下月内将标记深度增至 7 呎，新航道灯塔灯标修建工程于本月 14 日告竣，并将临时的浚挖标志拆除以免混淆沿江沙灯船、西水尺、三四号电鼓示均于月内装完。新航道的临时灯标两座改作河口至内深水道的航行标志。11 月"浚利"号和"快利"号仍在新航道工作，期望在下月以前将新航道挖至相当深度，以便冬季的撞凌工作。本月两船共挖去泥沙 156 000 立方米。有的新纪录标示深度自 16 日增加到大沽基准水位以下 7 呎，但三线最浅深度皆有余留。按照本年大沽沙测量结果，旧航道因洪水期间泥沙的沉积全部湮没，了无航槽之痕迹，倘非及时开辟新航道，华北之唯一港口必将遭受严重的威胁，且今年的洪水夹带泥沙淤积大沽沙的数量甚巨，新航道的疏浚必超过限度达到原计划时 8 尺的深度。"浚利"号和"快利"号的浚滩工作可到 12 月 4 日，大沽沙均见浮冰，且船员需调配撞凌船准备撞凌工作，大沽沙的疏浚于 7 日结束。"浚利"号入新河分厂船坞，"快利"号于 8 日到达天津停泊于修理厂码头，以待冬季检修，标示深度自 12 月 8 日增至大沽基准水位以下 7 呎 6 吋。

本年"浚利"号在旧航道共挖出泥沙 90 555 立方米，在新航道挖去 175 357 立方米。"快利"号挖去泥沙 138 211 立方米，共计 313 568 立方米。

内河

1949 年初河内轮船通行吃冰量为 16 呎，3 月 6 日后减至 15 呎，天津港平均含沙量在 3 月 18 日为 0.084%，至 27 日又降至 0.021%，水速经常在 300 立方米/秒以上。4 月至 6 月含沙量始终在 0.10%。两转头地均能适应轮航之需要，且平均水位保持在 9 呎左右。7 月中旬到夏汛期间雨水连日不绝。北运河上游的苏庄水文站 7 月内共降雨 17 日，雨量合计 502.8 公厘。永定河流域三家店站 7 月雨量共计 507.2 公厘，浮沱河与黄壁庄为 381.5 公厘，临洛关为 18 公厘，南运河的临清为 114.9 公厘，是最近 50 年来之特殊现象。除 1940 年及 1946 年外，1 月的降雨量达到全年雨量，低洼地带因雨水之不及时排泄河水泛滥，洪水奔注海河。8 月初屈家店节河闸下流量为 340 立方米，杨柳青子牙河为 50 立方米/秒，南运河为 30 立方米/秒，以致天津港流量达 900 立方米/秒以上。台湾及菲律宾的台风 7 月、8 月间曾数度袭渤海。7 月 30 日台风最烈，北炮台水位站该日高潮曾达 4.2 公尺，为 1939 年以后之最高纪录。第四裁弯处以下至塘沽间沿岸较低地带均被湮没。但在低潮时自行退落，8 月中旬以后子牙河和大清河的水位流量仍有增加，而永定河、北运河、南运河三河则稍见减落。由于人民政府的明确领导与各级干部及广大人民的努力抢护，各河水势虽岌岌可危，但甚少溃堤决口，倾注海河，海河流量高达 1110 立方米/秒。第四裁弯处以上每日虽见潮涨，但始终下浅，潮流上溯，此种现象实为数十年来少见。洪水延续直至 10 月中旬，河边流量仍在 800 立方米/秒以上。海河从西河桥至河口全部河道增深，当前航运及内外交流足能应付。本年海河洪水主要来自子牙河，但永定河流经新汛区的大部分泥沙均沉积于此，然后与北运河汇合于屈家店。本年 8 月屈家店含沙量曾一度高涨至 52.5%，但第二日即下降。子牙河与南运河的含沙量于 7 月、8 月间曾上升至 30.29%，随即下降，所以天津港及塘沽干潮时的含沙量始终在 0.05%~30.07%，河道航槽毫无淤积，且显见冲刷，此仍系以往之旧例。洪水之年河道必见改善，而沙洲必见淤塞。观大沽沙旧航道的全部淤塞，即可知上述规律。

海河蓄潮量的观测

本年 6 月 30 日强潮期间全潮流量观测一次，前后 14 小时决定海河的蓄潮量，在河口于家堡、天津港、西河、北运河、南运河及新开河等支流与海河交汇处附近同时采用深水浮标法，所得潮量用沿河各水位站与河口满潮干潮的水位曲线加以核对，将施测及计算结果分列如下：

（1）北炮台满潮前河口流入量。

（2）北炮台干潮后上游各支河流入天津港的水量。

（3）北炮台干潮后河口的流出量。

（4）北炮台满潮前由天津港流入上游各支流的水量。

内河之浚挖及吹垫工作

天津港之浚挖工作自 3 月开始，为维持中下两转头地的深度、宽度及沿岸矛头的泥沙清除便于轮船的回旋与停泊，次要的是疏浚各企业工厂的进水口，"高林"号挖泥船自 3 月至 6 月工作，"北河"号只 6 月参加工作。夏汛期内因水量大、水流急，拖船困难，"高林"号 10 月、11 月工作 46 小时，"北河"号 10 月仅工作 20 小时，挟泥船在 3 月、4 月及 8—12 月均有零星工作，全年内河挖泥数量不过 80 100 立方米，其中 72 550 立方米由"中华"吹泥船吹填大直沽铁路局坑地。本年的挖泥与吹填与数年前相比较少，"西河"号挖泥船与"燕云"号吹泥船始终未参加工作。历年天津港挖泥数量及本年的工作情况统计如下：

"高林"号工作 392 小时 20 分，挖泥 66 270 立方米，用煤 146 9 吨，平均每小时挖泥 169 立方米，平均每小时挖泥量较去年增加 27.7%。

"北河"号工作 61 小时 55 分，挖泥 5 280 立方米，用煤 10.6 吨，平均每小时挖泥 85 立方米，每立方米用煤 10 千克，平均每小时挖泥量较去年增加 41.0%，用煤量减少 2.4%。

抓泥船工作 434 小时 30 分，挖泥 8 650 立方米，用煤 39.9 吨，平均每小时挖泥 20 立方米，每立方米用煤 47 千克。

"中华"号吹泥船工作 243 小时 49 分，吹泥 72550 立方米，用煤 467.20 吨，平均每小时挖泥 198 立方米，每立方米用煤 6.4 千克，平均每小时吹泥量较去年增加 115.2%。

基于上述比较，自天津解放以来，由于共产党的领导，工会的推动及全体船员的自发热情，各项工作皆有长足的进展。

船舶修理

本年初在天津修理厂坞内检修的船只为"燕云"号、"抓泥船"号、"海河"号及二号、四号泥船。在天津各码头停泊待修的船只为"浚利"号、"高林"号、"新河"号、"西河"号与"北河"号。新河分厂坞内检修的船只为"快利"号及煤水船。"快利"号等船于 8 月出坞，同时，"工凌"号、"开凌"号入坞修理。9 月"工凌"号、"开凌"号出坞，"清凌"号、"没凌"号入坞。11 月天津厂二号、四号泥船出坞，"海河"号及一号、九号拖泥船入坞。新河厂的"没凌"号、"清凌"号、出坞待撞凌。12 月，"浚利"号、"没凌"号与煤水船入新河厂坞准备冬季检查修理。

放淤工程

本年夏季测量定北故淤区地形，定北引河及永定河与分界横断面，并勘查。了解围堤状况，以做放淤之准备。但因汛期，上游各河因雨水连绵均盛涨，与天津市县人民政府及防汛委员会研商筹办。7 月 17 日屈家店水位已达 6.5 米，每日含沙总量由 4000 立方米激增至 14 000 立方米，超过放淤标准，决定成立放淤工程指挥所，由本局负责领导，设技术股，由工程科干部六人负责。地方人民政府则负责动员群众，组织群众。淀北各村围堤及分界堤均由市县人民政府发动民众，7 月携全部工作人员与各级干部于小浣村集合，研讨工作分配问题，随即开工，补修分界堤,修筑淀北大张庄及小朱庄围堤。清除芦新河、泄水河、小埝二道,培修北仓二十五号、A 铁路桥附近新引河北堤。永定河与北运河的含沙量不多,所以终未放淤。8 月 6 日杨村上游徐官庄、沙管堆两处的北运河左堤决口,流入淀北区,淀北放淤区水位一度达到 5.03 米。汛期过后测量新银河淀南引河分界堤小淀村及小贺庄、刘快庄等村围堤,以做沉淀南放淤之准备,然后测量芦新河、泄水河,以便疏浚,排泄淀北的雨涝积水。12 月初,通过以工代赈的办法发动民工开始浚挖,全长 6 025 公里,疏浚量为 72 200 立方米。如果天气寒冷,道路冰冻,行路困难,需先筑坝截水,将余水抽尽,并将冰抬出方可开挖,全部工程至 1950 年 1 月 10 日结束。

修建及恢复工程

(1)新河厂船坞前的木码头于解放战争时期曾遭炮火焚毁大半,本局船舶来厂停靠及锅炉上水深感不便,本局木工及外雇工将焚毁的斜槽、铺面板等重新更换,并将起重把杆卸下,总计修复码头面积 213 平方公尺。

(2)塘沽办事处的围墙与新河分厂的围墙在战争期间的倾倒部分均经本局员工自动修复,门窗、玻璃等依次修补。屈家店放淤工程处办公室的屋顶、门窗等经雇工修复。

(3)解放桥的一个斜担与横梁被炮弹穿孔,危及该桥的负荷力与行人车马的安全,修理厂用钢板电焊将残缺处补复加固。

(4)本处修理厂前有条河,7 月因恐河水漫溢损及器材,修建防水碑墙,除尽量利用旧围墙外,新建墙计长 77.7 英丈,留专道由厂内职工利用星期日堆置麻袋装土。

(5)新河分厂机器房屋顶在解放战争时期曾受枪弹的射击,有多处孔洞,共计修补面积 1 217 平方公尺,焊补弹孔,换瓦楞铁,焊补油毡。

(6)新河厂内东库房地面加 2 吋厚的洋灰抹面,共计 6 000 平方呎,添 10 吋厚的隔墙一道。办公室楼房全部粉刷,共计 14 000 平方米,宿舍 1 080 平方米。

(7)新河厂机器房内铺 4 吋厚的石灰三合土,上加 2 吋厚的洋灰抹面,共 109 平方米,房地板全部拆除,墙改做洋灰抹面,共计 5 400 平方呎,并在厂内新建厕所两处。

(8)葛沽裁弯、三川桥及西地村的坝,用麻袋装土筑,并在三川桥加木椿编柳以保安全。

(9)天津修理厂修建东围墙并将原有水槽堵填,利用废吹泥管作该处的下水道,以保厂内的泄水。新河分厂新建宿舍三间,并在西库房房顶加添长 20 呎、宽 7 呎、高 4 呎的风楼。

(10)天津修理厂修建职工子弟学校一所,职工宿舍六间,理发室一间。

打捞沉船

华北水利工程局的四艘小型挖泥船沉没,分别为"金钟河"、"治河"、"解放一号"及"解放二号"。其中"金钟河"及"治河"均在西河桥附近沉没,其余两艘则在该处停泊检修。本年因为夏汛期间洪水高涨,打捞工作进行困难,中途停止。汛期过后只捞起零星机件,船身始终在水中,入冬之后更无法工作。"解放一号"则在抢修中,明春修竣,将派往大清河工作。"解放二号"明年拖至本处修理厂检修整配机件。

无线电台

本处无线电台往年只限于冬季收播凌讯，今年不只撞凌期间与撞凌船保持联系，浚挖大沽沙航道时，与"浚利"号和"快利"号经常通报通话，且于防汛期间担负与河间、北京滦县、苏庄等处的防汛报告，并没听上海气象台的气象广播。7月15日至9月28日，汛期结束，每日在上午8时至下午12时之间与各台联络通报八次，昼夜不停，且需自收、自译、自播，并检修机件。本处电台只有干部三四人，实感过分辛苦，应接不暇。7月28日以后，由天津电信局派播报员协助收播，直至汛期结束。

葛沽裁弯

本年冬季重新测量自李庄至下郑庄的葛沽裁弯处地形与房屋的变迁情况，耕种的面积及已挖河道的淤填情况，以作重新研究并改正计划的根据。

解放桥

本年解放桥共开桥 20 次，自该桥落成以后，公开桥 5 940 次。本年桥面人行道及人车道上的木板有部分换新，桥上钢铁建筑重加油漆，其他只是些零星安装修补工作。

水文、疏浚和吹填情况如表 39.1 至表 39.16 所示。

表 39.1　大沽沙航道深度　　　　　　　　　　　　单位：呎

变化情况		1 月	1 月	2 月	3 月	4 月	5 月	6 月	7 月	8 月	9 月	10 月	11 月
标记深度		8.0	8.0	7.0	6.0	7.0	7.0	7.0	6.0	4.0 6.0	6.0	7.0	7.0
变化日期				7 日	10 日	25 日			22 日	9 日 27 日		16 日	8 日
最浅深度	北线	5.8	—	4.5	5.0	7.7	6.8	—	7.1	6.3	5.7	7.7	—
	中线	8.4	—	6.4	6.6	8.4	8.4	—	6.7	7.7	9.4	10.4	—
	南线	7.6	—	6.7	7.4	7.3	7.0	—	5.2	5.6	4.9	7.9	—
平均深度	北线	7.3	—	7.0	6.0	6.6	7.4	—	6.9	7.6	7.9	9.0	—
	中线	9.0	—	7.6	7.6	9.2	9.0	—	7.6	9.9	10.6	15.0	—
	南线	8.2	—	7.10	7.10	7.9	8.0	—	7.0	7.6	7.5	9.6	—

表 39.2　海河天津港流量　　　　　　　　　　　　单位：立方米/秒

月份	1	2	3	4	5	6	7	8	9	10	11	12
最大流量	—	—	394	333	275	273	815	1113	898	806	513	420
最小流量	—	—	265	200	174	200	214	811	767	786	415	352
平均流量	—	—	350	260	224	228	552	945	819	794	452	384

表39.3　屈家店节制闸下流量　　　　　　　　　　　单位：立方米/秒

月份	1	2	3	4	5	6	7	8	9	10	11	12
最大流量	—	80.68	133.95	55.64	9.24	12.45	298.70	340.26	213.34	135.08	66.22	50.60
最小流量	—	46.86	44.01	8.78	3.48	8.96	38.66	149.53	124.01	63.53	29.64	42.41
平均流量	—	63.78	71.76	34.81	6.23	11.24	210.58	225.67	157.79	95.48	48.28	45.66

表39.4　1949年海河塘沽含沙量　　　　　　　　　　单位：公斤/立方米

月份	1	2	3	4	5	6	7	8	9	10	11	12	平均
水面	—	—	—	—	0.80	0.67	0.63	0.32	0.33	0.26	0.17	—	0.45
河中	—	—	—	—	1.28	1.08	0.93	0.43	0.44	0.32	0.22	—	0.67
河底	—	—	—	—	1.56	1.35	1.15	0.52	0.52	0.39	0.27	—	0.82

表39.5　河口北炮台潮位情况　　　　　　　　　　　　单位：米

变化情况		1月	2月	3月	4月	5月	6月	7月	8月	9月	10月	11月	12月	年均
满潮	最高	3.02	3.05	3.41	3.11	3.17	3.32	4.24	3.72	3.29	3.29	—	—	4.24
	平均	2.20	2.33	2.50	2.63	2.70	2.86	3.08	3.19	2.96	2.74	2.61	—	2.71
	最低	1.22	1.19	1.52	2.10	2.07	2.41	2.50	2.38	2.38	1.46	1.25	1.40	1.19
干潮	最高	1.77	1.95	1.46	2.01	1.83	1.55	1.88	1.83	1.83	1.71	—	—	2.01
	平均	0.25	0.36	0.37	0.45	0.59	0.77	0.94	0.97	0.82	0.71	0.61	—	0.62
	最低	0.61	0.49	0.15	-0.40	-0.12	0.12	0.24	0.43	0.40	0.06	0.15	0.21	-0.40
潮差	最高	3.05	3.17	3.23	3.05	3.02	3.02	3.20	3.20	2.80	2.90	2.80	2.87	3.23
	平均	1.95	1.97	2.13	2.18	2.11	2.09	2.14	2.22	2.14	2.03	2.00	2.97	2.16
	最低	0.34	0.43	0.58	0.70	0.88	1.22	1.04	0.82	0.04	0.73	0.64	—	0.04

表39.6　天津海河修理厂潮位情况　　　　　　　　　　单位：米

变化情况		1月	2月	3月	4月	5月	6月	7月	8月	9月	10月	11月	12月	年均
满潮	最高	3.02	3.17	3.40	3.03	3.07	3.21	4.23	4.35	4.05	3.92	3.55	3.28	4.35
	平均	2.29	2.63	2.76	2.70	2.71	2.90	3.49	4.02	3.82	3.50	3.07	2.81	3.06
	最低	1.35	2.00	1.96	2.22	2.20	2.62	2.85	3.66	3.46	2.50	2.05	1.94	1.35
干潮	最高	1.94	1.96	2.03	2.16	1.44	1.61	3.56	3.68	3.47	3.36	2.71	2.23	3.68
	平均	1.44	1.39	1.37	1.10	0.98	1.12	2.26	3.38	3.25	2.89	2.17	1.63	1.92
	最低	0.86	0.83	0.66	0.55	0.40	0.56	0.77	3.17	2.97	2.15	1.52	0.90	0.40
潮差	最高	1.72	1.96	2.07	2.14	2.27	2.40	2.31	1.02	0.87	1.03	1.40	1.64	2.40
	平均	0.85	1.24	1.39	1.60	1.73	1.78	1.23	0.64	0.57	0.61	0.90	1.18	1.14
	最低	0.28	0.72	0.65	0.67	1.07	1.29	0.35	0.21	0.14	0.20	0.26	0.34	0.14

表 39.7　塘沽潮位情况　　　　　　　　　　　　　　　　　　　　　　　　单位：米

变化情况		1 月	2 月	3 月	4 月	5 月	6 月	7 月	8 月	9 月	10 月	11 月	12 月	年均
满潮	最高	—	—	—	—	3.08	3.19	4.04	3.64	3.23	3.18	3.20	2.05	4.04
	平均	—	—	—	—	2.62	2.74	3.02	3.15	2.93	2.69	2.53	2.37	2.76
	最低	—	—	—	—	2.09	2.33	2.45	2.38	2.40	1.41	1.23	1.32	1.23
干潮	最高	—	—	—	—	1.79	1.57	2.06	1.99	1.85	1.75	1.44	1.78	2.06
	平均	—	—	—	—	0.56	0.76	1.04	1.18	1.01	0.85	0.70	0.50	0.83
	最低	—	—	—	—	0.01	0.02	0.25	0.65	0.61	0.24	0.09	0.10	0.01
潮差	最高	—	—	—	—	2.84	2.92	2.91	2.90	2.53	2.60	2.58	2.72	2.92
	平均	—	—	—	—	2.06	1.98	1.98	1.97	1.92	1.64	1.83	1.85	1.90
	最低	—	—	—	—	1.01	1.13	0.99	0.66	0.61	0.68	0.80	0.78	0.61

表 39.8　新河潮位情况　　　　　　　　　　　　　　　　　　　　　　　　单位：米

变化情况		1 月	2 月	3 月	4 月	5 月	6 月	7 月	8 月	9 月	10 月	11 月	12 月	年均
满潮	最高	—	3.05	3.21	3.04	3.02	3.22	3.77	3.63	3.32	3.28	3.07	2.91	3.77
	平均	—	2.38	2.58	2.66	2.67	2.74	3.05	3.21	3.04	2.85	2.63	2.50	2.76
	最低	—	1.26	1.68	2.12	2.18	2.43	2.56	2.50	2.52	1.55	1.36	1.40	1.26
干潮	最高	—	1.71	1.53	1.55	1.10	0.97	2.14	1.94	2.06	1.85	1.66	1.92	2.14
	平均	—	0.64	0.67	0.47	0.47	0.51	0.92	1.31	1.24	1.11	1.07	0.98	0.85
	最低	—	0.02	0.05	0.02	0.04	0.22	0.37	0.97	0.89	0.30	0.02	0.02	0.02
潮差	最高	—	2.45	2.46	2.62	2.86	2.72	2.64	2.66	2.31	2.27	2.22	2.22	2.86
	平均	—	1.74	1.91	2.19	2.20	2.23	2.13	1.90	1.80	1.74	1.56	1.52	1.90
	最低	—	0.69	0.77	0.93	1.12	1.61	1.13	0.80	0.66	0.83	0.87	0.85	0.66

表 39.9　葛沽潮位情况　　　　　　　　　　　　　　　　　　　　　　　　单位：米

变化情况		1 月	2 月	3 月	4 月	5 月	6 月	7 月	8 月	9 月	10 月	11 月	12 月	年均
满潮	最高	2.80	2.82	2.88	2.82	2.92	3.11	3.75	3.71	3.38	3.35	3.36	2.97	3.75
	平均	2.12	2.33	2.44	2.54	2.57	2.71	3.08	3.29	3.11	2.88	2.67	2.46	2.68
	最低	1.16	1.22	1.52	2.04	1.82	2.41	2.56	2.59	2.61	1.62	1.38	1.41	1.16
干潮	最高	1.35	1.73	1.54	1.46	1.26	1.35	2.60	2.39	2.31	2.20	1.93	1.96	2.60
	平均	0.70	0.68	0.67	0.63	0.63	0.81	1.43	1.89	1.69	1.51	1.16	0.95	1.06
	最低	0.11	0.13	0.02	0.14	0.11	0.28	0.42	1.48	1.39	0.62	0.05	0.09	0.02
潮差	最高	2.16	2.23	2.44	2.48	2.56	2.56	2.53	2.12	1.90	2.00	2.39	2.12	2.56
	平均	1.42	1.65	1.77	1.91	1.94	1.90	1.65	1.40	1.42	1.37	1.51	1.51	1.62
	最低	0.39	0.74	0.65	1.05	1.02	1.21	0.84	0.38	0.48	0.57	0.47	0.53	0.38

表 39.10　赵北庄潮位情况　　　　　　　　　　　　　　　　　　　　　单位：米

变化情况		1月	2月	3月	4月	5月	6月	7月	8月	9月	10月	11月	12月	年均
满潮	最高	2.93	2.98	3.22	2.91	2.98	3.10	3.96	3.85	3.57	3.51	3.40	3.04	3.96
	平均	2.18	2.45	2.60	2.58	2.62	2.78	3.22	3.49	3.27	3.06	2.81	2.60	2.81
	最低	1.16	1.30	1.91	2.21	2.15	2.50	2.65	2.97	2.77	1.83	1.67	1.62	1.16
干潮	最高	1.60	1.91	1.86	2.00	1.56	1.54	3.31	3.35	2.65	2.60	2.11	2.08	3.35
	平均	1.12	1.01	1.03	0.96	0.80	0.93	1.73	2.42	2.20	1.93	1.49	1.11	1.39
	最低	0.26	0.32	0.50	0.06	0.10	0.35	0.60	2.01	1.72	1.06	0.56	0.10	0.06
潮差	最高	2.09	2.07	2.29	2.49	2.49	2.43	2.35	1.79	1.59	1.81	1.97	2.14	2.49
	平均	1.06	1.44	1.57	1.62	1.82	1.85	1.49	1.07	1.07	1.13	1.32	1.49	1.41
	最低	0.27	0.43	0.52	0.42	1.12	1.25	0.24	0.25	0.32	0.31	0.47	0.45	0.24

表 39.11　宋家庄潮位情况　　　　　　　　　　　　　　　　　　　　　单位：米

变化情况		1月	2月	3月	4月	5月	6月	7月	8月	9月	10月	11月	12月	年均
满潮	最高	—	3.06	3.35	2.99	3.07	3.17	4.08	4.10	3.84	3.72	3.52	3.34	4.10
	平均	—	2.54	2.68	2.63	2.71	2.86	3.39	3.74	3.55	3.29	2.36	2.79	2.96
	最低	—	1.50	1.90	2.15	2.21	2.60	2.75	3.26	3.13	2.20	1.88	1.80	1.50
干潮	最高	—	1.87	2.00	1.98	1.72	1.70	3.25	3.13	3.10	3.00	—	2.20	3.25
	平均	—	1.05	1.13	0.94	0.85	1.01	2.02	2.86	2.73	2.46	—	—	1.67
	最低	—	0.13	0.32	0.09	0.10	0.46	0.72	2.59	2.40	1.70	—	—	0.09
潮差	最高	—	1.99	2.28	2.43	2.43	2.41	2.31	1.40	1.25	1.35	1.58	1.01	2.43
	平均	—	1.49	1.55	1.69	1.86	1.85	1.37	0.88	0.82	0.83	1.04	1.30	1.33
	最低	—	0.63	0.65	0.59	1.14	1.30	0.48	0.28	0.22	0.28	0.34	0.51	0.22

表 39.12　新开河潮位情况　　　　　　　　　　　　　　　　　　　　　单位：米

变化情况		1月	2月	3月	4月	5月	6月	7月	8月	9月	10月	11月	12月	年均
满朝	最高	2.97	3.20	3.52	3.06	3.00	3.00	4.67	5.20	4.98	4.74	3.90	3.54	5.20
	平均	2.36	2.72	2.86	2.72	2.67	2.81	3.80	5.03	4.76	4.28	3.48	3.07	3.38
	最低	1.55	2.12	2.10	2.23	2.31	2.58	2.82	4.63	4.52	3.47	2.75	2.58	1.55
干潮	最高	2.08	2.18	2.38	2.35	2.00	1.72	4.50	5.11	4.89	4.61	3.55	2.93	5.11
	平均	1.75	1.82	1.88	1.57	1.31	1.41	3.05	4.90	4.62	4.05	2.97	2.39	2.64
	最低	1.46	1.35	1.44	1.20	0.85	0.93	0.99	4.44	4.35	3.33	2.00	1.78	0.85
潮差	最高	1.16	1.59	1.40	1.68	1.79	1.71	1.83	0.19	0.25	0.40	1.30	1.07	1.83
	平均	0.61	0.90	0.98	1.15	1.36	1.40	0.75	0.13	0.14	0.23	0.51	0.68	0.74
	最低	0.08	0.48	0.40	0.48	0.90	1.07	0.17	0.04	0.07	0.03	0.16	0.15	0.03

表 39.13　1949 年海河大沽沙挖泥数量

| 月份 | "浚利"号 | | | | "快利"号 | | | | 各月挖泥量（立方米） | |
| | 旧航道 | | 新航道 | | 旧航道 | | 新航道 | | | |
	工作时间（时）	工作量（立方米）	工作时间（时）	工作量（立方米）	工作时间（时）	工作量（立方米）	工作时间（时）	工作量（立方米）	旧航道	新航道
3	48	3 453							3 453	
4	248	30 649							30 649	
5	264	35 123							35 123	
6										
7	130	21 330							21 330	
8										
9			155	29 065			304	41 934		70 999
10			163	28 817			326	47 050		75 967
11			337	111 375			288	45 115		156 490
12			18	6 100			32	4 112		10 212
合计	690	90 555	673	175 357			950	138 211	90 555	313 668

表 39.14　1949 年海河内河挖泥数量

| 月份 | "高林"号 天津 | | "北河"号 天津 | | 抓泥船 | | 各月挖泥数量（立方米） |
	工作时间（时）	工作量（立方米）	工作时间（时）	工作量（立方米）	工作时间（时）	工作量（立方米）	
3	24	4 270					4 270
4	117	18 320			32	840	19 160
5	138	35 123			72	1 600	36 723
6	70	12 640	41	3600			16 240
7							
8					45	910	910
9					145	2 400	2 400
10	14	1 920	20	1 680	35	1 120	4 720
11	32	4 560			53	1 070	5 630
12					31	620	620
合计	395	76 833	61	5 280	413	8 560	90 673

表 39.15　1949 年海河吹泥数量

月份	"中华"号		吹填数量（立方米）	倾弃数量（立方米）
	工作时间（时）	工作量（立方米）		
3	12	4 210	4 210	
4	57	19 160	19 160	
5	103	24 720	24 720	1 440
6	45	16 240	16 240	
7				
8				910
9				2 400
10	10	3 600	3 600	1 120
11	15	4 560	4 560	1 010
12				420
合计	242	72 490	72 490	7 300

表 39.16　1949 年 10 月及 1948 年 10 月航道最浅深度

（以大沽基准水位以上 8 呎为标准）　　　　　　　　单位：呎

河段	1949 年 10 月	1948 年 10 月
金汤桥至天津港下游	19.7	16.1
天津港下游至第五裁弯上端	18.7	16.3
第五裁弯上端至第三裁弯上端	18.6	17.8
第三裁弯上端至第四裁弯上端	18	18.8
第四裁弯上端至严庄	19.5	19.2
严庄至葛沽	20.2	19.6
葛沽至南开	21.9	21
南开至新河	24.4	22.9
新河至大梁庄	26.3	22.6
大梁庄至塘沽	29.9	29.8
塘沽至大沽	29.1	28.1
大沽至深渊	21.4	20.3
经过大沽沙航道中线	15.5	16

(续表)

		A	B	C	D	E	F	G	H	I
111	我为自己拥有灵活的能力而感到骄傲,我知道情况是变化的			【】						
	我为自己的立场而感到骄傲,我有坚定的信念				【】					
112	我的风格倾向于节约和朴实								【】	
	我的风格倾向于过度地做某些事情									【】
113	因为我有强烈的愿望去帮助别人,所以我的健康与幸福受到伤害						【】			
	因为我只关注自己的需要,所以我的人际关系受到损害							【】		
114	总的来说,我太坦诚,太天真	【】								
	总的来说,我过于谨慎,过于戒备		【】							
115	有时我因过于好斗而令人厌恶								【】	
	有时我因太紧张而令人厌恶				【】					
116	关注他人的需要以及为他人服务对我来说是很重要的						【】			
	寻找并等待做好事的其他方法对我来说是很重要的								【】	
117	我全身心投入并持之以恒地追求自己的目标				【】					
	我喜欢探索各种行动的途径,想看看最终的结果如何									【】
118	我经常会激起强烈和紧张的情绪					【】				
	我经常很冷静和安逸	【】								
119	我不太注重实际的结果,而是注重自己的兴趣								【】	
	我很实际,总是希望自己的工作有具体的结果							【】		
120	我有强烈的归属需求			【】						
	我有强烈的平衡需求						【】			
121	过去我可能过于要求朋友间的亲密						【】			
	过去我可能过于要求朋友间的疏远				【】					
122	我喜欢回忆过去的事情				【】					
	我喜欢预期未来所要做的事情									【】
123	我倾向于将人看作是很麻烦和苛刻的								【】	
	我倾向于将人看作是很莽撞的和有需求的				【】					
124	总的来说,我不太自信			【】						
	总的来说,我只相信自己							【】		
125	我可能太被动,从不积极参与	【】								
	我可能控制欲过强						【】			
126	我经常因为怀疑自己而停下来					【】				
	我很少会怀疑自己				【】					

(续表)

		A	B	C	D	E	F	G	H	I
127	如果让我在熟悉的东西和新的东西之间做选择,我会选新的东西									【】
	我一般会选自己所喜欢的东西,对自己不喜欢的东西会感到失望		【】							
128	我给别人大量的身体接触来让他们相信我对他们的爱						【】			
	我认为真正的爱是不需要身体的接触来表达的				【】					
129	当我责备别人时,我是很严厉和直截了当的							【】		
	当我责备别人时,我喜欢旁敲侧击				【】					
130	我对别人认为很困扰甚至是很可怕的学科却很感兴趣								【】	
	我不喜欢研究别人认为很困扰甚至是很可怕的学科	【】								
131	我因妨碍或干扰他人而受到指责						【】			
	我因逃避或沉默寡言而受到指责		【】							
132	我担心没有办法履行自己的职责							【】		
	我担心自己缺乏自律而不能履行自己的职责									【】
133	总的来说,我是一个凭直觉办事且极度个人主义的人					【】				
	总的来说,我是一个很有组织能力且负责任的人				【】					
134	难以克服惰性是我的主要问题之一	【】								
	不能缓下来是我的主要问题之一									【】
135	当我觉得不安全时会变得傲慢,对此表示轻视				【】					
	当我觉得不安全时会变得好争论,自卫性强		【】							
136	我思想开朗,乐意尝试新的方法								【】	
	我会表白真情,乐意与别人共享我的情感					【】				
137	在别人面前我会表现得比实际的我更为强硬							【】		
	在别人面前我会表现得比实际的我更为在意						【】			
138	我一般是按良心与理性去做事情					【】				
	我一般是按感觉与冲动去做事情									【】
139	严峻的逆境使我变得坚强				【】					
	严峻的逆境使我变得气馁与听天由命	【】								
140	我确信有某种安全网可以依靠		【】							
	我常常选择居于边缘而无所依靠								【】	
141	我要为了别人而表现得很坚强,所以没有时间顾及自己的感受							【】		
	我不能应对自己的感受,所以不能为别人而表现得很坚强					【】				

（续表）

		A	B	C	D	E	F	G	H	I
142	我常常觉得奇怪,对于生活中美好的事情为什么人们只看到它消极的一面	【 】								
	我常常觉得奇怪,为什么人们在生活中遇到很糟糕的事情还这么开心				【 】					
143	我努力使自己不被看作是自私的人						【 】			
	我努力使自己不被看作是令人讨厌的人									【 】
144	我担心被别人的需要与要求压垮时会避免产生亲密的关系								【 】	
	我担心会辜负人们对我的期望时会避免产生亲密的关系				【 】					

评分规则:

将每一栏打钩的数目相加,并将总钩数填入下面这个表格中。

栏目	A	B	C	D	E	F	G	H	I
总数									
个性型号	9	6	3	1	4	2	8	5	7

性格解析:

第一型:完美型

你是一个完美主义者。

欲望特质:追求完美。

深层恐惧:受谴责。深层渴望:正确。

基本困思:我若不完美,就没有人会爱我。

注意力的焦点:什么是对的,什么是错的。

心理防御机制:反向作用。

主要特征:原则性、不易妥协、常说"应该"及"不应该"、黑白分明、对自己和别人要求甚高、追求完美、不断改进、感情世界薄弱。

生活风格:爱劝勉教导,逃避表达愤怒,相信自己每天有干不完的事。

人际关系:

你是典型的完美主义者,浅显易明。

容易愤怒、不满、失望、沮丧。

第二型:全爱型、助人型

欲望特质:追求服侍。

深层恐惧:没有人爱。深层渴望:被人爱。

基本困思:我若不帮助人,就没有人会爱我。

注意力的焦点:对自我的认可。

心理防御机制:压抑作用。

主要特征:渴望别人的爱或良好关系、甘愿迁就他人、以人为本、要别人觉得需要自己、常忽略自己。生活风格:爱报告事实,逃避被帮助,忙于助人,否认问题存在。

人际关系:

助人型,顾名思义,你很喜欢帮人,而且主动,慷慨大方!虽然你对别人的需要很敏锐,但很多时候忽略了自己的需要。对你来说,满足别人的需要比满足自己的需要更重要,所以你很少向人提出请求。这样说来,你的自我并不强,很多时候要借帮助别人去肯定自己。

容易自豪、骄傲、占有、控制。

第三型:成就型

欲望特质:追求成就。

深层恐惧:被排斥、不被接纳。深层渴望:被认同、赞赏。

基本困思:我若没有成就,就没有人会爱我。

注意力的焦点:对工作的认可。

心理防御机制:认同作用。

主要特征:强烈好胜心,常与别人比较,以成就衡量自己的价值高低,看重形象,工作狂,惧怕表达内心感受。

生活风格:爱述说自己的成就,逃避失败,按着长远目标过活。

人际关系:

成就型,你精力充沛,总是活力过人,因为你有很强的争胜欲望!你喜欢接受挑战,会把你自己的价值与成就联系起来。成就型的你会全心全意去追求一个目标,因为你相信"天下没有不可能的事"。

容易自恋、炫耀,害怕亲密。

第四型:艺术型、自我型

欲望特质:追求独特。

深层恐惧:我是谁。深层渴望:独特、与众不同。

基本困思:我若不是独特的,就没有人会爱我。

注意力的焦点:关注遥远的,讨厌眼前的。

心理防御机制:内投作用。

主要特征:情绪化,追求浪漫,惧怕被人拒绝,觉得别人不明白自己,强烈占有欲,我行我素。

生活风格:爱讲不开心的事,易忧郁、妒忌,生活追寻感觉好。

人际关系:

自我型。曾否有人跟你说,你有艺术家的脾气?这个自我型就正是艺术家的性格——多愁善感,想象力丰富,常会沉醉于自己的想象世界里。另外,由于你是感情主导的人,有些工作你不喜欢就可能会不做,不会考虑责任的问题。

容易嫉妒、比较、自我沉醉、自怜。

第五型:智慧型、思想型

欲望特质:追求知识。

深层恐惧:不知道、不理解。深层渴望:知道、理解。

基本困思:我若没有知识,就没有人会爱我。

注意力的焦点:别人想从我这里得到什么。

心理防御机制:分隔作用。

主要特征:冷眼看世界,抽离情感,喜欢思考分析,但缺乏行动,对物质生活要求不高,喜欢精神生活,不善表达内心感受。

生活风格:爱观察、批评,把自己抽离,每天有看不完的书。

人际关系:理智型。你是个很冷静的人,总想跟身边的人和事保持一段距离。很多时候,你都会先做旁观者,然后才投入参与。另外,你也需要充分的私人空间和高度的隐私,否则你会觉得很焦虑、不安!你也很有机会成为专家,例如,电脑、漫画、时装,因为你对知识是非常热爱的!

好辩、抽离。

第六型:忠诚型

欲望特质:追求忠心。

深层恐惧:缺乏安全感。深层渴望:安稳、有保障

基本困思:我若不顺从,就没有人会爱我。

注意力的焦点:潜藏的意图。

心理防御机制:投射作用。

主要特征:做事小心谨慎,不轻易相信别人,多疑虑,喜欢群体生活,为别人做事尽心尽力,不喜欢受人注视,安于现状,不喜转换新环境。

生活风格:爱平和讨论,惧怕权威,传统可给予安全感,害怕成就、逃避问题。

人际关系:

忠诚型的你会是一个很好的员工,因为你很忠心尽责。安全感对你很重要,因为当遇到新的人和事,会令你产生恐惧、不安的感觉。基于这种恐惧和不安,凡事你都会作最坏打算。换句话说,你为人会比较悲观,也较易去逃避了事。

害怕、忧虑、犹豫。

第七型:丰富型、活跃型

欲望特质:追求快乐。

深层恐惧:被剥削、束缚。深层渴望:好玩、开心。

基本困思:我若不带来欢乐,就没有人会爱我。

注意力的焦点:快乐的选择。

心理防御机制:合理化作用。

主要特征:乐观,要新鲜感,追上潮流,不喜承受压力,怕负面情绪。

生活风格:爱讲自己经验,喜欢制造开心,人生有太多开心的事情等着你。

人际关系:

好玩、享乐主义行头的活跃型,做事欠缺耐性,因为你们都很怕闷。不耐烦之余,也很易冲动行事,因此第七型的朋友做事鲜有周详计划,想做就去做!但你们必须要小心,就算遇上一种玩意、兴趣你十分喜欢,也得学习不要沉迷下去!始终要顾及自己的身体及其他事情。

第八型:领袖型、能力型

欲望特质:追求权力。

深层恐惧:屈服于人。深层渴望:控制一切、掌握一切。

基本困思:我若没有权力,就没有人会爱我。

注意力的焦点:控制。

心理防御机制:否定作用。

主要特征:追求权力,讲求实力,有正义感,喜欢做大事。

生活风格:爱命令,说话大声、有威严、报复心理、爱辩论,用意志来掌管生活。

人际关系:

很多领袖型都有以下特质:豪爽、不拘小节、自视甚高、遇强越强、关心正义和公平。你们清楚自己的目标,并努力前进。由于不愿被人控制,且具有一定的支配力,所以你们很有潜质做领袖带领大家。由于你们都较好胜,有时候会对人有点攻击性,让人感到压力。

易侵略、挑战、反叛。

第九型:和平型、和谐型

欲望特质:追求和平。

深层恐惧:怕纷争、冲突。深层渴望:融洽相处。

基本困思:我若不和善,就没有人会爱我。

注意力的焦点:他人的立场。

心理防御机制:麻醉作用。

主要特征:须花长时间做决定,难以拒绝他人,不懂宣泄愤怒。

生活风格:爱调和,做事缓慢,易懒惰、压抑,生活追求舒服。

人际关系:

和平型,在很多情况下,你们都是和平使者,善解人意,随和。你们很容易了解别人,却不太清楚自己想要什么,会显得优柔寡断。相对来说,你们的主见会比较少,宁愿配合其他人的安排,做一个很好的支持者,所以你是较被动的。

怕羞、怕事、懒惰。

模拟四 DISC 性格测试

注意事项

1.请在每一题中的 4 个选项中只选择一个最符合你自己的,并在"□"内打钩。

2.共 40 题,不能遗漏或多选。

3.请按第一印象最快地选择。

一、

□ D 富于冒险:愿意面对新事物并敢于下决心掌握的人。

□ S 适应力强:轻松自如适应任何环境。

□ I 生动:充满活力,表情生动,多手势。

□ C 善于分析:喜欢研究各部分之间的逻辑和正确的关系。

二、

□ C 坚持不懈:要完成现有的事才能做新的事情。

□ I 喜好娱乐:开心,充满乐趣与幽默感。

□ D 善于说服:用逻辑和事实而不用威严和权力服人。

□ S 平和:在冲突中不受干扰,保持平静。

三、

□ S 顺服:易接受他人的观点和喜好,不坚持己见。

□ C 自我牺牲:为他人利益愿意放弃个人意见。

□ I 善于社交:认为与人相处是好玩,而不是挑战或者商业机会。

□ D 意志坚定:决心以自己的方式做事。

四、

□ I 使人认同:因人格魅力或性格使人认同。

□ C 体贴:关心别人的感受与需要。

□ D 竞争性:把一切当作竞赛,总是有强烈的赢的欲望。

□ S 自控性:控制自己的情感,极少流露。

五、

□ I 使人振作:给他人清新振奋的刺激。

□ C 尊重他人:对人诚实尊重。

□ D 善于应变:对任何情况都能做出有效的反应。

□ S 含蓄:自我约束情绪与热忱。

六、

□ I 生机勃勃:充满生命力与兴奋。

□ S 满足:容易接受任何情况与环境。

□ C 敏感:对周围的人事过分关心。

□ D 自立:独立性强,只依靠自己的能力、判断与才智。

七、

□ C 计划者:先做详尽的计划,并严格按计划进行,不想改动。

□ S 耐性:不因延误而懊恼,冷静且能容忍。

□ D 积极:相信自己有转危为安的能力。

□ I 推动者:动用性格魅力或鼓励别人参与。

八、

□ D 肯定:自信,极少犹豫或者动摇。

□ I 无拘无束：不喜欢预先计划，或者被计划牵制。

□ S 羞涩：安静，不善于交谈。

□ C 有时间性：生活处事依靠时间表，不喜欢计划被人干扰。

九、

□ S 迁就：改变自己以与他人协调，短时间内按他人要求行事。

□ C 井井有条：有系统有条理安排事情的人。

□ I 坦率：毫无保留，坦率发言。

□ D 乐观：令他人和自己相信任何事情都会好转。

十、

□ D 强迫性：发号施令，强迫他人听从。

□ C 忠诚：一贯可靠，忠心不移，有时毫无根据地奉献。

□ I 有趣：风趣，幽默，把任何事物都能变成精彩的故事。

□ S 友善：不主动交谈，不爱争论。

十一、

□ D 勇敢：敢于冒险，无所畏惧。

□ S 体贴：待人得体，有耐心。

□ C 注意细节：观察入微，做事情有条不紊。

□ I 可爱：开心，与他人相处充满乐趣。

十二、

□ I 令人开心：充满活力，并将快乐传于他人。

□ C 文化修养：对艺术学术特别爱好，如戏剧、交响乐。

□ D 自信：确信自己个人能力与成功。

□ S 贯彻始终：情绪平稳，做事情坚持不懈。

十三、

□ C 理想主义：以自己完美的标准来设想衡量新事物。

□ D 独立：自给自足，独立自信，不需要他人帮忙。

□ S 无攻击性：不说或者不做可能引起别人不满和反对的事情。

□ I 富有激励：鼓励别人参与、加入，并把每件事情变得有趣。

十四、

□ I 感情外露：从不掩饰情感、喜好，交谈时常身不由己接触他人。

□ C 深沉：深刻并常常内省，对肤浅的交谈、消遣会厌恶。

□ D 果断：有很快做出判断与结论的能力。

□ S 幽默：语气平和而有冷静的幽默。

十五、

□ S 调解者：经常居中调节不同的意见，以避免双方的冲突。

□ C 音乐性：爱好参与并有较深的鉴赏能力，因音乐的艺术性，而不是因为表演的乐趣。

□ D 发起人:高效率的推动者,是他人的领导者,闲不住。

□ I 喜交朋友:喜欢周旋聚会中,善交新朋友不把任何人当陌生人。

十六、

□ C 考虑周到:善解人意,帮助别人,记住特别的日子。

□ D 执着:不达目的,誓不罢休。

□ I 多言:不断地说话、讲笑话以娱乐他人,觉得应该避免沉默而带来的尴尬。

□ S 容忍:易接受别人的想法和看法,不需要反对或改变他人。

十七、

□ S 聆听者:愿意听别人倾诉。

□ C 忠心:对自己的理想、朋友、工作都绝对忠实,有时甚至不需要理由。

□ D 领导者:天生的领导,不相信别人的能力能比上自己。

□ I 活力充沛:充满活力,精力充沛。

十八、

□ S 知足:满足自己拥有的,很少羡慕别人。

□ D 首领:要求领导地位及别人跟随。

□ C 制图者:用图表数字来组织生活,解决问题。

□ I 惹人喜爱:人们注意的中心,令人喜欢。

十九、

□ C 完美主义者:对自己、对别人都高标准、一切事物有秩序。

□ S 和气:易相处,易说话,易让人接近。

□ D 勤劳:不停地工作,完成任务,不愿意休息。

□ I 受欢迎:聚会时的灵魂人物,受欢迎的宾客。

二十、

□ I 跳跃性:充满活力和生气勃勃。

□ D 无畏:大胆前进,不怕冒险。

□ C 规范性:时时坚持自己的举止合乎认同的道德规范。

□ S 平衡:稳定,走中间路线。

二十一、

□ S 乏味:死气沉沉,缺乏生气。

□ C 忸怩:躲避别人的注意力,在众人注意下不自然。

□ I 露骨:好表现,华而不实,声音大。

□ D 专横:喜命令支配,有时略显傲慢。

二十二、

□ I 散漫:生活任性无秩序。

□ D 无同情心:不易理解别人的问题和麻烦。

□ S 缺乏热情:不易兴奋,经常感到好事难做。

□ C 不宽恕:不易宽恕和忘记别人对自己的伤害,易嫉妒。

二十三、

　　□ S 保留:不愿意参与,尤其是当事情复杂时。

　　□ C 怨恨:把实际或者自己想象的别人的冒犯经常放在心中。

　　□ D 逆反:抗拒,或者拒不接受别人的方法,固执己见。

　　□ I 唠叨:重复讲同一件事情或故事,忘记已经重复多次,总是不断找话题说话。

二十四、

　　□ C 挑剔:坚持琐事细节,总喜欢挑不足。

　　□ S 胆小:经常感到强烈的担心焦虑、悲戚。

　　□ I 健忘:缺乏自我约束,导致健忘,不愿意回忆无趣的事情。

　　□ D 率直:直言不讳,直接表达自己的看法。

二十五、

　　□ D 没耐性:难以忍受等待别人。

　　□ S 无安全感:感到担心且无自信心。

　　□ C 优柔寡断:很难下决定。

　　□ I 好插嘴:一个滔滔不绝的发言人,不是好听众,不注意别人的说话。

二十六、

　　□ C 不受欢迎:由于强烈要求完美,而拒人千里。

　　□ S 不参与:不愿意加入,不参与,对别人生活不感兴趣。

　　□ I 难预测:时而兴奋,时而低落,或总是不兑现诺言。

　　□ D 缺同情心:很难当众表达对弱者或者受难者的情感。

二十七、

　　□ D 固执:坚持照自己的意见行事,不听不同意见。

　　□ I 随兴:做事情没有一贯性,随意做事情。

　　□ C 难于取悦:因为要求太高而使别人很难取悦。

　　□ S 行动迟缓:迟迟才行动,不易参与或者行动总是慢半拍。

二十八、

　　□ S 平淡:平实淡漠,中间路线,无高低之分,很少表露情感。

　　□ C 悲观:尽管期待最好但往往首先看到事物不利之处。

　　□ D 自负:自我评价高,认为自己是最好的人选。

　　□ I 放任:允许别人做他喜欢做的事情,为的是讨好别人,令别人鼓吹自己。

二十九、

　　□ I 易怒:善变,孩子性格,易激动,过后马上就忘了。

　　□ S 无目标:不喜欢目标,也无意定目标。

　　□ D 好争论:易与人争吵,不管对何事都觉得自己是对的。

　　□ C 孤芳自赏:容易感到被疏离,经常没有安全感或担心别人不喜欢和自己相处。

三十、

　　□ I 天真:孩子般的单纯,不理解生命的真谛。

□ C 消极:往往看到事物的消极面阴暗面,而少有积极的态度。

□ D 鲁莽:充满自信有胆识,但总是不恰当。

□ S 冷漠:漠不关心,得过且过。

三十一、

□ S 担忧:时时感到不确定、焦虑、心烦。

□ C 不善交际:总喜欢挑人毛病,不被人喜欢。

□ D 工作狂:为回报或成就感,而不是为了完美,因而设立雄伟目标不断工作,耻于休息。

□ I 喜获认同:需要旁人认同赞赏,像演员。

三十二、

□ C 过分敏感:对事物过分反应,被人误解时感到被冒犯。

□ D 不圆滑老练:经常用冒犯他人或考虑不周的方式表达自己。

□ S 胆怯:遇到困难退缩。

□ I 喋喋不休:难以自控,滔滔不绝,不能倾听别人。

三十三、

□ S 腼腆:事事不确定,对所做的事情缺乏信心。

□ I 生活紊乱:缺乏安排生活的能力。

□ D 跋扈:冲动地控制事物和别人,指挥他人。

□ C 抑郁:常常情绪低落。

三十四、

□ I 缺乏毅力:反复无常,互相矛盾,情绪与行动不合逻辑。

□ C 内向:活在自己的世界里,思想和兴趣放在心里。

□ D 不容忍:不能忍受他人的观点、态度和做事的方式。

□ S 无异议:对很多事情漠不关心。

三十五、

□ I 杂乱无章:生活环境无秩序,经常找不到东西。

□ C 情绪化:情绪不易高涨,感到不被欣赏时很容易低落。

□ S 喃喃自语:低声说话,不在乎说不清楚。

□ D 喜操纵:精明处事,操纵事情,使之对自己有利。

三十六、

□ S 缓慢:行动思想均比较慢,过分麻烦。

□ D 顽固:决心依自己的意愿行事,不易被说服。

□ I 好表现:要吸引人,需要自己成为被人注意的中心。

□ C 有戒心:不易相信,对语言背后的真正的动机存在疑问。

三十七、

□ C 孤僻:需要大量的时间独处,避开人群。

□ D 统治欲:毫不犹豫地表示自己的正确或控制能力。

□ S 懒惰:总是先估量事情要耗费多少精力,能不做最好。

□ I 大嗓门:说话声和笑声总盖过他人。

三十八、

□ S 拖延:凡事起步慢,需要推动力。

□ C 多疑:凡事怀疑,不相信别人。

□ D 易怒:对行动不快或不能完成指定工作时易烦躁和发怒。

□ I 不专注:无法专心致志或者集中精力。

三十九、

□ C 报复性:记恨并惩罚冒犯自己的人。

□ I 烦躁:喜新厌旧,不喜欢长时间做相同的事情。

□ S 勉强:不愿意参与或者说投入。

□ D 轻率:因没有耐心,不经思考,草率行动。

四十、

□ S 妥协:为避免矛盾即使自己是对的也不惜放弃自己的立场。

□ C 好批评:不断地衡量和下判断,经常提出反对意见。

□ D 狡猾:精明,总是有办法达到目的。

□ I 善变:像孩子般注意力短暂,需要各种变化,怕无聊。

评分规则:

1.全部选完之后,请将结果统计于此。

D:＿＿＿＿＿＿ I:＿＿＿＿＿＿ S:＿＿＿＿＿＿ C:＿＿＿＿＿＿

2.计算你的各项得分,超过 10 分称为显性因子,可以作为性格测评的判断依据。低于 10 分称为隐性因子,对性格测评没有实际指导意义,可以忽略。如果有两项及以上得分超过 10,说明你同时具备那两项特征。

性格解析:

Dominance——支配型/控制者

高 D 型特质的人可以称为是"天生的领袖"。

1.情感方面

D 型人是一个坚定果敢的人,酷好变化,喜欢控制,干劲十足,独立自主,超级自信。可是,由于比较不会顾及别人的感受,所以显得粗鲁、霸道、没有耐心、穷追不舍、不会放松。D 型人不习惯与别人进行感情上的交流,不会恭维人,不喜欢眼泪,缺乏同情心。

2.工作方面

D 型人是一个务实和讲究效率的人,目标明确,眼光全面,组织力强,行动迅速,解决问题不过夜,果敢坚持到底,在反对声中成长。但是,因为过于强调结果,D 型人往往容易忽视细节,处理问题不够细致。爱管人、喜欢支使他人的特点使得 D 型人能够带动团队进步,但也容易激起同事的反感。

3.人际关系方面

D 型人喜欢为别人做主,虽然这样能够帮助别人做出选择,但也容易让人有强迫感。由于关注自己的目标,D 型人在乎的是别人的可利用价值。喜欢控制别人,不会说对不起。

4.描述性词语

积极进取、争强好胜、强势、爱追根究底、直截了当、主动的开拓者、坚持意见、自信、直率。

Influence——活泼型/社交者

高 I 型的人通常是较为活泼的团队活动组织者。

1.情感方面

I 型人是一个情感丰富而外露的人,由于性格活跃,爱说话,爱讲故事,幽默,彩色记忆,能抓住听众,你常常是聚会的中心人物。是一个天才的演员,天真无邪,热情诚挚,喜欢送礼和接受礼物,看重人缘。情绪化的特点使得你容易兴奋,喜欢吹牛、说大话,天真,永远长不大,富有喜剧色彩。但是,似乎也很容易生气,爱抱怨,大嗓门,不成熟。

2.工作方面

I 型人是一个热情的推动者,总有新主意,色彩丰富,说干就干,能够鼓励和带领他人一起积极投入工作。可是,I 型人似乎总是情绪决定一切,想哪儿说哪儿,而且说得多干得少,遇到困难容易失去信心,杂乱无章,做事不彻底,爱走神儿,爱找借口。喜欢轻松友好的环境,非常害怕被拒绝。

3.人际关系方面

I 型人容易交上朋友,朋友也多。关爱朋友,也被朋友称赞。爱当主角,爱受欢迎喜欢控制谈话内容。可是,喜欢即兴表演的特点使得 I 型人常常不能仔细理解别人,而且健忘多变。

4.描述性词语

有影响力、有说服力、友好、善于言辞、健谈、乐观积极、善于交际。

Steadiness——稳定型/支持者

高 S 型的人通常较为平和,知足常乐,不愿意主动前进。

1.情感方面

S 型人是一个温和主义者,悠闲,平和,有耐心,感情内藏,待人和蔼,乐于倾听,遇事冷静,随遇而安。S 型人喜欢使用一句口头禅:"不过如此。"这个特点使得 S 型人总是缺乏热情,不愿改变。

2.工作方面

S 型人能够按部就班地管理事务,胜任工作并能够持之以恒。奉行中庸之道,平和可亲,一方面习惯于避免冲突,另一方面也能处变不惊。但是,S 型人似乎总是慢吞吞的,很难被鼓动,懒惰,马虎,得过且过。由于害怕承担风险和责任,宁愿站在一边旁观。很多时候,S 型人总是鲜有主意,有话不说,或折中处理。

3.人际关系方面

S 型人是一个容易相处的人,喜欢观察人,琢磨人,乐于倾听,愿意支持。可是,由于不以为然,S 型人也可能显得漠不关心,或者嘲讽别人。

4.描述性词语

可靠、深思熟虑、亲切友好、有毅力、坚持不懈、善倾听、全面周到、自制力强。

Compliance——完美型/服从者

高 C 型的人通常是喜欢追求完美的专业型人才。

1.情感方面

C 型人是一个性格深沉的人，严肃认真，目的性强，善于分析，愿意思考人生与工作的意义，喜欢美丽，对他人敏感，理想主义。但是，C 型人总是习惯于记住负面的东西，容易情绪低落，过分自我反省、自我贬低，有忧郁症倾向。

2.工作方面

C 型人是一个完美主义者，高标准，计划性强，注重细节，讲究条理，整洁，能够发现问题并制定解决问题的办法，喜欢图表和清单，坚持己见，善始善终。但是，C 型人也很可能是一个优柔寡断的人，习惯于收集信息资料和做分析，却很难投入实际运作的工作中来。容易自我否定，因此需要别人的认同。同时，也习惯于挑剔别人，不能忍受别人的工作做不好。

3.人际关系方面

C 型人一方面在寻找理想伙伴，另一方面却交友谨慎。能够深切地关怀他人，善于倾听抱怨，帮助别人解决困难。但是，C 型人似乎始终有一种不安全感，以至于感情内向，退缩，怀疑别人，喜欢批评人和事，却不喜欢别人的反对。

4.描述性词语

遵从、仔细、有条不紊、严谨、准确、完美主义者、逻辑性强。

中公教育·全国分部一览表

中公教育总部
地址:北京市海淀区学清路23号汉华世纪大厦B座
电话:400-6300-999
网址:http://www.offcn.com

北京中公教育
地址:北京市海淀区学清路38号金码大厦B座910室
电话:010-51657188
网址:http://bj.offcn.com

吉林中公教育
地址:长春市朝阳区辽宁路2338号中公教育大厦
电话:0431-81239600
网址:http://jl.offcn.com

浙江中公教育
地址:杭州市西湖区文三路477号华星科技大厦三层中公教育
电话:0571-86483577
网址:http://zj.offcn.com

江苏中公教育
地址:南京市白下区中山南路8号苏豪大厦22层(东方商场旁)
电话:025-86992955 / 66 /77
网址:http://js.offcn.com

湖南中公教育
地址:长沙市芙蓉区五一大道800号中隆国际大厦4-5层
电话:0731-84883717
网址:http://hn.offcn.com

四川中公教育
地址:成都市武侯区锦绣路1号保利中心东区1栋C座12楼(美领馆旁)
电话:028-82005700
网址:http://sc.offcn.com

山东中公教育
地址:济南市经十路13606号燕山立交桥东行300米路南中公教育大厦
电话:0531-86554188
网址:http://sd.offcn.com

陕西中公教育
地址:西安市新城区东五路48号江西大厦1楼(五路口十字向东100米路南)
电话:029-87448899
网址:http://sa.offcn.com

江西中公教育
地址:南昌市阳明路310号江西出版大厦5、6层(八一东桥头)
电话:0791-86823131
网址:http://jx.offcn.com

广东中公教育
地址:广州市天河区五山路371号中公教育大厦9楼
电话:020-35641330
网址:http://gd.offcn.com

山西中公教育
地址:太原市坞城路师范街交叉口龙珠大厦5层(山西大学对面)
电话:0351-8330622
网址:http://sx.offcn.com

河南中公教育
地址:郑州市经三路丰产路向南150米路西 融丰花苑C座(河南省财政厅对面)
电话:0371-86010911
网址:http://he.offcn.com

河北中公教育
地址:石家庄市建设大街与范西路交口众鑫大厦中公教育
电话:0311-87031886
网址:http://hb.offcn.com

重庆中公教育
地址:重庆市江北区观音桥步行街未来国际大厦7楼
电话:023-67121699
网址:http://cq.offcn.com

福建中公教育
地址:福州市八一七北路东百大厦19层
电话:0591-87515125
网址:http://fj.offcn.com

安徽中公教育
地址:合肥市南一环与肥西路交口汇金大厦7层
电话:0551-66181890
网址:http://ah.offcn.com

甘肃中公教育
地址:兰州市城关区静宁路十字西北大厦副楼2层
电话:0931-8470788
网址:http://gs.offcn.com

云南中公教育
地址:昆明市东风西路21号中公大楼(三合营路口,艺术剧院对面)
电话:0871-65177700
网址:http://yn.offcn.com

内蒙古中公教育
地址:呼和浩特市赛罕区呼伦贝尔南路东达广场写字楼702室
电话:0471-6532264
网址:http://nm.offcn.com

贵州中公教育
地址:贵阳市云岩区延安东路230号贵盐大厦8楼(荣和酒店楼上)
电话:0851-5805808
网址:http://gz.offcn.com

新疆中公教育
地址:乌鲁木齐市沙依巴克区西北路731号中公教育
电话:0991-4531093
网址:http://xj.offcn.com

黑龙江中公教育
地址:哈尔滨市南岗区西大直街374-2号
电话:0451-85957080
网址:http://hlj.offcn.com

广西中公教育
地址:南宁市青秀区民族大道12号丽原天际4楼
电话:0771-2616188
网址:http://gx.offcn.com

辽宁中公教育
地址:沈阳市沈河区北顺城路129号(招商银行西侧)
电话:024-23241320
网址:http://ln.offcn.com

青海中公教育
地址:西宁市城西区胜利路1号招银大厦6楼
电话:0971-8298133
网址:http://qh.offcn.com

天津中公教育
地址:天津市和平区卫津路云琅大厦底商
电话:022-23520328
网址:http://tj.offcn.com

上海中公教育
地址:上海市杨浦区伟德路6号云海大厦5、6层
电话:021-35322220
网址:http://sh.offcn.com

湖北中公教育
地址:武汉市洪山区鲁磨路中公教育大厦(原盈龙科技创业大厦)9、10层
电话:027-87596637
网址:http://hu.offcn.com

宁夏中公教育
地址:银川市兴庆区解放西街32号虹桥大酒店行政楼1-3层
电话:0951-5155560
网址:http://nx.offcn.com

海南中公教育
地址:海口市大同路24号万国大都会写字楼17楼(从西侧万国大都会酒店招牌和工行附近的入口上电梯)
电话:0898-66736021
网址:http://hi.offcn.com